Unter dem Orion
Wege einer Freundschaft,
mit Bildern von Siegbert Hahn

edition alectri

Peter Guckel

Unter dem Orion

Wege einer Freundschaft,
mit Bildern von Siegbert Hahn

Inhaltsverzeichnis

+++

Lieben ist leben

Am Neumarkt in Köln

Es war ein kühler Dienstag im Januar 1966. Eine geschlossene Wolkendecke verhüllte den Himmel und ließ keinen fröhlichen Sonnenstrahl durch. Erst jetzt gegen Mittag hellte es sich ein wenig auf. Man spürte zwar die Sonne über den Wolken, aber sie war kraftlos. Peter und der Fremde wollten sich an der Uhrensäule auf dem Neumarkt, in der Ecke des Platzes gegenüber dem Gesundheitsamt, wieder treffen. Der Unbekannte hatte diesen Platz vorgeschlagen. Der Neumarkt ist der verkehrsreichste Punkt der Stadt, wichtige Straßenbahnen kreuzen sich dort und alle bedeutenden Geschäfte und Kaufhäuser liegen in seiner Nähe. So ist der Neumarkt irgendwie die topographische Mitte Kölns. Und, in der Tat, zentrale Bedeutung sollte für sie beide von der dortigen Wiederbegegnung ausgehen. Denn es könnte ja auch der eine den anderen versetzen, wie es oft vorkommt, weil man es sich plötzlich anders überlegt hat und der erste Kick verrauscht ist.

Aber offensichtlich war die Neugier aufeinander gerade erst geweckt. Denn der Fremde wartete schon, und Peter konnte die Wiederbegegnung kaum erwarten. Erste Worte hatten sie schon vorher gewechselt. Aber jetzt erst nannten sie ihre Vornamen und gaben sich die Hand. Jeder war froh, den anderen wiederzusehen. Konspirativer Schalk lag in den Augenwinkeln: Welches Abenteuer einer menschlichen Begegnung würde sich anbahnen, welche Lust der Körper würde sich entfalten?

1

Sie gingen in Richtung von Peters Wohnung und tasteten sich im Gespräch aneinander heran. Siegbert also studierte Kunstgeschichte und Archäologie an der Uni. In einigen Tagen würden die Vorlesungen des Wintersemesters wieder beginnen. Peter erzählte, daß er in einem Finanzinstitut arbeite und beruflich viel nach Südamerika komme. Die Unterhaltung plätscherte situationsbedingt flach dahin, drang nicht in die Tiefe. Denn vielleicht würde man sich – wie nicht unüblich – in wenigen halben Stunden mehr schlecht als recht verabschieden und das war's dann gewesen. Aber, Peter spürte doch im fortschreitenden Gespräch, daß er im Bergwerk seiner frustrierenden Suche nach menschlicher Begegnung auf eine Goldader gestoßen sein könnte. So hielt er dann vor der Bäckerei Holz in der Christophstraße an und sagte zu Siegbert delphisch verheißungsvoll: »Ich gehe nur etwas Kuchen kaufen, da brauchen wir nicht gleich wieder runter.«[1] Dieser Satz ist unvergessen. Ebenso wie der gekaufte Kirschkuchen, mit seinem roten Gelee-Überzug.

Das Haus Werderstraße 62, in dem Peter wohnte, ist inzwischen wie auch einige Nebengebäude Anfang der 70er Jahre abgerissen worden.[2]

Bemerkenswert war der Fahrstuhl. Man mußte über seinen angestaubten Charme schmunzeln. Er war innen mit rotem Plastik bespannt, das polsterartig unterlegt war. Goldfarbene große Knopfnägel markierten die Eckpunkte quadratischer Felder und drückten das Polster auf die Unterlage. Mit unsicherer Hand und schwarzem Tintenstift war eine banale Anzüglichkeit hingeschnörkelt. Aber sie war so harmlos, daß sie weder ein Lächeln noch ein Mitleid verdiente, und schon gar nicht der Erinnerung wert war. Der Fahrstuhl kann zu einem Ort abrupt-spontaner Begegnung werden. Zumeist ist er bloßes Behältnis der vertikalen Fortbewegung, je schneller, um so besser, praktisch und prosaisch; Knöpfe, wohin man will, Anzeigen, wo man ist. Befinden sich aber zwei, die sich begehren, allein in ihm, so können sich dort seltsame Hand- und Liebreichungen ereignen, wie Böen in einem vorbeiziehenden Sturm. Für Peter gab es hier die Möglichkeit absichtlich-unabsichtlicher Berührungen, wenn er mit einem Schmusi unterwegs war: ein lanciertes Anrempeln, wenn der Fahrstuhl sich ruckartig in Bewegung setzte, oder eine nur flüchtige Umarmung, denn die Reise zum zweiten Stock war leider kurz.

Schon sind die beiden oben angekommen. Peter öffnete die Fahrstuhltür. Er ging voran zu seiner Wohnung. Siegbert sah das Namensschild neben der Tür und mußte schmunzeln: Wie ähnlich ist doch Peters Nachname seinem eigenen. Beide Namen bezeichnen auf unterschiedliche Weise dasselbe männliche Federtier, das für seine harmlose Virilität eines Weckrufers weit und breit so beliebt ist. Auf Glockentürmen katholischer Kirchen thront der eiserne Vogel als krönender Abschluß. Zuweilen reißt er stolz, mit schwellender Brust den Schnabel auf und kräht, von dort oben, seinen Schrei stumm in das weite Rund. Dieses Bemühen, sich Gehör zu verschaffen, wirkt so drollig liebenswert. In einsamer, luftiger Höhe ist er immer allein. Nur in der Ferne erspäht er einen Kumpan, auf einem anderen Kirchturm. Sie werden sich nie gegenüberstehen und in die Augen sehen können. Ob sich hier und jetzt gerade zwei andere ›Hähne‹ gefunden haben? Sie standen vor der Wohnungstür. Peter kramte nach dem Schlüssel. Er öffnete den geschlossenen Eingang − zu einem Liebesabenteuer mit offenem Ausgang. Sie betraten das Appartement. Siegbert zögerte nicht. Er will es. Die Tür fiel leise hinter ihnen ins Schloß.

*

Es gab einmal den 4. Januar 1966

Das ›Spiel‹ konnte beginnen: »Komm herein!« Peter führte Siegbert durch den kleinen Flur in das Zimmer. Sie legten die Taschen ab und zogen die Mäntel aus.

Ohne Umschweife oder Vorspiel kamen sie direkt zur Sache. Sie wußten, was sie suchten und wie es zügig zu finden war. Das verlief so rasant wie der Beginn von Puccinis Tosca: Das Licht im Zuschauerraum verdämmert rasch, nur zwei Takte Musik, keine Ouvertüre, der Vorhang geht auf und schon stürzt der flüchtende Angelotti singend auf die Bühne und sucht den Schlüssel zu seinem Versteck.

Siegbert war von unglaublicher Forschheit, wie er das Liebesabenteuer ansteuerte. Sein Auftreten, sein ganzer Körper schienen zu schreien: Ich will es wissen – jetzt – ohne wenn und aber, ohne Umschweife, knallhart. Er kam Peter wie ein Schiffbrüchiger vor, der reflexartig und triebhaft ums Leben kämpft. Oder wie ein Verdürstender, der sich ausgezehrt auf ein Getränk stürzt. Oder besser noch, wie ein vertrockneter Schwamm, der alles aufsaugt. Schon waren sie nackt. Sie umklammerten sich gierig. Die Körper wälzten sich. Der Pulsschlag raste. Es war schiere, geile Lust, die sich eruptiv ergoß – . –

Siegbert wirkte in panischer Weise aufgeregt. Er schien wie von Sinnen. Sein Herz schlug gleich Hammerschlägen in einem gehetzten brutalen Stakkato gegen die Brustwand. Der Lungenraum schien als Resonanzkasten das Dröhnen zu potenzieren. Noch auf

Meterentfernung konnte Peter das dumpfe Schlagen hören, das die Brust zu sprengen schien. Zuerst beschlich Peter nur Angst. Was passiert, wenn Siegbert kollabiert oder schlimmer …? Schließlich packte ihn Panik, als Siegbert nicht ruhiger wurde. Peter hatte von dem einen und anderen Herzversagen unter ähnlichen Umständen, etwa im Saunaraum gehört, wenn auch nicht bei jüngeren Männern. Er versuchte, ihn zu beruhigen. Er nahm ihn noch liebevoller in die Arme und redete zärtlich auf ihn ein. Doch gerade das war für Siegbert ein neues aufregendes Erlebnis, das ihn emotional noch mehr in Fahrt brachte. Aber es war wie ein tollkühner Ritt über das gepeitschte Meer erotischer Irritationen.

Peter lenkte ihn vom Sex ab. Sie unterhielten sich über belanglose Dinge. Das half etwas, aber nicht viel. Peter erfuhr, was er längst gemerkt hatte, daß Siegbert noch recht unerfahren war. Das hatte für ihn einen zusätzlichen Reiz, den zu genießen er nicht oft Gelegenheit hatte. Grund hierfür ist nicht der Kick einer möglichen Verführung. Denn die lehnt er ab. Kann man doch vorher nie abschätzen, ob die Zustimmung nicht später bereut wird. Diese Ungewißheit trübt von Anfang an den Wunsch nach tragender Harmonie. Es war vielmehr die einladende und in alles einwilligende Ahnungslosigkeit, die ihn erregte. Da konnte er Lehrmeister sein. Die erotische Spannung stieg wieder an und drängte sie erneut zueinander. Sie spürten beide den lustvollen Gleichklang ihres Begehrens, des gegenseitigen Sich-Gebens und -Nehmens. Es war noch rauschhafter, noch schöner – . – Ermattet, wohlig erleichtert lagen sie einander in den Armen und ruhten aus.

Inzwischen war der Nachmittag weiter vorangeschritten. Es dunkelte schon früh. Das Licht von der Straße fiel durch die Stores und gab dem Raum eine anheimelnde Stimmung. Die Übergardine war nicht vorgezogen, so konnte man nach draußen sehen. Sie duschten gemeinsam, spielten mit Seife und Wasser die bekannten schaumigen Neckereien. Schließlich meldete sich der Hunger. Peter bereitete Tee, und sie setzten sich, um den Kirschkuchen zu verzehren.

Der Tisch wurde ordentlich hergerichtet. Die Kerze, die Peter gleich zu Beginn angezündet hatte, war mittlerweile ein großes Stück heruntergebrannt. Als Festgewand hatten sie ein Handtuch um die Lenden geschlungen. Sie waren ausgelassener Stimmung, scherzten und herzten sich. Es war wie ein Festmahl, das während eines großen Ereignisses, etwa in der Premierenpause, aufgetragen wird. Deshalb ist der Kirschkuchen so unvergeßlich geblieben.

Im Hintergrund lief noch immer das Tonbandgerät mit Peters ›Liebesband‹, vielleicht zum dritten Mal. Auf diesem Breitband hatte Peter eine Folge von Musikstücken lateinamerikanischer Volksmusik zusammengestellt. Auf seinen Dienstreisen nach Kolumbien hatte er Bekanntschaft mit dieser fröhlich-melancholischen Musik gemacht und war von ihrer polaren Ausdruckstiefe berührt. In ihrer Schlichtheit sprach sie direkt das Gemüt an und besaß für ihn einen erotisch-sinnlichen Klang. Das lag sicherlich vor allem an der Instrumentierung, in der Peter sie kennenlernte. Sie wurde solo gespielt auf einem Tiple, einer Gitarre mit zwölf Saiten. Man kennt dieses Instrument nur in Kolumbien. Seine Saiten sind in vier Dreiergruppen angeordnet und werden melodieführend und in der Begleitung angeschlagen. Einmal hat es ein volles, fast orchestrales Volumen, so daß man eine Combo zu spielen wähnt. Dann wieder klingt es bestimmt wie eine Harfe oder schmelzend wie eine Zither. Oft wird es begleitet von einer Gitarre.

Ein Meister des Tiple war Pacho Benavides. Von ihm hatte Peter Anfang der 60er Jahren alle Schallplatten[3] gekauft, damals leider fast nur Monoeinspielungen. Aus diesen Platten hatte Peter Musikstücke ausgesucht und in einer bestimmten Reihenfolge auf das Tonband überspielt, um sein ›Liebesband‹ herzustellen. Zuerst die langsamen, zarten Melodien, die einfühlsame Annäherung anschmeicheln, den Nocturnes ähnlich, aber nicht verwandt. Dann folgten Stücke, die rhythmisch stärker betont und in ihrer Melodie ausgeprägter waren. Sie klangen drängend und sollten diese Stimmung auch hervorrufen. Die Abfolge dieser Musikstücke hatte Peter so geschickt arrangiert, daß sich eine kontinuierliche Steigerung aufbaute, die zu einem Gipfel drängte. Rück- und Vorgriffe auf die jeweils andere Gruppe beeinträchtigten diesen Aufstieg nicht, sondern waren die gewünschten retardierenden Wanderpausen beim Sturm auf den Gipfel oder ließen drängende Wegabkürzungen zu; denn schließlich lief das Band etwa eine Stunde.

Es war eine schlichte Musik voll Wohlklang, langsam, getragen, manchmal heiter, aber immer verhalten, nie sentimental oder rührselig. Eine Musik, die sich zurücknimmt, nicht überwältigt, im besten Sinne unauffällig trägt und einstimmt. Sie lenkt nicht ab und will nicht zerstreuen. Die Sinne werden von ihr nicht benebelt, aber doch umschmeichelt. Unvergeßlich die Augenblicke, in denen diese Musik die tänzelnden Annäherungen und Berührungen eingeleitet hat, dann Mund und Zungen sich finden ließ, um nach einem langen Exerzitium schließlich das ekstatische gleichzeitige Verströmen zu begleiten.

Die kleine, wenn auch kurze Vesper führte beide aus dem Bett heraus. Sie unterhielten sich über Peters Arbeit und Reisen. Siegbert erzählte von seinem Studium und den Mitstudenten. Er war nicht wenig überrascht, als Peter berichtete, einer von Siegberts Mitstudenten, ein Institutsassistent, sei schwul. Die Unterhaltung verlief natürlich nur an der Oberfläche. Schließlich wollte keiner zuviel von sich preisgeben. Ein Rückzug ohne zuviele Einbußen sollte immer noch möglich sein, falls die Episode dieses Nachmittags eine Episode bleiben sollte. Noch war alles offen. Es kam darauf an, ob der sexuelle Appetit aufeinander auch zu einer nachhaltigen Faszination von der Persönlichkeit des anderen führen würde. Siegbert willigte jedenfalls ein, die Nacht mit Peter zu verbringen.

Ihr beiderseitiges erotisches Einverständnis steigerte sich zu solch unglaublicher Harmonie, daß sie irritiert waren. Sie waren wortlos voneinander in den Bann geschlagen. Die Blicke sahen die Lust des anderen und konnte nicht voneinander loskommen. Sie warfen sich erneut aufs Bett, Küsse, Umarmungen und – . –

8

Sie beschlossen, außerhalb Abendbrot einzunehmen und etwas in der Stadt anzustellen. Mit der Straßenbahn fuhren sie zu einem Kino auf dem Ring beim Zülpicher Platz.[4] Sie sahen den Dschungel-film ›Lord Jim‹, der in Südostasien spielt. Peter O'Toole war genau das richtige für ihre verliebte Stimmung. Von der Handlung ist nichts haften geblieben. Mit den Gedanken waren sie ohnehin ganz wo-anders. Danach lud Peter Siegbert schräg gegenüber in den Adria-Grill[5] ein. Das urig-gemütliche Restaurant mit jugoslawischer Küche hatte Peter schon früher oft aufgesucht. Zuerst gab es das obliga-torische Glas Kölsch. Peter bestellte sich Čevapčići, das mit Reis und einem kräftigen Krautsalat serviert wurde. Peter machte Siegbert Mut, richtig zuzulangen. Siegbert bestellte für sich den voluminösen Grillteller, der immer herzhaft schmeckte.

Sie waren beide in ausgelassener Stimmung und regelrecht ver-narrt ineinander. Wer sie in dem Restaurant mit dem gewissen kundigem Blick beobachtet hätte, würde blanke Augen bekommen haben. Siegbert strahlte Peter an und schien verzaubert. Peter war überglücklich, einen Menschen dieser Qualität getroffen zu haben. Sie waren voneinander fasziniert, von der Persönlichkeit des anderen, von dem lustvollen Geheimnis, das jeder mit dem anderen gerade geteilt hatte. Wundert es da, daß dem Neuling Siegbert der Magen wie abgeschnürt war, wie er zur Entschuldigung sagte. Er hatte keinen, nicht einen einzigen Bissen zu sich genommen. Der Kellner schien fassungslos, einen völlig unberührten Teller wieder abräumen zu sollen. Das sei ihm noch nie passiert.

Zurück zur Werderstraße gingen sie zu Fuß. Sie gingen zu Bett und gaben sich wiederum übermütig einander hin – . – Sie ver-suchten Schlaf zu finden, was nur halb und zeitweise gelang. Im Halbschlaf ging Siegbert zaghaft mit seiner Hand, wie auf einer Erkundungsreise, über Peters Körper spazieren, über Brust, Bauch und Geschlecht – erste tastende Fingerübungen eines Neulings in schwulen Gefilden. Sie fanden beide kaum Schlaf, küßten sich und verströmten sich ein weiteres Mal im Gleichklang miteinander.

Es war ein selbstvergessener Rausch, der in den Schlaf hinüberglitt – . –

Peter war für Siegbert genau der Typ, den er sich immer ersehnt hatte. Er suchte den kräftigen jungen Mann, älter als er, muskulös, mit festen Schenkeln und einem festen Hintern. Er sprach liebevoll von ›Knack-Arsch‹, wenn er ihn streichelte. Bei einer Größe von ein Meter achtzig hatte er mit siebenundsiebzig Kilo eine gut proportionierte Figur. Seine Haut war dunkel, von den häufigen Reisen in tropische Länder gebräunt. Daß Peter nur leicht behaart war, entsprach genau seinem Geschmack. Siegbert schätzte, daß Peter so richtig ›voll im Saft‹ stand und ›knusprig wie ein Backhendl‹ war. Peter fühlte es, und das gab ihm die lüsterne Frechheit, seinen Körper im Liebesspiel so richtig blank zur Schau zu stellen und einzusetzen. Siegbert genoß dies. Wie sich auch Peter an Siegberts Körper delektierte.

Siegbert hatte eine helle, weiße Haut und war schlank, fast mager. Eine Idee größer als Peter wog er zu dieser Zeit wenig über siebzig Kilo. Sein kantiges Gesicht machte ihn noch schlanker. Die Wangen hatten eine leichte Einwölbung. Peter liebte diese ›Loch-Wange‹. Die Menschen reagieren bekanntlich auf die verrücktesten sexuellen Körperreize. Diese leicht eingewölbte Wange ist neben dem schlanken Körperbau ein solches Sexsignal für Peter. Das Gesicht war bartlos, wie auch sein Körper unbehaart geblieben ist. Er hatte ein unbeschreiblich jugendliches Aussehen und eine entsprechende Ausstrahlung. Er wurde oft für Peters Sohn gehalten, was sie beide sehr belustigte. Seine schmalen Lippen gaben ihm einen Hauch von Strenge, die zu seiner sinnlichen Lebenseinstellung in einem sympathischen Gegensatz stand. Peter war in diesen Körper, den er so schön ›spack‹ fand, und in das schlanke Gesicht verknallt. Das erklärte auch seine immer wieder zur Wiederholung drängende Geilheit. Es genügten eine körperenge Umarmung und tiefe Küsse, um beide wieder aufs Lager zu werfen. Die ersten Monate sind sie, salopp formuliert, aus der Horizontalen fast nicht mehr herausgekommen.

Dann war es langsam hell geworden, Zeit zum Aufstehen, Peter mußte in die Firma, Siegbert in die Universität. Schnell unter die Dusche, anziehen, ein paar Bissen Frühstück im Stehen, Mantel drüberziehen, eine Umarmung zum Abschied, was Folgen hatte, wieder ausziehen, halb ausgezogen aufs Bett werfen und zum Abschied noch ein letztes Mal einander in Lust hingeben – . –

Peter hatte ein solches Liebesspiel wie an diesem denkwürdigen 4. Januar 1966 und der anschließenden Nacht in seinem an Sexabenteuern erfüllten Leben nie zuvor erfahren. Was war passiert? Noch nie hatte er einen solchen Liebhaber gehabt: Nie zuvor hatte er in solch offene, klare Augen geschaut, und hat sich ein so aufrichtiger, vertrauenswürdiger junger Mann an ihn geschmiegt und nach Sex gegiert. Andererseits erkannte er in ihm eine starke, nichtkorrumpierbare Persönlichkeit, die Ebenbürtigkeit einforderte, obwohl jünger an Jahren. Es ging ein Faszinosum von Siegbert aus, das Peter aufwühlte. Wer war dieser Mensch, der ihn so in Bann schlug und den das Schicksal ihm zugeführt hatte?

*

Wenn die Werderstraße Stimme hätte

Das Einzimmer-Appartement in der Werderstraße war mit ca. 25 qm klein, aber für Peter in der damaligen Situation ausreichend. Vor allem verfolgte er mit der Anmietung einer solch kleinen Wohnung die Absicht, seine Mutter von häufigen und längeren Aufenthalten abzuhalten. Sie reiste viel und wollte immer gern zu Besuch kommen. Sie wäre am liebsten mit Peter zusammen in eine große Wohnung gezogen, aber das hätte Peters ›Bewegungsfreiheit‹ eingeschränkt.[6]

Das Zimmer war 14 qm groß und hatte zur Straßenseite eine Länge von rund 4 m. Es war spärlich möbliert, schließlich paßte auch nicht viel hinein: Ein größeres Klappbett, ein runder Tisch, drei Stühle, ein Schrank und ein zweites Ausziehklappbett. Dieses sah wie eine kleine Kommode aus, aber aufgeklappt und ausgezogen wurde daraus ein zweites Bett. Es hatte manchen Übernachtungsgast aufgenommen. Auch dann, wenn das größere Klappbett nicht die Ruhe versprach, um dem Nachtfreund zu dem verdienten Erschöpfungsschlaf zu verhelfen. Schließlich war das größere Bett in Griffweite.

Zwei Mitarbeiter seiner Firma, Herren in ebenfalls übergeordneter Funktion, hatte Peter einmal in das Appartement zu einem Getränk eingeladen. Gegenseitige Einladungen waren in dem Betrieb üblich und wurden irgendwie erwartet. Als er aber feststellen mußte, daß diese von der Dürftigkeit der Wohnung negativ beeindruckt waren, hat er von weiteren Einladungen an Firmenmitglieder

abgesehen. Das führte auch dazu, daß er seinerseits keine Einladungen mehr annahm, um selbst keine aussprechen zu müssen.
Auch das war wieder ein Umstand, der ihn in der Firma ›eigenartig‹
erscheinen lassen mußte. Mitarbeitern seiner eigenen Abteilung, die
er leitete, hätte er den privaten Bereich sowieso nie geöffnet.

Das Haus hatte etwa achtzehn Appartements, was eine liberale
Anonymität garantierte. Die suchte Peter. Er hatte diese Atmosphäre
schon im Studentenwohnheim in Bonn und danach in seinem
Aachener Domizil schätzen gelernt. In ein Wohnhaus mit Familien
wäre er nie eingezogen. Das Haus verfügte auch über zwei gediegene
Büros. Dadurch kam zusätzlich Leben in diesen Taubenschlag besseren Zuschnitts: ein ständiges Gehen und Kommen, seriös, gediegen, aber immer Bewegung. Bekannt war, daß sich ein Rechtsanwalt
im ersten Stock ein Stelldichein für seine Schäferstündchen ange-
mietet hatte. Peter ist ihm nie begegnet. Kam und ging er stets nur
morgens zwischen zwei und sechs Uhr — wer weiß?

Im dritten Stock wohnte Hans, der Sachbearbeiter bei einer
Versicherungsgesellschaft war. Oft hatte er abendlichen Besuch von
jungen Männern. Er war Peter wegen seiner häufigen männlichen
Begleitung schon aufgefallen, und nach einem Kennenlernen in einer
schwulen Bar war es dann klar. Hans meinte, seine Amouren wären
wie junge treue Hunde, die auch ungerufen kämen, wenn sie Hunger
hätten; er könne sich jedenfalls über einsame Stunden nicht beklagen. Hans und Peter besuchten sich ab und zu gegenseitig, denn
Hans wußte immer viel über ›die Szene‹ zu schwätzen. Einmal lud er
Peter zur Vesper ein, als ›zufällig‹ auch ein belgischer Soldat, der zu
der Kölner Garnison gehörte, zu Besuch kam. Der junge Flame, ein
ansehnlicher ›Saftbraten‹ im schönsten Alter von rund 25 Jahren,
flirtete mit Hans, und schließlich stiegen die beiden ins Bett. Peter
kehrte ihnen den Rücken zu, trank seinen Tee weiter; denn wegge-
hen sollte er auf keinen Fall. So ist er, ohne es zu ahnen, bereits als
Stimulans in diese listige Inszenierung eines Rendezvous eingeplant
gewesen. Das kam nachher raus. Daß er schließlich den ›Saftbraten‹

ebenfalls aufspießen sollte, war nicht mehr als das angemessene Honorar für geleistete Erregung, das er nicht ausschlug. Leider ist es bei dieser einmaligen Einladung von Hans geblieben. Peter ahnte warum.

Peter hatte das Appartement im September 1963 bezogen und verließ es im April 1969. Seine Mutter ist in dieser Zeit gelegentlich von Hannover zu Besuch gekommen. Was hätte sie gejammert, wenn sie gewußt hätte, wer schon in dem Ausziehklappbett geschlafen hat. Sie hoffte noch immer, einmal ein junges Frauchen anzutreffen, das ihr eine gute Schwiegertochter und Mutter von Enkelkindern sein würde. Arme Mutti, wie hast du dich getäuscht und deine Ahnungen nie wahrhaben wollen. Am schönsten wäre es gewesen, du hättest zu deinem Sohn ›Ja‹ gesagt. Aber über diesen verfluchten Schatten deiner Erziehung hast du nie springen können. Schade!

Der Einzug in das Appartement stellte ihn zufrieden. Er hatte sich, wenn man genügsame Maßstäbe anlegt, mit den Umständen arrangiert. Ihm fehlte indes die Hauptsache zu seinem Glück. Er sehnte sich nach dem festen Lebenspartner. Es war noch zwei Jahre hin, bis zum 4. Januar 1966.

*

In der Klause

Siegbert packte gerade seine Umzugssachen aus, als er Peter begegnete. Er hatte just sein erstes Zimmer in Köln aufgegeben, das ihm dürftige Heimat im neuen Köln geworden war.

Im April 1962 war er nach Köln gekommen, um mit dem Sommersemester das Studium zu beginnen. Zunächst wohnte er für wenige Tage in der Jugendherberge. Er wollte sich von dort aus eine Studentenbude suchen. Eine private Agentur für Wohnungsvermittlung, deren es viele in der Stadt gab, hatte ihm gegen Zahlung eines gehörigen Voraushonorars Adressen angeblich freier Zimmer genannt. Aber wann immer er dort vorsprach, war das Zimmer bereits vermietet.[7] Der erste Eindruck von Köln war mies, er sah keinen Anlaß, der Stadt Sympathie entgegenzubringen. Das änderte sich erst später und hat etwas mit Peter zu tun. Nach täglich mehreren Fahrten zu angeblich vermietbaren Zimmern in den verschiedenen Stadtteilen, und das während einer Woche, mußte schließlich auch Siegbert Krach schlagen, was so gar nicht seiner Art entsprach. Der Erfolg jedenfalls war, daß man ihm eine aktuelle Anschrift, also ein tatsächlich vermietbares Zimmer nannte.

So kam er nach Köln-Mülheim, Zuger Klause 26, in die sogenannte Bruder-Klaus-Siedlung. Dieses Wohngebiet liegt ziemlich entfernt vom Stadtzentrum, so daß selbst die vom Kölner Verkehrsamt herausgegebene Stadtkarte es nicht mehr erfaßte. Wohl zu Ehren des heiligen Namenspatrons Nikolaus von Flüe tragen die Straßen dort Schweizer Ortsnamen. Die Siedlung, die von der Caritas errichtet wurde, umfaßt eine größere Anzahl von Einfamilienhäusern schlichter Herrichtung. Sie war für kinderreiche Familien gedacht und galt als ein frommer Wohnbezirk. So war auch eine Kneipe dort nicht anzutreffen, und zu früher Abendstunde erstarb das dürftige Straßenleben vollends, wenn die zwei Lebensmittelgeschäfte schlossen.

Die Wirts›leute‹ seines möblierten Zimmers waren hilfsbereite und sympathische ›kölsche Lück‹, was will man mehr. Der Ehemann war Angestellter in einem Tapetengeschäft und hatte die Kunst seines Handwerks an den vier Zimmerwänden mit jeweils in Farbe und Struktur unterschiedlichen Tapeten zur Schau gestellt. Siegbert versuchte einmal, mit einem Plakat eine persönliche Note in den Raum zu bringen. Zurückgekehrt aus den Ferien, fand er das Poster nicht mehr an der Wand. Ihm wurde bedeutet, das Zimmer sei so doch schöner, was Siegbert sofort verstand. Das Mansardenzimmer hatte nicht nur den ungestörten Blick auf die unmittelbar davor hinrasende Autobahn, sondern auch deren ungehinderte Geräuschkulisse, tags wie nachts. Ein Klappbett, ein kleiner Tisch mit Couch und zwei Sessel gehörten zum Mobiliar. Ein Waschbecken befand sich im benachbarten Schlafzimmer eines Familienangehörigen, das aufzusuchen Absprachen voraussetzte. Auch eine Kochgelegenheit fehlte in der Mansarde, aber die Wirtsfrau hatte jeden Morgen einen Kaffee bereit, und auch sonst fiel schon mal eine Mahlzeit ab, wenn etwas übriggeblieben war. Dies waren dann die Gelegenheiten, wo die Wirtsleute ein Schwätzchen mit Siegbert führen wollten. Besonders die Wirtin zog ihn oft ins Gespräch, denn ihr Mann hörte ihr offensichtlich nicht mehr zu. Siegbert – höflich und rücksichtsvoll wie er ist – wurde so schon bald über die auch intimen Einzelheiten zu Gesundheit, Leben und Leiden der ganzen Familie ins Vertrauen gezogen. Dieser Vertrauensvorschuß soll hier nicht wortbrüchig verausgabt werden, wenn auch urige »Verzällcher, wie mer op kölsch säht«, nicht immer glaubwürdig sind. Mit »Nee, wat dat Söllvia all gemaht hät, alsu do jläuvs et nit« begannen die neuesten Nachrichten über die liebe Schwiegertochter. »Dat darf mer keinem verzälle. Ävver üch kann ich et jo sage …«[8] Die arglose Ehrlichkeit entsprach jedenfalls einer schlichten Liebenswürdigkeit, die Siegbert guttat. Er fühlte sich wohl und war dankbar, endlich untergekommen zu sein. Das Wohlwollen dieser liebenswerten Frau G., die ihm wie selbstverständlich auch die Wäsche besorgte, trug nicht unwesentlich dazu bei. Daß sein Gehen und Kommen, sein ganzes Tun und auch die empfangene Post unter ihrer teilnehmenden Beobachtung stattfanden, wollte er großzügig übersehen. Es entsprach ihrer überschwenglichen Sympathie und war etwas ganz anderes als seine kurz zurückliegenden Erfahrungen mit dem Staatssicherheitsdienst der DDR. Aber als unangenehm hat er ihre ›Anteilnahme‹ doch empfunden, was er bedauerte.

Seinen Wirtsleuten muß er skurril und komisch vorgekommen sein. Denn nie ging er aus, und keine Freundin schaute herein. Stunden verbrachte er einsiedlerisch auf seinem Zimmer: Er hatte seine Tuben Ölfarbe ausgepackt und die Leinwände hervorgeholt. Und er malte, malte und malte. Jede freie Minute widmete er dafür. Auch während der fünften kölschen Jahreszeit des Karnevals trieb es ihn nicht ins Vergnügen der Sitzungen und Umzüge. Wie konnten diese freundlichen Wirtsleute nachvollziehen, daß für Siegbert das Malen nicht Flucht, sondern größte Befriedigung und Glück in seiner ansonsten wenig erfüllten Lebenslage war?

Seine finanziellen Mittel waren sehr beschränkt. Das Stipendium kam stets mit großer Verspätung, aber die Wirtsleute sahen schon mal über einen längeren Mietausstand hinweg. In den Semesterferien mußte er arbeiten, weil das Stipendium nur für die Studienmonate gezahlt wurde. Kostbare Zeit, die er lieber dem Malen gewidmet hätte, mußte er dafür verschwenden. Bei Koehler und Volckmar, einem Kölner Buchgroßhändler, arbeitete er neben anderen Studenten im Lager. Bücher mußten verladen, sortiert und gepackt werden. Das Gehalt für diesen Job erhielt er Ende des Monats, was schon besser war als beim Stipendium, das stets erst Monate später ausgezahlt wurde. So war er mehrfach gezwungen, den ererbten Brillantring seiner Mutter zum Pfandhaus zu tragen. Er brachte nicht viel, denn der Schliff war veraltet, wie ihm bedeutet wurde. Was half's. Zumindest war wieder einmal eine Brücke über einen finanziellen Engpaß geschlagen. Daß es ihm immer gelang, den Ring auszulösen, wenn auch inzwischen mit hohen Zinsen und Gebühren belastet, kam später dem Zwillingsbruder zugute, der in größerer Not war als er und dem er den Ring schenkte.

Seine Verpflegung bestand neben der Mittagsmahlzeit in der Mensa monoton, aber kostengünstig aus Vollkornbrot, Harzer Käse und Buttermilch. Das hört sich gesund an, aber auf diese gesunde Regelmäßigkeit hätte er gern verzichtet. Die erzwungene Frugalität paßte so gar nicht zu seiner barocken Lebenseinstellung, die in ihm grund-, aber noch nicht freigelegt war. Später hat er sich mit gourmethafter Üppigkeit für diese Zeit der Dürftigkeit und Knappheit entschädigt.

Das Studium fiel ihm leicht. Sein natürliches Interesse an der Kunst kam ihm zugute und ließ ihn oft intuitiv das erforderliche Wissen eher erahnen als erlernen. Die halbjährlichen Prüfungen für die Gewährung des Stipendiums hatte er stets mit Bravour bestanden. Einmal ging die Prüfung über französische Zeichnung und Malerei des 18. Jahrhunderts. Der Professor wollte wissen, von wem eine Zeichnung stamme. Antoine Watteau hatte 1720 das Bild ›Firmenschild des Gersaint‹ gemalt. Aber über hundert Jahre später hatte dann der deutsche Adolph von Menzel von diesem Gemälde eine Zeichenstudie gefertigt. Der Professor zeigte von dieser Zeichnung, die er fast vollständig abdeckte, nur wenige Striche, sie ließen den Faltenwurf eines Rokokogewandes erahnen, eine falsche Fährte. Aber Siegbert erkannte den Duktus des Strichs und nannte Menzel. Die Eins war dem Prüfling sicher.

Freunde hatte er unter den Mitstudenten nicht gewonnen. Die Gespräche mit ihnen waren geistreich und witzig, aber eben nicht mehr als unterhaltsam. Es kam auch schon einmal ein Kommilitone zu einem Schwatz in die Zuger Klause. Öfter jedoch fand sich ein Zirkel von etwa fünf Mitstudenten, Jungen und Mädchen, in der Cafeteria der Mensa zusammen. Stundenlange Gespräche über Gott und die Welt, vor allem über die Kunst, ließen vermuten, daß persönliche Verbindungen hätten entstehen können. Schließlich hatte man sich während dreier gemeinsamer Studienjahre gut kennengelernt. Nach Verlassen der Uni hat Siegbert niemanden mehr aus diesem Kreis wiedergesehen. Es war, als hätte es diese regelmäßigen Treffen nie gegeben.

Er hatte keinen Menschen, der ihm näher zugetan war, und er konnte sich auch nur schwer jemandem anschließen. Reserviertheit und Distanz entsprechen seinem Naturell. Auf Leute zuzugehen ist seine Sache nicht. So fragt er nicht gern um Rat, geschweige denn um Hilfe. Was er selbst bewerkstelligen kann, wenn auch mit Not und Pannen, versucht er. Lieber geht er an die Lösung eines Problems von sich aus heran oder läßt es gleich bleiben, als daß er behend und geradewegs jemanden, einfach so, um Beistand anspricht. So wundert es nicht, daß er etwa den Selbstbedienungsladen der Ladentheke vorzieht; denn dort müßte er dem Personal ja seine Wünsche nennen und sich bedienen lassen.

Woher diese unstillbare Sehnsucht nach Unabhängigkeit? Nach vier Kindern hatte seine Mutter noch Zwillingssöhne geboren. Die anderen vier Geschwister waren um drei bis neunzehn Jahre älter. Bekanntlich machen in der Kindheit wenige Jahre Altersunterschied schon viel aus. Daß die Eltern noch diese Nachkömmlinge bekamen, stieß bei den älteren Geschwistern auf wenig Verständnis. Eine Geborgenheit innerhalb der Geschwisterschar war kaum zu erwarten. So liefen die Zwillinge innerhalb der Familie im wörtlichen wie im übertragenen Sinne ›nebenher‹. Konnte man sie nicht links liegenlassen, versuchte man sie zu reglementieren: »Tut mal dies« und »Das tut nicht«. Hieran waren alle beteiligt, die vier Geschwister, die Eltern und natürlich auch das Hauspersonal. Das Gefühl gängelnder

Anordnungen, denen er sich nur fügen konnte, ist ohnmächtig erlebt worden. Das soll nicht heißen, daß ihm die behütende Liebe insbesondere seitens der Eltern versagt wurde. Aber die Situation des Benjamin in einer großen Geschwisterschar, das Problem, Schlußlicht zu sein, beeinflußte die Entwicklung zur Unabhängigkeit.

Eine weitere Beeinträchtigung empfand Siegbert auch in seinem ›Halbwert‹ als ein Zwilling. Der einzelne Zwilling wurde im Elternhaus kaum individuell als Einzelkind zur Kenntnis genommen, mit seinem Vornamen selten angesprochen. Fast immer hieß es: »Wo stecken die Zwillinge?« »Die Zwillinge sollen zum Essen kommen.« »Die Zwillinge jetzt bitte ins Bett.« So empfand er sich zwangsläufig als Hälfte einer Gesamtgröße. Spätestens mit dem sechsten Lebensjahr, mit Eintritt in die Schule, änderte sich das zwar, aber die entscheidenden Jahre der Prägung lagen vorher.

Siegbert hatte wie selbstverständlich das Zimmer mit Siegmund zu teilen, obwohl in dem großen Haus ein Einzelzimmer auch für ihn hätte freigemacht werden können. Alles besprachen die beiden miteinander, und praktisch alles machte man auch gemeinsam. Man war sich ständig nahe. Auch diese natürlich Bindung an den Zwillingsbruder bedeutete Einengung. Freiräume öffneten sich nicht von allein, sie mußten gesucht und gelegentlich erstritten werden. Dies gelang, älter werdend, immer besser.

Letztgeborener unter vielen Geschwistern zu sein und dazu noch ein Zwilling – das beeinflußt die Persönlichkeitsentwicklung eines Heranwachsenden. Diese Kindheit hat ihn geprägt, nachhaltiger als ihm selbst bewußt ist. Dieser Prägung kann man sich unterwerfen und sie auf diese Weise ausleben. Oder man kann gegen sie angehen. Siegbert hat revoltiert gegen diese Einvernahme. Seine Sehnsucht nach Unabhängigkeit ist die Frucht dieser Auseinandersetzung. Frei von Bevormundung und Reglementierung durch andere zu sein wurde für ihn eines der höchsten Güter. Es führt zu Distanz und Reserve gegenüber dem anderen. Insbesondere der fremde andere wird damit konfrontiert.

22

Dazu kam seine Einsamkeit durch die andersartige sexuelle Veranlagung. Von Jahr zu Jahr schmerzlicher empfand er sein Außenseitertum. Das trieb ihn in eine gewisse Hoffnungslosigkeit. Denn wie würde er seine Natur leben können? Die Aussichten waren trostlos. Noch 1966 in Köln war die öffentliche Diffamierung der Schwulen gang und gäbe, über erfolgreiche Razzien und Hausdurchsuchungen berichteten die Zeitungen pikiert genüßlich, die geringsten Ansätze eines gesellschaftlichen Lebens dieser Minderheit wurden beargwöhnt. Man war ein Fall des Strafgesetzbuches. Wenn auch damals die rechtlichen Sanktionen des § 175 gegenüber zwei Erwachsenen nicht mehr strikt angewandt wurden, so war doch das allgemeine Klima nicht tolerant. Selbst in dem lebensfrohen und weltoffenen Köln war das nicht viel anders. Man distanzierte sich, man tuschelte hinter dem Rücken, man machte eben seine Witze über ›sie‹, auch im Gespräch unter Mitstudenten.

Diese Diskriminierung machte angst und trieb Siegbert in die Isolierung. Die Selbstverleugnung wurde schließlich wesentlicher Teil der Selbstbehauptung. Camouflage war gefordert. Man mußte sich eine Maske aufsetzen, wollte man einigermaßen unangefochten bleiben. Er hatte keinen, dem er sich anvertrauen konnte und der sein Schicksal mitgetragen hätte. Die Geschwister schieden aus. Ihre verächtlichen Äußerungen über die Schwulen waren ihm in Erinnerung.

Unbekannt waren ihm auch die damals noch dürftigen Möglichkeiten einer Begegnung in Bars und Gaststätten. Von den öffentlichen Toiletten und Parks als Treffpunkten wußte er zwar, lehnte sie aber als degoutant ab. Siegbert wünschte sich den körperlichen Kontakt mit einem anderen Mann. Er sehnte sich nach Berührungen. An eine Partnerschaft oder gar Lebensgemeinschaft zu denken lag fern. In seiner Vorstellung existierte diese Möglichkeit überhaupt nicht, also konnte er sie auch nicht wünschen. Er wußte nicht, daß es dergleichen gab. Er glaubte, ein verlorenes Leben bis zum Ende leben zu müssen: immer allein, als Außenseiter verfemt in der Gesellschaft, im Innern unerfüllt, von Sehnsucht immer wieder gelockt.

Was blieb Siegbert übrig? Er zog sich wie in ein Schneckenhaus zurück. Er war verklemmt, konnte überhaupt nicht mehr lachen. Scherze nahm er argwöhnisch zur Kenntnis, ohne darauf zu kontern. Man merkte ihm an, daß eine Last auf ihm lag. Die Perspektivlosigkeit seines Lebens bedrückte ihn. Sein Unterkommen in der Bruder-Klaus-Siedlung und deren abgeschiedene Lage waren von symbolischer Entsprechung.

Für den Weg zur Universität brauchte er eine Stunde, mit Bus und Straßenbahn. Zweimal mußte er umsteigen. Dieser Zeitverlust schmerzte. Aber er fand sich damit ab. Genauso wie er sich – auch später – mit fast allem abfand, was er zwar als lästig, aber unvermeidbar erachtete: Man muß sich eben arrangieren. Diese Toleranzgrenze setzte er ziemlich hoch an. Andere hätten schon längst ein günstigeres Domizil gesucht und auch gefunden. Daß er nach über drei Jahren die Bruder-Klaus-Siedlung doch noch verließ und wegzog, verdankte er Frank D., einem früheren Klassenkameraden, der auch in Köln studierte. Er brachte etwas Abwechslung in das triste Leben von Siegbert und besorgte ihm ein Leerzimmer in der Nähe der Universität. Vielleicht litt er mehr unter den Umständen als Siegbert.

Frau G., die liebe Wirtin, weinte bei der Verabschiedung. Sie hatte ihn gemocht. Er hat sie nie wiedergesehen. Siegbert schenkte ihr zum Abschied eine Flasche Sekt. Sie rief später einmal an, nach einer Fernsehmitteilung über eine Ausstellung von Siegbert. Sie wollte ihm gratulieren. Er aber ließ sich durch Peter verleugnen. Wieder einmal hatte, wie später noch oft, seine Kindheitsprägung eine Kapriole geschlagen.

Es gab nur einige Koffer und Kartons, die von der Zuger Klause abtransportiert werden mußten. Der Umzug war also einfach. Er fand just an diesem denkwürdigen Januaranfang des Jahres 1966 statt, als Siegbert Peter begegnete.

*

Es folgen die Wochen …

Siegbert begleitete Peter ein Stück auf dem Wege zu dessen Firma. Peter forderte ihn auf, bald wieder vorbeizukommen. Er solle einfach abends an der Tür klingeln. Siegbert schränkte ein, daß er gerade einen Tag vorher aus seiner Wohnung in Köln-Mülheim nach Klettenberg umgezogen sei. Er müsse sich dort erst einmal einrichten und auch die Wände streichen. Er würde eines Abends wieder hereinschauen, das sei versprochen. Seine neue Adresse hatte er nicht genannt, und Peter wollte ihn nicht bedrängen.

Als Siegbert sich nach etwa fünf Tagen immer noch nicht blicken ließ, wurde Peter unruhig und betrübt. Er konnte nicht glauben, daß die ›Sache‹ beendet sei. Zu emotional war Siegbert engagiert gewesen. Entweder habe Siegbert den Umzug noch nicht abgeschlossen, oder er sei durch sein erstes Sexerlebnis ›ins Schleudern‹ geraten und müsse erst noch seine Gefühle ordnen. Peter schwankte zwischen diesen beiden Einschätzungen.

Jedenfalls, ziemlich ziellos und ohne klare Vorstellung, was es ihm brächte, wollte Peter in die Zuger Klause fahren. Er bat einen Fahrer seiner Firma, ihn im Dienstwagen dort vorbeizufahren. Dadurch wollte er sich und seinen Erkundigungen eine gewisse beeindruckende Seriosität geben. Tatsächlich, Siegbert habe dort gewohnt und sei gerade erst ausgezogen, erzählte Frau G. Sie nannte ihm auch die neue Adresse, was ihm ein Stück innerer Sicherheit zurückbrachte.

Alle Sorge war Peter genommen, als am Abend dieses Tages Siegbert vorbeikam. Er hätte für die Renovierung der Wohnung doch mehr Tage gebraucht, als er geglaubt habe. Siegbert kam dann fast jeden Abend. Peter hatte sich weiße Jeans angezogen, hauteng und unterleibsbetont, wie sie damals Mode waren. Das Schmuseband lief, und das Licht war gedämpft. Wir fielen uns in die Arme, wie wir uns in den folgenden Tagen und Wochen und Monaten ungezählte Male im Rausch miteinander verströmten. Unsere erste Liebesbegegnung war wie ein Dammbruch gewesen, hinter dem das unermeßliche Meer immer neue Wasserwogen an Land rollte. Wir spielten unser leidenschaftliches Spiel. Siegbert blieb stets über Nacht, und morgens gingen wir ein Stück Weges zusammen in Richtung Rudolfplatz, wo meine Firma war.

Schon am vierten Tag unseres Zusammenseins hatte ich Siegbert gesagt, daß ich ihn liebe. Siegbert, verlegen und gerührt, sagte, daß er noch nicht in der Lage sei, hierauf zu antworten. Ich möge ihm noch Zeit geben und nicht böse sein. Das Gespräch war von ergreifender Schlichtheit und zeigte ihn von seiner schönsten Menschlichkeit und Ehrlichkeit. Ich habe Siegbert Zeit gelassen. Und mit der Zeit stand auch er in Flammen – ein beiderseitiges Feuer, das bis heute brennt – anders zwar, als die Lohe von ehedem. Aber die Glut ist mächtiger und intensiver geworden. Wir waren uns einig, daß wir versuchen wollten, zusammen zu bleiben und eine Freundschaft aufzubauen.

An diesem vierten Tag hatte ich Siegbert auch einen Zweitschlüssel meines Appartements gegeben. Siegbert sollte nicht mehr auf der Straße warten müssen, bis ich, manchmal spätabends, aus dem Dienst kam. Ich hatte noch nie vorher jemandem meinen Wohnungsschlüssel anvertraut. Durch Dienstreisen war ich oft und lange abwesend von Köln. Bei Siegbert war ich mir sicher, daß er das Vertrauen nicht mißbrauchen würde. Aber ich war damals in Tollheit so verliebt, daß es mir wohl nichts ausgemacht hätte, wenn ich die Wohnung ausgeräumt vorgefunden hätte.

Ich schlug dann Siegbert vor, daß wir zum Zeichen unserer Zusammengehörigkeit ein Halskettchen mit Anhänger tragen könnten. Wir fanden dies besser als ein Finger- oder Siegelring. Denn das wäre eine Kopie aus dem Heterobereich, was wir gerade vermeiden wollten. Siegbert besorgte die Goldkettchen und ließ, angeregt durch seine Reise nach China, auf dem Anhänger das chinesische Symbol Yin und Yang eingravieren.

Wir fanden auch schnell Kosenamen für einander. Es waren derer viele, neue Namen wurden entdeckt, andere wurden selten. Sie sollen ungenannt bleiben, als Geheimnis der beiden Liebenden. Sie würden Ihre Zartheit und Reinheit verlieren, würde ich sie hier niederschreiben. Aber jeder hat einen – sozusagen offiziellen – Kosenamen, der nicht aus einer verspielten Situation heraus entsprungen war, sondern irgendwie verliehen wurde. Er war wie eine lebenslang verliehene Auszeichnung. Nur diese beiden Namen sollen hier erwähnt werden. Es war am 7. Februar, ein Montag, fünf Wochen nach dem Kennen-lernen. Siegbert hatte gerade vom Goldschmied die Kettchen abgeholt. Wir saßen auf dem Bettrand. Ich hängte Siegbert das Kettchen um: »Und damit will ich Dich taufen und Dir einen neuen Namen geben. Für mich bist Du der Körchen, für immer.«[9] So hat Siegbert seinen Liebesnamen erhalten. Peter hat ihn nie in Anwesenheit von Dritten benutzt. Auch der Name, den Siegbert Peter gab, ist und bleibt nur für sie beide bestimmt. Für Siegbert war und ist Peter der Puschl. Beide Namen sind ihnen wertvoll und Ausdruck ihrer Freundschaft, die sich, für sie unerklärlich, zusammengefügt hat.

Zur Karnevalszeit entführte Peter Siegbert in schwule Lokale am Alter Markt. Für Siegbert war das ein jungfräuliches Ereignis. Die Stimmung war ausgelassen. Was man draußen nicht zeigen durfte, hier schaffte es sich Raum. Besucher von Karnevalssitzungen kamen als späte Gäste und brachten mit Verkleidung, Pappnase und Gesichtsbemalung noch mehr Farbe und verspielte Körpernähe in die eng gefüllten Gänge. Das Kölsch floß reichlich. Man kannte sich größtenteils untereinander, begrüßte sich, Fremde wurden schnell in kölscher Leichtigkeit ins Gespräch und manchmal auch in manche Vertrautheit gezogen. Man sah bekannte Gesichter und raunte sich vertraulich Namen zu, die angeblich auch ›dazugehörten‹. Wer damals in diese Gaststätten ging, war Betroffener. Das neugierige Sehpublikum gab es noch nicht. Draußen wußte man kaum, daß sich die Schwulen in Szenelokalen trafen. Siegbert war recht verlegen, was bei dem erstmaligen Eintritt in diese Welt nicht überrascht. Doch die emanzipatorische Selbstdarstellung anderer Homosexueller hat ihn beeindruckt. Später, am 21. Februar, sahen sie sich dann, locker kostümiert, den Rosenmontagszug an. Das Motto des Zuges lautete »Kaum zu glauben« und beschrieb so treffend den Zufall ihrer beider Begegnung. Daß das Schicksal sie gerade erst vor sechs Wochen zusammengeführt hatte, war tatsächlich kaum zu fassen.

Auch daß ›Moby Dick‹, der weiße Delphin, auf seiner Irrfahrt rheinaufwärts am 10. Juni vor Köln kreuzte, war ›kaum zu glauben‹, ist aber durch Pressefotos belegt. Wollte er Siegbert und Peter sehen? Sie haben es so verstanden.

Siegbert machte es Spaß zu kochen, und er begann aus eigenem Antrieb den Kochlöffel zu schwingen. Peter gab ihm Geld, und Siegbert kam des Abends mit Einkaufstüten an, gefüllt mit den Zutaten fürs Mahl. Er bereitete stets das warme Abendbrot, wenn sie nicht gelegentlich außerhalb aßen. Er zeigte damals schon, ein wie einfallsreicher Koch er war. Wenn die Zeit zum Einkaufen fehlte, konnte er aus diversen Vorräten, die sich zufällig fanden, gelungene Essen zaubern. Das war jedesmal spannend und erlebnisreich.

Für Peter war es unerträglich zu sehen, wie knapp Siegbert finanziell ausgestattet war. Er war vorsichtig, ihm Geld anzubieten. Das hätte Abhängigkeiten schaffen können, was eine Gefahr gerade für eine beginnende Freundschaft sein kann. Siegbert akzeptierte schließlich, etwas Geld wenigstens leihweise anzunehmen. Das hat sie beide nicht belastet. Auf einem Stück Papier hatte Siegbert die

Beträge festgehalten. Nach einigen Monaten kam dann der glückliche Tag, an dem sie beide gemeinsam den Zettel mit den aufgelaufenen Beträgen lachend zerrissen, weil sie nur noch eine Kasse hatten.

Peter und Siegbert unterhielten sich stundenlang über Gott und die Welt. Es waren tiefe und für sie erregende Gespräche. Sie erzählten sich von ihrer Jugend und ihrer Verwandschaft. Beide waren sie in Breslau zur Welt gekommen, was eine weitere urige Gemeinsamkeit herstellte. Sie fanden das vom Schicksal spaßig arrangiert. Obwohl sie in früher Jugend aus Schlesien vertrieben worden waren, erinnerten sie sich an einige schlesische Wörter in Mundart. Wer weiß schon, was ein ›Fagebindel‹ ist, das man knuddeln möchte, oder ein ›Derglich‹? Wer versteht schon ›Gepretze‹, ›Tippel‹ oder ›kriewatschlich‹? Kaum noch jemand. Den Verlust ihrer Heimat empfinden sie, älter werdend, schmerzlicher als vordem. Sie können erst jetzt nachfühlen, wie sehr ihre Eltern unter der Vertreibung aus der schlesischen Heimat gelitten haben müssen.

Sie tauschten sich auch ihre sexuellen Erfahrungen aus. Siegbert war froh, in Peter den erfahrenen Liebhaber gefunden zu haben. Für Peters ›Vergangenheit‹ hat er sich nicht interessiert, solange sie Vergangenheit blieb. Doch das war noch gelegentlich zu beweisen.

Zu dieser Zeit hatte Peter keinen festen Freund. Helmut S., ein ehrlicher und netter Bursche, mit dem er lange Zeit in Harmonie zusammen war, hatte ihn vor einiger Zeit verlassen. Er war nach Berlin abgehauen, wahrscheinlich weil die Szene dort so aufregend war. Aber der lebhafte Kontakt zu ihm ist nie abgerissen. Einen festen Freund, wenigstens für längere Zeit, hatte Peter noch nicht wieder gefunden. Regelmäßig aber ließen sich Liebhaber für ein ›Spiel‹ blicken. Peter hatte ihm das angekündigt und gesagt, daß sie sich Zeit lassen müßten, bis die Besuche von alleine aufhören würden. Das waren nette junge Typen, lustig, anständig und aufrichtig — und immer geil. An mehr war nicht zu denken. Bei Peter fanden sie immer eine aufgeräumte und aufregende Atmosphäre vor, fühlten sich wohl und ernstgenommen. Aber für Peter waren sie nicht mehr als ›abendfüllend‹, obwohl der eine oder andere auch die Nacht mit ihm verbrachte. In den ersten Wochen kam ein ums andere Mal ein Liebhaber vorbei und nahm locker auf dem heruntergeklappten Bett Platz, wie er es gewohnt war. Man unterhielt sich zu dritt und trank etwas, bis der Besucher merkte, daß diesmal dieser ›neue Siegbert‹ über Nacht bleiben würde. Das passierte ihm wenige Male, bis er merkte, daß er offensichtlich chancenlos blieb. Das nahm man nicht übel, so lief es eben. Peter hätte es nie fertiggebracht, einen früheren Liebhaber, mit dem er wiederholt Zärtlichkeit und Lust geteilt hatte, von sich aus, ohne dessen Verschulden, vor die Tür zu setzen. Er mußte schon selbst den Rückzug antreten, weil sich ihm keine Gelegenheit mehr für ein ›Spiel‹ bot.

Ein Gespräch, das schon in den ersten Tagen ihres Kennenlernens stattgefunden hatte, war für Siegbert von ausschlaggebender Bedeutung. Er fragte Peter tastend und befangen, ob er sich für Kunst interessiere. Peter berichtete, daß er gelegentlich in Museen gehe und erst kürzlich zum zweiten Mal das Kunstmuseum in Antwerpen[10] zusammen mit einem Liebhaber besucht habe. Als Siegbert nachfragte, welchen Künstler er denn besonders schätze, nannte ihm Peter den Maler Hieronymus Bosch. Dieser sei vom Malerischen beeindruckend und vom Inhaltlichen so rätselhaft. Siegbert berichtete später, daß ihn diese Antwort froh gemacht habe. Denn er habe hier eine weitere Gemeinsamkeit zwischen ihnen beiden entdeckt. Nach einer Pause erwähnte Siegbert so nebenbei, aber doch gezielt: »Ach, weißt Du, ich male auch – gelegentlich.« Er wollte natürlich Peters Interesse wecken, der auch sofort rückfragte, wie und was er denn male. Siegbert hat ihm dann scheu und zaghaft einige seiner Bilder gezeigt. Peter war sehr überrascht. Die fremde Bildwelt und farbenverliebte Malweise imponiert ihm. Er war damit einverstanden, daß Siegbert einige Bilder in seinem Appartement hängen wollte. Aber erst einmal mußte die Wohnung renoviert werden und waren frühere Reisemitbringsel von Peter aus Fernost abzuhängen.

30

Damit war das Kapitel von Siegberts Malerei aufgeschlagen, das im Laufe der Jahre das Zentrum ihres gemeinsamen Interesses werden sollte.

*

Lieben ist leben
1998
60 x 85 cm, Öl auf Leinwand

Das fühlen die Menschen in ihrem Innersten. Selbst wenn ihr Verlangen, Liebe zu geben und zu empfangen, noch so flüchtig oder brüchig bleibt: Nur wenn man liebt, lebt man!

Siegbert Hahn verzichtet auf die ›bildliche‹ Darstellung des Menschen. Statt dessen nimmt er für den Menschen ein ›Sinnbild‹. Das entspricht der gewünschten Zeitlosigkeit seiner Bildwelt: seiner ›Natura mystica‹. Er wählt als Sinnbild für den Menschen den ›Vogel‹. Damit schärft er zugleich den Blick für das Eingebundensein des Menschen in die Natur. Fast immer, aber nicht ausschließlich, steht in seiner Bildwelt dieses Tier für den Menschen.

Dem Reich der Lüfte anheimgegeben, kann sich der Vogel schwingenleicht von der Erde erheben. Ähnlich erlebt sich der Mensch, wenn er plant, träumt oder Luftschlösser baut. Deshalb bewundert und liebt er den Vogel, denn er verkörpert seine Sehnsucht nach Weite und Freiheit. Der Vogel sieht von oben auf die Dinge herab, er hat den Überblick.

Auf dem Bild steht groß und mächtig, wie ein Monument, ein Ei und teilt die Nacht vom Tag, das Helle vom Dunklen. Die Eischale ist teilweise aufgebrochen, und durch die Öffnung kann man zwei Vögel beobachten. Sie schnäbeln sich, sie turteln miteinander, sie lieben sich. Im Ei, dem Symbol für das werdende Leben, reift eine Liebe heran. Im Schutz der Eischale findet sie Geborgenheit.

Ein ähnliches Bild (›Zwei im Ei‹) hatte Siegbert Hahn 1985 für das Gymnicher Schloß gemalt. Es hing über dem großen Bett in der Präsidentensuite. Den Farbton der Bettdecke hatte er in der Eischale wiederholt. Bedeutende Staatsgäste der Bundesregierung haben unter dem Bild geruht.

Ein Besuch
1959
40 x 30 cm, Öl auf Hartfaserplatte

›Ein Besuch‹ ist Siegbert Hahns erstes freigestaltetes Bild. Es ist in Bernau (bei Berlin) entstanden. Sein Bruder Siegmund kam spät nachts von seiner Freundin zurück, sah es und war begeistert. Er konnte nicht anders, er mußte Siegbert aus dem Schlaf wecken, er mußte ihm gratulieren.

Ein Besuch? Wer besucht wen, wo, wann, warum? Vor dunkelblauem Nachthimmel und im Vordergrund einer imaginären grün-violetten Schemenlandschaft erhebt sich ein rätselhaftes ›Baumgebilde‹. Es könnte ein Baumstumpf sein, aber das ist nicht eindeutig. Das Gebilde steht in der rechten Bildhälfte und leuchtet, wie von innen heraus, in einem irisierenden bläulichen Grün. Auf ihm sitzt ein geheimnisvolles Tier, in farbigem Fell, mit weiten Ohren und lang herabbaumelndem Schwanz. Mit großen weiten Augen starrt es in die Nacht. Es wirkt, als wäre es das Geistwesen, die materialisierte Seele dieses Baumgebildes. Es beobachtet und horcht, scheint zu warten, worauf? Dem Baumtorso entspringt etwa in halber Höhe ein dicker Zapfen, der aber kein Ast zu sein scheint. Er ragt mächtig nach links ins Bild hinein. Er ist ebenso wie der vermeintliche Baumstamm von borkiger Oberfläche. Während der Baumstumpf in grün-blauen Farben changiert, wechselt der herausragende Zapfen in ein verhaltenes Weißrot, das zur Spitze hin intensiver aufleuchtet. Dort hat sich im Anflug gerade ein Nachtvogel niedergelassen. Seine Schwingen sind noch ausgebreitet.

So scheint es, als wäre der Vogel angelockt zu einer heimlichen Begegnung, so vertraut und verschwiegen, wie auch über dem Bild die Intimität einer ersehnten Nachtstunde ruht. Das Bild ist das Psychogramm einer Sehnsucht nach Liebe, so verdunkelt wie eindeutig, so verrätselt wie einsichtig. Es ist ein Bild phallischer Selbstfindung und Partnersuche. Daß dieses Thema gerade in seinem ersten frei gestalteten Bild zum Ausdruck kam, ist nur ›natürlich‹. Schließlich suchte das Unterbewußtsein die Befreiung von Zwängen und wünschte sich den Lebenspartner. Auf die Rückseite der Malplatte setzte er groß und stolz das Datum ›5. Mai 1959‹. Es bleibt ein denkwürdiger Tag. Zwei weitere Bilder beendete er noch in diesem Jahr 1959, und sogleich wandte er sich anderen Inhalten zu. Er nannte sie: ›Grotte‹ und ›Der komische Hahn‹.

Der Kuß
1966
30 x 24 cm, Öl auf Leinwand

Ein lichtblauer See im Mittelgrund grenzt an hohe Berge, die nach hinten zu diffus verschwimmen. Auf der gelbgrünen Wiese des Vordergrundes steht ein Baumstumpf. Seine sechs Äste tragen an den Spitzen nur ein Büschel weniger Blätter. Auf zwei Astgabelungen sitzen sich zwei ›Puscheltiere‹ gegenüber. Sie wirken ›menschenähnlich‹. Doch es fehlen ihnen Arme, um ihrer Balance zusätzlich Halt zu geben. Sie küssen sich — sie kusseln sich. Ihre Berührung scheint sich in einer Plasmafrucht zu materialisieren, als ob sie an ihr knabbern würden.

Aus dem Fuß des Baumes wächst ein Ohr heraus, es wölbt sich um ein Auge herum. Der Baumstamm ist fast bis oben gespalten und gibt den Blick frei auf einen See. Im Schaft dieses Spalts wird eine Halbkugel sichtbar, die bedrohlich rot erstrahlt.

Das alles verheißt keinen stabilen Ort für den zärtlichen Austausch dieser Zwei. Sie sind in einer heiklen Lage. Auch hört und sieht hier ›jemand‹ zu. Ist es die Öffentlichkeit? Hier wird so offensichtlich gelauscht und gespäht, am Fundament der Existenz dieser beiden.

Das Bild ist im Jahr 1966 begonnen und im Herbst fertiggestellt worden. Es war das Jahr, als Siegbert auf Peter traf. Er hat es ihm geschenkt. Befragt, warum er dieses Bild überhaupt gemalt und so gestaltet habe, konnte er keine Antwort geben.

36

Aus einem Vogelleben

1994

65 x 85 cm, Öl auf Leinwand auf Holz

Ein weiteres Partner-Bild. Auf einem Steinsockel, herausgehoben aus der Landschaft, feiern zwei Vögel ihre Zärtlichkeit.

Siegbert Hahn geht es in seiner Malerei nicht um die bloße Wiedergabe der Natur.
Zwar sieht man die vertrauten Dinge — einen Vogel oder Fisch, Bäume, Blätter
und Steine, den Himmel und die Erde. Es bereitet keine Schwierigkeiten, diese
Gegenstände zu erkennen und zu benennen. Alles scheint real. Aber doch nicht
ganz. Etwas Hintergründiges, ein Geheimnis leuchtet hinter der Schönheit der
gemalten Natur auf. Seine Bilder haben Bezug zum Menschen in einem ganz direkten Sinn: Sie sind Auseinandersetzungen mit dem Menschen und seiner Existenz.
Denn die Landschaften und Grotten, die Bäume und Tiere sind nicht als Abbild der
Natur aufgefaßt und sind auch nicht lediglich schöne Variationen zu unserer vor-
gefundenen Umwelt. Sie zeigen vielmehr Urgegebenheiten des Lebens, wie zum
Beispiel: die Einbindung des Menschen in den Fluß des Lebens; daß der Mensch
Teil der Natur ist und er sich in ihr wiederfinden kann; das Werden und Vergehen;
das ununterbrochene Fließen der Lebensströme; die menschlichen Gefährdungen
mit dem Leid; die Schönheit und Einmaligkeit des Lebens; das Staunen vor der
Polarität der Existenz; und schließlich, die Berührung, die Begegnung des Menschen
mit der Übernatur, mit Gott. In seinem Werk von bisher fünfhundert Bildern hat
Siegbert Hahn vielfältige Beispiele hierfür gegeben.

Er zeigt diese Phänomene, indem er durch Komposition und Detailausführung eine
Überwirklichkeit durchscheinen läßt — das Thema umspielend, nie eindeutig artiku-
liert oder gar pointiert.

Breslauer Kindheit

Wäre der Vater von Peter zu einem seiner Berufskollegen nicht so hilfsbereit gewesen, hätte es seinen Sohn nicht gegeben – oder zumindest nicht als Kind dieses Vaters.

Es war während des 1. Weltkrieges. Im technischen Dienst der Reichsbahn tätig, mußte der Vater als Lokomotivführer Militärzüge an die Westfront fahren. Viele solcher Transporte mit Soldaten, Kriegsgerät oder Munition waren täglich unterwegs. Ein Berufskollege hatte gerade geheiratet und bat den Vater, ihre beiden Fahraufträge zu tauschen, damit er seinen Hochzeitsurlaub früher antreten könnte. Wie kann man einem Jungvermählten diese Bitte abschlagen? So wurde dieser für den voranfahrenden Eisenbahnzug eingeteilt. Der Zug war mit Munition beladen und wurde bombardiert. Er flog in die Luft – die Hochzeitsreise war hinfällig geworden. Der Vater sah von Ferne, vom nachfolgenden Zug aus, die Explosion und erkannte mit Entsetzen, welches Schicksal seinen Freund getroffen hat und ihm erspart geblieben ist. Das Leben des jungen Hochzeiters war abgebrochen, der Tod des Vaters aufgeschoben.[11] Er hatte darum gebeten, gerade diesen früheren Zug fahren zu dürfen. Kein Gefühl hatte ihn gewarnt, es bei der vorgesehenen Zugeinteilung zu belassen. Warum hatte er sich den Todeszug selbst gewählt und seinem Freund, dem Vater von Peter, so das Weiterleben ermöglicht? Ratlos steht man vor dieser Frage.

Als dem Vater das passierte, war er ein junger Mann von Anfang dreißig. Nur noch fünfzehn Jahre hatte auch er zu leben. Was ist vom Wissen über den Vater übriggeblieben? Er zeigte dem Dreijährigen, der auf seinen Schultern ritt, den Mond, wie er ihnen am wolkenlosen Himmel immer und überall hin zu folgen schien, um Straßenecken herum, über die Bäume hinweg. Und dann verwöhnte der Vater den Dreikäsehoch mit »Mottes«, wie dieser aus unerfindlichen Gründen alles Kakaohaltige nannte. Das war die Ouvertüre zu einer Leidenschaft, die ein Leben lang währen sollte.

Zu schnell kam Vaters Tod. In der Nikolausnacht des Jahres 1933 starb er an Herzinfarkt. Der in der Wohnung aufgebahrte Sarg wurde nach drei Tagen geschlossen. Peter durfte an der Beerdigung nicht teilnehmen, vielleicht weil er noch zu klein war. Der Trauerzug setzte sich in Bewegung.[12] Eine Hausgehilfin nahm den Vierjährigen auf den Arm und zeigte ihm von oben durch die Fenster den baldachinartigen Leichenwagen, von Pferden gezogen und gefolgt von einer großen Schar schwarz gekleideter Fußgänger. Es war ein düsteres Gemälde: eine schwarze Kolonne auf strahlend weißem Schnee unter kahlen Bäumen. »Dort fährt dein Vati«, sie deutete mit der rechten Hand auf den Zug. Es verging Minute um Minute, ehe die Kolonne aus dem Blickfeld verschwunden war. Es waren Minuten, die dem kleinen Peter das Bild des Trauerzuges eingebrannt haben. Natürlich hatte er nichts wirklich begriffen. Denn zu Weihnachten wollte er den Vati wieder abholen gehen und forderte die Mutti auf, endlich nicht mehr zu flennen. Sie solle ihn lieber zum Friedhof[13] begleiten. Als sich dies schließlich als aussichtslos erwies, drängte er die Mutter, dann doch Geld einzustecken und in der Stadt einen neuen Vati zu kaufen.

Seinen Vater, der mit Vornamen Paul hieß, hat Peter nie ›erlebt‹. Er soll ein tatkräftiger, sehr geselliger Mann voll praktischer Lebenseinstellung und mit großem Einfallsreichtum gewesen sein. Er hätte Peter bestimmt in der Jugend leiten können. Er hat Peter gefehlt, zumindest glaubt er das. Gelungene Vater-Sohn-Beziehungen hat er im Freundeskreis erlebt. Vielleicht verklären diese guten Beispiele den Mangel, den er empfand. Es hätte schön sein können – vielleicht. Das Schicksal hat es nicht gewollt.

Die Eltern hatten eine glückliche Ehe geführt, nur neun Jahre kurz. Zwei reife Menschen hatten sich gefunden, beide resolut, was manchmal zu wortkräftigen Dialogen geführt haben soll. Aber das tat ihrer tiefen Harmonie und Liebe keinen Abbruch. Ihre Hochzeitsreise ging über Nürnberg, München nach Innsbruck und Tirol, für damalige Zeit eine viel bestaunte Sensation, weil so weit.

Es blieb nicht bei diesem ersten Toten in der Familie. Schon sieben Jahre später starb der vier Jahre ältere Bruder Hanns.[14] Beim Sportunterricht traf ihn ein heftiger Fußballschlag an der rechten Wade. Hanns war hart im Nehmen, aber er weinte unsäglich. Der Arzt behandelte ihn auf Sehnenzerrung und legte einen Gipsverband an. Nach kurzer Zeit spannte der Umschlag. Eine Röntgenaufnahme ergab eine Geschwulst im Bindegewebe, schnellwachsend. In einer Operation wurde das Sarkom entfernt, aber der Krebs war bereits metastasiert. Hanns ist reif geworden durch Krankheit, er wurde zusehends älter. Peter betreute ihn am Bett und hat als Elfjähriger das ganze Elend eines so frühen Sterbens natürlich nicht begriffen. Einige Verwandte waren versammelt, der Priester kam, die Sterbekerze brannte. Man betete und hoffte trotz aller Einsicht auf das Wunder. Jeder nahm Abschied von Hanns, Peter auch und ergriff seine Hand. Er nickte nur und verschied. Einen Tag vor Heiligabend im Jahr 1940 wurde er neben seinem Vater beerdigt.

Peter war jetzt mit seiner Mutter allein. Durch die gute Rente von der Reichsbahn ging es ihr nicht schlecht. Sie war immer großzügig und freigebig. Schon vorher konnte er als Kind in der benachbarten Konditorei kaufen, was er wollte. Liebesknochen, wie die Eclairs hießen, und Napoleonsschnitten waren seine Favoriten. Alles wurde angeschrieben, und die Mutter beglich seinen täglichen Verzehr, zu dem er auch Freunde einlud, bei ihrem nächsten Einkauf. Jetzt, nach dem Tod von Hanns, wurde ihre Zuwendung noch größer. Alle ihre

Liebe galt jetzt ihm. Sie hat ihn verwöhnt, sie hat ihm jeden Wunsch erfüllt. Das Taschengeld floß reichlich. Aber sie konnte natürlich das männlich-väterliche Moment nicht ersetzen. Die Mutter hat nicht wieder geheiratet, obwohl sie Heiratsanträge bekam. Sie meinte, daß sich ihr verstorbenes Glück nicht wiederholen ließe. Aber wahrscheinlich waren es eher eine gewisse Herbheit und Dominanz in ihrem Charakter, die sich dem männlichen Gegenüber nicht leicht öffneten.

Direkt nach der Entbindung soll Peter alle Umstehenden angestrahlt haben, vielleicht so, als wollte er sagen: ›Hoppla, ich bin angekommen. Auf dieses Abenteuer meines Lebens freu' ich mich.‹ Von seinem ungewöhnlichen Begrüßungslachen hat ihm auch die Großmutter als Augenzeugin später mit Verwunderung berichtet. Doch die Mutter war enttäuscht, in zweifacher Hinsicht, wie sie dies in ihrer zuweilen direkten Art Peter später kundtat. Er war ein Blondschopf, was ihr gar nicht gefiel. Das hellblonde Haar dunkelte erst in der Jugend etwas nach. Sie hatte das schwarzbraune Haar von Hanns lieber, wie sie überhaupt dem Erstgeborenen bis zu dessen Tod den Vorzug zu geben schien. Vielleicht lag das auch daran, daß die Eltern als zweites Kind ein Mädchen erhofft hatten. Sogar auf deren Vornamen hatten sie sich schon geeinigt. Über einen Jungennamen sei vorher nie gesprochen worden.

Peters älterer Bruder Hanns war zehn Jahre alt und gerade als Sextaner auf dem Matthias-Gymnasium eingeschult worden. Er gehörte zu einer Jugendgruppe in der von Jesuiten geleiteten St.-Ignatius-Kirche. Während der Sommerferien fuhren die Jungen jedes Jahr nach Leonhardwitz, in der Nähe von Breslau, wo ein schlichtes, großes Landhaus, ein weiter See und ein tiefer Wald Abwechslungen für Spiel und Wanderung boten. Die Mutter hatte die Gruppe stets großzügig mit Spenden bedacht, so daß auch der kleine Peter, der an sich viel zu jung war, Hanns dorthin begleiten konnte. Peter kann sich nicht daran erinnern, aber über ihn berichtet die ›Kleine Chronik der IG‹: »Es war in Leonhardwitz um die Mitternachtszeit vor dem Landhaus. Einzeln werden unsere Jüngsten durch den sagenhaften Geisterwald geschickt, ›Mutprobe‹, wie man das nannte. Peter, der sechsjährige Bruder eines Sextaners, will unbedingt auch das Erlebnis eines Gespenstes haben. Im tiefen Dunkel des Waldes begegnet ihm nun auch eine solch schauerliche Gestalt und versperrt ihm den Weg. Doch Peter sagt: ›Grüß Gott, du liebes Gespenst, laß mich bitte durch, ich bin doch nur der kleine Peter!‹«[15] Dieser arglose, vertrauensvolle Umgang mit dem Numinosen gelingt wohl nur dem Kind.

Nach dem Kindergarten besuchte Peter zunächst die Volksschule auf der Yorkstraße. Von der neuen Wohnung Herderstraße 9 war es nur ein Fußweg von zehn Minuten.[16] Manchmal hatte er irgendwelche kindlichen Probleme und wollte nicht zur Schule gehen. Die Mutter ging ihm hinterher und entdeckte ihn in Hauseingängen, weinend. Sie hat ihn mit Trost bedacht und in die Klasse begleitet. Geweint hat er auch, als ein Klassenkamerad mit seiner Familie nach Nürnberg wegzog und als der Musiklehrer, der Flöte spielte, die Schule wechselte. Aus Sympathie wollte er auch eine Blockflöte haben. Aber ohne den Lehrer, den er liebte, war die Motivation schnell verflogen.

Ein tragisches Erlebnis hat nachhaltig auf den neunjährigen Peter gewirkt. Zu einer Nachmittagsvorstellung im Zirkus Busch zog die Yorkschule geschlossen hin.[17] Das übliche Programm lief ab: Clownerie, Jonglieren, die Hohe Schule des Reitens, Seiltanz und der obligatorische Zauberkünstler. Mit großen und hungrigen Augen verfolgten die Kinder die zirzensischen Darbietungen. Sie waren ausgelassen und lachten. Schlag auf Schlag folgten die Sensationen. Die Dressurnummern mit Elefanten und Löwen waren gerade beendet, und die Käfiggitter rund um die Manege wurden abgebaut. Zur Ablenkung von diesem hektischen Treiben am Boden stand die nächste Attraktion an: Eine Trapezschaukel senkte sich aus der Zirkuskuppel auf den Boden, eine Akrobatin, gekleidet in ein buntes Trikot, ergriff den Holm und ließ sich nach oben in die Zirkuskuppel ziehen. Sie vollführte ihre gewagten Figuren und Saltos, vorlings und rücklings. Ihre rasant schnellen Kreuzwellen waren atemberaubend. Die jahrelange Praxis bewies Könnerschaft und Perfektion. Doch das Schicksal wollte es diesmal anders. Was sie immer beherrschte, diesmal während eines Bruchteils einer Sekunde war sie unkonzentriert. Oder hatte sie einen Schwächeanfall? Sie verfehlte einen Griff, fand keinen Halt und stürzte ab. Ein Schrei aus ihrem Mund, ein Aufschrei der Kinder. Ein Netz war nicht gespannt. Dumpf schlägt der Körper auf den Manegesand, reglos liegt er am Boden, das Licht erlöscht. Aber man sieht, die livrierten Pagen rennen herbei, eine Decke, eine Bahre, sie wird hinausgetragen. Das Licht geht an, die Musikkapelle schmettert wieder ihre lustigen Weisen ins Rund, lauter als bisher, die Schau geht weiter. Sie sei verletzt und außer Lebensgefahr, beruhigte eine Durchsage über den Lautsprecher. Doch mit der Aufmerksamkeit war es vorbei. Sie sei Französin gewesen, mit Namen Denise Cancel, der Leichnam werde in ihre Heimat überführt, so hatte tags darauf die Zeitung in banaler Kürze berichtet. Mit so wenigen Zeilen wurde dieses aufwühlende Erlebnis des miterlebten Todes abgehandelt. Peter war erschüttert über die panische Verdrängung des Mißgeschicks. Auch in der Schule sollte nicht mehr darüber gesprochen werden.

Peter mag vielleicht elf Jahre alt gewesen sein, als er ein inneres Erlebnis hatte, das sich ihm mit seltsamer Nachdenklichkeit immer wieder in die Erinnerung drängen sollte. Er war allein zu Fuß unterwegs in der Nähe des Kärrnerberges, der den Kindern im Süden Breslaus als Rodelabfahrt diente.[18] Es war Nachmittag, ein heißer Sommertag. Peter war leicht gekleidet, kurze Hose, ein dünnes Hemd. Der warme Wind strich über den Körper. Insekten schwirrten in der Luft, die satt und geschwängert voll der Düfte des Hochsommers war. Am Kärrnerberg läuft ein erhöhter Bahndamm entlang, auf dem ab und zu Güterzüge langsam vorbeiziehen.

Ein Knabe zwischen zehn und zwölf Jahren, wie Peter es war, ist zwar schon aus der Kindheit heraus, aber auch noch nicht der

46

Jugendliche, bei dem der rasante Zuwachs an Verstandeskraft und Körperstärke zum vitalen Erlebnis wird. Auch der sexuelle Sturm und Drang der Pubertät schüttelt ihn noch nicht. Vielmehr zeichnet ihn eine gewisse Zartheit, ephebenartig, und eine Verspieltheit aus. Gerade in dieser ersten Phase seines Lebens, in der sich der Knabe extrovertiert nach außen wendet sowie auf innere und äußere Entdeckungsreisen geht, reagiert er empfänglich und feinfühlig auf die Umwelt.[19]

Peter legt sich in das hohe Gras des Bahndamms und döst. Er liegt auf dem Bauch, den Kopf in die Hände gestützt. Ein Eisenbahnzug zockelt heran. Die Lokomotive prustet in rhythmischen, ratternden Stößen schwarze Rauchwolken heraus, vermischt mit weißem Wasserdampf. Der Wind trägt diesen eigentümlichen Geruch heran, der so schön nach Fahrt und Ferne riecht. Er hat diesen sehnsuchtsfernen Duft immer geliebt. Keuchend schleppt sich der Zug heran. Der warme Sommerwind badet Peters Körper. Haut und Luft werden eins. Er liegt zwischen den hohen Gräsern, die Erde trägt ihn und er läßt sich tragen. Versonnen betrachtet er den langsam vorbeifahrenden Zug, riecht die Ferne und wird sich in eigentümlicher Weise seines beginnenden Lebens inne. Es erfaßt ihn, so jung er auch ist, ein tiefes Gefühl kosmischer Einheit, seines Eingeflochtenseins in den Lauf des umfassenden Lebens, als Teil einer ewigen Existenz. Alles ist, wie es ist. Gleichzeitig spürt er, so vage und konturenlos es in diesem Alter geschieht, das dunkle, tastende Beginnen des eigenen Lebens, das nach allen Seiten einer Entwicklung hin offen ist. Er ist jung, auch noch klein. Er kennt die älteren stärkeren Jugendlichen, die erwachsenen großen Männer. Das wird auch seine Zukunft werden, das fühlt er, abwartend, zögernd und sehnsuchtsvoll. Was wird ihm das Leben bringen? Was erwartet ihn? Aber diese Frage stellt sich nicht deutlich. Es ist eher die Antwort darauf, die in der Luft dieses Nachmittags und dieser Stimmung liegt: Sein beginnendes Leben, es ist Teil eines ewigen, geplanten Geschehens, er kann es nur staunend und mutig mitvollführen. Peter bekommt, hingestreckt auf diesem belanglosen Stück Erde, eine erste Ahnung von der Nichtigkeit, der völligen Belanglosigkeit seiner Person im Universum dieser Schöpfung. Er sieht: Der Zug kommt heran und begegnet ihm – das war es; der Zug entfernt sich – das ist es. Im Sinnbild wird ihm der Eisenbahnzug, sein Herannahen, sein gemächliches Vorbeifahren und sein Verschwinden zum Ereignis des eigenen Lebens. Er läßt den Kopf fallen, schließt die Augen und öffnet sich dem, was sich ihm zeigen will – er kam lange nicht aus dem Gras hoch. Er spürte, daß ihm gerade eine tiefe Einsicht zuteil geworden war. Es war, als hätte ein Engel ihn auf eine Anhöhe geführt und ihm einen Ausblick über die Landschaft des Lebens eröffnet. Er hatte ihm einen Weg gezeigt, auf dem das Leben zu durchschreiten wäre. Es war ein Angebot.

Peter stand auf. Das Erlebnis war vorbei, aber es hat sich ihm tief eingeprägt. Er hat erfahren, belangloser – und gleichzeitig singulärer – Teil der Schöpfung zu sein, das Leben durchquerend, irgendwoher, irgendwohin. Ein vorbeifahrender Zug hat ihm als Sinnbild die Ahnung vermittelt: So geht das Leben – so vergeht die Zeit! Er ist bei anderen Gelegenheiten noch oft mit dieser Erfahrung konfrontiert worden. Sie hat ihm einen Tiefblick geschenkt, der ihn früh hinderte, sich an das Banale und Triviale des Lebens zu vergeuden. Gerade in den schönsten Augenblicken hat ihn diese Erfahrung berührt. Ein ausgelassenes Fest war im Gange. Er fand immer Gelegenheit, sich für kurze Zeit von dem Treiben zu entfernen, die Musik war noch leise zu hören – und er sah sich als Knabe am Kärrnerberg, dem Eisenbahnzug nachschauend. Oder es war während der Pause einer besonders glanzvollen Opernaufführung. Oder, inmitten eines Festmahls mit Freunden schlich er sich für eine Weile fort und ließ, ganz für sich allein, die Bilder wieder aufsteigen. Immer kam er innerlich verwandelt zurück, kaum jemand hat es bemerkt. Er war heiterer und nachdenklicher, spielerischer und ernster geworden.

Mit zehn Jahren mußte er im ›Jungvolk‹ der Hitlerjugend mitmachen. Da gab es kein Wenn und Aber. Mittwochs und samstags um 15 Uhr hieß es regelmäßig zum Dienst antreten. Für drei Stunden wurde die Zeit vertan mit Marschieren, Lieder lernen und Unterweisungen anhören. So begannen – ähnlich wie später in der DDR – schon von früher Jugend an die Indoktrination des Regimes und die Vorbereitung auf das Militär. Es war infam. Hatte der Fähnleinführer, der selbst nur etwa drei Jahre älter war, keine gute Laune, hat er seine Pimpfe mit Liegestützen und Geländerobben schikaniert. Ein Dauerlauf brachte ihn selbst ins Schwitzen, es sei denn, er hat die Jungen in einem weiten Kreis um sich herum gehetzt.[20]

Es war eine demütigende, Anpassung erzwingende Erfahrung. Dies um so mehr, als das Elternhaus gegen das Regime eingestellt war. Man durfte nicht auffallen, wollte man Nachteile vermeiden. Man durfte nicht anecken, wollte man sich einen störungsfreien Privatbereich erhoffen. Auch fehlte der väterliche Schutz. Die Mutter war treue Katholikin, ohne alles, was von der Hierarchie kam, gutzuheißen. Sie konnte gegenteilige Ansichten gegenüber dem Klerus durchaus dezidiert vertreten. Ihre Mutter, also Peters Großmutter[21], ging frühmorgens zur Sieben-Uhr-Messe in die schräg gegenüberliegende Caroluskirche. Sie hatte ihren Stammplatz beim Aufgang zur Kanzel.[22] Im Winter trug sie eine kleine Petroleumlampe, die aus Gründen des Luftschutzes abgeblendet war und daher nur dürftig den Weg erleuchtete. Von NS-Parteileuten wurde sie schon mal wegen des Kirchgangs angepöbelt, aber sie meinte nur: »Mi ahl Fru wern se nimma ändern.«

Peter war Ministrant in dieser Kirche. Er hat es gern gemacht: den lateinischen Text und die Handreichungen beherrschen, die Schellen läuten, das Weihrauchfaß schwingen. Irgendwie verlieh dieses Amt eine gewisse Prominenz. Man wurde beachtet. Vor den Augen vieler, manchmal Hunderter von Menschen, durfte man agieren und sogar unmittelbarer an dem sakralen Akt teilnehmen. So entwickelte sich bei ihm ganz von selbst eine Verehrung des Numinosen. Die guten Vorbilder, die er erlebte, waren maßgebend.

Er gehörte dann, wie schon vorher sein verstorbener Bruder, einer Ignatius-Jugendgruppe an. Kundige wußten, daß dies eine Gruppe gleichgesinnter katholischer Jugendlicher war, die in Opposition zum NS-Regime standen. Mehr als ein religiös verbrämtes Zusammensein, Spielen, Singen wurde von der allgegenwärtigen Gestapo nicht toleriert. Peter hat sich unter gleichgesinnten jugendlichen Kerlen, die alle irgendwie Schneid kultivierten, wohl gefühlt. Man trug, selbst im strengsten Winter, kurze Hosen, auch wenn die Knie blau anliefen. Daß man fror, hätte man nie zugegeben. Das schönste Erlebnis war im Sommer 1943 ein Zeltlager in Koblitzbach im Glatzer Kessel[23]. Heimlich mußte angereist werden. Peter legte dort die ›Knappenprüfung‹ ab. Er durfte dann am schwarzen Ledergürtel eine schwarze Schuhzwecke tragen, die nicht auffallen sollte. Indes als Erkennungszeichen war sie überflüssig, denn man kannte sich sowieso untereinander. Die Prüfung, unter anderem Kenntnis von einhundert Fahrten- und Jugendliedern mit allen Strophen, nahmen ältere Jungen ab.

Die Mutter war reiselustig und hat diesen Reisetrieb an Peter weitergereicht. Die erste Fahrt machte er als Säugling zu den Großeltern des Vaters nach Trebnitz. Sie wollten den neugeborenen Enkel in Augenschein nehmen. Zum Schlaf wurde er in das Bett der Großmutter gelegt. Plötzlich gab es einen Knall. Man stürzte nach oben. Die Matratze des Bettes war auf den Boden durchgebrochen, das Wickelkind aber wohlauf. Es gab noch viele Reisen nach Trebnitz zu den Verwandten des Vaters, auch nach dessen Tod, teils mit der Kleinbahn, teils mit dem Auto. Ein neuer Ford war bestellt und sollte kurz nach dem Ableben des Vaters ausgeliefert werden. Aber die Mutter hat ihn zurückgehen lassen. Sie nahm Peter zu Reisen mit nach Waldenburg und zu den Wallfahrtsorten Wartha und Albendorf. Als Hanns noch lebte, verbrachten sie einmal die Ostertage in einem Sanatorium in Krummhübel im Riesengebirge. Von dem Fußmarsch auf die Schneekoppe ist Peter, vielleicht sieben Jahre alt, keine Erinnerung geblieben, doch an den Kellner mit den weißen

Handschuhen, der »für den Kleinen« nur eine halbe Portion des Menüs empfahl und ihm eine erhöhende Unterlage auf den Stuhl gelegt, damit er die Tischkante erreichte.

In die Idylle einer schönen, wenn auch durch Todesfälle getrübten Kindheit erschien plötzlich ein Menetekel am Himmel, das nichts Gutes verhieß. Es war am 25. Januar 1938, da verfärbte sich an einem Nachmittag das Firmament über ganz Europa in ein blutiges Rot.[24] Es war, als ob über den Himmel ein blutgetränktes Gazetuch gezogen sei. Es war ein Purpurrot von phosphoreszierender Transparenz. Das Tageslicht insgesamt verfärbte sich rötlich. Man merkte es selbst in den Räumen. Die Leute stürzten nach draußen. Verwundert starrten sie die Straßen entlang, die Köpfe nach oben. Der Reiz des Neuen, die freudige Überraschung, wie etwa bei dem Fall von Sternschnuppen, wollte sich nicht vermitteln. Es legte sich etwas Angstvolles über die Gemüter. Die rote Farbe wühlt auf, sie attackiert, sie schenkt keinen Frieden. Peters Großmutter sagte nur einen Satz, der dem Enkel unvergessen ist, weil er damals so unverständlich war: »Kinder, wir bekommen Krieg – einen schrecklichen«.

War die Großmutter hellsichtig? Beileibe nicht. Aber sie hatte als einfache Frau, die an Politik und dem Weltgeschehen kein Interesse zeigte, ein ungetrübtes Auge und einen schlichten Tiefblick für das bisher noch nie Gesehene. Sie erblickte darin eine Botschaft, und sie äußerte diese so unbekümmert, wie sie war. Viele Menschen standen auf der Straße. Umstehende hörten die Großmutter. Man diskutierte. Die einen wurden nachdenklich und still. Die anderen, wie auch sonst, schenkten der Himmelserscheinung keine Beachtung. Sie schauten hin und schauten weg. Umtriebig und ärgerlich ließen sie sich nicht unterbrechen. Das Gespür für das Besondere ist ihnen nicht gegeben, sie haben sich auch nie darum bemüht.

Die Musik wurde im Elternhaus geliebt, vielleicht gerade weil die Mutter so total unmusikalisch war. Es war eine Qual, ihr beim Singen zuzuhören. Jeder dritte Ton saß falsch. Der Vater soll eine sehr gute Gesangsstimme gehabt haben und hat diese Gabe vielleicht an seinen

Sohn Peter weitergereicht. Musik wurde im Elternhaus viel gehört, mit den beiden gängigen Mitteln, welche die damalige Zeit bot: Schallplatten und Radio. Konzerte waren rar.

In die Welt der Oper hat die Mutter den Sohn Peter mit einer *Tour de force* eingeführt. Am Karfreitag, er war zwölf Jahre alt, hatten sie exzellente Plätze in der Breslauer Oper und sahen den ›Parsifal‹.[25] Peter war so aufgewühlt, daß er die ganze Nacht nicht schlafen konnte. Er setzte sich hin und brachte irgend etwas Euphorisches zu Papier. Es erscheint gar nicht so verkehrt, ein neues Angebot von Lebenserfahrung in einem Blitzschlag aufleuchten zu lassen, auch wenn man nur geblendet ist und kaum etwas durchschauen kann. Springt dann der Funke über, kann der Blitz den ganzen Menschen in Flammen setzen. Genau darauf kommt es an, bei jedem ›ersten Mal‹. Oder der Blitz zündet nicht, man bleibt ungetroffen und um eine Erfahrung ärmer. Peters Augen und Sinne waren geblendet. So ist er in die Welt der Oper eingeführt worden. Er ist bis heute nicht von ihr losgekommen. Und gerade auch seine Faszination für Richard Wagner ist ungeschmälert geblieben. Zu zwei weiteren Aufführungen veranlaßte er dann seinerseits die Mutter mitzugehen. Es waren der ›Freischütz‹ und ein anderes Bühnenwerk. Beide aber reichten an das kleine Seelenbeben des ›Parsifal‹ nicht heran. Das Breslauer Opernhaus hatte einen vorzüglichen Ruf und galt als Sprungbrett zu den Berliner Bühnen.

Der Bruder Hanns bekam Cellounterricht und übte fleißig auf seinem Instrument. Peter hat das nicht sonderlich gemocht und litt unter der Kakophonie des Übens. Welch eine Mühe, ehe aus dem schmirgelnden Quietschen die schönen satten Volltöne wurden. Peter selbst ging ab dem achten Lebensjahr zweimal in der Woche zum Klavierunterricht. Heiligabend brachte er seiner Mutter als Weihnachtsgeschenk die Fortschritte des letzten Jahres zu Gehör. Sie sah, daß die Unterrichtskosten nicht vergebens investiert waren, und die Lehrerin war zufrieden. Er schaffte es bis zu Beethoven-Sonaten. Dann stand der Einmarsch der sowjetischen Truppen in Deutschland bevor, und das Kriegsende war nahe. Peter hat mit fortschreitender Aneignung das Klavierspielen geliebt, ebenso wie den Gesang. Er brachte für beides eine gute Begabung mit. Daß daraus nichts wurde, gehört zu den tragischen Nachwirkungen der Vertreibung, über die noch berichtet wird.

Peter hatte eine klare Singstimme im schönsten Knabensopran. Sie war wunderbar anzuhören. Während der Gottesdienste und zu Andachten hat er oft solo gesungen. Immer wieder wurde er dazu aufgefordert. Volumen und Ausdruck seiner Stimme waren beachtlich. Vom Blatt zu singen bereitete keine Schwierigkeiten. Es hat ihm auch Spaß gemacht. Der Leiter des Domchores hörte ihn und bat die Mutter, ihn in das Internat für den Domchor zu geben. Aber sie hat sich geweigert. Sie hatte von ihrem Standpunkt aus recht. Sie wäre dann ja allein gewesen. Doch Peter hätte es zur Besserung seiner schulischen Leistungen sicherlich gutgetan.

Das Matthias-Gymnasium, auf das er mit dem zehnten Lebensjahr Ostern 1939 kam, war eine Herausforderung, die er nur zum Teil bestanden hat.[26] Das Lernen fiel ihm leicht, und er war vielseitig interessiert. Aber es fehlte die Motivation für die Schule. Sie wird in einem entsprechenden Elternhaus oder seitens der Geschwister vermittelt. Es gab nie die Ansprache, daß und wofür das Lernen so wichtig sei, und es gab keine erlebbaren Vorbilder in der Familie oder dem näheren Umfeld, die zur Nachahmung angeregt hätten. Es war Krieg, der Vater war tot, der ältere Bruder verstorben. Die Mutter hatte andere Sorgen, sie war auch sehr krank und kümmerte sich nicht um seine schulischen Hausarbeiten. Er sollte eine gute Zukunft haben, das war der Ehrgeiz der Mutter und des verstorbenen Vaters. Deshalb wurde er auf das Matthias-Gymnasium geschickt, das in Schlesien über das beste Renommee verfügte. Latein und Altgriechisch waren Schwerpunkte. Die Anforderungen waren sehr hoch, und nur mit intensivster Hausarbeit konnte das Pensum bewältigt werden. Aber dafür fehlte der Ansporn. Er war verträumt und unmotiviert. Natürlich blieb er einmal sitzen.[27]

Zu manchem Leichtsinn wurde er von Klassenkameraden angestiftet. Es war in der ersten Klasse. Auf der Oder schwammen träge
mächtige Eisschollen, die zu einer Balancetour lockten. Einem anderen gelang der Wackeltrip auf der Eisscholle von einer Böschungs-
treppe zur nächsten. Peter fiel natürlich ins eisige Wasser. Nicht daß
er ein Tolpatsch war, gerade das nicht. Doch welche kleine Eisscholle, wenn auch nur langsam treibend, trägt schon stabil? In zwei,
drei Zügen erreichte er die Stufen, aber er triefte aus Anzug und
Mantel. So konnte er sich nicht nach Hause wagen. Er hatte Glück,
ein altes Mütterlein erbarmte sich und versuchte, die Kleidung über
einem Kohleofen zu trocknen. In einem heutigen Wäschetrockner
wäre das in einer knappen Stunde erledigt gewesen, nicht aber
über einem Herd. Er hatte keine andere Wahl, er mußte mit feuchter
Kleidung zurück. Das fiel auf, und der Husten tat ein übriges. Die
Mutter überhäufte ihn mit Vorwürfen und hat ihm ordentlich die
Leviten gelesen. Der ›Rein‹fall war lehrreich. Sollte man nicht das
Maß des eigenen Leichtsinns, ob des selbst inszenierten oder ange-
stifteten, möglichst in früher Jugend austesten? Es hilft vielleicht,
daß man die großen Brocken an Leichtsinn, die auf dem späteren
Lebensweg querliegen, vorher erkennt und überspringen kann. Der
Schreck saß tief. Peter besaß eine frische Spontaneität. Es dauerte
lange, ehe er eine gewisse Vorsicht, die nicht lähmt, eingeübt hatte.
Aber selbst heute gibt es die Ausrutscher.

Der eine oder andere Spaß, den er inszenierte, soll das illustrieren.
Einer hätte ihm beinahe sein Augenlicht gekostet. Er war schon
immer wißbegierig und wollte Geheimnisse lüften. »Was mag nur im
Bauch des Schaukelpferdes sein«, fragte er sich, vielleicht fünf Jahre
alt. Also wurde, zum Entsetzen der Anwesenden, der schöne Schweif-
schwanz seines Schaukelpferdes herausgerissen. Schließlich kann
man ihn ja wieder festkleben. Das Innenleben des kleinen Ponys war
also nur Sägemehl, was festzustellen sich gelohnt hatte. Seine Neugier
war befriedigt. Siebenjährig war er dann von dem Zauberkünstler
Kassner, der im Liebich-Theater[28] seine erstaunlichen Illusionen

darbot, so begeistert, daß er dem ›lieben Onkel Kassner‹ schrieb: Er glaube, einen Trick durchschaut zu haben, und wolle in seine Fußstapfen treten. Der Meister hat ihm handschriftlich sehr lieb geantwortet und ihm ›gute Aussichten verheißen‹. Es war die erste Korrespondenz in Peters Leben. Später hat er sich, 13jährig, mit einigem Geld der Mutter ein kleines Chemielabor aufgebaut. Nach Anleitung kluger Bücher hat er in gewagten Montagen von Retorten und Kühlapparaten Brom ausgefällt und, mit Azeton versetzt, ein wirkungsvolles Tränengas hergestellt. Auch Knallkörper entstanden in seiner Hexenküche. Beides hat er in der Schulklasse mit Erfolg verscherbelt. Als Mitschüler die brisanten Mischungen in der Klasse einsetzten, wurde ihm die Sache zu brenzlig, und er experimentierte nur noch zur eigenen Anwendung. Bei einem Versuch mit Phosphor – gottlob, auf dem Fensterbrett – ging die Mixtur in kurzer Entfernung von seinem Gesicht hoch und versengte ihm Kopfhaar und Augenbrauen. Nur weil er eine Brille trug, wurden seine Augen verschont. Der Explosionsknall war weit zu hören, die Stichflamme fiel bei Tageslicht nicht weiter auf. Der Schrecken war groß. Der Arzt kam. Er mußte ins Bett. Auf die Klassenarbeit in Mathematik, die er immer gern geschrieben hat, mußte er an diesem Nachmittag verzichten.

Peters Konstitution war nicht die beste. Er war als Knabe zart. Die Mutter nannte ihn »Mein Derglich«.[29] Er wirkte nie robust oder körperlich vital. Ab dem zehnten Lebensjahr mußte er eine stärkere Brille tragen, weil er kurzsichtig war – eine Behinderung, unter der er als Jugendlicher stets gelitten hat. Sein niedriger Blutdruck hat ihm so manche Überraschung hingeknallt. So wurde er aus heiterem Himmel vor dem Grab seines Großvaters ohnmächtig und legte sich flach über den Grabhügel. Oder er ministrierte gerade bei einer Beerdigung und hielt einen Leuchter mit brennender Kerze. Er merkte wieder nichts im voraus. Plötzlich war es passiert: Er knallte, steif wie ein Brett, mit Getöse nach vorn hin und blieb erst einmal liegen. Die Brille war verbogen, das Gesicht lädiert. So bekam die

Trauergemeinde zu ihrem Schmerz auch noch einen gehörigen Schreck geliefert. Dieses Gefühl einer labilen körperlichen Verfassung ist Peter nie ganz losgeworden. Daß er im Schwimmen den Zweistundenschein errang, zumal das Wasser so frostig war, mutet wie eine unverfrorene Herausforderung seiner Gesundheit an.

Natürlich meldete sich schon früh die Sexualität. War er vier oder fünf Jahre alt? Es war auf einem großen Familienfest. Irgendwie war er mal wieder erkenntnissüchtig und wollte sehen, wie ein anderer gleichaltriger Bub zwischen den Beinen gebaut ist. Das Skandälchen war da. Die Mutter nahm ihn auf den Schoß und sagte, daß man das nicht tue und daß der liebe Gott diese Körperteile bewußt versteckt habe. So bigott war man zu damaliger Zeit. Sie hätte ihn altersbedingt aufklären sollen, dann wäre der natürliche Wissensdurst gestillt gewesen. Auch hätte sich ein Vertrauensverhältnis zur Mutter herausbilden können.

Er hielt sich also fürderhin zurück und ließ jetzt die anderen kommen. Und die kamen auch. Klaus W., ein etwas älterer Klassenkamerad im Gymnasium, forderte ihn zu seinem ersten ›Spiel‹ heraus. Es ist unbegreiflich, zu welch springböckigem Leichtsinn man in diesem Alter in der Lage ist. Der Unterricht war vorbei. Sie blieben allein im Klassenzimmer zurück. Nackt wälzten sie sich auf dem eingebohnerten Dielenboden und hatten ihren schnellen Spaß. Draußen, auf dem Flur, waren lärmvoll die Putzfrauen mit dem Reinigen beschäftigt und betraten nach und nach die Klassenzimmer. Noch ging alles gut, wenngleich die beiden auch fürchterlich nach Bohnerwachs stanken.

Es gab in der Schule einen Raum, in dem vier Schüler und ein Lehrer übernachteten, um im Falle eines Brandbombenabwurfs löschen zu können. Der Lehrer schlief hinter einem im Raum aufgestellten Schrank. Für die Schüler gab es zwei doppelstöckige Bettgestelle. Sie sollten sich freiwillig melden und bekamen dafür ein paar Mark. Peter hatte vielleicht dreimal mitgemacht, bis ihm die Zudringlichkeiten von Mitschülern zuviel wurden. Er hatte stets in einem oberen Bett geschlafen. Der Schlaf war unruhig, weil sich der eine oder andere daneben legen wollte. Das waren die üblichen altersbedingten Onaniespielchen, die keineswegs auf eine gleichgeschlechtliche Orientierung dieser Sportsfreunde hinweisen. Auf Jungeninternaten wird diese Leibesertüchtigung heimlich-offen betrieben, was sogar in die anspruchsvolle Literatur Eingang gefunden hat. Peter war grundsätzlich nicht gegen diese sportliche Herausforderung, aber die möglicherweise spitzen Ohren des anwesenden Lehrers waren nicht nach seinem Geschmack. Das alles geschah unheimlich leise, völlig wortlos und konspirativ. Daß der Lehrer nichts gehört haben will, wer weiß?

Es war eigenartig, es waren immer ältere Jungen, die Peter sexuell ansprechend gefunden haben und sich an ihn heranmachten. Nur eine Begebenheit: Es war im Hallenschwimmbad, mittags, wenige Schwimmer zogen ihre Bahnen. Die Luftsirene ertönte. Also hieß es, sich schnell anziehen. Als 15jährigem hatte Peter nur ein Schließfach zugestanden. Aber ein 17jähriger holte ihn in seine Umkleidekabine. Da passierte es. Der Ältere staunte. Alles mußte schnell gehen. Peter empfand es als aufregend und schön. Sie zogen sich an und stürzten in den Luftschutzkeller unter der Liebichshöhe. Peter begegnete noch öfter dem Jungen im Bad, aber er wurde nicht wieder von ihm angesprochen, was er bedauerte. Jedenfalls erschien ihm eine Affäre mit einem anderen unterhaltsamer als die Onanie, die zu dieser Zeit ihren oft geschuldeten Tribut forderte. Sie brachte zwar ebenso häufig Konflikte mit dem sechsten Gebot, was zu beichten war. Aber da man trotz aller guten Vorsätze am nächsten Tage schon wieder die Lust am eigenen Körper zelebrierte, wurde die Beichte zur Farce und schließlich – in diesem Punkt zu Recht – nicht mehr ernst genommen.

Auch die Genüsse des Gaumens entdeckte er früh. Noch kaum des Sprechens mächtig, drängte der vielleicht Dreijährige mit »dadda, dadda« zur Schachtel mit Pralinen. Der Vater hatte ihn im Scherz eine kosten lassen. Wesentlich älter, machte er sich einmal auf den Weg in den Keller zu dem verheimlichten Weindepot. Mutter war zu einer Kur im Sanatorium und Peter für wenige Wochen allein im Haus. Er griff sich eine Flasche Tokajer mit der unerklärlichen Aufschrift »Aszu«, die neugierig machte. Von dem süßen Nektar hat er sparsam gekostet, die Flasche war leer, und Mutter kehrte heim. Freudig erzählte er ihr von Entdeckung und Genuß dieses Tropfens. Sie aber schien entsetzt. Sie fauchte nur, was Peter nicht begriff: »Fang nicht an wie dein Vater!« Später erfuhr Peter, daß ihre Schelte arg übertrieben war. Der Vater trank gern einige, sogar viele Flaschen Wein zusammen mit Gästen, wenn sich eine Gesellschaft zu Hause eingefunden hatte. Sonst aber ›trank‹ er nicht. Die vielen Flaschen französischen Rotweins und Auslesen von Rhein und Mosel, die aus der Vorkriegszeit noch im Keller lagen, haben wenige Jahre später bestimmt die deutschen und russischen Soldaten erfreut. Peter ist auf diese Weise eine Flasche aus dem eigenen Keller zum Mittrinken angeboten worden, unter den makabren Umständen des Häuser-kampfes. Die gehorteten Rebenschätzen – wofür eigentlich gehortet? – haben andere getrunken.

Für die Mutter war die Kriegszeit besonders schwer. Zwar hätte sie von der Rente leben können. Auch meldeten sich in den ersten Januartagen Bekannte der Mutter und brachten die Jahreszinsen für irgendwelche Hypotheken, die Peters Vater gewährt hatte. Jede arbeitsfähige Person mußte mit Kriegsbeginn eine Arbeit ausüben oder wurde dienstverpflichtet. Obwohl die Mutter krank war, durfte sie das Lebensmittelgeschäft, das sie führte, nicht schließen. Das brachte zwar den Vorteil, mit den über die Lebensmittelkarten zuge-teilten Nahrungsmitteln etwas besser gestellt zu sein. Auch hatte sie zusätzliches Personal bekommen, was ihr half. Doch die Belastung machte sie kränker und gestattete ihr, Mitte 1944 das Geschäft auf-geben zu dürfen. Zu ihrem Kummer trug vieles bei. Einmal sind russische Kriegsgefangene ins Geschäft gekommen, eingehüllt in ihre plumpen Wattejacken, hohlwangig, ein Bild des Erbarmens. Peter hat es erlebt. Sie boten in unterwürfiger, bemitleidenswerter Art der

Mutter selbstgemachtes Kinderspielzeug an. Sie stammelten ihre zehn Brocken Deutsch. Daß sie etwas zum Essen eintauschen wollten, war unschwer zu erraten. Natürlich hatten sie keine Lebensmittelmarken. Nur mit solchen Bezugsscheinen konnte ein Deutscher überhaupt etwas erstehen und konnte ein Betrieb seinerseits die Nahrungsmittel im Großhandel einkaufen. Die Mutter steckte ihnen irgend etwas zu. Das sprach sich bei ihnen herum und hatte zahlreichere Hilfsbesuche zur Folge. Mutter brachte es nicht über sich, sie abzuweisen. Mit dem Spielzeug, das sich angesammelt hatte, war nichts anzufangen, auch wagte sie nicht, es weiterzuschenken. Die Mutter hatte es nur ab und zu angenommen, um den Gefangenen ihre Würde zurückzugeben.[30] Da bekam sie aus heiterem Himmel eine Vorladung zur Geheimen Staatspolizei, was nichts Gutes verhieß. Man wußte, mit welchen brutalen Methoden sie staatskonformes Verhalten erzwang. Mit einer Einweisung ins Konzentrationslager war man schnell zur Hand. Die Mutter verabschiedete sich von der Großmutter und bat sie, sich um Peter zu kümmern, falls sie nicht wiederkommen sollte. Gottlob, sie kam zurück, aber in welcher Verfassung. Peter hat sie nur vorher einmal, beim Sterben ihres Sohnes Hanns, so niedergeschlagen und deprimiert erlebt. Sie war wortkarg. Sie hatte sich schriftlich verpflichten müssen, nichts über das Verhör zu äußern. Im Gestapogebäude, wo die Türen keine Klinken hatten und sich nur elektrisch öffnen ließen, wurden ihr massive Vorwürfe gemacht. Mit ihren Zuwendungen an die bolschewistischen Untermenschen entziehe sie Nahrungsmittel dem deutschen Volk. Das sei, zumal in dieser Kriegszeit, ein Verbrechen am deutschen Volksvermögen. Die Mutter berichtete, sie habe sachlich und unerschrocken die Not dieser Menschen entgegengehalten. Ihr ruhiges, uneingeschüchtertes Auftreten habe die Vernehmenden ihrerseits verunsichert und zu der Frage bewogen, woher sie ihre Ruhe nehme. Als sie den Umfang ihrer Zuwendungen zu schmälern versuchte, sei sie mit denunziatorischen Detailangaben konfrontiert worden. Es half nichts, sie mußte Schuld eingestehen, um einigermaßen heil aus der Sache herauszukommen. Erst zu Hause überfiel sie machtlose Wut. Jetzt brach ihre Schwäche und Hilflosigkeit heraus. Den armen russischen Muschiks mußte sie die Tür weisen, so hilflos, aber eindeutig, daß sie ein Wiederkommen nicht wagten. Immer war doch irgendein Kunde anwesend, der auch Denunziant sein konnte.

Die Mutter hatte ein unverkrampftes Verhältnis zu Juden, was nicht selbstverständlich war. Dr. Freund war der Hausarzt, bis er glücklicherweise gleich 1933 nach Israel auswanderte.[31] Als Backfisch hatte sie, wie sie fatalistisch erzählte, einen jüdischen Verehrer, sehr vermögend, gebildet, gutaussehend. Er versprach eine sehr gute Partie zu werden, wie man das so nannte. Er hat beharrlich und beherzt um sie geworben, sogar bei der Großmutter vorgesprochen. Er war in Mutter verknallt. Aber seine Bedingung, daß sie zum jüdischen Glauben konvertiere, war für ihr katholisches Selbstverständnis und das ihrer Familie unannehmbar. Die Mutter muß ihn mehr als nur gemocht haben. Das klang durch, weil und mit welchem Timbre sie die tolle Werbungsgeschichte wiederholt geschildert hat.

Im Bekanntenkreis gab es eine Familie Jakob, mit der sich die Mutter herzlich, wenn auch nicht auf familiärer Basis verstand. Als im September 1941 das Tragen des Judensterns vorgeschrieben wurde, hatte die Mutter keine Reserve, sich mit Frau Jakob auf der Straße zu unterhalten. Doch es kam der Augenblick, wo dies für Deutsche, so unglaublich es heute klingt, bei Gefahr für Leib und Leben nicht mehr möglich war. Juden wurden damals schon ›abgeholt‹, und man wußte uneingestandenermaßen, daß sie getötet würden. Auf welche Weise, ahnte man nicht. Die Mutter hatte mit Frau Jakob ein wöchentlich heimliches Arrangement ausgemacht. Sie begegneten sich nach Einbruch der Dunkelheit wie fremd auf der Straße, die Mutter nannte im Vorbeigehen deren christlichen Vornamen, was die Übergabe eines Lebensmittelpaketes signalisierte. Die Packung deponierte sie irgendwo. Das klappte einige Zeit, bis

Frau Jakob sich nicht mehr blicken ließ. Sie wurde nie mehr gesehen.[32]

Peters Mutter hat immer angedeutet, daß dieses Unrecht und der von Hitler geschürte Krieg ein unheilvolles Ende für Deutschland bringen würden. Die Wehrmachtsberichte in den Abendnachrichten ließen wie beim herannahenden Gewitterleuchten immer näher rückende Kriegsschauplätze aufscheinen. Unbekannte ausländische Ortsnamen fielen, schließlich waren es nur noch deutsche Städte, von denen Verteidigungskämpfe gemeldet wurden. Wöchentlich sank eine weitere deutsche Stadt unter den Bomben in Schutt und Asche. Wenn das so weitergeht, was bleibt noch übrig? Das Kriegsschauspiel näherte sich seinem dramatisch-tragischen Ende.

Es war kein schöner Abschluß, mit dem Peter seine Kindheit beendete. Sie insgesamt als glücklich zu bezeichnen, hieße den Maßstab anderer Lebensläufe nicht zu kennen. Es gab zu viel Trauer und Einsamkeit, dafür, gottlob, weniger Behinderung und Kleinlichkeit. Seine Kindheit ließe sich als passabel im äußeren Erleben und reich im inneren Nachempfinden werten. Sie war zu schnell vorbei. Sie lieferte mit der Behendigkeit ihres Vorbeieilens einen Vorgeschmack auf das dahinrasende Leben.

Jetzt stand er am Beginn seiner Adoleszenz. Sie könnte und sollte, wie oft besungen, die schönste Zeit des Lebens werden. Wieviele suchende Schritte in Natur und Wissenschaft wurden da begangen, wieviele spielerische Proben in Kunst und Sport ausgekostet und wieviele verliebte Annäherungen an ein Du und Gott gewagt. Durfte er Gleiches für sich erhoffen? Das zu erwartende furchtbare Kriegsende und seine Folgen ließen, mehr als sonst, alles offen.

＊

Hirschberger Kindheit

Betrachtet man die Kindheit und Jugend von Siegbert, so glaubt man, in ein Raritätenkabinett zu blicken. Absonderliche und kuriose Dinge sind zu sehen. Man traut seinen Augen nicht. Doch das Konsilium der Geschwister hat die Fama zur Gewißheit werden lassen. Also sollen eine Handvoll Fundstücke aus der familiären Vergangenheit angeschaut und veranschaulicht werden. Doch vieles soll aus Rücksicht auf die Betroffenen, selbst wenn diese inzwischen verstorben sind, beiseite gelegt werden.

Der Vater war Siegbert ein herzensguter und gütiger älterer Freund, dem er größten Respekt entgegenbrachte. Er hat ihn geliebt, weil er dessen aufrichtige Zuwendung spürte. Der Vater hatte immer ein Ohr für ihn. Gegenseitige Umarmungen und Küsse kamen von Herzen. Man suchte und fand, bis zu Vaters Tod, immer eine Gelegenheit, sich zu drücken und etwas Liebes zu sagen.

Der Vater kam aus einfachen Verhältnissen.[33] Unter Entbehrungen hatten seine Eltern auch die anderen drei Söhne studieren lassen. An der Universität Breslau belegte er Zahnmedizin, ging in eine schlagende Verbindung und wurde Freimaurer. Davon versprach er sich, wohl zu recht, Vorwärtskommen und Anerkennung. Als 23jähriger legte er 1911 das Staatsexamen ab und eröffnete in Hirschberg eine Praxis. Für die Ortswahl war seine Naturbegeisterung entscheidend. Er liebte die Jagd, das Wandern und Fischen. Die Natur zu erleben, war seine Leidenschaft. Mittwoch- und Samstagnachmittag ging er regelmäßig jagen oder fischen. Er hatte eine große Jagd. Die älteren Söhne hatten ihn gelegentlich begleitet, wenn er nachts auf dem Hochsitz auf Lauer lag. Zum Fischen begleiteten ihn auch die Zwillinge. Blieben seine Bemühungen mal glücklos, so ging er, wie er sagte, mit der Brieftasche fischen, in der nächsten Fischhandlung. Zum Wandern lud er oft die ganze Familie ein. Aber die Mutter konnte sich fast nie anschließen, weil sie wieder einmal, mit der ihr eigenen Chuzpe, das falsche Schuhwerk angezogen hatte. Sie wartete die Rückkehr des Trosses in einem Café ab.

Er war Zahnarzt aus Berufung. Für seine gewissenhafte Arbeit wurde er weit gerühmt. Das zeigte sich, wenn Patienten mit verpfuschten Zahnprothesen ihn um Hilfe aufsuchten. Dann hatte er, leider recht oft, Gelegenheit, sich über die »Mootsch-Michel« unter seinen Kollegen zu beklagen. Es war für ihn eine Sache der Selbstachtung, einem finanziell schwachen Patienten das Honorar zu ermäßigen oder auch zu erlassen. Ein langes Arbeitspensum war für ihn selbstverständliche Pflichterfüllung. Nur mittags machte er ein kurzes Nickerchen.

Seine spärliche freie Zeit erlaubte ihm nur, sich zu den Essenszeiten kurz und am Sonntag ausgiebiger um die noch kleinen Zwillinge zu kümmern. Die drei älteren Geschwister gingen ihre eigenen Freizeitwege. Die Sonntagsfahrten in die Berge waren glückliche Stunden, wenn zum Abschluß der Wanderung die Familie in einem Café einkehrte, auch wenn der Vater dann unglücklich dreinschaute, weil doch der Zucker für die Zähne so schädlich sei. Süßigkeiten waren im Hause tabu. Die einzige Ausnahme war die Bescherung am Heiligabend. Im Jahr 1927 wurde eine Horch-Limousine von der Auto Union, eine sechszylindrige Nobelkarosse, angeschafft. Mit dem Auto unternahmen sie regelmäßig – neben den Fahrten zu den Großeltern nach Breslau – Ausflüge in die nahen Orte des Riesengebirges, um von dort Fußwanderungen zu beginnen. Am Wagen hatte der Vater wegen der vielen Pannen leider wenig Freude. Er war froh, als er ihn gerade noch vor Kriegsbeginn 1939 verkaufen konnte. Das Fahrzeug wäre dann ohnehin konfisziert worden. Jetzt nahmen sie die Straßenbahn, die Ausflüge haben darunter nicht gelitten. Der Vater hatte ein profundes Allgemeinwissen, vor allem auf naturwissenschaftlichem Gebiet, und verblüffte seine Wanderbegleiter immer wieder mit detaillierten Kenntnissen in Fauna und Flora.

Er hat sich abgeplackt im Beruf. Schließlich lag auf ihm die Verantwortung für sechs Kinder und mehrere Angestellte in Haus und Praxis, für zeitweise bis zu zwölf Personen. Das alles vollbrachte er mit dem Wunsch: Er wollte einmal stolz sein können auf seine Kinder. Er hatte sehr hochtrabende Vorstellungen. Sie sind samt und sonders nicht eingetroffen. Seine Kinder sollten in den besten Berufen und in den besten ehelichen Verbindungen glücklich werden. Welch eine Enttäuschung muß es für ihn gewesen sein, als er miterleben mußte, wie seine Wunschpläne stückchenweise scheiterten.

Dabei hatte alles so schön begonnen, als er die aparte und gebildete Tochter eines angesehenen und vermögenden Breslauer Brennereibesitzers heiratete.[34] Der Großvater war eigentlich nicht der Eigner der Fabrik: Es war die Großmutter, die das Unternehmen als Erbstück in die Ehe eingebracht hatte. Der Großvater kam aus dem polnisch-deutschen Grenzgebiet Schlesiens und hatte den Kontakt zu seiner elterlichen Familie gänzlich abgebrochen.[35] Er suchte den Anschluß an die kultivierte, rein deutsche Atmosphäre Breslaus und an die Familie seiner angeheirateten Frau. Lediglich die katholische Tradition des sonntäglichen Gottesdienstbesuches hatte er noch gelegentlich beibehalten. Alles sonstige seiner Grenzlandabstammung hatte er rigoros abgelehnt und dies auch seiner Tochter, der Mutter von Siegbert, so vermittelt. Die Enkelkinder, die ihn noch erlebten, haben ihn als gütigen, herzensguten Opa in Erinnerung. Die Großeltern führten ein mehr als großbürgerliches Haus. Den beiden Töchtern war es untersagt, sich im Haus nützlich zu machen, etwa beim Kochen, Nähen oder Putzen. Nur dem Schöngeistigen durfte sich die Mutter widmen. Als sie einmal etwas auf dem Boden

Vergossenes aufwischen wollte, bekam sie von ihrer Mutter einen Rüffel und die Reinigungsgeräte wurden ihr aus der Hand gewunden: »Das tut man nicht, dafür haben wir Personal.« Verwöhnt vom Vater, der die Brennerei leitete, und der Mutter, nahm sie Klavierunterricht, malte, füllte Poesiealben, las viele Bücher und wartete, bis die richtige Partie für sie kam. Sie wurde hofiert, jeder Wunsch wurde ihr erfüllt, ihre Schrullen durfte sie entwickeln und kultivieren: Eine egoistische Lebenseinstellung wurde so leider unausbleiblich. Sie wurde zu einer Frau, die als Lebensinhalt nur ihr eigenes Wohlbefinden gelten ließ. Alle Zeit und Mühe galt ihrem eigenen Körper, ihrem künstlerischen Interesse und ihrer Kurzweil.

Die Großeltern waren großzügig und statteten die Mutter mit einer reichen Mitgift aus. Von dem Geld erwarben die jungen Eheleute in Hirschberg ein dreistöckiges Haus mit vielen Zimmern.[36] Im Hochparterre richtete sich der Vater die Zahnarztpraxis mit Labor ein. In einem Jagdzimmer hütete der Gewehrschrank eine Sammlung vieler funktionierender Pistolen und Flinten, historische Stücke und neueste Fabrikate. Die Wände waren bestückt mit alten Gewehren, Pistolen und Krummsäbeln.

Die Mutter war 21 Jahre alt, als sie im Jahr 1917 den 29jährigen Zahnarzt aus Hirschberg heiratete. Sie fand dort vor, was sie vom Elternhaus gewohnt war: das komfortable Domizil, Personal, das einzustellen ihre Obsession werden sollte, und genügend Muße, um sich dem Erhabenen und Schönen im Leben zuzuwenden. Aber trotz alledem konnte sie sich mit Hirschberg, »diesem Kaff«, wie sie sich ungerechterweise entrüstete, nicht anfreunden. Fuhren sie nach Breslau, um die Großeltern zu besuchen, war sie gleich bester Laune. Die Rückfahrt zögerte sie mißmutig und quengelig hinaus. Sie bockte, sie wollte partout das Auto nicht besteigen. Die Großeltern mußten ihr kräftig zureden. Sie liebte die Großstadt mit dem Flair der Einkaufsstraßen, Theater und Opernhäuser. Ab und zu entfloh sie allein nach Breslau oder Berlin, um sich dort vom Charme des Sprech- und Musiktheaters berauschen zu lassen. Gelegentlich kurte sie in Bad Pyrmont, weil die mondäne Bäderwelt sie faszinierte. Währenddessen bohrte und operierte der Vater unermüdlich in der Praxis. Es gelang ihm nicht, die Mutter an Hirschberg zu binden. Er hätte wissen müssen, worauf er sich bei der Vermählung mit dieser verwöhnten, exaltierten Fabrikbesitzertochter einließ. Der Vater hat ihre kurzfristigen Ortswechsel akzeptiert, zumal er kaum darunter zu leiden schien. Er wußte, sie ist anders als die Norm. Er hat sie geliebt, und sie hat ihn geliebt. Daran gab es keinen Zweifel. Ihre Liebe zu ihm ging aber nie soweit, daß sie ihre Extravaganzen und Spleens aufgegeben hätte. Ein solches Ansinnen hätte sie barsch zurückgewiesen. Sie wußten voneinander, daß sie sich gegenseitig treu waren. Die Ausflüchte der Mutter in die elegante Ablenkung der Großstädte waren nie Ausbrüche aus der ehelichen Zuverlässigkeit. Das war sicher. Sie konnten sich aufeinander verlassen während dieser sporadischen Trennungen.

Die Mutter hat gelegentlich durchblicken lassen, daß sie mit einem Offizier vielleicht sogar eine noch bessere Partie gemacht hätte. In dieser und manch anderer Offenheit war sie wenig rücksichtsvoll, wie dies ohnehin ihre Charakterstärke nicht war. Im Gegenteil, sie ließ sehr deutlich fühlen, wenn sie ein Gegenüber nicht mochte. Da konnte sie verletzend und schikanös werden.

So altruistisch sich der Vater für die Familie verzehrte, so egoistisch lebte sich die Mutter in ihren Interessen und Neigungen aus. Das war ihr im Elternhaus anerzogen worden, und der Vater hat sie aus Liebe weiter gewähren lassen. Den Kindern war es oft unbegreiflich, daß er kein Machtwort sprach. Sie schien wie auf einem Samtkissen ruhend über allem Geschehen der Familie und des Haushalts zu schweben. Fast nie hatte man sie in der Küche gesehen, oder beim Nähen, Bügeln, Putzen: »Dafür haben wir Personal.«

Gern hat sie allerdings ihre Kinder gesäugt, schließlich war sie ein sinnenfroher Mensch. Das hat ihr richtig Freude bereitet, aber es durfte nicht lästig werden. Deshalb hielt sie die Stillzeit kurz. Natürlich mußten die Zwillinge auch nachts weiter gefüttert werden. Es war selbstverständlich, daß sie dafür die Mithilfe ihrer Tochter einforderte. Inge hat den Wecker verwünscht, der sie zwischen ein und zwei Uhr nachts aus dem Tiefschlaf riß. Wenn die Mutter im Laufe des Vormittags aufstand, verbrachte sie etwa zwei Stunden mit der Toilette. Rote Lippen und Fingernägel waren ihr zuwider. Dafür konnte sie vom Puder nicht genug auf Wange und Hals aufstäuben. Ihre Frisuren waren ungewöhnlich und fielen immer durch extravagante Schrulligkeit auf, wenn sie zum Beispiel die Haare am Hinterkopf als ›Entwarnungsfrisur‹ hoch kämmte, oben gerollte Locken trug und vorn der Pony-Schnitt tief in die Stirn fiel. Manchmal lief sie mit Pagenkopf in einem verspäteten Charleston-Schnitt herum. Dann schwebte sie ins Kinderzimmer, hat die Babys gedrückt und geherzt, vielleicht auch mit ihrer Puderquaste eingestäubt. Alles hing von ihrer Laune und momentanen Stimmung ab. Sie war wie ein Kanarienvogel, der ja auch nur zwitschert, wenn er will. Dann hat sie die Kleinen ausnahmsweise auch mal gefüttert. Doch nichts durfte in Arbeit ausarten, da war ihr Egoismus vor. Dann rauschte sie wieder aus dem Zimmer.

Die Mutter hatte einen ›Traditions-Tick‹: Ihre Entbindungen durften nicht in dem ›Kaff‹ stattfinden. Das sollte sich nur in Breslau bei einer befreundeten Gynäkologin ereignen.[37] Als Kinderwagen diente für alle Zöglinge ein Modell, das 1918 für den erstgeborenen Herbert angeschafft war. Es war ein weiß-blaues Ungetüm auf vier hohen Rädern, das die Passanten zu einem sarkastischen Lächeln zwang, wenn in späteren Jahren die noch folgenden Kinder in ihm ausgefahren wurden. Für die Zwillinge wurde der aufsitzende Kasten verlängert, aber das Monstrum wurde dadurch nur noch unansehnlicher. Für die Mutter war das hochliegende Museumsstück bequem, weil sie sich nicht zu bücken brauchte. Den Kindermädchen war diese Arche ein Graus. Sie litten darunter, mit diesem vorsintflutlichen Ungeheuer spazierenzufahren und sich auch noch spöttisch anstarren zu lassen. Sie retteten sich in den Park, bugsierten den Wagen in die Büsche und beäugten die Kleinen von einer Bank in der

Nähe. Auch so kamen die Nachkömmlinge zu ihrer frischen Luft. Der Mutter hätte das natürlich nichts ausgemacht, denn was andere dachten, hat sie nie interessiert.

Sie war zweiundzwanzig Jahre alt, als sie ihr erstes Kind Herbert zur Welt brachte. Er sollte das Sorgenkind der Eltern werden, dessen sie sich schämen würden. Es folgten die Tochter Inge und die Söhne Horst und Teddy, bis sie, 41jährig, als Nachkömmlinge noch die Zwillinge gebar. Diese sechs Kinder scheinen erstaunlich bei einer Frau mit solch egozentrischer Lebenseinstellung. Aber andererseits, sie war nach Entbindung und Stillzeit mit dem kräfte- und zeitintensiven Aufziehen ihrer Kinder kaum befaßt. Kindermädchen, Putzfrauen und ihre Tochter Inge übernahmen fast alle Arbeiten. Es ist unter den Geschwistern viel gerätselt worden, was der Grund für ihre Gebärfreudigkeit war. Man ist zu keinem Schluß gekommen. War es eine Beschäftigungsabsicht des Vaters, oder glaubte dieser, immer wieder, aber gleichwohl erfolglos, mit der Kinderquantität auch eine Familienqualität bei der Mutter zu bewirken? Geschwisterliche Zungen unterstellten, sie habe immer nur Töchter gewollt, weil sie von ihnen Hilfe bei der Haushaltsführung erhoffte. Das ist vielleicht so unrichtig nicht, denn nach der Geburt der Söhne Horst und Teddy mußte sie erst einmal Sanatoriumskuren antreten, die länger ausfielen. Sie äußerte ihre Enttäuschung, daß unter ihren bis dahin vier Kindern nur eine Tochter sei. Eine Freundin riet ihr, intensiv und beschwörend Fotografien von Mädchenbabys anzuschauen, damit die nächste Geburt eine Tochter würde. Das tat sie dann offensichtlich so nachhaltig, daß sie gleich Zwillinge gebar. Sie soll der Verzweiflung nahe gewesen sein, als die Ärztin nach Entbindung von Siegmund ihr noch ein nachfolgend zweites Kind verhieß: »Es ist in einer geschlossenen Fruchtblase. Frau Dr. Hahn, das bringt Glück. Das wird ein Glückskind, so heißt es.« Die Mutter preßte und drückte, dem nachfolgenden Glück schnell das Leben zu schenken. »Vielleicht kommt doch noch ein Mädchen«, hoffte mit ihr die Ärztin. Es war – oh Schreck – noch ein Knabe: der Siegbert.

Daß er nachher ihr Lieblingssohn wurde, wie sie gestand, erscheint wie eine Ironie des Schicksals. Mit dieser Schwangerschaft hatte sie endlich die zweite Tochter bekommen wollen. Sogar der Name »Karin« war schon ausgesucht. Als die Schwester Inge dem Vater von Breslau aus die ›Schreckensnachricht‹ nach Hirschberg telefonierte, war seine Reaktion: »Das ist nicht wahr. Sag, daß es nicht wahr ist! Sie hat sich doch so sehr ein Mädchen ersehnt. Die arme Muck!« so nannte er seine Frau liebevoll. Er holte sie mit dem Wagen in Breslau ab, sie brauchte dringend den Zuspruch tröstlicher Worte. Daß es Zwillinge und dazu noch Knaben waren – sie hat sich nach kurzer Stillzeit erst einmal einer ausgiebigen Erholungskur im Sanatorium unterzogen, um die Contenance wiederzugewinnen, wie sie so gern französisch parlierte. Drei folgende Fehlgeburten zeugen davon, daß sie die Hoffnung auf eine zweite Tochter noch nicht aufgegeben hatte. Dann schließlich und endlich sah sie wohl ein, daß irgendwann einmal Schluß sein sollte.

Nachdem die Zwillinge laufen gelernt hatten, erwartete die Mutter sie jeden Morgen zum Guten-Morgen-Zeremoniell. »Die Mutti ist wach«, war das Stichwort des Kindermädchens. Dann wußten sie, was von ihnen erwartet wurde. Sie betraten das Schlafzimmer der Mutter, die noch im Bett thronte. Der Gang über den Parkettboden war umsichtig zu nehmen. Warum? Wir werden es vielleicht noch hören. Die Küsse und Umarmungen waren ein Ritual, das die Mutter mit Wonne zelebrierte. Die Zwillinge hatten natürlich ein feines Gespür, ob die Begrüßung am jeweiligen Morgen von Herzen kam oder nur wie eine hohle Veranstaltung ablief. Sie wurden aufmüpfig und probten die Verweigerung, wenn das Kußritual nach ihrer Einschätzung zum Klischee und Klamauk verkam. Doch, mit klitsch-klatsch schwang die Mutter ihre Korsettstange, während die Zwillinge ihr folgsam die Handrücken entgegenstreckten. Das tat weh. Die Finger abzukippen half wenig. Und ungehorsam zu sein wäre ihnen nie in den Sinn gekommen. Am nächsten Morgen wurden Küsse und Umarmungen wieder ›freiwillig‹ dargebracht.

70

Sie kümmerte sich um kein Detail der ›Kinderstube‹, sondern gab nur generelle Anweisungen an die Kindermädchen. Diese kauften die Kleidung und alle sonstigen Dinge für die Zwillinge. Nie hatte sich die Mutter dafür interessiert, wie sich die Zwillinge anziehen; ob und was sie gefrühstückt hätten; oder womit sie sich beschäftigten und die Zeit vertrieben.

Die Mutter war ein Geschöpf des 19. Jahrhunderts. Sie liebte den Pomp der alten Zeit. Sie war, wie sie betonte, kaisertreu. Man mietete Fensterplätze, wenn seine Majestät durch Breslau fuhr. Man mußte dabei sein. Oft hat sie zu den Kindern bemerkt: »Ihr wißt gar nicht, in welches Massenzeitalter ihr kommen werdet. Wie gräßlich wird die Zukunft!« Sie legte Wert darauf, wie es dem Geist des vergangenen Jahrhunderts entsprach, mit ›Frau Dr.‹ angesprochen zu werden. Ruppig konnte sie werden, wenn ihr dieses Privileg nicht zugesprochen wurde. Wer ihr den Titel ihres Ehemannes verweigerte, war bei ihr unten durch und hatte nichts mehr zu vermelden.

Die Mutter hatte ein kurioses Verhältnis zur Religion. Obwohl, wie ihre Mutter, also Siegberts Großmutter, evangelisch getauft und konfirmiert, hatte sie eine Schwäche für den Katholizismus, wenn auch eine recht platonische. Ihr katholischer Vater hatte sie gelegentlich zu seinen Gottesdiensten mitgenommen. Nimbus und Ritual der Messen mit dem betäubenden Weihrauch und dem lateinischen Gesang müssen sie beeindruckt haben. Sie kokettierte gern, sie wäre eigentlich, von Seiten ihrer Eltern her, ohnehin halb katholisch. Sie bekreuzigte sich manchmal bei ihren ›Andachten‹, an denen sie ihre Umgebung hörbar und vernehmlich teilnehmen ließ. Sei es in der Wanne bei dem wöchentlichen Bad, sei es während der Morgentoilette, oft hörte man die Mutter laut beten. Das Badezimmer war gekachelt und hallte ihre Stoßseufzer aus dem Raum heraus durch das ganze Haus: »Lieber Gott, ich danke Dir, daß ich so liebe Kinder habe, der Herbert, der Horst, die fürsorgliche Inge, der Teddy und die Zwillinge und vor allem mein herzensguter, einziggeliebter, teurer Mann Theo. Beschütze sie, lieber Gott! Ich bitte Dich.« Hatte sie, was gelegentlich vorkam, jemanden nicht erwähnt, war sie auf dieses Familienmitglied gerade sauer. Die Analyse ihrer Stoßgebete ließ klare Schlüsse zu auf ihr aktuelles Beziehungsgeflecht. Ein andermal schallte aus dem Bad: »Warum, lieber Gott, habe ich so ungezogene, böse Kinder? Womit habe ich das verdient? Sie sollen doch lieb sein zu ihrer Mutter. Ich bete für sie. Warum erwidern sie meine Liebe nicht? Lieber Gott, bitte erhöre mich!« Dröhnten ihre Gebetsrufe bis nach unten in die Praxisräume, legte der Vater schon mal den Bohrer beiseite und kam nach oben. Sie mäßigte ihre Lautstärke, weil sie wußte, sie war von ihrem Mann gehört, und von Gott hoffentlich auch erhört worden. Der kleine Siegbert durchschaute das Spektakel ihrer Bekreuzigungen und halböffentlichen Gebetsandachten erst im Laufe der Zeit. Anfangs glaubt ein kleines Kind, so ist das eben, das muß so sein. Später erst stellt es die Diskrepanz zur gelebten Wirklichkeit fest. Siegberts heutige Distanz gegenüber religiöser Zurschaustellung ist hier grundgelegt. Dazu trug auch bei, daß die Mutter nie selbst in die Kirche ging, aber streng darauf achtete, daß das Personal jeden Sonntag die Kinder zum Gottesdienst führte.

Aber trotz allem darf man sie nicht als unreligiös einschätzen. Die Mutter war in ihrem Denken, Sagen und Tun unentwirrbar widersprüchlich. Wer ist schon in sich widerspruchsfrei? Natürlich mußte ihr aufgesetztes religiöses Gebaren peinlich und auch albern wirken. Es war eben Teil ihres Lebenstheaters, das sie aufführte. Doch der Respekt und die Ehrfurcht der Kinder gegenüber der Mutter waren durch das Vorbild des Vaters so groß, daß kritische Äußerungen oder gar Mißfallen tabu waren. Schließlich gaben die Kinder nicht viel auf ihr religiöses Getue, denn ihr sonstiges mitmenschliches Verhalten entsprach nicht ihrem Pathos.

Das angestellte Personal, bei dem sie als Hausherrin keinen Widerstand duldete, hat sie immer und überall schikaniert. Um die Schuhe an- oder auszuziehen, klingelte sie das Hausmädchen herbei, aus dem Keller, vom Erdgeschoß, woher auch immer. Sie streckte den Fuß nach vorn und schien es zu genießen, das Stubenmädchen vor sich knien zu sehen. Fiel ihr etwas zu Boden, was täglich passierte, geschah das gleiche. Nie hätte sie sich gebückt. Sie bekam es zum Beispiel fertig, das Wollknäuel, an dem sie strickte, heimlich absichtlich zu Boden rollen zu lassen: »Heben sie das bitte auf!« Das Personal hätte nie gewagt, gegen diese Bückschikanen von Frau Doktor Hahn zu murren.

Indes der härteste Test, dem sie die Hausmädchen unterzog, hatte dann doch die eine oder andere zur Kündigung getrieben. Es wäre für die Mutter ein leichtes gewesen, nachts ein paar Schritte gegenüber ins Bad zu gehen. Indes, Madame benutzte einen Nachttopf und zeigte morgens auf ihn: »Bringen sie ihn bitte hinaus und reinigen sie ihn!« Kleinlaut kam manchmal der Seufzer: »Frau Dr. Hahn, das habe ich noch nie gemacht.« »Dann lernen sie es eben – oder sie müssen gehen.« Der Test mit dem Nachtgeschirr erschien ihr offensichtlich als die Gralsprüfung, ob die Neue als ergebene und reine Dienerin zum Dienste bei Frau Doktor Hahn hinzutreten durfte. Viele Aspirantinnen bestanden dieses duftvolle und ergreifende Ausleseverfahren nicht.

Also konnte es gar nicht ausbleiben, daß laufend Angestellte kündigten aus Gründen, die fast immer in der Person der Mutter lagen. Die Zwillinge lagen im Bett, die Tür ging auf und schon wieder schaute ein neues Gesicht herein: Sie wolle die Betten machen, käme aber später noch einmal wieder.

Die Kinder haben nie verstanden, warum der Vater nicht gegen die selbstherrlichen Allüren der Mutter eingeschritten ist. Ihm lag jeder Dünkel fern, seine Patienten kamen aus allen sozialen Schichten. Er fühlte sich gerade den Schwachen gegenüber verpflichtet, ihnen Entgegenkommen und Hilfsbereitschaft zu beweisen. Daß er Mutters Schrullen und Absonderlichkeiten, die harmlos waren, duldete, entsprach dem toleranten Geist des Hauses, auf den er achtete. Er ließ großzügig durchgehen, wenn sie, oft unberechenbar, ihre skurrilen Launen kultivierte. Daß er sie jedoch bei ihren verletzenden Auftritten und manchmal bösartigen Attacken nicht in die

Schranken wies, bleibt unerfindlich. Im Beisein der Kinder hätte er sie nie gerügt.

Vielleicht war hierfür ausschlaggebend, daß er selbst spürte, seine Frau zu vernachlässigen. An den wenigen dienstfreien Stunden ist er seinen Interessen nachgegangen: der Jagd, dem Fischfang, dem Wandern. Seine Frau konnte sich anschließen, oder es bleiben lassen. Manch lautstarke Auseinandersetzung, die durch die Türen drang, mag hier ihren Anlaß gehabt haben. Dann stürzte die Mutter aus dem Raum und knallte die Türen zu, daß das Haus widerhallte.

Siegbert bekam die Mutter nach der morgendlichen Kussiade erst wieder zum Mittag- und Abendessen zu Gesicht. Die Mahlzeiten fingen harmlos und harmonisch an und endeten zumeist auch so. Doch manchmal konnten sie betrüblich ausgehen, wenn die Mutter so einseitig, wie üblich, ausfällig wurde. Bei Tisch erhielt sie, selbst wenn Gäste geladen waren, stets als erste und außerdem das beste und schönste Stück von den Gerichten. Darauf achtete der Vater, und für sie war es selbstverständlich. Sie hat sich übrigens nie selbst aufgelegt, sondern richtete ihre Wünsche an den Vater, der dann ihren Teller nahm und ihr vorlegte.

Die Mutter bestand darauf, daß für die Zwillinge immer identische Kleidung gekauft wurde und daß sie auch in gleicher Aufmachung in Erscheinung traten – oder soll man besser sagen, vorgeführt wurden? Wenn die Mutter – selten genug – die Kleinen ausführte, dann diente das eher der eigenen Inszenierung als dem Auslauf der Zwillinge. Sie hatte ihnen, obwohl zum selbständigen Laufen schon alt genug, das Zwillingsgeschirr anlegen lassen. Wie zwei trippelnde Hündchen wollte sie die beiden an zwei parallelen Leinen durch den Park führen. Alles war mit Bedacht gewählt, um die Blicke auf sich zu lenken: Sie selbst in auffälligem, mondänen Kleid mit großem Hut, wie auf einem Pferderennen, oder mit einem farbigen Band um die Stirn, wie eine Hohepriesterin. Die Kleinen sollten ihr als Accessoire dienen, wie eine Brosche am Kleid ihrer Eitelkeit. Die Zwillinge spürten das und fühlten sich gefoppt. Sie ärgerten die Mutter, indem sie, kreuz und quer laufend, die Leinen verhedderten. Sie wurde mißmutig und war des Spazierganges schnell überdrüssig.

Gegen die synchrone Ausstaffierung im Zwillingsdreß haben die beiden zu opponieren versucht. Ab und zu versuchten sie, beim gemeinsamen Essen unterschiedlich gekleidet zu erscheinen. Doch einer wurde stets zurückgeschickt, um mit seiner Kleidung das Spiegelbild des anderen herzustellen. Schon ihre identische Haartracht hat die Kleinen geärgert. Die Mutter ließ ihnen einen Pagenkopf schneiden: an den Seiten und hinten herum war das volle blonde Haar mit einem glatten Schnitt gestutzt und bedeckte die Ohren. Der Pony, der tief in die Stirn reichte, rahmte so das Gesicht ein. Die Zwillinge sahen sich ohnehin, von Natur aus, zum Verwechseln ähnlich. Die zusätzlich identische Kleidung und Frisur haben jede Unterscheidung unmöglich gemacht. Selbst die Eltern und Geschwister haben die Jüngsten nicht auseinander halten können — wenn nicht ein Mißgeschick des Vaters die Unterscheidung ein für allemal eingebrannt hätte. Eines Tages, Siegbert war Säugling, bekam er eine Lymphknotenschwellung am Hals. Der Vater bereitete einen feucht-heißen Umschlag und verschätzte sich in der Temperatur, die eine zarte Babyhaut unbeschadet verträgt. Siegbert hat herzzerreißend geschrien, eine kleine Brandnarbe ist für immer zurückgeblieben. Ebenso ein Schuldgefühl der Eltern. Deswegen wohl haben sie ihn offen und versteckt gegenüber den anderen Kindern bevorzugt. Er hat darunter gelitten, es erschien ihm ungerecht. Auch der Harmonie mit seinen Geschwistern war der Vorrang nicht dienlich. Das schuf Distanz, die ihm nicht half. Er hat die Bevorzugung stets zu egalisieren versucht, indem er sich ganz bewußt in den Kodex der anderen einfügte.

Nun, mit dem Brandmal, konnte ein jeder die beiden leicht auseinander halten. Man schaute zuerst auf die linke Wange, bevor man die Anrede ›Siegmund‹ oder ›Siegbert‹ wählte. Ihre Unterschiedlichkeit, die sie so sehr gewünscht und vergeblich durch differenzierendes

Aussehen in Kleidung und Frisur angestrebt hatten, jetzt war sie ohne eigenes Zutun bleibend und sichtbar eingebrannt. Es gab natürlich Gelegenheiten, wo sie auf Verwechslung und Verwirrung auswaren. Dann legten sie beide die linke Hand auf die linke untere Wangenpartie, und eine Identifizierung war keinem, wirklich keinem, mehr möglich. Wer ist der Siegbert, und wer der Siegmund? Auf die Frage »Wo ist denn Siegmund?« konnte zur Antwort kommen: »Ja, rate mal!«

Die beiden Geschwister sind sich ohnehin nicht einig, allerdings mehr im Scherz als ernst gemeint, ob sie heute den Namen tragen, unter dem ihnen das Taufwasser über die Stirn geträufelt wurde.[38] Wie will man bei absolut gleichem Anblick ausschließen, daß die Namenszuweisung nicht vielleicht doch einmal, oder gar mehrfach, vertauscht worden ist, bevor das Versehen mit der verbrühten Wangenpartie passierte? Zwar sollen die Babys mit einem farbigen Band ums Handgelenk markiert worden sein. Aber ist das eine Garantie? Sollen die Bändchen bei den täglichen, gemeinsamen Bädern nicht aufgeweicht und abgenommen worden sein? Wie leicht kann das Anlegen des neuen Farbbandes auf später verschoben und auch sonst das Farbband verwechselt worden sein, vielleicht weil ein Hausmädchen auf Frau Dr. Hahn gerade mal wütend war. Was soll's. Namen sollen zwar Schall und Rauch sein, aber für die Selbsteinschätzung sind sie nicht unerheblich. Siegbert fühlt sich mit seinem Vornamen wohl, auch mit seinem zweiten Taufnamen Konrad. Der Name ›Siegbert‹ ist germanischen Ursprung und bedeutet ›siegesglänzend‹. Eigenartigerweise war er in emanzipierten jüdischen Kreisen üblich, wahrscheinlich weil er weder christlicher noch biblischer Herkunft war. Der Vater hatte ihn aus Zuneigung zu einem jüdischen Freund gleichen Namens gewählt.

Die Mutter lebte für die Welt der Kunst. Dort fühlte sie sich zu Haus. Morgens verschwand sie in ihrem Kabinett. Sie malte intensiv, Aquarelle, Ölbilder, auf Seide und in anderen Techniken. Sie bevorzugte kräftige Farben. Ihr Vorbild war Böcklin, und sein Bild

›Anbetung der Flamme‹, das sie kopiert hatte, hing in ihrem Damenzimmer. Sie war talentiert, wenn auch nicht eigenschöpferisch. Sie bekam allenthalben Zuspruch. Etliche weitere Kopien hatte der Vater in den anderen Räumen gehängt. Für ein Kabarett hatte sie einen Vorhang gestaltet. Da konnte sie sich plötzlich bücken und malend auf dem Fußboden knien. Sie hat sogar das Bügeleisen in die Hand genommen, wenn sie für die Seidenmalerei Stoffe glätten wollte. Vor dem Abendessen tauchte sie aus ihrer Enklave auf, eingehüllt in eine Wolke von Terpentin. Ansonsten galt ihr Interesse dem Klavierspielen. Auch hier erbrachte sie anerkennenswerte Leistungen im klassischen Repertoire. Doch auf die Kleinen machte den größeren Eindruck, wenn sie bravourös die Ouvertüre zur Operette ›Dichter und Bauer‹ auf die Tasten zauberte. Jeden Abend, bis zu ihrem Tod, hat sie etwa einige Stunden gelesen: die großen russischen Romanciers, Thomas Mann, Gustav Freytag, Fontane, um nur wenige zu erwähnen, oder Reisebeschreibungen. Nie hat sie von dem Gelesenen erzählt. So schien die Lektüre für sie eher bloße Beschäftigung zu sein, oder eine Flucht in die Welt der Phantasie. Die Familie hatte längst geschlafen.

Sobald die Mutter entdeckte, daß die Kleinen sich gern malend und zeichnend betätigten, hat sie ihre kindlichen Ambitionen gefördert. Lediglich Bunt- und Zeichenstifte standen ihnen zur Verfügung. Für jedes gelungene Werk gab es 50 Pfennige, was für den beliebten Kinobesuch reichte. Siegmund und Siegbert malten um die Wette, die Mutter war eine kritische Begleiterin dieser frühen künstlerischen Betätigung. Aber sie hat beileibe nicht jedes Blatt versilbert.

Einen beachtlichen Einfluß übten die Geschwister auf den kleinen Siegbert aus. Der Altersunterschied zum nächstälteren Teddy betrug nur vier Jahre, aber zu den anderen Geschwistern war er beträchtlich. Die anderen Brüder und die Schwester Inge waren bei seiner Geburt 19 bis 13 Jahre älter. Ein geschwisterliches Miteinander von Siegbert zu diesen drei konnte sich daher schwerlich entwickeln, da sie schon erwachsen waren. Sie haben die Zwillinge kaum zur Kenntnis genommen und sie eher als Störung denn als Bereicherung des Familienglücks betrachtet.

Der Älteste, Herbert, war krank und mußte als 19jähriger zeitweise in eine Heilanstalt. Während des Krieges leistete er, zwangsverpflichtet in einem Hirschberger Unternehmen, einfachste Arbeiten, die er bei seiner Antriebsschwäche gerade noch ausführen konnte. Das hielt ihn aber nicht davon ab, oft tanzen zu gehen, wie er überhaupt recht vergnügungslustig schien. Er war künstlerisch begabt, hat gezeichnet und ein Jugendbuch geschrieben. Die Eltern haben ihn leider spüren lassen, daß sie sich seiner schämten. Der Vater fühlte sich persönlich verletzt, einen solchen Sohn zu haben. Siegbert hat es weder verstanden noch gebilligt.

Der Sohn Horst war humorvoll und lustig, und sehr intelligent. Er wollte Chirurg werden. Der Vater, dem er ähnlich sah, hat ihn besonders gemocht. Vielleicht war es sein Lieblingskind. Achtzehnjährig sollte Horst zu den Sanitätern eingezogen werden, aber er wollte keine Schonung und meldete sich freiwillig zur kämpfenden Truppe. Er kam nach Rußland. Und eines Tages traf ein Päckchen in Hirschberg ein mit der Aufschrift: »Nachlaß des Grenadiers Horst Hahn«. Darin waren Fotos, Ausweise, etwas Geld und andere Kleinigkeiten. Die Eltern waren bestürzt und ratlos. Erst vierzehn Tage später traf ein Schreiben ein. Die Eltern saßen niedergeschlagen auf der Couch, als sie in der Todesmitteilung des Kommandanten lasen: »Ihr Sohn konnte im Kugelhagel und Rückzugsgefecht leider nicht geborgen und bestattet werden. Er ist den Heldentod gestorben für Führer, Volk und Vaterland.« Der Vater war deprimiert, zerknirscht, wurde wortkarg. »Warum dieser Verlust, dieses Opfer?« Er hatte das NS-Regime gehaßt, schon als Freimaurer galt er der Staatsführung als unzuverlässig.

Die Schwester Inge war umsichtig und praktisch veranlagt. Sie hat früh, auf Bitten des Vaters, die Aufgaben übernommen, die üblicherweise die ›Frau des Hauses‹ wahrnimmt. In ihren Händen lag, unterstützt von zwei Hausangestellten, die gesamte Haushaltsführung.

Sie hat sich auch sonst um alles gekümmert und wurde zu Vaters rechter Hand. Kollisionen mit der Mutter und deren Eifersucht waren daher vorprogrammiert. Als dann 1937 die Zwillinge zur Welt kamen, meldete sie sich im Sommer des nächsten Jahres zum Arbeitsdienst, was für sie die geglückte Flucht aus dem anstrengenden Elternhaus war.

Der Bruder Teddy blieb der einzige im Haus, dem die Zwillinge altersmäßig näherstanden. Unerklärlicherweise hat die Mutter ihn nie gemocht. Sie ließ ihn das deutlich fühlen. Auch das hat Siegbert nie verstehen können.

Man stelle sich das großbürgerliche Speisezimmer vor, mit dem großen Eßtisch, an ihm die fünf erwachsenen Familienmitglieder und oft weitere Gäste sowie Teddy, der mit seinen acht Jahren dort schon zugelassen war. Und an dem ›Katzentisch‹, einem niedrigen kleinen Tischchen, hockten die Zwillinge, vier Jahre alt, beiseite gesetzt, mit gleicher Kleidung und Frisur, eingeschüchtert und verzagt. Auf ihre kindliche Plapperlust und Quecksilbrigkeit haben besonders die Geschwister allergisch reagiert. Waren Gäste geladen, mußten die beiden Kleinen sich ihre Anwesenheit durch Schweigen und jegliche Unauffälligkeit verdienen. Andernfalls hätte sie das Hausmädchen stante pede in die Küche zum Weiteressen verwiesen.

Es wurde erwartet, daß Siegbert geräusch- und problemlos funktionierte. So war es immer, da gab's kein Pardon. Er lebte in einer Welt übergeordneter Autoritäten, die ihm ständig Anweisungen gaben und an ihm herumnörgelten: »Tu mal das, geh jetzt schlafen, zieh dich an, räum das Gepretze weg!« Die Eltern, die Geschwister, das Personal, alle waren sie Kommandeure. Immer mußte er kuschen. Die einzige Ausnahme war Teddy, der zwar auch Anweisungen gab, aber auf die spielerische Weise eines Fast-Altersgenossen. Seinen Befehlen konnte er sich mit Erfolg widersetzen, falls er wollte. Doch meistens wollten die Zwillinge nicht. Sie waren ja wie kleine Kuschel-Hähnchen, zu allem verführbar, oder wie Knetgummi, der sich in jede Form modellieren läßt. Teddy stiftete sie zu manchem Streich an. Gepetzt durfte nicht werden. Der letzte, der auffiel, mußte stets für die ›gesamte Schuld‹ eines Schabernacks einstehen, das war die Regel, die der gewitztere und schnellere Teddy aufgestellt hatte. Der Spirituosenschrank im Keller hat eines Tages findige Langfinger gesehen. Da wegen des Vorhängeschlosses an sein Inneres nicht von vorn heranzukommen war, haben die drei ihn von der Wand abgerückt. Teddy löste einige Schrauben für einen Spalt neben der Rückwand und lugte hinein. Eine Batterie verführerischer Flaschen blinzelte zurück. Ihm stand selbstredend das Recht des ersten Schluckes zu. Den Moselwein, der ihm nicht zusagte, reichte er den Zwillingen weiter, beim roten Burgunder blieb er, gab aber auch den beiden davon zu kosten. Sie süffelten die zwei Flaschen leer. Teddy schien seinen Spaß daran zu haben, wenn die Zwillinge sich nur noch torkelnd davonstahlen. Einmal war es besonders schlimm. Sie waren kinderkopfvoll besoffen und krochen auf allen vieren die Treppen nach oben. Zufällig stand die Mutter auf dem Treppenabsatz und glaubte, eine spaßvolle Krabbel-Flause ihrer beiden Jüngsten mitzuerleben. Sie lallten nur: »Wir sind ja so müde.« »Marsch ins Bett!« Sie merkte nichts.

Vom Griff in seinen Weinhort hat der Vater nichts wahrgenommen. Der Flaschen gab es zu viele, und Buch über seine Bestände hat er ebensowenig geführt wie die Mutter über ihre Malutensilien. Ein anderes alkoholisches Attentat hat ihn jedoch zutiefst in seinem Qualitätsbewußtsein verletzt und darüber hinaus arg blamiert. Er war ein Meister im Verfertigen selbstgemachter Liköre. Den Alkohol bekam er, auch in den Kriegsjahren, über seine Praxis. Von den Essenzen, zugekauft oder hausgemacht, stand ihm ein Vorrat aus Friedenszeiten zur Verfügung. Wenn er in der Küche die Ingredienzien mischte, gab er den Kindern löffelchenweise zu kosten, ob ihnen die Rezeptur auch schmeckte. Das stolze Ergebnis, abgefüllt in Flaschen, verbarg er im Bücherschrank hinter dicken Wälzern. Den Schrank hat er abgeschlossen, aber eben manchmal blieb er unverschlossen. Alle Kinder, auch die schon erwachsenen, vergingen sich heimlich reihenweise an Vaters süßem Stolz, als da waren: Prünelle, Curaçao, Benediktiner oder Kümmel. Als Vater einmal einen Gast empfing, der ebenfalls seine Liköre eigenfertigte, diskutierten sie über ihre Herstellungsmethoden. Der Vater kredenzte ihm seinen Hauslikör und war sich des Gefühls eigener Meisterschaft sicher. Er wollte ihn mit der Güte seiner Rezeptur beeindrucken. Die Blamage war vollkommen: Sein Likör war eine Limonade, sein Stolz zu einer Blamage mutiert. Der letzte, der gesüffelt hatte, mußte für alle, auch für vorangegangene Schuld der anderen, einstehen – wir hörten davon. Wer immer es war, er glaubte, die Flasche nicht halb voll in den Schrank zurückstellen zu sollen. Er füllte sie mit Wasser auf, bis ein unverdächtiger Pegelstand erreicht war. Der Vater war über die Panscherei entsetzt. Fast alles dürfe man machen, aber keinen edlen Trunk verwässern.

Mit irgendeiner neuen List hatte Teddy sich den Schlüssel zum Waffenschrank des Vaters besorgt. Er entnahm eine russische Pistole und die dazugehörigen Patronen. Mit der geladenen Pistole fuchtelte er im Garten herum und hielt sie auch gegen Siegbert. Die Zwillinge waren nur Mitläufer in dieser Eskapade. Ein Versteck für das furcht-erregende Schießeisen fand er irgendwo neben der Garage. Einen Nachmittag hatten die drei im Freibad verbracht und waren auf dem Weg nach Hause. Einer Hausangestellten begegneten sie unterwegs. Sie orakelte nur süffisant: »Na, ihr könnt gleich was erleben!« Zu Hause angekommen, eröffnete ihnen ein anderes Hausmädchen: »Der Vater erwartet euch im Jagdzimmer.« Das verhieß nichts Gutes. Der prächtige Raum war schon für die Strafexpedition über die Hosenböden der drei Jüngsten vorbereitet. Der Tisch zur Seite ge-räumt, die Sessel auseinander gezogen, damit die Couch frei stand. Und ein großer Stock lag, unübersehbar, parat. Teddy war bei dem Griff in den Gewehrschrank eine Patrone zu Boden gerollt. Der Vater hatte sie entdeckt. Das Strafgericht, das alle drei gleichermaßen traf, war unerbittlich und hart. Nebeneinander lagen sie bäuchlings quer über der Couch: Drei mit einen Streich. Vater hat sogar hier noch praktisch gedacht und wollte es sich einfach machen. Offensichtlich konnte er nur widerwillig gegen seine Kinder Hand anlegen. Nie hat Siegbert seinen Vater so zornig erlebt: »Wie könnt ihr so etwas machen! Was hätte alles passieren können! Ihr Lausebengel!« Die Züchtigung war entsetzlich. Teddy mußte die Waffe aus dem Versteck holen, und Vater nahm ihn nochmals in einem Privatissimum ran. Erst im Zorn der Vaters wurde den dreien klar, in welche Gefahr sie sich und den Vater gebracht hatten. Es gab keinen Grund, dem Vater böse zu sein. Siegbert hielt die Strafe für gerecht und angemessen. Mitgegangen, mitverprügelt.

Weniger ernst, aber für den Vater emotional viel enttäuschender war eine andere Eskapade der Zwillinge. Als Mitglied der studentischen Korporation Silesia hatte er die Bänder seiner Verbindung als Kostbarkeit gehütet. Sie riefen für ihn glückliche Erinnerungen an fröhliche Gemeinschaft und sicherlich bierselige Abende der Studentenzeit wach. Die beiden Knirpse entdeckten sie in einem Schrank und fanden an den leuchtenden Farben Weiß – Hellblau – Rosa auf Seide Gefallen. Arglos zerschnitten sie die Bänder in kleine Stücke, mit denen sie spielten. Hätten sie doch geahnt, wie sehr sie ihrem geliebten Vater damit Schmerz bereiten würden!

Daß Teddy die Zwillinge auch sexuell aufgeklärt hat, versteht sich fast schon von selbst. Alles, was er selbst an ›pikanten Neuigkeiten‹ erfuhr, hat er brühwarm den beiden weitererzählt. Er besorgte sich heimlich aus Vaters indiziertem Bücherschrank die medizinischen Bücher. Den Zwillingen zeigte er die aufregenden Querschnitte, die aufklappbar und schichtweise den anatomischen Einblick in den männlichen und weiblichen Körper gewährten. Irgendwie fand Teddy auch in der hintersten Ecke eines Wäscheschranks eine Pornosammlung, die wohl dem Vater gehörte. Auch diese hat er zur Wissenserweiterung den Fünf- bis Sechsjährigen vorgeführt. Es hat ihnen nicht geschadet, aber sie sicher ein wenig vor der Zeit reif werden lassen. Teddy hatte dann diese Fotos nackiger Damen und Herren in seinem Zimmer versteckt. Als er und die Zwillinge sich daran satt

82

gesehen hatten, wagte er nicht mehr, sie in den Schrank zurückzulegen. Er wähnte sich dann ertappt. Er glaubte, sich nicht anders helfen zu können, als daß er sie irgendwie aus dem Hause schaffen müßte. Eine Vernichtung erschien ihm undurchführbar; sie einfach wegzuwerfen, zu gefährlich. Er brachte sie, man staune, schließlich zum städtischen Fundbüro: Er habe das Zeug dort und da gefunden. Man hat es ihm auf Anhieb geglaubt, so keusch schaute er drein. Oder vielleicht wollten die Fundbüroler das delikate Opus nur flugs für sich selbst vereinnahmen. Damit war auch dieses frühreife Episödchen abgeschlossen. Nicht auszudenken, die bestallten ›Hüter des Gefundenen‹ hätten die Fundanzeige schriftlich aufgenommen und sie dem Vater in Kopie zugesandt, wie es wohl vorgeschrieben war!

Kurz vor dem Weihnachtsfest hat Teddy die Zwillinge aufgeklärt, daß es das Christkind nicht gäbe. Siegbert hat sich nichts anmerken lassen, als die Eltern ihn in das Zimmer hineinführten, wo das Christkind, gerade vorbeikommend, all die schönen Sachen hingelegt hätte. Den Eltern zuliebe, weil er ihre Freude sah, hat er sie im Glauben von seinem Glauben gelassen. Er wollte ihnen ihre Illusion nicht rauben. Aber er fühlte sich doch verletzt, weil sie ihn nicht ernst nahmen und seine wachsende Intelligenz ignorierten. Wie nicht anders zu erwarten, fand er auf dem Gabentisch Geschenke vor, die mit denen für Siegmund identisch waren. Es reichte also nicht, daß die Eltern ihn wie eine ebenbürtige Hälfte einer Zwillingseinheit behandelten. Auch das Christkind verletzte ihn in seiner Individualität. Hätte es nicht mit himmlischem Allwissen seine Verletzbarkeit berücksichtigen müssen?

Später, als die Zwillinge, fünfjährig, ihrerseits zum Fest Geschenke für die Eltern überreichen wollten, haben sie Bildchen gefertigt. Teddy hatte für die Mutter Ölfarben aufgetrieben. Die Mutter war aus dem Häuschen, daß es diese wunderbaren Farbtuben in den Kriegszeiten noch gäbe. Sie konnte nicht ahnen – oder hat sie es doch? –, daß die Tuben aus ihrem eigenen Bestand waren, über den sie den Überblick längst verloren hatte.

Die Zwillinge besuchten für kurze Zeit einen Kindergarten. Hier hatten sie Spielkontakte zu Gleichaltrigen, wie auch vorher schon zu Nachbarskindern. Ihre wesentlichen Kontakte jedoch bestanden paradoxerweise zu Personen, mit denen es kaum oder selten Begegnungen gab. Es waren also begegnungsreiche Nicht-Kontakte: der Vater hatte berufliche Pflichten und kaum Zeit; die Mutter pflegte ihre egoistischen Inszenierungen; die Geschwister lebten ihr eigenes Leben und das Personal war immer wieder neues Personal. Diese Kontaktlosigkeit in einem personengefüllten Haus ist Siegbert in schmerzlicher Erinnerung.

Aus der Hirschberger Zeit ist ihm des weiteren geblieben, daß er ein überbehütetes Leben in einem durchorganisierten Haus führte und daß er als halbe Zwillingsportion keine individuelle Kindheit gestalten konnte. Er war der unmündige Kleine, der sich reglementiert erlebte. Der Wunsch verstärkte sich, er wollte, so schnell wie möglich, erwachsen werden. Auch wenn er von der Welt der Erwachsenen desillusioniert war. Zu oft ist er von ihnen verletzt worden, wenn seine Arglosigkeit mißbraucht wurde.

Die Eltern glaubten, die beiden Jüngsten wären zu zart für die übliche Einschulung im sechsten Lebensjahr. Erst im Herbst 1944, sieben Jahre alt, kamen sie auf die Volksschule. Das war ein kleiner Anpassungsschock. Erst einmal wurden sie wegen ihrer altmodischen Pony-Frisur gehänselt. Sie wären doch auf einer Jungen-, und nicht auf einer Mädchenschule. Man zog sie an den Haaren, bis es den Mitkläßlern langweilig wurde. Dann folgten die üblichen Rempeleien, denen sie, unerfahren, ausgeliefert waren. Schon vier Monate später, im Januar 1945, war mit der Schule Schluß. Die Mutter flüchtete vor den heranrükkenden Russen, sie hatte panische Angst. Der Vater konnte sie nicht halten. Es war mit ihr nicht zu reden. Sie sollte ihr Haus, ihre Habe, ihre Heimat nie wieder sehen. Sie nahm die drei Jüngsten mit auf die Flucht, auf eine Reise durch Not und Verzweiflung. Der späteren schrecklichen Vertreibung aller Deutschen durch die Polen wären sie ohnehin nicht entgangen.

84

Was waren Siegberts Spielzeuge? Als Kleinkind, das Übliche in der damaligen Zeit: die Bauklötzchen, die Steine, die holzgeschnitzten Tiere. Später bekam er, obligatorisch, die Farbstifte und Knetmasse zum eigenen Gestalten. Zusammen mit Siegmund hat er viel gezeichnet, gemalt und Figuren geknetet. Das hat ihre Phantasie beflügelt und geweitet. Den Bombast heutiger Spielzeuge, die nur mit Knöpfen und Hebeln bedient werden, und den überfüllten Angebotsmarkt gab es gottlob noch nicht. Vernarrt war Siegbert in seinen ›Bonzo‹. Die Schwester Inge hatte ihren kleinen Bruder zu einer Freundin mitgenommen. Dort entdeckte er einen Tischbesen, der als Knauf einen Hundekopf aus farbiger Keramik hatte. Es war eine Nachbildung des Werbehundes Bonzo, wie er auf kleinen Bildchen zu sehen war, die den Zigarettenschachteln beilagen. Der Dreijährige bekam den Blick nicht mehr los von dem lieben Bulldoggengesicht. Er war wie hypnotisiert. Sein Herz weitete sich. Die Gastgeberin hat es bemerkt und war gerührt. Siegbert war mit dem Geschenk selig. Er hat Besenhaare und Stiel umhüllt, so daß nur der Hundekopf zu sehen blieb. Bonzo fand einen Ehrenplatz auf seinem Nachttisch. Noch mehr und über alles geliebt hat er indes sein ›Eselchen‹. Über sein graues Plüschfell hat er viel gestreichelt und schon Zärtlichkeit geprobt. Auf vier Rädern montiert, konnte es auch gezogen werden. Es gibt ein Foto, wie er es an sich drückt. Immer hat er von seinem Essen etwas abgeben wollen und den gefüllten Löffel ans Maul geführt. Die Schnauze war schon fettig davon. Er hat sein heißgeliebtes Eselchen auf die Flucht mitgenommen, es war ihm wichtig. Er hat es gehütet. Es sollte immer bei ihm bleiben. Irgendwo aber, auf den Straßen des Hungers oder in den Orten der Not, hat er es zusammen mit seiner Kindheit verloren. Er hat es noch nicht einmal bemerkt.

*

Siegberts Flucht

Im Januar 1945 standen die sowjetischen Soldaten an der schlesischen Grenze. Nachdem sich der Einfall der deutschen Wehrmacht in die Sowjetunion Ende 1942 vor Stalingrad totgelaufen hatte, gelang es den sowjetischen Truppen in ihren folgenden Sommer- und Winteroffensiven, die deutschen Verbände kontinuierlich zurückzudrängen. Es war absehbar, wann sie die deutsche Grenze erreicht haben würden, um jetzt den Frontkrieg nach Deutschland hereinzutragen.

Lautsprecherwagen fuhren durch Hirschberg. Die Mütter wurden aufgefordert, sich mit ihren minderjährigen Kindern in der Oberrealschule einzufinden, um mit Reisegepäck und -verpflegung evakuiert zu werden. Frau Hahn nahm ihre drei jüngsten Kinder, Teddy, die Zwillinge Siegbert und Siegmund, mit auf diese Reise des Nimmerwiedersehens. Das meiste Gepäck waren Sachen für die Mutter. Die Tochter Inge achtete darauf, daß auch genügend Kinderkleidung eingepackt wurde. Aber an ausreichende Verpflegung für viele Tage hatte auch sie nicht gedacht. Der Vater, der als Zahnarzt noch praktizierte, wurde zum Volkssturm verpflichtet und mußte in Hirschberg bleiben. Er hatte bei sich den Sohn Herbert, 26 Jahre alt, und die 24jährige Tochter Inge.

Güterwagen der Eisenbahn standen bereit. Auf beiden Seiten in der Wagenmitte befanden sich große Schiebetüren, die nur lose zu schließen waren. Stroh war auf dem Boden ausgebreitet, und in der

Mitte stand ein kleiner Kohleofen mit einem Abzugsrohr, das durch das Wagendach geführt war. In einer der Ecken stand ohne Sichtschutz ein Behältnis für die Notdurft. Es waren Güterwagen, die offensichtlich schon vielen Soldatentransporten gedient hatten. Etwa dreißig Personen mußten sich auf engem Platz arrangieren. Kurz vor der Abfahrt brachte die Tochter Inge noch eine selbsteingelegte Fleischkonserve, die leider schon verdorben war. Denn die vier Reisenden bekamen die peinlichsten Verdauungsprobleme mit den bekannten Folgen.

Die Fahrt begann Anfang Februar. Es war bitter kalt im Güterwagen, durch den der eisige Fahrtwind die kärgliche Ofenwärme herausfegte. Die Fahrt sollte durch die Tschechoslowakei in Richtung Bayern gehen. Flüchtlingszüge dieser Art waren ausgesprochene Bummelzüge. Es gab keine durchgehend geplante Streckenführung oder gar einen Zeitplan. Im Chaos des zu Ende gehenden Krieges wurden diese Züge von den überforderten Einsatzleitungen in den nächsten, noch unzerstörten Streckenabschnitt weitergeleitet, ohne daß eine koordinierte Abstimmung über eine längere Fahrtroute möglich war. Denn der Zug stand mehr, als daß er fuhr. Es war ein ständiges Stop und Fahr.

Nach zwei Tagen Bummelfahrt erreichten die vier Flüchtenden Prag. Dort erlebten sie ihren ersten Fliegeralarm und Luftangriff. Der Zug hielt im Bahnhof, man warf sich unter den Zug. Auf der Weiterfahrt mußte der Transport vor Klösterle wieder einmal anhalten. Tieffflieger beschossen die ausgestiegenen Personen. Der Bruder Teddy riß die beiden Jüngsten in einen Graben. Sie kamen gerade noch einmal mit dem Schrecken davon.

Man kann sich kaum vorstellen, was passierte, wenn Frau Doktor Hahn, diese extravagante Mutter, auf eine Fluchtreise mit drei Kindern zwischen acht und zwölf Jahren gezwungen wird. Es wären die unglaublichsten Geschichten zu berichten. Aber ihre Totenruhe gebietet Schonung: Was bringt's, wenn das Unvorstellbare hier ausgebreitet wird? Man würde es nicht glauben können und wahrhaben wollen. Von einigen Kuriosa soll allerdings berichtet werden.

Von Prag ging die Fahrt weiter in Richtung Bayern. Der Zug hielt in Karlsbad, dem berühmt-mondänen Badeort der Kaiser- und Vorkriegszeit.[39] Frau Hahn war außer sich und kam ins Schwärmen: »Ich kann es nicht fassen, wir sind in Karlsbad! Hier wollte ich schon immer einmal hin. Kinder, wir steigen aus!« Der Zug fuhr davon – und die Odyssee der vier Flüchtenden, die über drei Jahre dauern sollte, nahm ihren folgenschweren Anfang. Das von allen Flüchtlingen damals so heiß ersehnte Ziel Bayern, in das eine zivilisierte US-amerikanische Armee gerade einrückte, hatte die Mutter eingetauscht gegen die Ohnmacht vor der revoltierenden tschechischen Bevölkerung und vor der heranrückenden Soldateska der Sowjets. Welch ein schrulliger Spleen eines verspielten Schöngeistes! Diese wahnwitzige Entscheidung hat den vier Kummer und Leid beschert.

Geld hatte Frau Hahn reichlich eingesteckt. Schmuck war in einem Wollknäuel am Leib versteckt. So waren wenigstens finanzielle Probleme für den Anfang ausgeschlossen. Zuerst nahmen sie für zwei Tage Logis in einem Hotel in der Nähe des Bahnhofs. Dann mietete sich Frau Hahn mit den Kindern, wennschon, dennschon, in dem berühmten Hotel Pupp ein. Die sowjetischen Truppen standen bereits an der tschechischen Grenze, aber hier aß man noch in der großen Speisehalle unter strahlendem Deckenlüster, und der Stehgeiger spielte auf. Frau Doktor Hahn schien glücklich. Nur die Lebensmittelmarken gingen langsam zu Ende, die Fett-, Brot- und Zuckermarken waren aufgebraucht. Der Oberkellner im Frack, ausgestattet mit der obligaten kleinen Schere, mit der er die Markenfelder vom Bezugsschein abtrennte, zuckte mit Bedauern die Achseln. Woher sollte Frau Hahn auch wissen, wie überlegt und ängstlich sparsam mit den Lebensmittelbons umzugehen ist, will man das Monatsende heil erreichen. In Hirschberg hatte das Personal eingekauft, und Patienten ihres Mannes, die vom Lande kamen, brachten schon mal eine Zugabe mit. Schließlich konnten sich die vier als

Abendbrot nur noch Salzkartoffeln mit Tee leisten, während im glanzvollen Speisesalon das Orchester Wiener Walzer intonierte. Damit hatte das Grandhotel Pupp für Frau Doktor Hahn seinen Reiz verloren.

Für kurze Zeit nahmen sie ein möbliertes Zimmer in der Nähe des Becherplatzes. Danach kamen sie, ebenfalls im Kurviertel, bei der deutschen Familie Mührling unter. Ab und zu haben sie im Hotel Richmond oder im Hotel Ananas gegessen. Im letzteren gab es als Mittagessen eine Gemüsesuppe, und zwar markenfrei. Das war schon eine Rarität. Diese Gelegenheit war so begehrt, daß sich hinter jedem Sitzenden eine Schlange von Wartenden bildete.

Die Mutter versuchte anfangs noch, über die drei Kinder Regie zu führen. Doch bald merkten die kleinen Söhne, wie ihre Mutter versagte. Sie nahm die üblichen Pflichten einer Mutter nicht wahr. Unbekümmert und lebensfremd lebte sie in den Tag hinein. Sie hatte kein Auge, wie ihre Kinder angezogen waren. Daß die Kinder im Winter ohne Strümpfe liefen, fiel ihr nicht auf. Einmal wollte sie einen Pudding für alle vier bereiten. Weil sie nur über einen Beutel Puddingpulver verfügte, glaubte sie, mehr daraus machen zu können, wenn sie noch Backpulver hinzufügte. Das Malheur war da. Frau Mürling war fassungslos, wie ihr Küchenherd zugerichtet war. Die Kinder haben lange gebraucht, ehe sie ihn wieder von der übergelaufenen und verbrannten Masse gesäubert hatten.

Erst im Vergleich mit anderen Müttern merkten die drei Kinder, wie unfähig ihre eigene Mutter war. Selbst einfache Dinge des täglichen Haushaltslebens vermochte sie, geplant und gekonnt, nicht in den Griff zu bekommen. Immer mußten andere Leute gesucht und gefunden werden, welche die verschiedensten Dienste, natürlich gegen gute Bezahlung, übernahmen.

Der Krieg war allgegenwärtig. Deutsche Truppen und Waffen zogen durch die verängstigte Stadt. Oft heulten die Sirenen ihr unheilvolles Echo durch die Straßen und gaben Fliegeralarm. Bomberverbände waren im Anflug. Nie wußte man, wo sie ihre tödliche

Fracht ausklinken würden. Mal hörte man von Angriffen auf Prag, mal wurden andere Orte genannt. Oft kamen sie in weit auseinandergezogenen Wellen heran. Meist flogen sie weiter, während andere Einheiten schon auf dem Rückflug waren und sich auch dann noch ihrer verheerenden Fracht entledigten, wo es gerade nicht befürchtet wurde. So blieben Stunde um Stunde die Sirenen stumm und ließen den ersehnten Dauerton der ›Entwarnung‹ nicht durch die Stadt heulen.

Ein Luftschutzkeller hatte immer etwas Angsteinflößendes. Auf engem Raum waren viele, zumeist fremde Menschen aneinandergepfercht, oft bei schummrigem Kerzenlicht. Man spürte das mächtige Haus mit dem dicken Mauerwerk über sich und fühlte es als Bedrohung im Falle eines Bombentreffers. Man hatte davon gehört oder sogar miterlebt, daß Verschüttete aus dem Keller nicht geborgen wurden. Der Wettlauf mit der Zeit war oft verloren, weil Maschinen und Menschen zu ihrer Befreiung fehlten: Die Klopfzeichen wurden schwächer und erstarben schließlich ganz. Das waren Vorstellungen oder Erlebnisse, die man mit Macht verdrängte, sonst wäre man verrückt geworden. Die Mauern und Grüfte des Kellers ließen hautnah spüren, wie sehr man in ein gemeinsames Schicksal zusammengepreßt war. Man suchte die Nähe des anderen Mitmenschen, und gleichzeitig war der andere Konkurrent im Überlebenskampf. Die Sinne waren aufs äußerste gespannt. Die Ohren tasteten den Himmel nach den Unheilbringern ab. Manche bastelten mit kecken Sprüchen an ihrem Selbstmut. Andere stierten wortlos aneinander vorbei, die Angst hatte sie im Griff. Frau Hahn schaffte das, wenn auch aus anderen Gründen. Sie hat sich, wie auch sonst, nie darum gekümmert, was die anderen denken oder machen. Mit einer unglaublichen Schnodderigkeit bagatellisierte sie auf ihre Weise die Situation. Sie entnahm ihrer Schminktasche, die sie immer bei sich hatte, eine Dose und trug souverän und ausgiebig, in der einen Hand den Spiegel, mit der anderen Hand Sesammandelkleie auf Gesicht und Hals auf. Die Darumsitzenden, blaß und zitternd, schauten verstohlen hin und waren baff. Sie scherte sich einen Dreck um Angriff, Angst und andere.

Einmal mußten sie fast drei Tage ununterbrochen zufällig im Luftschutzkeller des Hotels Richmond verbringen, weil sie gerade dort vom Fliegeralarm überrascht wurden. Es war ein Gewölbe, das in den angrenzenden Felsen hineingetrieben war. Sie hatten nichts zum Essen bei sich. Nur rohe rote Beete waren irgendwie aufzutreiben und blieben ihre einzige Nahrung während dieser langen Zeit.

Ein anderes Mal hatte die Mutter gerade zusammen mit den Zwillingen in einem Arbeiterviertel ihre Wäsche abgeholt, als sie von einem Fliegeralarm überrascht wurden. Sie stürzten sich in einen der vielen kenntlich gemachten Luftschutzkeller. Diesmal galten die Bomben Karlsbad und gerade diesem Wohngebiet. Es dröhnte, knallte, explodierte, schwere Detonationen erschütterten den Keller. Den Leuten stand der Angstschweiß auf der Stirn, der Puls jagte, die Augen schrien Entsetzen. Leute warfen sich auf den Boden, heulten, wimmerten oder beteten – jeder auf seine Weise. Eine Bombe schlägt ins Haus ein, es geht durch Mark und Bein. Schon brennt der Dachstuhl. Nichts wie raus! Ganze Straßenzüge stehen in Flammen. Häuser stürzen ein, die Straßen sind mit Schutt blockiert, Tote liegen herum. In der Mitte zwischen den Häuserzeilen rennen die Mutter und die Zwillinge durch die Straßen zurück zu ihrer Unterkunft. Teddy erwartete sie angstvoll. Das Kurviertel war gottlob verschont worden und ist es bis Kriegsende geblieben.

Eines Tages Anfang Mai boten die Geschäfte und Warenhäuser die verbliebenen Artikel vom kärglichen Warenbestand gratis an. Man wollte nichts den heranrückenden Soldaten in die Hände fallen lassen. Die sowjetischen Truppen standen vor der Stadt. Der Widerstand der Wehrmacht brach zusammen. Deutsche Soldaten ließen sich Zivilkleidung schenken, warfen die Uniformen weg und desertierten. Am 6. Mai schlürften die vier gerade ihre dünne Gemüsesuppe im Hotel Ananas, als US-amerikanische Soldaten in die Stadt einrückten. Sie übergaben die Gewalt in die Hände von Tschechen.

Am nächsten Tag wurde die deutsche Zivilbevölkerung aufgefordert, weiße Armbinden anzulegen. Einheimische Karlsbader tschechischer Nationalität, die bisher gut Deutsch sprachen, ›verstanden‹ plötzlich nur noch Tschechisch. Auch ihre Namen haben sie sogleich dem neuen Regime angepaßt. Deutsche wurden angespuckt und geschlagen. Der Krieg war verloren. Deutsche hatten keine Rechte mehr in dem von der tschechischen Regierung eingeforderten Sudetenland. Die Lage wurde unerträglich. Einige glaubten an eine Mäßigung des Hasses und hofften auf eine Duldung der deutschen, seit Generationen dort beheimateten Bevölkerungsmehrheit. Andere waren weniger optimistisch. Sie sahen die spätere Entwicklung voraus und glaubten, nur im deutschen Reichsgebiet noch Heimat finden zu können.

Nach acht Tagen wurden alle Deutschen, sowohl die einheimische sudetendeutsche Bevölkerung als auch die untergekommenen Flüchtlinge, zum Verlassen der Stadt und des Landes aufgefordert. Sie sollten sich im Oberen Bahnhof einfinden. Ausgebrannt und zerbombt lag er da. Züge fuhren nicht mehr. Es dunkelte und wurde Abend. Keiner kümmerte sich um die Wartenden. Zurück konnten sie nicht mehr. Niemand wußte, was geschehen sollte. Dieser Ungewißheit, wie es weitergehen und was aus ihnen werden sollte, begegneten sie hier zum ersten Mal. Gottlob sprach sie hier eine deutsche Frau an, die in Bahnhofsnähe wohnte, und bot ihnen für die Nacht eine Bleibe an. Sie sahen ein, daß sie für den erzwungenen Fußmarsch zuviel Gepäck hatten, sortierten die Koffer neu und gaben der freundlichen Gastgeberin die meisten ihrer Gepäckstücke in Obhut – auf Nimmerwiedersehen. Darunter war der große Ballen mit Mutters Seidenmalerei. Sie hat nie darüber geklagt. Doch der Verlust der zusätzlichen Kleidung wog in der Not und Armut der folgenden Jahre besonders schwer.

Die vertriebenen Deutschen machten sich in Gruppen zu Fuß auf den Weg in Richtung deutsche Grenze, die etwa 40 km entfernt lag. Irgendwie organisierten sich die Menschen von selbst. Ihr Zug umfaßte etwa 50 Personen. Auf dem Pferdefuhrwerk eines flüchtenden Bauern kamen die gehbehinderten Personen unter – soviel Solidarität gab es schon, wenn die Not so offensichtlich war. Aber im übrigen mußte jeder sehen, wo er blieb. Da war und ist sich jeder selbst der Nächste. Die meisten – es waren die einheimischen Sudetendeutschen – hatten Leiterwagen bei sich, die mit Habseligkeiten vollgestopft und überladen waren. Der Zug wurde nicht bewacht. Aber bei jedem Aufenthalt waren sofort tschechische Milizionäre, Freischärler oder selbsternannte Ordnungskräfte zur Stelle, die sie umstellten und auch schikanierten.

Frau Hahn marschierte vorweg. Über dem Arm trug sie ihren Pelzmantel, in der Hand den Krückstock mit dem silbernen Knauf und die Handtasche. Die drei Kinder folgten und schleppten auf jeder Seite einen Koffer. Teddy, der Ältere, mußte die schwereren nehmen. Einer davon war angefüllt mit Fläschchen und Dosen Kosmetika für die Schönheitspflege der Mutter. Sie ging forsch voran. Ihr Abstand zu den Kindern wurde lang und länger. Dann blieb sie wieder stehen, damit die drei Söhne Anschluß fanden. Das wiederholte sich laufend. Teddy war mit seinen elf Jahren recht pfiffig und spitzbübisch. Gelegentlich hielt er an und entnahm dem großen Kosmetikkoffer ein ums andere Mal eine Dose oder Flasche Puder, Creme oder Parfüm und warf sie verstohlen über den Straßengraben. Der Koffer wurde leichter, aber der Mutter, die auch sonst keinen Überblick hatte, ist der Fehlbestand nie aufgefallen.

Die erste Nacht verbrachten sie in Merkelsgrün.[40] Ein deutscher Bauer hatte die vier aufgenommen, und die Ehefrau bot ihnen gekochte Kartoffeln mit Quark an. Nach einem ermüdenden Fußmarsch kamen sie die zweite Nacht in der Leichenhalle eines Friedhofs unter. Das Verlassen des Gebäudes hatten Freischärler verboten, die plötzlich wieder zur Stelle waren. Der kleine Siegbert, der nachts seine Notdurft verrichten wollte, wußte sich nicht zu helfen und schlich nach draußen. Er wollte sich gerade kauern, aber mit einem Tritt in den Bauch flog er über ein Grab. Der Milizionär jagte ihn zurück.

Der nächste Schock folgte in Bergstadt Platten.[41] Die Trecks der fliehenden Deutschen mußten anhalten und sich auf dem Marktplatz versammeln. Auf großen Schautafeln wurden ihnen Elendsaufnahmen aus einem KZ gezeigt. Man sagte ihnen, daß Deutsche diese Verbrechen begangen hätten und daß sie als Deutsche daran Schuld trügen. Sie wurden beschimpft und bespuckt. Siegbert sah solche Fotos zum ersten Mal. Er und seine Mutter hatten nichts davon gewußt, was auch die anderen erklärten. Ungläubig sahen sie die Aufnahmen von Ausgemergelten in Häftlingskleidern und von Leichenbergen und konnten nichts damit anfangen. Daß sie persönlich daran Schuld wären, war die eingeforderte Kollektivschuld und eine unberechtigte Zumutung. Die Gruppen zogen weiter, verängstigter als ohnehin schon.

Sie kamen zur Grenze bei Johanngeorgenstadt. Vor dem Übergang wurde der Zug von tschechischen Milizionären nochmals geplündert. Die vier mit ihrer dürftigen Habe kamen ungeschoren davon. Aber die vollbeladenen Leiterwagen waren die ausgesuchten Objekte der Begehrlichkeit. Alle Gepäckstücke mußten geöffnet werden, viele Sachen wurden weggenommen. Proteste waren unmöglich. Wie erbärmlich und bemitleidenswert müssen die drei Kinder ausgesehen haben, daß sie von denselben tschechischen Grenzsoldaten ungebeten ein großes Stück Kuchen geschenkt erhielten, das die Soldaten vorher anderen Deutschen weggenommen hatten. Auch das gab es in dieser chaotischen, an sich so ruchlosen Zeit.

Sie betraten wieder deutschen Boden, aber lediglich der erste Akt ihrer Flucht war jetzt beendet. Der Vorhang, hinter dem das Pandämonium ihrer weiteren Odyssee schon aufgebaut war, sollte sich bald heben.

*

Es folgen die Monate …

Erst vor wenigen Wochen hatten sie sich kennengelernt, und fast alles aneinander war noch zu entdecken. Zum Mittelpunkt ihres gemeinsamen Interesses wurde die Malerei, im Hinblick darauf, welche Stellung Siegbert vielleicht einmal darin einnehmen könnte. Sie besuchten Ausstellungen in Kölner Museen und Galerien. Das war bei etwa fünfzehn Galerien in der Stadt noch leicht zu bewältigen. Es war aufregend, die neuerungssüchtige Kunstszene jener Jahre im quicklebendigen Köln mitzuerleben.

Im April 1966 machten sie ihre erste gemeinsame Reise. Sie wollten nach Belgien, um Kultur und Malerei in den drei Zentren des Nachbarlandes zu erleben. Siegbert war vorher nur einmal in Brüssel gewesen. Peter wiederum kannte Belgien bestens. Er hatte es von Aachen aus oft bereist. Mit der Eisenbahn fuhren sie hin. Peter besaß damals kein Auto. Er hatte es gerade erst, nach einem Autounfall, verkauft.

Peter führte Siegbert durch Antwerpen und zeigte ihm die Sehenswürdigkeiten. Natürlich besuchten sie das Königliche Museum für Schöne Künste, das Peter so liebte, und Samstag abend führte er ihn in ein schwules Lokal, wo die vielen Flamen — bekannt für ihre unkomplizierte Lebenslust — eine tolle Fete veranstalteten. Die Musik spielte zum Tanz auf. Mit einigen sympathischen Typen führten sie lockere Gespräche. Die Flamen lieben das Lachen, das Lieben, das Leben. Bekanntschaften, ohne jede erotische Absicht, hätten sich leicht anbahnen lassen, aber die beiden waren viel zu verliebt ineinander und schenkten den anderen keine Beachtung.

Über Brügge Rühmendes zu sagen erübrigt sich. Das Faszinosum dieser Stadt ist unbeschreiblich. Man muß es erleben, um, wie der Chronist (1540) sagt, »die Seele zu laben und die Augen zu öffnen«. Sein Stadtbild am Wasser, seine Straßen und Plätze, Kirchen und Kapellen, Gebäude und Museen sind von einer solch ergreifenden stillen Pracht, daß man nur in Staunen und Verehrung schweigen kann. Auf der Rückreise haben sie noch in Gent den Altar der Gebrüder van Eyck betrachtet.

Das erste Mal übernachteten sie gemeinsam in einem Hotel. Peter wußte, daß die Hotelzimmer in Frankreich und Belgien meistens nur mit einem einzigen breiten Bett, dem sogenannten französischen Bett, ausgestattet sind. Bei zwei Männern wird beim Einbuchen in der Regel gefragt, ob ein Zweibettzimmer gewünscht wird, von denen es meist nur wenige gibt. Peter hat dies stets verneint und damit überhaupt kein Befremden erregt. So angenehm großzügig ist Belgien. Mit diesen sechs kurzweiligen und angefüllten Tagen waren sie auf den Geschmack am Reisen gekommen.

Im heißesten Monat desselben Jahres, im August, reisten sie nach Griechenland. Das Flugzeug brachte sie nach Athen, wo sie fünf Tage blieben. Die Essen unterhalb der Akropolis, die abends angestrahlt wurde, waren nächtliche Höhepunkte: Salat mit Schafskäse, Tomaten, Gurken, Oliven und Öl, mit viel Ouzo und Retsina. Siegbert blieb mit Bedacht etwas nüchterner und hat Peter sicher ins Hotelbett gebracht. Das Wasser kam lauwarm aus der Dusche und floß über die schwitzenden Körper, die im wiederholten Liebestaumel kaum Erschöpfung zeigten. Sonne und Wärme treiben eben nicht nur Blumen und Stengel, sondern auch Samen und Schwengel. Es war eine flittrige Reise. Siegbert erfaßte wie immer spontan die Stimmung und dichtete den Singsang, im Stakkato intoniert: »Erst kommt der Ouzo – und dann der Schmuso – und dann dasí-dasó.« Das wurde zum Leitmotiv dieser sinnenfrohen Reise.

In Piräus kamen sie verspätet zum Schiff, das gerade ablegte. Durch die Luke haben zwei Matrosen sie mit dem Gepäck noch hereingezogen. Der Abstand war schon über ein Meter. In Schrecken gebadet, fielen sie auf die Sessel. Drei Tage auf Naxos, die unter der Devise »Nackt auf Naxos« standen, endeten mit einem fürchterlichen Sonnenbrand. Peter glaubte an die Kraft des Olivenöls, weil es auch ein Steak so schmackhaft braun grillt. Aber weder wurden sie braun, noch wollten sie einander vernaschen. Nach Schauern von Schüttelfrost und Selbstmitleid zogen sie sich fetzenweise die Haut vom Leibe. Die Insel Ios indes war ein Labsal. Hier blieben sie etliche Tage. Am Strand von Mylopota standen vielleicht nur fünf Häuser, am äußersten Ende gab es zwei Gasthöfe schlichtesten Zuschnitts.[42] Ursprünglich waren es Hütten von Fischern, die ein paar Räume für Sommergäste angebaut hatten. So kamen sie zu einigen Drachmen Zubrot. Im Raum waren zwei Bettgestelle, ein selbstgebastelter Tisch, zwei wacklige Stühle, ob Strandgut wer weiß, ein paar Nägel in der Wand für die Kleidung, ein lächerliches Waschbecken. Die einzige Dusche für alle tröpfelte im Freien. Das Essen war ärmlich, was an der fehlenden Infrastruktur lag. Seltene Leckerbissen waren Lammbraten mit Thymian oder wilder Honig mit Yaourti. Von der *Marina* fuhr nur fallweise ein Boot zum Strand Mylopota. Fußwanderungen führten sie über die Insel und die Klippen. Es war ein Urlaub wie ein Lied mit vielen Strophen: Sonne satt, ein leerer weißer Strand, hitzetrunken und meeresgekühlt, dunkel gebräunte Haut, blond gebleichtes Haar, Wind und Wellen, Salz auf Lippen und Haut, alles und die beiden so schön wild, verwegen und abgerissen. Als Refrain lag über jeder Strophe der Kehrreim: »Erst kommt der Ouzo und dann der Schmuso und dann dasí-dasó«. Sie waren unglaublich glücklich – miteinander, übereinander, ineinander. Als sie abfuhren, spürten sie die Einmaligkeit dieser Tage: Das wird sich nie mehr wiederholen, so wird es niemals wieder sein.

Im Herbst 1966 machten beide noch eine Kunst-Reise nach Holland. Für drei Tage wohnten sie in einem Hotel am Rembrandtsplein in Amsterdam. Es war eine lebendige, elegante, noch recht bürgerliche Stadt, die noch nicht ahnen ließ, welch schreckliche Drogen- und Kriminalszene ihr in den 80er und 90er Jahren bevorstand. Im Rijksmuseum war der Raum mit den Vermeers für Peter wiederum der Höhepunkt. Der Maler hatte ihn schon bei seiner ersten Reise als Student in den Bann geschlagen. Siegbert, der vorher schon zweimal dort war, verliebte sich wieder in seine niederländischen Vorbilder des 16. Jahrhunderts. Die feine Malweise und die leuchtende Farbigkeit faszinierten ihn. Es dauerte Stunden, ehe sie durch alle Räume mit Muße lustgewandelt waren, Siegbert erschien unersättlich. Es folgten das Stedelijkmuseum und die obligatorische Fahrt durch die Grachten. In Den Haag besuchten sie noch das Mauritshuis.

Siegbert belegte im Sommer 1966 sein letztes Semester und wollte zu seinem Studienabschluß kommen. Sein Professor, bei dem er mit Bravour stets die Fleißprüfungen für das Stipendium des Lastenausgleichs abgelegt hatte, mahnte seine Meldung zum Staatsexamen an und wollte auch seine anschließende Promotion betreuen. Aber da gab es ein Hindernis, das fehlende Zeugnis über das sogenannte große Latinum, das vor dem Staatsexamen jetzt nachzuholen war. Sein DDR-Abitur hatte noch nicht einmal die Qualifikation des kleinen Latinums eingeschlossen. Es fehlte also eine gehörige Menge an Wissen und Übersetzungserfahrung, die im regulären Schulbetrieb erst nach einigen Jahren erworben werden. Das war eine Hürde, die sich so hoch auftürmte, daß ihm angst wurde. Er kaufte die erforderlichen Lateinbücher und machte sich sofort an die Arbeit.

Eines Abends wollte Peter ihn wieder einmal in seinem Zimmer in der Siebengebirgsallee aufsuchen und über Nacht bleiben. Es war schon dunkel. Peter betrat die Stube und sagte, draußen vor der Haustür warte noch ein weiterer Besucher. Siegbert ganz verwundert, ging hinaus. Angelehnt an die Hauswand stand eine große Staffelei, die Peter mitgebracht hatte. Er sollte sich beim Malen nicht mehr über die Tischplatte, auf der die Leinwand lag, beugen müssen.

Es war Siegberts erste Staffelei. Er war überglücklich, ein Tränchen erschien im Auge.

Im Sommer 1966 fuhr Siegbert nach Paris zu Ingrid und Franzel, um das im Vorjahr angelegte Bild ›Verborgenes Treiben‹ zu beenden. Siegbert entschuldigte sich, daß er diesen Aufenthalt nicht verschieben könne, er sei bei Ingrid im Wort und dürfe das Bild nicht unvollendet lassen. Peter hielt das für richtig. Er brachte ihn zum Bahnhof. Sie umarmten und küßten sich. Peter war sehr einsam. Er hatte noch nie eine solche Leere gespürt.

Peter mußte sehr oft für seine Firma ins Ausland reisen. Die erste Fahrt im Jahr 1966 führte ihn gleich für drei Wochen nach Südamerika. Siegbert begleitete ihn zum Flughafen Köln-Wahn. Er sah sein Glück davonschweben. Trauer und Sorge packten ihn. Er durchlebte eine Zeit von Verlassenheit und Leere. Diese Gefühle legte er in ein Bild, das er Peter nach der Rückkehr schenkte: ›Der Tränenpfau‹.[43] Es ist bisher nie ausgestellt worden. Kaum jemand hat es je zu Gesicht bekommen. Es ist Peter ans Herz gewachsen. Es ist sein liebstes Bild, obwohl es künstlerisch nicht zu den wertvollsten gehört.

Mit dem letzten Universitätssemester hatte Siegbert auch die letzten Zuschüsse aus dem Lastenausgleich erhalten. Er hätte wieder einen Job annehmen müssen, um seinen Unterhalt zu verdienen. Peter spürte seine Verantwortung für Siegbert und meinte, er, Peter, könnte ja auch verheiratet sein und müßte sein Einkommen dann auch für Ehefrau und Kinder einsetzen. Es hat ihm Freude gemacht, dieses Stück Inpflichtnahme wie selbstverständlich leisten zu dürfen.

Peter liebte das Schauspiel. Er ist seit seiner Ankunft in Köln 1962 oft ins Theater gegangen. Stücke haben es ihm angetan, die Transzendenz, etwas von einer ewig gültigen Aussage – ob tragisch oder komisch – durchscheinen lassen. Auch liebt er den burlesken und absurden Griff ins volle Menschenleben. Wenn dann noch eine gepflegte, überhöhte Sprache hinzukommt, kann die erwünschte ›Verwandlung‹ des Zuschauers Platz greifen. Siegbert hat mit Peter diese Freude am Theater so oft wie möglich geteilt. Sie sahen Stücke von Horváth, Ibsen, Strindberg, Tschechow – manche zweimal. Tennessee Williams, Mrożek, Thomas Bernhard, Dürrenmatt und Botho Strauß haben ihnen eine verrätselte Welt menschlicher Leidenschaften gezeigt. Auch die Schauspiele von Brecht, Sartre, Havel, O'Casey, Beckett waren von ergreifender Dramatik. Verschiedene Stücke sahen sie andernorts in neuen Inszenierungen. ›Der Balkon‹ von Genet in Köln und in São Paulo konnte unterschiedlicher nicht sein, während ›Die Trilogie des Wiedersehens‹ in Hamburg und in Köln ein einheitliches Regiekonzept zeigte. In vielen Interpretationen haben sie die Menschheitsdramen der griechischen Tragödiendichter, von Goethe, Schiller, Kleist und Shakespeare gesehen. Zum besonderen Genuß wurden die Aufführungen, wenn Herbert Steiniger auf der Bühne stand.

Oper und Ballett haben sie ebenfalls oft besucht, sicherlich dreihundert Opern. Besonders sehenswert war das Kölner Ballett mit *'adam Miroir* von Milhaud, das auf einer Idee von Jean Genet basiert. Die Bühne war eingetaucht in imaginäres ultramarinblaues Licht. Ein Matrose erblickte in einem ›Spiegel‹ sein Ebenbild, das heraustritt und mit ihm tanzt, zuerst spiegelbildlich parallel, dann partnerschaftlich verliebt. Autoerotik und Homoerotik wurden eins. Schöne Bilder, verwegene Figuren, gewagte Andeutungen. Für die 60er Jahre eine Herausforderung.

Peter empfand sich im Falle einer gelungenen Aufführung wie von allen Mitwirkenden, ob auf oder hinter der Bühne, persönlich beschenkt. Es war ihm dann, als würden die Akteure ausschließlich für ihn, zu einer Separatvorstellung aufspielen, als hätten sie nur für ihn die Rollen studiert und geprobt, die Requisiten besorgt und die Kulissen aufgebaut, sowie Kostüme und Beleuchtung arrangiert.[44] Daß noch andere Personen im Zuschauerraum Platz nahmen, erschien ihm wie ein belangloser Zufall, der ihm erst durch den Applaus bewußt wurde. Wie schön ist die Verzauberung durch das Spiel! Ist nicht schließlich alles nur ein Spiel, unser Leben, dieser Kosmos, dieses Leben?

Es herrschte damals noch, bis zum 1. September 1969, der Schandparagraph 175, der homosexuelle Handlungen, auch hinter verschlossenen Türen und selbst zwischen Erwachsenen unter Strafe stellte. Peter hatte Angst, in der Öffentlichkeit mit Siegbert gesehen zu werden. Leider muß das so gesagt werden. Er glaubte, es könnte ihm in seiner Firma Unannehmlichkeiten bereiten, wenn irgendein Verdacht aufkäme. Sie gingen getrennt ins Theater, jeder hatte seine Karte. So trafen sie sich ›zufällig‹ nebeneinander sitzend wieder. Peter schaute unter den Leuten herum, ob etwa ein Mitarbeiter oder eine der vielen Sekretärinnen anwesend wäre. Erst dann wagten sie miteinander zu sprechen. Sie nahmen stets auch nur in den oberen Rängen Platz und mieden während der Pausen das Foyer, um nicht gemeinsam gesehen zu werden. Es war schon eine perverse Situation, in der sich Peter zusammen mit seinem Freund als ausgegrenzt erlebte.

Die einzige Differenz, die zwischen Peter und Siegbert damals heimlich schwelte, betraf die Religion. Siegbert war in einer evangelisch lax-bigotten Atmosphäre aufgewachsen. Das gesellschaftliche Umfeld in der DDR war der Religionsausübung hinderlich. Es galt als fortschrittlich, anti-, zumindest areligiös zu sein. Daß er schließlich alles Religiöse ablehnte, entsprach also dem dortigen Trend, aber sicherlich auch seiner inneren Überzeugung. Seine Erfahrungen im evangelischen Kinderheim in Quedlinburg wirkten nach. So hatte ihn Peter kennengelernt.

Dieser hingegen war in einer katholischen Familie aufgewachsen, in der das Glaubensleben mit einer gewissen Lebensfreude gepaart war. Die Glaubensinhalte verbanden sich mit der farbenfrohen Liturgie. Daß eine transzendente Macht über allem waltet, die sein Schöpfer wäre und ihn heimholen würde, war ihm von Jugend an gewiß. Er ging sonntäglich zur Messe, weil es ihm ein Bedürfnis der seelischen Kultur war, und nicht, weil es geboten gewesen wäre. Peter setzte diese Gewohnheit fort, nachdem er Siegbert begegnet war. Sonntagvormittag, sie hatten die Nacht zusammen geschlafen, zog er sich an und ging in die St.-Alban-Kirche zum Spätgottesdienst.[45] Meist stand er in der Taufkapelle, weil die Kirche frühzeitig überfüllt war. Der Pfarrer war als Seelsorger und Prediger geschätzt. Er sei der Homosexualität gegenüber großzügig eingestellt. So hatte Michael, den Peter gut kannte, berichtet. Der Pfarrer hatte Michael geraten, in seinen mann-männlichen Beziehungen auf ›Kultur‹ zu achten. Das würde ihn von der korrumpierenden Promiskuität abhalten und könnte zu einem Freundschaftsbund mit einem Mann führen. Ob ihm dieser Rat geholfen hat, ist unbekannt. Michael nahm Siegbert und Peter in seiner Citroën-Ente mit nach Saint-Tropez, wo die beiden feurig heiße Tage auf dem Strand und Nächte auf dem Bettlaken erlebten. Michael ging am Kai auf die Pirsch und handelte sich kleine Krabbelchen ein, die er auf dem gemeinsamen Badetuch arglos weiterziehen ließ. Ist das eine Schande? Aber nein, nur Pech für ihn und die unbeteiligten beiden.

Siegbert holte Peter nach dem Gottesdienst ab. Sie machten dann regelmäßig einen Spaziergang durch den angrenzenden kleinen Stadtgarten oder über den Herkulesberg. Bei schönem Wetter war das reizvoll. Selten gingen sie zum Rheinufer und wanderten dort auf der Promenade zwischen Bastei und Dombrücke. Aber das setzte für Peter schon einigen Mut voraus. Denn die Angst, gesehen zu werden, war immer präsent.

Siegbert fand die sonntäglichen Kirchgänge von Peter ›komisch‹. Peter hatte diese ›kritischen Bemerkungen‹ anfangs bewußt überhört. Schließlich glaubte er, gerade weil sie beide sich getroffen und so glücklich gefunden hatten, müßte er ›treu‹ bleiben. Er dachte an Vierzehnheiligen und seinen Gebetsschrei, der gehört und erhört schien. Wie könnte er da lax werden? Als die ›Einwände‹ Siegberts deutlicher wurden, bat Peter ihn, die Angelegenheit nicht mehr anzusprechen. Er fühle sich seiner höheren Macht gegenüber mehr verbunden als jedem menschlichen Wesen. Das hat er Siegbert so gesagt. Dieser hat es verstanden. Und er ist nie mehr darauf zu sprechen gekommen. Im Gegenteil, er hat Peter später schon einmal ausdrücklich auf die Möglichkeit zum Besuch der Sonntagsmesse hingewiesen. Auf Reisen hat er manchmal vor dem Portal auf ihn gewartet, bis der Gottesdienst beendet war.

An einem Tage vor Weihnachten 1966 wollten sie das kommende Fest ein wenig im voraus feiern. Die Weihnachtstage wollte jeder getrennt bei seiner Familie verbringen. Peter hatte einen Gabentisch aufgebaut und mit einem Tuch zugedeckt. Siegbert schenkte Peter ein Bild, das er zu diesem Anlaß gemalt hatte. Es trug den bezeichnenden Titel ›Der Kuß‹.[46] Peter mußte über die lustig-hintergründige Bildidee herzlich lachen. Sie hat sich ihm sofort erschlossen. Dann hob er die Decke vom Tisch, und Siegbert entdeckte neben den üblichen Naschereien ein Radiogerät, das er so sehr entbehrt hatte. Siegbert weinte. Er fühlte, noch nie in einer solchen Weise beschenkt worden zu sein. Sie fielen sich beide in die Arme, die Stimmen versagten, sie weinten vor Glück.

Siegbert fuhr nach Darmstadt zu Teddy, wohin auch Siegmund anreiste, und Peter besuchte seine Mutter in Hannover. Jeder erwähnte in seinem Kreis, daß er einem netten Bekannten begegnet sei, den kennenzulernen sich lohnen würde. Mehr konnte noch nicht verraten werden. Es war ein erster tastender Versuch einer Hinführung des Freundes an die eigenen Familienmitglieder.

Das Jahr 1966, das erste Jahr ihres Zusammenlebens, ging zu Ende. Eine konkrete Planung, wie sie ihr gemeinsames Leben in Zukunft gestalten wollten, war noch nicht herangereift. Sie sollten für die nächsten beiden Jahre noch ihre getrennten Wohnungen behalten. Ins Haus standen erst einmal Begegnungen mit neuen Freunden, und außer Haus warteten etliche Reisen auf beide und Ausstellungen auf Siegbert.

*

Wie Wahnwitz wirkt

Das Kriegsende rückte näher, keiner wollte es glauben. Nach den Sommerferien 1944 wurde der Schulunterricht eingeschränkt, und die Schüler, die über 14 Jahre alt waren, wurden klassenweise an die deutsch-polnische Grenze verlegt. Sie sollten einen ›Ostwall‹ gegen die russischen Panzer errichten. Die Aktion wurde ›Unternehmen Bartold‹ genannt, nach einem legendären Vogt, der im 12. Jahrhundert Siedler aus dem Westen nach Schlesien geführt haben soll. Man denke aber nicht an irgendwelche Bagger oder Erdhubmaschinen, die zur Verfügung gestanden hätten. Das tägliche Pensum war, einen Kubikmeter Erde mit Hacke und Schaufel aus dem festen, steinigen Boden auszuheben und zu einem Wall aufzuhäufen. Die sowjetischen Panzer sollten hinter dieser Erhöhung in den ausgehobenen Graben hineinrutschen und bewegungsunfähig liegen bleiben. Als wenn es für Pioniersoldaten keine Leichtigkeit wäre, eine Überbrückung zu bewerkstelligen oder eine Bresche in den Wall zu planieren. Tausende von Schülern aus vielen Orten waren an der schlesischen Ostgrenze in Notunterkünften einquartiert. Es war ein groteskes Unterfangen angesichts der massiven Überlegenheit der heranrückenden Militärmaschinerie. Peter gelang es, sich aus Krankheitsgründen von diesem Wahnsinn zu entfernen. Dafür mußte er im Breslauer Hafen Güter verladen. Der Schulunterricht, der bis dahin noch eingeschränkt fortgeführt wurde, kam jetzt vollends zum Erliegen.

In den beiden letzten Kriegsjahren waren viele Personen aus Westdeutschland nach Breslau dienstverpflichtet. Sie wurden in Privatwohnungen zwangseingewiesen und bezogen die beschlagnahmten Zimmer. So bewohnte ab Mitte 1941 eine Stettinerin Peters Kinderzimmer. Ende 1944 hat sie die Stadt verlassen, weil die Russen vor Breslau nicht haltmachen würden, wie sie weitsichtig ahnte. Das klang so ungeheuerlich, daß es die Mutter wohl für eine Botschaft von einem fernen Stern gehalten hat. Peter war bei dem Gespräch dabei, aber doch viel zu jung, um ihrer ausführlichen Begründung die richtigen Schlüsse folgen zu lassen. Damals schon hätte für Peter und die Mutter die Entscheidung zu einer Flucht anstehen müssen. Bei etwas nüchterner Überlegung hätten sie sich ausrechnen können, wann die sowjetischen Truppen an der deutschen Grenze stünden. Nach der Schlacht um Stalingrad im Dezember 1942 sind die sowjetischen Truppen bei jeder ihrer Winter- oder Sommeroffensiven um bis zu 300 km vorangerückt. Wie hätte Deutschland bei dem Fünffrontenkrieg im Westen und Osten, in Italien, Skandinavien und dem Balkan je diese Angriffswalze aufhalten können? Welch eine letzte Verblendung eines wahnwitzigen ›Führers eines Großdeutschen Reiches‹! Am 12. Januar 1945 begannen die Russen mit der Winteroffensive an der Weichsel, und stießen bereits am ersten Tag 40 km vor.

Am Freitag, dem 19. Januar 1945, standen die sowjetischen Truppen an der schlesischen Grenze. Da erging überstürzt, viel zu spät, über Radio ein Räumungsbefehl an die Zivilbevölkerung von Breslau. Frauen jeden Alters sowie männliche Jugendliche unter sechzehn und Männer über sechzig Jahre sollten sofort die Stadt verlassen, weil Breslau zur Festung erklärt und ›bis zum letzten Mann‹ verteidigt würde. Die Männer zwischen 16 und 60 Jahren hätten sich bei Militärstellen zu melden und dürften nicht ausreisen. In der Stadt hielten sich etwa 500 000 Breslauer auf sowie weitere 100 000 Bombenevakuierte aus Westdeutschland.[47] Man kann sich vorstellen, was sich auf den drei Bahnhöfen abgespielt hat.

Siebzig Kinder wurden erdrückt, Familienmitglieder verloren sich, Gepäck mußte zurückgelassen werden. Es war mit 15 Grad minus und scharfem Ostwind bitterkalt. Die meisten Menschen mußten bis zu drei Tage warten, viele gaben auf und kehrten in die Wohnungen zurück. Am folgenden 20. Januar wurde der Räumungsbefehl mit Lautsprecherwagen und in der Zeitung wiederholt mit der Maßgabe, daß man sich zu Fuß auf die Landstraße Richtung Westen begeben solle. Tatsächlich machten sich Tausende bei der klirrenden Kälte auf den Weg, Frauen mit Kinderwagen, Kindern an der Hand, Gepäck in der anderen. Wer als Städter besaß schon einen kleinen Leiterwagen. Es war ein Zug des Erbarmens. Schon in den Außenbezirken Breslaus erfroren Kleinkinder. Vierzig Babyleichen, am Straßenrand abgelegt, wurden an einem Tag gezählt. An eine Beerdigung auch der anderen Verstorbenen war bei der gebotenen Eile und angesichts des gefrorenen Bodens nicht zu denken.

Die Mutter von Peter beschloß, den Räumungsbefehl zu ignorieren, weil sie mit der stark gehbehinderten Großmutter, die achtzig Jahre alt war, nicht auf die Flucht gehen wollte. Peter hatte sich gerade handfest erkältet und lag im Bett. Der Arzt war da. Die Mutter hoffte, bei einer eventuellen Hauskontrolle, die angedroht war, mit den beiden Patienten das Verbleiben in der Stadt zu rechtfertigen. Sicherlich war diese Entscheidung richtig, denn eine geordnete Flucht unter Mitnahme der wichtigsten Habe wäre nur bis zum 15. Januar möglich gewesen. Zu diesem Zeitpunkt aber wähnte sich wohl fast jeder Breslauer in Sicherheit, weil die Heeresleitung in den Radionachrichten stets großspurig auf die Widerstandskraft der deutschen Abwehrlinie hinwies. Doch alles war gelogen.

Peters Cousine Lucie flüchtete am 22. Januar 1945 mit ihrer drei Monate alten Tochter Bärbel[48] zu ihnen vom Norden Breslaus, weil die Einnahme der Stadt auf dieser Seite erwartet wurde. Am folgenden Tag erschienen unerwartet ihre Schwester und ihr Bruder Hans, um sie zur Flucht mit der Eisenbahn abzuholen. Sie waren nur zwei

Straßenblöcke weit gekommen, als Lucie sich wegen des bitterkalten Wetters und des drohenden Kriegsgeschehens zur Umkehr entschloß. Sie glaubte, nicht mehr heil aus der Stadt herauszukommen, zumal sie das Elend entgegenkommender Flüchtlingstrecks erleben mußte. Von weitem hörte man, wie ein Gewitterrollen, den Kanonendonner. Es war eine vibrierende, dröhnende Geräuschkulisse, die täglich intensiver wurde. Nachts spiegelte sich an den Wolken das Licht von fernen Bränden. Das beängstigende Krachen von Granaten kam immer näher. Erstaunlicherweise funktionierte noch immer das elektrische Licht und Gas. In dem vierstöckigen Haus waren von den acht Mietparteien nur noch zwei weitere Familien in der Stadt verblieben. Alles wirkte gespenstisch leer. Man ging nicht aus dem Haus. Wozu auch, Geschäfte waren nicht geöffnet. Man sah keinen Menschen mehr auf der Straße, nur ab und zu detonierte eine Granate irgendwo in der Nähe.

Schnell hatte man einen sechsten Sinn entwickelt, aus dem Pfeifen eines heranfliegenden Geschosses auf den nahen oder entfernteren Einschlag zu schließen. Instinktiv suchte man Schutz. Weg von einem Fenster, hinter eine Mauer, besser noch unter einen Türsturz. Betrat man einen neuen Raum, galt die erste Orientierung instinktiv immer dem möglichen Schutz oder Fluchtweg, für den Fall, daß das zischende Pfeifen einen gefährlichen Granaten- oder Bombeneinschlag ankündigte. Jeder hatte schnell seine unmittelbare Umgebung einschätzen und den Gehörsinn schärfen gelernt. Die Ohren schienen antennenartig gewachsen zu sein. In die Gesichter eines jeden Gesprächspartners war die akustische Konzentration geschrieben, die nur halb zu- und mit der anderen Hälfte in die Luft hineinhörte. Wie ein Beutetier in freier Wildbahn war man alert und immer auf dem Sprung.

Es hielten sich in der Wohnung auf: die Mutter, die Großmutter, Peter und Lucie mit ihrem Baby. Warum blieben die vier mit dem Baby dort? Was erwarteten sie? Es war schlicht gedankenlose Dummheit, gepaart mit Mangel an individueller Entscheidungs- und

Durchsetzungskraft. Letztere war während der NS-Zeit mit Erfolg bei fast allen ›abtrainiert‹ worden.

So lag Peter im Bett, las viele Bücher und betutelte ab und zu das ›Pupelinchen‹, das wie jedes Baby ein Sonnenschein war. In der Dunkelheit waren die Fenster jetzt noch fugendichter als sonst für den Luftschutz verhängt. Kein Licht, wirklich kein Fünkchen durfte nach draußen dringen. Er hörte Radio, deutsche Durchhalteparolen, den Sender Moskau oder BBC. Auf Kurzwelle empfing er Reportagen und Musik vom Karneval aus Rio.[49] Die *Cariocas* ließen es sich gut gehen, feierten und sangen, die *Baterias* der *Escolas da samba* hämmerten ihre schmissigen Rhythmen bis nach Breslau. Dort wurde gejuchzt und gefeiert. Hier litt eine Stadt und lag im langsamen Sterben, sie begann zu verbluten. Dort steigerte sich Lebenslust zu ekstatischer Ausgelassenheit und blutvoller Sinnenfreude. Darf das sein – die Gleichzeitigkeit ›unversöhnlicher Gegensätze‹, der schmerzvolle, fast beleidigende Widerspruch zum eigenen Erlebnismoment? Peter ist mit diesem Phänomen, einem der frappierendsten des Lebens, oft konfrontiert worden. Es hat immer nachdenklich werden lassen, weil Lust und Schmerz, Tod und Leben, Freude und Trauer so aufdringlich benachbart sind. Er kommt vom Sterbelager des röchelnden Herbert Steiniger, dessen Koma bald beendet sein wird, und begegnet im Fahrstuhl des Krankenhauses überglücklichen Eltern, die im Korb ihr Neugeborenes nach Hause tragen. Er hatte, elfjährig, gerade einen Schwimmschein abgelegt, geht erfolgsstolz, klotzig-fidel in lustvoller Körperlichkeit die Straße entlang, und vor seinen Augen stürzt ein Junge, nur wenig älter als er, unter den Wagen der Trebnitzer Kleinbahn, er wollte auf den anfahrenden Zug aufspringen, er verliert beide Füße. Dieses Nebeneinander widerstreitender Erlebniserfahrungen hat er nie, einfach so, abtun können. Zwar gehören unversöhnliche Gegensätze zum Leben, erscheinen selbstverständlich, weil sie hundertfach tagtäglich im eigenen Umkreis aufeinanderprallen. Aber sie wissend und mitfühlend in das Bewußtsein hereinzulassen, wenn sie ins augenfällige Miterleben springen, ist eine andere Sache. Sie schmerzen.

Am 15. Februar hatten die sowjetischen Truppen Breslau eingeschlossen. Damit war über Land jeder Fluchtweg heraus und jeder Versorgungsweg in die Stadt hinein abgeschnitten. Es war wie eine Schlinge um den Hals eines zu Hängenden. Für kurze Zeit noch konnte der offene Flughafen im Westen Breslaus angesteuert werden. Danach wurden Versorgungsgüter und Post über der Stadt abgeworfen; aber auch das nur für wenige Wochen, weil die sowjetische Flugabwehr zu stark wurde. Zudem sank das meiste Gut jenseits der deutschen Verteidigungslinien zu Boden. Wider Erwarten griffen die Truppen nicht von Osten oder Norden an, sondern stießen von Süden vor. In diesen Außenbezirken der Stadt lag die Herderstraße, wo die vier Einfältigen und ein Baby im zweiten Stock eines praktisch leeren, großen Wohnhauses in einer menschenleeren Straße mit ebensolchen verlassenen Häusern ausharrten und warteten. Auf was? Auf das Grauen, das keiner von ihnen kannte, bisher erlebt hatte und selbst in seinen schlimmsten Befürchtungen nicht erahnen konnte.[50]

Schon waren Maschinengewehrsalven aus der Nähe zu hören, Gewehrschüsse schlugen ins Haus ein. Was würde passieren, wenn Schüsse durch das Fenster in das Zimmer peitschten? Es war höchste Zeit, die Wohnung zu verlassen und im Luftschutzkeller Zuflucht zu suchen. Die vier nahmen nur das Notdürftigste mit, schließlich würden sie doch jederzeit in die Wohnung zurückkehren und Fehlendes holen können – so einfach stellten sie sich das vor. Die Mutter hatte kein Notgepäck vorbereitet, keine Dokumententasche, kein Leibversteck für Geld und Wertsachen, keinen Beutel mit den liebsten Erinnerungsstücken an Ehemann und Kinder. Auch Peter hätte gern ein paar Sachen zusammengetragen: den Briefwechsel mit dem Magier Kassner, den ersten seines Lebens, die Fotos vom Sommerlager in Koblitzbach, seine vier Karl-May-Lieblingsbände der Serie ›Waterloo-Greiffenklau‹ und andere Kleinigkeiten, an denen ein Jungenherz hängt. Statt dessen hatten sie nur ein paar Nahrungsmittel für den Augenblick bei sich, ein paar Taschentücher, eine Lampe mit Batterien und die Tasche mit den Windeln für die kleine Bärbel. Das war's. Kann man noch einfältiger sein? Zu den wenigen Mitbewohnern kamen einige Frauen aus dem Nachbarhaus, die sich dort verlassen fühlten. Die Keller einer jeden Straßenseite waren untereinander begehbar. Denn zu Kriegsbeginn waren Durchgänge in die Kellerwände gebrochen worden, um Fluchtwege bei Bombardierungen zu schaffen. Jetzt hockten vielleicht acht Personen, nur Frauen und Kinder, im Keller dort zusammen.

Plötzlich erschienen deutsche Soldaten, die durch die Kellerpassagen und von oben kamen. Es waren junge Männer von 18 oder 19 Jahren, Burschen noch, mit den Runen der SS am Kragenaufschlag. Sie antworteten in hastiger Eile, daß sie Volksdeutsche vom Balkan und Freiwillige seien, waren schlaksig-aufgeräumter Stimmung und wirkten wie in leichter Trance. Sie sprachen Deutsch mit einem leichten Akzent. Die MP baumelte über der Schulter, Handgranaten am Gürtel, der martialische Stahlhelm über dem jugendlichen, frischen Gesicht. Einer von ihnen, mit stahlblauen Augen, zeigte Gefallen an Peter. Er hatte das erotische Leuchten in den Augen, das Peter kannte. Er suchte seine Nähe und verwickelte ihn mehrfach in Gespräche. Dann wieder stürzte er fort oder wurde weggerufen. Er fand einen Anlaß wiederzukommen und reichte Peter eine Flasche Wein zum Mittrinken. Statt zu entkorken hatte er der Flasche den Hals abgeschlagen, einfach so. Das war stark und imponierte Peter. Die Mutter kam hinzu und schimpfte: »Machen Sie mir meinen Sohn nicht betrunken!« Er lachte nur, wie ein schalkhafter Engel, und hastete weiter. Später steckte er Peter heimlich eine kleine Dose zu: »Wenn du's mal brauchst, es hält dich munter.« Es war Pervitin, ein starkes Aufputschmittel, es sollte Peter später recht nützlich werden.

Die Soldaten waren Totgeweihte. Sie wußten es. Sie erzählten andeutungsweise, daß sie Straße um Straße zurückweichen mußten. Schließlich sollten die Frauen nicht zu drastisch erahnen, daß über kurz oder lang auch dieser Keller und diese Straße aufgegeben würden. Gegenüber den vielen russischen Straßenkämpfern und Heckenschützen würden sie, die sie nur wenige waren, den Eindruck erwecken wollen, daß auch sie zahlreich seien. Aus diesem Grund hasteten sie von einem Haus, von einem Keller zum anderem und feuerten ihre Salven. Die Mutter meinte naiv, ob sie bei dieser Sachlage nicht aufgeben könnten. ›Peters Soldat‹ zuckte nur die Achseln traurig-fatalistisch: »Die Russen machen keine Gefangenen. Wir haben doch das Zeichen.« Er wollte sagen, daß sie als Soldaten der Waffen-SS in der Achselhöhle gezeichnet wären. Die unauffällige Eintätowierung der Blutgruppe war ihr Verhängnis. Sie wurde zu ihrem Stigma. Es besiegelte ihr Lebensende, in nur wenigen Tagen, vielleicht schon morgen, spätestens in wenigen Wochen. Ihr Tod im Straßenkampf, oder gar ihre Selbsttötung, waren unausweichlich, unabwendbar, unentrinnbar. So eindeutig stand das Geschick ihrer Zukunft vor ihnen. Selbst den Krieg überlebt, die Hände erhoben, vielleicht ein weißes Tuch schwingend, sie würden niedergestreckt werden. An der Westfront wären sie diesem Los entgangen. Doch ihr Schicksal hatte sie in die Festung Breslau geführt, mit Sowjetsoldaten als Kriegsgegnern.

Peter hat das alles erst später erfahren. Unter den Erwachsenen war bekannt, daß man sich zur Waffen-SS freiwillig meldete und einen besonderen Eid auf Hitler ablegte.[51] Soldaten dieser Formation galten als besonders draufgängerisch und nahmen harte, auch erbarmungslose Einsätze wahr. Viele verabscheuenswerte Verbrechen gegen die Menschlichkeit haben sie begangen. Sie hatten bei der Mehrheit der Bevölkerung keinen guten Ruf. Als zu Ende des Krieges Wehrpflichtige auch unfreiwillig zur Waffen-SS eingezogen wurden, war die Sorge der Gezogenen um ihren persönlichen Ruf beträchtlich. Der Kummer ihrer Angehörigen war nicht grundlos.

Wie kamen so junge Ausländer und Volksdeutsche dazu, sich freiwillig zur Waffen-SS zu melden? Es ist bekannt, daß sie von Aushebungskommandos zum Eintritt animiert worden sind. Wieviel

114

jugendlicher Leichtsinn, spätpubertierende Geltungssucht mag da im Schwange gewesen sein, wenn einem unreifen 17jährigen eine angeblich herausfordernde Aufgabe vorgegaukelt wird? Wie wenige Menschen vermögen, mit siebzehn oder zwanzig Jahren, eine lebensentscheidende Wahl zu treffen, die sie ohne Selbstvorwürfe bis zum Ende ihrer Tage gutheißen können? Es ist kaum anzunehmen, daß die jungen Burschen damals einen hinreichenden Überblick hatten, zu welcher militärischen Formation sie sich gemeldet hatten. Doch die Konsequenz ihrer Entscheidung – leichtfertig, unüberlegt, vielleicht spielerisch getroffen – holte sie jetzt ein. Vielleicht waren auch sie Opfer – Opfer einer Verführung?

Das Schießen wurde immer lauter und kam näher. Die Kellerfenster lagen knapp unter dem Straßenniveau und waren mit Sandsäcken gefüllt. Aber in den Nachbarraum verirrte sich schon mal ein Geschoß und knallte auf die rückwärtige Kellerwand. In dieser Nacht zum 1. März erschien ein Soldat und forderte die vier auf, den Keller in Richtung Innenstadt sofort zu verlassen. Das Einrücken der Russen stünde bevor. Es war dunkel, nach Mitternacht. Das Schießen hatte jetzt nachgelassen. Peter sah, daß die gegenüberliegende Straßenseite in der ganzen Länge vom Erdgeschoß aus nach oben brannte. Durch die geborstenen Fensterscheiben konnte er die Möbel und die Bilder an der Wand erkennen. Er trat auf den rückwärtigen Hof. Er und seine Mutter werden wiederkommen, Hab und Gut wiederfinden und vor allem die Erinnerungsstücke retten können. Sie schauten zurück auf das Haus und verweilten einen Augenblick. Die Großmutter wieder war es, die mehr fühlte als alle anderen. Sie richtete sich auf und bekam, sichtbarer als sonst, Ausdruck und Gestalt wie die Cumäische Sibylle in der Sixtina. Sie sprach leise, in ihrem schlesischen Dialekt: »Der Herr hots gegaba, der Herr hots genomma, der Nome des Herrn sei gebenedeit.« Es war kaum zu hören. Ihre versteinerten Gesichtszüge verrieten keine Erregung. Es waren schicksalsschwere Momente, die man nie vergißt, nie vergessen kann. Sie standen da, ohne jedes Gepäck, nur eine

Windeltasche trug Peter. Geführt von einem Soldaten, eilten sie durch die Höfe zur Rückseite des Häuserquadrats: die Mutter, welche die 80jährige Großmutter stützte, die Cousine Lucie mit dem vier Monate alten Baby im Kinderwagen und Peter mit der Windeltasche.

Es konnte kaum absurder sein: Eine läppische Tasche mit Windeln, die jederzeit ersetzbar gewesen wären, haben sie als einziges spontan gerettet, aber wertvolle persönliche Schätze aus Ignoranz und Dummheit nicht eingepackt. Seit Evakuierung der Stadt hatten sich die vier über fünf Wochen in der Wohnung aufgehalten. Es wäre ein leichtes gewesen, in Ruhe und mit Umsicht zu packen, wenn nur eine der Erwachsenen ein klein wenig klug und weitsichtig gewesen wäre. Drei Nächte hatten sie im Keller verbracht. Warum haben ihnen die Soldaten nicht gleich zu Anfang gesagt, daß sie würden fliehen müssen, wollten sie den Russen nicht in die Hände fallen? Dann wäre es vielleicht noch möglich gewesen, einige Dinge aus der Wohnung zu holen. Schließlich sind sie gerade erst von oben in den Keller herabgestiegen. Oder glaubten die Soldaten, sie hätten das wichtige Gepäck schon in den Keller gebracht? Oder war den totgeweihten Soldaten alles gleichgültig?

Später war zu hören, daß die meisten Deutschen in vergleichbarer Situation in die Hände der Russen gefallen sind, mit den schlimmsten Folgen für Leib und Leben. Peter hatte den Soldaten, der mit ihm trinken und so oft sprechen wollte, am letzten Tag nicht mehr gesehen. Hatte er, vielleicht sogar extra wegen Peter, einen Kameraden geschickt, damit die vier mit dem Baby aus der Gefahr herausbegleitet würden? Jetzt ist Peters Soldat schon fünfzig Jahre tot, selbst seine Knochen sind inzwischen zu Staub zerfallen. Es gab ihn einmal. Peter möchte an ihn denken und ihm auch danken, so oder so.

Die Großmutter hatte schon seit Jahren Wasser in den Beinen und konnte nur bandagiert einigermaßen voranwackeln. Selbst mit einem Stock oder abgestützt auf eine begleitende Person, der sie das ganze Körpergewicht aufdrückte, kam sie nur mühsam vorwärts. So

116

schlichen die vier entlang der Häuserwände, in Richtung Innenstadt. Aus manchem Fenster im Erdgeschoß lugte ein verängstigtes Gesicht, in dieser nächtlichen Stunde. Wer konnte schon sorglos schlafen? Erstaunlicherweise schien niemand die Vorbeiwankenden ansprechen zu wollen. Hatten sie Angst, sie würden um Hilfe oder Unterkommen angegangen werden? Wenn die wüßten, was sie erwartet! Nach einigen Blocks wagten die vier, eine kurze Pause einzulegen.

Es dämmerte schon, als sie dann zum Sonnenplatz kamen. Dort hätte das Schicksal beinahe Peter ereilt. Lautlos flog ein einzelnes, wohl verirrtes Leuchtspurgeschoß von vorn auf mich zu und zischte in ein Meter Entfernung genau an meinem Kopf vorbei. Die Kugel flog langsam und schien, am Ende ihrer Schußbahn, wie lautlos zu segeln. Ich hatte das Geschoß, das in geringer Neigung, fast parallel zum Erdboden flog, heranschweben sehen. Doch was soll man tun? Wäre ich stehengeblieben oder hätte ich mich geduckt, es wäre mir nichts passiert. Wäre ich aber ungeschickt nach rechts zur Seite gesprungen, dann wäre mein Kopf wohl zerfetzt worden. Jede Reaktion war möglich. Wie man sich entscheiden soll, ist in der Kürze der Zeit schlechterdings nicht abzuwägen. Wie immer man reagiert, man fühlt sich fremdgesteuert, als ob man einer Marionette gleich an den Fäden des Schicksals bewegt würde – eine Erfahrung, die Peter hier zum ersten Mal, aber später noch oft gemacht hat.

Am Ring, gegenüber dem Rathaus, gab es eine Hilfsstation, wo die vier mit dem Baby sich einige Zeit erholten und etwas aßen. Sie wurden von vielen Anwesenden über die Ereignisse ausgefragt. Was sie ihrerseits hörten, hat Peter und seine Mutter in Sorge gestürzt. Verschiedentlich sei es Taktik der deutschen Truppen, die Häuser anzuzünden, um das Vordringen der russischen Angreifer zu verlangsamen. Hat aus diesem Grunde, wie sie gesehen hatten, die gegenüberliegende Häuserzeile gebrannt? Ob sie ihr Haus jemals wiedersehen würden? Sollte alles verbrennen, alle liebgewordenen Andenken, an denen Geschichte und Erinnerung hängen? Sie schauten an sich herunter, sie besaßen nur die Kleider am Leib, keine Geldreserven, dafür aber eine Tasche, gefüllt mit Kinderwindeln.

Da die nördlichen Außenbezirke Breslaus bisher nicht angegriffen wurden, entschied die Mutter, zu ihrer Schwester, der Mutter von Cousine Lucie, zu gehen. Vielleicht könnten sie dort bis zum Ende der Kampfhandlungen unterkommen. Sie machten sich auf den Weg. Ein Bild von symbolischer Spannweite müssen sie abgegeben haben: eine kranke achtzig Jahre alte Großmutter, dem Tode näher als noch im Leben, und ein vier Monate altes Baby, das einem neuen Leben lächelnd entgegenschläft.

Tante G. hat die vier und das Kleinkind liebevoll aufgenommen. Das hat viel dazu beigetragen, daß die Verluste leichter wogen. Es war, als gehörten die fünf zu ihrer Familie. Tante G. und die Mutter von Peter waren sich die liebsten Schwestern. Es bestand zwischen ihnen ein wortloses Einverständnis, das beeindruckte.

Die fünf Flüchtenden kamen gerade rußgeschwärzt, zerzaust und übernächtigt bei der Familie Ullrich an. Sie schilderten die Erlebnisse der vergangenen Wochen auf der Herderstraße und berichteten, daß sie das Haus fluchtartig hätten verlassen müssen. Wahrscheinlich sei es inzwischen ein Raub der Flammen geworden. Onkel F. kommentierte diese Schilderung mit den, gut erinnerten, Worten: »Uns kann das nicht passieren. Wir beten täglich den Rosenkranz.« Die Mutter war wie vor den Kopf geschlagen und bebte. »Wie kannst du so einen Blödsinn sagen!« war das einzige, was sie herausbekam. Sie war durch die Schule des Schicksals gegangen und hatte mit den beiden Todesfällen ihres Ehemannes und Sohnes tiefes Leid erfahren. Sie hatte gelernt, daß Gebete an ihre Grenzen stoßen, wenn sie mit den Plänen eines unabänderlichen Schicksals nicht in Einklang zu stehen scheinen. Ihr fehlten jedenfalls die Worte zu einer weiteren Entgegnung. Sie meinte später nur mitleidvoll: »Onkel F. weiß es nicht anders.« Indes, die Tür zur Schule des Schicksals war auch für ihn schon geöffnet, und auch er mußte eintreten.

In dem Haus, aus dem fast alle Mieter geflohen waren, wurde eine der verlassenen Wohnungen der Mutter und Peter zugewiesen. Die Versorgung war im wesentlichen auf die Lebensmittel beschränkt, die erstaunlich reichlich vorhanden waren. Es hieß, die Vorratslager seien für eine monatelange Belagerung ausreichend. Die beiden bekamen neue Bezugsscheine für Lebensmittel und auch Kleidung. So konnten sie sich schließlich irgendwie in dem Haus Kletschkaustraße einrichten.

Hier verbrachten die beiden die nächsten neun Wochen bis zur Kapitulation der ›Festung Breslau‹, hier erlebten sie die verheerenden Bombardierungen und die schrecklichen Artilleriekanonaden. Gottlob wurden sie dort wenigstens nicht in neue Straßenkämpfe hineingezogen. Sie verbrachten die Zeit, Tag und Nacht, fast nur noch im Keller, weil Artillerie- und Bombeneinschläge jederzeit niedergingen. Fliegeralarm wurde schon lange nicht mehr über die Sirenen angekündigt.

Peter verlebte mit dem Vetter Hans, dem jüngeren Sohn der Tante G., drei jungenhaft-spannende Wochen, bis die Militärbehörden in ihrer verzweifelten Verteidigungslage auch auf sie als 15- bis 16jährige zugriffen. Er war froh, einen Gleichaltrigen gefunden zu haben, mit dem man gemeinsam etwas anstellen konnte. Peter, das lange Bettlager kaum verlassen, bemühte sich, dem Tatendrang von Hans zu entsprechen. Sie verstanden sich gut. Die Harmonie ihrer beider Mütter hatte abgefärbt, was nicht selbstverständlich ist. Schon vor etwa zwei Jahren hatten sie sich aufeinander einstellen können. Bei der verwandten Familie Goertler, die in Guhrau[52] eine Drahtzaunfabrik besaß, hatten sie 14 Tage der Sommerferien gemeinsam verbracht. Jetzt stahlen sie sich zum nahegelegenen Oderflutkanal und paddelten mit Kanus herum, die sie in erbrochenen Bootshäusern fanden. Dieser Spaß war schnell verflogen, als in der Nähe Granaten einschlugen. Sie spielten Karten oder machten andere Gesellschaftsspiele, streiften durch die Stadt und die Ruinen, immer mit einem wachen Ohr für die herannahenden Geschosse und

Flugzeuge. Gelegentlich morgens, wenn sie zur Bonifatiuskirche gingen, um bei der Messe zu ministrieren, lagen Leichen auf der Straße, Bombenopfer der letzten Nacht. Zum Benderplatz wurden die Toten aus der Umgebung gebracht. Die einzelnen Massengräber waren ein ums andere Mal schnell aufgefüllt. Im Pfarrhaus St. Bonifatius lernte Peter auch den Kaplan Zimmer kennen, der aus unerfindlicher Quelle in seiner Wohnung eine ägyptische Mumie beherbergte, die er schichtweise freilegte, wie er mit archäologischem Stolz den Ministranten demonstrierte. Er soll das Lucas-Cranach-Bild ›Madonna unter den Tannen‹ aus dem Domschatz nach Westdeutschland entführt haben, was später für einigen Medienwirbel sorgte.

Alle diese Aktivitäten halfen aber kaum, Peter gesund zu machen. Die infektiöse Erkältung, die ihn in der Wohnung Herderstraße über vier Wochen ans Bett gefesselt hatte, war zwar überwunden, doch ihre Nachwirkungen waren ihm ins Gesicht geschrieben. Er war bis auf die Knochen abgemagert, sah blaß und fahl aus. Sein Zustand schien sich zu verschlimmern. Die Mutter ging mit ihm in ein Krankenhaus. Die Ärztin war ratlos. Bei der Verabschiedung schenkte sie ihre eigene Lebensmittelkarte der Mutter und sagte: »Sehen Sie zu, daß Sie Ihren Sohn durchbekommen.« Es muß also tatsächlich schlecht um ihn gestanden haben. Die Erkrankung hatte jedoch ihr Gutes, vielleicht sogar Lebensrettendes, wie sich später erwies.

Eines Nachts gab es einen dumpfen ›Rumms‹ im Haus, irgendetwas schien passiert zu sein. Am nächsten Morgen entdeckte man im dritten Stock einen Zwei-Zentner-Blindgänger, der durch Dach und viertes Geschoß eingeschlagen war. Die Bombe wurde von einem Räumkommando auf einer Tragbahre wie ein Patient vorsichtig durch das Treppenhaus abtransportiert. Wäre sie explodiert, das Haus wäre sicherlich über ihnen zusammengestürzt. Die Bomben waren so konstruiert, daß die Sprengwirkung weniger in die Breite als nach unten in die Tiefe zielte. Wären sie alle im Keller verschüttet und verendet? Eher ja, als nein. Denn daß Suchkommandos mit Bagger, Schaufel oder Spürhund nach Verschütteten gesucht hätten, war unwahrscheinlich. Das erlebte Peter schon wenig später beim Nachbarhaus zur Linken. Er war mit dem Fahrrad in der Stadt und hatte sich das vierbändige Brockhauslexikon aus einer demolierten Buchhandlung ›organisiert‹. Als er zurückkam, lag das Nebenhaus in Trümmern. Ein Steinhaufen, garniert mit Möbeln und Hausrat, war der ganze Rest, der bis in die Höhe des früheren ersten Stocks reichte. Man wußte, etliche Menschen haben im dortigen Haus und Keller gewohnt. Ein junger Bursche von vielleicht 19 Jahren suchte verzweifelt nach seiner Verlobten, trug Stein um Stein hinweg, bis nach etlichen Tagen der Wahnsinn ihn packte, er umnachtet schien und aufgab. Bergungstrupps gab es längst nicht mehr. Und Räumgerät stand sowieso nicht zur Verfügung.

Die Schreie der Verschütteten aus den eingestürzten Häusern wurden bewußt überhört, wenn nicht Angehörige nach den Ihren suchten, bis sie schließlich mit ihren hilflosen Schaufeln und den bloßen Händen vor den übermächtigen Steinbergen kapitulieren mußten. Kann man sich ausmalen, welche Qual und Pein sich vor diesen allgegenwärtigen Schuttbergen jeden Tag aufs neue abgespielt haben? Waren es fünfzig oder mehr Häuser, die täglich zusammenbrachen, mit Menschen darunter? Wie wollte man da helfen? Morgen schon konnte man selbst zu Tode kommen, vielleicht während man gerade selbst die aussichtslose Rettung eines Verschütteten versuchte. Allenfalls durch die geschaffenen Gänge von Keller zu Keller konnten schon mal Menschen gerettet werden, falls unter dem Druck der Explosion und der Steinmassen überhaupt noch Freiräume geblieben waren. Einzige Bewohner in einem Nachbarhaus waren eine Großmutter mit ihrer erwachsenen Tochter nebst den zwei Enkelkindern. Die beiden Frauen galten als unfreundlich und wurden von ihrer Umgebung gemieden. Sie waren unbeliebt. Und wieder schlug das Schicksal zu: Die vier wurden verschüttet. Tagelang hörte man ihre Klopfgeräusche unter den Trümmern. »Ach, die Büttners klopfen ja noch immer«, klang es eher vorwurfsvoll von den Vorbeihastenden, falls sie überhaupt noch hinhörten. Breslau ist so ein großes Mausoleum geworden. Gelegentlich sah man ein ungelenkes, selbstgefertigtes Holzkreuz am Rande eines Schutthaufens mit einer Inschrift, etwa so: ›In Schmerz – 17 Bewohner‹. Leichen über Leichen waren eingeschlossen in Mauerwerk, nicht wie etwa in Genua architektonisch geplant und gestaltet, in kleinen Grabkammern, sondern unter wilden Steinmassen, die makabren Pyramiden glichen. Der allgegenwärtige Verwesungsgeruch, im heißen Sommer 1945 besonders stechend, ließ keinen Zweifel aufkommen, daß man sich in einem bestialischen Schlachthaus befand, das täglich mehr zu einem Mausoleum mutierte.

Am 26. März, dem Montag in der Karwoche, mußten sich auch die Jugendlichen ab fünfzehn Jahren für Verteidigungsaufgaben zu einer Musterung melden. Peter wurde als untauglich für den Fronteinsatz eingestuft und einer NS-Ortsgruppe für den Gartenbau zugewiesen. Was man sich davon versprach, bleibt unerfindlich. Dachte man etwa daran, die Versorgung der eingeschlossenen Stadt mit Gemüse aufzubauen?

Wie sah es mit der Moral in der belagerten Stadt aus? Sie sank zusehends. Denn täglich erlebte man, wie der Tod rechts und links reiche Ernte hielt und auch nach einem selbst greifen wollte. Schließlich ahnte man, daß die Stadt nicht, wie herausposaunt, von einer deutschen Armee befreit, sondern bald in russische Hände fallen wird. Welche Hoffnung bleibt dann? Ein Teil der Bevölkerung will vom Leben raffend genießen, was noch verbleibt. Ein anderer Teil vegetiert nur, ist abgestumpft. Ein weiterer Teil scheint in sich zu gehen und wird nachdenklich. Es ging arg drüber und drunter. Die Erwachsenen müssen das klarer wahrgenommen haben als der halbwüchsige Peter. Zu verlockend war die Vielzahl von verlassenen Wohnungen, deren Türen vom Luftdruck der Bomben herausgerissen waren. Die Unterscheidung von Mein und Dein verlor schließlich jede moralische Beachtung. Selbst die seit dem 17. Februar eingerichteten Standgerichte blieben machtlos. Am Ende wurde das herrenlose Eigentum offiziell ›freigegeben‹ und sogar verteilt. Die gehorteten Sachen halfen später der deutschen Bevölkerung, auf dem sogenannten ›Polenmarkt‹ etwas ›Geld zu machen‹.

Auch das sexuelle Vergnügen organisiert sich schnell und wie von selbst. Das haben die Menschen immer verstanden. ›Festungsbräute‹, die sich sofort einfanden, amüsierten in den Ruhepausen die kämpfende Truppe. Die Kellerräume wurden mit geschmacklos zusammengetragenem Mobiliar zu Liebeshöhlen arrangiert. Auch der Vorrat an Alkohol ging nie aus. Selbst die Schranken der angeblich so wohlanständigen Mitbürger von nebenan brachen. Ein folgenloses Amüsement lockte allenthalben. Es ist erstaunlich, wie schnell unter solchen Umständen Anstand und Gesittung brüchig werden. Die Stimmung, die zu dieser Zeit in der ›Festung‹ herrschte, lautete: »Nach uns die Sintflut«. Es war das Bewußtsein, daß alles verloren schien, Gesundheit, Leben und Zukunft. Falls man denn überleben sollte, dann eher zufällig. Und wollte man sich das überhaupt wünschen? Es war etwas viel Dramatischeres als der oft zitierte Tanz auf dem Vulkan. Denn der bricht bekanntlich äußerst selten aus. Es war die greifbare Gewißheit eines versiegenden Lebens. Die Stadt Breslau war weitgehend zerstört. Wie lange wird sie weiter verteidigt? Oder wird man kapitulieren? Sie wird, so oder so, in die Hände der Russen fallen. Dann gilt, wie zu allen Zeiten: Wehe den Besiegten! Gab es einen Grund, daß es jetzt anders wäre? Schließlich wußte man, Deutschland hatte den Krieg vom Zaune gebrochen und die systematische Zerstörung des Feindes im Land- und Luftkrieg initiiert. Man hatte von der Rücksichtslosigkeit gehört, mit der gerade auch von Deutschen der Krieg geführt wurde. Konnte man mit Schonung durch die sowjetischen Sieger rechnen? Schwerlich.

Es gab auch Widerstand gegen die NS-Führung der Stadt. Verbale Aufsässigkeit wurde zur Abschreckung ohne jedes Maß durch Exekutionen geahndet. Besonders viele Frauen waren darunter. Als die Verbrennungsöfen des Krematoriums nicht mehr mithalten konnten, wurden die Exekutierten schließlich wie die zivilen Kriegsopfer in die Massengräber geworfen. Spektakulärer war, als zwei Büros von NS-Ortsgruppen in die Luft flogen. Die mit Sprengstoff gefüllten Aktentaschen waren mit Zeitzündern scharf gemacht.

Das Ende der Festung Breslau ist schnell erzählt. Die russischen Streitkräfte bissen sich an dem hinhaltenden Widerstand der deutschen Soldaten fest. Es gab Tausende von Toten auf beiden Seiten. Die Russen setzten alle psychologischen Mittel ein, um die Gegenwehr zu lähmen. Ständig gab es Artilleriebeschuß von irgendeiner Seite, mal stärker, mal schwächer. Nachts waren die ›Nähmaschinen‹ ungehindert über der Stadt, warfen Bomben und schossen auf alles Erleuchtete. Man sah sie nicht. Man hörte nur ihr regelmäßiges ›Tock, tock, tock‹, das plötzlich aussetzte und dann wieder loshämmerte. Dieses insistierende Geräusch aus dem Dunkel, das nicht zu lokalisieren war, und die Unsichtbarkeit der Doppeldecker waren unheimlich und wurden zu einer zermürbenden Psychoqual. Selbst in den Kellern hörte man es. Gegen diese Flieger gab es keinen Schutz.

An den Ostertagen des 1. und 2. April brach das Inferno über die Stadt herein. Mehr als tausend Flugzeuge bombardierten systematisch die Stadt und legten ganze Straßenzeilen und Bezirke in Schutt und Asche. Noch tagelang brannten die Häuser. Die Feuerlohe erhellte den Himmel. Neue Kolonnen von Flüchtlingen zogen innerhalb der Stadt umher, auf der Suche nach einem Schlupfloch in einem Keller. Tante L., eine andere Schwester von Peters Mutter, erschien mit ihrem Sohn und der 24jährigen Tochter Ursula, die ihren Säugling bei sich hatte. Sie waren ausgebombt und wurden selbstverständlich im Keller mit aufgenommen.

Die NS-Führung ordnete das Durchhalten an. Der Kampf um und in Breslau ist erschöpfend dokumentiert von Horst Gleiss. Tausende von Menschenleben hätten vor dem Inferno bewahrt werden können, wenn man sich die Aussichtslosigkeit des Widerstandes früher eingestanden hätte.[53] Historiker und Militärstrategen sagen heute, daß durch den hinhaltenden Widerstand der Festung Breslau massive sowjetische Kampfverbände gebunden wurden, die sonst schneller und tiefer nach Deutschland hätten vorrücken können. Dann wäre Breslau, dieses Juwel einer Stadt, das ›Läufer‹-Opfer gewesen, um die ›Dame‹ zu retten. Das Schachmatt war in keinem Fall aufzuhalten. Retrospektiv betrachtet, hat sicherlich die dreimonatige Schlacht um die Festung den Vormarsch und Geländegewinn der sowjetischen Truppen verlangsamt und damit dem weiteren Vordringen der Westmächte in Richtung Osten genutzt. Aber heute weiß man, was damals kein Deutscher ahnte, daß Schlesien nach dem Willen der Siegermächte schon längst für Deutschland verloren war, also ein unzerstörtes Breslau den Deutschen nicht zugute gekommen wäre. Die unermeßlichen privaten und wirtschaftlichen Güter Breslaus wären ohnehin in fremde Hände gefallen, in die der Sowjets und der Polen.

Die alliierten Streitkräfte waren inzwischen tief in Deutschland eingedrungen. Es wurde bereits in Berlin gekämpft. Der deutsche Rundfunk gab am 5. Mai die Waffenruhe an der Westfront bekannt; gegen sie Sowjets aber sollte weitergekämpft werden. Doch zu dieser Zeit liefen bereits die lokalen Kapitulationsverhandlungen wegen Breslau. Am Sonntag, dem 6. Mai, wurde die ›Festung Breslau‹ übergeben.

Die Nacht zum Montag verbrachte die Großfamilie, wie immer, im Luftschutzkeller: vier Männer und sieben Frauen mit zwei Babys, eingeschüchtert und verängstigt, das Schlimmste befürchtend. Unsere Frauen zitterten. Onkel F. hatte unter die langen Hebelarme der doppelten Schleusentüren Balken gestemmt, die jede Bewegung der Hebel unmöglich machten. Während der Nacht hörten sie Poltern an der Tür. Morgens entdeckten sie, daß die beiden äußeren Hebel abgebrochen waren. Die Soldaten hätten auch mit einer Handgranate die Tür aufsprengen können. Was wäre gefolgt?

Schlagartig änderte sich alles, aber nicht in jeder Hinsicht zum Besseren. Alle verließen den Keller und zogen in die Wohnungen. Die Mutter und Peter warteten in der Wohnung das weitere ab.

Niemand wagte sich am ersten Tag auf die Straße. Verstohlen schaute man, wie sich die russischen und polnischen Soldaten aufführen würden. Das ließ nicht lange auf sich warten. Sie drangen in ihre Wohnungen ein, um zu plündern. Jeder Widerstand wäre handgreiflich, letztlich mit der Pistole beendet worden. Zweimal hatten die beiden solche ›Besuche‹. Ein versöhnlicher, unverkrampft persönlicher Umgang mit den Plünderern ging immer noch zum Vorteil der Beraubten aus. Schließlich gab es in der Wohnung kaum noch verlockende Kostbarkeiten. Auch Passanten auf der Straße wurden ausgeraubt, besonders auf die Armbanduhren und Fahrräder waren die Eroberer scharf. Nicht nur junge, auch ältere Frauen waren sexuelles Freiwild, falls sie gerade einem Trupp geiler Soldaten in die Arme liefen. Die Frauen unserer Großfamilie hatten Glück. Lag es an den extra unförmigen Klamotten, die sie anzogen, oder an dem Ruß, den sie sich ins Gesicht schmierten? Es ist ihnen nie etwas passiert. Peters Cousine Ursula, die Tochter der Tante L., ließ sich mit einem russischen Leutnant ein. Das ist zwar von der weiblichen Verwandtschaft hörbar mißbilligt worden. Aber der relative Schutz, den der schmucke Antonelli vor Plünderungen durch seine Landsleute und besonders die polnischen Soldaten bot, wurde doch stillschweigend begrüßt. Er war ein sympathischer schlanker Bursche, der immer frisch und gut gelaunt auftrat. Er hat allen Nahrung zugesteckt, obwohl daran anfangs wegen der angelegten Vorräte kein Mangel bestand.

Am 8. Mai wollte Peters Mutter unbedingt zum Wohnhaus auf der Herderstraße gehen. Die beiden kamen an der Hauptstelle der Sparkasse vorbei, wo der Tresor geplündert war und Bündel von Geldscheinen herrenlos auf der Straße herumlagen. Es war ein imponierender Haufen. Die Vorbeikommenden griffen ungläubig und unbehelligt zu. Die beiden gehörten an diesem frühen Morgen offensichtlich zu den ersten, denen diese Offerte zu Füßen lag. Peter wollte sich ein paar Bündel einstecken, aber seine Mutter meinte nur, das lohne sich nicht, nach dem 1. Weltkrieg habe das Geld auch nichts mehr gegolten. Das war, wie er später nachlas, richtig und nicht richtig. Die Reichsmark geriet nach dem 1. Weltkrieg in eine schwindelerregende Inflation und wurde 1923 abgewertet, aber sie wurde da nicht einfach auf Null gestellt. Gleiches geschah nach dem 2. Weltkrieg und in der Währungsreform 1948. Wie sehr hätte ein Bündel geholfen, den Verlust aller Habe zu verschmerzen und die Not der nächsten Jahre ein wenig besser zu überstehen. Es wäre eine Entschädigung gewesen für Mutters verlorene Guthaben auf dieser Bank. Natürlich waren die Millionen, die dort auf der Straße lagen, bereits ›vergriffen‹, als sie auf dem Rückweg nochmals vorbeikamen.

Auf dem Weg zur Herderstraße gerieten Mutter und Peter in eine Kontrolle der politischen Polizei der Sowjets. Sie hielten alle Deutschen, die vorbeikamen, fest und unterzogen sie einem Verhör. Offensichtlich wurden politisch belastete Personen gesucht. Peter erlebte, wie etliche Männer aussortiert und abtransportiert wurden. Seine Mutter wurde weggeschickt, aber sie harrte verzweifelt vor dem Haus aus und befürchtete für Peter das Schlimmste. Er kam schließlich frei, obwohl man ihm seine Tätigkeit im Gartenbau nicht abnehmen wollte. Doch die offensichtlich vollständigen Akten, die vor ihnen lagen, ergaben nichts Belastendes gegen ihn. Unter den vernehmenden Politoffizieren schienen auch Deutsche zu sein. Peter bekam einen Passierschein, der ihn vor erneuten Kontrollen solcher fliegenden Kommandos bewahren sollte.

Die beiden gelangten über Trümmer- und Schuttberge zur Herderstraße und sahen, was sie befürchtet hatten. Das Haus war ausgebrannt, die Außenmauern ragten in den Himmel. Es war ein sehr, sehr großer Schmerz. Mutter und Sohn nahmen sich bei der Hand und weinten. Traurig gingen sie davon. Nun war für sie die Zukunft noch dunkler geworden.

Der Gang auf die Straße wurde für Peter bald zu riskant. Die deutschen Soldaten waren als Kriegsgefangene schon längst nach Osten abtransportiert. Die männliche Zivilbevölkerung in der Stadt bestand überwiegend aus älteren Männern und Jugendlichen bis

17 Jahre. Peter war zu Fuß unterwegs und sah gerade noch rechtzeitig, daß 100 m vor ihm deutsche Männer und Jungen von russischem Militär zusammengetrieben wurden und einen offenen LKW besteigen mußten. Viele wurden in die UdSSR zur Zwangsarbeit verschleppt. Die meisten starben. Wer überlebte, kam erst nach einigen Jahren, mehr oder weniger körperlich und seelisch ruiniert, zurück.

Plötzlich standen zwei polnische Soldaten vor dem Haus und requirierten das große Vorderzimmer der Wohnung und verlangten Mahlzeiten und Bedienung. Nachts riefen sie durchs Fenster andere Kameraden herbei: Die Wohnungstür blieb offen, es war ein Kommen und Gehen. Viel Alkohol schien zu fließen. Peter und seine Mutter versuchten im Nebenzimmer zu schlafen, verängstigt, was noch alles über sie hereinbrechen würde. Peter nahm erstmalig das Pervitin, das ihm der anhängliche Soldat im Keller der Herderstraße geschenkt hatte. Es hinderte ihn am Einschlafen. Denn er wollte nicht von irgendeinem denkbaren Überfall überrascht werden. Aus dem Nebenzimmer klangen nicht nur polnische Laute, sondern auch Frauenstimmen in Deutsch. Und wieder lief das alte, selbe Ritual ab, wie gerade erst wenige Tage zuvor. Männer nahmen Frauen, Frauen nahmen Männer. Die Mädchen liefen in der Wohnung umher, die Mutter machte ihnen moralische Vorhaltungen. Sie lachten nur, es mache ihnen Spaß, es wäre keine Not, es gäbe auch kein Entgelt, was natürlich nicht stimmte.

Welch ein schrecklicher Tag war der 8. August 1945. Peter entlieh sich, wie schon gelegentlich zuvor, von Tante G. den Schlüssel einer Wohnung, deren Mieter geflohen waren. Dort stand ein Radioapparat, der auch entfernte Mittelwellensender heranholte. Er war an Meldungen aus der weiten Welt interessiert. Er bekam einen amerikanischen Sender herein, der Nachrichten und Kommentare in Deutsch brachte. Es traf ihn wie ein Schlag: Vor zwei Tagen, am 6. August, war von der US-Air-Force über Japan eine Atombombe abgeworfen worden.[54] Er hatte viele Zukunftsromane von Dominik und anderen gelesen und wußte daher, daß eine Vision dieser Bücher jetzt gerade wahr geworden war. Die Menschheit war mit der Kernspaltung in ein neues Zeitalter eingetreten. Peter, vor dem Lautsprecher in Bann geschlagen, fühlte sich wie ein Zeitzeuge dieses Ereignisses. Ein Schauer erfaßte ihn. Die Phantasie der Bücher hatte sich seiner bemächtigt. Er konnte es nicht erwarten, den Verwandten, die noch am Abendbrottisch saßen, diese sensationelle Neuigkeit mitzuteilen. Er stürzte nach unten. Er berichtete, was er gehört hatte, und erzählte, was er wußte. Der Funke dieser Sensation würde zünden, glaubte er. Aber er mußte merken, daß man ihn nicht verstand. Sein Reden fand keine Beachtung. Er war konsterniert. Er mußte die Erfahrung machen, daß sich Wissen in seiner Bedeutung, mag es noch so folgenschwer sein, nicht vermitteln läßt, wenn ein gewisses Vorwissen und die Resonanz beim Hörer fehlen. Es war für ihn das erste Mal, daß er diese Enttäuschung erfuhr. Sie hat sich noch oft wiederholt. Es hat ihn sparsam werden lassen in der Mitteilung an andere. Daß sich die Dinge des Glaubens und des Für-wahr-Haltens schwer vermitteln lassen, liegt in deren Natur. Aber daß sich auch das Wissen aus dem Bereich des Sichtbaren und Faßbaren so schwer verdeutlichen läßt!

Inzwischen erschienen in der Stadt immer mehr polnische Zivilisten, die mit dem Militär nichts zu tun hatten. Als ein polnischer Pfarrer die Geistlichen in St. Bonifatius zum Verlassen des Pfarrhauses zwang, konnte man ahnen, was das Schicksal der Heimat werden könnte. Das Gerücht, daß der polnische Staat Schlesien nicht nur okkupieren, sondern sich einverleiben würde, fand seine Bestätigung, als im Herbst 1945 die Deutschen mit Anschlägen zum Wegzug nach Restdeutschland aufgefordert wurden. Um dem Nachdruck zu verleihen, wurden deutsche Hausbewohner überfallartig durch polnisches Militär aus ihren Häusern verjagt. Wohin die Vertriebenen gehen sollten, das lag bei ihnen.

Dann kam am 20. August der schon erwartete, wenn auch befürchtete Augenblick, als das gesamte Haus binnen kurzem geräumt werden mußte, weil polnische Familien einziehen wollten.

Es erschienen etwa sechs polnische Milizionäre, die mit Gewehr und aufgepflanztem Bajonett jeden Widerstand so schon sinnfällig aufspießten. Das gesamte Mobiliar mußte zurückgelassen werden. Wertvolles trug man am Körper. Um das Gepäck, das oft konfisziert wurde, klein zu halten, zog man ohnehin Hemden, Hosen und dergleichen zwei- und dreifach übereinander an. Man schlief sogar auf diese Weise bekleidet, weil Räumungsbefehle auch nachts ausgesprochen und sofort ausgeführt wurden. Die Familie fand auf die schnelle Unterkunft in der Nähe in einem verlassenen, aber schon geplünderten Haus.[55] Doch knappe drei Wochen später wurden sie auch von dort in bewährter Methode herausgejagt. Jede Vertreibung bedeutete Konfiszierung von Hab und Gut. Langsam wurde man so besitzloser. Aber im Vergleich zu anderen Betroffenen sind sie noch geschont worden, weil sie wahrscheinlich mit der altersschwachen, treuherzig blickenden Großmutter und den beiden Säuglingen Mitgefühl erweckten.

Der Familienverband der inzwischen vier Schwestern mit ihren Kindern zog mit kleinem Leiterwägelchen, zwei Kinderwagen und ein paar Koffern und Säcken, was man halt gerade in den Händen oder auf den Schultern tragen konnte, erneut fort. Sie suchten wieder ein Haus mit verlassenen Wohnungen. Nur ein stärker beschädigtes Haus würde bei den Polen wohl kaum Begehrlichkeit auslösen, überlegten sie. Daher zogen sie in den fast total zerstörten Süden Breslaus. Das Haus Rhedigerstraße 9 hatte ein zerstörtes Dach, das bis zum dritten Stock schräg nach vorn eingesackt war. Es war also nicht regendicht und schien daher, was sich als richtig erweisen sollte, für polnische Wohnungssuchende uninteressant zu sein. Im Hochparterre hatte sich schon eine deutsche Familie verschanzt, die abweisend und verschlossen war. Die Flüchtenden betraten die offenstehenden Wohnungen im 1. und 2. Stock, fanden sie teilweise geplündert, aber die Möbel waren vorhanden. Die Mutter und Peter teilten die Wohnung im 2. Stock mit der Familie von Tante L., die beiden anderen Tanten mit ihren Familien bezogen den 1. Stock.

130

Man richtete sich ein, was das Vorgefundene und das Mitgebrachte hergaben. Onkel F., der technisch versiert war, reparierte die Schlösser der Wohnungstüren. Zum Verrammeln der Türen fanden sich Bohlen und Bretter rundum zuhauf. Er schaffte es auch, die Fenster einigermaßen luftdicht zu bekommen. Einen größeren Scheibensplitter hatte er als Licht- und Sehschlitz in jeden Verschlag eingefügt. Elektrischen Strom gab es in dieser Ruinengegend nicht. Regnete es durch, so stellte man Töpfe und Schüsseln auf, damit die Verwandten unter ihnen nicht ebenfalls naß würden.

In der Nähe des Hauses befand sich auf der Viktoriastraße eine polnische Kommandantur. Das bedeutete einen gewissen Schutz vor Übergriffen Fremder, welche die Milizen in der Tat zu verhindern suchten. Aber sie wurden vereinzelt auch selbst zu Plünderern und Vergewaltigern, wenn es sich ergab. Es war eben alles unberechenbar. Es wurde gestohlen und eingebrochen, was Mutwille und Gewalt hergaben. Wollte jemand auf Diebestour in das Haus eindringen, schlugen alle vereint mit Löffel und Kelle auf Töpfe. Der durchdringende, metallische Lärm von zehn Töpfen und mehr verscheuchte stets die Diebe, falls er nicht hoffentlich auch mal die Milizen wach machte.

Am Rhedigerplatz, so sprach sich herum, wäre ein seltenes Naturschauspiel zu sehen. Das Mauerwerk eines ausgebrannten Hauses war in ganzer Länge nach vorn auf die Grünanlagen gekippt, und, man traute seinen Augen nicht, aus dem fast zwei Meter hohen Trümmerhaufen schoß steil und mächtig eine Königskerze empor. Ihre großen gelben Blüten erstrahlten satt und weithin sichtbar. In gieriger Vitalität muß sie sich um zig Steine gekrümmt, gedreht, gewunden haben, bevor sie, im Licht angekommen, kerzengerade nach oben stieß. Wie eine tatsächlich helleuchtende Kerze ignorierte sie, majestätisch und trotzig zugleich, die zerstörte Umgebung, als wollte sie sagen: ›Was kümmern mich eure Kämpfe und Siege, eure Niederlagen und Feuerpausen. Ich repräsentiere die Natur, die wahre Kraft des Lebens.‹ Es war, als wollte die Königskerze in ihrer strahlenden Pracht die Sieger und Besiegten verhöhnen. Sie schien ihren Triumph über die Zerstörungswut der Menschen zu genießen. Die Leute umschritten den Schuttberg und kamen ins Staunen. Sie kamen miteinander ins Gespräch. Nachdenklich wurde, wem es gegeben war.

Alle Deutschen mußten, bei Vermeidung von Strafe, weiße Armbinden tragen. Als Peter von polnischen Jugendlichen grundlos geohrfeigt und geschlagen wurde, ging er nur noch ängstlich und möglichst nicht allein aus dem Haus. In einsamen Gegenden der Stadt hörten diese Handgreiflichkeiten nie auf. Auf der Gabitzstraße, in Höhe der Kürassierstraße, rannte er einmal wie um sein Leben. Mehrmals traf er sich in ›Ignatius‹ mit anderen Jungen seiner früheren Jugendgruppe. Wurde es spät, blieb man dort über Nacht, was seiner Mutter immer Sorgen bereitete.

Langsam verließen die Deutschen die Stadt. Die Polen nahmen an Zahl ständig zu. Dem entsprach auch der Aufbau der polnischen Verwaltung. Für die polnische Bevölkerung gab es, wie auch in Polen vorher schon, Lebensmittelkarten. Auch Deutsche konnten sie erhalten, sofern sie zugewiesene Arbeiten ausführten.

Selbstverständlich wurde nur noch die polnische Währung akzeptiert. Über Reichsmark verfügte man noch reichlich. Doch zum Umtausch in polnische Währung bestand keine Möglichkeit. Peter arbeitete zusammen mit Onkel F. am Wiederaufbau der Dorotheenkirche, um einige Zloty zu bekommen. Auch deutsche Schreiner und Maurer fanden sich ein. Die Ziegel waren vom Dach herabgestürzt. Soweit sie nach Reinigung noch brauchbar waren, mußten sie mit Hand nach oben gezogen werden. Auf dem steilen, mächtigen Dach, dessen Balken und Latten weitgehend erhalten waren, legte er für etliche Wochen ›Mönch auf Nonne‹, bis das Dach zu dreiviertel wieder eingedeckt war.

Ganz langsam kam wieder ein gewisses geschäftliches Leben in Gang. Deutsche Landbevölkerung aus der Umgebung, und verstärkt auch schon polnische, brachten Gemüse und Obst in die Stadt. Es etablierte sich der schon erwähnte ›Polen-Markt‹: Dort boten auch die deutschen Stadtbewohner ihre Habseligkeiten gegen Zloty an. Die Mutter, wie auch die anderen Tanten, machten sich oft auf den Weg dorthin. Die eigenen Kleidungsstücke und Einrichtungsgegenstände wurden so immer weniger. Was Peter durch die harte und gefährliche Arbeit auf dem Kirchendachstuhl hereinbrachte, reichte nicht. Die vier Schwestern verstanden sich gut und halfen sich gegenseitig. Die Großfamilie hielt fest zusammen. Aber jeder mußte schon selbst sehen, wie er zurecht kam. Bald merkte man, daß man nicht sicher sein konnte, in einem polnischen Schlesien weiter leben zu wollen. Denn eine ›Option für Polen‹, die angeboten war, schied als völlig inakzeptabel aus. Die Urteile der Niederschlesier über die Grenzland-Oberschlesier, die politisch und emotional zwischen Polen und Deutschland je nach Günstigkeit hin- und herschwankten, waren traditionell miserabel.

Die Zeit des Winters 1945/46 war für die Flüchtenden besonders schlimm. Die Fenster waren nicht fugendicht. War es windig, pfiff der Luftzug durch die Wohnung. In den Kachelöfen der Zimmer wagte man kein großes wärmendes Feuer zu machen, weil sonst wegen der defekten Schornsteine bestimmt der Dachstuhl in Brand geraten wäre. Das kleine Öfchen mit seiner geringen Kochfläche taugte nur zum gelegentlichen Kochen. So froren alle entsetzlich. Die ans Bett gefesselte Großmutter traf es besonders hart.

Dann fanden sich auch immer wieder irgendwelche einsamen, alleingebliebenen Frauen ein, die etwas zu essen bekamen oder sich aufwärmen wollten. Das Mitleid der Mutter war groß. Eine ältere, gebißlose Dame, distinguiert und gebildet, die eine bessere Vergangenheit erlebt haben dürfte, wirkte besonders bizarr. Sie prahlte allen gegenüber, daß sie Goldketten und reichlich Schmuck um den Leib geschlungen trage, was immer man sich darunter vorzustellen hatte. Sie stank aus der Wäsche, und die Läuse rieselten ihr aus den Kleidern. Mutter setzte sie immer weit weg in eine Zimmerecke, entfernt von den Betten. Sie gab ihr einen blanken Holzstuhl, damit ihre

Begleiter keinen hakenden Halt an einem Sitzpolster fänden. Aber ihre Mitbringsel haben vor allem der armen Großmutter noch viel zu schaffen gemacht. War sie gegangen, versuchten die Mutter und Peter, auf dem Fußboden kniend, zu retten, was noch zu knacken war. Doch die Mutter brachte es nicht übers Herz, ihr die Tür zu weisen. Als sie gestorben war, soll keiner nach ihren angeblichen Goldketten gefahndet haben, berichtete der Leichenbestatter. So desolat war ihr Zustand.

Peter ging einmal in das unzerstört gebliebene Opernhaus, in dem er gerade erst, etliche Monate zuvor, noch schönste Opern gehört hatte. Er sah ein Theaterstück in Polnisch und verstand so gut wie nichts. Er hatte zwar polnische Brocken schnell aufgeschnappt. Mit der Frau des polnischen Bäckermeisters im Nachbarhaus radebrechte er schon. Er hatte im Schutt der Häuser Grammatik und Lehrbücher gefunden und kurz studiert. Aber die Sprache lag ihm nicht. Für ihn war sie zu stark belastet. Kopf und Herz sperrten sich. Wären die polnischen Soldaten als Befreier vom NS-Terror gekommen, es wäre anders gewesen. Mit Begeisterung, wie im Westen gegenüber den US-Amerikanern, hätten die Deutschen sich ihnen geöffnet. So kamen sie aber nicht als Besatzer, sondern als Vertreiber. Das war das Schlimme.

Es wurde Frühling, die Kälte wich. Die Tage wurden länger, der Winter verabschiedete sich. Wie eine wärmende Verheißung strahlte die Sonne über die Ruinen und Trümmer einer weitgehend versunkenen Stadt. Um 5 Uhr morgens begannen die Vögel ihren schönsten Gesang, wie eh und je, als sei nichts gewesen. Die Amseln setzten sich auf die Spitze der Steinpyramiden, als wollten sie der lebendig Verschütteten gedenken, die darunter so qualvoll verendet waren. Auf den vielen Plätzen mit ihren Grünanlagen und in den Straßenalleen trieben die Bäume wieder die jungen Blätter aus. Die Knospen der Kastanien am Carolusplatz schienen, besonders saftig und kraftstrotzend, die Kriegsschrecken der gegenüberliegenden Herderstraße vergessen machen zu wollen. Sie alle waren wie

Zeichen der Hoffnung: die wärmende Sonne, die länger werdenden Tage, die im Frühlingsgrün ausschlagenden Bäume und das selbstgefällige Trällern der Vögel, das den satten Sommer herbeirief. Hatten die Überlebenden das so verstanden? Kaum. Die Umstände des Dahinvegetierens waren zu deprimierend, die Perspektiven des zu Erwartenden zu aussichtslos. Es durfte doch nicht sein, daß die Natur sich so sehr entgegen der eigenen Befindlichkeit aufführt, das war die heimliche Empörung.

Peters Großmutter hatte alle ihre vier Töchter lieb, doch nur bei einer fühlte sie sich richtig wohl. Es war Peters Mutter. Für sie gab es auch gar keine andere Entscheidung, als so lange in Breslau zu bleiben, bis die Großmutter gestorben und beerdigt sein würde. Allerdings, wann es soweit sein würde, war nicht absehbar. Mit Wasser in den Beinen hatte sie große Mühe herumzulaufen. Aber sonst wirkte sie gesund. Familienrat wurde gehalten. Das Gerücht, daß die organisierten Eisenbahntransporte bald eingestellt würden, schuf eine gewisse Hast. Die Mutter blieb bei ihrem Entschluß, in der Stadt auszuharren, da die Großmutter nicht transportfähig war. Im guten Einvernehmen trennten sich zu unterschiedlichen Zeitpunkten die drei anderen Schwestern mit ihren Kindern und ließen sich nach Westdeutschland zwangsaussiedeln. Die Mutter hatte Peter freigestellt, mit einer seiner Tanten vorab auszureisen. Doch es war für ihn selbstverständlich, daß er bei der Mutter bliebe. Am 30. April 1946 verließ die Familie von Tante G. als letzte die Heimatstadt.

Nun war Peter mit Mutter und Großmutter allein in dem zerstörten und offenstehenden Haus. Er war der einzige Mann. Er fühlte, wie sich die Bürde der Verantwortung auf ihn niederlegte. Als gerade 17jähriger sah er sich jedoch dieser Last nicht gewachsen. Es waren Tage voller Angst und Sorge. Daher erschien es wie ein Segen, als schon am 4. Mai die Großmutter verstarb. Sie war die letzten Tage verwirrt, fragte die Mutter, wer der sympathische junge Mann sei, der immer anwesend wäre. Sie wollte sogar bei ihm beichten, was Peter, ganz schön verlegen, etwas liebevoller in andere

Bahnen hätte lenken können, anstatt sie leider ein bißchen schroff abzuweisen. Sie schlief ruhig ein. Für die Mutter war es der natürlichste Akt des menschlichen Lebens. Peter hat das sehr beeindruckt. Die beiden legten sie in einem Nebenzimmer auf eine ausgehängte Zimmertür. Die Sommerhitze ließ ihre dicken Beine platzen. Es war höchste Zeit, als die beiden sie wenige Tage später beerdigen konnten. Als sie mit dem Leiterwägelchen zum Dorotheenfriedhof zogen, wären sie beinahe ausgeraubt worden. Einige dunkle Gestalten folgten ihnen über weite Strecken. Ein Zweifel an ihrer Absicht schien ausgeschlossen. Sie ließen endlich von ihnen ab. Wahrscheinlich versprach der kleine Trauerzug keine ausreichende Beute. Aber es hätte genügt, zu erfahren, welche Wohnung gerade ohne Aufsicht war.

Diese Einbruchsangst hat die beiden jetzt zunehmend geplagt. Schließlich waren sie allein und auf sich selbst angewiesen. Die Mutter ging noch einige Male auf den Markt, um Sachen zu verkaufen und für den Erlös Lebensmittel zu erstehen. Peter konnte sie nicht begleiten, weil jemand in der Wohnung bleiben mußte. Andererseits bestand die Gefahr eines Überfalls mit unbekannten, eher schrecklichen Folgen. Peter versteckte sich daher während der Abwesenheit der Mutter im demolierten Dachstuhl, bis sie wiederkam.

Sie unternahmen jetzt alles, um so schnell wie möglich die Heimat zu verlassen. Sie meldeten sich zum Abtransport. Am 9. Juli 1946 ging der Zug. Sie verließen Schlesien, der Mutter geliebte Heimat, deren Mundart sie sprach. Immer hatte sie dort gelebt und das Land ausgiebig bereist. Sie kannte gut ihr üppiges und abwechslungsreiches Schlesien. Das reizvolle Riesengebirge war ihr besonders lieb. Die Wallfahrtsorte Wartha und Albendorf waren ihr ans Herz gewachsen. Ihre Wurzeln und die ihres Ehemannes waren in einer langen Ahnenreihe tief mit diesem Land verhaftet. So ist auch ihr Sohn Peter in diese Landschaft hineingeboren.

Der Mensch braucht eine Heimat, er kommt ohne sie nicht aus. Die wenigen Ausnahmen bestätigen nur diese genetische

Programmierung, die in den Menschen wirkt. Als Junger glaubt man es nicht, doch, älter werdend, melden sich die Erinnerungen an die Landschaften der Kindheit zurück. Wie der Lachs sein Leben lang durch die Weltmeere jagt und zum Ende in seinen Geburtsbach zurückstrebt, so macht sich der Mensch, zumindest emotional, im Alter zu den Quellen seiner Kindheit und Jugend auf. Glücklich, wer sie findet, wer sie beschauen und nochmal erleben darf. Doch das gilt nur, wenn die alte Heimat auch die heimatlichen Menschen und Laute birgt. Die vertraute Zunge weckt dann die Erinnerung. Das tradierte Brauchtum und Treiben erfüllt weiterhin die Straßen und Plätze, die Häuser, Säle und Kirchen. Man hört, man sieht, so oder ähnlich war es schon damals. Sind aber die Menschen aus ihrem angestammten Land vertrieben, wie es in Schlesien passierte, so hat die Heimat ihr anheimelndes Wesen verloren: die Heimat ist verwaist, die Sprache verklungen, die Tradition gemordet. Ist es daher verwunderlich, wenn die meisten Heimatvertriebenen es bei einem einzigen Besuch ihrer alten Heimat bewenden lassen? Ihre Liebe und Sehnsucht sind enttäuscht. Die neuen Menschen fremder Zunge, in den alten und wiederaufgebauten Häusern, sind Fremde, sie bleiben Fremde.

Es waren überdachte Güterwagen. Dreißig Personen, alte, gelähmte, blutjunge, hockten auf dem Boden und dem Gepäck. Für die Verpflegung wurde nicht gesorgt. Ab und zu hielt der Zug auf offener Strecke, was für die Notdurft genutzt wurde. An der schlesischen Grenze mußten alle die Waggons verlassen und wurden gegen mögliche und bestimmt auch anwesende Kleiderläuse mit DDT eingenebelt. Die jungen britischen Soldaten drückten die Pulverrohre in jede Hose und unter jedes Hemd. Nur an der weiß verstäubten Mütze konnte man gerade noch erkennen, daß sie im Dienste *of his majesty* standen. Wie sie trotz Mundschutzes diese fortwährende Pulverorgie gesundheitlich überstanden, bleibt eine neugierige Frage an die Medizin. Dreißig Stunden waren die beiden unterwegs.

Sie hatten Glück, einen Zug bestiegen zu haben, der in der britischen Besatzungszone hielt. Hier begann Peters dritter, nicht weniger peinigende Lebensabschnitt. Der Ort des Kummers hieß Schwicheldt und liegt auch heute noch bei Peine.

*

Prag und ein ultimatives Fiasko

Daß Peter und Siegbert sich begegnet sind, ist für ihn kein ›Zufall‹. Der Zu-fall erscheint als etwas Anonymes, Unmenschliches, das sich eher mit einem Fall-beil, einem Fall-strick oder einer Falle assoziieren läßt. Zwar gibt es auch den günstigen, den glücklichen Zu-fall, den Lottogewinn etwa. Aber was ›fällt‹, stürzt doch eher, als daß es sich harmonisch fügt. Sicherlich, dem Glücklichen kann auch etwas in den Schoß ›fallen‹, aber dann ist ihm dieses Glück doch unverdient anheim ge-fallen. Das Spiel der Worte und des Zufalls sollte man also nicht dem Zufall überlassen: Wenn man nämlich den Zufall entscheiden läßt, ob der Zufall etwas wollte, dann erfährt man nur durch Zufall, daß dies nicht aus Zufall geschah; denn alles hängt eben wie zufällig von tausend Zufälligkeiten ab. Damit wird ›klar‹, daß es den ›Zufall‹ eigentlich gar nicht gibt oder daß alles ›Zufall‹ ist, was diesen Widerspruch vollends verun-klart. Trotz allem – Spaß beiseite –, ›Zufall‹ meint immer, daß etwas ohne erkennbaren Grund und ohne Absicht geschieht. Und das war nun im Januar 1966 wirklich nicht der ›Fall‹. Es war für ihn kein Zufall, sondern Fügung.

Die Vorgeschichte dazu begann in Prag. Peter hatte seine Mutter, die in Hannover lebte, zu einer Fahrt in die ›Goldene Stadt‹, einer Fahrt in den damaligen Ostblock, eingeladen. Es ging ihr der Ruf einer altehrwürdigen, geschichtsträchtigen Stätte voraus, deren bröckelnder Charme weiterhin ihr Geheimnis ausstrahlte. Es war Sommer 1965. Die beiden trafen sich, aus verschiedenen Richtungen kommend, in Nürnberg und von dort ging es mit Peters damaligem Opel Rekord nach Prag. Einsame, fast autoleere Straßen führten durch eine wunderbare Waldlandschaft. Unterwegs wurden einige Soldaten nach und von Pilsen mitgenommen, die per Autostop zum Wochenende nach Hause wollten. Die Verständigung war gleich null. Die lingua franca des Englischen wurde im Ostblock zugunsten des Russischen kaum gelehrt. Aber viele ältere Personen sprachen gut Deutsch, wie sich herausstellte.

Das Land war fest im Griff des kommunistischen Regimes. Politische Transparente im kommunistischen Rot allenthalben. Eine trostlose Stimmung lag über der Stadt. Gedrückte Menschen, freudlose Kleidung, dürftiges Essen. Die zwei waren im ›Paris Interhotel‹ abgestiegen. Das staatliche Reisebüro Čedok hatte es zugewiesen. Der Tip, mit Nylonstrümpfen als Geschenk sich einige Vorteile im Hotel zu erheischen, war goldrichtig. Wie wäre Peter sonst an die frische Milch herangekommen, welche die magenkranke Mutter zusammen mit den mitgebrachten Haferflocken als Frühstücksbrei verzehren wollte.

Das Besuchsprogramm, das nur organisiert wahrgenommen werden konnte, schloß die üblichen Sehenswürdigkeiten ein: Karlsbrücke, Altstädter Ring, Burg, Veitsdom, Wenzelplatz. Man spürte den deutschen, den habsburgischen Einfluß in der Stadtarchitektur.[56] Die Vorstellung in der Laterna Magica war ein kafkaeskes Erlebnis. Körperlose Arme und Hände zauberten aus einem schwarzen Nichts Gegenstände, gestalteten spaßige Imaginationen oder makabre Sequenzen. Es war ein geistreiches Ereignis schönster Kleinkunst, wie es seinesgleichen sucht. Die Präsentationen des Schwarzen Theaters waren damals etwas Neues. Seine Regisseure waren Meister dieser Kunstsparte. Meisterhaftes leisteten die Tschechen auch im Zeichentrickfilm.

Auch die tschechischen Mütter müssen erwähnt werden. Was für interessanten und schönen Burschen sie das Leben schenken, das ist schon grosso modo eine Augenweide. Schmale, kantige Gesichter unter einem blondbraunen Haarschopf. Ein klarer, ›wissender‹ Blick, der das Gegenüber direkt anschaut – oft zwei schöne Sekunden zu lang. Galt das nur dem Ausländer, der sich durch seine Kleidung nicht verleugnen ließ? Ein selbstsicheres Auftreten, das im Gang und Gespräch ungekünstelt die Freude an sich selbst ausstrahlt; dabei kein blödes Machogehabe. Unter der Kleidung war ein sehniger, muskulöser Körper zu vermuten. Diese drahtigen jungen Männer ließen, wie nur zu offensichtlich war, Fragen offen, die zu beantworten Peter sich aufgefordert fühlte.

Eines Tages kränkelte die Mutter. Sie wollte sich ausruhen und einen längeren Nachmittagsschlaf machen. Das gab Peter die unverfängliche Gelegenheit zu einem ›Spiel‹, wie immer mit offenem Ausgang. Ob es überhaupt dazu kommen würde, auch das war offen. Er war nicht scharf drauf, doch warum sollte man die Chance von etwa vier ungebundenen Stunden nicht nutzen.

Die Lázně waren leicht zu finden. Die Adresse dieses Bades hatte er irgendwie in Deutschland erfahren, einschlägige Führer mit den internationalen Adressen gab es damals noch nicht. Vielleicht dreißig Männer und Burschen waren in der Sauna, was für diese frühe Nachmittagsstunde eines Samstags nicht erstaunlich war. Viele kannten sich, lebhafte Gespräche wurden geführt. Das wissende Auge erkannte schnell, wer ›dazugehörte‹. Es war also kein schwules Bad, wäre für ein Ostblockland auch sehr ungewöhnlich gewesen. Doch die Unbefangenheit der Schwulen, wie sie sich begrüßten und musterten, auch Kontakt suchten und arrangierten, zeigte, daß dies hier eine Stätte der Toleranz war. Die Burschen standen voll im Saft, sie genossen und spielten ihren Körper und schienen gleichzeitig sagen zu wollen: ›Is da wat?‹ Es war das übliche hungrige Spiel des Verbergens und des Zeigens.

Die Innenausstattung der Sauna war dürftig und arg heruntergekommen. Man sah, es fehlte das Geld für die notwendigen Reparaturen. Der Charme der alten Armaturen, der eng verschachtelten Räume und der schiefen Möbel beschwor frühere Zeiten herauf. Die

Sauna hatte einmal bessere Tage gesehen und genußreichere Bade-
wonnen geboten. Jetzt blieb ihr nur die Schönheit eines Leichnams;
man wußte, daß sie – wie dieser – irgendwann einmal würde bei-
gesetzt werden. Und so war es auch. Als Peter im Jahr 1987 dort
noch einmal vorbeikam, war das Bad geschlossen. Die damals auf
die Hauswand gemalte Reklameschrift war weitgehend verblaßt. Das
Haus lag tot da. Wieviele hunderte, ja tausende Männer und Burschen mögen sich hier, hinter diesen Mauern, begegnet sein, mögen
hier ein Liebesabenteuer begonnen haben? Das sind Geschichten,
die nie geschrieben werden, das sind Statistiken, die nie erstellt
werden. Sie würden Einblick geben in eine faszinierende Welt mann-
männlicher Selbstsuche und Selbstverwirklichung – so alt wie die
Menschheit und so zukünftig wie die Männlichkeit.

Ein junger Mann, vielleicht 25 Jahre alt, fiel mir auf. Er sah gut
aus. Er war allein, kannte kaum jemanden und suchte meine Blicke.
Er sprach mich unbefangen an, wollte vielleicht etwas fragen oder
nur eine nette Bemerkung zur Eröffnung eines Gesprächs machen.
Ich verstand nichts und gab zu erkennen, daß ich seiner Sprache nicht
mächtig sei. Wir lachten einander an – und verstanden uns auch so.
Er suchte die Nähe. Ich wollte sie auch und stellte mich dem ›Spiel‹.
Die beiderseitige Sprachlosigkeit irritierte ziemlich, machte aber
nicht völlig hilflos. Die Hand, die dem anderen unter der Dusche die
Seife herüberreichte, verweilte in der des anderen. Mit dem eigenen
Handtuch trocknete jeder des anderen Rücken und Schulter ab. Die
Signale der Vertrautheit wurden allmählich eindeutiger. Ein zufäl-
liges Tätscheln des anderen war so unabsichtlich nicht, war vielmehr
ein Zeichen wachsender Geilheit. Aber hier war nicht der Ort ihrer
Sättigung. So tolerant war diese Sauna wiederum nicht.

Wir verließen zusammen das Bad und fuhren mit meinem
Wagen, soviel verstand ich, irgendwohin außerhalb der Stadt. Er war
vertrauenswürdig, ich brauchte keine Befürchtungen zu haben. Er
hatte einen reinen, offenen Blick. Dieser Freund stellt keine Falle, die
zu-fällt.

Ich will ihn Ondra nennen.[57] Frische Farbe lag auf seinem lieben, klaren Gesicht. Er hatte braune Augen und ebensolche Haare. Er trug den damals üblichen nach hinten volleren Haarschopf. Er hatte einen schlanken jugendlichen Körper, den ich unter der Dusche schon mit Blicken abgetastet hatte. Breite Schultern, schmale Hüfte. Er wirkte zaghaft, sicherlich nicht sehr erfahren für das Abenteuer, auf das er sich gerade einließ und irgendwie selbst forcierte. Die gegenseitige Sprachlosigkeit war schrecklich. Beide litten wir darunter. Versuche der Verständigung scheiterten immer aufs neue. Schließlich blieben uns nur Blicke und Lächeln. Er legte während der Fahrt seine Hand auf mein Knie. Aber die Zuneigung drängt zu Worten, sie will sich austauschen. Es war ein Martyrium. Es war mir, als müßte ich einen frischen spritzigen Champagner, nach dem mir dürstet, aus den Händen trinken.

Wo ging es hin? Zu seiner Wohnung, der seiner Eltern oder der eines Freundes? In ein Hotel wohl kaum; denn dann hätten sich bestimmt für ihn und für mich als dem Ausländer Probleme ergeben. Wir kamen an einem Ausflugslokal vorbei, Autos standen davor. Er führte mich daran vorbei. Schließlich nahmen wir den Weg durch einen Wald. Er ließ mich am Straßenrand anhalten. Wir stiegen aus, und er machte Zeichen, ihm durch das Gehölz hügelauf zu folgen. Wir kamen zu einer kleinen Lichtung, weit entfernt vom Auto und jedem Weg, der einen möglichen Wanderer vorbeiführen konnte. Wir ließen uns auf dem trockenen Gras nieder. Ondra drängte. Die Kleider flogen, die Körper verschmolzen, es war ein Rausch – . –

Die Gleichzeitigkeit der Erfüllung steigerte den Black out zur schieren Lust. Es war ein sattes Spiel, schön für beide. Die Lenden waren befreit. Ondra und ich genossen die Zutraulichkeit. Nur die Hand eines Mannes weiß, wo sie danach weiter lustwandelt. Gedankenverloren schwelgten wir in unserer Hingabe.

Nicht ganz sorglos war ich hinsichtlich des Wagens. Was mochten Passanten denken, wenn sie das Auto mit dem Nummernschild eines ›westlichen Klassenfeindes‹ auf einsamer Waldstraße verlassen sahen? Ich kam von Spekulationen nicht los. Das mußte doch Argwohn wecken. Bestimmt würde das Kennzeichen notiert und irgendeinem staatlichen Aufsichtsorgan gemeldet werden. Ob wir beobachtet oder gar erwartet würden, wenn wir zurückkommen. Ich unterstellte, daß Ondra diese Unruhe nicht teilen würde, hätten wir uns darüber austauschen können. Schließlich hatte er den Ort ausgesucht und sollte die Unwägbarkeiten seines Landes einzuschätzen wissen. Aber ein Rest Unsicherheit blieb.

Es war ein sonnengesättigter Nachmittag. Eine heiße Brise streifte die nackten Körper. Es war still, Geräusche vom Ausflugslokal und der Straße waren kaum zu vernehmen. Viele Insekten summten und brummten um uns herum und wurden langsam lästig. Auch krabbelte mal irgendwas die Beine herauf. Das Lager war nicht ideal. Es knackte und piekste. Es war staubig, und die Äste auf dem Boden machten das Liegen zur Folter. Sobald die Sinne erschöpft waren, fühlte man die Unbill dieser Stätte auf quälende Weise. Mir wurde gewahr, wie unwürdig eigentlich dieser Ort für das ersehnte Abenteuer war. Wenn zwei Menschen sich finden und einander hingeben, ist der Ausklang so wichtig. Auch hier gilt: Ende gut, alles gut. Für ein aufmunterndes Nachspiel war diese Lagerstätte nicht die gepflegte Spielwiese, um zu einer Wiederholung anzuregen. Schade. Gerade die nochmalige beiderseitige Erfüllung kann über das Körperliche hinausführen. Da läßt sich nichts bewerkstelligen und erregen. Sie erst schenkt – wie kaum etwas sonst – das Eintauchen und Verschmelzen mit dem anderen. Sie erst führt zu den Höhepunkten gegenseitiger Zuneigung. Hierfür aber sind Zeit und Muße bei günstigen Umständen erforderlich. An allem fehlte es hier. Nochmals schade – das ›Spiel‹ war beendet, obwohl Ondra weitergehen wollte.

Gleichwohl, ich hatte Ondra zufriedengestellt. Er schien rundum glücklich. Ich konnte das von mir nicht sagen, denn die äußeren Umstände waren für mich zu deprimierend. Eine unglaubliche Wut kam in mir auf. Daß man diese erfüllte Zweisamkeit nicht zelebrieren konnte, wie es der Würde eines Liebesaktes entsprach. Ondra war unschuldig hieran, ich ließ es ihn nicht fühlen. Aber er spürte es.

Wir zogen uns an. Sorgfältig säuberte ich die Kleidung von Laub und Ästchen, schließlich sollte kein Blatt in der Unterwäsche verwunderte Fragen meiner Mutter auslösen.

Wir gingen zum Wagen zurück, langsam, in erzwungenem Schweigen. Wir kamen an dem Ausflugslokal vorbei. Ich hielt an – was so etwa das Dümmste war, was ich tun konnte. Ich wollte mit ihm noch etwas zusammenbleiben, wollte Nähe spüren. Wir setzten uns ins Café und fielen selbstverständlich sofort auf. Ein junger Tscheche in Begleitung eines westlich gekleideten Mannes. Die Konstellation Inländer mit Ausländer war offensichtlich ungewöhnlich. Es lag nicht am Altersunterschied, der war zu gering. Aus den Augenwinkeln wurde das eigenartige Paar gemustert, wie es die Getränke bestellen würde. Mit einem selbstsicheren »Kaffee pur« hatte ich alle Verständigungsschwierigkeiten mit zwei Worten ausgeschlossen. Nun setzte die Beobachtung erst richtig ein. Die Zuschauer erlebten ein Schauspiel von unheimlicher Hintergründigkeit, denn die beiden jungen Männer wechselten kein einziges Wort. Das fiel zunächst erst einigen auf, später schauten fast alle mal verstohlen, mal direkt, wann und wie wir ein Gespräch beginnen würden. Unsere Verlegenheit wuchs entsprechend. Es war ein optisches Spießrutenlaufen. Wir wagten uns kaum noch anzuschauen. Ich wollte diese quälende Peinlichkeit möglichst schnell hinter mich bringen. Überstürzt zahlte ich. Nichts wie raus.

Wir fuhren zurück in die Stadt, sehr langsam, um das fehlende Nachspiel durch banalen Zeitgewinn zu ersetzen. Aber auch das brachte nichts. Ein Austausch von Gedanken und Gefühlen war unmöglich. Wir beide spürten verzweifelt, wie aussichts-los dieses Abenteuer bleiben mußte. Auch ein Austausch von Adressen war sinn-los.

Wir waren angekommen. Ein Blick auf die Straße, ob wir unbeobachtet wären. Küsse auf die Lippen, Umarmungen. Herzliches

Lachen, bißchen Schäkern. Ondra schien glücklich, schien dankbar. Wehmut kam auf. Er hatte Tränen in den Augen. Kein ›Tschüß‹, kein ›Ade‹. Die Autotür fiel ins Schloß. Er winkte noch mehrmals, und ich zurück. Dann war er um die Ecke gebogen. Ich war wie betäubt. Was war passiert? War das alles wahr – gewesen?

Ich fuhr weiter, Richtung Hotel. Unterwegs hielt ich irgendwo in einer ruhigen Straße an, verriegelte die Wagentür von innen, schloß die Augen und heulte nicht nur innerlich. Ich konnte das alles nicht fassen. Ich war verzweifelt. Es war bei mir immer mehr beteiligt als nur der Körper. Das Innere war leer geblieben, ich fühlte mich verletzt und entehrt. Ondra hatte es verdient, ernst genommen zu werden. Ich hatte es gewollt und gesucht, wie seit vielen Jahren und in vielen Begegnungen. Er schien es auch gewollt zu haben. Es war wieder einmal eine Begegnung ohne Aussicht auf Zukunft. Es lag nicht an mir und nicht an ihm. So kraß wie noch nie hatte mich jetzt gerade das Schicksal mit meiner Lebenssituation konfrontiert. Diese Erkenntnis war erschütternd. Die Unfähigkeit, miteinander Worte zu wechseln, konnte nicht symbolträchtiger sein. Und die unwürdige Szenerie des Lagers konnte sich nicht lächerlicher und unwürdiger darstellen. Beides erschien mir wie ein Bild meiner hoffnungslosen Lage. Ich hatte immer, bei jedem ›Spiel‹, eine Herzfaser verloren und irgendwie auch den Partner fürs Leben ersehnt. Das Schicksal war mir nie wohl gesinnt. Soll das immer so weitergehen? Ich war frustriert. Ich sah keine Chance. Ondra, so unschuldig er daran war, wurde für mich zum Inbegriff einer hoffnungslosen Lebensperspektive, wie sie mir, hier in Prag, nicht verheerender vor Augen geführt werden konnte. Seine Person stand symbolisch für die Umstände dieser Begegnung. Er erschien mir wie ein Bote, der mir Kunde von einem zukunftsträchtigen Desaster gab: Das Leben kann auch so verlaufen.

Elend kam ich aufs Hotelzimmer. Meiner Mutter etwas erzählen? Unmöglich! Sie hatte noch nie etwas von meinem Schmerz erfahren und würde ihn überhaupt nicht begreifen können. Es gab keinen, dem ich mich anvertrauen konnte und der mein Leid mitgetragen hätte. Ich schwärmte ihr etwas von der schönen Umgebung Prags vor, was noch nicht einmal gelogen war. Sie stellte keine Fragen, wie sie auch nie neugierig war oder gar spioniert hätte. Sie hatte, wenn auch aus anderen Gründen, ebenfalls keinen Appetit auf ein Abendbrot und wollte bald ins Bett. Ich war darüber froh und schloß mich an.

Ich fiel in einen beklemmenden Wachschlaf. Meine Gedanken führten über Ondra hinaus. Ich bekam Angst vor einem einsamen Leben, allein, auf mich selbst ausgerichtet, unter dem Unstern des Egoismus. Ich spürte, daß ich selbst keine Änderung würde herbeiführen können. Schließlich kann man den Freund und Partner fürs Leben nicht herbeizwingen. Ich glaubte, immer viel eingesetzt zu haben, viele Vorleistungen des Vertrauens und der Großzügigkeit erbracht zu haben. Aber wenn die Resonanz fehlt, wenn die Zuneigung den Körper nicht transzendiert? Wie selten gelingt Liebe fürs Leben! Ich fühlte, sie muß geschenkt werden. Von selbst kann man den Erfolg nicht herbeiführen. Alle Versuche, alle Bemühungen waren bisher fruchtlos und würden es wohl bleiben. Es muß sich fügen, wenn sich zwei Suchende finden – mit demselben Wunsch, sich lebenslang zu geben und den anderen zu nehmen – am richtigen Ort – im richtigen Zeitpunkt ihres beiderseitigen Einverständnisses. Ist das nicht eher ein Geschenk des Himmels? Lieben ist leben!

Am nächsten Tag traten Peter und seine Mutter die Rückreise an. Peter sieht in seiner Begegnung mit Siegbert die Fügung am Werk. Er konnte damals nicht ahnen, daß die Vorgeschichte dazu in Prag begonnen hatte. Ondra war ihr Akteur. Die Botschaft, die er brachte, hatte Peter endlich kapiert. In den Umständen ihres Zusammenseins hatte er brutal die Entfremdung von sich selbst erlebt. Das Symbolische dieser Begegnung war unüberbietbar eindringlich. Die Erschütterung würde ihn nicht mehr loslassen.

Die Vorgeschichte war noch nicht beendet. Peter mußte zurück nach Köln. Seine Mutter wollte nach Würzburg, um dort den Zug in Richtung Hannover zu besteigen. Eine Übernachtung auf dem Weg dorthin war also einzuplanen. Sie nahmen ein Hotel in Lichtenfels am Main. Denn am nächsten Vormittag wollten sie die Wallfahrtskirche Vierzehnheiligen besichtigen, die sie beide noch nicht kannten.

*

Vierzehn Heilige reichen nicht hin

Peter und seine Mutter haben früh morgens das Hotel verlassen, in dem sie, von Prag kommend, in der Nähe der Wallfahrtskirche Vierzehnheiligen übernachtet hatten. Er konnte glücklicherweise den Abteiberg hinauf bis vor die Kirche fahren. Die Wärter waren noch nicht da, die sonst die Autos auf die Parkplätze weiter unterhalb dirigierten.

Die Basilika Vierzehnheiligen ist über 200 Jahre alt und eine der eindrucksvollsten Barockkirchen Deutschlands. Sie mindestens einmal zu besuchen, war für Peter mehr als eine kunsthistorische Pflichtübung. Balthasar Neumann hatte die Basilika entworfen. Dessen Treppenhaus im Brühler Schloß hat Peter oft bewundert. Zuerst frühstückte er mit seiner Mutter in einem Restaurant, das der Hauptfassade gegenüberlag. Die Westfront erstrahlte in einem milden Schimmer, von der Morgensonne in einem diffusen Gegenlicht erhellt. Die warmen gelben Sandsteine geben der Kirche einen frohen, heiteren Charakter und schienen den Betrachter mit ihrem farbigen Glanz umarmen zu wollen. Sie ist in spätbarockem Stil angelegt und beeindruckt durch ihr unvergleichliches Ebenmaß. Der Ausstrahlung und Würde ihrer Gestaltung kann man sich kaum entziehen.

Das Innere der Kirche übertraf dann alle Erwartungen. Die rechteckigen Umfassungsmauern im Grundriß eines Kreuzes lassen nicht erwarten, daß in das Innere drei elliptische Räume schwungvoll hineinkomponiert sind. Dieser Kontrast überrascht beim Betreten außerordentlich und erzeugt eine vitale Spannung. Das Orchester des Innenraumes ist von so unvergleichlicher, spielerischer Harmonie, daß die Worte zu einer Beschreibung fehlen. Die stärker gewordene Morgensonne strahlte durch die hellen Fensterscheiben. Sie tauchte den aufgelösten Raummantel, den plastischen Schmuck und die farbensatten Deckengemälde in das vibrierende Licht eines beginnenden Tages. Das Herzstück der Wallfahrtskirche, der Gnadenaltar in der Mitte der zentralen Raumellipse, war teilweise eingerüstet und mit Planen abgedeckt.

Inzwischen waren augen- und ohrenfällig etliche Busse angekommen. Die Basilika füllte sich und wurde langsam zur Bühne eines quirligen Touristenspektakels. Es wurde geschwatzt und fotografiert. Was der Ort an Heiligkeit durchscheinen lassen wollte, verdunkelte sich zusehends. Aber das Numinose hat sich mir trotzdem – wie auch später bei ähnlichen Gegebenheiten – deutlich mitgeteilt.

Von der Schönheit der Ausstattung war ich in den Bann geschlagen. Diese Pracht strahlte einen übermenschlichen Glanz aus und traf mich unmittelbar. Ich spürte den heiteren Frieden und die durchlichtete Harmonie, die von dem Kunstwerk in mich hineinstrahlte. Und ich spürte in der Feierlichkeit des Raumes den Segen eines geglückten Lebens. Der durchscheinenden Transzendenz konnte ich mich nicht entziehen, sie rüttelte mich auf.

Aber sie prallte auf das traumatische Erlebnis vom gestrigen Tag. Ich erlebte hier, an diesem heiligen Ort, die Stunden mit Ondra nach, in schneller Szenenfolge. Ondra hatte mir einen möglichen Lebensentwurf vorgestellt. Wir beide haben ihn – es schien mir: probehalber – schon einmal durchgekostet. Es war ein Schock, und er tat gut. Ich war existentiell erschüttert. Ich kam nicht los von dem gestrigen Erlebnis. Das Nacherleben unserer Begegnung wühlte mich auf und versetzte mich in eine rauschhafte Unruhe. Ondra erschien mir jetzt als ein guter Engel, der mir eine Lehre erteilen wollte.

Er hätte die gestrige Liebesbegegnung nicht aussichtsloser – aber damit nicht einsichtsvoller für mich – arrangieren können.

Plötzlich nahm ich die vielen Besucher nicht mehr wahr. Blitzlichtartig, im Tempo des Zeitraffers, durchlebte ich eine Zukunft vergeudeten Lebens in vagabundierender Partnersuche. Ich fühlte mich ausgeliefert den Zufällen enttäuschender Begegnungen. Mein bisher halbgelebtes Leben könnte in einem Desaster enden, an Egoismus erkaltet, frustriert an mir selbst. Ich würde, von mir aus, nichts ändern können. Und dann passierte etwas. Ich weiß nicht mehr, wie es geschah. Ungeplant, unbeabsichtigt steuerte ich die Kommunionbank neben dem linken Seitenaltar an, warf mich auf die Knie und heftete den Blick auf den Tabernakel: »Wenn es Dich gibt, großer Gott und Schöpfer – ich zweifle nicht daran, denn selbst habe ich mich nicht gemacht – dann mußt Du mir helfen!« Es folgten wenige Sätze, wenige Gedanken, die ich schweigend aus mir herausschrie. Wie Hammerschläge erschienen sie mir, auf den Amboß des Altars geschlagen, in Verzweiflung über eine frustrierende Lebensperspektive: »Schicke mir bitte endlich den Freund fürs Leben! Ich gehe kaputt, wenn ich ihn nicht bekomme. Du weißt es besser als ich, ich bin schwul. Du hast mir diese Mitgift gegeben. Ich will an ihr nicht zerbrechen. Schicke mir bitte endlich den Freund fürs Leben!« Diese Sätze hämmerte ich aus mir heraus. Ich ließ sie auf den Altar niederfahren, als sei auf ihm das glühende Eisen der Vorsehung zu schmieden, um der Zukunft eine andere Form, eine neue Richtung zu geben. Die Wucht der Schläge durchdröhnte mich. Ich wiederholte sie, immer aufs neue, und aufs neue, schließlich mehr vertrauensvoll pochend wie ein Kind. Ich kniete sicherlich nur einige wenige Minuten dort, obwohl sie mir wie eine Ewigkeit erschienen. Schließlich, müde geworden, legte ich meine Bitte ein letztes Mal auf den geschundenen Amboß nieder. Im schweigenden Dialog waren meine Blicke auf den Tabernakel gerichtet: »Schicke mir bitte endlich den Freund fürs Leben!« Ruhe ergriff mich, konzentriert auf meine Seelenmitte. So verharrte ich ew-ige wen-ige

Minuten. Was ist im Gespräch mit dem Schöpfer ›ewig‹, was ist ›wenig‹?

Meine Konzentration löste sich und wich einer Gelassenheit. Ich nahm langsam wieder wahr, wieviele Menschen um mich herum waren, wie sie geräuschvoll die Abteikirche füllten. Keiner konnte ahnen, in welch dramatischen Lebensdialog dieser kniende Beter gerade eingetreten war. Er selbst ahnte es nicht. Der Dialog dauert bis heute fort. Peter hatte das Gefühl, einen neuen Anlauf genommen zu haben. Seine Last wurde leichter, sein Blick wieder weiter. Jedenfalls fühlte er sich plötzlich nicht mehr allein gelassen mit seinem schwulen Schöpfungsanteil. Er erhob sich, ein letzter Rundgang durch die Pracht dieses Gotteshauses. Ob es einen Heiligen oder einen Engel für die Not der Schwulen gibt? Mit Sicherheit.

Peter war nicht so naiv zu glauben, daß jedes Bittgebet erhört würde – einfach so. Die allgemeine Erfahrung und die jahrhundertelange Pein der Menschen sprechen für das Gegenteil. Das Spiel des Lebens, das Gott mit der Schöpfung und mit seinen Geschöpfen spielt, ist zu geheimnisvoll, als daß wir Menschen die Spielregeln auch nur annäherungsweise erahnen, geschweige denn nachvollziehen könnten. Aber Bittgebete gehen auch in Erfüllung – auch das weiß man. Ob tatsächlich aufgrund des Gebetes oder ob das gewünschte Ergebnis auch ohnehin, koinzidierend, eingetreten ist, wer weiß es. Peter glaubte stets an die Kraft geistiger Vorgänge. Was man denkt, wünscht und will, ist, wenn auch auf anderer Ebene, so real wie das sinnenhaft Wahrnehmbare auf natürlicher Ebene. Sollte also auf die Erfüllung eines Wunsches nicht auch zu hoffen sein?

Etliche Monate später begegneten sich Peter und Siegbert. Es war Liebe auf den zweiten Blick.

*

Modus et Animus
1976
oval, 32 cm hoch, 41 cm breit, Öl auf Holz

Peter verfolgte seit langem den Plan, ihrer geglückten Zweisamkeit in einem Symbol Ausdruck zu geben. Er dachte daran, daß Siegbert etwas malen sollte: ein Emblem, seiner Bildwelt entsprechend. Siegbert fand die Idee großartig. Geplant, getan. 1974 war ein erster Schritt gemacht, als Peter auf dem bekannten Antiquitätenmarkt Rastro in Madrid, wo er beruflich oft hinkam, eine schöne Kartusche mit Rollwerk aus Kastanienholz fand. Mit 80 cm Breite und 60 cm Höhe hatte sie gerade die richtigen Ausmaße. Ein religiöses Gemälde oder ein frommer Schriftzug dürfte einmal die ovale Mitte der Kartusche geziert haben. Siegbert hatte eine originelle, sinnreich-hintergründige Bildidee, die auch gut in sein sonstiges Bildprogramm paßte: Er malte zwei Hähne, die sich symmetrisch gegenüberstehen und sich schnäbeln. Nur in der Gestaltung der Schwanzfedern und in der Farbgebung des Federkleides sind sie unterschiedlich.

Viele Monate schauten die beiden Hähne als Supraporta auf die Besucher herab — zur eigenen Freude und zum augenzwinkernden Schmunzeln mancher Besucher. »Ach, so — so, meine Herren!?« war die knappste Bemerkung — weniger eine Nachfrage als das Aha-Erlebnis einer plötzlichen Erleuchtung, daß der Namen viele sind für das stolze, Aufmerksamkeit heischende Gockeltier. In der mittelalterlichen Emblematik kennt man die Vögel, die sich schnäbeln — arglos, heraldisch-steif. Hier indes stehen sich zwei Hähne gegenüber, kraftvoll ausschreitend, und küssen sich. Kann es ein passenderes Symbol für ein Freundespaar geben?

Siegbert komponierte zusätzlich hinter die Beine der Hähne ein Schriftband, das sich an beiden Enden in Streifen aufrollt und damit Elemente der umrandenden Kartusche aufnimmt. Den gesuchten Sinnspruch fanden sie bei Pindar, dem letzten großen Dichter der griechisch-archaischen Epoche (um 500 v. Chr.). Er hatte die Welt in ihrer vom Göttlichen durchwirkten Sinnhaftigkeit verherrlicht. Die wenigen erhaltenen Fragmente seines Werks erhellen so viel, daß er dem Menschen zwei Handlungsweisen empfiehlt, an denen er seine Lebensführung ausrichten soll: Maß zu halten und Mut zu beweisen.

Das Motto war gefunden, die Aussage auf Anhieb einleuchtend: ›Maß und Mut‹. Um den Bezug zur Antike sichtbar zu machen, wurden die Worte in Latein eingefügt.

154

Der Janusweg

1998

60 x 110 cm, Öl auf Leinwand

Janus war der altrömische Gott, der über das Stadttor wachte. Das Tor, wie auch die Tür, trennen ein Innen vom Außen, ein Hier vom Dort. Ein Tor ist immer Ausgang und Eingang zugleich, je nachdem, von welcher Seite man hindurchschreitet. Aber es bleibt das ›eine‹ Tor mit den ›beiden‹ gegensätzlichen Funktionen, Ein- und Ausgang zu sein.

Aus diesem Grund hat man Gott Janus mit einem zusätzlich rückwärtigen Gesicht dargestellt. Wurde nur sein Kopf abgebildet, etwa auf einer Münze oder Stele, so waren Vorder- und Rückseite der Gottheit nicht auseinanderzuhalten, was beabsichtigt war. Denn der Gott Janus soll die ›Einheit der Gegensätze‹ symbolisieren, als wollte er sagen: ›Welches meiner beiden Gesichter ihr auch seht, ist gleichgültig, immer bin ich es.‹

So wurde er zum Sinnbild der Polarität: Alles hat seinen Widerpart, zu allem gibt es die Kehrseite, alles läßt sich verneinen und ins Gegenteil wenden. Doch vereint in derselben Sache, bedingen die Gegensätze einander. Denn kein Pol kann ohne seinen Gegenpol bestehen.

Der ›Janusweg‹ könnte ein Lebensweg sein, der, beschritten durch ein Tor, stets entlang von Gegensätzen verläuft, immer entlang von Lebensalternativen führt. Januskopfig schauen uns viele Gegensätze an, etwa: davor und dahinter, rechts und links, hell und dunkel, Tag und Nacht, Blühen und Verwelken, Stillstand und Fortgang; und daher auch: Glück und Unglück, Erfolg und Mißerfolg, Gesundheit und Krankheit, Zeit und Zeitlosigkeit, Leben und Tod.

Siegbert Hahn hat das Janus-Motiv ab 1977 in seinen Bildern dargestellt. Es ist ein beherrschendes Thema seiner Bildwelt geworden und klingt immer wieder an. Gehört doch das Gesetz der Polarität zur ›Conditio humana‹, zur Befindlichkeit des Menschen in dieser Existenz. Außerhalb polarer Gegebenheiten ist unser Leben weder vorstellbar, noch erfahrbar.

Weg auf – Weg ab

1993

70 x 50 cm, Öl auf Leinwand

Über Auf- und Abstiege verläuft, steil und kurvenreich, der Weg. Er windet sich in etlichen Spiralen bis zum fernen Hintergrund. Er lädt zu keinem leichtfüßigen Spaziergang ein. Brücken aus gewachsenem Stein, von den Kräften des Windes stehengelassen, führen über den Abgrund. Schmal und ohne Geländer bieten sie keinen gefahrlosen, sicheren Übergang. Sturzbäche begleiten den Weg und füllen kleine blaugrüne Seen.

Bäume säumen den Weg und bilden im Fortgang den Wechsel der Jahreszeiten ab. Frühlingsgrün leuchtet das Blattwerk im Vordergrund, das sich schließlich zu Herbstlaub verfärbt. Nach einer letzten Wegbiegung dürfte auch dieses abgefallen sein. Das Lichtblau des Himmels, das den Anfang des Weges überstrahlt, verliert schließlich seine Kraft. Am Wegesende liegt Abenddunkel über der Landschaft.

Siegbert Hahn liebt den ›Weg‹ in seiner Bildersprache. Er ist ihm Metapher für ›Entwicklung‹, für das ›Unterwegssein‹. Das Thema hat er oft dargestellt.

Das rote Tor
1994
80 x 110 cm, Öl auf Leinwand

›Das rote Tor‹ steht mächtig da. Es ragt hoch nach oben, als wolle es das querformatige Bild sprengen. Zwei vierkantige Monolithe von kolossalen Ausmaßen
tragen einen kürzeren Querbalken. Mit seiner imposanten Höhe deutet das Tor
auf etwas Erhabenes, Ehrfurchteinflößendes hin, zu dem es Einlaß gewährt.

Es gibt den Blick frei auf einen Steinhaufen. Hunderttausende, vielleicht Millionen
Steine und Steinchen sind hier aufgehäuft zu einem weiten, breiten Kegel.

Was könnte diese Anhäufung von Steinen bedeuten? Wofür könnte der einzelne
Stein stehen? Für ein vergangenes Leben, gar für ein besonderes Schicksal in der
bisherigen Menschheitsgeschichte, das hier aufbewahrt wird und nicht vergessen
sein soll? Eine Spur von Steinen führt vom Haufen weg, oder zu ihm hin, einerlei.

Jedenfalls spürt man die Belanglosigkeit des einzelnen Steins im Vergleich zu
dieser eindrucksvollen Ansammlung. Doch, erst viele, sehr viele einzelne Steine
tragen zu dieser imponierenden Größe bei.

Der Magie dieses Bildes kann man sich kaum entziehen.

160

Zwei Lichtblicke

Über zwei Freunde, die Siegbert auf einer wichtigen Lebensstrecke begleitet haben, soll berichtet werden.

Frank D. war, wie Siegbert ihn rühmte, »ein Lichtblick in seiner Kölner Zeit«. Er war ein Freund aus Bernauer Tagen. Sie lernten sich in der Oberschule kennen, wo sie nach der achtjährigen Grundschule in die gleiche Klasse kamen.

Das kommunistische Zwangsregime der DDR hatte verboten, daß Kinder der dem Sozialismus angeblich feindlichen Klassen die Oberschule besuchen durften. Dazu gehörten u. a. die Kinder der Akademiker und der kirchlich engagierten Eltern. Nach dem Arbeiteraufstand am 17. Juni 1953 sah sich das Regime genötigt, diese rigorose sozialistische Maßnahme aufzuheben. Siegbert, der Zahnarztsohn, und der Pfarrerssohn Frank begegneten sich im Herbst 1953 bei der Einschulung in die neunte Klasse. Frank war vierzehn, doch Siegbert schon sechzehn Jahre alt, weil er durch die Vertreibung drei Unterrichtsjahre versäumt hatte. Franks Vater war, von Liebenau aus dem Erzgebirge kommend, als Pastor an die St. Marienkirche in Bernau versetzt worden.

Mit Frank machte Siegbert nach dem Schulunterricht lange und ausgiebige Fahrradtouren entlang der märkischen Seen. Er war einer der wenigen, bei denen Siegbert aus seiner Verachtung des DDR-Regimes keinen Hehl zu machen brauchte. Er haßte diesen Unrechtsstaat und hatte sich immer geweigert, in die staatliche

Jugendorganisation FDJ einzutreten. Das brachte Nachteile, aber er nahm sie bewußt in Kauf.

Vom Turm der St. Marienkirche aus, zu dem Frank die Schlüssel besorgen konnte, hat Siegbert viele Fotos über die Dächer gemacht. Er war passionierter Fotograf der Stadt und seiner Umgebung. Die Aufnahmen geben etwas von der Schönheit Bernaus und seiner mittelalterlichen Bausubstanz wieder. Nach Abriß und schonungsloser Verschlimmbesserung im Stadtkern sind sie Belegstücke vergangener kleinstädtischer Gediegenheit.

Pfarrer D. wollte unbedingt aus der DDR heraus und betrieb seine Versetzung nach Westdeutschland. Im Jahr 1955, nachdem Frank die 10. Klasse beendet hatte, verließ die Familie Bernau. Sie konnten damals noch die Möbel mitnehmen, was Ausreisenden in späterer Zeit verwehrt war. Frank machte das Abitur in Westberlin nach, auf einer eigens für solche Notfälle eingerichteten Spezialschule. Siegbert traf ihn dort zweimal, aber danach hat er Frank erst einmal aus den Augen verloren.

Als sich Siegbert und Frank Ende 1962 in Köln wiedertrafen, war die Freude riesengroß. Jedenfalls, die Pastorenfamilie D. hatte in Köln-Höhenhaus eine sehr beengte Unterkunft gefunden. Frank wohnte dort zusammen mit seiner Frau Margit. Sie war ihrer eigenen Familie, die in Franken eine Fabrik betrieb, regelrecht entflohen. Hineingezwungen in den Arbeitsprozeß des Familienbetriebes, suchte sie eine andere Lebensverwirklichung. Was immer sich bot erschien ihr günstiger als die Fron im elterlichen Unternehmen. Frank und Margit fanden auf dem Steinkauzweg in Köln-Vogelsang ihre erste eigene Wohnung, die schmuck war.

Siegbert hat sie hier ab und zu besucht, vor allem an Wochenenden. Sie haben sich fürsorglich um ihn gekümmert, sie wollten ihm die Einsamkeit nehmen. Gelegentlich haben sie ihn auch bewirtet. Frank wollte ihm eines Tages das grüne Köln zeigen und fuhr zum Stadtwald. Den Wagen parkte er in der Friedrich-Schmidt-Straße. Hätte ihm Frank prophezeit, daß Siegbert in zehn Jahren hier, in dieser schönen Stadtrandlage, wohnen würde, er hätte ihn für verrückt gehalten. Die Aussicht, diese Wohnung dann sogar mit einem Freund fürs Leben zu teilen – wie glücklich wäre er gewesen! Wie sehr hatte Siegbert die Menschen beneidet, die hier wohnen durften. Daran zu denken, hier einmal beheimatet zu sein: absurd. Er war das erstemal im Stadtwald. Beide spazierten ausgiebig umher, durch den Tierpark und um den großen Teich mit seiner hohen Fontäne und den vielen Enten. Mit Franks mobiler ›Ente‹ von Citroën, die er ›meine Hippe‹ nannte, haben sie manch andere gemeinsame Fahrt unternommen, auch zu den Eltern, die inzwischen nach Steeg bei Bacharach in eine neue Pfarrstelle gezogen waren.

Sie haben viel diskutiert. Siegbert hat Frank für die Kunst begeistert. Auch auf Margit ist der Funke übergesprungen. Sie begann zu malen. Siegbert begleitete diese ersten Versuche mit helfenden Ratschlägen. Doch als Frank einmal ihre Begabung anzweifelte, war sie demotiviert und hat Knall auf Fall den Pinsel für immer beiseite gelegt. Für Frank war die Wiederbegegnung mit Siegbert schicksalhaft, wie er sagt. Denn sein Interesse an der Bildenden Kunst sei in den endlosen und sprühenden Gesprächen mit Siegbert grundgelegt worden und hat ihn später beruflich in eine bedeutende deutsche Kunststiftung geführt.

Frank und Margit haben von Siegbert einige Bilder gekauft. Frank machte ihn auch mit seinen Studienkollegen Wolfram und Wolfgang bekannt, mit denen er für das juristische Staatsexamen büffelte. Beide haben ebenfalls Bilder erworben, was Siegbert sehr geholfen hat und ein Stück künstlerischer Anerkennung bedeutete.

Wie es sexuell um Siegbert bestellt war, hatten Frank und Margit wohl gespürt. Denn sie wiesen ihn gezielt auf den französischen Schriftsteller Jean Genet hin, der damals groß in Mode war. Sie liehen ihm seine Werke. Einmal brachte Frank Siegbert zurück in dessen Wohnung, und er meinte scherzhaft, jetzt führen sie zur »Zuger Klause 175«. Siegbert war betroffen, denn nie hatte er selbst mit dem Zaunpfahl hantiert oder Anlaß für einen Wink mit demselben gegeben.

Frank hatte Siegbert Anfang Januar 1966 mit Erfolg aus der Zuger Klause herausgeholt und für ihn den kleinen Umzug zur Siebengebirgsallee mit der Hippe durchgeführt. Öfter kam er mit Margit dort vorbei, um ihn mit einem Besuch zu überraschen. Immer standen sie vor verschlossener Tür. Sie wunderten sich. Siegbert meldete sich auch nicht mehr brieflich bei ihnen. Telefonanschlüsse waren damals noch weitgehend eine rare Kostspieligkeit. Frank schrieb ihm, und so kamen dann doch einige wenige Treffen zustande. Siegbert nahm Peter, den er gerade kennengelernt hatte, einmal zu Besuch mit und stellte ihn sehr förmlich als einen seiner Bekannten vor. Ob die Gastgeber ahnten, daß dieser Neuling Ursache für die ständigen Abwesenheiten Siegberts war? Sie hatten jedenfalls bemerkt, daß Siegbert in anderer Weise persönlich engagiert war. Sie waren enttäuscht. Siegbert widmete ihnen nicht mehr soviel freie Zeit, wie er vordem mit ihnen verbracht hatte. Siegbert konnte sich nicht erklären. Er hatte Angst, sie bei einem ›Geständnis‹ als Freunde zu verlieren. So konnte eine gewisse Entfremdung nicht ausbleiben. Siegbert hat dies bereut, aber er ›kämpfte um sein Leben‹, wie er es empfand. Schließlich glaubte er, gerade seinem Glück begegnet zu sein. Er konnte keine Rücksicht mehr nehmen. Er weiß sich in ihrer beider Schuld und bedauert heute, daß er sie wahrscheinlich verletzt hat. Doch er konnte es nicht vermeiden. Er hatte stillschweigend mit ihrem Verständnis gerechnet.

Zu Ausstellungen außerhalb von Köln, an denen sich Siegbert beteiligte, hat Frank gelegentlich die Bilder transportiert. Im Jahr 1964 hatte sich Siegbert auch an einer Gemeinschaftsausstellung in Mannheim beworben. Frank hatte damit große Erwartungen verbunden, jetzt müsse doch der Durchbruch kommen. Als Siegberts zwei Bilder ausjuriert wurden, war das für Frank ein Tiefschlag und hat ihn an der Qualität von Siegberts Malerei zweifeln lassen. Diese künstlerische Verunsicherung und Siegberts Distanzierung haben dazu geführt, daß sich auch Frank und Margit ihrerseits etwas zurückzogen. Frank schielte auf die aktuelle Kunstszene der sogenannten Avantgarde und war von deren offizieller Anerkennung beeindruckt. Er kaufte ihre Arbeiten, u. a. von Beuys. Gerade diese Vorliebe für den letzten Schrei in der Bildenden Kunst hat Frank von Siegbert zusätzlich entfernt. Er hat ihn im Laufe der folgenden 30 Jahre vielleicht noch viermal in Köln besucht, aber er hat sich nie nach Siegberts Arbeit erkundigt oder gar seine Bilder zur Kenntnis genommen. Er war sicherlich der Meinung, daß Siegbert mit seiner Malerei auf dem falschen Gleis sei. Siegbert hat die Zuwendung, die ihm Frank und Margit in den drei Kölner Jahren seiner Not entgegenbrachten, sehr geschätzt. Er fühlte sich aufgefangen, wann immer er in Schwierigkeiten kommen sollte. Frank war entsetzt, als er hörte, daß Siegbert den Brillantring der Mutter immer wieder ins Pfandhaus brachte, um ein Liquiditätsloch zu stopfen. Er bot Siegbert finanzielle Hilfe an: Aber er möge doch bitte diese schrecklichen gebührenträchtigen Beleihungen meiden. Siegbert war froh, daß er dieses Angebot nie hatte annehmen müssen, aber die Gewißheit, den Rettungsring so nah zu wissen, war beruhigend. Das machte ihn frei, den von der Mutter ererbten Brillantring dann dem Bruder Teddy zu verkaufen, damit er den gesamten Erlös Siegmund schenken konnte, dem es noch dreckiger ging.

Frank meint, er habe Siegbert nie verzagt oder gar niedergeschlagen angetroffen. Siegbert indes verbindet mit dieser Zeit gänzlich gegenteilige Stimmungen. So bleibt erstaunlich, wie sehr er seine Gefühle verbergen und sein Innenleben nur mit sich selbst ausmachen konnte. Der äußere Anschein war eben nur die halbe Wahrheit.

*

Ein ganz anderer Mensch ist Ingrid R., die Siegbert 1962 kennengelernt hat. Es war das erste Mal, daß eine persönliche, enge Freundschaft ausschließlich über die Malerei ihren Anfang nahm.

Im Jahr zuvor, 1961, bewarb sich Siegbert um Teilnahme an der ›Großen Berliner Kunstausstellung‹, die in den Hallen am Funkturm stattfand. Er passierte die Jury und war mit einem Bild vertreten.[58] Zur ›Juryfreien Ausstellung‹ des folgenden Jahres 1962 reichte er sein Bild ›Der Weltraumvogel‹ ein.[59] Es wurde auch im Ausstellungskatalog veröffentlicht. Ingrid lebte damals wieder in Berlin und stand kurz vor der Heirat mit François D., einem jungen Mann aus Paris. Beide besuchten die Ausstellung und wollten den ›Weltraumvogel‹ einfangen und erbaten die Anschrift des Malers. Flüchtlinge aus dem kommunistischen Machtbereich, wie Siegbert, kaschierten damals ihren Wohnort, so daß auch die Ausstellungsleitung nur die Anschrift von Siegberts Schwester in Berlin kannte. Sie hatte das Bild auch eingeliefert und Siegbert als einen ausstellungsberechtigten Berliner Bürger angegeben, obwohl er bereits fest in Köln wohnte.

Ingrids Versuche, die Adresse von Siegbert zu erfahren, scheiterten zuerst bei der Ausstellungsleitung und dann beim Einwohnermeldeamt mit der Begründung, über politische Flüchtlinge werde keine Auskunft erteilt. Bei Abholung und Bezahlung des Bildes erfuhren beide schließlich nach geduldigem Insistieren die Berliner Anschrift der Schwester Inge. Sie meldeten sich dort an und fuhren im flotten Jaguar-Cabriolet zum Siedelmeisterweg in Berlin-Reinickendorf. Die Schwester Inge war diskret und verbindlich, ihr Ehemann Erich nur skeptisch-verwundert, daß man sich für »so ein Bild« überhaupt interessiere und dann auch noch einen hohen Betrag ausgebe. Indes die Besucher aus Frankreich bezeichneten den Bildpreis als ausgesprochen günstig. Jedenfalls mit 300,– DM fühlten sie sich als glückliche Bildbesitzer und wollten unbedingt den Maler kennenlernen. Sie traten sofort die Rückreise an, denn am 14. Juni sollte ihre zivilrechtliche Trauung in Paris stattfinden.

Sie fanden Zeit zu einem schnellen Halt in Köln. Untereinander hatten sich die Brautleute abgesprochen, mit dem Maler Kontakt zu halten und ihn auch nach Paris einladen zu wollen, falls sie ihn sympathisch fänden. François wollte dies Ingrid wortlos mit der Handgeste ›Daumen nach oben‹ bedeuten. Brieflich kurzfristig angemeldet, kamen sie zur Zuger Klause und wurden von der leutseligen Frau G. empfangen. Siegbert war hellauf begeistert, daß sich überhaupt jemand für seine Bilder interessierte und ihn deswegen aufsuchen wollte. Er begrüßte das Pärchen vor dem Haus und ging voran nach oben zu seinem Zimmer. Ingrid berichtete später, welche versteckte Sympathiebeurteilung sie und François vereinbart hätten und daß François, der Siegbert treppauf folgte, ganz heftig die Faust geschüttelt hätte, den Daumen nach oben. Sie ließen sich andere Bilder von Siegbert zeigen und entdeckten schnell ihre gemeinsame Liebe zur Malerei. Das war die Geburtsstunde einer jahrelangen Freundschaft zwischen Ingrid und Siegbert, der sich später auch Peter anschloß.

Auf der nächsten Besuchsreise zu Ingrids Mutter nach Berlin kamen die beiden wieder bei Siegbert vorbei. Sie erstanden ein zweites Bild und luden Siegbert zu einem Besuch nach Paris ein. Sie sahen ihn dann noch öfter auf verschiedenen Rückreisen nach Paris, wohin sie inzwischen Ende 1962 endgültig umgezogen waren. Ingrid erzählte, in Paris auch eine eigene Galerie eröffnen zu wollen, Siegbert sei der erste, der dort ausstellen könne. Doch das war nur eine der liebenswerten Phantasien, denen Ingrid aufsaß. Natürlich ist es bis heute nicht dazu gekommen. Aber es läßt sich leichter leben, wenn man Pläne im Reich der Hoffnung schmiedet und sich unterwegs glaubt in Richtung dorthin. Daß die immer wieder vertagten Pläne sich schließlich als Illusionen dekuvrieren, wird kaum zur schmerzlichen Erfahrung, aus der man für die Zukunft lernt.

Doch bemühten sich François und Ingrid um eine Ausstellungsmöglichkeit für Siegbert. Sie fanden eine Galerie, deren Räume gegen Entgelt monatsweise gemietet werden konnten. Auf der Rückreise von Berlin, wo sie Ingrids Mutter besuchten, nahmen sie den größten Teil der auszustellenden Bilder mit, und so konnte im Mai 1963 Siegberts erste Einzelausstellung in der Galerie Jean Camion in Paris beginnen.[60] François und Ingrid wechselten sich ab bei der Aufsicht. Viele bekannte Leute schauten herein und trugen sich ein.[61] Dalí kam sogar ein zweites Mal vorbei, dann mit seiner Frau Gala, und meinte gönnerhaft: »Der Junge hat Zukunft«, während er die Antennen seines Bärtchens zwirbelte. Zum Abschied küßte er Ingrid galant die Hand, und diese überlegte sogleich, ob sie diese Hand wohl dem Musée des Arts Modernes als Schaustück anbieten solle. Siegbert hatte wegen der laufenden Semestervorlesungen keine Zeit, nach Paris zu fahren. Er hat also, was er noch heute bedauert, seine erste Einzelausstellung nie gesehen. Er war beiden sehr dankbar, daß sie die Ausstellung organisiert hatten. Von den einunddreißig gehängten Bildern hatte er sechzehn verkauft, davon vier an die Schwiegereltern von Ingrid. Die restlichen Bilder ließ er bei Ingrid und François in Paris zurück, teils als Leihgaben, überwiegend als Geschenk.

Er glaubte, mit dieser Ausstellung in der Weltstadt Paris und seinen dortigen Kontakten hätte er den ersten Schritt auf dem sicheren Weg zur internationalen Anerkennung getan. Daß dazu sehr viel mehr gehört und daß dies eher einem glücklichen Schicksal als dem eigenem Bemühen verdankt wird, das war ein langwieriger Erfahrungsprozeß.

Ingrid und François wohnten im 6. Arrondissement in der Rue Lobineau 5 gegenüber der kleinen halboffenen Markthalle des Quartier. Die 90 qm große Wohnung im 2. Stock gehörte den Eltern von François. Zwei große, durchgehende Zimmer erstreckten sich entlang der Straßenseite. Nach hinten, mit Blick auf die Rückfront eines Hotels, befanden sich die Küche und ein kleines Zimmer, das Siegbert beziehen durfte. Ein winziger Flur und ein kleines Bad lagen innen.

In einem Ladenlokal des Hauses führte Madame Berger eine Garküche, die großen Zuspruch fand. Lange Schlangen von Wartenden mit Töpfen und Schüsseln bewiesen, daß sie in Menge und Melange den Geschmack der Leute traf. Das meiste Geschäft lief über die Straße, denn es gab nur zwei Eßtische. Ihre Pommes Dauphine waren quartierbekannt. François und Ingrid waren regelmäßig Kunden bei dieser leutseeligen Köchin.

Im Frühjahr 1963 kam Siegbert das erste Mal zu Besuch. Er brachte Bilder für die geplante Ausstellung mit und sah sich die Galerieräume an. Nach Beendigung der Ausstellung kam er im Herbst 1963 nochmals wieder und brachte, dazu aufgefordert, seinen Zwillingsbruder Siegmund mit. Der Bruder Teddy hatte sich ebenfalls angeschlossen, blieb aber nur eine Woche. Ingrids Bruder Hartmut aus Berlin stieß dann auch noch dazu. Den beiden Gastgebern fiel es nie schwer, sich Freunden zuliebe räumlich einzuschränken. Siegbert erlebte Paris und seine Sehenswürdigkeiten, trauerte um Cocteau und die Piaf und kehrte nach drei Wochen wieder heim nach Köln.

Die Hoffnung, in den Semesterferien wieder nach dort eingeladen zu werden, strahlte in die Zuger Klause hinein und brachte ihm Trost. In Paris dann ging die Sonne für ihn auf. Die Bilder der zerstörten Heimat und die dürftigen Wohnverhältnisse nach der Katastrophe des Krieges waren bedrückend. Hier umfing ihn eine Weltstadt mit ihrer Weite, Großzügigkeit und Spontaneität. Hier sah er die beeindruckenden Gebäude-Ensembles und die gepflegte Wohnkultur. Hier hat man ihn erwartet und sogar mit ihm gerechnet. Er fühlte sich herzlich aufgenommen. War er dann wieder in Köln, saßen die Tränen locker. Das Elend seiner miserablen Situation übermannte ihn. Er kam sich wie ausgestoßen vor.

François oder ›Franzel‹, wie Ingrid ihn meistens rief, sah gut aus. Er war das verwöhnte Muttersöhnchen, das nie Lust auf eine geregelte Arbeit hatte. Das Studium der Psychologie und Soziologie brach er vorzeitig ab. Seine Begeisterung für eine Sache war schnell entfacht und ebenso schnell verflogen. Am liebsten wäre er Künstler geworden. Er probierte sich an vielem. War er zum Beispiel von dem

Werk Kafkas berauscht, versuchte er sich in Prosa à la Kafka. So sind Theaterstücke à la… begonnen und einige Gedichte à la… sogar beendet worden. Da er als junger Ehemann schließlich etwas arbeiten und Geld hereinbringen mußte, hat ihm der Vater eine Karriere in der Hotelverwaltung besorgt. In verschiedenen renommierten Häusern hat er gearbeitet: dem Meurice, dem George V und dem Grand Hôtel. Er hat diese Arbeit immer gehaßt. Er war daher oft grantig und grummelig. War kein Geld in der Haushaltskasse, was öfter vorkam, wurde er recht ungemütlich und die allgemeine Hochstimmung sank. Aber sonst war er ein lebenslustiger Kumpan, der witzig, unterhaltsam und umgänglich sein konnte, falls seine Launenhaftigkeit nicht gerade mit ihm durchging.

Die Eltern von François waren beide in zweiter Ehe verheiratet. François war das einzige Kind aus dieser Verbindung. Sie wohnten in einer großen Wohnung, eingerichtet mit Original-Renaissancemöbeln, direkt neben der Kirche St. Sulpice.[62] Um die herüberschallende schöne Orgelmusik zu genießen, pflegten sie sonntags die Fenster weit zu öffnen. Die Eltern waren finanziell außerordentlich gut gestellt. In Chinon an der Loire hatten sie sich ein aufwendiges Haus nach eigenen Entwürfen gebaut. Der Vater, Monsieur Jean D., war einmal Wirtschaftsminister in einem der zahlreichen Nachkriegskabinette. Jetzt war er noch in beratenden Funktionen tätig, bevor die Eltern 1973 endgültig nach Chinon retirierten. Der Vater war gebildet und sympathisch, die Mutter eine liebenswürdige, gütige Frau, die Siegbert besonders mochte. Sie brachte ihm jedes Mal, wenn sie von Chinon kam, seinen Lieblingsziegenkäse der Region mit. Wenige Male luden die Eltern zum Abendessen ein. Diese Diners und die Entourage der Räume waren imponierende Erlebnisse seiner Parisaufenthalte. Er war in die Familie aufgenommen. So war es nur selbstverständlich, daß Robert, ein Sohn des Vaters aus erster Ehe, ihn zusammen mit der Familie nach Saint-Maur einmal zum Essen einlud.

Siegbert war in den Jahren 1964 und 1965 jeweils zweimal in Paris. Zwei sehr große Bilder sind während dieser Zeit dort entstanden.[63]

Ingrid saß oft dabei, schaute zu, las aus einem Buch oder plauderte mit ihm. Sie begann dann auch selbst zu malen.

Alles war neu für Siegbert und wurde zum Erlebnis: die Art zu kochen und zu essen, an warmen Tagen im offenen Cabriolet durch die Stadt zu kutschieren, im Jardin du Luxembourg auf einem gemieteten Stuhl ein Buch zu schmökern oder Leuten nachzuschauen und im Forêt de Fontainebleau spazierenzugehen. Auf dem Flohmarkt gab es immer urige Überraschungen. Der Tisch mit den hundert Glasaugen wirkte wie ein surrealistischer Abgrund. Wo sonst konnte er einen Clochard bestaunen, wie er endlich das passende Gebiß fand, nachdem er viele andere durchprobiert hatte. Auf dem Markt, der dem Haus gegenüberlag, konnte er das Treiben der Händler und Hausfrauen beobachten, und der Blick auf das rückwärtige Hotel bot ihm nachts manch spannende Szene der Frivolität. Der malende Augenmensch bekam hier sehenswerte Einblicke.

Manchmal war er wochenlang allein in der Wohnung, während die beiden zu ihrem üblichen Nacktbadeurlaub nach Montalivet im Médoc fort waren. Nach langen Stunden des Malens zog er durch die Straßen, genoß die Architektur und besuchte Museen. Dort blühte er auf. Der Louvre wurde zu seinem zweiten Zuhaus. Doch sich allein ins Bistro oder Café zu setzten wäre ihm nie in den Sinn gekommen.

Gemeinsam gingen sie oft ins Theater. Im Odéon sahen sie Offenbachs ›Pariser Leben‹. Gelegentlich gingen sie außerhalb essen oder holten sich die Speisen in Töpfen und Schüsseln aus einer Garküche, deren es viele und gute gab. Der Siegeszug mit einer Dorade war spontan arrangiert. Siegbert hatte gerade ein Bild verkauft. Freunde waren eingeladen und warteten schon am Tisch. Der Fisch war in einem Restaurant am Boulevard Saint-Michel bestellt. Ingrid und Siegbert holten ihn dort ab, Ingrid schritt voran und bahnte den Weg durch das Menschengewühl. Siegbert folgte mit einer riesengroßen Kasserolle. Mit einem mächtigen Hallo wurde das Eintreffen der Dorade begossen.

Siegbert entdeckte ihnen die Küche Chinas, wo er nur wenige Jahre zuvor gewesen war, und führte sie zu Chinarestaurants. Das Essen mit Stäbchen hatte er ihnen beigebracht, und schließlich war es gemeistert. Ingrid bereitete zweimal am Tag ein warmes Gericht mit den üblichen Vor- und Nachspeisen. Franzel bestand darauf. Siegbert hat ihr assistiert und einiges abgeguckt. Oft waren Freunde zum Essen eingeladen. Einmal war er der Küchenchef und hat die Gäste mit einem paprikagetränkten Goulasch zu Freudentränen begeistert. Es wurde viel gelacht und gescherzt. Siegbert war von diesen Gesprächen nie ausgeschlossen, denn Ingrid dolmetschte. Aber die Sprachbarriere war natürlich hemmend. Leider hat er außer ein paar Brocken nie die französische Sprache erlernt. Aber er verstand stets mehr, als seine Gesprächspartner ›befürchtet‹ hatten. Alle kamen ihm mit Deutsch entgegen. Im Hause der Gastgeber herrschte die Devise: Der *Peintre* solle lieber malen. Ging der ›Maler‹ einkaufen, zeigte er schlicht auf die Ware und bezahlte mit einem großen Schein.

Ingrid erzählt ab und zu eine Begebenheit, die eine Persönlichkeitsseite von Siegbert illustriert. Zwei Freunde sind gekommen, und man spielt das Würfelspiel Monopoly. Er verliert langsam, aber sicher sein Startkapital an Häusern, Banken und dergleichen. Arglos ist er den Tricks und Tücken des Spiels ausgeliefert. Schon muß er bei seinen Mitspielern Schulden machen. Er beleiht Häuser, verkauft Straßen, es sieht sehr schlecht mit ihm aus. Belemmert sieht er seiner Pleite entgegen. Während er kurz auf der Toilette war, wird heimlich abgesprochen, daß man unverfänglich zu seinen Gunsten Fehler machen und ihn gewinnen lassen wolle. Gesagt, gewonnen. Siegbert kann sich vor Geldchips, Bankguthaben nicht retten, ihm gehören bald alle Straßen, die Banken, fast die ganze Stadt. Er schenkt den Mitspielern große Summen, nötigt ihnen Häuser auf, aber er wird nicht ärmer. Er steht fassungslos seinem Reichtum gegenüber, er ist geniert. Er fühlt sich nicht wohl bei dem eigenen Würfelglück und dem Spielpech der anderen. Das Spiel wird beendet, der Gewinner

gefeiert. Man läßt ihn hochleben, den ›Peintre Sieguebère‹. Als
Ingrid ihm dann von dem Manöver erzählt, wird er ärgerlich und ist
pikiert: »Kann denn ein Spiel nicht ein Spiel bleiben?«

Zweimal war er zusammen mit Franzel und Ingrid für eine
längere Zeit bei den Eltern in Chinon. Ihr großes Haus mit Hang-
lage bot einen atemberaubenden Weitblick über das Loiretal. Zu
einem kleinen Teil war es sogar in den rückwärtigen Felsen hinein-
gebaut. Ein großer Garten und ein Gärtnerhaus schlossen sich an.
Siegbert genoß die Großartigkeit und Vornehmheit des Anwesens.
Sie machten Touren entlang der Loire und besichtigten die bekannten Schlösser, aber leider nur von außen, da Ingrid und Franzel ein
weitergehendes Kunstinteresse nicht zeigten. Siegbert ging angeln in
der Vienne, aber der Fluß gab nichts her. Madame D., unterstützt
von ihrer Köchin, überraschte mit den raffiniertesten Gerichten; er
hätte ihr gern sein Jagdglück überlassen, wenn er denn etwas ge-
angelt hätte.

Siegbert tat alles, um sich die Gunst seiner Gastgeber zu erhalten,
und paßte sich über die Maßen an. Zu seinem Schwulsein konnte er
sich nicht bekennen. Er fühlte und hörte, daß seine Gastgeber diese
sexuelle Orientierung verachteten. Als sie einmal die großartige
Place de la Concorde umrundeten, kam Siegbert ins Schwärmen.
Franzel kommentierte nur: Es sei bekannt, alle Homosexuellen
würden diesen Platz verehren. Das war zu Ingrid in Französisch ge-
flüstert, aber Siegbert hat es gleichwohl ›verstanden‹ und war ebenso
enttäuscht wie traurig. Was hat sich Ingrid dabei gedacht, als sie
nackt in der Badewanne saß und Siegbert hereinrief, damit er ihr den
Rücken abseife? Um ihr Wohlwollen nicht zu verlieren und ihrem
Ekel nicht ausgesetzt zu sein, vermied er angstvoll jedes Gespräch in
dieser Richtung. Nur wenn er allein durch die Straßen schlenderte,
wagte er schon einmal einen Blitz aus dem Augenwinkel, denn nie
sollten sich Blicke begegnen. Mehr lief nicht, das war alles. Er wollte
seinen Gastgebern gefallen, wollte deren Freundlichkeit erwidern
und schenkte ihnen daher auch etliche seiner Bilder. Schließlich

stellten sie ja in Aussicht, daß sie eine Galerie in Paris eröffnen wollten. Er sollte dann die besten Chancen haben.

Den Erlös der in der Ausstellung und danach verkauften Bilder hat er überwiegend in die Haushaltskasse fließen lassen. Einmal verhinderte er die drohende Ebbe im letzten Moment, bevor die allgemeine Hochstimmung wieder zu kippen drohte. Für seine Kölner Zeit hat er nur wenig Geld erspart und zurückhalten können. Trotz alledem, er hat nichts bereut und ist Ingrid und François dankbar für die Zeit einer beginnenden Lebensfreude, die sie ihm damals in Frankreich ermöglicht hatten.

Sie bewunderten seine Malerei und schätzten ihn als Menschen. Dieses Urteil wurde von ihren Freunden und Bekannten geteilt und machte die beiden stolz, Siegbert bei sich zu haben. Der *Peintre* wird in Frankreich verehrt, einfach so, weil er ein Mensch der ausübenden Phantasie ist, an der jeder Franzose gern partizipiert. Siegbert hat dieses Wohlwollen überall gespürt – welch ein Unterschied zu Deutschland! Ingrid hätte gern einen Künstler zum Mann gehabt. Doch das Schicksal hat's nicht gewollt. Aber das ist eine andere Geschichte.

*

Hinter den sieben Bergen

Anfang Januar 1966 zog Siegbert um nach Köln-Klettenberg in die Siebengebirgsallee 6. Er war sehr, sehr glücklich. Endlich fühlte er sich nicht mehr gedrängt, über sein Kommen und Gehen berichten zu sollen. Die aufdringliche Anteilnahme von Frau G. an seinem Tun und Lassen hatte ihn stets genötigt, sich darstellen zu müssen. Hätte er Peter schon vor dem Auszug aus der Zuger Klause kennengelernt, und wäre er dann gelegentlich über Nacht nicht zu Hause gewesen, dann… Es ist nicht auszudenken, welch verständnisvolle Anteilnahme mit Augenzwinkern er hätte anhören müssen: »Wat es dat dann för e Leckerche? Do ben ich ävver fruh för üch! Wie heiß et dann, dat leevje?«[64] Er fühlte sich bevormundet, was natürlich nicht so gemeint war. Dagegen hätte er sich wehren können. Aber dann hätte sich seine Wohnsituation, die schon grau genug war, auch atmosphärisch eintrüben können. Alle diese Probleme gab es jetzt nicht mehr. Er wohnte nicht mehr in Untermiete innerhalb eines Familienhaushalts. Hier war er frei. Und im übrigen brauchte er kein öffentliches Verkehrsmittel mehr zu benutzen. Mit wenigen Schritten erreichte er die Universität.

Nachdem Frank mit seinem Auto den kleinen Umzug durchgeführt hatte, brachte einer seiner Freunde, Wolfgang, ausrangierte Möbel heran: eine Ausziehcouch, einen Elektroherd, ein kleines Bücherregal und noch zwei Stühle. Ein glücklicher Umstand verhalf Siegbert zu etwas Geld, als er weitere Bilder verkaufte. Von dem Erlös kaufte er sich noch einen Kleiderschrank und Tisch. So war das kleine Zimmer komplett, in des Wortes ursprünglicher Bedeutung, denn mehr ging tatsächlich nicht hinein. War die Couch als Einzel- oder Doppelbett hergerichtet, konnte man sich kaum im Zimmer bewegen oder an den Tisch setzen.

Von der Straße aus ging es über einige Stufen zur erhöht liegenden Haustür. Der Raum hatte eine Größe von 10 qm. Er lag im Erdgeschoß eines schmalen Hauses nach hinten. Die Zimmertür, neben dem Abgang zum Keller gelegen, war dünn und ließ jedes Geräusch aus dem Treppenhaus herein. Gottlob verfügte das Gebäude nur über zwei Stockwerke mit je einer Mietwohnung. Am Abend wurde es still. Sein Zimmer war ganz offensichtlich nach der Bauplanung nicht als Wohnung vorgesehen. Denn es fehlte der Anschluß an die Zentralheizung, und ein Mauerdurchbruch führte zu einem winzigen Raum unter der Haustreppe, der nachträglich zur Toilette hergerichtet war. Hier gab es nur ein Waschbecken.

Die aus dem Bildverkauf erzielte Einnahme reichte zusätzlich für den Erwerb eines starken elektrischen Heizluftgerätes. Das war für die Winterzeit, als er einzog, bitter notwendig. Aber trotz Dauereinsatzes erwies es sich als völlig unzureichend. Mit einer Zimmerhöhe von über 3 m war der Raum einfach zu groß, um die angewärmte Luft auch noch unten ansammeln zu können. Das Zimmer lag über dem Keller, neben dem ungeheizten Hausflur, und hatte eine breite Front zur sonnenlosen Rückseite des Hauses. Gegenüber dem Fenster war im Abstand von ca. 5 m eine weiß getünchte Hauswand, die wenigstens das Licht gut reflektierte. Aber ein Sonnenstrahl hat das Zimmer nie gekitzelt. Der Raum war selbst im Sommer kühl bis frostig.

Trotz aller Unzulänglichkeiten war Siegbert zufrieden mit seiner Behausung, die ihm eine neu gewonnene Freiheit schenkte. An den Wänden prangten seine Bilder und verströmten Farbe. Er kaufte sich noch eine große Kugellampe, die mit Japanpapier bespannt war. Wie sie inmitten der Zimmerdecke nach unten herab thronte,

178

erschien sie wie ein Sumokämpfer, gewichtig und eindrucksvoll. Oder sie war wie der dicke Punkt unter einem Ausrufezeichen, der ein sattes, volles Licht ausstrahlte. Zum Malen mußte Siegbert die Bilder an der Tischkante ankippen oder flach auf die Tischplatte legen. Das war zwar umständlich, hat ihn aber nicht gestört. Vorher, in der Zuger Klause, war der Tisch so klein, daß er schon mittlere Formate nur kniend auf dem Fußboden malen konnte. Hier war das wenigstens nicht mehr nötig. Auch daß ihm das Geld zur Anschaffung eines Radios fehlte, wo er so gern klassische Musik hörte, hat seine Zufriedenheit nicht geschmälert.

Begrüßt hat er indes den Mangel, daß es in seiner ›Wohnung‹ keine Dusche gab. Das führte ihn regelmäßig ins Schwimmbad, wo das Sehen und Gesehenwerden zum Ritual schwuler Anmache gehörte. Die knisternde Spannung mitzuerleben war aufregend. Aber zu mehr ist es in der damaligen Zeit des Verbotsparagraphen nie gekommen. Doch angenehme Anblicke fürs Auge wurden immer offeriert. Er meinte, als Maler sei er ein Augenmensch und sehe die Rundungen und Versteifungen anders als der Durchschnittsschwule. Dieses gesättigte ästhetische Vergnügen war zwar, wie er wußte, nicht der Grund für seine bisherige Enthaltsamkeit, hatte aber eine kompensatorische Funktion, die nicht zu unterschätzen war. Schließlich hatten sich auch andere Maler, unter anderem Michelangelo, am liebsten in den Bädern aufgehalten, wo dieser sogar seine Körperstudien gezeichnet hat.

Siegbert erhielt ein Stipendium von monatlich etwa 250,– DM, das zu zwei Fünftel bereits durch die Miete aufgebraucht war. Hatte er sich gelegentlich Farben und Leinwände gekauft, war nicht mehr viel zum Leben übrig geblieben. Er war also wirklich knapp dran und mußte sich sehr einschränken.

Gleichzeitig mit dem Einzug hatte er Peter kennengelernt. Er ging jeden Abend zur Werderstraße und verbrachte die Nacht mit ihm. Tagsüber in der studienfreien Zeit hat er sich in der Siebengebirgsallee aufgehalten. Aber geschlafen hat er dort nur, wenn Peter verreist war oder dessen Mutter zu Besuch in Köln weilte. Auch wenn er seinerseits Besuch bekam, etwa von seinen Bruder Teddy oder von Ingrid aus Frankreich, übernachtete er bei sich. In diesen seltenen Fällen kam dann die Ausziehcouch in ihrer zweispännigen Variante zum Einsatz.

Auch Peter hat vielleicht fünfmal dort genächtigt. Das hatte er gewollt so arrangiert. Denn es war und bleibt für ihn immer reizvoll, in einem fremden Bett, in dem ein lieber anderer verweilt hat, zu schlafen. Auch die Heimeligkeit einer fremden Wohnung kann dieses Wohlgefühl schaffen. Ebenso wie er seit eh und je gern den Pullover oder das Jackett eines anderen anzieht, wenn er diesem anderen zugetan ist. Das ist besonders reizvoll in der heiteren Runde von Freunden, wenn mit Worten und Winken gespielt wird. Das schalkhafte Hineinschlüpfen ins fremde Kleidungsstück bedeutet vielleicht etwas Schlüpfriges. Ob damit das Eindringen in den anderen simuliert wird, als Ersatzkoitus? Oder soll es das Gefühl passiver uteriner Wärme vermitteln? Welcher Sexologe weiß Bescheid?

Die neue Freiheit, die Siegbert durch seine erste eigene Wohnung gewonnen hatte, eröffnete ihm durch seine beginnende Bindung an Peter schlagartig eine neue, schönere Perspektive. Er fühlte sich doppelt beschenkt. Der Umzug in die Siebengebirgsallee war not-wendend und erscheint ihm im nachhinein eine folgerichtige Zwischenstation. Trotzdem, sein privates Leben spielte sich hauptsächlich in der Werderstraße ab. Und das wurde zusehends abwechslungsreicher, zudem aufregender.

*

Die Flucht wird zur Vertreibung

Wenn die vier gewußt hätten, was ihnen bevorstand, als sie die Grenze nach Deutschland überschritten, sie hätten verzweifeln müssen. Frau Hahn wollte möglichst schnell nach Hirschberg zurück, in ihr Haus, zu ihrem Ehemann. Daß daraus nichts wurde, trotz mehrfacher Ansätze, wer hätte das vorher gewußt! Drei Jahre lang sollte sie mit ihren drei kleinen Söhnen umherirren, ehe sie ihren Mann wiedertraf, aber nicht in Schlesien.

Die vier hatten Mitte Mai 1945 die Grenze überschritten und wollten nach Görlitz, die nächste schlesische Stadt. Von dort wären es nur 70 km nach Hirschberg. Die Überlegung war vernünftig, deren Ausführung jedoch sollte zu einem einzigen Desaster werden. Welch eine Zumutung an die eigenen Kräfte, sich in diesen Tagen auf den Weg zu machen! Sie konnten sich, wie alle anderen, nur auf die eigenen Füße verlassen. Die Mutter ging, wie immer, voraus, den Pelzmantel über dem Arm, den Stahlstock mit der Silberkrücke in der anderen Hand. Die Kinder folgten mit den Koffern. Die Last wurde für die schmalen Arme leichter, als sie schließlich einen kleinen vierrädrigen Leiterwagen fanden, der herrenlos irgendwo herumstand. Aber trotz alledem, sie kamen täglich nur 20 bis 30 km voran. Meist blieben sie darunter, was wetterbedingt war oder an der zeitaufwenigen Suche nach Lebensmitteln lag.

Die Landstraßen waren angefüllt mit Menschen, die in beiden Richtungen, nicht enden wollend, dahinzogen: Landser, die getürmt waren und denen man die ›organisierte‹ Zivilkleidung ansah; sowjetische Militärkolonnen, Panzer, LKWs, Infanteriezüge; zwangsverpflichtete Fremdarbeiter, die ihrer Heimat in West- oder Osteuropa zustrebten; KZ-Insassen in gestreifter Häftlingskleidung; sowjetische Soldaten, die konfiszierte Kühe und Pferde zu einem Güterbahnhof trieben, damit sie in die UdSSR transportiert würden; Bauersleute mit beladenen Fuhrwerken, die im Glücksfall von Pferden, sonst von ihnen selbst gezogen wurden; Rheinländer oder Bayern, die vor dem Bombenterror in den deutschen Osten geflohen waren und jetzt zurückstrebten; und schließlich die Scharen von Ostdeutschen, die vor den Sowjets Reißaus nahmen und in die westlichen Besatzungszonen der Amerikaner und Briten wollten; entgegenzogen ihnen ebensolche Ostdeutsche, die zurück in ihre schlesische, pommersche oder ostpreußische Heimat wollten. Oft mußten die Straßen freigegeben werden, wenn sowjetische Soldaten mit einem Viehauftrieb vorbeiwollten, da mußten alle in den Straßengraben ausweichen.

Züge hungriger und übernächtigter Menschen schleppten sich dahin, hohlwangig, in ärmlicher Kleidung. Hier eine Familie mit einer alten Oma auf dem Leiterwagen, vielleicht Leidensgenossen desselben Schicksals, dort Weggefährten einer zufälligen Begegnung bis zum nächsten Ort. Hier rasteten die einen am Wegesrand, dort rösteten die anderen Kartoffeln auf einem Feuer in einem Erdloch. Hier verendete eine Kuh und vermehrte den allgegenwärtigen Pestilenzgestank der Verwesung, dort verrichteten Menschen ihre Notdurft vor aller Augen. Was soll's, im Chaos gelten andere Schicklichkeiten. Die Menschen und ihre Kleidung stanken. Man ließ sich gehen. Es ist unvorstellbar, in wie wenigen Wochen des Drüber und Drunter fast alle Menschen ihre Fassade einbüßten und charakterlich nackt dastanden.

Jeder Tag wurde zu einem makabren Abenteuer. Nie wußten die vier, wo sie hinkämen, wo sie schlafen und vor allem wo sie etwas zum Essen herbekommen würden. Die Entgegenkommenden befragte man, wo sie herkämen, wie es aussehe, ob die Straßen frei und vielleicht Verkehrsmittel in Betrieb seien, ob Eßbares aufzutreiben sei.

Mit der damals üblichen ›Mundpropaganda‹ oder den sogenannten ›Latrinenparolen‹ wurden Nachrichten und Gerüchte weitergereicht. Nur selten entsprachen sie den Tatsachen. Von einem zum anderen Tag änderten sich die Verhältnisse. Die Schreckensmeldungen und Wunschvorstellungen erschienen gleichermaßen an den Haaren herbeigezogen. Es gab keine gesicherte Auskunft. Zeitungen erschienen nicht. Radios waren kaum verfügbar. Es herrschte eine totale Orientierungslosigkeit. Wo stehen die Russen, wo die Amerikaner? Was passiert mit den Deutschen? Gibt es Frieden? Ziehen die Amis gleich weiter gegen die Sowjets? Werden alle Fabriken demontiert und anderes bewegliches Gut nach Rußland verfrachtet? Werden die Deutschen in Arbeitslager nach Rußland deportiert?

Fuhr mal ein Zug, so war das Glücksache. Eine verläßliche Verkehrsauskunft gab es nicht, geschweige denn einen Fahrplan. Auf einigen wenigen Streckenabschnitten konnten die vier auch mal eine Eisenbahn benutzen. So zockelte, was sich Zug nannte, mit Lok und zwei Wagen dahin, völlig überladen. Die Gestrandeten hingen außen an den Türen oder saßen oben auf den Dächern. An der nächsten zerstörten Brücke, deren es viele gab, endete die Fahrt. Wenn sie Glück hatten, gab es auf der anderen Seite der Fluß- oder Talbrücke einen Anschluß, ohne den nächsten Tag abwarten zu müssen.

Gottlob, es war Sommer, und das Quartier für die Nacht konnte auch im Freien gesucht werden, was sie vielfach taten. Aus vielen Dörfern waren die Bewohner geflohen, und auch in den Städten waren Häuser verlassen. Die Türen waren aufgebrochen. Man ging hinein, nahm mit, was man gerade brauchte, keineswegs alles, denn man mußte es ja schleppen und woanders könnte man etwas Nützlicheres, vielleicht sogar etwas Besseres ›organisieren‹, oder man richtete sich gleich für eine Nacht ein. Andere schauten herein, beäugten die Sachen, nahmen sie in die Hand, steckten sie ein oder stellten sie zurück und gingen weiter. Oder sie legten sich im selben oder benachbarten Raum ebenfalls für die Nacht nieder. Die Gespräche waren knapp, mitfühlend in der Leidensgemeinschaft, lauernd in der Überlebenskonkurrenz. Aber es gab keine Gewalt gegeneinander, wenn man sich auch gegenseitig Lebensmittel geklaut hat. Wurde man dabei ertappt, gab es kräftigen Krawall. Einmal fanden die vier in einem Park ein Schwanenhaus und verbrachten dort die Nacht, mehrfach fanden sie in einer offenstehenden Kirche auf den Holzbänken ein hartes Lager für die Nacht. Andere Flüchtende hatten vor dem Altar ein Feuer gemacht und Essen bereitet. Sie durften die Feuerstelle mitbenutzen.

Wie haben die vier überlebt? Wie sind sie an Lebensmittel gekommen?

Noch besaß die Mutter einiges Geld und den an ihrem Körper versteckten Schmuck. Die Schatzkammer barg Medaillons, Ringe, besetzt mit Brillanten, Opalen und Smaragden. Beides half gelegentlich, etwas Eßbares zu erstehen. Wie traurig war sie, als sie nach und nach ihre Pretiosen für einige Bissen eintauschen mußte. Sie ging sehr sparsam mit den Juwelen um, weil sie immer fürchtete, es könnte noch schlimmer kommen.

Die Versorgung der Bevölkerung über den Handel in Geschäften lag nach Kriegsende völlig danieder. Die Menschen zogen durch die Dörfer, um Nahrungsmittel zu besorgen. Die Städter waren im Vorteil, wenn sie, was meistens der Fall war, etwas zum Tauschen anbieten konnten. Teppiche, Radio- und Fotoapparate wurden für wenige Pfund Kartoffeln, Mehl, Butter und Milch hergegeben. Einzig die Bauern verfügten durch den eigenen Anbau über Lebensmittel, die sie ängstlich hüteten. Glücklich, wer einheimisch war und einen Garten sein eigen nennen durfte. War nichts zum Eintauschen verfügbar, blieb nur das Betteln oder Klauen. So einfach war das Muster des Überlebens.

Horden von Städtern und vorbeiziehenden Flüchtlingen fielen über die Äcker her und stahlen Kartoffeln, Rüben und anderes Gemüse, soviel sie konnten. Die Kirsch- und Apfelbäume wurden geplündert, noch ehe die Früchte halbwegs reif waren. Selbst was man nicht unmittelbar brauchte, konnte man vielleicht irgendwie eintauschen. Etwas Eßbares zu besitzen war wertvoller als Geld. Die Bauern organisierten Feldwachen, um die Äcker und Obstbäume gegen den Mundraub zu schützen, nachts zumeist mit geringerem Erfolg. Mit Knüppeln bewaffnet, zogen sie durch die Felder und entlang der Baumalleen. Teddy mußte einmal die Nacht mucks-mäuschenstill in der Krone eines Kirschbaumes ausharren, weil der Flurdienst in der Nähe seinen Beobachtungsposten bezogen hatte.

Zuerst versuchten es die drei Jungen mit Betteln. Siegbert erin-nert sich genau der Worte, wie er oft vor einem Landwirt stand, zum Skelett abgemagert, verängstigt, mit kleiner Stimme: »Mein lieber Herr, haben Sie ein Stückchen Brot – oder ein paar Kartoffeln – oder ein paar Pfennige? Ich habe Hunger.« Den letzten Satz hätte er sich sparen können, man sah es ihm an. In den seltensten Fällen wurde ihm etwas gegeben: »Ich habe selbst nichts. Ständig kommen Leute«. Ein anderes Mal wurde ein Hund auf ihn gehetzt: »Raus hier!« Doch die Einheimischen als hartherzig zu bezeichnen wäre ungerecht. Sie waren einfach überfordert mit der täglichen Not, die an ihre Tür klopfte. Daher zogen die drei möglichst durch abseits gelegene Dörfer, die von den Trecks der Notleidenden nicht ge-streift wurden. Die Mutter ging voran und wartete am Dorfausgang, während die Kinder von Haus zu Haus anklopften. Da sich die Zwillinge bis in die Jugend hinein zum Verwechseln ähnlich sahen, gab es manche Beschimpfungen: »Das ist ja eine Unverschämtheit, du warst doch gerade erst hier!« Nachdem das mehrfach passiert war, teilten sie ihre Bettelreviere auf und kamen sich nicht mehr ins Gehege. Trafen sie sich wieder, ging es an die Verteilung des Erbettelten. Wer etwas anbrachte, hatte das Recht der Aufteilung. So hatte sich das unter ihnen eingespielt. Glaubte sich einer der Jungen benachteiligt, revanchierte er sich, wenn er das nächste Mal sein Mit-gebrachtes verteilte. Das waren harte Sitten, aber im Verteilungs-kampf des jugendlichen Heißhungers verständlich. Die Mutter haben sie immer mitversorgt. Natürlich hatte jeder schon vorher von den geschenkten Lebensmitteln gegessen, ohne daß es die anderen merken durften. Aber Siegbert hatte dabei immer ein schlechtes Gewissen, wie er später gebeichtet hat. Sie versuchten auch stets, etwas für den folgenden Tag zurückzuhalten, damit sie ohne Verzögerungen wieder eine größere Wegesstrecke vorankämen.

Die Bettelei erbrachte wenig. Durch die meisten Dörfer zogen sie, ohne etwas erfochten zu haben. Auch waren die jüngeren Zwillinge erfolgreicher als der zwölfjährige Teddy, sie erweckten so augenfällig das größere Mitleid. Doch ihr größter Nachteil war, daß sie nichts zum Tauschen hatten. Wer einen gesuchten, raren Gegenstand anbieten konnte, Zigaretten, ein Radio oder Fahrrad, hatte im Poker des Tauschhandels immer die besseren Karten. Ein Damenpelz gar oder ein Teppich waren Trumpfkarten, die immer stachen. Mit Sarkasmus verhöhnte man die Bauern, sie könnten bald einen Teppichhandel aufmachen. So viel Auslegware hatte in jenen Tagen aufs Land gewechselt. In der Hierarchie der ›Fechtenden‹ standen die drei also weit unten. Sie hätten eine bessere Position, würden auch sie über Tauschgegenstände verfügen. Diese Erkenntnis wurde zu ihrem Heureka-Erlebnis. Gedacht, getan. Sie ließen dann und wann etwas mitgehen, also nicht nur etwas Eßbares zur Stillung des unmittelbaren Hungers, sondern auch irgendein mögliches Tauschobjekt. Es mußte nur leicht versteckbar und handlich für die Mitnahme sein. Teddy war der Anführer und ein ingeniöser Erfinder. Er hatte unglaubliche Fertigkeiten entwickelt, wie er mit Chance und Chuzpe etwas ›organisierte‹. Seine Wunderwaffe war ein Bombensplitter, der im begehrlichen Augenblick Schere oder Messer ersetzte. Die beiden Zwillinge, so artig erzogen, waren gerade acht Jahre alt und eigentlich recht arglos. Doch schnell wurden sie Teddys gelehrige Schüler. Mit spielerischem und kindlichem Geschick wuchsen ihre Finger zusehends länger. Sie waren erfolgreich und hatten bald ihre kindliche Unbedarftheit eingebüßt. Sie entwickelten einen wachen Spürblick, wo etwas zu holen war. Mit Luchsaugen beobachteten sie ihre

Umgebung und taxierten Gefahren und Chancen. Es ist unglaublich, wie schnell sich der Mensch neuen Lebensanforderungen anpassen kann.

Doch im Vordergrund stand das Mausen von Lebensmitteln. Ihr Mundraub – alle Bestohlenen mögen ihn bitte nochmals verzeihen – beschränkte sich nicht auf den Flurdiebstahl. Vor allem in den Orten, durch die sie kamen oder in denen sie verweilten, verfeinerten sie ihre Fingerfertigkeit, wollten sie überleben. Hatte mal eine Hausfrau einen Pudding oder Marmeladentopf zum Abkühlen auf dem hohen Fensterbrett abgestellt, so gelang es den dreien stets, durch Huckepack oder Abstützen an die Köstlichkeit heranzukommen. Siegmund erhangelte gerade mit einem Griff durchs Fenstergitter einen Topf mit Rotkohl, als die Hausfrau in die Speisekammer hereinschaute und laut aufschrie. »Laß mich runter!« brüllte Siegmund seinerseits. Teddy ließ ihn flugs von den Schultern absteigen. Nichts wie weg!

Glück hatten die vier, als sie bei einem Bauern für eine Nacht Unterkommen fanden. Er hatte den vier Bittstellern ein Zimmer überlassen, wo sie bis zum nächsten Morgen bleiben konnten. Das war ein großherziges Angebot. Leider haben sie es so frevelhaft ausgenutzt. Teddy hatte erspäht, daß die Bauersleut einen Sack Mehl in ihrem Schlafzimmer in Sicherheit gebracht hatten. Inmitten der Nacht, es ist dunkel im Haus, nur der Mond lugt mit fahlem Schein durch die Gardinen, hört Teddy das Bauernpaar, wie es sich in rhythmisch seligem Grunzen in einen arglos tiefen Schlaf hineinschnarcht. Leise betritt er ihr Zimmer. Die beiden ruhen fest. Er glaubt, daß sie nichts hören würden, und so füllt er aus dem Sack dosenweise Mehl in einen Kopfkissenbezug. Schon ist er, geräuschlos und schnell, halbvoll gemacht! Nichts wie raus! Vorsichtig, die Dielen dürfen nicht knarren, leise die Tür wieder schließen. Jedoch mit Schrecken erspäht er eine weiße Spur, die er vom Schlafzimmer hinter sich herzieht. Der Kissenbezug ist nicht dicht. Was tun? Er weckt die drei anderen Schlafenden: »Wir müssen weg, bevor es Morgen wird und die Wirtsleute aufstehen. Schnell!« »Teddy, was hast du wieder angestellt?« ist weniger Mutters Vorwurf, als die Hoffnung auf den gefüllten Magen. »Frag' nicht, los, weg!« pispert er drängend. Verstohlen und still huschen die vier aus dem Haus und eilen im matten Mondschein aus dem Ort. Vorhaltungen gab es nicht, jeder von ihnen war billigender Mittäter, und den unterbrochenen Schlaf könnten sie im Ackerrain nachholen. Doch die Scham über die veruntreute Großzügigkeit empfanden sie alle. Allein, solche Gefühle quälten nicht allzu schmerzlich. Dagegen knurrte der hungrige Magen an, rechthaberisch und ausschlaggebend.

Das ›Fechten‹ und das ergänzende ›Organisieren‹ wurden zu Pflichtübungen im Überlebenstraining der drei Jungen, die noch ihre Mutter mitversorgen mußten. Als sie nach vielen Monaten in bessere Lebensverhältnisse kamen und nachdem vor allem zwei Jahre später der Vater wieder zu den Kindern stieß, hatten sie den Überlebenskurs mit Diplom absolviert: Denn sie hatten überlebt. Andererseits bestand keine Gefahr, daß ihre seelische Verfassung und das überkommene Bild von Mein-und-Dein einen Knacks abbekommen hätte. Dafür sind ihre ehrbaren Fundamente während der Hirschberger Kindheit tief und fest gegründet worden.

Die Mutter steuerte zuerst einen Ort im Erzgebirge an, wo eine ihrer Freundinnen ein Schloß bewohnte. Die vier, abgerissen, wie sie waren, fanden sich in einem prächtigen Anwesen wieder, unzerstört und aufwendig eingerichtet, mit Dienern und Personal. Für eine Nacht kamen sie in einem Nebengebäude unter. Vielleicht hätten sie länger bleiben können. Aber da die Mutter schnell zurück nach Hirschberg wollte, hat sich die Frage nicht gestellt. Die Gräfin fühlte sich jedenfalls angerührt, die beiden Zwillinge auf den Schoß zu nehmen und ihnen löffelchenweise Konfitüre in den Mund zu schieben. Es war ein bizarres Intermezzo, zu Anfang ihrer zweijährigen Irrfahrt. Daß Teddy eine Sammlung mit Zinnsoldaten mitgehen ließ, war wenig schön, aber auch Grund für sein Drängen zum Aufbruch.

188

Die vier zogen in Richtung Dresden, um dort vielleicht einen Eisenbahnzug nach Hirschberg zu bekommen. Mitte Juni 1945 erreichten sie zu Fuß Dresden und zogen durch die Ruinen dieser völlig zerstörten Stadt. Alliierte Flugzeuge hatten die Stadt erst am 13. Februar, als die militärische Niederlage Deutschlands schon längst besiegelt war, in Schutt und Asche niedergebrannt, mit zigtausend Toten; völlig sinnlos, ohne militärischen Anlaß, weder kriegsverkürzend, noch kriegsentscheidend. Es war ein barbarischer Akt, ausschließlich zur Vernichtung deutscher Kultur, ausgeübt von Kriegsgegnern, die im Gegensatz zum NS-Regime Demokratie und Wohlverhalten als ihr nationales Selbstverständnis predigten. Warum ist der historische Stadtkern von Rothenburg ob der Tauber mit seinem bedeutenden Architekturbestand noch am 31. März bombardiert worden, obwohl drei Wochen später die Amerikaner dort einmarschierten? Würzburg ist am 16. März, ebenfalls wenige Tage vor der Besetzung, so total zerstört worden, daß nur ein Haus unversehrt blieb. Beide Städte hätten kampflos besetzt werden können, weil es keine deutsche Gegenwehr gab, was die alliierte Luftaufklärung wußte und vorsätzlich ignorierte.

Die vier wollten zum Dresdener Hauptbahnhof. Vielleicht gäbe es, wie Latrinenparolen behaupteten, bald einen Zug auch in Richtung Schlesien. Denn in die entgegengesetzte Richtung nach Meißen verkehrten bereits Züge. Auch Gleise wurden schon ausgebessert. Auf einem der Bahnsteige des dachlosen und ausgebrannten Hauptbahnhofs ließen sich die vier nieder und verwarteten die Zeit, eine Woche lang, in der Hoffnung, daß ein Zug sie weiterbringen würde. Sie nächtigten auf dem blanken Steinboden. Gottlob war es Hochsommer. Es gab nichts zu essen, keine Notküche war eingerichtet. Jeder mußte selbst wissen, ob er sterben oder überleben wollte. Die vier hatten tagelang nichts gegessen. Mit Wasser töteten sie ihr Hungergefühl. Die drei Jungen streiften durch die Schutt- und Trümmerhalden. In den Straßen war notdürftig ein Trampelpfad freigeschaufelt. Der Gestank von verwesenden Leichen, die unter den eingestürzten Häusern lagen, hing wie ein Fangnetz unentrinnbar über den Trümmern und über den hochragenden Hausskeletten. In einem Abfallkorb fanden sie verschimmelte Brotreste und ein paar Salatblätter, die sie miteinander teilten. Eine Suppe aus Brennesseln und einer Kartoffel mußte den vier die Einbildung verschaffen, für zwei Tage gesättigt zu sein. Es herrschte ein unvorstellbares Elend, doch es sollte noch schlimmer kommen.

Die vier warteten über eine Woche auf dem Dresdener Hauptbahnhof und fielen immer wieder auf Durchhalteparolen herein. Indes weiterzuwarten in dieser Trümmerwüste war hoffnungsloser, als sich wieder zu Fuß auf den Weg zu machen, mochte Görlitz auch 100 km entfernt liegen. Dort müßte es doch einen Zug nach Hirschberg geben. Sie brachen auf. Es war Ende Juli 1945 geworden. Sie fragten sich durch, welche Straße nach Görlitz führe. Landkarten gab es nicht. Sie waren aus strategischen Gründen seit Kriegsbeginn nicht wieder gedruckt worden. Auch die Richtungsschilder an den Straßen und Kreuzungen waren aus gleichem Anlaß vielfach abmontiert. Über Klotzsche, Groß-Röhrdorf, Bischofswalde, Bautzen, Löbau tippelten sie weiter. Jeder Ort: eine Zwischenstation auf dem Weg ins tiefere Elend. Sie erlebten dasselbe, wie auf dem Weg nach Dresden: die überfüllten Landstraßen, die Not, den Gestank der Verwesung, den Hunger, das Übernachten im Freien. Gelegentlich hat ihnen eine Bauersfrau ein Lager in der Scheune überlassen, und morgens, wenn sie wollte, hat sie den vier auch mal etwas zugesteckt. Die drei Jungen konnten nicht so viel betteln, wie der Hunger sie in den Wahnsinn quälte. Die Kinder wurden zusehends schwächer und dürrer. Als einmal die Zwillinge sich zum Waschen auszogen, sah die Mutter die ausgemergelten Körperchen, die heute an Aufnahmen aus afrikanischen Kriegs- und Dürrezonen erinnern. Sie schrie auf — und verstummte in ihrem Leid. Was konnte sie machen? Sie war nicht geschaffen, notfalls unter Selbstverzicht für das Wohl ihrer Kinder zu sorgen, zu kämpfen oder gar ein Opfer zu bringen. Hatte ein Regen die vier überrascht, so wurden eben sie pitschnaß, und die Kleidung mußte am Körper trocknen. Fanden sie ein passables Kleidungsstück oder konnten sie dieses von einer Wäscheleine mitgehen lassen, so war das der seltene Augenblick, wo sie ein verschmutztes und an sich noch waschbares Kleidungsstück durch ein neues ersetzten konnten, mochte es auch nicht à la mode passen. Drückten die Schuhe, organisierten sie neue, wenn man nur halbwegs in ihnen laufen konnte, bis auch diese wieder weggeworfen und ersetzt wurden, weil die Schwielen und blutenden Wunden schmerzten.

Nach vielen Tagen erreichten sie Görlitz – es sollte für sie die Hölle werden. Rings um die Stadt lagerten Zigtausende im Freien und warteten. Worauf? Die vier wollten sofort weiter. Ihre Ratlosigkeit war maßlos, als sie nicht über die Neißebrücke in Richtung Hirschberg durften. Russische und polnische Soldaten verweigerten den Übergang. Seit dem 1. Juni 1945 war der Übergang nach Osten gesperrt. Wer durch den seichten Fluß zu waten versuchte, wurde beschossen. Es gab keine Auskunft, was der Grund für die Sperre sei. Gerüchte schwirrten, daß die Passage bald freigegeben würde. Immer war es der übernächste Tag, an dem es geschehen sollte. Und genau das war die Hoffnung der sechzigtausend Schlesier, die in der Stadt und auf den Neiße-Auen vor der Stadt kampierten. Täglich kamen 1 500 Rückkehrwillige hinzu. Die wenigsten gaben nach einiger Zeit auf und zogen wieder ab. Die Mehrheit wollte ausharren.[65] Sie wollten nichts anderes als zurück in ihre Heimat.

Görlitz war unzerstört geblieben. Bombenangriffe und Bodenkämpfe hat es nicht erlebt. Trotzdem waren viele Einwohner aus der Stadt geflüchtet, hatten ihre Häuser und Wohnungen mit der Habe zurückgelassen. Wie anderswo haben sich auch hier die Wartenden in diese Wohnungen einquartiert, einfach so. Das war das Gesetz der Not dieser Tage. Wenigstens hatten sie ein Dach über dem Kopf.[66]

Eine wohltuende Ausnahme in der ganzen Misere waren die Frauen. Sie hatten trotz allem eine sehr erfreuliche Art, mit ihresgleichen umzugehen. Man kann das grundsätzlich, stets wie überall, beobachten. Der familiäre Pflege- und Hege-Instinkt ihres Mutterseins verbindet sie stärker miteinander, als daß die Männer in ihrem Vatersein je geeint sein könnten. Auch in Notsituationen beweist sich die mütterliche Solidarität unter den Frauen. Frau Hahn hat, wenn sie mit ihren drei Kindern unterwegs war, immer die Aufmerksamkeit und Anteilnahme anderer Frauen gefunden. Man kam ins Gespräch und tauschte sich aus über das Woher und Wohin. Fürsorglich gaben sie einander Ratschläge. So war es nicht ungewöhnlich, daß eine Görlitzerin die Mutter auf eine verlassene Wohnung in der Berliner Straße hinwies, deren Schlüssel sie für die Wohnungsinhaber hütete.[67] Die vier quartierten sich dort ein und waren, bei aller Not, jetzt wenigstens der Übernachtungssorge enthoben. Sie hatten den Wohnungsschlüssel und konnten frei gehen und kommen. Leider fanden sie keine Nahrungsmittel vor, nur einige Fläschchen Ananasaroma und etliche Kochbücher, nebst leeren Keksdosen, die mit glänzenden Lackbildern ihren vormaligen Inhalt genüßlich anpriesen.

Täglich gingen sie zur Neißebrücke, um zu sehen und zu hören, ob man sie passieren könne. Dann machte sich jeder auf den Weg, um Eßbares zu ergattern. Es gab kaum eine amtliche Stelle, die sich um irgendetwas gekümmert hätte. Es herrschte nur amorphes Vegetieren, stumpf, apathisch und resigniert. Die russischen Besatzungssoldaten konnten machen, was sie wollten. Sie beraubten die Deutschen, verschleppten nicht nur Frauen, um sie zu vergewaltigen. Auch Männer wurden willkürlich, wie sie gerade die Straße entlang kamen, auf LKWs verladen und verschwanden in sibirischen Bergwerken. Jede Gegenwehr war lebensgefährlich. Wie ein Damoklesschwert schwebte der unkalkulierbare Zugriff über jedem. Gottlob, es waren so viele, die es treffen konnte. Das verringerte die Zufallsquote des einzelnen. Man hoffte immer davonzukommen. Das erinnert an eine Treibjagd in der Savanne, wenn ein Rudel Raubtiere in eine Herde einfällt, um ein Tier zu reißen. Alle bis auf dieses eine Tier kommen mit dem Schreck davon. Auch die Menschen schätzen in vergleichbaren Situationen die Gefahr im nachhinein als gering ein: »Mir ist da noch nie etwas passiert«, gerade so, als ob das objektiv gelte. Aber wehe, wen es trifft. Dann wird sogleich die gegenteilige Erfahrung verallgemeinert.

Was haben die Zwillinge, gerade acht Jahre alt geworden, mit ihrer vielen Zeit angefangen? Waren sie nicht auf Nahrungssuche, hockten sie zusammen und fabulierten sich in eine Phantasiewelt kühnster Ausstattung. Sie hatten kein Spielzeug, keine Malstifte, kein Papier. Lesen und Schreiben hatten sie noch nicht gelernt. Aber erzählen konnten sie sich von ihren erdichteten Welten und was darin passierte. So schufen sie sich eigene Reiche, die sie erfinderisch ausschmückten und mit bekannten und neuen Wesen bevölkerten. Abwechselnd war mal der eine, dann der andere der Initiator einer neuen Imagination, und der jeweils andere trug reagierend seine Zutaten bei. Da war der eine ein geflügelter Fuchs und schilderte, was er auf dem Flug über sein Märchenland entdeckt, der andere hatte inzwischen ein Haus gebaut und erwartete den Fuchs, um ihm die nie gesehenen Flüsse, Berge und Täler zu erklären. Farbige und ungewöhnliche Rollenspiele wechselten einander ab. So schufen sie sich ihre eigenen Märchen, ihre Personen und Tiere, denen sie Namen gaben. Sie fühlten sich heimisch in dieser Welt der selbst gebauten Reiche und der selbst entworfenen Geschichte. Stundenlag saßen sie so zusammen. Da wohnten sie in einem Baum, der innen hohl war, schauten durch die Astlöcher nach draußen in eine entdeckenswerte Umwelt. Sie bauten im Astwerk Zimmer voll Leben und Vergehen. Eine Wendeltreppe im hohlen Stamm wurde entworfen und ausgeführt. Jeder brachte neue Ideen hervor, füllte die Räume mit Zutaten des kindlichen Spiels, schlug An- und Umbauten vor. Es gab keine Grausamkeit in diesen Reichen, kein Fressen und Gefressenwerden, nur die wunderlichsten Begebenheiten in friedfertiger Eintracht. Kam ein Erwachsener in hörbare Nähe, verstummten sie sofort. Sie fühlten sich gestört, konnten sogar regelrecht böse werden, wenn sie in ihren Wachträumen unterbrochen wurden. So erdichteten sie sich ihre Schöpfungen. Dort waren sie wirklich zu Hause. Für Stunden und aber Stunden lebten sie in dieser erdachten Wirklichkeit. Auch später, wann immer sich eine vertraute Zweisamkeit bot, kamen sie auf ihre Erdichtungen zurück. Sie nahmen den Faden auf und sponnen ihn weiter, bis er eines Tages, drei Jahre später und sie selbst älter geworden, abriß und nie wieder neu geknüpft werden konnte. Das war dann wirklich der Abschied von der Kindheit. Die erdichteten Geschichten und Wesen paßten nicht mehr in die neu erlebte Umwelt wachsender Rationalität. Aber jeder von ihnen hat im reiferen Alter aus diesem kindlichen Erbe innerer Bilder und schweifender Imagination, in je verschiedener künstlerischer Weise, Anregung und Befriedigung gezogen.

Ein anderes wichtiges Thema ihrer Flucht aus der Wirklichkeit kreiste um das Essen. Kochbücher, die sie in der Wohnung gefunden hatten, lieferten die Anregung. Sie malten sich Kochrezepte aus und beschrieben die schönsten Genüsse für Zunge und Gaumen. Doch wie schmeckt ein saftiger, duftender Schweinebraten in seiner würzigen Soße? Wie kann man das – wenn überhaupt – beschreiben, wenn man als kleiner Bub auf viele vorangegangene Geschmackserinnerungen nicht zurückgreifen kann? Die beiden Jungen halfen sich so schlicht einfühlsam, wie nur Kinder denken können. Sie drückten einander mit der Hand fest auf den Bauch: »Ein Schweinebraten schmeckt so.« Das reichte, jeder schmeckte ihn, mehr war nicht nötig.

Die Stadt Görlitz gab anfangs an die durchreisenden Flüchtlinge Lebensmittelmarken aus, aber nur einmalig für zwei Tage. Eine Wiederholung war ausgeschlossen, weil keine Nahrungsmittel vorhanden waren und die Vertriebenen zur Weiterreise gezwungen werden sollten. Die Zweitagesration umfaßte Brot in der Menge von zwei Brötchen und einen Teelöffel Marmelade oder Zucker. Weiter nichts. Die Ration der einheimischen Görlitzer fiel kaum umfangreicher aus.

Die Kinder strolchten herum, gingen in die Außenbezirke und Nachbardörfer. Aber alles Fechten war erfolglos. Sie hoben auf, was andere weggeworfen hatten: Schalen von Pellkartoffeln, welke, verdorbene Gemüseblätter. Eine rohe Kartoffel und einige Strunke von Brennesseln, die am Wegesrand vergessen schienen, ergaben diesmal die erprobte suppige Magennarkose.

Wie groß ihr Hunger war, illustriert eine blamable Begebenheit. Es war Abend, die elektrische Lampe über dem Tisch warf ein trübseliges Licht. Die Mutter und die drei Kinder saßen um den Tisch herum, sie wollten ihr dürftiges Abendbrot einnehmen. Ein kleiner Kanten Brot lag in der Mitte des Tisches. Die Mutter war gerade dabei, diese Lächerlichkeit unter die vier aufzuteilen. Just in diesem Augenblick setzte die tägliche Stromsperre ein, es wurde schlagartig stockdunkel im Raum. Und genauso plötzlich entstand Bewegung und Gerangel auf dem Tisch. Acht Hände trafen sich am Brot, und versuchten, Brotstücke zu ergattern. Die Mutter schrie auf. Wie die Raubkatzen wollte sich jeder den Löwenanteil holen, zum Nachteil der anderen. Der beißende Hungerschmerz schien alles zu rechtfertigen. Sie schämten sich kaum, daß sie sich allesamt so voreinander dekuvriert hatten. Es war wie auf freier Wildbahn. Auch beim entzündeten Kerzenlicht konnten sie gleich wieder einander in die Augen sehen, so war es halt. Es fiel kein Wort. Die Mutter setzte ihr Bemühen fort, das Brotstück in vier Portiönchen aufzuteilen, als wäre nichts passiert.

Die deutschen Truppen hatten bei Verlassen der Stadt die Lebensmittelbunker gesprengt. Später versuchte man, von den Nahrungsmitteln zu retten, was noch zu genießen war. So gelangten Sand und Mörtel in das Mehl. Anfangs hatte man an einen Trick geglaubt, das Brot mit diesen ›Zutaten‹ strecken zu wollen. So abwegig erschien dies in jener apokalyptischen Notlage keineswegs. Beim Kauen knirschte und knackte es zwischen den Zähnen. Das meiste der steinigen Zutat schluckte man herunter. Vom Brot wäre sonst nicht viel übriggeblieben.

Es versagen die Worte, um das Elend zu beschreiben, das die vier erlebten. Seit dem Grenzübertritt hatten sie über 240 km zurückgelegt, voll Mühsal und Hunger, Erschöpfung und Beschimpfung. Ihre Not erschien schon vorher nicht mehr steigerungsfähig. Doch hier in Görlitz wurde es noch weit schlimmer. Mit knurrendem Magen gingen sie zu Bett und konnten vor Hunger nicht einschlafen. Wenn sie endlich Schlaf fanden, war es weniger die Müdigkeit, als die betäubende Schwäche, die sie niederdrückte. Die beiden Zwillinge waren so entkräftet, daß sie mehrmals im Gehen ohnmächtig wurden und zusammenbrachen. Siegbert wurde schwarz vor Augen und, über den Schienen der Straßenbahn zusammengesackt, blieb er liegen. Ein andermal: Er schaffte es nicht mehr weiterzugehen. Er taumelte zu den Stufen eines Hauseingangs, hockte sich hin, erschöpft und apathisch in sich zusammengesunken. Eine ältere Frau kam vorbei und beugte sich zu ihm herunter. In archaischer Größe und voll Mitgefühl, die jenseitig schienen, sprach sie ihn an: »Kleiner, ich will dir etwas geben.« Sie streifte den goldenen Ehering von ihrem Finger. »Nimm ihn. Sieh zu, daß du etwas zu essen findest. Mein Mann ist sowieso im Krieg gefallen.« Schon war die Frau weitergegangen, Siegbert konnte sich kaum bei ihr bedanken. Diese Großherzigkeit, ungefragt, den Dank nicht abwartend, ist ihm unvergessen geblieben. Zeichen solchen Edelmutes und selbstvergessener Großzügigkeit erschienen wie grünende Oasen in der Wüste eines allgegenwärtigen und so selbstverständlichen Egoismus. Möge der Himmel dieser guten Frau ihre Tat reichlich entgolten haben! Sie hätte den Ring zum Eintausch für sich behalten oder näherstehenden Personen überlassen können. Wie erbarmungswürdig muß der kleine Siegbert ausgesehen haben, daß sein Anblick sie zu diesem Akt des Mitleidens bewegte.

Die Verhältnisse in und um Görlitz während der ersten Nachkriegsmonate werden von den Chronisten als das Schlimmste an Not und Elend eingestuft, was sich nach Beendigung des Krieges zugetragen hat. Kein Ort in Deutschland hat dergleichen erlitten. Man lese die Berichte.[68] Leider, was damals dort vonstatten ging, ist historisch so einmalig nicht. Die Weltgeschichte ist voll dieser Greuel, in Vergangenheit und Gegenwart. Auch in Zukunft werden sie passieren. Sie gehören zur *Conditio humana,* was man so gern verleugnen möchte.

Die Mutter sah ein, daß sie mit den Kindern ganz schnell Görlitz verlassen mußte, falls sie dem sicheren und nahen Verhungern entkommen wollten. Drei Wochen hatten sie in dieser Stadt des Grauens und des Todes zugebracht. Auf dem Lande würden sie eher überleben können als hier. Schon in Dresden mußten sie diese Erfahrung machen. Hier in Görlitz war es in Anbetracht der über 60 000 Flüchtlinge um ein Vielfaches schlimmer. Sie konnten absolut nichts mehr zum Essen auftreiben. Die Mutter entschied sich, den Weg ins heimatliche Hirschberg über Böhmen zu nehmen.

In der Annahme, bald zu Hause zu sein, ging ihre exzentrische Art wieder einmal mit ihr durch. Sie sprach eine Frau an, der sie eine Stelle in ihrem Hirschberger Haushalt versprach, sie solle sich ihnen nur anschließen. So erhöhte sich für die drei Jungen die Anzahl der Personen, für die sie fechten mußten. Die Extravaganz ihrer Mutter war nicht zu stoppen.

Vor Verlassen von Görlitz erlebten sie noch eine groteske und bizarr unappetitliche Szene. Sie hatten am Straßenrand eine Wartepause eingelegt und dösten. Mutters neue Errungenschaft entschlummerte in einem Nickerchen. Da kam ein Landser vorbei und schob mit beiden Händen eine einrädrige Karre, wie diese kippgefährdeten Wackeldinger auch heute auf Baustellen anzutreffen sind. Unversehens geriet das Rad in die Straßenbahnschiene, klemmte, und die Karre kippte um. Welch ein Desaster und Verlust: Ein großer Eimer, gefüllt mit Sirup, ergoß seine süße Rarität über das schmutzige Pflaster. Der köstliche Rübensaft floß breit und dick die Schienenrille entlang. Der Landser fluchte und versuchte in ein Behältnis zu retten, was der Löffel hergab. Doch den größten Teil, der beharrlich am Boden pappte, hielt er für verloren. Er trollte sich davon, schicksalsergeben, aber deprimiert. Jetzt stürzten die Jungen hinzu. Mit ihrem Löffel und der Blechdose, die sie als unverzichtbare Bestandteile ihrer Überlebensausrüstung immer bei sich führten, konnten sie noch einen Teil von der Siruppfütze abheben. Da erwachte Mutters Neuerwerbung und erblickte das süße Glück, das sich vor ihr ergossen hatte. Sie machte den Kindern Vorwürfe, sie nicht geweckt zu haben. Eilig versuchte sie ihrerseits, etwas von dem Rübensaft für sich aufzulöffeln, geriet aber immer tiefer an das Pflaster und den Straßenschmutz mit Steinchen, Staub und den Resten von Pferdeäpfeln. Was hat die bemitleidenswerte Frau nicht alles ausgespuckt, als der Hunger sie trieb, davon zu kosten. Das alles erscheint heute amüsant grotesk und bizarr belustigend. Aber damals ist jedem das Lachen im Hals steckengeblieben, weil die vitale Not jeden zum selben Tun gezwungen hätte. Nur wer ein gleiches Schicksal durchlebt hat, vermag einzuschätzen, wovon hier gesprochen wird.

In wenigen Tagen hatten sie die 35 km in südlicher Richtung bis Zittau an der Grenze zur ČSSR zurückgelegt. Unterwegs war Mutters Haushälterin abhanden gekommen, was die Jungen frohgestimmt amüsierte. Offensichtlich hatte sie gemerkt, wie spleenig ihre neue Chefin war und daß mit ihr kein Auskommen wäre. Im Bahnhof konnten sie – welch Wunder – einen Zug besteigen, der sie über die Grenze in das böhmische Grottau brachte.[69] Sie waren die einzigen Reisende, was sie nicht stutzig machte. Tschechische Grenzsoldaten holten sie aus dem Zug, verhafteten sie und brachten sie auf die Bahnhofskommandantur. Die Mutter glaubte, mit dem tschechischen Passierschein, den sie in Karlsbad bei der Austreibung erhalten hatte, auch jetzt noch durch die ČSSR reisen zu dürfen. Das war ein Irrtum. Sie wurde beschimpft, brutal bedroht und der Grenzverletzung für schuldig erklärt. Die Jungen mußten vor dem Vernehmungszimmer warten. Sie waren auf alles, auch ihre Trennung von der Mutter und sogar ihrer aller Erschießung gefaßt. Sie wußten von der Pogromstimmung, die gerade unter den Tschechen herrschte, konnten trotzdem nicht in Görlitz zuwarten, was ihr sicherer Tod gewesen wäre. Erst wenige Wochen vorher waren in Eger alle Deutschen aus einem Zug geholt und erschossen worden. Wer weiß, was die Soldaten untereinander besprachen? Gottlob ahnten sie nichts von dem Schmuck an Mutters Körper. Das Verschwinden der vier wäre nie aufgefallen und damals auch stets zu rechtfertigen gewesen. Jetzt kämpfte die Mutter um die Ihren, ein seltener Fall. Es ging laut her, die Mutter stritt und beteuerte ihre Arglosigkeit. Die Kinder wurden schließlich, nach Stunden, hereingeholt und bekamen zu ihrer Verwunderung von den Milizionären Brot angeboten. Sie erhielten auch einen neuen Passierschein bis zur deutschen Grenze nach Hirschberg. Doch beim Umsteigen in Reichenberg[70] wurden sie erneut aus dem Zug geholt. Nur 60 km trennten sie von der Heimatstadt, von Ehemann und Vater. Die weißen Armbinden, die sie tragen mußten, markierten sie überdeutlich. Ihr Passierschein wurde zerrissen, sie wurden erneut verhaftet. Sie kamen in ein Lager, wo viele abgefangene Deutsche versammelt waren. Die ganze Nacht hindurch mußten sie mit dem Gesicht zur Wand aufrecht stehen bleiben. Morgens wurde ihnen ein Kaffeegetränk gereicht, das von allen argwöhnisch beäugt wurde. Ein 70jähriger Greis erbot sich vorzukosten. Erst nach einer halben Stunde Abwartens tranken dann auch die anderen davon.

Streng bewacht von vielen tschechischen Soldaten mußten sich die etwa hundert Personen zu Fuß wieder auf den Weg zur deutschen Grenze machen. Irgendwo unterwegs bei Friedland[71] übernachteten sie auf dem Feld. Bei Ostritz mußten sie die Neiße nach Westen durchwaten und waren sich selbst überlassen.

Die Mutter sah ein, welch törichter Leichtsinn es war, nochmals in die ČSSR zurückzugehen. Ein Zugang nach Hirschberg eröffnete sich also auch nicht von tschechischer Seite aus.

Der zweite Teil ihrer Odyssee, der sie von Johanngeorgenstadt ostwärts nach Görlitz führte, war abgeschlossen. Über 270 km hatten sie, fast ausnahmslos, zu Fuß zurückgelegt. Sie waren erschöpft, ausgelaugt, längst jenseits ihrer Kräfte. Sie hatten das Inferno in Görlitz durchlitten. Schlimmer konnte es nicht mehr kommen. Sie hatten nie erfahren, ebenso wie die Hunderttausende, die in und bei Görlitz warteten, warum sie die Neiße nach Schlesien nicht überschreiten durften. Die Mutter wollte mit den drei Söhnen zurück in die Heimat, zu Ehemann und Vater. Es schien verboten. Warum? Es gab keine Auskunft. Aber hier in Görlitz konnten sie nicht bleiben, wollten sie nicht den sicheren Tod riskieren.

Da entschied sich die Mutter, die Rückkehr in die Heimat weiter im Westen abzuwarten. Sachsen, das sie mit den drei Kindern unter fürchterlichen Verhältnissen durchstreift hatte, schied aus. Es hieß, die Gegend bei Magdeburg sei von Flüchtenden nicht so überlaufen. Im übrigen galt die Magdeburger Börde als ein fruchtbares, reiches Ackerland, die Versorgung müßte dort besser sein. Also, auf gen Magdeburg.

*

Drüber und drunter

Bis Magdeburg lagen über 300 km vor ihnen. »Hoffentlich nicht, wie bisher, jeden Kilometer zu Fuß!« war ihre Angst. Dieser dritte Abschnitt ihrer Irrfahrt, der sie diesmal westwärts bringen sollte, begann anfangs so mühselig und geplagt wie vordem. Die Bettelei wurde wieder zu ihrem täglichen Überlebenskampf. Auf der Landstraße zogen sie an Dresden vorbei. Denn das Entsetzen dieser Stadt wollten sie nicht wiederholen. Nach 130 km geschundener Füße erreichten sie endlich Meißen. Dort, wie immer, das eingeübte Bemühen: irgend jemanden befragen, irgendwo übernachten, irgend etwas fechten, es war schlimm. Da lockte ihnen das Glück. Die Bahnstrecke war instand gesetzt. Sie konnten Züge besteigen, wenn diese auch nur unplanmäßig und kurze Strecken fuhren. Es wurde ein Abenteuer. An einer Dampflok hingen offene Güterwagen, gefolgt von zwei oder drei Personenwagen. Hunderte von Menschen stürmten den Zug, saßen auf den Dächern, hingen an den Trittbrettern. Es waren Hamsterer aus den Städten auf Fahrt in die Dörfer, es waren Flüchtlinge, Deutsche oder Ausländer, irgendwoher, irgendwohin, es waren heimkehrende Kriegsgefangene. Man reiste in diesen Tagen nur aus dringender Not, nie aus anderen Gründen. Der Hunger war entsetzlich. Jeder beklaute den anderen, frech und schamlos, auch wenn man ertappt wurde. Da wurde jemandem zum Einstieg durchs Zugfenster hoch geholfen und gleichzeitig die Schuhe von den Füßen gezogen. Aufschrei und Fluch waren zu hören, doch bewirkten sie nichts. Da waren Messer und Bombensplitter im Einsatz, um aus dem Gepäck des Nachbarn Sachen herauszufingern. Der Personenwagen glich einer Heringsdose, auf Tuchfühlung standen die Menschen dicht gedrängt nebeneinander. Im Durchgang war kein Durchkommen. Selbst in der Toilette drängelten sich mehrere Reisende und verhinderten jede zweckgemäße Benutzung. Glücklich, wer den Komfortsitz auf der Klobrille ergattert hatte. Keine noch so drängende Not durfte auf Befreiung hoffen.

Die vier fanden gerade noch einen Stehplatz in einem offenen Güterwagen hinter der Lokomotive. Der Kohleruß legte sich über die Kleider und entzündete die Augen. Dann kam ein schweres Gewitter auf. Die über den Kopf gezogene Decke wurde regenschwer und triefte auf den Waggonboden große Pfützen.

Unterwegs war irgendwo Halt, weil eine Brücke gesprengt oder ein Gleisstück unpassierbar war. Zu Fuß ging es weiter bis zur nächsten Abfahrtstelle. So kamen sie in Teilstrecken endlich nach Leipzig und später nach Halle. In beiden Orten mußten sie tagelang in überfüllten Wartesälen bis zur Weiterfahrt kampieren. Hier dasselbe Menschengemisch wie überall. Die vier lagerten mal auf dem Fußboden, mal auf einer Bank, je nachdem, wo sie einen Platz ergattern und durch ständige Anwesenheit einer der vier auch verteidigen konnten. In Leipzig fanden die Jungen ihren dreitägigen Schlafplatz unter einem Tisch auf dem Steinboden.

Endlich gelangten sie mit einer Unterbrechung nach Magdeburg. Hier wollten sie nur vorübergehend bleiben, bis sie einen erneuten Versuch wagen könnten, von Görlitz aus ins heimatliche Hirschberg zu gelangen. In der Magdeburger Börde glaubten sie, während der vorgesehenen wenigen Wochen besser überleben zu können, weil weniger Not herrschte. Dies galt jedoch nicht für Magdeburg selbst. Die Stadt war durch Luftangriffe total zerstört. Abgesehen davon, daß sich dort keine amtliche Stelle für zuständig erklärte, war das Überleben in einer Großstadt grundsätzlich am schwierigsten. Es gab keine Unterkunft, es gab nichts zu essen.

So zogen die vier mit ihrem kleinen Leiterwagen 14 km weiter nach Wolmirstedt. Es war Abend geworden. Sie suchten eine Bleibe für die Nacht und fanden das Portal der Katharinenkirche geöffnet. Der neugotische Backsteinbau war kaum beschädigt. Lediglich durch die zerstörten Fenster streifte die kühle Abendluft. Bereits andere Flüchtende hatten sich eingefunden, ein kleines Kochfeuer brannte vor dem Altar. Die vier legten sich zu anderen Flüchtlingen auf die Kirchenbänke. Diese waren so schmal, daß die Zwillinge während des Schlafes mehrfach herunterfielen. Wie erst die Erwachsenen auf dem engen Sitzbrett Ruhe finden konnten, bleibt unerfindlich.[72]

Am nächsten Morgen erreichten sie nach 20 km Haldensleben, einen größeren Ort von etwa 18 000 Einwohnern. Das dortige Bürgermeisteramt war ansprechbereit. Es requirierte in einem Haus ein Zimmer und verfügte zugunsten der vier, daß sie die Küche mitbenutzen durften.[73] Der Raum hatte nur zwei Betten. Daß die Zwillinge sich ein Bett teilen mußten, war inzwischen selbstverständlich geworden. Und daß die Mutter stets ein Bett für sich beanspruchte, war sowieso selbstredend. Der ältere Sohn Teddy mußte diesmal auf dem Boden schlafen, worin sie alle ohnehin Übung hatten. Als die vier dort zwangseingewiesen wurden, mußten sie sich, wenn auch nur vorübergehend, irgendwie zu einem be›haus‹ten Leben einrichten. Aber sie hatten ja nichts. Außer einigen Kleidungsstücken und persönlichen Gebrauchsartikeln fehlte es praktisch an allen Gerätschaften und Haushaltsgegenständen, um das Leben halbwegs zu organisieren.

Welten stießen hier aufeinander. Die Einheimischen verfügten in ihren vom Krieg unversehrten Orten noch über alles, was sie vorher schon ihr eigen nannten. Selbst wenn sie keine Bauern waren, besaß jeder Haushalt irgendein Fleckchen Garten, wo Gemüse und Obst wuchs. Oft gackerten Hühner über den kleinen Haushof, und ein Schwein grunzte verheißungsvoll hinter einem Verschlag. Ein übriges taten die engen, langjährig erprobten Beziehungen zu den Landwirten, die keinen bekannten Einheimischen in Not geraten ließen.

Diametral entgegengesetzt war die Lage bei den Fremden im Ort. Waren es Flüchtlinge, die auf Dauer dort blieben, so haben sie sich schnell, wenn auch notdürftig, die Gegenstände zum Leben beschafft und sich Bezugsquellen erschlossen. Sie kamen auch in den Genuß der vollen Lebensmittelkarte. Anders bei den heimatlos Durchreisenden, wie bei den vier. Diese erhielten nur die tageweise vom Bürgermeister ausgestellten Notbezugsscheine, die zu weniger Lebensmitteln berechtigten. Vielleicht sollte dies auch ein Druckmittel sein, um diese Art von Vagabunden, die noch weniger beliebt waren als die Dauerflüchtlinge, möglichst schnell zum Weiterziehen zu drängen.

Die Mutter saß im Zimmer und ließ sich von den Jungen bedienen. Sie kam mit dem Leben, mit den Umständen nicht zurecht. Die Kinder spürten ihre Verantwortung für die Mutter, der sie sich, so jung sie waren, nicht entziehen konnten und wollten. Die Zwillinge waren gerade mal acht und Teddy zwölf Jahre alt. Sie besorgten die Verpflegung für sie. Da hatten sie mal einige Kartoffeln ergattert und wollten die rohen Scheiben irgendwie braten. Sie hätten die Kartoffeln auch in ihren alten Konservendosen, die als Töpfe dienten, zu einer Suppe kochen können. Sie hätte zwar zu hundert Prozent aus Wasser und Kartoffeln bestanden. Aber sie wollten mal etwas anderes schmecken. Da Fett und Pfanne fehlten, legten sie die Scheiben auf die Herdplatte neben die Töpfe der Hausherrin. Da fiel schon mal ein Kartoffelstück in den häuslichen Schmortopf. Sie gabelten den Bissen heraus, der natürlich gleich besser schmeckte. Als die Kinder dann aus der Bratpfanne auch mal Fleisch und Soße herausholten, blieb das natürlich nicht unentdeckt, und die Dame machte Ärger. Sie half sich, indem sie die Topfdeckel mit einer Schnur festband. Hätte sie ständig bei ihrem Braten und den anderen Leckereien verweilt, dann wäre die Speisekarte der vier dürftiger ausgefallen. Der findige Teddy hatte sich aus Draht einen Dietrich zusammengebogen. Im Keller duftete ihnen eine Rhabarbertorte entgegen, die sie mitgehen ließen. Das konnte fürwahr nicht verborgen bleiben. Ebenso daß er aus einem ›Geheimschrank‹ gehamsterte Lebensmittel herausfingerte. Dies und andere Extravaganzen führten schließlich dazu, daß die vier nach etwa zwei Wochen diesem Haus den Rücken kehren mußten. Die Androhung mit dem Gang zur Polizei hatte gewirkt.

Inzwischen war es Herbst und kühler geworden. Sie kamen bei Frau Axt unter, der Ärmsten.[74] Das große lichte Erkerzimmer, in das die vier wiederum zwangseingewiesen wurden, verfügte nur über ein einziges Bett, das der Mutter zustand. Die drei Jungen rückten für die Nacht je zwei Stühle zusammen. Da sie klein waren, ließ sich das problemlos bewerkstelligen. Die vier weiteren Stühle, ein Tisch und zwei Kommoden waren Musterbeispiele des allerschönsten Biedermeiermobiliars. Ein Herd stand im Zimmer, das Abzugsrohr ging durch die Fensterscheibe auf die Straße. Er diente zum Kochen und Heizen. Das gelang mehr schlecht als recht, denn immer wieder war der Holzvorrat ausgegangen, weil inzwischen schon geheizt werden mußte.

Der Wald war nicht weit. Säge, Hammer und Zange hatten sie sich organisiert. Aber wegen der vielen Menschen, die täglich auf Holzsuche in den Wald strömten, waren trockene abgebrochene Äste oder abgestorbene Bäume kaum noch zu entdecken. Bäume durften nicht gefällt werden, und frisches Astholz ließ sich nicht verbrennen. Gleiches traf auf die Obstbäume der Allee zu. Hätten die Jungen, die nur Strohschuhe besaßen, bei der herbstlichen Kälte und Nässe noch in den Wald gehen sollen? Das Abfallholz in der Sägerei ging unter der Hand weg, und wenn etwas übrig war, kamen auf jeden in der langen Warteschlange nur wenige Scheite.

Die Stadtverwaltung hatte die Mutter aufgefordert, die drei Jungen auf die Schule zu schicken. Der Versuch schlug fehl. Wegen ihrer Bubikopfhaare wurden die Zwillinge gehänselt, das behagte ihnen nicht. Ein übriges tat sicherlich ihre heruntergekommene Kleidung. Sie fühlten sich nicht wohl, empfanden sich ausgegrenzt und gingen nach dem zweiten Tag nicht mehr hin. Teddy kam besser zurecht, die

Bubifrisur hatte er schon längst abgelegt, er konnte sich auch kraftvoller gegen die Gleichaltrigen durchsetzen.

Die Mutter hatte eine Heimarbeit angenommen, ihr Geldvorrat nahm rapide ab. Aus angelieferten Drahtgeflechten sollten schlichte Lampenschirme entstehen. Sie klebten mit vereinten Kräften das vorbereitete Papier um die Drahtkörbe. In dem kühlen Zimmer wurden die Hände schnell klamm.

Es dunkelte im beginnenden Winter früh, und die tägliche Stromsperre zur Abendzeit hinderte sie an der Arbeit. Bei Kerzenlicht versammelten sie sich um den Tisch und wollten sich wieder einmal einem entwürdigenden Ritual unterziehen. Wie hat die Menschenwürde darunter gelitten, daß sie nach dem Glamour der Hirschberger Jahre jetzt in diese Situation geraten waren! Sie zogen sich aus und suchten in den Nähten der Unterwäsche nach Kleiderläusen. Sie konnten ihrer kaum mächtig werden. Der altertümliche BH der Mutter mit seinen Ritzen und Spitzen war besonders attackiert. Sie klaubten die winzigen Säuger heraus und knackten sie auf der Tischplatte. Sie schämten sich, aber was blieb ihnen übrig.

Nachts gingen Teddy und Siegmund auf Beutetour. Was sie erspähten und zu benötigen glaubten, nahmen sie mit, ein Wäschestück, das zum Trocknen auf der Leine hing, oder ein Topf, der zum Abkühlen auf dem Fensterbrett stand. Ihren langfristigen Zuckerbedarf deckten sie aus einem Lieferwagen, wo ihnen ein halber Zentner dieser süßen Lust in einem Sack entgegenlachte. Es war unglaublich, wie geschickt sie das Mundrauben an die Gegebenheiten des jeweiligen Ortes anpaßten. Hier war es das häusliche Umfeld einer Kleinstadt, die ihr kaum beeinträchtigtes gemütliches Leben in die Nachkriegszeit hinübergerettet hatte.

Wieder einmal saßen sie ohne Holz da, und die Kälte kroch ins Zimmer hinein. Da blinzelte schon mal einer der antiken Stühle zu ihnen herüber, aber sie hatten Skrupel. Sein Brandopfer hätte den frustrierenden Weg durch Nässe und Kälte in den Wald erspart, aber das schlechte Gewissen meldete sich vehement. Ein Zweikampf tobte in der Brust. Wer wird wohl endgültig siegen in diesem Streit zwischen hehrer Lauterkeit und drängender Not? Wer vergleichbares Elend schon einmal am eigenen Leib erlebt hat, weiß, wie dieser Wettstreit ausgeht. Auch der Gutmütigste wird dann unberechenbar. Die in Gold gerahmten Sinnsprüche der Ehrlichkeit gelten dann nicht mehr. Die Politur des hehren Scheins bröckelt. Die Welt der Kultur und Gesittung bricht wie ein Kartenhaus zusammen, wenn es ans Überleben geht. Die vier hatten sich schon längst in das Heer der zaglos Kämpfenden eingereiht.

Aus dem Zimmer der vier hörte Frau Axt die Säge singen: »Das kann doch nicht wahr sein.« Das schnarrende Ritsch-Ratsch war für sie der Einsatz zu einem gellenden Schreikrampf, der im Crescendo furioso des Hinauswurfs endete. Vier geopferte Biedermeierstühle waren einfach zuviel, wenn es auch für jeden Bewohner nur einer war. Die vier mußten nicht nur das Haus, sondern auch den Ort verlassen. Sie hatten sich endgültig unbeliebt gemacht. Sie mußten weit weg, wo die Fama ihrer ›Eskapaden‹ sie nicht einholen konnte.

In südliche Richtung wanderten sie los. In dem einen Dorf gab es kein Unterkommen, in einem anderen war die Ablehnung förmlich zu greifen. So zogen sie immer weiter. Schließlich, nach 26 km, kamen sie über Eilsleben nach Ummendorf. Es war damals ein Bauerndorf von etwa 1 000 Einwohnern. Die Häuser und Bewirtschaftungshöfe lagen entlang der Dorfstraße, die etwas ansteigend in den Ort hineinführte, und entlang der abfallenden Querstraßen. Ein buckliges Pflaster großer Kopfsteine machte selbst das Gehen beschwerlich. Die Straßen waren breit, was für eine historisch junge Straßenanlage sprach. Abgetrennte und gepflasterte Bürgersteige waren noch nicht vorhanden. Schmale Wege am Straßenrand reichten aus.

Flüchtlinge waren bereits zwangseinquartiert, aber erst in geringem Umfang. Die vier in ihrer heruntergekommenen Kleidung fielen also auf, die Kinder in ihrem Schuhwerk besonders. Auch dann noch, als sie die anfangs getragenen Strohschuhe durch die sogenannten ›Reifenschuhe‹ ersetzen konnten. Zur Besohlung dienten hier Stücke alter Autoreifen. Es ist unglaublich, wie erfinderisch die Menschen in solchen Notlagen werden.

Vom Bürgermeister wurden sie bei einem Kleinbauern eingewiesen.[75] Abends kamen sie an und waren froh, für länger ein Dach über dem Kopf zu haben. Das einstöckige Wohnhaus verfügte über wenige Zimmer. Eines davon hatte der Eigentümer regelmäßig vermietet, um einen kleinen Nebenerlös zu erzielen. Dieser den vier überlassene Raum enthielt drei Betten, drei Stühle, einen kleinen Tisch und Schrank, sowie einen Ofen und schrecklicherweise einen voluminösen, hohen Gurken- oder Krauttopf, der leer war und Platz wegnahm. Ein Holzdeckel ruhte oben auf. Die Wirtsleute beließen dieses störende Objekt im Zimmer. Die vier fühlten sich eingepfercht in diesem eng gewordenen Raum. Das Plumpsklo lag über den Hof, was in der beginnenden Winterkälte und besonders des Nachts so recht unbequem war, aber der Ortsüblichkeit entsprach. Da ihnen die Bettwäsche fehlte, mußten sie sich in die roten Inletts legen. Daß diese darunter litten und schließlich unansehnlich wurden, war unvermeidbar. Aber Bettbezüge waren nicht beschaffbar.

Auch daß die Tapete über dem kleinen Herd vom Kochen schnell befeuchtet und bespritzt war, ließ sich nicht umgehen. Die Wirtsleute hatten den Herd anstelle eines Heizofens hineingestellt, um die unerwünschten Flüchtlinge aus der Küche des Hauses fernzuhalten. Siegbert, der das Kochen übernommen hatte, gab sich Mühe, die Wand zu schonen, aber Beschädigungen waren unabwendbar. Da bruzelte schon mal das gestrapste Kotelett saftige Fettflecken auf die Tapete und aus dem Kartoffeltopf dampfte es gegen die Wand.

Die Mutter ließ sich bedienen. Sie war es so gewohnt. Erst später in Bernau, als die Kinder älter waren, akzeptierten sie das Drohnendasein der Mutter nicht mehr und zwangen sie zur Küchen- und Hausarbeit, was für sie recht leidvoll wurde.

Der Blick aus dem Fenster streifte über die winterliche Ackerlandschaft, die langsam fest einschneite. Die Kinder froren furchtbar in ihrer dünnen Kleidung. Etwas entfernt verlief die Eisenbahnstrecke Hannover–Berlin. Die grauschwarzen Rauchfahnen der Lokomotiven zeichneten sich in den fahlen Winterhimmel.

Zum Schulbesuch waren sie aufgefordert, hatten sich aber darum gedrückt. Sticheleien von Mitschülern wegen ihrer langen Haare hätten sie jetzt nicht mehr auf sich gezogen. Denn zuerst Siegbert, danach Siegmund hatten sich hinter dem Rücken der Mutter den Bubikopf abschneiden lassen. Sie war verliebt in diese Haartracht, es war ihre Schrulle, alle ihre Kinder, Mädchen wie Jungen, hatten ihn getragen. Siegbert kam vom Friseur zurück und war überrascht. Die Mutter fand den neuen kurzen Haarschnitt gut: »Das sieht ja schön aus.« Warum haben sie erst so spät gewagt, sich gegen die Mutter durchzusetzen? Die neue Frisur änderte jedoch nichts an ihrem Unwillen gegen den Schulbesuch. Sie hatten keine Kleidung, kein Schuhwerk, keine Lehrmittel. Das Chaos war zu groß, die Sorge ums Überleben noch größer. Wie kann man da an Schule denken! Der Unterricht schien zudem wenig erfolgversprechend, weil man nur auf Absprung im Ort verweilte.

Zu Weihnachten werden die Deutschen regelmäßig so einfühlsam hilfsbereit. Diese Sentimentalität verhalf sogar im Hungerjahr 1945 den drei Kindern zu einem Christstollen und einigen Süßigkeiten, was dankbar gewürdigt werden soll. Solche Gaben beruhigen das Gewissen, man sei nicht so schlecht und habe doch ein gütiges Herz. Wie gern suchen wir alle nach diesem beruhigenden Alibi.

Wie bisher erhielten die vier auch hier nur die Notbezugsscheine des Dorfes. Das Essen langte also nicht. Lediglich Hundefutter war beim Kaufmann noch zu erstehen. Es half fürs erste gegen den beißenden Hunger. Also gingen die Kinder wieder ›mundrauben‹, und das anfangs mit gutem Erfolg. Eine neue Masche bot sich an. Zuerst wurden die Innentaschen im Mantel aufgeschnitten, um so Raum im gesamten Mantelfutter zu schaffen. Dann wurde das Terrain erkundet, beginnend beim Bäcker. Siegbert betrat den Laden und wartete, bis die Bäckersfrau nach dem Anschlag der Türglocke von hinten nach vorn kam. Der Kauf eines Stückchens Hefe und die Frage, wann der nächste Backtermin sei, waren unverfänglich. Natürlich hätten sie nie backen können, hierzu fehlte es an allem. Jetzt wußte er, wie lange es dauert, bis die Frau erschien. Den nächsten Akt übernahm einer der beiden Brüder. Bei nächster Gelegenheit, der Laden war menschenleer, hinein, die Glocke schlug an, blitzschnell die angepeilten zwei Brote vom Brett heruntergrapschen und in der Manteltasche verschwinden lassen. Nichts wie raus, die Tür schließen und schuldlos tun, als hätte man sich entschieden, doch nichts zu kaufen. So lief es auch beim Fleischer und im Kaufmannsladen. Dort sogar noch besser, weil eine Türglocke fehlte. Jeder der Jungen war mal reihum tätig. Teddy raffte mal sieben Brote vom Backbrett, und Siegmund hielt den mitgebrachten Sack auf. Vom Hackklotz des Fleischers verschwand ein Stück Fleisch oder Kotelett in Siegberts Mantelfutter. Marmelade oder Honig aus der Schüssel auf dem Ladentisch wurde mit dem Löffel schnellstens in ein Glas bugsiert. Beide, Löffel und Glas, steckten immer griffbereit im Mantelfutter. Der täglich knurrende Magen mußte beruhigt werden. Die Hungerphantasien trieben sie um und ließen sie nachts kaum einschlafen. Es wiederholten sich hier, so unsäglich, Qual und Mühsal des Überlebens wie auf der Flucht aus der ČSSR nach Görlitz. Sie waren darauf angewiesen, sich Nahrungsmittel zu ›organisieren‹. Auch wenn ein verlockender Kekskarton im Schaufenster sich leider als Attrappe erwies, die Attacke der Mundräuber war in dem kleinen Ort mit den wenigen Geschäften anfangs ergiebig. Doch bald zog die Masche nicht mehr. Die Installation einer Türglocke beim Fleischer und Kaufmann war ein beängstigendes Indiz. Der Verdacht fiel auf sie. Hätten sie bei nüchterner Einschätzung der dörflichen Enge dies nicht vorhersehen können? Schließlich waren sie im Ort die einzigen Herumstromernden mit lauernden hungrigen Kinderaugen. Aber sie haben nichts davon geahnt. Hätten sie am Dorftratsch teilgenommen, würden sie das herangrollende Gewitter vernommen haben.

210

Die Mutter wurde zum Bürgermeister bestellt: Sie kümmere sich nicht um die drei kleinen Söhne und lasse sie verwahrlosen. Offensichtlich sei sie nicht in der Lage, für die Jungen zu sorgen und diese zu beaufsichtigen. Wenn der arglose Mann geahnt hätte, wie die familiären Sorgeverhältnisse bei ihnen lagen! Hätte er überhaupt ein Auge für diesen makabren ›Bal paradox‹ des Überlebens gehabt? Er kündigte an, man werde ihr die Kinder, schon in den nächsten Tagen, wegnehmen und diese in ein Heim bringen. Frau Hahn war entsetzt. Wie sollte ihr Leben, fern von der Hirschberger Idylle, weitergehen, ohne daß man sich um sie kümmerte und sie versorgte? Hier war sie auf die drei Kinder angewiesen. Das makabre Spiel ›Kinder Courage und ihre Mutter‹ schien einem Höhepunkt entgegenzusteuern. Sie mußte die Katharsis hinausschieben. Die Mutter stürzte nach Haus. Familienrat wurde gehalten. Die Jungen wollten sie auf keinen Fall verlassen. Sie sahen sich in der Verantwortung gegenüber der lebensuntüchtigen Mutter. Tagtäglich erlebten sie sich verpflichtet, ihr beizustehen. Durch dick und dünn wollten sie mit ihr gehen. Solange sich nicht die Mutter aus eigenem Antrieb von ihnen entfernen würde, wollten sie ihr helfen. Sie wollten nicht von ihr getrennt werden.

Auf weitere desaströse Einquartierungserlebnisse wollte nunmehr die Mutter tunlichst verzichten. Da drängte sich auf, den dritten, ohnehin geplanten Anlauf, ins heimatliche Hirschberg zu gelangen, vorzuverlegen. Zwar hätte sie hierfür lieber das wärmere Frühjahr abgewartet. Aber die Vorwürfe des Ummendorfer Bürgermeisters gegen sie hätten sich woanders sicherlich wiederholt. So konnte es nicht weitergehen. Sie wollte unbedingt zurück nach Hirschberg, ins eigene Heim, zu ihrem Mann, in die vertraute Umgebung. Sie alle beschlossen, den Zugang über Görlitz nochmals zu versuchen. Endlich sollte doch die Überquerung der Neiße wieder gestattet sein, was nur vor Ort in Erfahrung gebracht werden konnte.

Am Sonnabend, dem 12. Januar 1946, meldete die Mutter bei der Gemeindeverwaltung ihren Auszug an. Das Pferdefuhrwerk, das sie zur Bahnstation nach Eilsleben bringen sollte, war schon für übermorgen bestellt. Die wenigen Habseligkeiten waren verstaut. Sie waren abfahrbereit. Leute aus dem gegenüberliegenden Haus schauten zu. Die Pferde wollten gerade anziehen. Da stürzte der Hauseigentümer heraus und wollte das Gespann anhalten. Er hatte das verlassene Zimmer besichtigt. Die Mutter trieb den Kutscher an. Sie alle wußten warum. Die Kinder schämten sich maßlos, aber wie hätten sie gegen die Mutter opponieren können. Das kam erst später, als ihre egoistischen Rücksichtslosigkeiten unerträglich wurden. Die Pferde rumpelten den Wagen über das holprige, ansteigende Pflaster. Es konnte nicht schnell genug gehen. Den ruchbaren Skandal ließen sie zurück, er wird sich im Dorf schnell verbreitet haben. Sie mußten eilends weg.

Ohne große Schwierigkeiten gelangten sie mit der Eisenbahn nach Görlitz. Acht Monate nach Kriegsende waren die Gleisanlagen weitgehend repariert. Im Bahnhof fing sie eine Kontrolle mit roten Armbinden ab: Stadt und Umgebung seien total überbevölkert. Die Neiße nach Schlesien sei weiterhin nicht passierbar. Unverändert seit dem 1. Juni 1945, also seit neun Monaten, dürfe kein Deutscher nach drüben. Die polnischen Soldaten auf der anderen Flußseite verweigerten den Übergang. Wer es trotzdem versuche, auf den werde geschossen. Erstmals vernahmen die vier jetzt das Gerücht, daß Schlesien unter polnische Verwaltung gekommen oder sogar von Polen annektiert sei; wahrscheinlich müßten alle Deutschen Schlesien räumen. Die zigtausend Schlesier, die noch im Sommer und Herbst 1945 in den Flußauen und Wiesen rund um Görlitz auf das dürftigste kampierten, waren inzwischen wegen des Winters in Lagern aufgenommen oder wieder abgereist.

Die vier wurden aufgefordert, sofort wieder abzureisen, was sie gerade nicht wollten, oder sie müßten sich in einem städtischen Auffanglager kasernieren lassen. Die Mutter ging darauf ein. Wenigstens ihr Vagabundieren und Hungern sollte ein Ende haben. Und dann eines Tages würden sie nach Hirschberg zurückkehren können.

Sie kamen bis zum Mai 1946 ins ›Reichertlager‹, das ursprünglich als Unterkunft für Kriegsgefangene gedient hatte.[76] Seine frühere Verwendung war durch den dreifach umlaufenden Stacheldraht und die Wachtürme nicht zu verkennen. Jetzt diente es als Auffangstelle für Durchreisende. Es waren überwiegend Schlesier, die auf die Weiterreise in ihre Heimat hofften. Jeder, der nicht sonstwo unterkam, konnte hier vorübergehend Platz finden. In den langen Sälen der aus Stein errichteten Häuser war Stroh auf den Boden geschüttet, ein Gang inmitten war freigelassen. Jeder suchte sich einen Platz und richtete sich mit seinen lächerlichen Sachen auf dem Boden irgendwie ein. Für jeden stand eine Decke zur Verfügung. Eine Registrierung war erforderlich, aber sonst konnte jeder kommen und gehen, wie er wollte. So kam es, daß sich ständig neue Leute im Saal niederließen, andere nach kürzerer oder längerer Zeit wieder sang- und klanglos verschwanden. Das lief alles recht anonym ab. Man legte sich für die Nacht nebeneinander aufs Stroh, achtete auf einen Abstand, der nicht zur Belästigung wurde, grüßte sich kurz und erkundigte sich vielleicht nach dem Woher und Wohin. Aber im allgemeinen interessierte man sich nicht für das Leid des anderen, weil man davon selbst genug hatte. Die meisten, die eintrafen, sahen geschwächt und elend aus, manche auch ernsthaft krank.

Da es noch Winter war und die Kleidung dürftig, hielt man sich vorwiegend in den geheizten Barackenräumen auf. Die Zwillinge suchten und fanden eine einsame Ecke, wo sie sich hinhockten und wieder ihren erdichteten Welten hingaben. Den Faden früherer Erfindungen nahmen sie auf und sponnen ihn weiter. Die alten Bilder blieben stets gegenwärtig. Sie träumten sich fort in der Phantasie und waren vollauf damit beschäftigt, sich gegenseitig die Neuigkeiten erdichteter Begebenheiten zu schildern. Mit Ernst waren sie bei der Sache. Nie hatten sie Langeweile.

Für alle hieß es: Abwarten! Worauf? Man wußte es selbst nicht genau. Die Gerüchteküche brodelte: Nächste Woche werde der

Übergang über die Neiße nach Schlesien geöffnet; nein, erst in drei Wochen; völliger Quatsch; die Deutschen würden endgültig aus den deutschen Ostgebieten verjagt, erste durchreisende Flüchtlinge hätten es berichtet; die Polen würden in Oberschlesien Arbeitslager für die Deutschen errichten und die Russen hätten viele deutsche Männer und Jugendliche nach Rußland zur Zwangsarbeit verschleppt. Was schon die nahe Zukunft bringen sollte, es war nicht zu planen, geschweige denn zu ahnen. Man lebte in den Tag hinein, stumpfsinnig, apathisch. Man hatte das Geschick der Zukunft nicht mehr in eigener Hand.

Wer eintraf, wurde erst einmal entlaust. Während man sich in großen, für Männer und Frauen getrennten Gemeinschaftsduschen mit Spezialseife abrieb und danach wartete, wurde die Kleidung in einem Heißluftbad behandelt. Die Hitze sollte die Läuse und Nissen abtöten. Da dies selbstverständlich mit einem Mal nicht zu bewerkstelligen war und man sich im Stroh und sonstwo immer wieder neue Gäste in die Kleider holte, mußte die Prozedur öfter und immer familienweise wiederholt werden. Dann zogen die vier wieder um in eine neue Baracke, die ihrerseits vorher desinfiziert war. Wenn man sich kratzte, wußte man, jetzt ist es wieder soweit. Insgesamt siebenmal suchte Siegbert das Bad auf. Er lag mit dieser Zahl durchaus im Normbereich.

Da plötzlich war es mit der Freizügigkeit, das Lager ungehindert betreten und verlassen zu dürfen, vorbei: Typhus und Fleckfieber seien im Lager ausgebrochen. Auch Tuberkulose grassiere, sogar in ihrer ansteckendsten Form der offenen Tbc. Die Infektionsgefahr sei immens. Über das Lager wurde Quarantäne verhängt. Wachen waren am Tor aufgestellt, niemand durfte mehr heraus. Ein Übergreifen der Epidemie auf die Stadt sollte verhindert werden. Die größte Sorge eines jeden war, sich anzustecken. Die vier lebten mit dieser ständigen Angst. Selbst innerhalb des Lagers gab es einen weiteren Sperrbezirk, in dem die hochinfektiösen Häuser lagen. Es wurde viel gestorben. Die Körper waren ja so geschwächt. Die vier

haben davon nicht viel mitbekommen, weil die täglichen Leichen-
transporte nachts in aller Heimlichkeit vonstatten gingen.

Die Versorgung war dürftig. In langen Warteschlangen reihte
man sich morgens vor der Essensausgabe ein. Die tageweise ausge-
händigten Essensmarken waren einzulösen. Jeder erhielt für den Tag:
200 g Brot, einen Teelöffel voll Marmelade und einen Eßlöffel
Zucker. Für Kinder gab es zusätzlich: 15 g Fett und ein Glas Milch.
Zu Mittag hieß es erneut sich anstellen für einen Teller gewärmtes
Wasser, in dem etwas Gemüse schwamm. Und abends wieder eine
lange Menschenschlange für einen warmen Tee. Das war's für den
ganzen Tag. Täglich aufs neue, jede Woche dasselbe. Kein Mensch
wurde satt. Der Hunger machte wahnsinnig oder apathisch, je nach
Veranlagung. Die Findigen trieb er immer wieder, so aussichtslos
wie eh, durch die Löcher im Stacheldraht. Das war möglich, weil das
Lager nicht rundum bewacht war. Auch Teddy machte sich auf den
Weg, um etwas zu organisieren. Aber er kam wie die anderen mit
leeren Händen zurück. Chaos und Not draußen waren noch größer.
Mit knurrendem Magen fiel man schon tagsüber müde und schwach
aufs Stroh. Die Nacht wurde zu einem Martyrium zwischen Schlaf
und Wachtraum, zwischen Hungerphantasie und beginnender
Selbstaufgabe.

Das einzige, was gegen den Hunger half, waren Nahrungsmittel,
die vom Lagerpersonal gelegentlich hineingeschmuggelt wurden.
Das durfte nicht auffallen, der Futterneid war unbeschreiblich. Einmal erstand die Mutter ein ganzes Brot, mußte dafür aber einen kostbaren Opalring, besetzt mit Brillanten, hingeben. Die Relativität der
angeblich so werthaltigen Pretiosen konnte nicht besser demonstriert
werden. Die edlen Steine sind eben nur die wenigen Pfennige eines
Laibes Brot wert, wenn die Not des Überlebens eine andere Werte-
hierarchie einfordert. Glücklich, wer noch etwas Schmuck auf dem
Leib versteckt hatte. Der Vorrat der Mutter war leider bald erschöpft.
Ihren weiteren Brillantschmuck wollte sie für noch schlimmere Tage
in Reserve halten. Wie recht sie damit hatte, sollte sich bald zeigen.

Einen unglaublichen Akt erlaubte sich die Mutter in den ersten Tagen des Lagerlebens. Die Kinder brachten ihre drei Portionen Milch in einer alten Konservendose an ihre Lagerstelle und wollten sie, wie auch ihre täglichen Fettzuteilungen, mit der Mutter teilen. Sie ließ sich, auch hier, bedienen, und zwar stets als erste. In Hirschberg hatte dies der Vater stilvollendet an der Tafel zelebriert, auf der Flucht ist der kleine achtjährige Siegbert in diese Funktion hineingewachsen. Die Mutter schätzte ihn. Schwer einzuschätzen, ob das auch Liebe war. Jedenfalls hatte sie seine Entscheidungen stets geduldet, was schon viel bedeutete. Teddy war zwar der Ältere, aber ihn hatte die Mutter nie gemocht. Sie hat ihn das fühlen lassen. Seinen Urteilen und Einschätzungen hatte sie immer mißtraut. Seit den Fluchttagen in Karlsbad oblag Siegbert die Aufgabe des Essenzuteilens, und er war auch hier gefordert. Das Behältnis mit der Milch stand auf dem Tisch. Jetzt sollte die bescheidene Menge in vier gleiche Portionen geteilt werden. Die Jungen hatten ihre Tassen, die gleich groß waren, hingestellt. Doch die Mutter präsentierte eine große Keramiktasse, die das doppelte Volumen faßte. Siegbert schenkte diese Doppeltasse nur teilweise voll. Doch die Mutter bestand darauf, diese müsse bis oben gefüllt werden. Sie inszenierte einen Wortwechsel, wurde böse und beendete ihre Forderung mit dem schreienden Diktum: »Tasse ist Tasse.« Siegbert schenkte weiter ein, seinen Brüdern und sich, so daß jeder der vier gleich viel erhielt. Die Mutter forcierte den Wortwechsel, den Siegbert schließlich spektakulär beendete. Er wurde wütend und, als die Mutter ihre Tasse geleert hatte, ergriff er das Keramikstück und knallte es gegen die Wand. Die Scherben fielen zu Boden – und mit ihnen ein weiteres Stück Achtung der drei Kleinen vor ihrer Mutter.

Ein stürmisch begrüßtes Erlebnis, das die Langeweile im Barackenleben auflockerte, waren gelegentliche Gesangsaufführungen im Lagersaal. Unter den Eingeschlossenen gab es einige Künstler ostdeutscher Bühnen, Sänger sowie Musiker, die ihre Instrumente bei sich hatten. Sie arrangierten ein gesangliches Quodlibet hohen professionellen Anspruchs. Das verstimmte Klavier konnte die schräge Situation im Quarantänelager nicht sinnfälliger intonieren. Ein winziges Orchesterchen, beschränkt auf die leicht transportfähigen Streich- und Blasinstrumente, kam zusammen und begleitete die wenigen Sängerinnen und Sänger durch die heiteren Melodien der Operette. So kamen der ›Vogelhändler‹, die ›Csárdásfürstin‹, der ›Vetter von Dingsda‹ und der ›Bettelstudent‹ zu Besuch in die Tristesse des Lagers und wurden mit Jubel begrüßt und beklatscht. Sie waren wie Boten aus einer anderen, besseren Welt. Der kleine Siegbert stand mit großen Augen da, das Trallala der Stimmen hat sich ihm ins Herz gesungen. Für ihn war es die erste Begegnung mit der Operette.

Demgegenüber stellte sich seine erste Beziehung zur Oper peinlicher dar. Er hatte sich die makabre Form, in der dies geschah, nicht ausgesucht. Eine viel zu weite und zu große Hose schlabberte ihm um die dürren Beine. Sie hing an zwei Papierschnüren über den Schultern. Die eine Schnur war länger als die andere und ließ den Saum des Hosenbeins über den Boden schleifen. Er wollte das kompensieren, indem er die betreffende Schulter in die Höhe zog. Das gelang mehr schlecht als recht. Jedenfalls mußte er stets mit hochgewinkelter Schulter gehen, um das Hosenbein nicht nachzuziehen. Keiner hatte ihm gesagt oder geholfen, die Schnur durch einen Knoten zu kürzen. Die mächtige Militärjacke, irgendwo als Fundstück mitgenommen, schlenkerte um sein schmächtiges, achtjähriges Körperchen. Sobald es wärmer war, ging er barfuß. Das war bequemer als in den ungleichen, nicht zueinander passenden Schuhen, die er irgendwo aufgeklaubt hatte. So sah er, vielleicht mehr als andere, in seiner Verwahrlosung recht koboldhaft aus. Bleich im Gesicht und hohlwangig stakste er in verwinkelter Körperhaltung durch die Lagerstraßen. Er gesellte sich wie die anderen Kinder zu den Gruppen von Erwachsenen, die in Knäueln herumstanden und palaverten: immer wieder dieselben vergangenen Erlebnisse, immer wieder dieselben zukünftigen Erwartungen. Er muß den Opernkennern wie ein ruheloses Phantom erschienen sein, wenn er mit schlotternden Kleidern und schiefem Gang durchs Lager eilte. Wie sonst hätte man ihn als den ›Fliegenden Holländer‹ verulkt? Es war spaßig und humorig gemeint, aber doch makaber. »Ach, da kommt ja der Fliegende Holländer!« so hörte er. Nicht nur einmal.

Dann war die vierzigtägige Quarantäne beendet, und es war Mai 1946. Das Reichertlager füllte sich nach Aufhebung der Sperrfrist zusehends. Hunderttausende Schlesier wollten zurück in ihre Wohnungen jenseits der Neiße. Doch auf die Erlaubnis zur Heimkehr nach Schlesien zu warten schien aussichtslos. Inzwischen war die Befürchtung zur Gewißheit geworden, Polen wollte Schlesien annektieren, wenn auch offiziell nur davon gesprochen wurde, daß die deutschen Ostgebiete (Schlesien, Ostpreußen und Teile Pommerns) unter polnische Verwaltung gestellt würden. Aber die seit Februar 1946 einsetzenden Trecks von Vertriebenen, die auch durch Görlitz zogen, ließen keinen Zweifel an den Annektionsabsichten. Die Oder und die Lausitzer Neiße seien Staatsgrenzen geworden. Die Schlesier im Lager standen zusammen: »Das kann doch nicht wahr sein!« Zwölf Millionen Menschen wurden aus ihrer angestammten Heimat vertrieben.

Noch nie ist nach einem verlorenen Krieg der Besiegte mit einer solchen Gebietsaufgabe bestraft worden. Das ›Wehe den Besiegten!‹, hier ist es brutal wahr geworden. Die Vertreibung der Deutschen aus ihrer östlichen Heimat gehört zu den beiderseitigen Greuel der Weltkriegsparteien. Selbst wenn man die Schuld des Versailler Diktats an der Machtergreifung Hitlers leugnen wollte, die verheerenden sozialen Nachkriegsverhältnisse hatten das günstige Klima für den Tyrannen geschaffen. Die verbrecherische Gewaltherrschaft, die er in Deutschland errichtete und ins Ausland trug, war von bisher nie dagewesenen Ausmaßen. Sie hatte eine ebensolche Rachementalität der Kriegsgegner zur Folge. Den von der deutschen Führung verantworteten Kriegsgreuel standen die alliierten Kriegsgegner nicht nach, als sie deutsche Kulturstädte ohne kampfbedingte Notwendigkeit vernichteten und ein Viertel des deutschen Territoriums wegnahmen und 12 Millionen einheimischer Bevölkerung vertrieben, wobei 2 Millionen umkamen. Auch das Blutbad, das Stalin mit über 50 Millionen Toten angerichtet hat, ist nicht deswegen weniger schlimm, weil es überwiegend die eigenen Landsleute traf.

Die Lagerverwaltung organisierte Züge, um die Insassen auf andere Lager im Landesinnern zu verteilen. So kamen die vier im Mai 1946 nach Gröditz bei Riesa in ein neues Lager. Bis Februar 1947 sollten sie dort bleiben.

*

Diese neun Monate von Mai 1946 bis Februar 1947 waren schlimmer als das bisherige Barackenleben. Denn es war dem Anschein nach wieder ein Lager, aber die Stadt Gröditz, unter deren Obhut die Barackenansammlung stand, kümmerte sich kaum um die Menschen, die sie dort eingewiesen hatte. Die Obrigkeit schien mit der allgemeinen Notlage überfordert. Bis auf die Bereitstellung eines Bettplatzes war jeder sich selbst überlassen. So fanden sich die vier in einer Gruppe nebeneinander aufgereihter Holzbaracken wieder, nebst abseits gelegenen Zentralgebäuden, wie der Küche, den Waschräumen und den Latrinen. Ein Stahlwerk, das weiträumig umzäunt war, grenzte unmittelbar daran.[77] Auffällig war jedoch, daß das Lager nicht umgittert war, sich aber hinter der Umzäunung des Stahlwerks fortsetzte. In diesem jenseitigen Teil kampierten Sowjetsoldaten, welche die Demontage des Werks bewachten. Maschinen, Aggregate, Kessel, Rohrsysteme und dergleichen wurden auf Eisenbahnwagen verladen und rollten zweimal im Monat gen Osten.

Das Lager war noch kaum von Leuten belegt. Die vier zogen in eine Baracke außerhalb des Stahlwerks. Sie waren die ersten und blieben für wenige Wochen dort auch die einzigen. Das Haus bestand, wie auch die anderen, lediglich aus einem einzigen Raum. Die Decke lag tief und gab dem Raum etwas Drückendes. In ihm standen Bettgerüste mit jeweils drei Betten übereinander und einem Hocker dazwischen. Strohsäcke lagen in jedem Bettkasten. Durch die Länge des Raumes führten drei schmale Gänge und trennten die vier endlos wirkenden Reihen der einzeln stehenden Bettgestelle. Es war schwer, in der gleichförmigen Aufmachung die Orientierung zu behalten. Die Jungen haben, wenn sie nachts zur Notdurft nach draußen huschten, schon mal in der Dunkelheit ihr Bett verfehlt und legten sich einfach woanders hin.

Der Gang übers Gelände konnte nicht nur blutig, sondern auch lebensbedrohlich werden. Denn bevor man das Barackenlager errichtet hatte, war die dortige Bodenabsenkung, außer mit Sand und Erdreich, auch mit dem Abraum aus den Hochöfen aufgefüllt worden. Die scharfen und rostigen Kanten des Metallgrus ragten, kaum sichtbar, heraus und schlitzten auf, was mit ihnen in Berührung kam. Messerscharf schnitten sie in die barfüßigen Sohlen, wenn die Zwillinge nicht aufpaßten. Wie oft waren ihre Zehen und Sohlen blutig, und wie leicht hätten sie sich eine Vergiftung einfangen können.

Inmitten eines jeden Raumes stand ein Kanonenofen, jedenfalls in den meisten Häusern. Aus einigen war er entwendet. Das Abzugsrohr führte durch die Decke zum Dach heraus. Wie der Ofen im Winter auch nur einigermaßen den Raum erwärmen sollte, blieb unerfindlich, zumal die Außenwand nur aus Brettern bestand. Stellenweise paßten Nut und Feder nicht dicht ineinander. Dann half nur, die Ritzen mit Papier gegen den Wind zu verstopfen.

Man sah es, der Raum hatte schon viele Bewohner erlebt. Die Dielen des Fußbodens waren ausgetreten, die Griffe der wenigen Fenster oft angefaßt. Graffiti, hineingeritzt ins Holz der Wände und Bettgestelle, wollten eine Botschaft hinterlassen, manchmal auch nur hingekritzelt mit einem Tintenstift, anheimgegeben der verblassenden Zeit, kaum noch lesbar: ein Name, ein Datum. Dort ein Satz, ohne den Urheber zu nennen, unverständlich, weil in einer fremden Sprache, vielleicht ein Liebesschmerz oder eine Obszönität aus sexueller Not, vielleicht eine Klage von Leid und Langeweile in einem fremden Land, vielleicht auch eine schmähende Anklage gegen den Zwang der Umstände und seine Verursacher.

Ab und zu trafen neue Transporte im Lager ein. Und so kamen dann in den Raum der vier neue Mitbewohner hinzu. Zuerst belegten sie die Betten in den Ecken, dann entlang der Wände, weil man die Nachbarschaft der anderen mied. Größere Familien schoben auch zwei Bettgerüste nebeneinander und arrangierten sich so eine vertraute Nähe. Auf dem obersten Bett lagen zumeist die Gepäckstücke und Klamotten, gewagterweise manchmal auch die Nahrungsmittel. Teddy verschaffte sich einmal gewitzten Zugang zu einem Quarktopf, der neiderregend auf dem obersten Bett so offen lockte. Mit einem Löffel, befestigt an einem langen Stecken, langte er über den Gang hinweg, während gerade die Eigentümer auf den Kanten der untersten Betten hockten und schwätzten. Auch hier bewies er, ein wie pfiffiger Schlingel er sein konnte.

Es war Sommer, und in Erdlöchern hatten sich die Flüchtlinge Kochgruben mit Steinen gebaut, auf denen die Töpfe oder die Ersatzgefäße standen. Man sah schmale topfähnliche Konservenbüchsen. Oder eine große Dose, von der nur ein wenige Zentimeter hoher Rand verblieb, diente als Tiegel. Ein Mann, als Miesegrimm und Geizhals im Lager verschrien, buk im Freien auf einer Panzerplatte Plinsen. Kinder aus dem Lager schauten zu und hofften auf einen Bissen. Vergeblich. Bei nächster unbeobachteter Gelegenheit piselten sie auf die Platte und warteten die Wiederholung des Backgeschehens ab, diesmal weniger neidisch als schadenfroh. Doch, welch Wunder, der Mann bot ihnen unaufgefordert einige Kartoffelpuffer an und verstand die Jugend nicht mehr. Die Kinder hatten dankend abgelehnt. Sie fühlten sich bestraft und zugleich belohnt mit einer neuen Erfahrung: ›Pinkele nie auf Dinge, die später vielleicht noch nützlich werden können.‹ Der glücklich dreinschauende

Koch war zu bedauern. Da hatte er sich gerade mal ein paar Kartoffeln ergattert, und jetzt schmeckten diese so rätselhaft streng. Scherze der Kinder können schon einen penetranten Beigeschmack bekommen.

Um vom Wetter unabhängig zu sein, mauerte Teddy, der damals erst zwölf Jahre alt war, in der Mitte des Raumes einen Herd, da ein Kanonenofen fehlte. Mit gefundenen Steinen und besorgtem Mörtel baute er eine Herdumrandung, auf die er eine große gefundene Stahlplatte legte. Ein Abzugsrohr war irgendwoher besorgt und mit der Feuerstelle verbunden. Alle Raumbewohner waren froh über diesen Kochkomfort bei verregneten Tagen.

Die Baracke war durch viele Hinzugekommene so hör-, seh- und riechbar immer ungemütlicher geworden, zumal sich alle mit den kühleren Herbsttagen in das Haus zurückzogen. Die vier hatten Glück, sie fanden in einer anderen Baracke einen leer gewordenen kleinen Raum, der vorher als Wachstube gedient haben mußte. Er war klein, besaß einen größeren Tisch und hatte nur doppelstöckige Betten, insgesamt sechs an der Zahl, was also eine weitere Belegung unwahrscheinlich machen sollte. Aber ihre Zuversicht sollte trügen. Inmitten prangte ein Kanonenofen, der den Raum im kommenden Winter erwärmen sollte, wie sie hofften. Aber auch hier irrten sie gewaltig.

Die Baracke ruhte mit Balken auf einigen Ziegelsteinen und bot so Wind und Kälte auch von unten Angriffsfläche. Da und dort waren in den Bodenbrettern kleine Löcher, durch die man das Erdreich sehen konnte. Ratten hatten sie ernagt. Wahrscheinlich war der Raum ihr Schlafquartier, besonders im Winter, wer weiß. Sie waren von den neuen zweibeinigen Bewohnern vertrieben worden, aber sie schienen auf ihren Rechten zu beharren. Denn immer hörte man sie nagen, laufen, scharren, besonders des Nachts. Sie waren die heimlichen, fast nie erspähten Mitbewohner im gesamten Lager. Die vier ahnten, was auf sie zukommen wird: Sie werden wie die Ratten mit Ratten leben müssen.

Bald kam eine Elsässerin hinzu und belegte das untere Bett im Gang gegenüber zur Mutter. Die beiden Frauen verstanden sich auf Anhieb und gut. Die Mutter versuchte mit ihr Französisch zu parlieren, doch es erbrachte nicht viel. Es erschöpfte sich im wiederholten: »Mes enfants terribles«, obwohl sie hätte glücklich sein dürfen, die sorgenden drei Jungen um sich zu haben. Sie war so lebensuntüchtig und zugleich voller Ansprüche an die Kinder und ihre Umgebung. Sie erwartete, daß die kleinen Jungen für sie sorgten und ihr Essen heranschafften. Sie war eigensinnig, egoistisch und konnte unausstehlich werden. Sehr oft kam es zu beleidigenden und bösartigen Auseinandersetzungen zwischen ihr und den Kindern. Der Ton wurde rauher. Immer fing sie an. Die Jungen lernten, sich zu wehren: »Jetzt reiß dich zusammen!« Und zugleich litten sie darunter, daß sie zu harten Worten gegen ihre Mutter greifen mußten. Es lähmte sie, von ihr keinen Schutz erwarten zu dürfen. Sie wußten, allein mußten sie für sich selbst sorgen und sich auch noch um ihre Mutter kümmern. Wenn diese dann bohrende und vorwurfsvolle Fragen stellte, woher dies und jenes Nahrungsstück stamme, konnte die Antwort schon mal sehr drastisch ausfallen: »Was willst du denn fressen, morgen? Halt die Schnauze! Frag' nicht!« Meist maulte sie weiter und klagte schon wieder über einen anderen Mangel. Sie erwartete, daß die Jungen ihn abstellten. Manchmal kam es ganz hart. Dann flogen die Wortfetzen. »Du kannst dich nicht am Leben vorbeilügen. Halt's Maul!« Wenn sie es doch gehalten hätte. »Du bist doch an allem schuld. Warum hast du uns in diese Scheißzeit hineingeboren!« war der letzte Aufschrei, die Mutter mundtot zu machen. »Ich hätte euch im Badewasser ersaufen sollen«, war ihre bekannte Retourkutsche. »Von wegen. Du? Gerade du willst uns gebadet haben? Keinen Finger hast du für uns krumm gemacht.« Die ultimative Drohung, »Wenn du nicht vernünftig wirst, bringen wir dir nichts mit«, diese Aussicht machte sie endlich gefügig. Schon die bloße Warnung hatte genügt. Sie mußte ihr leider recht oft an den Kopf geschleudert werden. Die Verfügung über Nahrungsmittel bedeutete Macht. Der einzige, der etwas Einfluß auf die Mutter hatte, war der inzwischen neunjährige Siegbert. Ihm allein gelang es, die Mutter zu mäßigen, aber auch das nur mit kräftigen Worten. Aber von ihm nahm sie wenigstens Lehre an.

Wie sehr haben die drei Jungen eine andere Flüchtlingsfrau bewundert, wie diese ihre acht Kinder bemutterte. Wie eine Löwin umsorgte und umhegte sie ihre Schar. Sie ging fechten, sie kochte und wusch, besorgte alles mit Kraft und hatte die widrigen Umstände im Griff. Sie war eine starke Frau. Die drei Jungen wurden traurig, wenn sie an ihre eigene Mutter dachten und sahen, wie schwach sie war. Nie hätte sie einen fehlenden Knopf angenäht oder ein Loch gestopft. Sie hatte kein Auge dafür, wie die Kinder angezogen waren. Sie hatte sich auch nie darüber den Kopf zerbrochen, wo sie Essen oder Heizmaterial herbekämen. Das war keine Faulheit. Es war etwas anderes. Faulheit steht im Gegensatz zum Fleiß. Doch fleißig kann man nur sein, wenn man eine Aufgabe hat, die zu erfüllen ist. Die Mutter hatte in ihrem Leben nie eine ›Aufgabe‹ wahrnehmen dürfen. Alles war ihr schon von Jugend an abgenommen. Für alles gab es Personal, ihr Mann hat sie später in dieser Lebensführung bestärkt. Sie hatte nie gelernt, eine Aufgabe, eine Pflicht zu übernehmen. Die Kinder haben unter dieser Leistungsschwäche ihrer Mutter unsäglich gelitten. Zuerst hatte es sie gelähmt. Doch sie mußten erfahren und lernen: Sie konnten nicht darauf warten, daß die Mutter etwas macht. Sie selbst mußten tätig werden. So ergriffen sie die Führung und ließen sich dann auch nicht mehr von der Mutter schikanieren, wie sie früher ihr Personal zickig und launisch behandelt hatte. Sie schämten sich besonders, wenn Fremde die verkehrte Welt bei ihnen durchschauten und hierzu Andeutungen machten. Daß die Mutter im Lager einen schlechten Ruf hatte, war das noch verwunderlich? Die Kinder hörten davon, sie haben sich geniert.

Die Mutter, bequeme Dame wie immer, mutete sich natürlich nicht zu, des Nachts die weit entfernte Latrine für die Notdurft aufzusuchen. Sie beugte sich über die Allzweckschüssel, die auf dem Hocker zwischen den Betten stand, und begann ihr kleines Geschäft zu erspritzen. Ein spitzer Aufschrei der Elsässerin signalisierte, daß irgend etwas passiert sein mußte. Die Jungen fuhren aus dem Schlaf hoch und konnten sich über die Mutter schon nicht mehr wundern. Am Morgen dann wischte die Mutter die feuchten Spuren und die mangelnde Treffsicherheit hinweg: »Was ist schon dabei, das kommt eben vor.« Die beiden Frauen blieben sich trotzdem geschätzte Gesprächspartner fürderhin. »Madame, sie ma-chen misch naß.« Der Satz, in einem so lieblich französischen Tonfall hinausgequietscht, ist in die Familiensaga eingegangen.

In diesem Gröditzer Lager bekamen die Bewohner Lebensmittelmarken, die in den Geschäften des Ortes oder in der Lagerküche einzulösen waren. Man versorgte sich also selbst, konnte aber auch das Mittagessen aus der Lagerküche holen. Die Mengen an Nahrungsmitteln waren wieder so arg beschränkt wie schon im Görlitzer Reichertlager. Allenfalls während des Sommers konnten sie sich mit Brennesseln und Sauerampfer etwas Gemüse zusammenpflücken. Grenzenlos floß nur das Wasser aus der Leitung. Es hat die krampfartigen Schmerzen des leeren Magens besänftigen müssen, wenn das auch nur kurzfristig gelang. Die Jungen litten entsetzlichen Hunger. Haben nicht Kinder in diesem Alter einen unbändigen Appetit, besonders Jungen? Der Stoffwechselumsatz ist gewaltig. Der Körper will wachsen und legt das Fundament für das Erwachsenwerden. So zogen sie wieder über die umliegenden Dörfer, um zu fechten. Siegbert und Siegmund teilten sich die Ortshälften rechts und links der Durchgangsstraße auf, um die peinlichen Verwechselungen bei früheren Touren zu vermeiden. Das war oft passiert, sollte aber jetzt endgültig ausgeschlossen werden. Oft begegneten sie anderen aus dem Lager. Es waren Konkurrenten im Fechtkampf.

Deshalb, je früher, um so günstiger, zogen sie los, im Sommer meist barfuß, eine alte schäbige Tasche in der Hand. Teddy begleitete sie. Er hatte seit kurzem das Betteln aufgegeben. Er wollte es nicht mehr. Mit bald dreizehn Jahren konnte er nicht mehr den kindlichen Mitleidsbonus ausnutzen. Dafür übergaben sie ihm jetzt die erfochtenen Dinge. Denn ihre Tasche mußte leer sein, wenn sie anklopften. Zwei Sätze hörten sie fast immer: »Hast du was zu tauschen? Komm wieder, wenn du was hast!« Was hatten sie schon als Tauschobjekt anzubieten? Begehrliche eigene Dinge besaßen sie nicht. Also mußten sie Ausschau halten. Mal waren es ein paar Stiefel, die ein Bauer, vom Feld heimkehrend, hinten am Pferdewagen angebunden hatte, oder die Peitsche, die sie ihm unbemerkt vom Wagen strapsten. Der neue Erwerber fragte nicht lange. Doch oft wurden sie abgewiesen: »Immerfort steht jemand vor der Tür. Wir haben selbst nichts mehr.« – »Fort! Hau ab!« Zumeist jedoch erregten sie Mitleid: Kindheit und Kleidung, auch die hilfesuchenden Worte erweichten die Herzen. Gelegentlich durften sie sich an den Tisch setzen und den Rest vom Mittagessen löffeln. Daher waren sie an wenigen Tagen nicht ganz so hungrig, wenn sie ins Lager zurückkamen. Die sonstigen Gaben steckten sie in ihre Tasche. Es waren fast ausschließlich Kartoffeln und Stücke vom Brot, mal ein Kanten. Fand sich ein Apfel oder eine Birne darunter, hatten sie einen Glückstag. Weil sie jeweils nur so wenig erhielten, mußten sie so viele Dörfer hintereinander abklappern. Einmal zogen sie durch sieben Dörfer an einem Tag und konnten kaum noch laufen. War die Ausbeute gering, führte sie der Heimweg durch die Obst- und Gemüsegärten, wo sie etwas mitgehen ließen. Tomaten drehten sie ab, Kartoffeln buddelten sie aus, und die Bohnen waren mit dem Daumennagel schnell abgekniffen. Das mußte mit viel Umsicht vonstatten gehen, weil die Bauern eine Flurwacht auf Fahrrädern organisiert hatten. Erschöpft kehrten die Jungen spät am Abend zurück. Sie waren müde. War der Fechtgang ergiebig, konnten sie mal zwei, drei Tage pausieren. Dann trieb die Not sie wieder hinaus. Es blieb ihnen keine andere Wahl.

Die Mitbringsel wurden wie immer auf den Tisch geschüttet und aufgeteilt, die Mutter besonders bedacht und die Elsässerin nicht vergessen. Immer nämlich hingen sich irgendwelche alleinstehenden Frauen an die Mutter. Sie liebte, von Menschen umgeben zu sein, wenn sie diesmal auch noch kein neues Personal, das sie bedienen sollte, rekrutieren wollte. Diese Frauen wurden dann immer am Erlös der Fechttour beteiligt. Dieses Mal war es eben die Elsässerin. Aber auch sonst empfanden sie sich solidarisch mit den noch weniger Begünstigten. Sie als kleine Kinder waren bei den Betteltouren agiler und erweckten auch das größere Mitleid. Diese Vorteile erbrachten, trotz aller dürftigen Ausbeute, immer noch etwas mehr. Der alleinstehende Erwachsene war schlechter dran. Zumeist nahmen daher die Frauen ein Kleinkind mit und setzten es auf den Arm. Sie wußten warum.

Das erinnert an die ausländischen Frauen in deutschen Städten, die mit einem Säugling im Schoß am Straßenrand sitzen und die Hand aufhalten. Doch der Unterschied zu den damaligen Flüchtlingen ist gewaltig. Die Fechterei 1945 war von der schieren Not diktiert, überleben, nicht an Unterernährung sterben zu wollen. Die heute Bettelnden, vielfach Ausländer, erhalten Sozialhilfe, die vom deutschen Steuerzahler finanziert wird, zusätzlich kostenlose Unterbringung und sonstige Sachleistungen. Welch eine Zumutung, im deutschen Ausland die fehlende Hilfe des eigenen Staates zu suchen, statt auch Last und Leid des eigenen Volkes zu tragen und auszubaden. Auch Millionen schuldloser Deutscher haben nach 1945 Schuld ihrer Führung und Schicksal ihres Landes ertragen, ohne asylzuflüchten. Wenn die fremden Frauen auf dem Pflaster hocken und die Hand ausstrecken, ist dies nicht des Flüchtlings blanke Not des Überlebens, um nicht zu verhungern, sondern stellt eine zusätzliche Erwerbsquelle dar, die wie eine berufliche Tätigkeit in den Tageslauf eingeplant scheint.

Die Mutter und die drei Jungen hätten mehr an sich denken und das Unzureichende nicht noch teilen sollen. Denn wahrscheinlich war die fehlende Sättigung und die mangelhafte Ernährung bereits dieser Tage mitursächlich dafür, daß die Mutter, Teddy und Siegbert etliche Monate später an Lungentuberkulose erkrankten und ins Krankenhaus kamen.

Im Sommer tollten die Kinder im Lager herum, wenn sie nicht auf Betteltour waren. Dann, wieder einmal, forderte die Stadtverwaltung dazu auf, die Kinder in die Schule zu schicken. Auch dieser zweite Versuch scheiterte kläglich. Die Zwillinge zogen in ihrer einzigen, der abgerissenen Kleidung hin und wurden von den anderen Mitschülern argwöhnisch beäugt. Als der Lehrer am ersten Tag aus der vom Sekretariat erstellten Liste den Namen ›Halm‹ aufrief, meldete sich keiner. Er wurde laut und ärgerlich. Nach einiger Orientierungslosigkeit wies er auf Siegmund: »Und du? Wer bist du?« Siegmund sagte, er heiße ›Hahn‹. Der Lehrer fühlte sich gefoppt und langte zu einer saftigen Backpfeife aus. Als er dann noch die Zwillinge aufforderte, Hefte, Schreibzeug und Bücher mitzubringen, war dieses Experiment eines Schulbesuchs schon wieder mißglückt. Sie gingen einfach nicht mehr hin. So blieb es bei diesem einzigen Tag eines Schulbesuchs, und so blieb es dabei, daß die neunjährigen Zwillinge immer noch nicht lesen und schreiben konnten. Die Mutter hatte nicht das Geld für die Lehrmittel. Wahrscheinlich hätte sie von der Verwaltung einen Zuschuß bekommen, aber sie wußte es nicht, und keiner hatte sie darauf hingewiesen.

Kinder arrangieren sich immer und überall schnell. Sie spielten, rauften und jagten, wo Umgebung und Umstände eigentlich ihre arglose Naivität hätten abtöten müssen. Ihre Natur läßt sie auch weniger leiden als die Erwachsenen. Die Zwillinge hatten mit Leichtigkeit neue Spielkameraden gefunden. Teddy blieb unter den Größeren, mischte aber bei den Jüngeren fleißig mit, wenn es darum ging, etwas anzustellen.

Das Latrinenhaus der Männer umfaßte auf der Frontseite vielleicht zwölf Zellen, die nebeneinander lagen. Auf der rückwärtigen Seite reihten sich parallel nochmals zwölf Zellen aneinander. Zwischen ihnen lag zwar eine schützende Wand, aber nach vorn war keine Tür angebracht. In das Sitzbrett, das kindergünstig niedrig lag, war das entscheidende Loch gefräst. So saßen die ›Geschäftigen‹ da, geniert, aber in die Umstände ergeben, weil sie den Blicken der anderen Notdurftgepeinigten so offen ausgeliefert waren. Der Verlust der Intimität tat weh. Was half's. Die Jungen luchsten schon mal durch die Löcher, den Kopf nach unten, um die hängenden Gemächte auf der gegenüberliegenden Seite zu erspähen. Sie mußten sich hierzu unauffällig dem Hause nähern und auch leise verhalten. Aber dieser Kick war schnell verbraucht. Es lockte ein anderer Einfall, aus schierer Langeweile.

Die zweimal zwölf Löcher gaben den Blick frei auf eine gefüllte Grube, über deren Anblick man üblicherweise nicht spricht. Wären nicht diese kleinen Frechdachse im Lager gewesen, bestünde auch kein Anlaß, hierauf einzugehen. Aber es muß geschehen, so degoutant es auch sei. Kinder sind Strolche und bleiben ›unmöglich‹. Dicke, fette Ratten dort unten tummelten sich genüßlich. Die Jungen wollten sie ärgern und holten kräftige Steine. Auf welche Einfälle kommen nicht Lausejungen! Sie erspähten ein günstiges Abwurfloch, der Stein lag im Anschlag. Mit Wucht stürzte er senkrecht nach unten, verfehlte aber sein Ziel. Eine mächtige Fontäne spritzte seitlich nach oben, und ein Aufschrei von Flüchen erscholl von der rückwärtigen Seite. Mit Schreck in den Gliedern jagten die Jungen nach draußen und versteckten sich hinter Büschen. Sie ahnten, was passiert sein konnte. Da stakste er heraus, ein fluchender Mann, Schrittchen für Schrittchen, die Hose vorsichtig am Gurt haltend, die Körperhaltung vor Ekel versteift, um nicht durch überflüssige Bewegung etwas anderes in Bewegung zu setzen. Der Ärmste, seine Hose war auch von außen beschmutzt, sein Hemd sogar bis zum Hals. Er trippelte zum Waschhaus. Dort verlor sich seine Spur. Die Jungen schämten sich und bedauerten ihre Gedankenlosigkeit. Sie hatten sich nicht vergewissert, der übliche Unterblick hätte sie warnen können. Nie hätten sie den Stein geworfen. Sie schworen einander ein hehres Stillschweigen. Ihre Urheberschaft durfte nicht herauskommen. Mit dieser undelikaten

Episode hatte das Latrinenhaus jeden Langeweilespaß für sie verloren.

Wenn abends die sowjetischen Soldaten Musik machten, krochen
die Jungen durch den Zaun und setzten sich dazu. Es waren einfache, schlichte Kerle, zwischen 20 und 25 Jahren, in dürftigen
Uniformen mit gutmütigen Gesichtern, und hatten selbst kaum
etwas zu beißen. Aber es reichte immer noch, um eine Frau in dem
Lager oder der Stadt zu einem Liebeserlebnis zu ködern. Sie lebten
karg und schienen bei aller Distanz zu den besiegten Kriegsfeinden
mit den Lagerbewohnern Mitleid zu haben. Sie waren kinderlieb
und ließen die Jungen an sich heran. Die Balalaika intonierte den
Einsatz und mit ihren kräftigen, tiefen Stimmen sangen sie ihre
schwermütigen Lieder. Die Ziehharmonika lockte die Weite ihrer
fernen Heimat heran. Einer sprang auf und tänzelte im Rhythmus
der Lieder, die Arme nach oben, dann ging er in die Kniebeuge und
warf die Beine abwechselnd nach vorn. Ein anderer löste ihn ab.
Oder sie legten einander den Arm um die Schulter und tanzten
gemeinsam. Der laue Abend senkte sich nieder, und die Mücken
umschwirrten die Soldaten. Die Jungen vertrieben die Quälgeister.
Das gefiel den Soldaten, und sie sangen weiter ihre Lieder voll Sehnsucht. Sie schwelgten in Melancholie, die mit unbeschwert jugendlicher Heiterkeit einherging. Die Nacht brach herein. Der Magen
knurrte schon wieder, die Jungen fielen aufs Strohlager. Sie gaben
sich dem Schlaf hin und ahnten, wie hungrig sie am morgigen Tag
wieder sein würden.

Wenn die Soldaten zum Baden in einen nahen Kanal aufbrachen,
erlaubten sie den Jungen mitzugehen. Nackt sprangen sie ins Wasser,
und die Jungen trugen ihnen die Uniformen hinterher, am Ufer entlang. Dann wollten die Soldaten auf ihre Art Fische ›fangen‹. Wenige
Handgranaten genügten, um reichlich getötete Fische nach oben zu
treiben. Davon gaben sie den Jungen einige ab. Sie trieben mit ihnen
harmlose Scherze. Sie warfen Münzen hin, um die Jungen, wenn sie
sich danach bückten, mit Wasser zu bespritzen. Dann haben sie

untereinander Ball gespielt, und die Jungen holten ihn, wenn er weiter weggerollt war. Die Soldaten haben viel gelacht und sich mit den kleinen Buben amüsiert. Einmal sackte beim Ballspiel ein Soldat in eine Erdgrube. Mit Schreck fuhr er hoch. Eine schon teilweise verweste Leiche in Sträflingskleidung lag in dem Erdloch. Die Mordkommission aus Leipzig war schnell zur Stelle. Es war einmal mehr offensichtlich, das Lager hatte eine traurige und grausame Vergangenheit. Der ›waghalsige‹ Satz eines Soldaten zum kleinen Siegbert »Hitler nix gutt, Stalin nix gutt« war da kaum ein Trost.

Sehr ärgerlich war die tägliche Stromsperre. Tagsüber, wenn Industrie und Handwerk elektrische Energie benötigten, war dies nicht der Fall. Aber nach Arbeitsschluß ließ sich der private Verbrauch leicht drosseln. Unangekündigt, zu variierenden Zeiten, erlosch jeden Abend plötzlich das Licht. An den Herbst- und Winterabenden, wenn man das schwächer werdende Tageslicht früher ersetzt, war das besonders mißlich. Man tastete sich zur bekannten Stelle und erfühlte die Streichholzschachtel. Doch wie wenig Helligkeit erbringt schon eine Kerze. Sollte man warten? So konnte es Stunden gehen. In der Regel resignierte man früh und suchte den Schlaf. Aus ihm fuhr man jäh auf, wenn inmitten des Schlafes das Licht wieder anging, weil keiner den Lichtschalter betätigt hatte.

Zu aller Unbill dieser Wochen erlitt die Mutter auch noch einen Ischiasanfall und mußte für einige Tage ins Krankenhaus. Bandagiert humpelte sie dann an Krücken herum. Zu dieser Zeit quartierten sich vier weitere Frauen im Raum ein. »Sind hier noch Betten frei?« fragten sie. Und schon waren sie engste Nachbarn. So selbstredend und widerspruchslos ging das damals. Aber es war auch ein Stück Solidarität in der gemeinsamen Not. Man half sich, wo immer man konnte, wenn auch der Nächste stets die eigene Person blieb. Den vier Frauen oblag, die Leichen aus den letzten Kriegstagen zu bergen. Das waren meist KZ-Häftlinge und andere Arbeitskräfte, die im Umfeld des Stahlwerkes verscharrt waren. Dafür bekamen sie Sonderrationen an Lebensmitteln. Zwei der Frauen brachten leider eine delikate Unruhe in die nächtliche Schlafenszeit. Denn gelegentlich hatten sie unter den Soldaten einen Freier gefunden, der es vernehmlich genoß, in die Zielgerade zu seinem Orgasmus einzufahren. Hätte die Mutter protestieren können? Wohl kaum. Gegen die Besatzungsmacht gab es keine Rechte. Als einmal das Bett unter der Last der beiden Liebenden mit Getöse zusammenbrach, war nicht zu überhören, wie wenig belastbar die Bettgestelle gebaut waren. Aber es war nicht so, daß die beiden Frauen davon gelebt hätten. In dieser Zeit versuchte halt jeder, zu etwas zu kommen. Und das Tauschgeschäft war noch immer das ergiebigste. So kamen dann auch die Jungen zu Bratöl und gaben dafür den beiden Frauen von den Fischen, die sie vom Bad mit den Soldaten heimgebracht hatten. So saßen alle bei Bratfisch wortkarg zusammen und hatten wieder einmal einen Tag Leben abgehakt.

Dann kam der Winter, und das Elend sollte noch zunehmen. Die seit Jahrzehnten härteste und strengste Kälte brach herein. Ein eisiger Wind jagte 20 Grad Frost für Wochen über Deutschland. Der Schnee lag zwei Meter hoch. Keiner im Lager ging mehr ohne Not vor die Tür. Die Jungen konnten nicht mehr über die Dörfer ziehen und fechten. Nun wurde der Hunger bestialisch. Sie saßen im Raum und froren nur noch. Der Ofen kam gegen den Frost nicht an. Die dünnen Bretter der Holzbaracke boten keinen Schutz. Denn Wände, Decke und Fußboden waren nicht isoliert. Der Frost kroch in die Baracke und nistete sich unerbittlich fest. Er griff nach ihnen und ließ sie am ganzen Körper schlottern. Er wurde ihr neuer Feind, schließlich verhaßter noch als der Hunger. Sogar das Brot war gefroren und mußte erst aufgetaut werden. Selbst die scheuen Ratten suchten diesmal die sichtbare Nähe des Menschen. Sie krochen unter die Strohsäcke und flüchteten schon mal über Arm und Gesicht. Eine hatte im Herd auf der warmen Asche übernachtet. Wie war sie zu beneiden! Die vier lebten wie Ratten mit Ratten.[78]

Selbst ein elektrischer Heizkörper hätte nichts ausgerichtet, abgesehen davon, daß er, ebenso wie die elektrische Kochplatte, schon lange nicht mehr im Handel war. Beide Geräte gehörten nicht zu den vertrauten Haushaltsutensilien wie heutzutage.

Heiligabend 1946: Ein zweites Weihnachten ohne den geliebten Vater. Siegbert fand einen einzelnen Tannenzweig und stellte ihn in eine Konservendose. Eine Kerze mehr als sonst brannte, welch eine Verschwendung, obwohl der Strom an diesem Tag ausnahmsweise nicht abgesperrt wurde. Siegbert bug auf der Herdplatte einige Plinsen für alle. Das war's. Von der staatlichen oder kirchlichen Gemeinde in Gröditz hörten sie nichts. Sie legten sich früh aufs Stroh, die Erinnerung an frühere Weihnachten machte sie schwindlig.

Die Kleidung der Zwillinge war völlig ungenügend. Dünne Jacken, keinen Mantel, nur eine Pferdedecke, die bekanntlich kaum wärmt. Wenn sie wenigstens eine zweite Decke gehabt hätten, um die Wärme für den Nachtschlaf zu finden. Die blutleeren, fast erfrierenden Zehen nahmen sie in die Hände und schliefen so ein. Die früher gefundenen Lederschuhe waren längst kaputt, oder sie waren aus ihnen herausgewachsen. Wie lange kann man in Schuhen laufen, wenn schon die Zehen herausstehen und man sie bei jedem Schritt noch mehr wundstößt? Deshalb gingen sie im Sommer barfuß, aber auch das mit wievielen Schmerzen und immer neuen Verwundungen. Wieder hatten sie die kurzlebigen Strohschuhe erstehen können. Aber gegen diese Kälte halfen sie schon gar nicht. Selbst die zusätzlich um die Füße geschlungenen Lappen brachten nichts. Aber trotzdem mußten die drei Jungen raus.

Doch der Wald war überlaufen mit Menschen, er gab nichts mehr her. Da machten sich die drei auf den Weg nach Gröditz und hingen Fensterläden aus. Mit einem Stahlrohr, da Axt und Säge fehlten, schlugen sie daraus kleine Brennscheite. Holzbänke, Stühle, Tische, sogar einen alten Gewehrständer aus NS-Zeiten holten sie aus dem Lager jenseits des Zaunes. Unvorstellbar, die Soldaten hätten den Diebstahl bemerkt. Ob sie dann noch so kinderlieb hätten sein wollen und dürfen? Was sie nicht schleppen konnten, mußten sie durch den Schnee ziehen. Um die Spur zu verwischen, schlugen sie

Umwege über niedergetretene Pfade ein. Aber es half nichts. Es mußte schließlich Zorn erregen, wenn die Hauseigentümer ihre Fensterläden nicht vorfanden. Die Polizei erschien und hielt Ausschau, wo der Schornstein am kräftigsten rauchte. Sie visitierte Feuerstelle und Aschekasten – und wurde fündig. Die angeräucherten Scharniere der Fensterläden lieferten den Schuldbeweis. Die drei Jungen wurden verdonnert, die fehlenden Fensterläden irgendwie zu ersetzen. Die Möglichkeit, sie von woanders, aber keinesfalls aus Gröditz zu besorgen, wurde nicht ausgesprochen, aber offen gelassen. Die Jungen behoben den Schaden, mußten dafür einen neuen woanders anrichten.

Der beinamputierte Landser war ein besonders trauriger Fall. Er humpelte mit seinen Krücken an der Baracke vorbei und stürzte der Länge nach hin. Er war auf spiegelglatter gelber Eisschicht ausgerutscht. Unter Fluchen erhob er sich mühsam. Die Jungen hatten des Nachts den frostigen Weg zur entfernten Latrine gemieden. Mit einer Krücke trommelte er gegen die Tür und verwünschte die Pisser.

Es war eine chaotische Zeit. Die Würde des Menschen, wo war sie? Das Leben in diesen Verhältnissen, in dieser Jahreszeit wurde unerträglich. Hunger und Kälte schienen nicht mehr steigerbar. Sie mußten fort, wollten sie nicht zugrunde gehen. In einer Stadt müßte es besser sein: in einem Steinhaus gegen die Kälte, und gegen den Hunger eine städtische Verwaltung.

In aller größter Kälte im Februar 1947 machten sie sich auf den Weg. Sie konnten nicht mehr zuwarten. Die Eisenbahn brachte sie nach Riesa. Es lag nur 20 km entfernt. Es sollte die letzte Station ihres vagabundierenden Herumziehens werden. Sie ahnten es nicht, wie sehr sie diesen Augenblick auch ersehnt hatten.

*

Die vier hatten in den zweieinhalb Jahren der Vertreibung ab Januar 1945 nur überlebt, weil die Jungen entweder fechten oder mundrauben gingen. Hatten sie zur notdürftigsten Sättigung nicht genug erbetteln können, mußten sie zur zweiten Variante Zuflucht nehmen. Sie hatten unter beiden Fällen gleichermaßen gelitten, weil sie sich beim Fechten nicht weniger geschämt haben. Aber diese Überwindung wird von Kindern leichter und spielerischer bewältigt. Schließlich trieb sie der Hunger dazu, da wurde nicht lange gefackelt. Den meisten Flüchtlingen ist es nicht so schlecht ergangen wie den vieren. Manche kamen sogar bei einem Bauern unter, der sie gegen die gesuchte landwirtschaftliche Mitarbeit mit vielem versorgte. Es gab diese ›unglaublichen‹ Geschichten mitfühlender Unterstützung, die damals wie moderne Märchen die Runde machten. Den vieren blieben es ›Märchen von Tausendundeinem gestillten Hunger‹.

Die vier waren froh, endlich wieder in bürgerlich-städtischer Umgebung zu sein. Das in Gröditz erzwungene ›Leben mit Ratten wie Ratten‹ hatten sie hier hinter sich gelassen. Es sollte für immer sein. Die Mutter war nach Ankunft zum Gemeindeamt gegangen, und man hatte ihr ein Zimmer bei Frau Tillig zugewiesen.[79] Es war ein großer Raum mit drei Betten, deren Inletts diesmal, anders als in Ummendorf, mit Bettbezügen versehen waren. Es war schlicht und ausreichend möbliert, und Frau Tillig hatte auf alles ein Auge. Sie war ohne Familie, alleinstehend und nahm die vier, wenn auch mit großer Reserve, so doch mit einem gewissen Wohlwollen auf. Das war schon erstaunlich bei dem üblichen Unmut, sogar Haß, der sich gegen die zugereisten ›Eindringlinge‹ richtete. Die vier hatten inzwischen Erfahrungen mit Einquartierung und wollten auf keinen Fall mehr anecken. Sie erlaubten sich keine ›Extravaganzen‹ in der Wohnung.

Mit Ankunft in Riesa hatten sie das Mundrauben ein für allemal hinter sich gelassen. Sie mußten nie wieder nach fremden Sachen die Finger ausstrecken. Hier bot die Stadt genug Möglichkeiten des Fechtens, die ausgedehnten Touren über die Dörfer waren nicht mehr ›not‹wendig. Hier stand ein Haus neben dem anderen, und jedes davon umfaßte etliche Wohnungen. Auch Lebensmittelgeschäfte boten sich dar. Was will man mehr. Die Zwillinge besorgten sich einen Stadtplan und teilten die Reviere und Straßenzüge untereinander auf. Sie waren leider nicht die einzigen Florettschwinger, aber die Stadt war weiträumig und vom Krieg verschont geblieben. Es wimmelte von Zugereisten aus den deutschen Ostgebieten und aus den zerbombten Städten wie Dresden und Leipzig.

Die Touren waren oft so ergiebig, daß sie Frau Tillig vom Ertrag abgaben. Die konnte nur staunen. Sie nahm es dankend an, konnte es sich aber nicht verkneifen, diese ›Art von Besorgung‹ zu mißbilligen. Sie hatte als Einheimische in ihrem Freundes- und Bekanntenkreis etliche, die ihr mal Eier oder Fleisch, mal dies oder das an Obst und Gemüse zusteckten. Sie konnte auch immer auf irgendein Tauschobjekt aus ihrem komplett eingerichteten Hausstand zurückgreifen, wenn sie wollte. Ihr Naserümpfen war also wenig plausibel und die Titulierung der vier als ›Bettlergilde‹ wenig einfühlsam. Aber vielleicht hat sie das eher scherzhaft gemeint, allerdings versehen mit einem zaghaften Biß zynischer Ehrlichkeit. Jedenfalls hat sie nie verschmäht, an der Ausbeute teilzunehmen. Immer revanchierte sie sich dann mit irgendeiner Gegengabe, und so konnten beide Seiten gut miteinander auskommen. Aber trotz allen Wohlwollens, das sie den vier entgegenbrachte, blieb ihr nicht verborgen, daß die Mutter die zu erwartende Fürsorge für die Kinder vermissen ließ.

Der zehnjährige Siegbert muß recht elend ausgesehen haben. Er hielt sich gerade im Vorgarten der Frau Tillig auf, als ihn ein Mann erschrocken ansprach: »Gott, wie siehst du krank aus.« Es muß ein Arzt gewesen sein. Er berührte Siegberts Augen und zog die Lider herunter. Er betrachtete den Augapfel und fand bestätigt, was er vermutet hatte: »Das hab' ich mir gedacht. Völlig weiß, blutentleert. Armes Kind!«

Schon bald meldete sich die Verwaltung und forderte die Jungen zum Schulbesuch auf. Ab Ostern kamen sie in eine Spezialklasse der nahe gelegenen Pestalozzischule.[80] Im Schnellverfahren sollten die Ausbildungslücken geschlossen werden, welche die Nachkriegszeit geschlagen hatte. Die Schüler waren durchweg älter, als es dem Niveau der ersten Volksschulklasse entsprach. Die Zwillinge waren bald zehn Jahre alt, und erst jetzt lernten sie das ABC. Sie hatten bis dahin weder lesen noch schreiben gekonnt. Zur Teilnahme am Unterricht in den wechselnden Ortschaften waren sie nie richtig eingestimmt. Die Not des Überlebens war schmerzhafter, als die Freude am Alphabet je lustvoll hätte werden können. Der Unterricht begann also auf der Stufe der Eingangsklasse der Volksschule und machte rasante Fortschritte. Die Jungen kapierten schnell.

Am Nachmittag machten sich die Zwillinge wieder auf den Weg durch die Straßen der Stadt, um für sich, die Mutter und Teddy etwas zum Beißen zu erfechten.

Dann kam, was einmal kommen mußte, und es führte endlich zu den richtigen Konsequenzen. Es fiel auf, wie verwahrlost die drei Jungen waren. Löcher in ihrer Kleidung waren nicht gestopft, Knöpfe nicht angenäht. Beides hatten die Jungen notgedrungen lernen müssen. Aber ihre Geschicklichkeit war begrenzt, und die kindliche Lässigkeit, besonders bei Jungen, sorgt sich nicht sonderlich um ordentliche Aufmachung.

Es muß einen Hinweis von der Schule an das Jugendamt gegeben haben. Ob auch Frau Tillig befragt worden ist, oder ob sie hinter dem Rücken der Mutter Fäden gezogen hat, ist nie herausgekommen. Die Mutter wurde aufgefordert, die Kinder in das städtische Waisenhaus zu geben. Diesmal wehrte sie sich nicht, wie sie es noch in Ummendorf, zwölf Monate zuvor, durch Flucht aus dem Ort getan hatte. Damals hätte man die drei Jungen in eine entfernt gelegene Stadt gebracht, und sie wäre hilflos in dem verlassenen Bauerndorf zurückgeblieben. Diese Aussicht hatte ihr Angst eingejagt. Ganz zu schweigen von ihren unerhörten ›Ein- und Ausfällen‹, die sie aus Ummendorf forttrieben. Hier, in Riesa, hatte vielleicht das städtische Milieu auf sie versöhnend gewirkt. Sie wußte, die Jungen sind in ihrer Nähe, was diese auch umgekehrt beruhigte. Sie würden die Mutter hier nicht aus den Augen verlieren.

Im Kinderheim fühlten sich die drei Jungen außerordentlich wohl.[81] Der Sorge um die tägliche Sättigung waren sie jetzt enthoben. Erstmals seit zweieinhalb Jahren hatten sie wieder drei Mahlzeiten am Tag, und es gab, sie aßen und staunten, sogar einen Vesperkaffee. Die ›Tanten‹ umsorgten die Kinder, wie es besser nicht sein konnte. Ihre Wäsche wurde regelmäßig gewaschen, fehlende Knöpfe ersetzt und Löcher gestopft, was sie schon lange nicht mehr kannten; fehlende Kleidung sogar ersetzt, und selbst passendes Schuhwerk stand zur Verfügung. Es handelte sich hier offensichtlich um Hamstergut, das von der Polizei konfisziert und im Kinderheim abgegeben war. So litt auch die Küche keine Einschränkungen, was für das dritte Nachkriegsjahr eine Ausnahme war und sie auch später nicht wieder antreffen sollten.

Siegbert und Siegmund waren in einem Vierbettzimmer untergebracht. Der weite Blick aus dem Fenster, weit über die Felder, stimmte sie glücklich und heiter. Die Tanten, die alle liebevoll und herzlich mit ihnen umgingen, unternahmen Spiele und machten Wanderungen in die Umgebung. Es gab keinen Zwang, kein Herumkommandieren. Die älteren Jungen, zu denen Teddy gehörte, durften sich um ein eigenes Gartenbeet kümmern, Aussaat, Pflege und Ernte selbst in die Hand nehmen. Bei dieser pädagogisch anspruchsvollen Aufgabe halfen ihnen die Tanten mit Tips und Taten. In einem getrennten Raum konnten sie nachmittags die Schularbeiten erledigen.

Regelmäßig am Sonntag kam die Mutter zu Besuch. Die vier gingen ausgiebig spazieren. Das schöne Sommerwetter lud dazu ein. Die Mutter klagte über ihr Schicksal. Im Mittelpunkt stand wie immer die Trennung vom Vater, der Tochter Inge und dem Sohn Herbert. Die jetzt schon Jahre währende Ungewißheit, ob sie leben, wann und wo sie sich wiedersehen würden, legte sich auf ihr Gemüt. Die Rückkehr nach Hirschberg wurde Monat für Monat ungewisser.

Sie konnte nur hoffen, dem Vater und den beiden älteren Kindern bald in Restdeutschland zu begegnen, um das gemeinsame Familienleben an irgendeinem neuen Ort fortzusetzen. Sie beschwor die herrlichen Friedenszeiten herauf: »Ihr wißt ja gar nicht, wie schön und prächtig alles war.« Sie konnte und wollte sich mit der Misere des Augenblicks nicht abfinden.

Mit etwas Zufriedenheit berichtete sie, daß sie einen Mittagstisch bei einem Fleischer gefunden habe. Das sei für sie ein kleiner Hoffnungsschimmer im Überlebenskampf. Noch ahnte sie nicht, daß ihre Lungentuberkulose schon beträchtlich fortgeschritten war. Sie habe dem Metzger einen der kostbaren Brillantringe gegeben und dafür bekäme sie zweimal die Woche ein Fleischmittagessen, hoffentlich für längere Zeit, worüber noch nicht gesprochen sei. Die Kinder hörten das gern. Sie schämten sich fast, von ihrem eigenen Glück zu sprechen. Sie machten sich eher Sorge um die Gesundheit der Mutter. Sie wirkte schwach und leidend. Ihrem zunehmenden Husten schenkten sie keine weitere Beachtung. So sahen sie die Mutter jeden Sonntag.

Da erschien zur größten Überraschung, mitten in der Woche, die Mutter: Sie habe den Vater mit Inge und Herbert gefunden. Ein lang gehegter Wunsch ging plötzlich in Erfüllung. Die Kinder waren selig: Ihr heiß ersehnter Vater, ihr Beschützer, ihr Ratgeber – ihr heiß geliebter Vater endlich wieder da. Aller Kummer hätte ein Ende. Alles Fechten, Hungern, Klauen wäre scheußliche Vergangenheit. Ihre Qual mit der Mutter wäre ausgestanden. Wieviel Hoffnung setzten sie in die Wiederkehr des Vaters! Sie hatten ihn verehrt, förmlich angebetet. Unter seiner Autorität wären sie geborgen. Alle Sorge ums Überleben hätte ein Ende. Allein, daß er lebt und in ihrer Nähe weilt, reichte aus, um sie glücklich zu machen. Sie wären wieder unter seinem Schutz. Haben minderjährige Kinder nicht Anspruch darauf, von ihrem Vater in Obhut genommen zu werden? Ist das zuviel verlangt? Nun würde ihre Vereinsamung und Trennung vom Vater ein Ende haben, waren sie sicher. Wenn sie gewußt hätten, wie sehr sie sich einer trügerischen Illusion hingaben. Das Schicksal hatte sich eine maßlose Enttäuschung für sie ausgedacht.

Wie war es zur Begegnung der Mutter mit dem Vater gekommen? Sie hatte gehört, daß unter den Transporten von Deutschen, die laufend aus der östlichen Heimat vertrieben würden, auch ein solcher aus Hirschberg sei. Sie sei auf Verdacht ins Durchgangslager Coswig gefahren, nur um sich nach ihrem Ehemann zu erkundigen, ob jemand von ihm wisse, ihn vielleicht sogar persönlich kenne, ob er überhaupt noch lebe oder von den Sowjets wie andere zur Zwangsarbeit nach Rußland verschleppt worden sei, und so weiter. In der Lagerverwaltung habe sie beim Blick in die Belegungsliste den Namen des Vaters entdeckt. Dann habe sie ihm und den beiden älteren Kinder gegenübergestanden. Was für ein Wiedersehen! Sie erzählte von ihren Eindrücken.

Am nächsten Sonntag fuhren sie alle nach Coswig und die drei Jungen waren mit ihrem Vater zusammen. Seit Januar 1945 hatten sie sich nicht mehr gesehen. Sie fielen sich in die Arme, sie alle weinten und weinten. Der Vater strich den Jungen über die Haare, seit bald drei Jahren wieder zum ersten Mal. Als die Zwillinge sich so überglücklich und fest an den geliebten Vater schmiegten, ahnten sie nicht, wie bald er sie wieder in die Vereinsamung schicken würde. Arme Zwillinge! Zu spät Geborene, hinderliche Nachgeburt. Welch ein Schmerz erwartete sie schon in fünf Monaten!

Siegbert umarmte den Vater und kam mit seinen kindlichen Armen kaum um Vaters mächtige Leibesfülle. Der Vater seinerseits glaubte die Zwillinge größer und kräftiger. Er war überrascht über ihren körperlichen Rückstand und mehr noch besorgt über ihren gesundheitlichen Zustand. Er war demgegenüber gut genährt, wie auch die beiden älteren Geschwister.

Der Vater hatte in Hirschberg nach Einmarsch der sowjetischen Truppen zunächst in seiner Zahnarztpraxis weitergearbeitet. Dann kam die polnische Verwaltung und mit ihr die neue Währung,

Sprache und Rechtsordnung. Es hieß, Schlesien sei von den Siegermächten an Polen übergeben worden und alle Deutschen müßten
die Heimat über kurz oder lang endgültig verlassen. Die Deutschen
wurden rechtlos, sie galten als enteignet. Versehen mit einer weißen
Armbinde, mußten sie sich auf der Straße gegenüber den neuen
Herren kenntlich machen. Im Februar 1946 hatten er, Inge und
Herbert binnen 20 Minuten das Haus verlassen müssen. Das von
Inge für diesen Fall vorbereitete Gepäck wurde beschlagnahmt,
so standen sie ohne jede Habe auf der Straße. Nur etliche Kostbarkeiten und Pretiosen hatten sie außer Haus verbergen und nach
hierher durchschmuggeln können. Vater war verzweifelt gewesen.
Inge sah, wie er an einem Fläschchen hantierte. Sie ahnte etwas und
entwand ihm mit Gewalt das Zyankali. Es folgte ein langes be-
drückendes Gespräch, und Vater vernichtete schließlich das Gift. Er
war dann verpflichtet worden, in seiner Praxis als Angestellter
weiterzuarbeiten. Er durfte in den Praxisräumen schlafen, Inge und
Herbert kamen woanders unter. Tagsüber hat er unter einer polnischen Ärztin für die hereinströmenden Polen, nach Dienstschluß
für die verbliebenen Deutschen gearbeitet. Immer hatten die drei
vor der Frage gestanden, sich für einen Vertriebenentransport zu
melden. Aber sie hatten von den Hungersnöten in Deutschland
gehört und sich dann zum vorläufigen Verweilen entschlossen. Die
Tochter Inge, die sich im Goldhandel engagiert hatte, meinte so
praktisch: »Warum soll denn die gesamte Familie Not leiden.«
Andererseits wußten sie nicht, ob die Mutter und die drei Jungen
noch lebten und wo sie sich aufhielten. Dann aber kam der Tag der
Ausreise, er war nicht mehr aufschiebbar.

Die vier berichteten den anderen von ihren dreimal vergeblichen
Versuchen, nach Hirschberg zu gelangen. Als die Mutter erzählte,
wie sie bei Reichenberg, 60 km vor der Heimatstadt, nicht über die
tschechische Grenze kam, wurde sie sich ihrer eigenen Torheiten erst
richtig gewahr. Um wieviel besser wäre ihr Leben und das der drei
Jungen verlaufen, wenn sie die Flucht überhaupt nicht angetreten

hätte, zumindest nicht in Karlsbad den Zug, der in Richtung des sicheren Bayern fuhr, verlassen hätte. Im Nachhinein ist man zwar immer klüger, aber in diesem Fall wäre auch von vornherein die andere Entscheidung plausibler gewesen. Auch ihre dreimaligen Versuche, nach Hirschberg zurückzugelangen, waren aus damaliger Sicht verständlich, hatten sie und die Kinder aber erst so richtig ins Elend geführt.

Der Vater war fassungslos, als die vier die zweieinhalb Jahre ihres vagabundierenden Vegetierens schilderten: Übernachtungen im Acker, auf Kirchenbänken, in Lagerbaracken, in requirierten Zimmern bei fremden Leuten; der bestialische Hunger, ihr Fechten und Klauen, Mutters brillantbesetzter Opalring für ein Brot, andere Schmuckstücke folgten; ihr Frieren und Schlottern; keine ausreichende und richtige Kleidung, verlaust, mit Ratten als Zimmergenossen; die Kinder barfuß, im Winter mit Strohschuhen; die zehnjährigen Zwillinge Analphabeten, des Lesens und Schreibens nicht kundig; es wurde eine Litanei des Leidens. Es ging stundenlang, jeder der vier reicherte die Schilderung mit neuen Tatsachen, mit neuen Zumutungen an. Der Vater war niedergeschlagen. Besonders entsetzt war er, daß sie sich an fremdem Eigentum vergriffen hatten. Als er zum Schluß seiner Vorhaltungen behauptete: »Noch nicht einmal eine fremde Stecknadel habe ich mir je angeeignet«, kam es zu einem aussichtslosen Disput. Er konnte sich in das Grauen dieser Tage nicht hineinversetzen, und wollte es vielleicht auch nicht. Er wollte nicht glauben, daß sie ohne die Aneignung fremder Nahrungsmittel nicht überlebt hätten. Erst ihre Entgegnung: »Dann hättest du nur noch auf dem Friedhof vor unseren Gräbern stehen können«, ließ ihn schließlich verstummen.

Hätte ihn nicht die eine Begebenheit überzeugen müssen, die ihn sprach- und ratlos machte: Beim ersten Wiedersehen im Coswiger Lager hatte er der Mutter von einem aus Hirschberg mitgebrachten, großen Brot zu essen angeboten. Unversehens und in kürzester Zeit hatte sie das gesamte Brot verzehrt, sie konnte nicht an sich halten.

Als die drei Jüngsten mit dem Vater allein waren, hielten sie nicht hinter dem Berg mit Vorwürfen an die Mutter. Sie haben ihm von den vielen Untaten ihres blanken Egoismus erzählt, unter denen sie zu leiden hatten; wie die Mutter einerseits unbeherrscht, launisch und ungerecht mit ihnen und anderen Menschen verfuhr; und wie sie andererseits apathisch und phlegmatisch die Notwendigkeiten des täglichen Lebens für sich und ihre Kinder total vernachlässigte. Hätten sie, die drei Kleinen, sich während der Vertreibungsjahre nicht um die Mutter gekümmert, sie selbst wäre ›untergegangen‹. Der Vater hörte sich das alles weniger erstaunt als deprimiert an. Er kannte seine Frau. Er erinnerte sich der Auseindersetzungen, die er mit ihr ausgetragen hatte und die so heimlich durch die Zimmerwände an die Ohren der Kinder gedrungen waren. Er warb bei den drei Kleinen nicht nur um Verständnis für die Mutter. Auch Mitleid sei ihr – vielleicht schon – entgegenzubringen. Daß sie so ganz aus der Norm fiel, und dies wahrscheinlich sogar in pathologischer Weise, hatten die Kinder bereits schmerzlich lernen müssen. »Wie hast du nur eine solche Frau heiraten können«, war der unausgesprochene Vorwurf an den Vater. Er fühlte das. Denn er pries, unaufgefordert, Lebensklugheit und Tatkraft der jungen Frau, als er sie kennengelernt hatte. »Ihr wißt gar nicht, eine wie großartige, gewandte und selbstsichere Frau sie war.« Sie mochten es wohl glauben, aber es half ihnen nicht darüber hinweg, daß sie jetzt eine total lebensuntüchtige Mutter als ihre Gebärerin akzeptieren mußten. Jedoch älter werdend, haben sie ihrer Mutter immer größeres Verständnis entgegengebracht.

Der Vater wollte schließlich von ihrer Flucht nichts mehr hören. Er war zu deprimiert und zu schockiert von der Konfrontation mit diesem Leid seiner Angehörigen. Er hatte nichts davon gewußt. Aber vom Hörensagen hätte er es sehr wohl ahnen können. Das bereitete ihm jetzt ein schlechtes Gewissen, er machte sich Vorwürfe. In der Zwischenzeit war es ihnen gut gegangen, die kräftigen gesunden Körper der drei Hirschberger zeigten es. Er wehrte das Erleben und

Erleiden der vier für sich ab. Es beunruhigte ihn, er merkte, daß irgend etwas schief gelaufen war. Wem waren Vorwürfe zu machen? Der Mutter? Jetzt, in dieser Situation, unmöglich, die Vergangenheit war vergangen. Er war ratlos, ob er sich selbst eine Schuld einzugestehen hätte. Er scheute die Auseinandersetzung mit dem eigenen Gewissen. Er war zu schwach. Er wischte lieber alles weg. Er wollte nicht weiter mit der leidvollen Vergangenheit seiner Frau und der drei Jungen konfrontiert werden. Nie mehr später kamen sie darauf zu sprechen, kein einziges Mal mehr. Es war, als hätte es diese zweieinhalb Jahre nie gegeben. Auch die Mutter versuchte, diese dunklen Jahre ihres Lebens aus der Erinnerung zu löschen. Die drei Jüngsten konnten unbeschwerter mit den Absonderlichkeiten und Abscheulichkeiten dieser Jahre umgehen. Aber sie mieden dann ihre Eltern als Zuhörer. Und die beiden älteren Geschwister, Herbert und Inge, interessierten sich sowieso nicht für die ›Kleinen‹.

Der Vater fühlte sich mit seiner jetzigen Situation im Coswiger Lager psychisch überfordert. Erstmalig erlebte er ein Barackenleben, eingepfercht mit zig Fremden in einem großen Saal. Er klagte darüber. Aber die wegwerfenden Entgegnungen der vier ließen ihn verstummen: »Was weißt du schon, wie wir die insgesamt zwölf Monate Lagerleben überstanden haben!?« Lediglich fünf kurze Wochen mußten die drei Hirschberger im Lager ausharren. Dann erhielten sie für sich und die vier aus Riesa eine Einweisung nach Quedlinburg. Die Hirschberger fuhren hin und richteten die Behausung ein. Dann folgten die Mutter und die drei Kleinen aus Riesa, so daß die Familie nach langer Zeit endlich wieder zusammen war. Ein neuer Anfang eines gemeinsamen Familienlebens hätte in Quedlinburg gemacht werden können. Die Jüngsten freuten sich so sehr darauf. Es wäre so schön gewesen! Doch das Schicksal meinte, es wäre zu schön. Es kam ganz anders.

*

Wer kennt schon Schwicheldt

Der Vertreter der Gemeinde Schwicheldt führte die Mutter und Peter eine schmale, enge Holzstiege nach oben in den ersten Stock, öffnete eine Tür und sagte: »Das ist ihr Raum.« Abseits stand, unwirsch und grimmig blickend, eine Frau, sie war offensichtlich die Hausbesitzerin. Beide hatten ihr kleines Gepäck bei sich, das sie aus Breslau retten konnten, und wußten, was ihnen die Stunde geschlagen hatte.

Die hilflose Kargheit des Augenblicks schien schreien zu wollen, bekam aber keinen Ton heraus. Das war einer der Momente, in denen sich das Schicksal selbst Stimme verschafft. Peter sagte, ohne zu merken, daß und was er dahinsprach: »Hier bleiben wir neun Jahre!« Er war selbst überrascht, als er hörte, was er sprach. Wie schrecklich wahr sollte es werden. Es waren die leidvollsten Jahre in Peters Leben.

Es war im Mai 1946. Der Zug mit den aus Breslau vertriebenen Deutschen hielt im Bahnhof Peine. Noch nie gehört. Wo liegt das eigentlich? Bei Hamburg, im Rheinland? Keine Ahnung. Etwa dreihundert Personen verließen den Zug und wurden auf Stroh in leer geräumten Klassenzimmern der Wallschule untergebracht. Für wenige Tage blieben sie dort. Dann erschienen Vertreter der umliegenden Dörfer und suchten Gruppen von Vertriebenen aus. Peter wollte lieber in dem unzerstörten Städtchen Peine bleiben als auf ein Dorf kommen. Mit der vertröstenden Antwort, das lasse sich alles später arrangieren, wurde er hinters Licht geführt. So kamen Peter und seine Mutter mit etwa zwanzig anderen Vertriebenen nach Schwicheldt. Die sechs Kilometer im Pferdefuhrwerk wollten kein Ende nehmen.[82]

Vierzehn Tage lang mußten sie auf dem strohbedeckten primitiven Tanzboden des Hofes Wegner kampieren und die Aufteilung in die verschiedenen Häuser abwarten. Offensichtlich muß die Beschlagnahme von Räumlichkeiten bei den Hausbesitzern Schwierigkeiten bereitet haben. Widerstand gegen die von der englischen Militärbehörde verfügte Maßnahme war ausgeschlossen. Aber der Unwille über die Zwangseinweisung in die eigene Häuslichkeit war sehr groß, zumal jetzt schon der vierte Transport zu bewältigen war. Das bedeutete, daß die besseren Räume – vielleicht separat im Haus gelegen, mit Wasseranschluß oder sogar etwas möbliert – schon längst beschlagnahmt und vergeben waren.

Peter und seine Mutter wurden, welch ein Zufall, bei der Familie Wegner eingewiesen. Der frühere Bauernhof verfügte über ein weitläufiges Gebäude. Bereits die sechsköpfige Familie L. aus Ostpreußen war dort untergekommen. Eine weitere Familie aus Oberschlesien hatte man in einer geräumigen Nebenwohnung auf der Tenne untergebracht.[83]

Das Zimmer, in das die Mutter und Peter kamen, maß etwa 12 qm und erschien von bedrückender Enge, verursacht durch den voluminösen Kaminschacht, der das Zimmer nach oben durchquerte, das kleine, kaum lichtspendende Flügelfenster und die niedrige Balkendecke.[84] Der Kamin diente dem Herd und Backofen der Familie L. im Erdgeschoß als Abzug. Er lag links neben dem Fenster und durchstieß mit seiner Massigkeit grobschlächtig das Zimmer. Er verjüngte sich nach oben, was seine Monstrosität noch steigerte.[85] Das vierscheibige Flügelfenster hatte die winzige Größe von 65 x 90 cm, lag seitlich gegenüber der Tür und gab den Blick frei nach unten auf den zum Haus gehörenden Gemüsegarten.[86] Die Decke war etwas mehr als 2 m hoch, aber die drei Balken, die parallel zur Außenwand liefen, ragten etwa 20 cm nach unten. Peter, mit seinen ein Meter achtzig Körpergröße, konnte nur gebückt durch das Zimmer gehen. Warum hat die Mutter diese Zumutung akzeptiert? Hätten die zwei nicht unter Protest auf dem Tanzboden verweilen können, bis sie wenigstens in dieser Hinsicht besser gestellt würden? Verschlechtern konnten sie sich ohnehin kaum noch.

Das Zimmer war vollständig leer, bis auf eine Wäschemangel. Die, so ließ sich die schweigsame Frau erstmalig vernehmen, gehöre ihr zur alleinigen Benutzung und habe im Raum zu bleiben. Von der Gemeindeverwaltung erhielt die Mutter kurzfristig ein Bettgestell mit gefülltem Strohsack. Ein weiteres Bett für Peter fand im Raum keinen Platz, ebensowenig ein Schrank. Mit ein paar Nägeln am Deckenbalken schafften sie sich Haken für Kleidung. Ein Rest Wäsche fand unter dem Strohsack im Bett Platz, ein weiterer Strohsack für Peter unter dem Bett. Als sich dann später noch irgendein altes Regal fand, war das Anlaß, die ärgerliche Wäschemangel aus dem Zimmer zu bugsieren. Frau Wegner bequemte sich endlich, sie in der geräumigen Waschküche unterzustellen.

Frisches Wasser mußten die beiden eimerweise vom Hof über die Tenne treppauf heranschaffen. Das Abwasser nahm den umgekehrten Weg. Das war bei der Steilheit der Treppe ein wagnisreiches Jonglierstück.[87] Wehe, ein Eimer wäre abgerutscht. Sie hätten von der Hauseigentümerin ein schnatterndes Gezänk anhören müssen. Die Trittfläche jeder Stufe war so schmal, daß man nur seitlich gehend die Treppe hinabsteigen konnte. Auch knarrte sie entsetzlich. Der leiseste Tritt auf welche Stufe auch immer war im ganzen Haus zu hören.

Das Plumpsklo, in dem Dorf noch allgemein verbreitet, befand sich ebenfalls jenseits der Tenne auf dem Hof.

Zwar war ihnen das Recht der Küchenmitbenutzung zugesprochen worden, aber die Mutter hatte sich nach wenigen demütigenden Versuchen schnell einen Bezugsschein für eine elektrische Kochplatte besorgt. Das war allerdings nur eine einzelne Platte, aber mit etwas

Geschick verstand die Mutter, die unterschiedlichen Garzeiten der Zutaten zu einem Gericht zu harmonisieren. An ein passables Essen mit verschiedenen Zutaten war damals ohnehin nicht zu denken. Wollten sie gemeinsam und nicht aus der Hand essen, stellten sie einen Schemel in die noch freie Fläche des Raumes, legten den Holzkoffer darauf und breiteten ein weißes Handtuch aus.

Schwicheldt lag damals mit sechs Kilometer weit außerhalb des Weichbildes von Peine. Die gepflasterte Landstraße, als Allee beidseitig mit Apfelbäumen bestanden, führte weiter über Sehnde ins 35 km entfernte Hannover. Die Landschaft ist flach. Große Felder beherrschen das Blickfeld, nur ab und zu unterbrochen von Einsprengseln kleiner Baumgruppen. Die Nachbardörfer liegen in Sichtweite. Rosenthal im Südosten erreicht man von Ortskern zu Ortskern schon in zwanzig Minuten. Zwischen beiden Dörfern bestand die übliche und sprichwörtliche Nachbarschaftsrivalität, die unter der Jugend zu nicht mehr als hämischen Anpflaumereien reizte.

Nördlich von Schwicheldt, damals schon außerhalb des Dorfes, verläuft der Mittellandkanal, der das Ruhrgebiet mit Berlin verbindet. Er gehört zum europäischen Binnenstraßensystem. Er ist in Teilstücken bis 1937 fertiggestellt worden und überbrückt die Höhenunterschiede in etlichen Schleusen. Die nächste Staustufe liegt bei Sehnde, östlich von Hannover, wo Herr Wegner beschäftigt war. Peine verfügt über einen Hafen. Frischwasser wird dem Kanal vornehmlich aus der 100 km entfernten Weser bei Minden zugeführt. Schwicheldt nimmt an der Bedeutung dieser wichtigen Wasserstraße so wenig Anteil wie ein Dorf, durch das etwa die internationalen Züge rasen. Allenfalls einige Verwegene stiegen sommers schon mal in das abgestandene Wasser. Kindern machte das weniger aus. Vom Uferrand konnte man leicht auf sandig-lehmigem Boden ins Wasser gleiten. Der Schiffsverkehr war minimal. Die Uferböschung, uniform und langweilig, lud kaum zu einer Promenade ein.[88]

Zu einem Streif- und Spaziergang lockte schon eher der Wald, der sich weiter nördlich von Schwicheldt bis Hämelerwald erstreckt.

Er war voll von Him- und Brombeeren. Südlich wurde dieser Wald begrenzt von der ›Hannoverschen Heerstraße‹, die sich in den 50er Jahren als breiter, grasbewachsener Streifen in west-östlicher Richtung erstreckte. Heute ist die alte Straße nur noch stellenweise zwischen den Feldern erkennbar, weil sie in die Äcker einbezogen wurde. Hier zog ein Stück Weltgeschichte dahin, als Napoleon mit seinen Truppen Anfang des 19. Jahrhunderts auf dem Wege nach und von Moskau Schwicheldt berührte. Das Dorf war damals, eingebettet in einem weitläufigen Wald, ein unscheinbarer Weiler mit wenigen bäuerlichen Anwesen.

Angewachsen war es 1945 auf etwa siebenhundert Bewohner und blieb ein Bauerndorf mit lediglich einer großen Ziegelei und einigen Kleinhandwerkern. Es besaß ein dürftig ausschauendes Gut, ›Schloß‹ genannt, mit vielen Arbeitern und Ackergeräten, eine schmucklose evangelische Kirche, wenige Geschäfte, eine Postagentur, eine Banknebenstelle sowie eine Polizeiwache, die auch für angrenzende Gemeinden zuständig war. Wer keinen Bauernhof betrieb, hatte einen umfangreichen Garten, der eine komplette Ernährung schon im Krieg wie auch danach garantierte. Der Boden warf soviel ab, daß ein florierender Tauschhandel für die Dorfbewohner gewährleistet war. In einem Gasthof spielte sich das soziale Leben ab, samstag mit Schwof.

Schwicheldt hatte Eisenbahnanschluß. Die dampfbetriebene, private Kleinbahn zockelte behäbig und mühsam schnaufend die 31 km zwischen Hildesheim und Hämelerwald, hielt fast nie den Zeitplan ein und koppelte schon mal fahrplanwidrig Güterwagen und Viehtransporte an den regulären Personenzug. Sie erschien wie ein Relikt aus dem vergangenen Jahrhundert. Die vielen unbeschrankten Bahnübergänge waren wegen des geringen Verkehrs noch keine große Behinderung. An den beiden Endpunkten der Strecke konnte man in die Bundesbahn umsteigen.[89]

Das alles könnte den Eindruck eines ganz passablen Dorfes erwecken, in dem es sich gut und gern leben ließ. Dabei hat man die heutigen Dörfer vor Augen, die entlang beleuchteter, ampelgeregelter Durchgangs-Avenuen einen Korso blumenverzierter, schmucker Häuser darbieten; Städter haben dort alte Scheunen und Viehställe in elegante Luxusappartements verwandelt. In der Tat, inzwischen hat die Stadt Einzug auf dem Land gehalten. Jedoch damals! Wie anders war es damals. Man kann es kaum ausmalen. Die durchgehende Landstraße hatte Kopfsteinpflaster. Alle anderen Straßen im Dorf waren lehmiger, nur stellenweise mit Schotter befestigter Sandboden, der, von Regen oder geschmolzenem Schnee aufgeweicht, zu einer glitschigen Pampe verklebte. Wenn es schon Gummistiefel gegeben hätte, wäre es erträglicher gewesen. Gerade vier Straßenfunzeln ließen den Weg erahnen, wenn Peter im Winter die 500 m zwischen der Behausung und dem Bahnhof zurücklegte. Wollte man telefonieren, mußte man im Gasthof unter Ohrenzeugen seine Mitteilung loswerden. Es gab keine einzige separate Telefonzelle in Schwicheldt, noch nicht einmal bei der Postagentur. Die kleinen Krämerläden boten manches an, aber eben nicht das Angebot des heutigen Supermarktes. Schwicheldt war ein gehobenes Kaff. Die Bauern und Handwerker waren reich, vielleicht sogar vermögend. Sie alle hatten bald Personenwagen, was in den Nachkriegsjahren eine viel bestaunte Ausnahme war. Die einheimische Dorfbevölkerung lebte ein zufriedenes Leben. Was das komfortable Leben damals in Deutschland bot, sie hatten es.

In diese saturierte Ansammlung von vielleicht einhundert Häusern wurden ab 1945 im Laufe von drei Jahren etwa achthundert Vertriebene aus den deutschen Ostgebieten zwangseingewiesen. Das war verständlicherweise zuviel für die über den Krieg gerettete Gemütlichkeit der etwa siebenhundert Schwicheldter. Die Dorfseele kochte. Sie schaffte sich hier, wie überall in Deutschland, Luft in Beleidigungen und rüpelhaften Attacken gegenüber den Flüchtlingen. In Witzen waren die Vertriebenen Zielscheibe des verachtenden Spottes. Sie, die fünfzehn Millionen ihrer Heimat Beraubten, wurden als die tatsächlichen Verlierer des Krieges zu den Deppen der

Nation. Und das ist ihnen auch so beigebracht worden. Die Vertreibung und Aneignung der deutschen Ostgebiete galt, besonders in pazifistisch-evangelischen und linken Kreisen, als die gerechte Strafe für den von Deutschland ausgehenden Krieg. Die Ostdeutschen wurden zu den Sündenböcken, die exemplarisch die Schuld aller Deutschen aufgeladen bekamen. Mit dem Sündenbock will man nichts zu tun haben, trägt er doch die eigene Schuld, die man ihm aufgebürdet hat. In alttestamentarischer Zeit jagte man ihn in die Wüste, wo er verendete.

Peter, kaum nach Schwicheldt zwangsausgesiedelt, fand schnell Anschluß an Gleichaltrige, fast ausnahmslos Flüchtlingskinder. Man ging nolens volens im Mittellandkanal baden, streifte durch den Wald bei der alten Heerstraße oder zog nach Peine, um einen Film zu sehen. Peter stromerte mit anderen umher und verwilderte etwas. Nachts kam er schon mal mit Äpfeln nach Hause, die sie in Nachbars Garten geholt hatten. Der 22jährige Melker vom Gut hatte ab und zu einen Liter Milch für Peter übrig, den er für die Mutter erfocht. Dafür mußte er sich dessen schmuddeligen Sexeskapaden mit diversen Mägden aus Nachbardörfern anhören.

Der Traum eines jeden Jungen, ein Fahrrad, blieb wegen des fehlenden Geldes vorerst unerfüllt. Es tat schon weh, die einheimischen Jungen davonradeln zu sehen. Erst nach der Währungsreform im Juni 1948 konnte er mit dem in Nachhilfestunden verdienten Geld ein gebrauchtes Fahrrad erstehen. Es war sein geliebter buntscheckiger Drahtesel, aus Teilen vieler anderer Räder zusammengestückelt.

Er hatte keine Anregung und Ablenkung. Ein Radio besaß er nicht und war auch nicht zu kaufen. Bücher gab es nicht. Leihbücherei Fehlanzeige. Der Versuch, in Peine eine Tageszeitung zu abonnieren, scheiterte. Die Besatzungsmacht hatte das Papier kontingentiert, die Auflage war zu klein. Was gab es überhaupt an geistiger Auseinandersetzung? Der Besuch der einzigen Oberschule in Peine schied aus, weil dort ab der ersten Klasse Englisch unterrichtet wurde. Die Klasse seiner Alters hatte also hier einen sechsjährigen Vorsprung.

Seine eigenen Latein- und Griechischkenntnisse wären ohne Belang gewesen. Die nächste, seinem Breslauer Gymnasium vergleichbare Schule war das Andreanum in Hildesheim. Aber die tägliche Fahrt dahin erschien zu weit und zu umständlich. Bewerbungen bei den beiden humanistischen Gymnasien mit Internat in St. Blasien (damals französische Besatzungszone) und Bad Godesberg (US-amerikanische Zone) schlugen wegen angeblicher Überbelegung fehl. Mit Beziehungen hätte es vielleicht geklappt. Erschwerend war, daß jede Besatzungszone eine ziemlich rigide Ausschließlichkeit zugunsten der eigenen Bewohner praktizierte. In der britischen Zone war kein Internatsgymnasium bekannt.

Die Mutter machte sich Sorgen, wie Peter herumhing und verwilderte. Kurz entschlossen fuhr sie mit ihm am 20. Januar 1947 zum Andreanum nach Hildesheim und meldete ihn an. Der Direktor der Schule, Dr. Sundermeyer, zeigte Entgegenkommen, als die Mutter unter Tränen die Höhe des Schulgeldes zur Kenntnis nahm. Die monatlich sechs Mark waren ein enorm hoher Betrag. Was muß die arme Mutter gelitten haben, sie, die immer so selbstverständlich über Geld verfügte hatte und großzügig damit für sich und andere umgegangen war.

Problematisch war der Schulweg. Der Kleinbahnzug fuhr um 6.45 Uhr ab, verweilte ärgerlich lange an den elf Stationen und erreichte nach 26 km um acht Uhr Hildesheim, falls er ausnahmsweise mal pünktlich war. Wegen des Fußweges von 25 Minuten büßte Peter von der ersten Unterrichtsstunde immer die Hälfte ein. Peters Rückzug ging erst gegen 16 Uhr. Um 18 Uhr war er dann in der Schwicheldter 12-qm-Behausung bei der Mutter. In der Hildesheimer Bahnhofsmission wurde er zu einem beliebten und gern behüteten Fahrschüler. In einer Ecke der muffigen Baracke auf Bahnsteig Nr. 1 erledigte er seine Schulaufgaben. Stets bekam er etwas zu trinken. Auch eine dünne Graupensuppe war manchmal für ihn da. Was gab es damals schon? Einmal sprachen ihn dort zwei junge Männer an und erbettelten einen Leihbetrag. Sie seien aus Oberammergau, und

Freunde von ihnen arbeiteten als Herrgottsschnitzer. Peters Augen glänzten. Er hatte von den Passionsspielen gelesen, er kannte Bilder von dem strahlenden Alpenvorland. Er ließ sich erweichen, obwohl er selbst kaum etwas übrig hatte. Sie versprachen, ihm als Dank aus ihrer Heimat eine kleine Schnitzfigur zu schicken. Heute wartet er nicht mehr darauf. Sicherlich ist ihnen seine Adresse abhanden gekommen. Denn welch verlustreiche Zwischenfälle hält das Leben nicht für jeden, dann und wann mal, bereit? Daß die beiden Bayern ihn in seiner erkennbaren Not betrügen wollten, möchte er ausschließen. Aber es war schon eine Enttäuschung seines jugendlichen Vertrauens.

Anfangs hatte Peter die Rückfahrt bereits mit dem Mittagszug angetreten. Doch der endete schon in Hohenhameln. Von dort per Anhalter ins 9 km entfernte Schwicheldt zu kommen, war fast immer fehlgeschlagen. Noch gab es kaum Autos, und auch der Autostop, ein Import US-amerikanischen Lebensstils, war noch keineswegs allgemein akzeptiert. Aber er sah, daß es klappte. Andere Jungen, besser gekleidet als er, fanden leicht ein Auto, das sie mitnahm. Für Peter stoppte an mehreren Tagen keines. Er machte zum ersten Mal die Erfahrung, daß Kleidung und Erscheinung von ausschlaggebender Bedeutung sein können. Frustriert machte er sich zu Fuß auf den Weg, teils auf der Landstraße, teils über die Bohlen zwischen den Bahngleisen. Das tut man nicht oft.

Der Mangel an Nahrungsmitteln war unbeschreiblich. Peters Tagebuch berichtet, daß in der vierten Woche der 102. Zuteilungsperiode 1947 nur folgendes gekauft werden konnten: 1 500 g Brot, ½ l Magermilch und 125 g Nährmittel, also Nudeln, Mehl oder dergleichen; nichts an Kartoffeln, Butter, Zucker, Fisch oder Fleisch, Obst. Er notierte: Die Verzweiflung der Bevölkerung sei aufs äußerste gestiegen. Die Vorratslager seien gefüllt, wie glaubhaft die Zeitung berichtete, aber die englische Besatzungsmacht beabsichtige mit der Versorgungseinschränkung die Züchtigung des deutschen Volkes. Peters Mutter, damals schon auf die sechzig zugehend, hat oft auf dem Feld gearbeitet, um neben der Entlohnung wenigstens etwas Gemüse zu bekommen. Diese Arbeit hatte sie vorher ihr Lebtag nicht verrichtet. Kam sie kniend in den Furchen nicht schnell genug voran, haben ihr andere Frauen geholfen.

Schwicheldt ist von Kriegshandlungen völlig unberührt geblieben. Den einzigen Schreck bereitete wohl, daß einige Schwicheldter Männer von der englischen Militärpolizei verhaftet wurden. Irgendwelche Vorwürfe müssen gegen sie als stramme NS-Parteigenossen vorgelegen haben, da ähnliches in anderen Dörfern nicht geschah. Der ehemalige Bürgermeister Dormann ist nie mehr gesehen worden. Der berüchtigte stramme Nazi B. kam zwar zurück. Aber der Händler Giese nahm sich beim Einmarsch der amerikanischen Truppen das Leben. Man hörte, daß ein polnischer Zwangsarbeiter, der auf der Brunnenstraße gewohnt hatte, Anfang 1945 ermordet und in den Kanal geworfen worden sei. Auch acht russische Kriegsgefangene, die bei Bauern arbeiteten und auf dem Tanzboden des Hofes Wegner nächtigten, kamen in Schwicheldt ums Leben, angeblich seien sie verhungert. Sie liegen auf dem dortigen Friedhof in der hintersten Ecke. Was sich tatsächlich im Dorf zugetragen hatte, war nie eindeutig herauszubekommen. Ob den Verhafteten auch der Vorfall Serow angelastet wurde, darüber war ebenfalls nichts Genaues zu erfahren. Eine Mauer des Schweigens schien errichtet, so unüberwindbar wie bei der *Omertà* der sizilianischen Camorra. Das erhärtet die Vermutung, daß damals im Dorf eine linientreue NS-Sympathie vorherrschte, die Peter auch später immer wieder heraushörte.

Der alte Serow ist als russischer Gefangener des 1. Weltkrieges in Deutschland hängengeblieben. Er lernte seine polnische Frau, die aus familiären Gründen Warschau verlassen hatte, in Deutschland kennen, und sie bekamen 1920 ihren Sohn Richard. Im Jahr 1928 kamen sie nach Schwicheldt, wo sich die Eltern auf dem Gut als Landarbeiter verdingten. Sie waren staatenlos, ihre Bemühungen um die deutsche Staatsangehörigkeit waren nach 1933 erst recht aussichtslos. Eine später geborene Tochter nahm verschiedene Stellungen an, und der Sohn Richard hätte gern die Schusterlehre begonnen. Aber als Nichtdeutscher hatte er sich erst gar nicht darum bemüht. Er hat dann auch beim Bauern gearbeitet. Die Eltern haben ihre Kinder sehr geliebt. Sie waren ihre Lebenserfüllung, das lohnende Ziel ihrer Abrackerei.

Ihre Armut war groß. Sie lebten in einem Gemeinschaftshaus, das im Dorf ›Langer Jammer‹ genannt wurde.[90] Es lag schon jenseits des Dorfrandes und beherbergte sozial Schwache, die beim Schloßgut arbeiteten. Es war ein ebenerdiges Gebäude, das rechtwinklig von der Straße in die Felder reichte. Seine duckende Länge und ärmlichen Bewohner gaben dem Haus den unrühmlichen Namen. Die vier oder sechs Wohnungen waren von der Seite erreichbar. Die Tür führte in einen schmalen Wohnraum, daneben lag die Küche und ein Schlafzimmer. Die Behausung der Serows war zwar größer und besser eingerichtet als das 12-qm-Loch von Peter und seiner Mutter. Aber dafür, daß sie bald zwanzig Jahre im Dorf arbeiteten und wohnten, war es von deprimierender Dürftigkeit. Frau Serow erzählte, daß sie zur NS-Zeit jede Fremdartigkeit zu kaschieren versuchten. Wußten sie doch, daß jeder Hinweis auf ihr Anderssein inopportun war. Der alte Serow, damals knapp sechzig Jahre alt, war bald 30 Jahre in Deutschland und sprach noch kaum einen kurzen Satz fehlerfrei in Deutsch. Mit seiner Frau sprach er nur Russisch. Er wirkte mit seinen leblosen Augen und den müden Schritten stumpf und teilnahmslos. Frau Serow, etwas jünger an Jahren, lief wie ein Wiesel umher und war um alles besorgt. Sie war intelligent, beherrschte das Russische und Polnische in Wort und Schrift perfekt und hätte durchaus eine geistig anspruchsvolle Tätigkeit ausüben können. Die Feldarbeit und die Last der Mühsal haben ihren Rücken gekrümmt. Sie ließ sich nicht unterkriegen, aber Anspruch und Anrecht waren ihre Sache nicht. Nie hätte sie etwas für sich und ihren Mann eingefordert. Ihr leidgeprüftes Gesicht sprach von Zurückstecken und Kuschen. Aber eine weise Seele leuchtete aus ihren

Augen, die alles zu verstehen und zu durchschauen schienen. Sie war eine Meisterin des Gegebenen.

Frau Serow kam zu den katholischen Gottesdiensten, die alle vierzehn Tage in Schwicheldt stattfanden. Die Mutter hat sie dort kennen- und im Laufe der Zeit sehr schätzen gelernt. Sie sahen sich oft, sie halfen sich gegenseitig. Die Mutter sprach stets mit Hochachtung von ihrer Lebensstärke. Peter hat seine Mutter, auf ihr Drängen hin, einmal zu einem Besuch dorthin begleitet. Es ist ihm unvergessen geblieben. Frau Serow öffnete die Kassette mit den kleinen Andenken, zeigte ihre Gebetbücher. Der alte Serow saß schweigend dabei. Sie unterhielten sich über vieles. Aber etwas griff sie nie von selbst auf. Es war ihr unsägliches Geheimnis. Man mußte sie behutsam danach fragen. Dann öffnete sie sich zaghaft und ins Leid ergeben: Ihr Sohn Richard sei 1944 von Schwicheldtern angezeigt und von der Polizei abgeholt worden. Den Denunziationsgrund hatte sie nicht erwähnt. Aber es war eine dumme Bagatelle, das war offensichtlich. Richard sei vermutlich ins KZ gekommen. Sie hörten lange nichts. Dann habe die Gestapo sie unterrichtet, daß seine Urne in Hannover abzuholen sei. Richard sei, wie man sagte, bei Gleisarbeiten in der Nähe Hannovers während eines Luftangriffs umgekommen. Aber sie habe es nicht geglaubt. Das sei Anfang 1945 gewesen. Jetzt ruhe die Asche hier auf dem Friedhof. In der äußersten Ecke habe man die Grabstelle zugewiesen, die man damals nur hinter Büschen vermuten konnte. Zur Beerdigung durften nur wenig Leute mitgehen. Polizeibeamte folgten mit Abstand, was das schlechte Gewissen der Obrigkeit sichtbar machte. Ihr sei damals gedroht worden, falls sie rede. Heute wolle sie nicht mehr reden, weil das Opfer Gott gehöre.[91]

In der fremden Umgebung wurde für die katholischen Flüchtlinge das Identitätsstiftende die Religion. Doch nicht lange. Mit der Währungsreform und dem ›Wirtschaftswunder‹ hat der beginnende Wohlstand die Schrecken von Krieg und Vertreibung schnell vergessen gemacht. Aber in den Jahren nach 1945 haben die beiden christlichen Kirchen einen unglaublichen Aufbruch erlebt. Die katholischen Sonntagsgottesdienste fanden jeweils umschichtig in Schwicheldt und Rosenthal statt. Die beiden evangelischen Ortskirchen standen ihnen offen. Von einem zum anderen Ort zog eine Schar von Gottesdienstbesuchern bei Wind und Wetter, sommers wie winters. Der Aushilfsgeistliche aus Peine bat Peter, eine Jugendgruppe aufzubauen. Peter hat das kurze Zeit gemacht, bis er wegen der Schule nach Hildesheim wegzog. Von irgendwoher bekam er eine Gitarre. Fahrtenlieder wurden eingeübt, Geländespiele veranstaltet. Eine Ansammlung von Bäumen mit viel Buschwerk beim Kanal wurde ihr ›Adlerhorst‹. Dort fanden sich einmal wöchentlich die etwa fünfzehn Jungen zusammen. Sie waren dreizehn bis fünfzehn Jahre als. Herbert aus Allenstein in Ostpreußen war der älteste und aufgeweckteste, er besuchte die Oberschule in Peine. Mit ihm und Ehrenfried hat er 1949 eine Fahrradtour zur Edertalsperre, in den Taunus und entlang des Rheins nach Köln unternommen. Sie übernachteten in Jugendherbergen und im Zelt. Peter hat die Gruppe gern geleitet, wenn er auch, bedingt durch den Altersunterschied, hier keinen gleichwertigen Gesprächs- und Erlebnispartner finden konnte. Es hat ihm Spaß gemacht. Er trug eine kleine Verantwortung für jeden von ihnen. Er sah, wie jeder seine eigene Individualität schon früh ausprägte. Ihr durfte keine Beeinflussung aufgepfropft werden.

Peter war viel allein und einsam. Er suchte Anschluß und fand ihn nicht. In Schwicheldt gab es einen gemischten Chor, der sich wöchentlich im Gasthof traf. Volkslieder und anderes anspruchsvolles Liedgut wurden einstudiert. Peter sprach den Chorleiter an. Er könne gern kommen und teilnehmen. Peter sang mit, es machte Freude, wieder singen zu dürfen. Er war mit siebzehn Jahren der Jüngste von allen. Während der Pausen stand er allein in der Ecke. Keiner sprach ihn an. Er konnte doch nicht auf die älteren Einheimischen seinerseits zugehen, wo er ihre Verachtung gegenüber den Vertriebenen ahnte. Auch der äußerlich so freundliche

Chordirigent übersah ihn. Nach drei Gesangsabenden ging er nicht mehr hin.

Er blätterte durch den vierbändigen Brockhaus, den er aus Breslau gerettet hatte, machte ihn mangels anderer Bücher zu seiner Lektüre. Beim Y führte ihn der Zufall zu Yohimbin, einem Aphrodisiakum. Gelesen, gekauft. Der Apotheker in Peine gab dem 17jährigen die erbetene große Packung, einfach so: Das darf doch nicht wahr sein. Er warf sich in das Experiment, das heiß erlebte. Der Rausch schäumte zur Weißglut auf. Oder war es eher ein Geysir, der im unregelmäßigen Mehrstundentakt seine weiße Gischt hoch verspritzte? Mehr als sonst war er wie von Sinnen, es verlockte ihn aber nicht zum Kauf einer zweiten Packung. Es war nicht ›not‹wendig. Das alles wurde im Einklang mit der Natur erlebt, die ein Geschenk Gottes ist. Auch hier war er leider für sich allein. Wie gern hätte er sich mit einem Freund verströmt.

Sehr oft ist er abends, nach Einbruch der Nacht, allein unter den Bäumen der Landstraße in Richtung Peine spazierengegangen, inmitten der Straße, nie ist ihm ein Auto begegnet. Er betrachtete die Sterne am Himmel, über die er sich einiges astronomisches Wissen angeeignet hatte. Er träumte die Ferne. Irgendein besseres Leben sehnte er herbei.

In Rosenthal, so hörte er, gäb' es eine ›Hexe‹, wie man die Frau unwissender- und törichterweise bezeichnete. Sie lege die Karten und wisse die Zukunft. Peter suchte sie in der Dunkelheit auf. Sie war verwundert, daß ein junger Bursche von erst achtzehn Jahren zu ihr wollte. Sie schien ihm schon recht alt, wie üblich aus dem Blickwinkel eines Jugendlichen betrachtet, vielleicht war sie fünfzig Jahre alt. Sie war aufmerksam und leutselig, sie nahm Peter schnell die Befangenheit. Auch sie war Vertriebene. Sie mischte die Karten, er hob ab, und sie verteilte das Blatt nach einem ihr vertrauten arkanischen Muster: Peters Karte inmitten, rundherum die Statthalter des zukünftigen Geschehens. Sie versenkte sich, schloß die Augen. Sie sagte Peter viele Dinge, indem sie immer wieder auf die eine oder andere Karte wies. Es waren Belanglosigkeiten, die bald darauf auch eintrafen, andernfalls sie bald vergessen waren. Drei langfristige Ankündigungen indes schienen von wesentlicher Bedeutung. Sie weissagte ihm sehr viele Reisen übers Wasser, in ferne Länder, aber er würde dort nicht auf Dauer leben. Das klang absurd, weil es so unmöglich schien. Schließlich gab es zu dieser Zeit fast nur Schiffsverbindungen nach Übersee. Sollte er etwa zur See fahren? Mal sehen. Verwundert war sie über die Partnerkarte, die rechts neben Peters Karte zu liegen kam. Es war ein Bube. Sie konnte nichts damit anfangen. Das habe sie noch nie in einem Kartenblatt gehabt, wunderte sie sich. Sie war ratlos. Sammlung und Kombination suchten nach einer Deutung, aber sie kam nicht weiter. Sie meinte, ausnahmsweise wolle sie nochmals mischen und auslegen. Peter nahm wieder ab. Jetzt war sie erst recht konsterniert. Zum zweiten Mal tangierte keine Damenkarte Peters Blatt in der Mitte. Nochmals lag der Bube neben Peter, wenn auch diesmal darüber. Sie war mit ihrer Kunst am Ende und ließ es dabei bewenden. Ungedeutet, war es trotzdem Peters zweite Verheißung. Das war evident. Für die Hellseherin blieb das Blatt dunkel, für ihn nur vorübergehend ein Rätsel. Die dritte Ankündigung nahm Peter, wie auch das andere Gehörte, mit nach Hause und überdachte alles. Er konnte sich auf die drei Zukunftsaspekte keinen Reim machen – noch nicht. Leider hat er die Frau nie wieder aufgesucht. Sie hatte die Fähigkeit, die Gegenwart der Zukunft heraufzurufen, was er erst viel später hat feststellen können. Er hätte ihr das gern gesagt und sie nochmals gebeten, den Vorhang der Zukunft ein wenig zu heben. Aber er kam wieder einmal zu spät. Auch Blumen auf ihr Grab konnte er nicht mehr niederlegen.[92]

Die Hannoveraner Bevölkerung, wozu Peine mit Schwicheldt gehören, zu charakterisieren, ist ein gewagtes Unterfangen. Verallgemeinerungen sind immer falsch und beinhalten doch zugleich einen Kern Wahrheit. An dieses Zutreffend-Wesentliche soll hier eine Annäherung versucht werden. Gunst und Mißgunst einer Landschaft

beeinflussen ihre Bewohner. Wie ein Magnet die Eisenspäne aus-
richtet, so scheint der Biotop einer Gegend Geist und Seele seiner
Menschen zu orientieren. Das beobachtet man weltweit. Vielleicht
ist es ein dreifaches Wohlwollen, wenn eine Landschaft es mit ihren
Bewohnern gut meint. Leider fehlt dem Hannoveraner Land das
Landschaftlich-Heitere der Hügel und Täler, der Flüsse und Seen
und grünen Auen, das die Seele so großartig zu weiten und zu durch-
lichten vermag; auch hat es keinen Weinanbau, der seine Umgebung
so froh stimmt – Wein, der Geist und Sinne beschwingt; und
schließlich fehlt das Südlich-Heitere, das mit Sonne und Wärme
nicht nur den Körper umschmeichelt. Wenigstens einen dieser Vorzüge hätte Peters neuer Landstrich verdient, und manches hätte
vielleicht anders gewirkt. So sind die Menschen dort härter, direkter,
korrekter und distanzierter als die Mitbürger in den begünstigten
Regionen. Sie hören es nicht gern, aber es ist nun einmal so. Wären
sie katholisch, hätte das vielleicht noch eine transmontane Lässigkeit
und prozessionsfarbige Üppigkeit begünstigt. Die Hannoversche
Leichtigkeit wirkt aufgesetzt und kommt nicht aus der Seelenmitte,
sie ist hemdsärmlig und plump. Schon ihre Sprache ist so präzis
stakkatohaft. Der fabulierende Singsang eines eingefärbten Dialekts
ist ihnen nicht eigen. Der Humanbiotop Hannoverland hat ein
strenges Klima, nicht jeder verträgt es. Kommt man aus einer wär-
meren Humanzone, sind Anpassungsschwierigkeiten meist unumgänglich.

Das weite Riesengebirge mit dem sanften grünen Vorland sowie
die Oder- und Flußauen haben Schlesien landschaftlich heiter und
gemütlich gemacht. Der Blick ins Land schien den Himmel zu öffnen. Das Lied- und Dichtgut besang dieses Erlebnis. Hinzu kam der
Einfluß des Österreich-Habsburgischen, der 200 Jahre lang bis 1740
wirkte, bis die Preußen die Herrschaft übernahmen. Eine schwer-
mütige Innigkeit, der jede Süßlichkeit fremd war, prägte die Menschen, die aus vielen deutschen und niederländischen Gebieten
stammten. »Ernst ohne Härte, Tiefe ohne Düsterkeit« war ihnen wie

ihrer Landschaft eigen. »Ihre Träume waren versonnen, ihre Heiterkeit gedankenvoll.«[93] Eichendorff und Gerhard Hauptmann, Angelus Silesius und Jakob Böhme stehen für diese Charakterisierung.

Daß Peter in vielfältiger Hinsicht ein Außenseiter war, hat er schmerzvoll erfahren müssen. Man wagte damals kaum zu sagen, daß man Vertriebener aus den deutschen Ostgebieten sei. Irgendwie müßten die Flüchtlinge doch an ihrem Schicksal selbst schuld sein. Sie fühlten sich wie Gezeichnete. Eine weitere Facette war die religiöse Differenz, die damals, von der Tradition her, zu spüren war. In den evangelischen Kreisen des Hannoveraner Landes galten die Katholiken noch durchaus als rückständiges Überbleibsel aus dem finsteren Mittelalter, die mit ihrer ›Heiligenverehrung und Betsucht‹ anstößig wirkten.[94] Desweiteren, wie kann man sich in einem Bauerndorf als eingefleischter Städter wohl fühlen? Die bigotte dörfliche Inzucht, daß jeder jeden kennt, grüßt oder in Verachtung ungegrüßt läßt, ist tödlich für die so wohltuend städtische Anonymität mit ihren Rückzugsnischen. Hinzu kam, er war der einzige Oberschüler im Ort, der nicht in Peine, sondern in Hildesheim zur Schule ging. Auch das mußte im Dorf als Absonderung erscheinen. Schließlich seine Mitgift der Natur, die sexuelle Tendenz, unterschied ihn von der Mehrheit. Noch war ihm nicht klar, wohin seine Natur ihn endgültig treiben würde, aber als Ausgrenzungsgefahr hat er sie schon deutlich empfunden. Alles in allem, fünf Facetten eines Schicksals, die Peter in eine handfeste Außenseiterrolle zwangen. Die Fotos aus dieser Zeit geben diese Züge deutlich wieder. Er flüchtete noch mehr in die innere Einsamkeit, die asketische und weltverneinende Züge annahm. Es verkrampfte ihn, stutzte die Flügel der Phantasie und lähmte die Spontaneität. Die Schule wurde Pflicht, erfüllte Pflicht, ohne Spaß und Freude.

Peter wurde im Januar 1947 in die fünfte Klasse eingestuft, kurz bevor das Schuljahr zu Ostern abschloß. Das entsprach dem Klassenstand, den er 1944 in Breslau erreicht hatte. Er hatte also viel Zeit verloren. Er war im Schnitt zwei Jahre älter als seine neuen

Klassenkameraden. In Kindheit und Jugend ist der Abstand von nur wenigen Jahren gravierend und bleibt nicht auf die Zeitdifferenz beschränkt. Drei Jahre Schulbesuch in Hildesheim lagen jetzt vor ihm. Sie waren schäbig, miserabel, deprimierend.

Das Schulgebäude des Andreanum ist am 22. März 1945 zusammen mit etwa achtzig Prozent städtischer Bausubstanz durch Bomben zerstört worden. Das war zwei Wochen, bevor die amerikanischen Truppen am 7. April kampflos in die Stadt einrückten. Der Unterricht fand zuerst in einer Baracke der Senking-Werke statt, später ab 1948 gastweise in der Goetheschule.[95] Räume und Geräte für naturwissenschaftlichen Unterricht fehlten. Ebenso eine Turnhalle. Der Sportunterricht bestand aus Handballspiel auf dem Platz Steingrube. Fußball verbot sich wegen des dürftigen Schuhwerks. Im übrigen wurde Peter ohnehin bald vom Sportunterricht befreit. Dem Schularzt erschien er unter- oder fehlernährt. Ausschläge und Furunkel setzten ihm arg zu.

Der berühmteste Schüler des Andreanum war Georg Philipp Telemann, dessen Werke bei jeder sich bietenden Gelegenheit aufgeführt wurden. Der Musiklehrer Hoffmann verkündete immer mit Stolz eine Wiederentdeckung einer Partitur, die alsbald besprochen wurde.

Die Wohnverhältnisse der Mitschüler waren nach den Kriegszerstörungen blamabel und katastrophal. Besuche bei ihnen, wie in Breslau unter den Schülern üblich, wurden vermieden. Allein Andreas, der Sohn des Oberstadtdirektors Sattler, selbst Flüchtling aus Dresden, hatte mehrmals Peter zu sich in die Dienstvilla eingeladen. Peter wagte es einmal, einen Klassenkameraden seinerseits nach Schwicheldt einzuladen. Als der Bauernsohn die 12-qm-Behausung sah, konnte er den Schock nicht verbergen. Bei diesem einmaligen mißglückten Wagnis ist es daraufhin geblieben. Peter zog sich noch mehr in sein Schneckenhaus zurück.

Unter den Mitschülern gab es einige Bauernsöhne. Ihre Pausenbrote mit Wurst und Speck erregten bei allen Stielaugen. Eine

Schulspeisung war stadteinheitlich organisiert. Für wenig Geld gab es während der großen Pause eine warme schmackhafte Milchsuppe in wechselnden Abwandlungen. Lebensmittelmarken waren hierfür nicht fällig. Anfangs hatte Peter daran teilgenommen, bis er aus finanziellen Gründen darauf verzichtete. Er hatte darunter kaum gelitten, das mußte halt sein, und so war es eben. Er hielt sich neidlos während der Pause in der anderen Ecke des Schulhofes auf, bei den Bauernsöhnen, die an der Schulspeisung nicht teilnahmen. Dem aufsichtsführenden Musiklehrer ist es nach einigen Monaten aufgefallen, er fragte nach, und Peter durfte kostenlos teilnehmen. Dem Mitschüler Clemens war er besonders dankbar. Er brachte Peter im Advent 1947 vom elterlichen Bauernhof zwei Pfund Mohn mit, den die Mutter nirgendwo sonst für die schlesischen Mohnklöße zum Heiligabend herbekommen hätte.

Da flatterte die ersehnte Einladung herein, sich mit Freunden der Breslauer Ignatius-Gruppe im Sommer 1947 am Chiemsee zu treffen. Das war im Meer der Vereinsamung wie der Hoffnungsstrahl aus einem Leuchtturm. Die Züge waren überfüllt, an einen Sitzplatz war nicht zu denken. Peter stand im Gang, selbst die Toilette war belegt, die Tür fehlte. Diskret schaute und roch man weg, wenn jemand mußte. Oft hielt der Zug unterwegs. An der Grenze zur US-Zone gab es langwierige Kontrollen der Passierscheine und des Gepäcks. In Maria Eck, oberhalb von Traunstein, trafen sie sich, vielleicht dreißig Jungen. Es war schön, sich wiederzusehen und Erinnerungen aufleben zu lassen. Aber man merkte, daß ein Riß durch die Freundschaft und Gemeinschaft gegangen war. Es fehlte das Verbindende, die gemeinsam zu erlebende Heimat. Peter freute sich, seinem früheren Mitschüler Klaus zu begegnen, der ihn zu seinem ersten ›Spiel‹ animiert hatte, vor drei Jahren nach dem Unterricht im Klassenzimmer. Er war vom Krieg gezeichnet, Wundnarben bedeckten seine Brust, er ging etwas gebückt. Peter wünschte insgeheim, Klaus würde ihn zu einem Wiederholungsspiel auffordern. Doch dieser ›Blödmann‹ stammelte nur einige Worte der Entschuldigung für das, was »damals aus Versehen passiert war«, wie er das schöne Erlebnis abqualifizierte. Peter war enttäuscht. Wie gern wäre er in einer Pause des Tagesplans mit ihm durch den Wald gestreift und hätte sich nochmals mit ihm verlustiert. Bleibende und gute Freundschaften werden auch auf Basis solcher Intimitäten gestiftet.

Die Rückreise nutzte er für einige Umwege in Bayern und Franken. Er sah München, Nürnberg. Fuhr mit Bahn und Bus übers Land. Er übernachtete in Jugendherbergen, kam ins Fichtelgebirge und machte einen Abstecher nach Konnersreuth. Viele Leute standen vor dem Haus der stigmatisierten Resel. Er sprach mit ihr. Sie lud ihn ins Elternhaus ein, ließ ihn Platz nehmen und servierte ihm eine heiße Milchsuppe mit Brotkanten darin. Es war schon etwas Besonderes, einem solch herausgehobenen Menschen gegenüber-zustehen. Aber er war viel zu jung und noch zu unwissend über sie und das Phänomen, um die Einmaligkeit dieser Begegnung richtig einzuschätzen. Sie hat es bemerkt und wahrscheinlich vieles mehr. Sie war wortkarg, handfest freundlich auf die Art, die keinen Schmus kannte.

Am Sonntag, dem 20. Juni 1948, fand die Währungsreform statt, die 1924 eingeführte Reichsmark wurde ungültig. Sie wurde gegen die neue Deutsche Mark eingewechselt. Jeder erhielt ein Kopfgeld von 40,– DM (Umtausch 1 RM : 1 DM). Das restliche Geldgut-haben wurde im Verhältnis 100 RM zu 6,50 DM umgetauscht. Hier hätten den beiden die 1945 frei herumliegenden Geldbündel vor der Sparkasse in Breslau helfen können. Wenn die größte Banknote auch nur 100 RM war, man hätte damals schubkarrenweise das angeblich ungültige Papier wegschaffen können. Aber die Mutter durfte daran nicht mehr erinnert werden. Am nächsten Tag waren die Geschäfte gefüllt mit Fahrrädern, Schreibmaschinen und Lecke-reien. Jetzt fehlten die Geldmittel noch mehr als vorher. Die Mutter begann eisern zu sparen. Beide wollten aus Schwicheldt raus. So schnell wie möglich wollten sie in die Stadt. Die Regierung legte Wohnungsbauprogramme auf. Vielleicht fänden sie bei Zahlung eines Baukostenzuschusses bald eine Mietwohnung in einer Stadt. Es dauerte noch sieben Jahre.

Die tägliche Fahrt zwischen Schwicheldt und Hildesheim wurde so mühselig und nachteilig für den Unterricht, daß Peter eine Wohnmöglichkeit vor Ort suchte. Er kam in einem Lehrlingsheim unter.[96] Erstmals wieder schlief er in einem Bett. In dem Sechs-Personen-Zimmer konnte er, solange die Lehrlinge von der Arbeit nicht zurückgekehrt waren, noch schnell in Ruhe seine Schulaufgaben erledigen. Sommers konnte er das im Garten fortsetzen. Jetzt, mit der Bleibe in Hildesheim, gab es auch Gelegenheit, an die in Breslau unterbrochenen Theaterbesuche anzuknüpfen. Für wenige Groschen sah er in einem notdürftig hergerichteten Saal von der letzten Reihe aus Operetten und Schauspiele, dürftig dekoriert, aber hingebungsvoll und spritzig gespielt. Das Völkchen der Schauspieler versteht es großartig, immer und überall das Spiel des Lebens zu inszenieren, das die Zuschauer so willkommen anpackt, wenn es trefflich das Leben spiegelt.[97] Diese Stunden waren wie ein verlorenes Fettauge auf der faden Hildesheimer Suppe. Er hörte Bergengruen und Reinhold Schneider aus eigenen Werken lesen. Er hatte auch selbst kleine Auftritte. Der Religionslehrer, ein Spezialist für das Werk Rainer Maria Rilkes, hielt öffentliche Vorträge in der Volkshochschule. Peter las dazu aus den Duineser Elegien und anderen Werken. Er kam gut an. Wenige Male hat er auch bei privaten Veranstaltungen rezitiert.

Regelmäßig zum Wochenende jagte er dann mit dem Fahrrad nach Schwicheldt, damit die Mutter nicht zu allein wäre. Er traf Jungen der früheren Jugendgruppe, besorgte Holz aus dem Wald für die Kochwäsche und sprach viel mit der Mutter. Er ging spazieren und las ausgiebig in Büchern, die er aus Hildesheimer Bibliotheken entleihen konnte. Zur Nacht schlief er auf den blanken Fußbodendielen mit einer Decke darunter. Sein Strohsack war abgeschafft. Das hatte für ihn eine sportliche Note, es war ein Stück Pfadfinderhärte. Die Mutter lag einen Meter entfernt im Bett.

Hier brachte er sich das ›Schwicheln‹ bei, wie er es nannte. Denn dieses Ritual war ausschließlich durch die Gegebenheiten in Schwicheldt bedingt und schien in dem hohen, in der Spitze ausladend betonten Wasserturm des Dorfes versinnbildlicht. Wie ein Schwanz mit betontem Peniskopf ragte er inmitten des Ortes empor, mehr geil als steil, weniger mächtig als kräftig. Durch seine zentrale Lage und die überragende Höhe stand er wie ein Ausrufezeichen da. Die Kunst des Schwichelns bezeichnete Peter in seinem Tagebuch etwas gehobener als ›Sex-erzitium‹.[98] Sei's drum, ob Schwicheln oder Sex-erzitium, er perfektionierte sein Geschehen im Laufe der Zeit zur Meisterschaft. Nicht daß er diese Variante ausschließlich und bevorzugt erlebt oder erjagt hätte. Aber wenn sich beim Einschlafen die Sinnlichkeit regt und in den Schlaf hinübergleiten will, was tun? Ohne Hand anzulegen, was sich wegen der verursachenden Geräusche verbot, genügte ihm die bloße Konzentration, um alle Stadien des Aufbäumens durchzukulminieren. Es sind drei Etappen, die zum Gipfel führen. Die beiden Intervalle dazwischen bringen Ruhe und Rückblick, vor dem nächsten Ansturm auf eine neue Höhe. Sie leiten nicht den Abstieg ein, sondern wollen neue Kräfte sammeln. Die Pausen dürfen nicht verunsichern, man muß sie, wie bei jeder Bergwanderung, zulassen. Sie dienen der Regenerierung, bevor man sich, von der erreichten Höhe aus, weiter aufsteilt. Die Eruptionen dieses Exerzitiums übersteigen alle Vorstellungen und verweisen jedes andere, einsame Techtelmechtel auf den Rang der Stümperei. Wieviele Explosionen entleerten sich in die getränkten Taschentücher? Die dritte Phase laut- und bewegungslos abzuschließen, übersteigt normale menschliche Kräfte. Er war stolz auf sich und glücklich. Er fühlte, daß er sich erleben darf, daß es glückliche Momente für ihn gab. Wenn ihm Freude und Zufriedenheit kaum von außen entgegenkamen, hier und in anderen Varianten konnte er aus dem Zentrum seiner Person heraus Glücksgefühle für Körper und Geist suchen und finden.

Doch es gab auch die Wochen, die monatelangen Phasen, in denen die Lust am eigenen Körper ruhte. Da wurde nichts forciert oder am Fritz manipuliert. Dann war es so ruhig wie im Zentrum des Wirbelsturms. Die Potenz dieser Windstille wurde als ebenso lustvoll erlebt. Wußte er doch, er bräuchte nur aus dem Kern des Hurrikans herauszutreten, falls er es wollte. Dort würde die jugendliche Leidenschaft des in die Höhe schäumenden Windes toben. Mal ruhte er im Auge des Zyklons, mal stürzte er hinaus in den tosenden Wirbel der Leidenschaft. Er pendelte hin und her. Im zyklischen, sich abwechselnden Tun und Lassen, Schwelgen und Entsagen liegt der Reiz polarer Spannung. Diesen alternierenden Gegensatz bewußt zu verkosten, ist aufregend und keineswegs einfach. Schon der Speisegourmet tut sich da schwer. Als junger Mensch sucht man immer die aufregende Aktion. Das Schwicheln beherrschte Peter allmählich perfekt, auch in Situationen, wo der bewegungs- und lautlose Orgasmus nicht erzwungen war. Es war eine genußvolle neue Variante selbstvergessener Verschmelzung mit dem Sich und dem Außer-Sich. Training und jugendliche Geilheit machten ihn zum Meister. Würden hier wie im Judo mit farbigen Gürteln die Dan-Grade gekennzeichnet werden, hätte er bestimmt für den siebenten Meistergrad das rot-weiße Band um den Fritz legen dürfen. Parallelen zu dem beschriebenen Exerzitium hat Peter in den Meditationen des Zen, die er Jahrzehnte später praktizierte, erlebt. Sie waren von ähnlicher, wenn auch anderer Qualität.

In dieser Jünglingsphase beginnender erotischer Selbstfindung hätte er gern mit der Mutter das Thema Sexualität angesprochen. Doch er kannte ihre Geringschätzung der Homosexuellen. Im Dorf wohnte der 50jährige Lothar G. allein in einem schmucken Häuschen.[99] Für Mutter war er ›ein solcher‹. Dabei verzog sie das Gesicht und machte eine wegwerfende Handbewegung. Im Ort wurde er bespöttelt. Peter hat ihn nie kennengelernt, leider. Er wagte es nicht, ihn anzusprechen. Er fürchtete, mit ihm gesehen zu werden. Welche Gefahr, wenn er geschwätzig wäre und im Dorf Vertraute hätte. Peter hat sonst nichts von ihm gewußt oder über ihn erfahren. Er wagte noch nicht einmal, andere Jungen vorsichtig auszufragen. Mit gleicher Verachtung bedachte die Mutter den bekannten Tennisspieler von Cramm, der zu dieser Zeit gerade neue Triumphe feierte. Er war bekannt wegen seiner vielen internationalen Siege in den 30er Jahren, die er für Deutschland erstritten hatte. Mit einer Promi-Schönen im Schlepptau versuche er die Öffentlichkeit hinters Licht zu führen, so wurde unterstellt. Aber selbst dafür reichte Barbara Hutton, die Woolworth-Erbin, nicht aus. Eine Illustrierte fischte gleich das schwule Haar aus der Prominenten-Suppe und servierte es dem Publikum klamm-genüßlich. Von daher wohl hatte die Mutter ihr Wissen.

Peter gab viele Nachhilfestunden. Fast täglich war er mit dem Fahrrad in der Stadt unterwegs, um Sextanern bis Quartanern vornehmlich in Mathematik auf die Beine zu helfen. Er war finanziell darauf angewiesen.

Die Abiturklasse verlangte ab Ostern 1949 seinen vollen Einsatz. Er suchte daher ein Zimmer. Er fand einen 4 qm großen Raum mit Dachluke. Die Utensilien seiner früheren Zweckbestimmung, Toilette und Badewanne, waren abmontiert. Dieses Loch war beklemmend eng und, da unbeheizbar, im Winter bitter kalt. Er besorgte sich ein Bettgestell. Es war seit vier Jahren sein erstes eigenes. Stroh erstand er bei einem Bauern. Ein Stuhl und Tischchen neben zwei Gemüsekisten fanden gerade noch Platz. Die Dachschräge verhinderte, daß eine zweite Person im Raum stehen konnte. Auf einer Kochplatte bereitete er sich die regelmäßigen Nudeln. Mehr war nicht drin. Aber jetzt konnte er wenigstens lernen, wann und soviel er wollte.[100]

Die Mitschüler waren nicht unsympathisch, man verstand sich, aber eine Freundschaft hat sich nicht ergeben. Er hat keinen in seine Behausung eingeladen. Auch er wurde zu keinem von ihnen eingeladen.

Im Juni 1949 führte der Literarische Verein des Gymnasiums Shakespeares ›Komödie der Irrungen‹ auf. Die Vorführungen, drei an der Zahl, fanden viel Beachtung. Die Inszenierung war als anspruchsvoll und sensibel in der Presse gepriesen. Peter spielte den Aegeon. Frau Marieluise Sander, eine großartige und gütige Frau, deren Sohn bei Peter Nachhilfestunden hatte, schickte aus ihrem Blumengeschäft einen prächtigen Strauß. Ein Schauspieler vom Stadttheater führte die Regie. In seinem Zimmer hing ein Zettel über dem Schreibtisch: »Man muß im Leben viel geschlagen werden, um die Lust am Sterben nicht zu verlieren.« Peter konnte diesem Zitat nur zustimmen. Sie kamen miteinander ins Gespräch.[101] Walter Hilliges berichtete von seinen Kriegserlebnissen, wortkarg und beklommen. Er sei fast bis zur Selbstaufgabe geschunden worden. Dort habe er gelernt, niemanden mehr an sich heranzulassen. Nur das Wissen, sich Sterben und Tod als Belohnung verdienen zu dürfen, lasse ihn weitermachen.

Die Hildesheimer Zeit neigte sich dem Ende zu. Das Abitur stand Ostern 1950 an. Damit ging auch Peters Jugendzeit zu Ende. Dicke, dunkle Wolken hatten sie verfinstert. Darüber ist berichtet worden. Die Verletzungen – sie hatten mit der Breslauer Festungszeit begonnen – saßen tief. Peter wollte sie heilen. Weniger bewußt als unbewußt hat er gehandelt, als er unter anderem auch zu einem homöopathischen Mittel griff. Wenn ›Ähnliches mit Ähnlichem geheilt werden kann‹, so müßten aufgezwungene Opfer auch mit selbst dargebotenen Opfern kuriert werden können, verglich er. Seine musischen Neigungen galten dem Gesang und dem Klavierspiel. In Schwicheldt gab es zwei Instrumente in Häusern Einheimischer. Er wagte erst gar nicht zu fragen. Er war sich sicher, ihm wäre das regelmäßige Üben auf Dauer nicht gestattet worden. Er hatte auch zaghaft versucht, im gemischten Chor des Ortes mitzusingen, aber als Vertriebener ist er dort abgelehnt worden. Zu solistischen Auftritten fehlten Geld für die Ausbildung, sowie Zeit und Gelegenheit. Er faßte damals zwei Entschlüsse, sie wirken bis heute fort. Er hatte seit den Breslauer Tagen nicht Klavier gespielt und beschloß, es auch in Zukunft nie mehr zu tun. Er hatte seit Schwicheldt nicht solistisch oder im Chor gesungen und beschloß, es auch in Zukunft zu lassen. Er kann es nicht mehr, er will es nicht mehr. Warum diese Reaktion? War oder ist es Trotz, Bestrafung des Schicksals oder eine homöopathische Anwendung? Wahrscheinlich von jedem etwas. Zu Anfang überwog die Verbitterung über das Schicksal, und die Absicht, es züchtigen zu wollen. Doch bald wuchs die Einsicht, daß eine Gegenwehr allein aus diesem Grunde selbstzerstörend auf ihn zurückwirkt. Um das Gesamtopfer seiner von außen zerstörten Jugend zu ertragen, könnte nur der freiwillige Verzicht auf die beiden geliebten Eignungen weiterhelfen, wenn deren Verwirklichung ohnehin nicht greifbar ist. Natürlich blieb ein Stück Verweigerung und ein Rest Bestrafung des Schicksals zurück. Er war sich selbst nicht ganz schlüssig, was den Ausschlag gab. Inzwischen sind das Klavierspielen längst verlernt und die Gesangsstimme eingerostet.

Peter bewältigte den Lehrstoff gut. Mathematik machte ihm besonderen Spaß. Bei den Klassenarbeiten lag er im Wettstreit mit anderen, ob er die Arbeit schon ein halbe Stunde oder noch früher abgeben würde. Die alten Sprachen fielen ihm schwerer. Sicherlich gehörte Peter nicht zu den versierten und kundigen Griechischschülern. Der Lehrer mochte Peter nicht und ließ ihn das in vielen Attacken spüren.[102] Er war der forsche Machertyp. Ihn reizte der melancholisch wirkende Peter zu immer neuen Sticheleien. Peter hat darunter arg gelitten. Was konnte er machen? Seine Lebensumstände hatten ihn so bedrückt, daß er nur kuschen konnte. Einmal war das so schlimm, daß die Mitschüler den Pauker zur Mäßigung riefen. Das sollte schon etwas heißen, zu jener Zeit, als die Schüler dem Lehrer aus der Hand fraßen. Auch den deutschen Abituraufsatz von Peter fand er schlecht und manieriert. Er legte sich deswegen mit seinen Kollegen und dem Deutschlehrer an. Der aber zensierte diese wichtige Examensarbeit mit Gut.

Zur Abiturfeier wurde der bekannte Chorgesang aus der Antigone von Sophokles vorgetragen. Ein Mitschüler rezitierte in Griechisch, Peter in Deutsch: »Vieles Gewaltige gibt es auf Erden, doch zum

Gewaltigsten wachsen und werden, sollte der Mensch auf dem Erdenrund«. Natürlich wurde auch ein Stück Kammermusik vom Ex-Schüler Telemann aufgeführt. Das kleine Schulensemble schlug sich tapfer durch die schwierige Partitur. Der Rahmen war feierlich. Auch Eltern der Schüler waren erschienen. Peter hatte seine Mutter nicht unterrichtet, sie wäre in ihrer schlichten Kleidung sowieso nicht gekommen. Er verließ die Feier mit einem leeren Gefühl.

Er hatte viel gelernt, und mit dem Abitur konnte er alles anfangen. Er hatte eine wichtige Hürde genommen. Das Kommende lag bei ihm, es könnte nur besser werden. Das Kapitel der drei Jahre Hildesheim war nun abgeschlossen. Es war belastet mit Geldmangel und Wohnnot, mit Einsamkeit und Erniedrigung. Möglichst schnell weg von hier.

Er löste seine Bude auf. Vor dem Haus begegnete er dem Griechischlehrer. Er empfahl Peter, nicht zu studieren, er würde es doch nicht schaffen, sowieso würde er im Leben scheitern. »Dieses Miststück!« dachte Peter. Anstatt Lebensmut zu vermitteln und Hoffnung zu entfachen, diese Worte! »Dieser miese Sadist!« Peter drehte sich wortlos um und ließ ihn stehen. Das war der würdige Abschluß der Hildesheimer Jahre.

Die Schulkameraden waren sympathisch, er hatte ihnen nichts vorzuwerfen. Aber er sah sie nie wieder. Sie haben ihn wiederholt zu den gelegentlichen Klassentreffen eingeladen. Er konnte nicht, er wollte nicht. So geht das Leben – so vergeht die Zeit.

*

Erniedrigung und Erscheinung

Im Juli 1947 wurde der Familie Hahn in Quedlinburg ein Zimmer in der Breitestraße 15 zugewiesen. Die Schwester Inge hatte ein Extrazimmer in der Stadt erhalten. So waren Vater und Mutter sowie die vier Söhne nach zweieinhalb Jahren wieder vereint. Ein riesig großer Raum mit Nischen und Alkoven war ihr neues Zuhause.[103] Sie teilten sich den ›Tanzsaal‹, wie sie ihn nannten, in Wohnecken ein und kamen gut zurecht. Die drei jüngsten Söhne besuchten sofort wieder die Volksschule, die in Sichtweite lag.[104]

Der Vater kümmerte sich jetzt, wie schon in Hirschberg, um alle Belange der Familie. Die aus Schlesien geschmuggelten Werte erlaubten den Kauf von zusätzlicher Nahrung. So gelangte schon bald ein ganzer Sack mit Getreidekörnern ins Wohnzimmer, aus dem sie tütenweise Brot oder Haferflocken beim Bäcker eintauschen konnten, und der stattliche Stoffbeutel voller gelber Erbsen war bestimmt nicht billig. Morgens bereitete der Vater, wie in Hirschberger Tagen, für die ganze Familie einen Haferflockenbrei. Er hatte auch einen Mittagstisch ausfindig gemacht, wo sich die Familie zwei- bis dreimal die Woche zum Essen einfand. Ohne Abgabe von Lebensmittelmarken konnten sie dort einen Gemüseeintopf verzehren. Aus den großen Samenzuchtbetrieben, für die Quedlinburg bekannt war, erhielt die Küche das Saatgemüse, das bereits getrieben hatte. Es war eigentlich kaum noch schmackhaft und wurde üblicherweise kompostiert. Aber in dieser Not füllte es den Magen. Und brachte dieser Küchenstube eine wachsende Nachfrage.

Der Vater bemühte sich, in einer örtlichen Zahnarztpraxis mitzuarbeiten oder eine solche zu übernehmen. Auch die Schwester Inge sprach in dieser Sache oft bei Ämtern vor, reiste sogar in Nachbarorte, aber anfangs immer erfolglos.

Jetzt war für die Zwillinge endlich ein schulfreier Nachmittag auch tatsächlich ein freier Nachmittag. Nicht mehr wie in Riesa mußten sie fechten gehen. Sie erkundeten die Stadt, stiegen auf den Münzenberg und kraxelten über die Felssteine am Fuße des Domberges. Die Stadt – ein großartiges Ensemble von Fachwerkhäusern – war völlig intakt. Sie war, gottlob, vom Bombenterror verschont geblieben.

Einen amüsanten Gesprächsstoff lieferten die Wirtsleute Herr und Frau O., nicht nur für Familie Hahn, sondern auch für die Hausnachbarn. Sie waren Nudisten und verabscheuten offensichtlich die Bekleidung als hinderliche Kostümierung. Frau O. war eine vollbusige, dralle Mitfünfzigerin mit mächtigen Gelenken und speckigen Armen. Klingelte man an der Tür, dauerte es stets eine Weile, ehe sie sich Unterrock und Bademantel übergestreift hatte. Ihr fleischiges Gesicht, das von wulstigen, knallroten Lippen beherrscht war, verriet wollüstige Sinnlichkeit, voller Hintergründigkeit. Der Bruder Herbert fühlte sich von ihr angemacht, wie er prahlte. Aber vielleicht tat er sich nur wichtig und wünschte es sich. Ihr Ehemann war ein plumpes, lustiges Haus und war, so hörbar vernehmlich, zu vielen Albernheiten aufgelegt. Er heckte immer irgendwelche Sexpläne aus, mit denen er seine Frau überraschen konnte. Die Eheleute neckten sich lebhaft. Durch die Tür drang manche Ausgelassenheit auf den Hausflur. Die nackten Arrangements der beiden waren bei den Bewohnern der benachbarten Häuser ungemein beliebt. Denn ihr Schlafzimmer ging zur Hofseite, und ihre Abneigung gegenüber der Bekleidung hatte sich auch auf die Fenstervorhänge übertragen. Ging bei den O. des Abends das Licht an, erloschen die Lampen gegenüber. So kamen die Nachbarn zu einer kostenlosen Schaunummer. Sie standen hinter den Gardinen und waren auf kein voyeuristisches Fernglas angewiesen. Es war quasi eine vorweggenommene TV-Show, wie sie heute zu fortgeschrittener Stunde noch nicht einmal live geboten wird. Am Morgen dann war hinter vorgehaltener Hand zu vernehmen, was gestern Abend wieder fällig war. Davon bekamen die Hahn-Kinder nur Andeutungen mit, was gerade deswegen besonders neugierig machte.

Eines Tages dann passierte das Außerplanmäßige. Die Familie Hahn saß gerade beim Mittagessen, als Frau O., eingehüllt in einen Bademantel, die Tür aufriß: »Herr Dr. Hahn, kommen sie bitte sofort, mein Mann hat was angestellt.« Der Vater stürzte hinüber. Er kam bald zurück, bleich und einsilbig. Frau O. war vom Einkauf zurückgekommen und hatte ihren Mann an einer Schlinge hängend vorgefunden. Das Seil war an dem Lampenhaken der Wohnzimmerdecke befestigt. Er war auf einen Hocker gestiegen. Er wollte seiner Frau, so war sie sicher, bei ihrer Rückkehr einen Schreck einjagen, wieder mal einer seiner vielen Scherze, diesmal ein bißchen außer Plan geraten. Der Hocker lag umgestürzt unter den baumelnden Füßen. Es hatte sich erdrosselt. Eine Selbstmordabsicht schloß sie kategorisch aus, weil es keine Differenzen untereinander gegeben habe und ihr Mann auch nicht depressiv gewesen sei. Der Vater berichtete weiter, er habe den Körper sofort aus der Schlinge gelöst, aber für jede Wiederbelebung sei er zu spät gekommen. Schnell war die Kriminalpolizei zur Stelle. Sie machte dem Vater aus Beweissicherungsgründen Vorwürfe, weil er den Körper aus der Schlinge befreit habe. Aber er konnte sich auf das Verbot der sonst unterlassenen Hilfeleistung berufen und war damit exkulpiert.

Die Trauer von Frau O. war kaum beendet, da ging das Gerücht, sie sei dem männlichen Geschlecht gegen klingende Münze nicht abhold. Der Rumor wollte nicht verstummen. Also sollte wohl doch etwas dran sein. Aber die Kinder haben nichts Stichhaltiges ausmachen können. Frau O. erschien ihnen jetzt noch mehr wie eine rätselhafte Sphinx. Die Kleinen haben sie aus einem Augenwinkel heraus als wandelndes Phänomen eines sexuellen Geheimnisses beäugt, irgendwie schaudernd und staunend zugleich. Leider haben sie den Fortgang der nackten Tatsachen nicht mehr verfolgen können, weil sie nur kurz dort wohnten.

Nun war mit dem Eintreffen des Vaters ein ordnender und ruhender Pol in Siegberts Leben grundgelegt. Die Seele war befreit von den banalen, aber vitalen Sorgen der Nahrungsbeschaffung. Er litt keinen Hunger mehr. Zwar blieb der Körper noch arg geschwächt, so schnell werden zwei Jahre Mangelernährung nicht eingeholt. Aber sein Sinnen und Trachten war nicht mehr auf die Linderung des Hungerschmerzes zentriert. Entbunden war er auch der Sorgen um die Mutter und der Probleme um die Einquartierung. Die zweieinhalb Jahre Flucht waren beendet. Der kindliche Geist schloß sich auf für das Spiel des Tages und des Lebens, wurde frei für das Hereinströmen neuer Einflüsse. Da passierte etwas mit Siegbert, worüber er erst fünfzig Jahre später zu sprechen wagte.

Es war vereinbart, daß sich die Familie, aus unterschiedlichen Richtungen kommend, zur festgesetzten Stunde vor dem Lokal des Mittagstisches treffen sollte. Ein Tisch war, wie auch sonst, bestellt. Siegbert war vor der Zeit da und schlenderte auf dem Bürgersteig entlang. Es war ein heißer Sommertag, die Sonne strahlte vom wolkenlosen Himmel, die Hitze stand zwischen den Häusern. Die Bäume, die entlang der beiden Bürgersteige wie grüne Baldachine aufgereiht schienen, vermochten kaum Kühle zu spenden. Die Straße war leer, Autos gab es sowieso nicht, vielleicht polterte mal ein Fuhrwerk vorbei, gezogen von müden Pferden. Die Leute waren zu dieser Essensstunde, zumal bei dieser Hitze, in ihren Häusern. Der zehnjährige Siegbert schritt verspielt an der Bürgersteigkante entlang, er setzte die Beine kreisend vor und zurück. Dann sprang er voran mit dem einen Fuß in den Rinnstein, mit dem anderen auf den erhöhten Bordstein. So vertrieb er sich die Zeit, unbeschwert und leichtfüßig, tändelnd und tänzelnd. Er wartete auf die Seinen. Er schaute die Straße hinauf und war so ganz im Hier und Jetzt. Er sah die Häuser, das Pflaster und die Bäume. Er sah die Dinge deutlich, sein Blick war ganz klar. Da schob sich unversehens vor das Geschaute ein anderes Bild: Plötzlich sah er sich selbst als erwachsenen Mann in einem weiten Zimmer. Er stand vor einer großen, leuchtend farbigen Leinwand, die mächtig über die Wand des Raumes reichte. Er sah sich selbst, wie er eine Farbpalette mit Pinseln in der Hand hielt, schaute sich selbst zu, wie er auf das Gemälde Farben auftrug und malte. Er wußte, daß ist er, der hier malt. Er war in diesem Saal real anwesend, kein anderer Mensch war sonst zugegen. Ruhe und Einsamkeit beherrschten den Raum. Er fühlte sich in diesem malenden Mann: »Ich bin dort, wie ich auch hier bin.« Die Identität beider Personen, des betrachtenden Knaben und des malenden Mannes, war so selbstverständlich, daß Fragen oder Zweifel überhaupt nicht aufkamen. Der schauende Junge wußte, das bin ich, der da malt. Er stand dort, allein und malend in dem weiten Saal. So fühlte er sich weniger überrascht als bestätigt in seiner doppelten Identität.

Da war auch schon das Bild vorbei, die Straße lag erstorben da, die Sonne flirrte einen gleißenden Schein über Pflaster und Häuserwand. Der Knabe merkte, daß er im tändelnden Schreiten angehalten hatte. Er löste sich aus der Ruhe und spazierte zögernd weiter. Wie lange hat dieser Einbruch der Transzendenz gedauert? Da weitet und verengt sich die Struktur der Zeit, deutet ihre Relativität an und gibt ihr Geheimnis nicht preis. Der Knabe überdachte das Geschaute, war erst jetzt verwundert und konnte sich keinen Reim darauf machen. Daß es die Verheißung seines Berufes war, wie hätte er das ahnen können? Malerei hatte ihn kaum interessiert: Die Krakeleien mit Buntstift waren das Übliche, wie schon die Kleinkinder damit spielen. Mit Pinsel und Farben hatte er noch nie hantiert, weder in den Jahren der Kindheit in Hirschberg noch denen der Vertreibung. Die Vision von sich selbst erschien ihm kurios und absonderlich. Das Bild aber war eingebrannt in seinem Gedächtnis, es war zu stark, und blieb in jedem Detail lebendig. Er hatte keinem davon berichtet.[105] Er wäre als Spinner abgetan worden. Auch schien es ihm ohne Belang, weil es absurd schien. Aber als merkwürdige Begebenheit hat er das Ereignis nie vergessen, eher schon verdrängt. Er hat dergleichen nie wieder erlebt. Heute weiß er, daß die Transzendenz, in der Vergangenes und Zukünftiges sich treffen, in die tägliche Gegenwart einbrechen darf – wenn sie will. Warum soll man das begreifen? Unbefragt und ungelöst soll diese rätselhafte Vision so stehen bleiben, wie sie hier wiedergegeben ist. Das Geheimnis von Leben und Schicksal durchschaut ohnehin keiner.

Sowenig Siegberts Neigung zu künstlerischer Betätigung zu dieser Zeit schon ausgeprägt war, so früh hatten indes Teddy und Siegmund mit Farbe und Zeichenstift zu hantieren begonnen. Nach Vorlagen malten und zeichneten sie Kirchen und Gebäude der Stadt. Siegmund tat sich besonders hervor und zeigte seine außerordentliche Begabung. Die Eltern sahen es mit Genugtuung, und besonders die Mutter freute sich über die künstlerische Betätigung, die sie mit Lob und Anerkennung förderte. Leider währte für Siegmund diese schöpferische Zeit nur wenige Monate. Dann wurden ihm Farben und Zeichenstifte von Dritten entwunden, er mußte sie abgeben.

Die Mutter kränkelte wie bisher, ihr Husten nahm beängstigend zu. Als sie eines Tages blutigen Auswurf hatte, war dies das letzte Alarmzeichen, zum Arzt zu gehen. Die Diagnose war niederschmetternd: Offene Lungentuberkulose – die Quittung für die zwei Jahre Unterernährung. Schon am nächsten Tage kam sie in die geschlossene Abteilung des örtlichen Krankenhauses. Der Vater war voller Sorge, er kämpfte jetzt noch verbissener um eine Arbeitsstelle. So war auch ausgemacht, daß der 14jährige Bruder Teddy mit Abschluß der Volksschule eine zahntechnische Ausbildung erhalten und am besten gleich beim Vater die Lehrzeit beginnen sollte.

Den ältesten Bruder Herbert, inzwischen 28 Jahre alt, wollte er zwingen, endlich auf eigenen Beinen zu stehen. Er drängte ihn, aus dem Elternhaus auszuziehen und einem selbstgewählten Beruf nachzugehen. Herbert aber war antriebsschwach, und als Sorgenkind der

Familie war ihm bisher die besondere Zuwendung des Vaters zuteil geworden war. Aber jetzt wollte er ihn nicht länger an die Hand nehmen, sei es in der Berufswahl, sei es in der Lebensführung. Das war jahrelang geschehen, aber jetzt, wo Herbert längst erwachsen war, ließ der Vater ihn nicht mehr unter die Fittiche des Elternhauses kriechen. Er bestand darauf, daß er sich einen Beruf suche und selbständig wohne.

Da bot sich dem Vater eines Tages die Chance, eine Praxis in Eisleben zu übernehmen. Mit 55 km und gutem Eisenbahnanschluß lag es nur einen Katzensprung entfernt. Nun traf der Vater eine Entscheidung, die für die Zwillinge unsägliches Leid bringen sollte – eine Entscheidung, die so unverständlich war und bleibt, daß man den Vater nur rügen möchte. Da die Mutter auf Monate hinaus ans Krankenhaus gefesselt bleiben würde, löste er die Wohnung in Quedlinburg auf und zog nach Eisleben, wobei er nur Inge und Teddy mitnahm. Herbert überließ er sich selbst. Dieser blieb in Quedlinburg und nahm eine Stellung als Zeitungsausträger an. Der Vater, solange er lebte, hat ihm monatliche Gelder zukommen lassen.[106]

Die Zwillinge übergab er dem städtischen Waisenhaus zur Obhut. Nach vier Monaten gemeinsamen Familienlebens brachte die Schwester Inge sie zum Wipertistift. Dort mußten sie alles Spiel- und anderes Kinderzeug, einschließlich der Malsachen, zur Verwahrung geben, mußten ihre persönliche Oberbekleidung ablegen, bekamen die Waisenhauskleidung, schliefen in einem großen Schlafsaal, mußten erneut hungern und frieren, waren Opfer der Schikane älterer Kinder, waren verzweifelt, mußten neben den Schulaufgaben die Küchenarbeiten erledigen, unterlagen einem bigott religiösen Gebetsdrill, wurden reglementiert, schikaniert und fast stranguliert in ihren bescheidenen Willensentscheidungen – und das alles nach über zwei Jahren Aufopferung und Lebensbewältigung für sich selbst und die Mutter. Der Schock, den die Zwillinge durchlebten, ist unvorstellbar. So begann für sie die schwerste Zeit ihrer Kindheit. Flucht,

Not und Lagerleben waren nicht so schlimm wie die fremdbestimmte, lieb- und herzlose Atmosphäre im Wipertistift. Darüber werden noch schwache Stimmen eines erschütternden Lamentos zu hören sein.

Der Vater hatte an die Einsicht der Zwillinge appelliert, wie er es immer mit Erfolg getan hatte: Er müsse sie ins Heim geben, ihm bleibe nichts anderes übrig. Ist er nie auf den Gedanken gekommen, die Zwillinge dann wenigstens einem Heim in seiner Nähe, in Eisleben, anzuvertrauen oder sie zurück in das Gelobte Kinderland nach Riesa zu schicken? Warum haben die Zwillinge nicht mit ihm argumentiert? Der selbstverständliche Gehorsam und Respekt ließen sie folgsam sein, schon gar nicht hätten sie gegen ihn aufbegehrt.

Das Stift diente damals drei Funktionen.[107] Es war ein Heim für Kinder, Alte und geistig Behinderte. Die geistig Versehrten waren in die zwei Abteilungen des Stifts, Kinder- und Altersheim, integriert, wurden jedoch von den gesunden Kindern als störende Außenseiter empfunden und so behandelt. Sie hatten ihre motorischen oder akustischen Auffälligkeiten, mit denen sie unberechenbar und meist abrupt in den Tageslauf der anderen Kinder hineinplatzten. Da ließ sich der eine Junge mit grotesken Verrenkungen auf den Boden fallen, schlug um sich und erhob sich für den nächsten Sturz. Ein Mädchen malträtierte mit den Fäusten ständig dasselbe Stuhlbein. Und ein anderer Sangesfreudiger ging besonders auf die Nerven. Unartikuliert lallte er stereotyp immer und immer wieder denselben Gassenhauer vor sich hin: »Anita, du bist 'ne Schlange, du kannst's so lange.« Wehe, man gab ihm das Stichwort ›Anita‹, dann lief sein Psycho-Uhrwerk ab, bis die Feder entspannt war. Er wußte nicht, was er von sich gab. Die indignierten Schwestern konnten ihn kaum ruhigstellen. Die gesunden Kinder mieden ihre kranken Tisch- und Bettnachbarn, versuchten, sie links liegen zu lassen, was nicht immer gelang. Leider waren bei Abwesenheit der Schwestern die behinderten Kinder oft das Ziel herzloser und böser Scherze von einigen gesunden älteren Jungen. Ob der dicke Junge mit der heraushängenden, sabbernden Zunge und dem knallroten, runden Gesicht darunter gelitten hat, wenn die Älteren ihn nachäfften und als »Tomaten-Doktor« verhöhnten?

Nach Einlieferung ins Heim, während der ganzen zwölf Monate, hat sie der Vater niemals, kein einziges Mal besucht, auch die Schwester Inge hat nie nach dem Rechten gesehen. Es wäre so hilfreich gewesen, um den kleinen Zwillingen gegen die Unbill der Schwestern und die Willkür der Mitinsassen den Rücken zu stärken. Weihnachten 1947 verbrachten sie allein im Stift, andere Kinder waren für die Feiertage eingeladen und wurden abgeholt. Auch während aller Ferien verblieben sie im Heim. Ein einziges Mal erschien der älteste Bruder Herbert, wahrscheinlich eher aus Langeweile denn aus Fürsorge, und grabschte sich beim Herausgehen einen Apfel vom Baum. Die Zwillinge wurden von der Schwester Oberin Martha zusammengestaucht, was für einen Dieb und Verbrecher sie als Bruder hätten, er habe fürderhin Hausverbot. Auch Teddy kam mal von Eisleben herüber, vielleicht auf Veranlassung des Vaters, bestimmt mit seinem Wissen. Er hatte ihnen einige alte Briefmarken mitgebracht, die sie eintauschen könnten. Sie hätten es gern getan, aber die Marken wurden ihnen von anderen Heimjungen weggenommen. Die Zwillinge baten den älteren Bruder inständig und verzweifelt, dem Vater ihr Leid zu klagen. Der Vater solle sie herausholen, irgendeinen Ausweg finden, wenigstens in ein anderes Heim geben, am besten nach Eisleben oder nach Riesa. Ob ihm der Hilfeschrei übermittelt wurde? Jedenfalls, er blieb ohne Resonanz. Nie hat sich der Vater oder die Schwester Inge bei ihnen gemeldet. Wenigstens über einen Kartengruß hätten sie sich gefreut.

Dafür machten sich die beiden Zehnjährigen fast jeden Sonntagnachmittag auf den Weg, um die Mutter im Krankenhaus Dippestift zu besuchen.[108] Das blieb die einzige Gelegenheit, freien, wenn auch zeitlich streng begrenzten Ausgang in die Stadt zu erhalten. Sie trafen die Mutter zur festgesetzten Stunde am Zaun und hielten Distanz, um einer Ansteckung vorzubeugen. Die arme Mutter! Die

Klinik war mit Tbc-Kranken überfüllt. Sie erlebte, wie Nachbarinnen nach einem plötzlichen Blutsturz zusammenbrachen und augenblicklich verstarben. Sie mußte mit demselben Ende rechnen. Es gab damals keine medizinische Hilfe. Niemand wußte, ob man durchkommt. Es wurde ständig gestorben. Der Leichenwagen, der die Opfer hinausfuhr, wurde vielen zur letzten Verheißung. Die Mutter berichtete davon und war sehr bedrückt. Zusätzliches Leid bereiteten ihr die Bettnachbarinnen im großen Krankensaal. Mutters bizarre und selbstinszenierte Art des mitmenschlichen Umgangs machte sie schnell zur komischen Figur und unbeliebt. So blieben spöttische und ironische Bemerkungen nicht aus. Sie litt entsetzlich unter diesen oft bösartigen Sticheleien. Ein kränkender Scherz verletzte sie besonders hart: Eine etwas unförmige Hose, die ihr die Kinder auf der Flucht organisiert hatten, landete im Geäst des nahen Baumes unter dem Fenster. Es war ihre warme Beinbekleidung für die kalten Tage, sie hatte nichts Besseres. Sichtbar wurde sie so zum Gespött aller gemacht. Das ist nicht leicht zu ertragen. Die Kinder hatten Mitleid mit der Mutter und wagten schon nicht mehr, von ihren eigenen Verletzungen zu sprechen. Das meiste der Quälereien hat sie bestimmt schamvoll verschwiegen. Daß sie schon das wenige preisgab, beweist, wie tief sie getroffen war. Sie erzählte auch von den Briefen, die der Vater ihr geschrieben hatte: Er mache sich unsäglich Sorgen um die Zwillinge und um sie. Es würden ihn Selbstmordgedanken plagen, weil er ihre Not und Entbehrung nicht ertragen könne. Die Mutter versuchte zu übergehen, daß er sie während der ganzen zwölf Monate kein einziges Mal im Krankenhaus sah. Sie hörte sich auch die Sorgen der Kleinen an, die nicht weniger drückten. Verschüchtert und verschämt standen die Jungen in ihrer dürftigen, schäbigen Anstaltskleidung vor dem Gitter und schlotterten vor Kälte, als die frostige Jahreszeit einsetzte. Sie berichteten ihr von den, stets gleichbleibend alten, Neuigkeiten der letzten Woche. Es waren die immer gleichen entwürdigenden Verhältnisse, denen sie ausgesetzt waren. Die halbe Stunde Besuchszeit war viel zu schnell verstrichen. So sahen sie sich, getrennt durch das abwehrende Gitter, und konnten einander nur trösten – so sprachen sie sich, getrennt durchs je verschiedene Leid, und konnten einander nicht helfen. Sie durften nie damit rechnen, die Mutter am nächsten Sonntag noch wiederzusehen. Wortkarg und traurig eilten die Jungen zurück ins Waisenhaus.

Dort kehrten sie heim in die Kälte einer bigott christlichen Anstalt. Die fehlende menschliche Wärme wurde durch fromme Sprüche und Gebetsrituale ersetzt.

Morgens um 6.30 Uhr war Wecken. Die jüngeren Kinder, Jungen und Mädchen, übernachteten in einem gemeinsamen Schlafsaal der Baracke. Für die älteren Kinder gab es getrennte Schlafräume. Zusammen waren sie etwa einhundertzwanzig Kinder. Im Winter war es schlimm kalt, denn es gab keine Heizung. Auch die wenigen Decken reichten kaum für die Erwärmung im Bett. Weil Betten fehlten, hatten die Schwestern den Zwillingen ein gemeinsames Bett zugewiesen. Daran waren sie während der Jahre der Vertreibung gewohnt. Hier war es von Vorteil, weil sie sich gegenseitig wärmen konnten und so schneller einschliefen. Eine einzige Glühbirne baumelte inmitten des Saales von der Decke und gab ein schummriges Licht. Die Toiletten für Jungen und Mädchen lagen wenigstens innerhalb der Baracke. Die zweistöckigen Betten standen dicht beieinander. Das Bettenmachen in den engen Gängen gelang nur, weil die Kinder noch so klein waren. Das Wecksignal bedeutete sofortiges Händefalten, um mit der Schwester das Morgengebet laut und vernehmlich zu sprechen. Sogleich danach mußte aufgestanden werden, sonst hätte man sich eine Bestrafung eingehandelt. Halb angezogen, schlürften die Kinder in den Waschraum und drängelten sich vor den wenigen Waschbecken. Salzwasser für den Zahnputz stand bereit. Als Ersatz für die fehlenden Zahnbürsten mußte der Zeigefinger herhalten. Sie legten sich die Anstaltskleidung an, die sie immer und überall tragen mußten. Das war strenge Verpflichtung. Sie bestand im wesentlichen aus einer Schürze, wie sie zu dieser Zeit von keinem

Kind mehr getragen wurde. Diese blaue Schürze fiel nicht nur auf, sie war auch häßlich. Die Schlaufe lag um den Hals, und die Bänder waren hinten auf dem Rücken mit einer Schleife gebunden. Das Oberhemd und im Winter der Pullover waren individuell unterschiedlich, die Drillichhose wieder einheitlich aus grauem Stoff. Die Mädchen trugen über dem Kleid oder Rock dieselbe blaue Anstaltsschürze.

Nach einem Tischgebet gab es das dürftige Frühstück. Aluminiumnäpfe wurden vom Kopf des Tisches heruntergereicht. Die Zwillinge saßen am Tischende, wie es den Neuzugängen gebührte. Viele der Teller hatten durch die jahrelange Benutzung, vielleicht auch absichtlich, kleine Löcher bekommen. Von den gleichzeitig durchgereichten Brotkanten mußte man sich kleine Kügelchen kneten, um die Löcher zu stopfen. Die älteren Jungen, die sich am Tischkopf ihren Stammplatz erstritten oder ersessen hatten, fingen sich die größeren Brotstücke ab und reichten die kleineren weiter. Einige Kinder, die zur Bedienung eingeteilt waren, löffelten für jeden eine Kelle dünner Mehlsuppe in den Aluteller. Einen Nachschlag gab es nicht. Auch vom Brot gab es kein zweites Stück. Ältere Jungen, die mit ihren 15 Jahren kräftig und rüpelhaft dreinschauten, reichten ihren Teller durch die Reihe: »Für mich einen Atzen!« Wehe dem Jüngeren und dem Schwachen, der das geforderte Stück Brot als Tribut nicht entrichtete. So mußten Siegbert und Siegmund noch von dem wenigen abgeben, um Schläge zu vermeiden. Wieviel moralische Gesittung und transzendente Einsicht ist erforderlich, damit die Mächtigen und Mehrheiten den Schwächeren und Minderheiten keine Gewalt antun!

Hungrig standen die Kinder auf und marschierten in Kolonnen zu ihrer jeweiligen Schule. In der Stadt fielen sie auf: »Ach, da kommen die Waisenkinder aus dem Wipertistift.« Auch auf dem Pausenhof der Schule waren sie durch die blaue Schürze kenntlich gemacht und gewissermaßen ausgegrenzt. Die Zwillinge kamen täglich an ihrer alten Wohnung vorbei, blickten zu den Fenstern hinauf und wurden traurig. Den Heimweg konnte jeder allein antreten. Die Schwestern hatten umfassenden Überblick, wann die jeweilige Klasse schloß und die Kinder zurückgekehrt sein mußten. Geschah dies nicht pünktlich, war dies ein weiterer Fall für eine Bestrafung.

Das Mittagessen bestand regelmäßig aus Gemüse und war natürlich vorweg und danach mit einem Tischgebet eingerahmt. Die Kinder wurden nicht satt. In dieser Jugendphase verzehren sie doppelt soviel wie Erwachsene und brauchen es auch. Das Wachstum der jungen Körper benötigt diese Mengen. Aber an Stillung des Hungers war nicht zu denken. Das passierte allenfalls, wenn, selten genug, Herren der Stadtverwaltung zur Visite erschienen. Dann reichte man für die Kinder Fleisch und einen zweiten Gang. Die gewichtigen Herren schritten durch den Speisesaal und nahmen zufrieden die gefüllten Teller zur Kenntnis. Sie sahen, ihre amtlich bewilligten Gelder und sonstige Zuwendungen waren gut verwandt. Es wurde gemunkelt, daß im Heim ein gefüllter Vorratskeller mit Köstlichkeiten existiere, aus dem sich die Schwestern bedienten.[109]

Nach den Schularbeiten, wofür ein gesonderter Raum zur Verfügung stand, ging es am Samstag auf eine gemeinsame Wanderung in die Umgebung. An den anderen Wochentagen oblagen irgendwelche Pflichten im Hause. Die Zwillinge hatten sich für den Küchendienst gemeldet und hofften, daß dort ein zusätzlicher Bissen abfallen würde. Aber sie hatten sich getäuscht. Die aufsichtsführenden Schwestern achteten argwöhnisch darauf, daß während des Gemüseputzens und -schneidens jeder fleißig die geistlichen Lieder mitsang und nicht durch Kauen auffiel. Letzteres hätte die sofortige Versetzung in eine andere Arbeitsgruppe bedeutet. Gerade diese moralisch gefährdete Küchengruppe wurde wiederholt an ihren Gemeinschaftssinn erinnert, der jeden ›gestohlenen‹ Bissen zum Nachteil der anderen verbiete. So schälten, putzten und schnitten die Zwillinge wochenlang, ein Jahr lang Kartoffeln, Lauch, Weißkohl, Rettich, Mohrrüben, Kohlrüben, weiße Rüben, Schwarzwurzeln,

Knollensellerie, rote Bete, Zwiebeln, Schalotten, Knoblauch, grüne Bohnen und so weiter. Es handelte sich bei fast jedem Gemüse auch hier um solches aus den Saatbetrieben. Die Knollen hatten durch das Ausblühen ihre Würze verloren und schmeckten fad. Besonders verhaßt waren die Pastinaken, die üblicherweise nur in kleinen Mengen als Würzgemüse eingesetzt werden. Hier im Heim waren sie einmal wöchentlich das gefürchtete gräusliche Hauptgericht. Nach ihrem Kochen und Schälen wurden sie von den Kindern durch den Wolf gedreht. Heraus kam ein dünner, pampiger Brei in gelb-ockriger Farbe, den selbst die hungrigsten Kinder nicht vollständig herunterbekamen. Aus diesem Grund galten die Pastinaken nicht als eine moralische Gefährdung, und während ihrer Bearbeitung in der Küche mußten die Münder der Kinder nicht mit kirchlichen Liedern gestopft werden.

Dem Abendessen, das aus Broten und Tee bestand, folgte eine Abendandacht. Auf dem Harmonium intonierte eine Schwester geistliche Lieder, die von den Kindern kräftig mitgesungen werden mußten. Die Tageslosung aus dem evangelischen Jahreskalender wurde verlesen und mahnend ins Gedächtnis gerufen. Die Gebete schlossen den Dank an Gott für den Tag und die Wohltaten des Hauses ein. Kurze fromme Ansprachen und Belehrungen folgten. Das war auch die Gelegenheit für Schwester Martha, die gestrenge Oberin, wie ein Hausdrachen die Neuigkeiten zu verkünden, was zu tun sei, wer sich schlecht betragen habe, wer auf welche Weise bestraft worden sei und wer sich sonst noch bessern müsse. Wenn dann die Kinder nach der üblichen Toilette ins Bett krochen, erflehte nochmals die Nachtschwester laut und vernehmlich den Schutz für die Nacht. Keiner durfte mehr sprechen, und das Licht ging aus.

Für die Sättigung der Zwillinge mit religiöser Kost war also gesorgt. Aber der sonntägliche Pflichtgottesdienst trug endgültig zu ihrer Übersättigung bei, die eine lebenslange Distanz gegenüber allem Religiösen verständlich macht. In einer langen Kolonne trotteten etwa zweihundert Kinder und Alte den Domberg hinauf.

Keiner durfte sich grundlos ausschließen. Die Kinder saßen auf der linken Seite und über ihre Köpfe hinweg rauschte die Predigt. Schon für Erwachsene war die gestelzte und pastoral-gesalbte Sprechweise damaliger Zeit unerträglich, weil sie so verlogen maniriert klang. Die Kinder sehnten das schnelle Ende der Sonntagsfeier herbei, zumal sie in ihrer dünnen Kluft froren. Selbst im Sommer wirkte der Dom wie ein fröstelndes Kühlhaus.

Es wurde unter der Regie von Schwester Martha viel gestraft im Wipertistift, sei es mit Essensentzug, sei es mit Extraarbeit. Kinder berichteten auch, daß sie von Schwester Martha eigenhändig Peitschenhiebe mit einem Ochsenziemer erhalten hätten. Die schlimmste Züchtigung war das Knien auf Erbsen vor einem religiösen Bild.[110] Diese und andere handgreifliche Strafen wurden nicht vor den anderen Kindern vollzogen, weil sonst die Stimmung im Heim sicherlich explosiv geworden wäre. Siegmund stellte sich einmal, vor Kälte bibbernd, im Aufenthaltsraum mit dem Rücken an den Ofen. Er stand nicht lange, da traf ihn die saftige Ohrfeige einer Schwester: Wie er sich unterstehen könne, den anderen Kindern die Wärme zu stehlen. Siegbert erlebte das aus nächste Nähe mit und bebte vor Wut. Er durfte nicht reagieren, es wäre für ihn und Siegmund noch schlimmer gekommen. Siegmunds Strafe bestand darin, daß er in einem anderen Raum etwa eine Stunde lang vor dem geöffneten Fenster mit ausgebreiteten Armen stehen mußte, während ihm der frostige Wind über Körper und Gesicht blies. Die Schwester, ihre Näharbeit in der Hand, schaute ab und zu aus dem Nebenzimmer herein, um den Vollzug der Züchtigung zu kontrollieren.

Die Kinder im Stift haben die Schwestern, insbesondere die Oberin Martha, regelrecht gehaßt. Als sie, die Chefin des Hauses, eines Tages die Treppe herunterstürzte und sich den Arm brach, war die Schadenfreude unter den Zöglingen groß. Der Vorfall war das kindliche Gesprächsthema schlechthin. Sie hielten mit ihrer strafenden Genugtuung nicht zurück. Es war für sie ein Freudentag, die Züchtigerin litt endlich einmal selbst Schmerzen. Ihr Arm war geschient und gegipst. Leider nicht lange genug, um sie an neuen Tätlichkeiten zu hindern.

Dieser Freudentag war wie eine vereinzelte Sternschnuppe, die in der nachtdunklen Traurigkeit des Wipertistiftes aufblitzte. Das bekannte heitere, manchmal ausgelassene Lachen und Tollen von Kindern, wenn sie in Rudeln zusammen sind, hier fehlte es gänzlich. Sie wirkten eher wie gedrückte, früh gealterte Kinder.

Zwei Themen beherrschten die Gespräche der Kinder untereinander. Das erste war das Essen. Sie malten sich das zufriedene Gefühl aus, satt zu sein, und entwickelten Pläne, an Nahrung zu kommen. Doch jede Strategie schlug fehl. Sie hatten kein Geld, keine Lebensmittelmarken und waren nicht frei, das Heim zu verlassen. Die Pforte war ständig besetzt. In den Hühnerstall kam kein Kind rein. Wo die Eier blieben, blieb unerfindlich. Es ging das Gerücht, daß man zwar mit Widerwillen das Viehfutter herunterbekäme, aber da mußte man erst einmal zu dieser Arbeitsgruppe gehören und gerade unbeaufsichtigt sein. Die roten Mehlbeeren und Getreideähren, die sie auf der Wanderung pflückten, langten nur für den Augenblick. Immer und immer wieder kreiste ihr Gespräch um die List, sich Nahrung zu beschaffen, ab und zu satt zu sein. Der ständige Hungerschmerz blieb so peinigend wie das winterliche Frösteln.

Der zweite Gesprächsgegenstand der Kinder kreiste um eine mögliche Flucht aus dem Heim. Sie fühlten sich durch die ständige Reglementierung wie junge Sträflinge und wollten nichts wie raus. Doch wohin? Wenige gewitzte Jungen rissen aus und waren nicht mehr im Heim gesehen. Wo waren sie? Wie ging es ihnen? Das Geheimnis lüftete sich, als eine Gruppe aus dem Heim einen Ausflug ins 5 km entfernte Neinstedt unternahm. Dort begegneten sie zufällig einem der Ausreißer, der mit den anderen im dortigen staatlichen Erziehungsheim lebte. Sie müßten keine Anstaltskleidung tragen, und an den kahlgeschorenen Kopf könne man sich gewöhnen. Er schwärmte von guter und ausreichender Verpflegung und pries die verständige Heimleitung: »Warum haut ihr nicht ab und kommt auch hierher?« Das war für einige wenige Burschen aus dem Wipertiheim die Anstiftung, ebenfalls auszubüxen. Sie hatten vorher versprochen, Essenspakete an die Zurückgebliebenen zu senden, aber bei diesem vorlauten Versprechen ist es geblieben. Die Zwillinge erörterten ebenfalls die Flucht, doch wieder setzte sich die kindliche Raison gegenüber dem Vater durch. Sie hätten ihm Ärger bereitet. Das wollten sie nicht. Also kuschten sie für den fernen Vater, der sich nicht sehen ließ und dem gegenüber sie ohnehin nur ein vertrautes Fremdsein empfanden. Es war keine Feigheit vor der gewagten Tat, es war ihre geforderte Einsicht in eine Notwendigkeit. Der Vater hatte von ihnen stets die Einsicht in das angeblich Unabänderliche gefordert, mochte es noch so hart und bitter für die Kleinen sein. Wünsche durften sie nicht haben und haben sie kaum geäußert. Dieser Resignation lag das Gefühl zugrunde, das sich ihnen oft vermittelt hat, als Spätkömmlinge nicht erwünscht zu sein. Ihr Prestige in der Familie war gering. Was waren sie doch für gefügige, angepaßte kleine Jungen von gerade mal elf Jahren!

Die Monate, welche die Zwillinge im Wipertistift durchhalten mußten, tröpfelten dahin. Die Jungen wußten nicht, wie es weitergehen würde. Sie wurden immer mutloser und verzagter. Vielleicht haben die Vollwaisen und geistig Behinderten, die sich schon jahrelang im Heim eingerichtet und ihre Primitivhierarchien kultiviert hatten, die Umstände weniger schmerzlich empfunden. Aber Siegbert und sein Bruder Siegmund kamen gerade aus dem Heim in Riesa und hatten erlebt, wie eine solche Kinderanstalt warmherzig und liebevoll organisiert werden kann. Sogar über die staatliche Erziehungsanstalt in Neinstedt hatten sie positivere Meinungen gehört. In welchem Kontrast dazu stand das von christlichen Schwestern geleitete Waisenhaus in Quedlinburg. Wie sehr hatten die beiden unter Erniedrigung und Gängelung gelitten![111]

Gottlob, Siegbert wurde etwa im Oktober 1948 aus dem Wipertistift erlöst, wenn auch unter schmerzlichen Umständen. Eines Tages brach er zusammen, bekam hohes Fieber und wurde in einem

Krankenstuhl zum Hospital gekarrt. Er war an Rippenfellentzündung erkrankt, die sich bald zu einer Lungentuberkulose ausweitete. Aber, anders als bei der Mutter, war es keine offene Tbc. Selbstverständlich gehörte dieser Vorfall zu den Meldungen, über die Schwester Martha nach der Abendandacht berichtete. Sie benutzte Siegberts Erkrankung als Zuchtrute gegen die anderen Kinder: Der Siegbert sei erkrankt, weil er aus dem Schweinetrog Essen stibitzt habe. Siegmund mußte das anhören, kochte vor Wut und konnte wieder nur schweigen. Keines der Kinder hat ihr geglaubt, ihre Lüge durchschauten sie. Wie kann man zur Wahrheit erziehen und sie gleichzeitig so bewußt verdrehen? Siegmund wußte, daß Siegbert dies nicht getan hatte und nie dergleichen tun würde. Gerade sie beide wollten sich auf keinen Fall etwas zuschulden kommen lassen, schon um den fernen Vater nicht zu enttäuschen und um hier nicht bestraft zu werden. Als Siegmund den Schuldvorwurf Siegbert erzählte, wurde dieser zornig. Er fühlte sich wehrlos entehrt und gedemütigt. Er konnte wiederum nichts dagegen tun. Sein Vater hätte helfen können. Wenigstens das Schicksal entschädigte ihn. Jetzt bekam Siegbert ausreichend und gut zu essen. Wenn sein Zwillingsbruder am Sonntag zu Besuch erschien, konnte Siegbert ihm jedesmal einen Packen gestrichener Brote mitgeben. Er und andere Jungen im Krankenzimmer hatten sie während der Woche erübrigt. Er sah jetzt auch öfter die Mutter, die immer noch in der Quarantäne-Abteilung aushalten mußte.

Der Vater hatte endlich im Herbst 1948 mit Inges Hilfe in Bernau bei Berlin eine Zahnarztpraxis gefunden, die er übernehmen konnte. Er löste seine Eislebener Wohnung auf und richtete sich in Bernau ein. Wenige Wochen später, im November 1948, holte Inge die Mutter und die Zwillinge ab und nahm sie mit nach Bernau.

*

Die Sehnsucht packt zu

Peter hatte das Abitur hinter sich, das leidvolle Hildesheim verlassen und stand vor der Entscheidung, wie es weitergehen sollte. Bei den Klassenkameraden stellte der Vater den monatlichen Scheck in Aussicht, motivierte den Sohn, und das Tor zum Studium oder einem anderen Beruf stand offen. Peter fehlte beides, Rat und Geld.

Zuerst einmal ging er nach Hannover. Eine Großstadt müßte bessere Chancen bieten. Das finanzielle Überleben stand im Vordergrund. Mit einer gewissen Ziellosigkeit nahm er verschiedene Jobs wahr.[112]

Bei der Canadian Immigration Mission in Hannover erlebte er Ende 1951 einige Monate lang deutsche Emigrantensehnsüchte und enttäuschte Hoffnungen.[113] Er war für die ein- und ausgehende Post zuständig, erlebte auch den Publikumsverkehr und gewann Einblick in das damalige Prüfungsverfahren.

Hier hat sich ihm schnell entschleiert, wie gezielt dieses Einwanderungsland aus der schier unermeßlichen Nachfrage von Auswanderungswilligen die gewünschten Personen herausgesiebt hat. Die deutschen Mitarbeiter hatten natürlich keinen Einblick in die schriftlich festgelegten Auswahlkriterien, nach denen die Officers und Mediziner die Antragsteller und deren Unterlagen in längeren Gesprächen und Untersuchungen bewerteten. Doch soviel schien beabsichtigt zu sein, es war das offene Geheimnis unter den Angestellten: Man wollte nur kerngesunde, ausgebildete, junge und ungebundene

Menschen haben, die schnell zu Kanadiern werden sollten. Gesund: die Untersuchungen vor zwei Ärzten waren gründlich, die mitgebrachten Röntgenaufnahmen verblieben bei den Akten. Nach dem Prinzip in dubio contra wurden selbst kleine gesundheitliche Mängel als Risiko für das soziale Sicherungssystem des kanadischen Staates gewertet. Berufsausbildung: Wer eine abgeschlossene Lehre oder sonstige Ausbildung hatte, wurde bevorzugt. Oft konnte schon eine feste Arbeitsstelle vermittelt werden. Auch Ungelernte wurden dann gelegentlich akzeptiert. Jung: Das Mindestalter war 21 Jahre, das damalige Erreichen der Volljährigkeit, um rechtliche Komplikationen zu vermeiden. Bei Antragstellern über 27 Jahren sank das Interesse merklich. Offensichtlich waren hier Überlegungen der Sozialversicherung maßgeblich. Der ältere Immigrant hätte zu wenig zur Rentenversicherung beigetragen und könnte möglicherweise das Sozialsystem des Landes unverhältnismäßig in Anspruch nehmen. Ungebunden: Pärchen, Verlobte oder gar Verheiratete wurden nur in Ausnahmefällen genommen, wenn der Beruf des Mannes speziell gesucht wurde. Dann war auch die Altersgrenze nach oben verschoben. Kam bei einer Bewerbung heraus, daß möglicherweise auch ein Partner des Antragstellers später auswandern wollte, war das eher ein Ablehnungsgrund. Es war offensichtlich, die Assimilierung der Einwanderer sollte über einen einheimischen, in Kanada gefundenen Lebenspartner beschleunigt werden. Maßgebend erschien allein das nationale Interesse, nur die dem Lande nützlichsten Menschen einwandern zu lassen und diese dann schnell assimilieren zu können. Die für Kanada unbrauchbaren Menschen sollten in Deutschland bleiben. Mr. Petersen, der Chef des Amtes, hat sich mal entsetzlich erregt, weil ihn ein etwa 40jähriger Deutscher, der seine schwangere Frau bei sich hatte, dreist auf der Treppe um Ausreisepapiere angesprochen hatte. Er verwies ihn an die Anmeldestelle. Als er dann hörte, daß dieser verheiratete Deutsche ungelernt sei und zwei Kinder habe, war sein Kommentar: »Has he shit in his head?«[114] Heute wollen nicht einzelne, sondern hunderttausende Ausländer nach

Deutschland: nicht mehr jung, familiär bereits gebunden, ungelernt oder mit ungeprüfter Gesundheit. Diesem Ansinnen wird leichtfertig nachgegeben. Erst einmal im Land, folgen dann im Rahmen der Familienzusammenführung noch mehr Personen, zumeist Versorgungsfälle. Wird eine kritische Zahl von Zuwanderungen überschritten, kann und wird das natürlich nicht gutgehen.

Mr. Petersen ließ seinen 15jährigen Sohn neben Peter in der Poststelle mitarbeiten, wohl damit er ihn auf die Lohnliste setzen konnte. Dieser Windfang war zu nichts nütze und fingerte ständig im Schritt herum, wobei er stöhnte: »My prick is so itchy«.[115] Der Ärmste, es war ihm nicht zu helfen.

Hier in Hannover konnte Peter erstmals wieder Opernaufführungen erleben. In der Pause steuerte er vom billigsten Platz im Olymp einen frei gebliebenen Platz vorn im Parkett an. Im Georgspalast gegenüber dem Opernhaus wirbelten internationale Varietéunterhaltungen höchsten Anspruchs über die Bretter. Das Schauspiel hat er später erst schätzen gelernt.

Nebenbei nahm Peter, wenn auch eingeschränkt und nur noch abends, wieder den Nachhilfeunterricht auf: Latein, Englisch und Mathematik. Er hatte jetzt nur noch zwei Schüler.

Für zehn Monate baute Peter dann den Reisedienst des Landesjugendringes mit auf.[116] Er begleitete Jugendgruppen nach Scharbeutz an der Ostsee. Gleichzeitig belegte er mehrere Monate Englischkurse in einem privaten Sprachinstitut. Vor der Industrie- und Handelskammer bestand er noch schnell die entsprechenden Examen. Denn inzwischen war der Plan herangereift, ein Studium zu beginnen. Ausschlaggebend hierfür waren hannoversche Jugendliche, die er kennengelernt hatte. Er hatte nicht deren finanziell gute Ausstattung, aber die Leichtigkeit und Selbstverständlichkeit, mit der sie das Studium ansteuerten, hatten ihn beeindruckt. Sie jedenfalls gingen nach Bonn, weil es als damaliger Regierungssitz der interessantere Studienort zu sein versprach. Peter hielt diese Entscheidung auch für sich richtig. Er belegte Psychologie. Denn er war sich selbst ein

Rätsel, merkte aber bald, daß ihn das Diffuse und Nebulöse dieser Wissenschaft mehr verunsichern als befriedigen würde. Im zweiten Studiensemester, Sommer 1953, schrieb er sich in der juristischen Fakultät ein und steuerte den sehr schnellen Abschluß mit dem Referendarexamen an, was ihm nach drei Jahren, im Herbst 1956, gelang.

Der Studienbeginn war schwierig. Das größte Problem war, ein Zimmer zu finden. Der Regierungsapparat mit seinen vielen Beschäftigten, die Botschaften und die Lobbybüros sogen fast jeden verfügbaren Mietraum auf und trieben die Mieten in die Höhe. Nur regelrechte Buden bis ins entferntere Umland blieben für die zehntausend Studierenden übrig, es sein denn, man hätte preislich konkurrieren können. Bereits einige Monate vor Semesterbeginn mietete sich Peter ein Dachzimmer, wie in Hildesheim mit Dachschräge und Luke, wieder nicht beheizbar und ohne Wasseranschluß, aber wesentlich größer als dort.[117] Das Haus hatte noch Gaslicht, aber selbst das fehlte in Peters Dachstube. Die 80jährige Vermieterin war liebenswert, eine typische Bönnsche und dem Fastelovend wie eh zugetan. Zum Karneval lieh sie Peter für die Kostümierung Pappnase nebst Gesichtsmaske und stieß ihn in das Treiben seines ersten Karnevals. Wenn sie gewußt hätte, wohin Peter ihre Utensilien ausführte, sie hätte wohl in ihrer gütigen Altersweisheit geschmunzelt.

Die erste Nacht in diesem novemberkalten Zimmer war erfüllt von den Chimären der Angst und Aussichtslosigkeit. Wie soll es weitergehen? Die Mauern der Zukunft schienen über ihm zusammenzustürzen und ihn zu begraben. Nur nicht unterkriegen lassen! Die Vermieterin machte ihm Mut: »Et hätt noch immer jot jejangen.« Trotzdem, er war verzweifelt, er weinte. Auf der anderen Straßenseite, bei Frau Richarz, wohnten Medizinstudenten in großen, lichten, komfortablen Zimmern. Auch in diese hätte er einziehen dürfen. In der Garage, ebenfalls mietbar, standen die Autos der zukünftigen Ärzte. Gottlob ging der Winter vorbei. Das Wasser in der Kanne und der Schüssel, von unten nach oben geschleppt, war jetzt wenigstens nicht mehr zu einem Eisklumpen gefroren.

Die Sommersonne schien für Peter tatsächlich aufzugehen, als er nach einigen Monaten das heiß ersehnte Zimmer in einem Studentenwohnheim fand, wo er bis nach dem Studium, in seine Referendarzeit hinein, wohnen durfte. Das Carl-Schurz-Colleg wurde gerade neu bezogen.[118] Es war für 60 männliche Studenten vorgesehen, in der Hauptsache Deutsche. Die meisten hatten Einzelzimmer. Das Studentenwerk als Träger des Hauses hatte in der Hausordnung den Besuch von Damen auf den Zimmern ausdrücklich verboten. Der sogenannte ›Damen-Paragraph‹ hatte den Rauswurf von etlichen Hausbewohnern zur Folge. Wahrscheinlich ging es nicht anders, weil alle Heißblütigen, besonders die Südländer und Araber, ihre wöchentlich neuen Flammen heimlich ins Haus zu schleusen versuchten. Wie unverfroren sie das anfangs taten, war schon eine triumphierende Herausforderung. Sie kümmerten sich einen Macho-Dreck um die Anweisung. Irgendwann, das wurde klar, wird dann ein solches Haus zu einem öffentlichen, wenn man den Anfängen nicht wehrt. In den Besuchern männlichen Geschlechts erblickte der Vermieter offensichtlich keine sexuelle Gefährdung der Studenten oder eine Rufschädigung des Hauses.

Peter suchte Anschluß, probierte eine Studentenverbindung, kam aber mit der oberflächlichen Betriebsamkeit der Kommerse und Saufgelage nicht zurecht. Auch war es mit der viel gerühmten Kameradschaft nicht so weit her, wie es der Anschein vorgaukelte. Das wirtschaftliche Netz, das ihm die Alten Herren vielleicht bieten konnten, wog sein Mißbehagen nicht auf.

Dann machten sich spanische Studierende an ihn heran, meistens älter als er, und luden ihn zu Gesprächskreisen ein. Das hörte sich unverfänglich an. Man traf sich, vielleicht zehn bis fünfzehn deutsche Studenten, wöchentlich einmal in einem Haus auf der damaligen Koblenzer Allee.[119] Es gab immer etwas zu essen und zu trinken. Zum Abschluß wurde man ziemlich unvermittelt in die Hauskapelle zu einer Andacht aufgefordert. Sie entpuppte sich als das wesentliche Einladungsziel. Ein spanischer Geistlicher, des Deutschen kaum mächtig, was vieles, aber nicht alles entschuldigte, hielt eine Ansprache, die an undifferenzierter Dürftigkeit und primitiver Einseitigkeit eines Lebensverständnisses nicht zu überbieten war. Die spanischen Gastgeber ließen schließlich durchblicken, recht ängstlich und konspirativ, daß sie einem neuen Laienorden der katholischen Kirche angehörten, der sich Opus Dei nenne. Es gäbe einen ›Vater‹, der dem Werk vorstehe und verehrungswürdig sei. Die Art ihres Auftretens und Argumentierens wirkte klebrig und undurchsichtig, ergab sich aber sicherlich aus der ungeklärten Rechtslage ihrer neuen Vereinigung innerhalb der Kirchenorganisation. Peter hat die allerersten Anfänge des Opus Dei in Deutschland miterlebt. Es waren allesamt sympathische Mitstudenten. Aber allesamt war ihnen ein Knacks anzumerken. Es war die Hoffart ihres Berufenseins, das sie nie laut eingestanden hätten, und die latent sexuelle Schlüpfrigkeit eines zölibatären Zusammenschlusses, was sie ebenfalls nie hätten gelten lassen. Beides war im Ansatz ständig zu spüren. Der heimliche Stolz war vielleicht für die Aufbauphase nötig, um die fehlende innerkirchliche Akzeptanz zu kompensieren. Der sexuelle Schummer entsprach vielleicht eher den spanischen Gegebenheiten der missionierenden Studenten. Wenn der Assistenzarzt unvermittelt erzählte, er habe einem Ehemann mit Erektionsschwierigkeiten den Koitus gelegentlich seiner ›Morgen-Latte‹ empfohlen, so fragte Peter sich, warum er das los werden wollte. Wird hier verbal koitiert? Dies nur als einziges Beispiel für die ab und an knisternde Stimmungslage, die verständlich und vor allem durchsichtig erscheint.

Ihre Gastfreundschaft und das sorgende Interesse an den Besuchern waren wohltuend. Daß beides sehr gezielt und absichtsvoll eingesetzt wurde, hat sich erst im Laufe der Zeit eröffnet. Mit bedeutungsvoller, gesenkter Stimme wiesen sie auf ihre vielen Mitglieder in einflußreichen Stellen der Politik und Wirtschaft hin. Mehrere Kabinettsmitglieder in der Francoregierung seien Opus-Dei-Angehörige. Der Eindruck, einer exklusiven, einflußstarken, sich gegenseitig stützenden Kaste anzugehören, wurde bewußt geweckt. Titel, Ämter,

Positionen schienen wichtig, gepflegte Kleidung und selbstsicheres Auftreten unerläßlich. Der Anschein und die Wirkung auf Dritte sollten stimmen.

Die meisten Gäste, auch Peter, wurden überredet, irgendeinen Brief an den ›Vater‹ zu schreiben. Wahrscheinlich war es eine Ergebenheitsadresse. Aber die Sache schlief ein, Peter machte sich zunehmend rarer. Er merkte, daß er für diese Art einer schablonisierten Gemeinschaft nicht ausgelegt war; dafür war er sich zu schade. Auch bemerkte er bei vielen von ihnen das ihm bekannte Flackern in den Augen, das aus der unterdrückten Sexualität nach oben züngelt. Wie lange wird der Pfropfen auf dem Vulkanschlot halten? Läßt sich der Druck ein Leben lang niederhalten? Wohl kaum. Die von Gott gestiftete Natur wird ihnen immer wieder ein Schnippchen schlagen. Dann schätzen sie sich gewürdigt, vom Teufel zwischen den Beinen versucht zu werden, um sich bewähren zu dürfen. Manchen war das mitteilenswert, und sie schienen sogar stolz darauf zu sein, wobei ein erotischer Unterton nicht zu überhören war.

Die zukünftigen Generationen des Opus Dei werden das Feuer des Aufbruchs natürlich nicht halten können. Die meisten Ordensgründungen haben nur einige Dezennien, vielleicht mal ein paar hundert Jahre bestanden. Recht sinnfällig veranschaulichen das die dreihundertzwei Tafeln im Ordenssaal des Klosters Schöntal. In detailfreudiger Ölmalerei hat ein Maler des 18. Jahrhunderts die Trachten der ihm bekannten geistlichen und weltlichen Orden aneinandergereiht. In einer Textzeile unter den Abbildungen hat er den Namen des Ordens hinzugefügt. Es wirkt wie eine imposante Modeschau historischer Vergänglichkeit. Wo sind sie geblieben, die vielen Gemeinschaften? Fast alle verschwunden.[120] Selbst die größeren Orden des Mittelalters, die dem Namen nach bis heute überlebt haben, sind meist nur noch ein Schatten ihrer früheren Potenz. Das entspricht dem ›Wandel‹, einem Urgesetz des Lebens. Die überhebliche Attitude des Opus Dei wird sich abschleifen, die Faszination an sich selbst wird schwinden. Sie werden merken, daß sich die

Geschichte der Kirche eben nicht als Zweiakter karikieren läßt: bis zum Auftreten des Opus Dei war alles Durchschnitt, und nach ihrem Erscheinen bringen sie dem Katholizismus den Durchbruch. Sie werden – hoffentlich – einige herausragende Persönlichkeiten hervorbringen, falls sie der freien Entfaltung der Persönlichkeit Raum lassen, was indes eher unwahrscheinlich ist. Aber der Rest von fast 100 Prozent wird so sehr Mittelmaß sein wie in jeder anderen menschlichen Gruppierung mit Schablonisierungsmechanismen auch. Im übrigen, Peter hat sie als nicht unsympathische Zeitgenossen kennengelernt, mit einigen Macken, wie man dergleichen selbst sein eigen nennt. Jedenfalls sind auch sie, wie viele andere, ernsthaft bemüht und werfen ihr Leben nicht weg. Das macht sie interessant, doch offensichtlich nur von der Ferne. So hatte sich damals das in Deutschland beginnende Opus Dei für Peter dargestellt. Heute mag es anders erscheinen.[121]

Die junge Bundeshauptstadt Bonn strahlte einen wohltuenden Charme aus, wie er der ebenso jungen Bundesrepublik nicht besser zu Gesicht stehen konnte. Alles wirkte intim, menschlich nah und unverkrampft. Nach dem Desaster des 2. Weltkriegs konnte dieses bescheidene, beschauliche Umfeld für Parlament und Regierung nicht günstiger sein. Adenauer nahm ohne Bewachung den Weg zum Zahnarzt am Hofgarten. Der Wagen hielt hundert Meter weiter. Natürlich erkannten ihn die Fußgänger. Aber gemäß rheinischer Art, daß man sich selbst und auch die anderen nicht so wichtig nimmt: Man sah ihn und übersah ihn zugleich.

Diese Selbst- und Fremdeinschätzung kann man im Rheinland auf Schritt und Tritt beobachten. Prominenz wird als solche ignoriert. Man sieht hin und gleich wieder weg. Nicht im Sinne der Verachtung. Beileibe nicht, sondern aus der Einschätzung: Ist es nicht belanglos, wer da steht, wer da kommt, was interessiert's schon? Es werden auch die Titel in der Anrede mehr zufällig als grundsätzlich gebraucht. Was der ›Vortragende Legationsrat Erster Klasse Baron Dr. von XYZ‹ an beruflicher, adliger und akademischer Würde ausstrahlen möchte, von dem echten Rheinländer hört er sich mit der Ansprache konfrontiert: »Och enä, der Här X! Wie es et? Wat hat ehr ene schöne Schlips aan!«[122] Für Peter jedenfalls war seine fast ellbogenberührende Begegnung mit dem ersten Bundeskanzler weniger eindrucksvoll als die beobachtete Reaktion der Bonner Bürger.

Diese Intimität, eingebettet in das rheinische Milieu, zeichnete Bonn aus. Auf die hitzigen Debatten im Bundestag, an denen Peter oft als Zuschauer teilnahm, hat das leider nur beschränkt abgefärbt. Aber Adenauer hatte immer die Lacher auf seiner Seite, wenn er seinem Widerpart mit rheinischem Singsang eine ironische, knappe Entgegnung zu erzählen schien. Das ging schon in Richtung eines lustig-rheinischen Verzällchens von Tünnes und Schäl. Es war wohltuend, kam aber gegen die Mehrheit der bärbeißigen Volksvertreter nicht an.

Wenige Debatten über die Europäische Verteidigungsgemeinschaft (EVG) hat Peter erlebt und erlitten. Es hätte ein früher Anfang einer ersten übernationalen Gemeinschaft werden können, aber die Zeit war dafür noch nicht reif.[123]

Der Besuch von de Gaulle im September 1962 in Bonn, den Peter als Zaungast hinter Absperrgittern miterlebte, brachte einen ersten internationalen Glanz in das urige Bonn.

Peter wurde von der Umtriebigkeit Bonns angesteckt und kandidierte für den Allgemeinen Studentenausschuß (AStA). Er wurde für zwei Semester gewählt, und man machte ihn zum zweiten Vorsitzenden. Als nach einiger Zeit der erste Präside ausfiel, rückte er nach, was unliebsam viel Arbeit mit sich brachte. Das konnte er sich schließlich zugunsten des weiteren Studiums nicht mehr leisten, und er verzichtete auf eine neue Kandidatur. Die angenehme Seite dieses Amtes war, daß er zu fast allen Empfängen, die das politische und diplomatische Bonn bot, offiziell als AStA-Vorsitzender eingeladen wurde. Jede ausländische Mission bittet in der Regel zweimal im Jahr zu einem Empfang, zu ihrem Nationalfeiertag und zu einer weiteren sommerlichen oder anderen honorigen Gelegenheit. Der Nuntius,

Doyen des diplomatischen Korps, fuhr stets als erster vor, machte die Honneurs, nippte an einem Glas, ließ es ungeleert stehen und stahl sich nach wenigen zwanzig Minuten wieder davon. Die Tafeln waren überbordend reich gedeckt. Welch eine Abwechslung zum Mensaessen! Bei etwa fünfzig Botschaften ergab das zwei Einladungen pro Woche. Das war anfangs toll, nachher nur noch bei den wichtigen Auslandsvertretungen unterhaltsam, wegen der dort anzutreffenden Gäste.

Peter lernte hier viele Ministerialbeamte und Diplomaten kennen, allein durch die wiederholten Begegnungen. Es kam zu manchem geistreichen, persönlichen Austausch, der über das Blabla höflichen Nichtssagens hinausführte, falls ein Vieraugengespräch, fern vom Pulk der Gäste, ungestört möglich war. Mit wenigen kam es im Laufe der Zeit auch zu privaten Begegnungen, das Flackern in den Augen hatte sie beide entzündet. Die absolute persönliche Integrität und Verschwiegenheit, getestet und als bewährt erwiesen, war Voraussetzung für die hochrangige Annäherung an Peter. Er gewann Einblick in das deprimierende Doppelleben von ledigen und verheirateten Top-Karrieristen aus aller Welt. Dem Beruf und Ansehen opfern sie einen wesentlichen Teil ihrer Emotionen. Ob und wie glücklich sie tatsächlich sind, können sie wahrscheinlich selbst nicht einschätzen. Die Lebenslüge holt sie immer wieder ein. Das sind wahrlich keine nachahmenswerten Lebensentwürfe. Ihre Verstellung und Verklemmung waren erschreckend. Wie lief so ein Schäferstündchen ab? Nur ein Beispiel von etlichen. Man bestieg getrennt, als habe man nichts miteinander zu tun, in Bonn und in Bad Godesberg den Nachtzug in Richtung Schweiz und teilte sich das bestellte Schlafwagenabteil. Die Gemeinsamkeit endete am nächsten Morgen noch vor der Paßkontrolle in Basel-Bad oder Freiburg, wo Peter den Zug verließ. Er trat die Rückreise an, sein Begleiter setzte die Reise irgendwohin fort. Jeder hätte geglaubt, die beiden Herren in dem gemeinsamen Abteil wären einander fremd. So trennten sie sich, bis zum nächsten Mal. Jeder ging unauffällig seines Weges, als wäre nichts gewesen.

Manchmal führte die Route nach München und Peter ›verabschiedete‹ sich in Augsburg. Da der Rückreisetag ohnehin für das Studium verloren war, machte Peter da und dort Halt, um sich die Städte auf der Rückroute anzusehen. Welch ein Bild der Zerstörung bot sich in Nürnberg, Würzburg oder in Mannheim, Frankfurt! Die ›verbrannte Erde‹, welche die deutschen Truppen auf dem Rückzug im Osten hinterließen, hatte die alliierte Luftflotte hier und andernorts mehr als ›gutgemacht‹, aus ebensolcher kriegslüsternen Wut.

Peter lernte auch im Studentenwohnheim und über seine AStA-Tätigkeit einige unterhaltsame Kommilitonen kennen, mit denen er öfter zusammen war. Die Ausländer darunter wirkten besonders angenehm, sie zeigten eine so natürliche Art des mitmenschlichen Umgangs, wie man es in Deutschland bisher nicht kannte. In der Regel kamen sie aus den gehobenen Kreisen ihres Landes, gut ausgestattet mit dem Geld ihrer Eltern. Er traf sich oft mit zwei US-amerikanischen Jurastudenten aus dem Eastern establishment. Sie diskutierten bei delicious German beer das amerikanische Verfassungsrecht und das Case law. Ein chinesischer Pharmaziestudent aus Indonesien erbruzelte mit ihm die Kniffe der chinesischen Küche, sie verzehrten die Ergebnisse dann mit viel Reiswein. Mit Fernando, einem Philippino, der ebenfalls im Studentenheim wohnte, ging er am Rheinufer oft spazieren. Er wollte so viel über Deutschland und den letzten Krieg wissen. Er gehörte zu einer der wichtigsten Familien des Landes. Er sprach fließend Spanisch, das als Folge der spanischen Kolonialisierung damals noch die halboffizielle Landessprache war. Wie gern hätte Peter sie im eigenen Auto in der Umgebung von Bonn herumgefahren oder sie nach Hause eingeladen. Beides war nicht möglich. Es gab nur das Loch in Schwicheldt. Er versuchte immer zu verschweigen, wo und wie er wohnte. Es hätte sonst ein Kommilitone mit dem erschreckenden Zaunpfahl winken können, er werde während der Semesterferien in Hannover sein und dann könnte er ja auf einen Sprung bei Peter hereinschauen. Das galt es unbedingt zu verhindern. Manche zeigten auch die Fotos ihrer Familien und ihrer

Wohnhäuser. Peter ließ die Gesprächspartner immer im Glauben, er habe seine Fotos gerade nicht zur Hand. Auch der eigene PKW war einstweilen ein Wunschtraum. Über die Fahrschule des AStA hatte er zwar kostenlos den Führerschein machen können, aber wo das Geld für ein eigenes Auto hernehmen? Dazu mußte er erst über dreißig Jahre alt werden.

Während eines Ferienjobs in den städtischen Gartenbetrieben in Hannover lernte er Peter H. kennen. Beide teilten sie das Interesse für alles Spanische. Gemeinsam fuhren sie im August 1953 per Autostop nach Barcelona. Der stark sehbehinderte deutsche Mercedesfahrer, der sie von Lyon bis zum Ziel mitnahm, war ein ulkiges Unikum. Damals hat noch keine Autobahn ein schnelles und komfortables Vorankommen zum Süden Frankreichs ermöglicht. Über die Landstraßen und durch die engen Rhônedörfer quälte er sich schleppend in endlos scheinenden Kolonnen. Die dreispurigen Straßen waren besonders tückisch. Die mittlere Piste war in beiden Richtungen zum Überholen vorgesehen. Immer wieder fragte er, ziemlich ratlos: »Sagt mal, das Auto da vorn, fährt das oder kommt es mir entgegen.« Manche der Autobegegnungen und Überholmanöver führten bei den beiden Peter zu spontanem ›Atemstillstand‹. Es wurde schnell klar, weshalb er die beiden autostoppenden Deutschen so gern einsteigen ließ und umgänglich behandelte. In La Junquera, an der spanischen Grenze, wurde sein Schmuggelgut, Kartons mit grün-roten Pappbrillen für Kinostereofilme, beschlagnahmt. Der Anlaß seiner Reise war damit hinfällig. Aber er wollte noch einen Freund in einem Vorort von Barcelona sehen und ließ die beiden Autostopper dort für einige Tage unterkommen. Welch eine Entdeckung einer neuen Flora! Olivenhaine, Ginsterbüsche und Agaven zum ersten Mal geschaut. Sie sahen sich auch Barcelona an, bis sie genug hatten.

Dann bestiegen sie einen Dampfer der Compañía Marítima Frutera und erreichten nach elf Tagen die Kanarischen Inseln. Unterwegs, auf dem Hinweg, luden die Schiffe Stückgut, auch für verschiedene Mittelmeerhäfen. Rückwegs transportierten sie hauptsächlich

Bananen. Die Reise war abwechslungsreich, weil das Schiff morgens in einen Hafen einlief, Fracht entlud und neue aufnahm, um am Abend wieder in See zu stechen. Der Dampfer ankerte in Valencia, Alicante, Melilla und Ceuta (Spanisch-Marokko) sowie Cádiz. Während etlicher Stunden Landgang ließen sich die Orte hinlänglich erkunden. Es war Hochsommer, das Wetter immer bestens. Brütende Hitze lag über den Städten. Sie schleppten sich von einem Schatten zum nächsten. Trotzdem, die Männer trugen ausnahmslos lange Hosen und jeder Caballero, und das waren fast alle, stets auch Jackett und Krawatte. Das einzige Zugeständnis war das Lösen des obersten Kragenknopfes und das millimeterweise Lockern des Kragens und des Schlipses. Die Kleidung der Frauen und Mädchen war ebenso rigide. Alles andere hätte sie in die Nähe der *Putas* gerückt. So streng waren damals die Kleidersitten im züchtigen Franco-Spanien. Die beiden Peter hätten nie gewagt, ihre kurzen Hosen anzuziehen. Die wenigen deutschen Jugendlichen, die sich in ihre knappen Lederhosen zwängten und viel Bein zeigten, wurden so auffällig und vernehmlich mit Kichern und Lachen verfolgt, daß sie selbst sich diesem akustischen Spießrutenlaufen nicht aussetzen wollten.

Die Deckpassage kostete 210 Pesetas.[124] Als Nachtlager diente ein Liegestuhl auf Deck, unter einem Zeltdach. Die Leihgebühr für die gesamte Reise betrug 2,50 DM. Vielleicht zehn, von Hafen zu Hafen wechselnde Personen teilten sich den Platz. In einem primitiven Duschraum, der vor Jahren einmal frische Farbe gesehen hat, spendete der Kaltwasserhahn erst morgens ein erträglich lauwarmes Naß. Die unerbittliche Augustsonne hatte tagsüber den Wassertank zur Siedehitze aufgeheizt. Selbst das Warmwasser aus der Küche war da noch kühler. Es gab einen kleinen Aufenthaltsraum, der ungemütlich möbliert und viel zu warm war. Für einige Peseten konnte man sich aus der Kombüse einen Teller mit derb-schmackhaften Gerichten herausreichen lassen. Auf Kisten fand man eine Sitzgelegenheit. Das Olivenöl, das statt Butter verwandt wurde, gab den Speisen den bekannten südländisch-herben Geschmack mit einer leicht tranigen

Note. Der Gebrauch von Knoblauch und Zwiebeln in diesen Mengen war der deutschen Zunge unbekannt. Andererseits, die Eintönigkeit der Mahlzeiten war überraschend. Was die Schiffsküche zuwege brachte, unterschied sich kaum von dem auf dem Land Gebotenen. Der Glaube, daß Spanien, unberührt vom 2. Weltkrieg, bessere Tage erlebt und daher eine gediegenere Küche servieren würde, war falsch. Der Spanier mißt dem Essen nicht die Bedeutung bei, die es in Italien und Frankreich schon immer hatte. Das Deutschland damaliger Tage war ein Niemandsland, das konnte nicht anders sein. Aber selbst in Friedenszeiten hatte es nie an die französische Küche herangereicht. Heute hat sich das so sehr geändert, daß eine Gourmetreise zur französischen Haute Cuisine kaum noch Überraschungen im Vergleich zur deutschen Schlemmerküche verheißen muß.

Einige gestandene marokkanische Mannsbilder, gekleidet in ihre weiten Abas, stiegen in Melilla zu und wollten nach Cádiz. Die bewegte See, die an den Säulen des Herkules Atlantik und Mittelmeer mischt, hat sie zu zittrigen, bleichen Elendsgestalten werden lassen. Ihre Pein und ihre Blamage waren offensichtlich. Ein Verstecken war unmöglich. Unter den unvermeidlichen Blicken der Mitreisenden schienen sie ihr Gesicht zu verlieren. Im wörtlichen Sinne, weil sie sich, nachlässig gegenüber den Tücken des Fahrtwindes, über die falsche Bordseite erbrachen. Ihr Gesicht war wirklich futsch, es war gesprenkelt, so viele Taschentücher hatten sie gar nicht bei sich. Arme, stolze Araber. Wie hätte zum Beispiel ein Engländer seine Ungeschicklichkeit ironisch begleitet.

Auf dem Atlantik war die See ruhig, fast spiegelglatt. Ab und zu schwammen fliegende Fische und Delphine nebenher. Gefräßige Möven folgten seit Barcelona und warteten auf die Küchenabfälle. Sie schliefen auf dem Gestänge und den kurzen Masten. Selbst nachts und im Fahrtwind des offenen Meeres war es angenehm warm. Ein leichtes Hemd reichte allemal.

Peter erhob sich jede Nacht vom Liegestuhl, ging zum Vorderdeck des Schiffes und streckte sich auf die Rollen der Schiffstaue. Die

Arme unter dem Kopf verschränkt, blickte er zum wolkenlosen Himmel, sah das Sternenmeer und kam ins Sinnieren. Der Motor tuckerte sein monotones, leises Stampfen, und der Schiffskörper vibrierte den immer gleichen Akkord. Es war wie ein einlullendes Wiegenlied. Nur das durchfurchte Wasser plätscherte vielstimmig gegen die Bugwand und erklang wir eine hüpfende Melodie zu dem immer gleichen Rhythmus des Motors. Die Stimmung des Kärrnerberges aus vergangenen Breslauer Tagen stieg hoch. Er sah sich als Knabe im Gras liegen und dem Eisenbahnzug nachschauen. Er roch den Rauch der Lokomotive. Er erlebte es wieder, dieses tiefe Gefühl kosmischer Einheit, sein Eingeflochtensein in den Lauf des umfassenden Lebens, als Teil einer ewigen Existenz. Wie nah war die Erinnerung.

Auch hier strich die warme Luft über den Körper und ließ Haut und Wind eins werden. Doch er nahm die veränderten Umstände wahr. Zwar wurde der Dampfer, wie damals auch die Lokomotive, mit Kohle beheizt. Aber der Schornstein des Schiffes ragte so hoch über die Aufbauten hinaus, er gab dem Gemisch aus Kohlerauch und Wasserdampf keine Chance, bis herunter aufs Deck zu verwirbeln. Dieser vertraute und so geliebte ›Rauch-Dampf‹ war so nah und blieb ihm doch so fern. Auch die Schiffstaue waren eine harte Unterlage und nicht so weich wie das Gras am Kärrnerberg.

Er badete in der warmen Brise, die übers Meer strich. Der unendliche Himmel, übersät mit einem Lichtermeer von Sternen, sog ihn auf. Gleichzeitig öffnete er sich der plätschernden Melodie der Bugwelle und dem rhythmischen Stakkato des Motors. Der Dampfer entfernte sich immer weiter vom Festland und nahm Kurs auf die Inseln. Drei Tage würde die Überfahrt ab Cádiz zu den Islas Canarias dauern. Jede Seemeile, die es ihn vorantrug, würde er auch zurückkehren müssen. Jeder Meter, jeder Kilometer zählte also doppelt, fast sogar mehr. Denn es lag etwas Beunruhigendes in dem ständig größer werdenden Abstand vom Festland, was die Strecke der Rückfahrt zu potenzieren schien. Damit korrespondierte das Bewußtsein, daß jeder Tag Hinreise auch einen Tag Rückreise bedeuten könnte. Die nachfragende Sorge, ob alles gut gehen würde, stieg hoch, je weiter er fuhr, desto intensiver. Wieviele Gefahren für Leib und Leben lauern rundherum. Kaum Geld in der Tasche. Ein Hilferuf zur Mutter würde schon an dem langsamen Kommunikationssystem scheitern. Er sehnte die Ankunft herbei, das Ziel seiner Reise, um dann wieder zügig zurückfahren zu können in die vertraute Umgebung, in das Bekannte der Heimat. Aber erst einmal trug ihn das Schiff weiter und weiter weg. Er konnte es nicht stoppen. Er konnte nur denselben langwierigen Weg zurück nehmen. Die Rückreise würde die Hinreise an Fährnissen und Unberechenbarkeiten wiederholen.

Das beseligende Gefühl kosmischer Einheit, das sich ihm gerade vermitteln wollte, erlitt jetzt eine peinigende Einschränkung. Es war die Perspektive des Ungewissen. Er fühlte sich ausgeliefert an die sich ständig vergrößernde Entfernung, die ihm zum Gleichnis für den risikobeladenen Lebensweg wurde. Wie er hier dem Abenteuer einer fernen Inselgruppe entgegensteuerte, so wird sein Leben ein Abenteuer werden, mit immer offenem Ausgang, ungewiß jeder Tag, jedes Jahr und erst recht das Ende. Es werden sich unzählige Möglichkeiten der Lebensgestaltung anbieten, aber nur eine kann er ausleben. Nicht alles wird gut gehen, nicht jeder Tag, nicht jedes Jahr, aber hoffentlich die Summe des Lebens. Seine Freude auf die Reise war nicht mehr ungeteilt. Die ängstliche Frage stieg hoch, auf was er sich mit dieser Fahrt eingelassen haben könnte. Die Nähe des anderen Peter milderte die Sorge, konnte sie aber nicht beseitigen. Er ruhte auf den sonnenwarmen Rollen der Schiffstaue, betrachtete den weiten Sternenhimmel und versuchte, sich dem beruhigenden Klang von Welle und Motor anzuvertrauen. Aber es gelang nicht. Das alles ist heute nicht mehr nachzufühlen, wo mit Kreditkarte und Telefondirektwahl rund um den Globus, mit Flugmöglichkeit in jeden Winkel der Erde und ADAC-Schutzbrief Ängste dieser Art kaum noch aufkommen können. Selbst beim Trekking im Himalaya ist man heute zivilisatorisch behüteter. Aber damals war eben alles anders, im allgemeinen gefährlicher und damit erlebnisstärker.

Das zeigte sich besonders beim Ersteigen des Teide auf der Insel Teneriffa. Die beiden Peter hatten auf dem Dampfer zwei Jungen aus Berlin kennengelernt, die mit ihnen gleichaltrig waren. Einen Teil der folgenden Reise unternahmen die vier gemeinsam. Das Schiff legte zuerst in Las Palmas auf Gran Canaria an, wo sie wenige Tage blieben, und fuhr mit ihnen dann weiter nach Santa Cruz auf Teneriffa. Die Insel bot von See aus einen imponierenden Anblick. Der erloschene Vulkan El Teide ragte mit 3718 m weit in den Himmel und war zeitweise von Wolken eingehüllt. Wie ein mächtiger runder Käfer saß er auf der Insel. Alles Land schien zu seiner dicken Leibesfülle zu gehören. Seine schrundigen Beine reichten nach Osten bis Santa Cruz. So schien er übers Wasser dahinzuschwimmen, wenn man die ziehenden Wolken als stehend fixierte. Sein Chitinpanzer spitzte sich im Teide zu und hatte etwas Unerbittliches. Da wollten die vier hinauf. Das war beschlossen. Mit dem Bus gelangten sie nach Puerto de la Cruz im Norden der Insel, von wo der Aufstieg am leichtesten wäre. Im Hotel Suiza im Ort La Orotava schliefen sie auf Strohsäcken, so schlicht waren damals noch die touristischen Angebote. Sie lernten einen Konditoreibesitzer kennen, der ursprünglich Deutscher war. Er war Koch auf einem deutschen Schiff gewesen, das in Teneriffa vor Anker lag, als der 1. Weltkrieg ausbrach. Er sah keine kurzfristige Chance zur Rückkehr, heiratete eine Einheimische und eröffnete eine Konditorei in La Orotava, die bald zum Feinsten der ganzen Insel gehörte. Er war allenthalben bekannt und beliebt. Es machte ihm Spaß, sich um die vier etwas zu kümmern. Als diese den Teide besteigen wollten, riet er nicht ab – seine eigene erste und letzte Besteigung lag Jahrzehnte zurück. Er gab auch weiter keinen Ratschlag, sondern bezahlte für sie ein Taxi, das sie eines Vormittags in die Cañadas[125] auf eine Höhe von 2200 m brachte. Die letzten Kilometer über das Lavafeld waren eine qualvolle Rütteltour mehr für das Fahrzeug als für die vier jungen Burschen. Das Taxi setzte sie ab. Eine Abholung zu irgendeinem Zeitpunkt hatten sie nicht vereinbart, was sehr unklug war. Jetzt waren sie auf sich gestellt, 18 km Luftlinie von La Orotava entfernt. Wie konnten sie nur glauben, dorthin noch am selben Tag zu Fuß zurückkehren zu können? Denn sie hatten sich nur ein wenig zum Essen eingepackt: Eine Ölsardinenbüchse, etwas Brot und Obst und eine Getränkeflasche. Auch auf den Gedanken, ein wärmeres Kleidungsstück mitzunehmen, waren sie nicht gekommen.

Bis zum Gipfel hatten sie noch eine Strecke von 4 km und einen Höhenunterschied von 1500 m zu bewältigen. Dafür war keine alpine Anstrengung erforderlich, aber der Weg war mit Tuffsteinen aller Größen übersät. Nur Schritt für Schritt kamen sie bergan, weil sie ständig ins Rutschen gerieten. Ein Pfad war vorhanden. Er verlief in mehr steilen als weiten Serpentinen, angepaßt an die natürlichen Bodenerhebungen und Steigungen. Stellenweise ging es neben den Wegen ungeschützt und steil nach unten. Auf dem Pfad überholten sie ab und zu Arbeiter, die an der Leine einen oder zwei Lastesel führten. Sie waren mit Ziegeln und anderem Baumaterial beladen. Die Arbeiter bestätigten, daß unterhalb des Gipfels ein Rasthaus errichtet würde, das schon weitgehend fertiggestellt sei. Gegen 17 Uhr erreichten sie das Haus, das 3260 m hoch lag. Sie beschlossen, den weiteren Aufstieg zum 460 m höher gelegenen Gipfel erst am nächsten Tag anzutreten. So sehr sie in Meereshöhe geschwitzt hatten, so sehr zitterten sie hier oben vor Kälte, obwohl die Septembersonne vom wolkenlosen Himmel herunterbrannte. Ein eisiger Wind pfiff durch die Kleider. Es war so ungemütlich, daß sie froh waren, im Haus unterzukommen, wo sie die einzigen Wanderer waren. Es war ein kleines Steingebäude mit wenigen Räumen, in denen Tisch und Bettgestelle standen. Die Fensterscheiben wären gerade eingesetzt worden, wie sie hörten. Das Wasser aus der Zisterne schmeckte passabel. Die Kälte der Höhe hat es gut konserviert. Die wenigen Eseltreiber und Handwerker hatten einen getrennten Raum, wo sie übernachteten. Sie waren wortkarg und kümmerten sich nicht um die vier. Das Haus machte seinem Namen ›Alta Vista‹[126] jede Ehre. Der Fernblick reichte bis nach Gran Canaria. Die Berghütte lag auf der Ostseite des Bergkegels, hatte also beim Sonnenuntergang den Gipfel hinter sich. Der langsam länger werdende Schatten des Teide strich anfangs über die Cañadas, dann über die Insel und verlor sich schließlich weit draußen im riesigen Meer. Es war ein ergreifendes Spektakel fürs Auge, weil es in den Ausmaßen so gigantisch war und gleichzeitig so geräuschlos ablief. Die dürftigen Schwarzweißfotos geben das nur schwach wieder.

Unter dem Begriff ›El Teide‹ wird geologisch nicht das gesamte, sich vom Meer erhebende Vulkanmassiv der Insel verstanden, sondern nur der 1 500 m hohe Vulkankegel, der sich inmitten der Cañadas aufgebaut hat. Die Fläche der Cañadas, über 2 000 m hoch gelegen, ist fast kreisrund und hat einen Durchmesser von etwa 15 km. Die Rundung wird besonders augenfällig durch die 500 m ansteigende Gesteinswand, die mit Unterbrechungen das Plateau umschließt. Sie wirkt wie der Rand eines Tiegels oder Kessels, weshalb die Spanier die Hochfläche insgesamt auch als Caldera de las cañadas[127] bezeichnen.

Die Caldera war einmal unterster Teil eines Stratovulkans, der vor 10 bis 15 Millionen Jahren entstanden ist und bis in eine Höhe von 10 km gereicht haben dürfte. Aus dem Durchmesser der Caldera von etwa 15 km läßt sich diese Höhe annähern. Dieser Megavulkan ist später in sich zusammengesunken, bis auf die heutige Höhe der Cañadas von 2 200 m, wobei noch der überragende Rand der Caldera stehenblieb. Dieser Urvulkan gehörte damit zu den mächtigsten Erhebungen auf Erden, soweit erdgeschichtliche Zeugnisse noch vorhanden sind. Er hätte unsere heutigen höchsten Berge im Himalaya weit übertroffen.

Die Caldera bot ein phantastisches Bild unterschiedlicher Gesteinsformationen in vielfältigen Farben: Ocker, Rostrot, Gelbrot und Braun. Zu riesigen Feldern erstarrte schwarze Lavaströme wechseln mit hellen Bimssteinarealen ab. Die Jahrtausende währenden

Kräfte des Regens und Windes, der Sonne und des Frostes haben groteske Steinfiguren geschaffen. Man glaubt in einer Urlandschaft vorgeschichtlicher Zeit zu sein. Wo es günstig war, siedelten sich Ginster, weißer oder blauer Natterkopf, Fichten und sogar Veilchen an.

Die Nacht brach herein. Die vier schlotterten vor Kälte. Da es keine Decken gab, blieben sie angezogen und kuschelten sich eng aneinander auf die Matratze, immer zwei in einem Bettkasten. In einer gewissen Verzweiflung bedeckten sie sich auch mit Matratzen, die durch ihr Gewicht Wärme suggerierten, aber zu mehr nicht nützlich waren. Den Sonnenaufgang konnten sie durch die Fenster betrachten. Die kontinuierliche Verfärbung des Himmels über die Aufhellung des Azur, über das Rosa und grünliche Himmelsblau, das Rot und Orange bis zum Sonnengelb verfolgten die vier mit Erstaunen. Dergleichen hatten sie noch nie gesehen. Heute verkommt das Farbwunder eines Sonnenaufgangs meistens zu einer banalen Störung des Nachtfluges, wenn es am Weiterschlafen hindert.

Die vier bestiegen den Gipfel, hatten einen grandiosen Rundblick über die anderen sechs Inseln des Archipels und hatten alle Mühe, bei dem orkanartigen, eiskalten Wind auf den Beinen zu bleiben. Sie stiegen in den Kraterschlund hinab. Hier war es angenehm windstill und gleich so heiß, daß die wärmende Sonne zu einem Nacktbad einlud. Schwache Schwefeldämpfe kringelten sich aus einigen Spalten und hatten die ummittelbare Umgebung so schön giftig gelb eingefärbt.

Sie machten sich bald auf den Rückweg. Die Nahrungsmittel waren aufgebraucht, von den spanischen Arbeitern war nichts zu erstehen, auch das Schuhwerk schien nicht mehr jede Strapaze auszuhalten. Sie hätten die Straße einschlagen können, die das Taxi genommen hatte. Sie war kurvenreich und weit geführt, damit die Autos die Steigung meistern konnten. Sie wollten jedoch abkürzen und wählten den vermeintlich kürzeren Weg querfeldein. Sie sahen La Orotava in 16 km Entfernung zum Greifen nahe, sie wünschten, es wäre auch zum Betreten nahe gewesen. Es sollte noch viele Stunden dauern. Sie kamen über riesige, unwegsame Lava- und Geröllfelder, immer nur voran, voran, möglichst schnell nach unten. Es gab keine Wege und auch keine Eingrenzungen, die Landschaft lag offen da. Dort eine Erhebung, bald eine Senke, dort eine abschüssige Verwerfung, bald eine sperrige Gesteinsformation. Die Tagesmitte war längst überschritten. Die Sonne, der Hunger und Durst hatten sie entkräftet. Vielleicht erst ein Drittel der Wegesstrecke, die viel Zeit kostete, hatten sie hinter sich. Da sahen sie in der Ferne ein Haus. Es war das erste Zeichen menschlicher Zivilisation. Vielleicht könnten sie dort etwas zum Essen erstehen, etwas zu trinken bekommen. Die vier kamen näher und erkannten, daß der kubische Steinklotz fensterlos war, aber ein offenes Eingangsloch hatte.

Sie erblickten drei Menschen. Die kurze Begegnung mit ihnen gehört zu dem Ergreifendsten, was Peter erlebt hat. Es war nichts Dramatisches oder Spektakuläres, was beeindruckte, sondern es war die Kargheit menschlicher Lebensäußerung und die Dürftigkeit der gewechselten Worte, die im Nachklang so bewegen.

Das Haus stand auf karstigem Boden, der nur ab und zu einem Grasbüschel Halt gab. Der Baumbestand war hier dichter und vielfältiger. Aber von Landwirtschaft oder Obstanbau hatten sie noch nichts wahrgenommen.

Ein Mann saß auf einem Stein vor dem Haus. Er war vielleicht fünfzig Jahr alt. Oder war er sehr viel älter oder sehr viel jünger? Wer kann das schon aus einem solchen Gesicht herauslesen. Der runde Kopf war ungepflegt, mit spärlichem Bart- und Haarwuchs. Die Haare hingen strähnig wild durcheinander. Seine dreckige, viel zu weite Hose hing tief unter dem Nabel und war mit einem Bindfaden zusammengezurrt. Das braune, speckige Hemd stand offen und öffnete den Blick auf einen blassen, kränklichen Brustkorb.

Ein etwa acht Jahre altes Mädchen im schlichten Kleid lehnte im Eingangsloch des Hauses und starrte mit leerem Blick und offenem Mund auf die vier. Sie wirkte apathisch. Eine Frau, die als dritte

Person aus der Ferne zu sehen war, hatte sich im Haus versteckt, was als negative Begegnung ebenfalls bemerkenswert erschien. Da verbirgt sich jemand. Hatte sie Angst vor den fremden Personen des anderen Geschlechts, gleich vier zusammen? Das Mädchen war offensichtlich das Kind dieser beiden.

Der Mann hatte sich vom Stein erhoben. Instinktiv merkten die vier, daß dies ein Zeichen war, Abstand zu halten. Ob der Mann Angst vor ihnen hatte, war nicht auszuschließen, wurde aber nicht ersichtlich. Es war wohl eher die Fremdheit der Begegnung, die Distanz schuf und einzufordern schien. Auch der Mann hatte den dumpfen Blick, wie seine Tochter, wenn auch weniger ausgeprägt. Er stand nach vorn gebeugt, plump, mit hängenden Armen, wie eine Strohpuppe auf dem Acker.

Peter machte ein paar Schritte nach vorn. Es trennten ihn etwa acht Meter, er sprach ihn an und fragte, ob er etwas zum Essen kaufen könnte. Regungslos stand der Mann da, als sei ihm die menschliche Stimme nicht vertraut. Schließlich brachte er aus dem Haus wortlos ein paar Äpfel auf einem Blech, das er auf dem Stein abstellte. Der Mann hob die Arme leicht nach vorn und die Achseln in die Höhe und wollte damit andeuten, daß er anderes und mehr nicht hätte. Er entfernte sich vom Stein weg, auf Abstand bedacht, wenn der fremde Bursche das Obst holen würde. Es waren kleine, schrundige, grüne Äpfel, vielleicht sechs an der Zahl. Peter nahm sie vom Blech, biß gleich in einen hinein und reichte die anderen weiter. Der Mann stellte auch einen Becher mit Wasser hin. Weiteres Fragen schien unangebracht, ein Gespräch ausgeschlossen. Peter fühlte, wie fremd und fehl sie hier waren. Er fragte den Mann, was die Äpfel kosten würden, und gab zu erkennen, daß er sie bezahlen wollte. Dies wünschte er um so mehr, als das Elend dieser Menschen stumm zu schreien schien. Der Mann machte wieder den Eindruck, als würde er nicht verstehen. Peter holte einige Münzen heraus, zeigte sie ihm und wollte sie ihm reichen, indem er näher an den Mann heranschritt. Der aber wich zurück. Peter sagte, daß er das annehmen solle. Mit seinem stieren Blick betrachtete er lange Peter und öffnete zum ersten Mal den Mund. Er sprach dann die unvergeßlichen Worte, er könne mit Geld nichts anfangen, »wir kommen nie nach da unten«.

Peter hielt inne, er mußte sich mehrfach die beiden Sätze wiederholen. Kann das wahr sein? Da hausen diese Menschen, abseits, aber in Blickweite der Zivilisation, vielleicht nur 10 km entfernt, wenn auch in 2000 m Höhe. Und trotzdem haben sie keinen Kontakt mit ihr, suchen ihn nicht, wollen ihn nicht. Brauchen sie denn kein Geld, wenn sie ein Kleidungsstück oder einen neuen Becher haben wollen? Was hat das Paar in diese Ferne gehen oder dort bleiben lassen? Waren sie etwa Flüchtlinge vor dem Gesetz oder einfach nur reduziert auf die letzte Triebbefriedigung menschlicher Natur, auf Essen, Kleiden und Sex? Welch eine Begegnung! »Mit Geld, nein, da kann ich nichts anfangen. Wir kommen nie nach da unten.« Was mag aus ihnen geworden sein? Unzählige Fragen drängen sich auf, Fragen der Neugier, geweckt durch diese schlichte Begegnung, die kaum Transzendenz durchscheinen ließ. Wo mag das kleine Mädchen von damals, heute eine Frau von über fünfzig Jahren, sein, falls sie noch lebt? Wie ging ihr Leben weiter? Wo und wie hat sie ihre Eltern begraben? Wohnt sie noch im Steinklotz ihrer Eltern? Die vier haben sich noch eine Weile über dieses seltsame Treffen ausgetauscht, aber dann war es kein Thema mehr. Anders bei Peter, der für die eigenartigen, geheimnisvollen Facetten der Conditio humana schon früh ein Gespür entwickelt hatte. Das Bleibende, das sich im Sichtbaren transzendiert, hat ihn stets fasziniert.

Die vier stießen schließlich auf eine Straße und kamen schnell nach unten. Am späten Nachmittag erreichten sie La Orotava. Peters Schuhe waren zerfetzt. Die Erschöpfung und Müdigkeit hielt sie auch den ganzen nächsten Tag im Bett.

Die vier buchten die Rückreise wieder auf einem Fruchtdampfer, der diesmal mit dem Ziel Barcelona nur zweimal zum Entladen von Bananen anhielt. Peter ging schon in Alicante von Bord. Er hatte seine Mutter lange vorher gebeten, ihm nach Alicante etwas Geld postlagernd zu schicken. Er fragte auf dem Postamt nach, ob für ihn ein Einschreibebrief angekommen sei. Er beging die Unvorsichtigkeit, dem Schalterbeamten zu sagen, daß er mit dem dringend erwarteten Brief etwas Bargeld von zu Hause erhoffe, weil er abgebrannt sei. Am dritten Tag des Abwartens händigte ihm der Bedienstete den Brief aus. Er enthielt das Schreiben der Mutter mit der Erwähnung, daß sie dreißig Mark beifüge, aber es war kein Geld darin. Die Gummierung des Umschlags war tadellos. Das war schon gekonnt gemacht, alle Achtung. Denn die Mutter hat später versichert, daß sie die Geldscheine bestimmt beigelegt hätte. Was sollte Peter tun? Jetzt war er in größter finanzieller Not. Der andere Peter, den er in Barcelona wiedertraf, lieh ihm eine kleine Summe. Per Autostopp wollten sie von Barcelona weg, aber es goß schon tagelang in Strömen. Um Zeit zu gewinnen, fuhren sie mit der Eisenbahn bis Perpignan. Auf den Straßen nach Norden stauten sich die Tramper, bedingt durch das anhaltende Regenwetter. Die zwei kamen noch gemeinsam bis Béziers, wo sie in einem Obdachlosenheim der Franziskanerkirche übernachteten. Sie glaubten, alleinreisend bessere Chancen zu haben. So trennten sie sich. Mit etlichen Autos kam Peter schließlich nach Trier, wo inzwischen die Familie der Tante G. wohnte. Hier blieb er kurz und nahm den Zug nach Bonn. Endlich nach zwei Monaten wieder zu Haus. Seine erste längere und weitere Auslandsreise war abgeschlossen. Sie ist, weil es seine Jungfernreise war, mit vielen Einzelheiten in die Erinnerung eingegraben. Allein sechzehn Tage war er mit dem Schiff unterwegs. Die Hellseherin aus Rosenthal hatte ihm viele Reisen übers Wasser geweissagt. War damit ein Anfang gemacht?

Seine Annäherung an Spanien schritt allmählich und langsam voran. Mit seiner ersten Reise nach Spanien erlangte erst einmal das Erlernen des Spanischen emotionale Priorität. Er kaufte sich die erforderlichen Bücher und stürzte sich in das Selbststudium. Es klappte immer besser. Während der Semesterferien war er mehrfach

Betreuer von Studentenfahrten per Bus nach Barcelona und an die Costa Brava. Die schüchternen ersten Anfänge des deutschen Spanientourismus hat er miterlebt. Lloret de Mar war ein verschlafenes Fischerdorf mit einer einzigen Tanzbar, in den Felsen gehauen, und mit vielleicht fünfzehn Gaststätten ohne jede Aufmachung, die auch damals schon zu erwarten gewesen wäre. Er mußte einmal zur Reisezentrale nach Bonn telefonieren. Das wurde zu einer harten Geduldsprobe, die ihn dieses Land verwünschen ließ. Die Vermittlung über das Handkurbeltelefon des dortigen Postamtes dauerte sieben Stunden. Er traute sich nicht weg vom Apparat. Die Anlandung der Fischerboote war schlechthin das Ereignis des Tages und belegte den Strand in ganzer Länge. Keine Uferstraße störte den Gang vom Hotel zum Strand. Waren es zweihundert Badende, die sich im Sand sporadisch verteilten? Kaum mehr.

Mit den Busbegleitungen nach Spanien begann Peters Liebe zu diesem Land, seiner Kultur und Sprache. Es war ein altehrwürdiger Landschaftsraum, belastet mit Geschichte, mit Triumphen und Tragödien, mit Grandiosem und Grausamem, so zwiespältig wie die deutsche Seele, zwischen Johannes vom Kreuz und Sancho Pansa, zwischen dem bluterbrechenden Degenstich ins Herz des Stieres, unter dem Applaus der *Aficionados*[128], und dem mystischen Liebesstich ins Herz der Teresa de Avila, unter dem Flehen ihrer Mitschwestern. Das dunkel-schillernde, immer das Letzte fordernde *Vida o muerte*[129], das Herb-Arabeske und das Schwülstig-Barocke dieses Kulturkontinents faszinierten Peter, nicht im Sinne eines Nachempfindens oder gar Nachahmens, sondern eher als fremde Gegenwelt, die anzieht und die man kennenlernen möchte. Im Laufe späterer Jahre schlug diese Faszination zeitweise in kritische Distanz um. Aber das muß wohl so sein, wenn eine Zuneigung das verehrte Objekt zu sehr verklärt. Heute, wo Spanien nach dem Tode Francos von seiner politischen Randlage in die Mitte zu den anderen west- und mitteleuropäischen Ländern gerückt ist, hat es viel von seinem früheren hermetischen und exzentrischen Reiz verloren. Peters

Zuneigung zu dem Land und seinem bis Südamerika reichenden Kulturraum ist heute selbstverständlicher geworden, aber nicht minder ausgeprägt.

Zu dieser Faszination haben auch die jungen Männer Spaniens und Südamerikas viel beigetragen. Es begann mit Miguel. Peter hatte einen Bus des Studentenreisedienstes nach Barcelona begleitet, und bis zur Rückfahrt blieben ihm drei Tage Zeit. Eines Abends, es war Hochsommer, bummelte er die Ramblas rauf und runter und genoß das lebensfrohe Flanieren von Groß und Klein. Heute ist kaum vorstellbar, wie gediegen prächtig die Ramblas damals ausschauten. Nicht wegen der Eleganz der Passanten. Oder eines zur Schau gestellten Wohlstandes, den es allgemein so nicht gab. Es war vielmehr das Wohlverhalten der Spazierenden und die Gediegenheit ihrer Kleidung. Sie waren adrett angezogen. Die Männer trugen ausnahmslos Krawatte. Die Mütter hatten sogar ihren Söhnen schon im Alter von 10 Jahren einen Schlips angelegt. So fuhren sie mit dem Roller umher und spielten mit den Reifen. Die Kleider, Röcke und Blusen der Frauen zeigten Anspruch und Seriosität. Daß schon die kleinen Mädchen entsprechend in Schale geworfen waren, versteht sich von selbst. Leben doch die Spanier nach außen. Die warme Jahreszeit läßt sie weniger in der Wohnung als im Freien verweilen. Daher wird weniger Wert auf die Wohnkultur gelegt. Man trifft sich lieber außerhalb, etwa in einem Restaurant, als daß man sich gegenseitig in der Wohnung besucht und bewirtet. So kommt es, daß man den guten Eindruck von sich selbst eher durch die Kleidung vermitteln will. Sicherlich haben damals die Spanier mit der Gediegenheit ihrer Kleidung des Förmlichen etwas zuviel getan. Aber das Auge war wenigstens nicht beleidigt. Dem Spanier schien die Fremdeinschätzung, die er mittels seines Auftretens und Aussehens erzielen wollte, ausschlaggebend für die Selbstachtung zu sein.

Die Platanen spendeten tagsüber einen flirrenden Schatten, und nach Einbruch der Dunkelheit bildeten sie über der hell erleuchteten Promenade ein heimeliges Dach, das die Straße zu einer heiteren

Wandelhalle werden ließ. Die Flanierzeile inmitten der beiden Fahrbahnen war mit einem Terrazzoboden versehen, der in einem farbigen Wellenmuster zu plätschern schien. Die Millionen Fußgänger haben ihn in den Jahren blank geschliffen. Er spiegelte das Licht des Einfallwinkels und wirkte wie strahlender Marmor. Das war ein weiterer Akzent, der den Glanz der Ramblas mehrte. Während des Tages, insbesondere im Sommer, wurde der Boden mehrfach mit Wasser abgespritzt, was Frische und Kühle brachte.

Es war eine Lust, die Allee hinauf und herunter zu wandern, auf einem Stuhl zu verweilen, um zu sehen und gesehen zu werden. Wie recht schien der argentinische Dichter zu haben, der die Ramblas zum einzigen Ort in Europa erklärte, wo man sich nicht langweilen könne, selbst wenn man es wollte. Als Aushängeschild Barcelonas standen sie für das schöne Katalonien, neben den vielen anderen Kostbarkeiten in allen Regionen des Landes. Ihrem Charme konnte man sich kaum entziehen. Sie waren das Herz der Stadt. Die Bürger der Stadt demonstrierten es täglich, an den Wochenenden besonders spektakulär. Auf beiden Seiten der Straße gab es die Bars, Eiskonditoreien und Restaurants, deren Einrichtung einen ältlichen verstaubten Eindruck machte. Das in einer Waffel gereichte Speiseeis wurde im Lokal selbst aufgeschleckt, nie hätte man es während des Gehens verzehrt. Als ebenso ungehörig galt es zu rauchen, wenn man nicht saß oder wenigstens stillstand. Ob Frauen damals schon in der Öffentlichkeit zu rauchen wagten? Wohl eher nein als ja. Eine Todsünde ganz besonderer Art schien das sichtbare Gähnen zu sein, insbesondere in Gegenwart eines Gesprächspartners. Selbst ein unterdrücktes, aber merkbares Gähnen wäre eine grobe Taktlosigkeit gewesen, die vom Gesprächspartner als Beleidigung seiner Person gewertet worden wäre. Er hätte das Gespräch sofort abgebrochen. Dies und alles sonst hat Peter beobachtet oder auch selbst erfahren, wobei er einiges Lehrgeld bezahlen mußte.

Auch damals schon standen auf der Flanierzeile die Buden, die Zeitungen, Bücher und Zeitschriften anboten. Sie kamen als erste, wenn man vom Plaza de Cataluña Richtung Hafen schritt. Es folgten die Stände mit den Singvögeln in bunten Käfigen, den Schildkröten in Terrarien und den farbenprächtigen Zierfischen in Bassins. Alle diese Kleinlebewesen verdienten volles Bedauern. Wann haben sie je zur Ruhe kommen können, wenn erst spät abends die Buden schlossen und schon früh morgens das Treiben wieder losging? Als letzte folgten die Stände mit den Blumen. Die verschiedenen Abschnitte der Ramblas trugen die jeweiligen Namen Ramblas de los pájaros oder Ramblas de las flores.[130] Dazwischen standen Tische mit Stühlen, die von einem bunten Völkchen stets gut belegt waren. Die Kellner trugen leichtfüßig und gut gelaunt die Getränke und Speisen von den Bars der Häuserzeilen zur Flanierzeile herüber. Der beidseitige Autoverkehr war damals noch gering, die Luft noch keinwegs so verpestet wie heutzutage.

Peter hatte im Barrio Gótico zu Abend gegessen und ging die Ramblas hinauf. Er wollte noch etwas trinken. Er kam an der Bar Dominó vorbei, die zur Straßenseite in der ganzen Länge offen war.[131] Peter bestellte etwas, ließ sich auf einen Hocker fallen, er wollte bald auf sein Zimmer gehen. Da fühlte er sich beobachtet und drehte sich nach links. Da erblickte er einen wilden Typ. Miguel saß auf einem Hocker, die Theke im Rücken und schaute nach draußen auf die Straße, ein Glas in der Hand. Er schien auf Peter zu warten, doch dieser ahnte nichts davon. Ob er ihn schon gemustert hatte? Die Blicke kreuzten sich, sofort sprühten die Funken. Mit einem »Hola – Cómo estás? – De dónde vienes?« kam er nach etlichen Anstandssekunden schlankweg auf Peter zu, mit einem Lächeln in den Mundwinkeln, und stellte sich vor: »Miguel«.[132] Diese romanische Unbefangenheit war imponierend. Sie ließ alles offen, aber signalisierte in ihrer Direktheit doch ein sinnliches Interesse an dem Angesprochenen. Peter nannte seinen Namen, sie gaben sich die Hand, ein erster körperlicher Kontakt. Wie ein selbstverständliches Geschenk brachte sich Miguel in die Begegnung ein. Peter hätte das Präsent abweisen können, lächelnd, immer auf die Form bedacht, die beide das Gesicht wahren läßt. Miguel hätte nur mit den Augen ›schade‹ gesagt, hätte sich noch kurz weiter unterhalten, vielleicht über das Wetter, die Corridas de toros oder die schmackhafte *Horchata de chufas,* und er hätte den Rückzug zu seinem Hocker angetreten. Aber wahrscheinlicher hätte er mit einem Blick auf seine Armbanduhr ein baldiges Treffen mit irgend jemandem vorgetäuscht und sich mit einem knappen »Hasta luego« getrollt.[133]

Doch sie zogen einander an. Miguel war ein heißblütiger Südspanier, schwarzes Haar, das in vielen Locken bis tief in den Nacken reichte. Er war ein wenig kleiner als Peter, gleich alt wie er, und ebenso schlank und drahtig. Er komme aus Granada, erzählte er, und habe gerade seine Stelle gewechselt. Er hatte ein ausdrucksvolles, männliches Gesicht, makellose Zähne, dunkle Augen, die lebendig schauten und alles registrierten. Seine vollen, saftig roten Lippen schienen etwas aufreizend Wollüstiges auszustrahlen. Den immer lächelnden Gesichtsausdruck verdankte er den Grübchen, die Schalk und Spiel verrieten. Er sprach das aspirierte Andaluz, bei dem das Endungs-›s‹ weggehaucht wird, die Worte ganz auf der Vorderzunge geformt werden und fast aus dem Mund zu fallen scheinen. Es war reizvoll anzuhören, sein ›Andalú‹. Als er sich einmal mit Peter ›um zwei Uhr‹ treffen wollte, war das für ihn »a la do«.[134] Kein ›s‹ war mehr zu hören. Sicherlich hatte er arabisches Blut in seinen Adern. Haare und Gesicht, seine leicht getönte Haut ließen das durchscheinen. Auch seine sentimentale, schwärmerische Leidenschaft sprach dafür. Aber er stamme nicht von Zigeunern ab, was oft unterstellt werde. Es wäre ihm andererseits gleichgültig – eine Bemerkung, die mir gefiel.

Peter fragte ihn später, warum er so forsch auf ihn zugegangen sei. Es seien die blonden Haare gewesen, die ihn faszinierten, und der Typ des Nordländers. Peter hat diese Erfahrung in den warmen, dem Äquator näheren Ländern, ob in Europa, Amerika oder Asien, oft gemacht. Warum sonst sah und sieht man dort immer wieder Frauen und junge Burschen, die ihre schwarzen, dunklen Haare zu einem lichten Schwedenblond zu oxydieren versuchen? Mit wenig Erfolg. Aber das gold-kupferne Ergebnis bleibt trotzdem beeindruckend und sicherlich nicht ohne die erhoffte Wirkung; oder die kecke Arabeske einer blond-lichten Locke auf schwarz-dunklem Haar. Gibt es überhaupt die umgekehrte Spielvariante, daß der Blondschopf sich andunkelt oder gar schwärzt?

Ausgiebig tauschten wir uns aus. Miguel erzählte von seiner andalusischen Heimatstadt, von Granada und Córdoba, von seinen Eltern und Geschwistern. Er war gesprächig und konnte gut zuhören, wenn ich von mir berichtete. Er kam ins Schwärmen und wollte alles erfahren. Mitternacht war längst vorbei. Und wortlos waren wir uns längst einig, daß wir die Nacht miteinander teilen wollten. Das Problem war nur, wo. Jeder von uns wohnte in einer Pension, in die er den anderen nicht mitnehmen konnte.

Wir streiften durch das Barrio Gótico. Miguel zog mich vor manch dunklen Haustüreingang, wo wir uns umarmten und küßten. Wir achteten darauf, daß uns kein *Sereno* erspähte. Das hätte Ärger gegeben. Gottlob hatte diese altehrwürdige Institution eines spanischen ›Nachtwächters‹ einen laut vernehmbaren Vorausklang, wenn er mit seinem mächtigen, klimpernden Schlüsselbund und dem polternden Holzstab durch sein Straßenrevier eilte. Schließlich fanden wir ein kleines Hotel in der Nähe der Post. Natürlich wußte die Señora, wofür die beiden Jungen ohne Gepäck um ein Uhr morgens ein Zimmer mieteten. Aber es war kein Stundenhotel, das war sicher. Miguel hatte diskret und sehr gekonnt allein vorgesprochen und mich dann von der Straße herangerufen. Das Zimmer im zweiten Stock war schlicht und dürftig eingerichtet. Aber es war wenigstens sauber und hatte eine Dusche. Wir kamen schnell zur Sache, wir waren heiß aufeinander. Schon war Miguel bis auf den Slip ausgezogen. Er strich mir durch den blonden Haarschopf, was seine Männlichkeit unter dem Stoff vollends querstellte. Er war schamert und wollte das etwas aufdringliche elektrische Licht löschen. Doch ich bestand auf dem stimulierenden Erlebnis eines in geiler Qual explodierenden Körpers, eines in geiler Lust ertrinkenden Gesichts. Miguel zelebrierte den Akt wie eine Corrida. In Etappen, aber zielgerichtet, mit Verzögerungen, aber ausdauernd steuerte er unser beider Orgasmus an. Er war sehr erfahren, er war sehr männlich. Daß er in mir ein Frühlingsopfer erlebte, schien ihn völlig um den Verstand zu bringen. Wir sprachen darüber, er wollte es nicht glauben, mußte es dann aber fühlen. Er gab, was er konnte, blieb so hart wie eh, so fest umklammert wie je, und ergoß sich ein zweites Mal in aufbäumenden Stößen. Es war ein unglaubliches, orgastisches Erlebnis, das uns der Sinne beraubte. Im Gleichschritt verzehrten wir einander. Ermattet ruhten wir lange aneinander geschmiegt. Er wurde zu meinem *Potro árabe* und ich zu seinem *Cariño rubio*.[135] Mund und Lippen saugten sich aneinander fest. Ich kraulte ihm durch die schwarzen Locken. Er genoß die helle Haut, Finger und Zunge strichen über sie. Er liebte den blonden Haarpflaum an Bein und Arm. Wir fühlten, wie einmalig dieser Liebesakt bleiben würde. Gleichwohl drängten wir zu einer Wiederholung. Wir verbrachten auch die drei folgenden Nächte in dem kleinen Hotel. Doch es war nicht mehr wie beim ersten Mal. Obwohl wir besser vorbereitet waren. Das jetzt fahle Kerzenlicht kam Miguel entgegen, auch etwas zum Trinken hatten wir mitgebracht, und eine Creme verschaffte jedem auf seine Weise einen geschmeidigen Genuß.

Tagsüber strichen wir durch die Stadt. Miguel zeigte mir die phantastischen Bauten von Gaudí in den Straßen. Wir schlenderten durch den Parque Güell. Die 1892 begonnene und von Gaudí fortgebaute Sagrada Familia war immer noch ein bedauernswerter Torso, der kaum eine Ahnung von seiner zukünftigen Größe zuließ. Dann nahm mich Miguel in die Kathedrale. Mächtigkeit und Leichtigkeit des gotischen Bauwerks waren beeindruckend. Das strahlende Licht des sonnenerfüllten Tages sickerte nur fahl durch die getönten Scheiben und tauchte den Raum in ein mystisches Dämmern. Die aberhundert Kerzen vor den Heiligenbildern und -figuren ließen etwas von der Inbrunst der Gläubigen ahnen. Wieviele Bitten verzehrten sich im Wachs, wieviele Dankgebete erstrahlten in den Flammen! Wir knieten vor dem Tabernakel nieder, die Arme auf die Bank gestützt: »Padre nuestro…« ›Vater unser…‹ Wir suchten die Berührung mit den Ellbogen. Das Heilige durfte und sollte teilhaben an unserer Liebe, unseren Tagen und Nächten. Miguel entzündete dann eine Kerze vor einem Seitenaltar. Sie galt dem Heiligen Sebastian, der nahebei als Skulptur zur Verehrung aufgestellt war. Miguel witzelte, er fände den Burschen ein bißchen verklumpt, aber eine Kerze habe, gerade er, immer verdient. Wir haben ihn andächtig angeschaut, und jeder kam auf seine Weise über die Pfeile, die in seinem nackten Leib steckten, ins Sinnieren. Man versteht schon, warum die schwulen Künstler der Renaissance und des Manierismus besonders ihn gern ins Bild oder auf den Sockel gesetzt haben. Der helle Tag hatte uns wieder. Wir sahen eine *Corrida de toros,* erklommen den Tibidabo und schauten spätabends eine *Zarzuela* im Barrio Chino an. Wir sahen nur uns. Eifersüchtig waren wir unser beider gegenseitiger Besitz. Ab und an begegnete uns ein frech-frisches Gesicht unter schwarz-dunklem Haarschopf. Ein Szenebekannter von Miguel, den er nicht ungern traf. Als stolzer Caballero führte er mich wie eine Eroberung vor. Er warf sich in die Brust und schien es darauf anzulegen, blonden Neid zu wecken. Welch ein spanisches Ritual! Das verlief ebenso liebenswert in seiner eitlen Pose wie dramatisch in seiner dreiteiligen Inszenierung. Natürlich war der vorbeischlendernde Freund neugierig. Erster Akt: »Wo kommt er her, der Pedro? Wer ist er? Was macht er in Barcelona? Was hat er von der Stadt schon gesehen?« Zweiter Teil der Handlung: »Wo habt ihr euch kennengelernt? Und, falls man das ganz vorsichtig antippen darf, in aller Diskretion«, weniger fragend, als selbstverständlich unterstellend, »es läuft gut mit euch?« Dritter Akt: »Wie lange wirst du in Barcelona bleiben, Pedro?« Es könnte ja sein, daß Pedro die Abwechslung liebt, war der offensichtliche Hintergedanke. Doch Miguel wehrte jede Annäherung vorausspürend mit Charme ab.

Besonders stolz und schwärmerisch wurde Miguel, wenn er von seiner andalusischen Heimat erzählte. Was wußte ich als junger Ausländer schon Genaueres von der jahrhundertelangen maurischen Besetzung und der Reconquista sowie von ihrer beider kulturellen Hinterlassenschaft? Dann hörte ich auch zum ersten Mal von dem Dichter García Lorca, der aus Miguels Heimatstadt Granada stammte. Er versicherte sich zuvor meiner Diskretion, denn Lorca gelte als Feind des herrschenden Francoregims, seine Bücher seien verboten und seine Theaterstücke dürften nicht aufgeführt werden. Der Grund läge in seiner liberal-freiheitlichen Auffassung, die sich in seinen Texten, gelegentlich kämpferisch, gegen jede Vereinnahmung des Menschen wandte. Im August 1936, gleich nach dem Einmarsch der Falangisten in Granada, sei er erschossen worden. Er gehörte keiner Partei an, sei vor allem nie heimlicher Kommunist gewesen, was man ihm vorwarf. Später habe man seine Homosexualität als Grund für die Hinrichtung vorgeschoben, als ob das neuerdings in Spanien ein Grund für eine Bestrafung sein könnte. Aber es sei ein rein politischer Mord gewesen, um diesen wichtigen Gesinnungsgegner mundtot zu machen.

Miguel beklagte seinen Tod und den Verlust für die spanische Literatur. Lorca habe großartige, sehr spanische Poesie geschrieben. Er deklamierte in schwung- und gefühlvollem Pathos das Poem ›Hornstoß und Tod‹. Er kannte es in Gänze auswendig. Es ist Teil einer langen Totenklage, die Lorca zu Ehren seines Freundes Ignacio Sánchez Mejías anstimmt, der als Torero beim Stierkampf ums Leben kam. Es war ›fünf Uhr nachmittags‹ »a las cinco de la tarde«, als der Stier sein Horn dem geliebten Ignacio in die Weichen rammte. Durch die litaneihafte Beschwörung dieser Zeitangabe, in den zweiundzwanzig Doppelzeilen, gewinnt die Klage eine mystische Dimension von zeitloser Mächtigkeit. Jeder wiederholten Besinnung an diesen Augenblick setzt Lorca ein Ereignis voran, das mit dem schmerzlichen Sterben seines Freundes einhergeht – ganz bewußt in schlichten Worten, um das poetische Bild stärker kontrastieren zu lassen.

Das hört sich beispielsweise, in wenigen Zeilen, so an:
»Der Wind bewegte die Baumwollstauden, um fünf Uhr nachmittags;
Der Klang der Pilgerstäbe setzte ein, um fünf Uhr nachmittags;
An den Ecken Gruppen des Schweigens, um fünf Uhr nachmittags;
Und allein der Stier voll Mutes, um fünf Uhr nachmittags;
Als dann das Schneeweiß hervorbrach, um fünf Uhr nachmittags;
Als mit Jod sich bezog die Arena, um fünf Uhr nachmittags;
Der Tod legte Eier in die Wunde, um fünf Uhr nachmittags;
Ein Sarg auf Rädern ist das Bett, um fünf Uhr nachmittags;
Knochen und Flöten tönen in seinem Gehör, um fünf Uhr nachmittags;
Schon brüllte der Stier durch seine Stirn, um fünf Uhr nachmittags;
Jagdhorn der Schwertlilie in die grünen Weichen, um fünf Uhr nachmittags;
Die Wunden brannten wie Sonnen, um fünf Uhr nachmittags.
Ach, welch gräßliche fünf Uhr am Nachmittag!
Es war fünf Uhr auf allen Uhren!
Es war fünf Uhr im Schatten des Nachmittags!«

Miguel zeigte mir heimlich seinen abgegriffenen, mit vielen Randnotizen belebten Band der Lorca-Gedichte.[136] Ich wurde neugierig auf diesen andalusischen Dichter. Zurückgekehrt nach Bonn, habe ich mich näher mit dessen Werk beschäftigt. Ich war von Sprachfarbigkeit und Erlebnistiefe seiner Bilder beeindruckt. Aber letztlich, so spürte ich, teilt sich das Faszinosum seines Werkes wohl nur einem Spanier, in Sonderheit einem Andalusier, mit, weil nur er in dem überwältigenden Kosmos dieser Sprache und ihrer Bilder zu Hause ist. Das bleibt der Unterschied von Dichtung zur Prosa. Die Dichtung lebt ausschließlicher von Fülle und Kargheit, von Licht und Dunkel eines jeden Wortes. Man muß in eine fremde Sprache eingetaucht sein, um die in jedem Wort mitschwingende Fülle und das anklingende Dunkel zu spüren.

Täglich verbrachten wir einige Zeit in einem Café auf den Ramblas. So geschah es: da setzte sich jemand dazu, mal ein Berufskollege von Miguel, mal ein Freund aus seiner Heimat, mal ein Freund aus der Szene. Alles arrangierte sich, alles fügte sich in Harmonie. Die Treffen und Gespräche waren menschlich offen und spontan, aber zugleich diskret und voller Respekt. Mir war diese leichte Art des mitmenschlichen Umgangs bisher nicht bekannt. Wie verklemmt waren wir im Deutschland damaliger Tage, deformiert durch den Nationalsozialismus und die Hypothek der Kriegsschuld. Hier erlebte ich etwas Großartig-Befreiendes. Die Herzlichkeit, Offenheit und Spontaneität, mit der schon die jungen Spanier aufeinander zugingen, hatte mich beeindruckt.

Dann kam der Augenblick des Abschieds. Ich mußte zurück nach Deutschland. Als wir das Hotel verlassen hatten, gingen wir nochmals zur Bar Dominó, um den Kreis der Begegnung zu schließen und die Erinnerung zurückzuholen. Miguel bestand darauf. Er war so schön gefühlsselig. Vor drei Tagen hatten wir uns hier getroffen. Wir nahmen dort ein schnelles Frühstück. Dann schlenderten wir noch etwas die Ramblas entlang und ließen uns vom Charme dieser Straße umgarnen.

Wir steuerten nochmals die Kathedrale an und wiederholten das Ritual. Sankt Sebastian schien zu lächeln über die neue Kerze, diesmal von uns beiden entzündet. Miguel berührte den Fuß des Heiligen und murmelte: »Gracias!« Er gestand, daß eigentlich die Berührung seines Lendenschurzes der angemessene Dank sei. So werde es von den Leuten der ›Szene‹ gehandhabt, falls sie unbeobachtet seien. Aber unter den Augen so vieler Besucher habe sich das nicht durchgesetzt. Die letzte Nacht war voller Wehmut. Miguel schien sich in Schmerz zu verzehren und in Leidenschaft zu übertreffen. Es war, als wollte er vor einem ungewissen Marsch durch die Wüste noch einmal alle Genüsse verkosten. Wie ein dunkler Araberhengst jagte er wild und zügellos über die hellblonde Steppe, die von seinen rhythmischen Hufschlägen wiederklang. Woher nahm er nur diese Kraft, woher soviel Saft? Eine sentimentale Traurigkeit überfiel ihn. Er begleitete mich zum Bus. Der Abschied wurde uns beiden schwer. Er schämte sich der Tränen, ein Spanier zeigt das nicht. Er drehte sich um, ging ein paar Schritt beiseite und kehrte trockenen Auges zurück. Mich packte es erst, als der Bus die Grenze nach Frankreich passiert hatte und der Abstand immer trennender wurde. Wir wollten uns wiedersehen. Beide hungerten wir danach. Aber bei dem Wunsch ist es geblieben. Ich kam nicht mehr so bald nach Barcelona.[137] Einige Briefe von ihm folgten: »Wann liegen wir uns wieder in den Armen? Ich sehne mich so nach Dir. Weißt Du noch, wie...?« Ich antwortete ihm so hilflos, wie Tinte auf dem Papier die fehlende Nähe ersetzen kann. Dann kam kein Brief mehr. Die Sehnsucht erstarb. Eine lange Trennung tötet am Ende jede Liebe. Eine Ausnahme gibt es kaum. Wir verloren uns aus den Augen. Schade, wir haben uns nie wiedergesehen. Das war Miguel – das ist Miguel! Er war der erste und blieb einer der wenigen, der nicht nach den Goldklumpen seiner Befriedigung schürfen mußte. Er wurde nach Fort Knox eingelassen und durfte sich jedesmal einen Goldbarren erobern, wenn er die Fährte neu aufnahm und zum ›blonden Schatz‹ vorstieß. Wer und wo mag er heute sein? Die Erinnerung macht neugierig. Aber, sollte man es wirklich wissen wollen? Ist es nicht klüger, die sich verklärende Vergangenheit zu bewahren, als die möglicherweise enttäuschende Gegenwart zu erfahren? Da begegnet man einem Menschen, gibt ihm in Nacktheit und Blöße das Letzte an körperlicher Zuneigung, und es bleibt eine Episode. Das ist schade. Ich spürte es, schon beim Abschied am Bus. Wie gern hätte ich mich mit ganzer Person und aller Zukunft hingegeben, wenn es hätte sein sollen. Ich wünschte es. Ob es mir einmal gelingen wird?

Die Ramblas waren der Schnittpunkt unserer Begegnung. Wie augenfällig war damals der Reiz dieser Allee! Nichts mehr ist heute davon übriggeblieben. Peter hat die Ramblas in größeren Intervallen wiedergesehen. Jedesmal waren sie mehr verkommen. Heute wirken sie wie eine heruntergekommene Feddel, ordinär, laut und vulgär.

Abfall und Schmutz liegen herum. Plattgedrückte Kaugummis übersähen pockennarbig den tristen, glanzlosen Boden. Schludrig und schlampig gekleidet, schiebt sich die Menschenmasse, aus aller Herren Länder, über die Meile. Man spuckt und gähnt, daß es keine Lust zu sehen ist. Natürlich benehmen sich nicht alle daneben, aber doch so wenige, daß sie wie ein verfaulter Apfel den ganzen Obstsalat verderben. Mancher Nachtwandler hat sein Wasser am Laternenpfahl abgeschlagen, und man kann der stechenden Dunstglocke nur schnell entfliehen, kommt man in die Nähe. Radfahrer zirkeln um die Fußgänger herum. Schlimm sind die Taschendiebe, so zahlreich wie bei den Touristen auch erfolgreich. Harmloser sind die Schnorrer, die ihre Einfälle anbieten: Porträt- und Karikaturenmaler, auch Silhouettenschneider haben Stühle und Staffeleien mit den Mustern ihrer Fertigkeiten aufgeschlagen, Zauberkünstler und Pantomimen laden zum Freilichttheater ein, die Zukunft wird aus Karten und Hand vorhergesagt, jugendliche bar- und dreckfüßige Akrobaten stümpern sich mit Jojo und Wurfringen Peinlichkeiten zurecht, auch ihr Texasslang macht es nicht besser. Die allgegenwärtige Polizei und ihre drei einsatzbereiten Mannschaftswagen an der Plaza de Cataluña lassen vermuten, was die kriminelle Stunde geschlagen hat. Wo sind die Zeiten hin, als Miguel und Peter nachts um drei nach einer *Zarzuela* ungefährdet und angstfrei durchs Barrio Gótico schlendern konnten, auf dem Weg zu dem Lager ihrer Wollust. Ein *Tinto* am Tisch des Café de l'Opéra[138], heute, vermag kaum zu versöhnen, trotz des einen oder anderen reizvollen Burschen und Mannes an diesem frequentierten Treffpunkt. So gut kann ein ›schwarzer Kaffee‹ gar nicht schmecken. Das Hupen und Lärmen der dahinter vorbeijagenden Autos, Taxis und Busse geht durch Mark und Bein. Die Abgase sind betäubend. Die Vulgarität springt ins Auge, sie beleidigt schon einen genügsamen Geschmack. Das alles erinnert daran, daß die Ramblas auf morastigem Boden stehen. Der Name ›Rambla‹ stammt aus dem Arabischen und bedeutet Flußbett. Bis zum Ende des 18. Jahrhunderts strebte dort ein Abwasserkanal,

Cagallel genannt, von den Bergen dem Meer zu. Schließlich war er so sehr mit Unrat und Kot angefüllt, daß er nur noch mit Erdreich aufgefüllt werden konnte. Ade, ihr einstmals heiteren Ramblas, es gab euch einmal, schade! Der Preis der Freiheit mußte gezahlt werden, sicherlich, das Francoregime mußte weichen. Aber mußte die gewonnene Freiheit auch eine so widerliche Liederlichkeit mit sich bringen? Peter hat Spanien zu sehr geliebt, als das ihm das gleichgültig bleiben konnte. Die Wut seiner enttäuschten Liebe ist heute noch immer groß.

Die Studienjahre schritten voran, sie waren angefüllt mit vielen Aktivitäten. Es entsprach Peters Naturell, sich für vieles zu interessieren und vieles zu unternehmen. Der Nachholbedarf nach der Schwicheldter Entwöhnung war zu groß. Etliche Universitätsseminare, die mit einer Auslandsreise verbunden waren, nahm er wahr. So kam er nach Luxemburg zum Europäischen Gerichtshof und zweimal nach Paris an das Institut des Sciences Politiques und an die Sorbonne.

Zur besseren Füllung seiner Geldbörse hatte Peter schon vor dem Studium bei der Hannoverschen Messegesellschaft gejobt. Es waren zwei oder drei wichtige Messeveranstaltungen in jedem Jahr, bei denen er um Mitarbeit gebeten wurde. Er war in der Personalabteilung der Wirtschaftsbetriebe tätig. Zwei- bis dreihundert Leute mußten kurzfristig, auch von weit her, angeworben und eingestellt werden, um in den zwanzig Gaststätten tätig zu sein. Schließlich war er so gut eingearbeitet, daß man ihm die Erstattung der Reisekosten anbot, wenn er nur das Semester unterbrechen und von Bonn nach Hannover anreisen würde. Der Job von jeweils etwa vierzehn Tagen war klotzig bezahlt und erübrigte jede andere Nebentätigkeit. Doch das Arbeitspensum war entsprechend, es ging von morgens 7.00 Uhr bis 23.00 Uhr. Da lohnte es nicht, noch nachts mit dem Fahrrad zu der entfernten Schlafstelle zu preschen. Er schlief im Büro. Der Gewinn an Schlafzeit wog die Härte des Lagers auf dem Teppichboden allemal auf. Das hart verdiente Geld gestattete ihm manchen studentische ›Luxus‹, wie eine Schreibmaschine, Bücher und schon mal einen Restaurantbesuch.

Regelmäßig fuhr er nach Schwicheldt, damit die Mutter nicht zu allein wäre. Während des Semesters bestieg er gelegentlich am Freitagabend um 23 Uhr den Zug in Bonn, ergatterte sich ein leeres Abteil und machte sich lang. Mit zweimaligem Umsteigen in Hannover und Hämelerwald kam er am Samstagvormittag in Schwicheldt an. Sonntagmittag ging es dann wieder zurück. Die Freifahrtkarte, die ihm als Kind eines Eisenbahnbeamten zustand, ermöglichte ihm diese weiten, sonst recht kostspieligen Reisen.

Anfang Juli 1955 fuhr er ein allerletztes Mal von Bonn nach Schwicheldt. Über Bekannte war der Mutter in Hannover eine Wohnung angeboten worden. Ein Vorschuß von 2 000 DM, der auf die Miete verrechnet wurde, war zu leisten. Die Mutter hatte gerade mal 2 300 DM seit der Währungsreform 1948 angespart. Wie sie diesen hohen Betrag überhaupt von ihrer lächerlichen Witwenpension ansammeln konnte, war ein Wunder. Mehr als 30 DM konnte sie monatlich nicht zurücklegen. Nur mit Kummer trennte sie sich von diesem Betrag, aber Peter machte ihr Mut, die Gelegenheit müsse ergriffen werden.

Die Mutter hatte alles zusammengepackt. Die Hauseigentümerin, Frau W., half sogar etwas mit. Sie hatte im Laufe der letzten Jahre zur Mutter ein leidliches Verhältnis gefunden. Sie sprachen wenigstens schon mal zusammen. Am Montag, dem 9. Juli, stand das Pferdefuhrwerk bereit. Die wenigen Habseligkeiten lagen in einer Ecke des offenen Wagens, Mutter und Peter saßen obendrauf. Langsam trabte an diesem freundlichen Sommertag das Pferd aus Schwicheldt heraus. Peter sah den Wasserturm, der so geil und steil, so dominant und provokant am Rand des Dorfplatzes nach oben ragte. Er war ihm zum Symbol für das Schwicheln geworden. Wenigstens etwas Positives war ihm aus Schwicheldt geblieben. Der Ort entfernte sich hinter ihnen. Welche Gefühle stiegen auf! Neun Jahre hatten sie dort gewohnt, unfreiwillig, zwangseingewiesen, in einem Loch von zwölf Quadratmetern. Wieviel Einsamkeit und Not, wieviele Tränen der Mutter hatte dieser Raum erlebt! Die Mutter hat oft von ihrem Leid erzählt. Peter hatte nicht so sehr gelitten, weil er zuerst in Hildesheim und dann in Bonn gelebt hat. Es waren die neun Jahre, die Peter damals beim Betreten des Raumes geahnt hatte.[139] Gottlob, dieses schlimme Kapitel war jetzt abgeschlossen, es konnte nur besser werden. Nachmittags hielt die Fuhre vor der Tulpenstraße 3. Angekommen, glücklich, wenn auch voller Sorge, wie es weitergehen sollte. Der Neubau war noch feucht, die Hochparterrewohnung wunderschön: drei Zimmer, Küche, Bad, kleiner Flur, zusammen 57 qm. Die erste Nacht war grauenhaft. Er wußte, daß die Mutter die Miete nicht allein würde aufbringen können. Wie soll alles finanziell gemeistert werden? Die Sorge über die Zukunft ließ ihn nicht einschlafen und trieb ihm Tränen der Verzweiflung in die Augen. Zuerst schafften sie Stores an, um den Einblick in die leeren Räume zu verwehren. Das große Zimmer blieb noch drei Jahre unmöbliert. Die Mutter blühte in Hannover auf, sie fand schnell Anschluß an gesellige Kreise. Peter mußte umgehend wieder zurück nach Bonn.

Er plante, nach Abschluß des Jurastudiums die dreieinhalbjährige Referendarausbildung möglichst in Bonn und im Rheinland zu absolvieren. Hierfür wollte er im Carl-Schurz-Colleg weiter unterkommen, wo das Wohnen so angenehm war. Das Wohnheim lag zentral in der Stadt, gleich neben der Mensa, in der Nähe der Universität. Heimleiter war immer ein Professor, der mit seiner Familie im Haus wohnte. Ihm zur Seite stand ein Tutor, der Arbeitsgemeinschaften abhielt und nicht mehr Student war. Peter interessierte sich für diesen Posten. Es wurden ihm Aussichten gemacht. Er engagierte sich daher verstärkt in der Selbstverwaltung des Hauses und übernahm schon selbst eine einfache juristische Arbeitsgemeinschaft.

Peter merkte während des Studiums, gerade im Kontrast zu der Hektik seiner Aktivitäten, wie einsam er war. Bei aller Betriebsamkeit, in die er sich stürzte und die er selbst inszenierte, war ihm keine

Freundschaft, keine engere Bindung zu einem Menschen geschenkt. Selbstverständlich trieb ihn die Natur immer wieder zu kleinen Abenteuern, in denen er auch den ›festen Freund‹ zu finden hoffte. Im Studentenwohnheim gab es Knut und Rüdiger, die zweifelsfrei auch ›dazugehörten‹. Doch sie waren ihm nicht bodenständig und auch nicht leidenschaftlich genug. Sie huldigten zu sehr dem Prätentiösen à la Oscar Wilde, das war nichts für ihn. Wo geht man hin, wenn man einen Partner suchen und finden will? Es gab die Begegnungen auf der Straße, den gegenseitig angenagelten Blick, der Atem stockt, man bleibt stehen, nähert sich und kommt ins Gespräch. Vielleicht geht es weiter. Ob auch für länger, vielleicht sogar eine lange Zeit? Es wäre ein Geschenk des Himmels. Wie selten, fast gleich null sind diese Fügungen. Es gab solch einen atemberaubenden Blickkontakt, aber er mußte schon in der nächsten Minute in den Zug springen. Ist es nicht aufdringlich, vielleicht sogar leichtsinnig, schnell noch die Adresse auszuhändigen, mit welchen Worten? Wenn alles nur ein hingehauchtes Spontanverzücken gewesen wäre? Ja, wo geht man hin, wenn man durch die richtige Ortswahl das wichtigste Problem schon vorher gelöst haben will, daß man sich ohne langes Heranpirschen der gleichen sexuellen Orientierung eines Gegenübers einigermaßen sicher sein will? Die Bastei, der angrenzende Park und das Rheinufer in dieser Höhe waren die bekannten frequentierten Orte, aber auch gefährlich. Peter wäre beinahe Opfer einer Attacke geworden. Er ›rannte um sein Leben‹ und hängte die vier Lockvögel ab.

Unproblematisch war es im Viktoria-Schwimmbad, das er regelmäßig besuchte.[140] Im Duschraum begegnete er vielen, mit den wenigsten ergab sich dann und wann auch ein ›Spiel‹ im Laufe der Jahre, manchmal sogar eine Bekanntschaft. Peter liebte das Tauchen. Die Länge des Schwimmbeckens hin und zurück knapp über dem Kachelboden war die Norm wiederholter Tauchgänge. Einmal ist er dabei ohnmächtig geworden. Die Ur-Erinnerung aus tiefsten Vitalschichten ist zurückgeblieben, daß er statt der erhofften Atemluft

Wasser in die Atemwege eingesogen hat. Eine Ur-Angst würgte die Brust, und eine Ewigkeit von Sekunden lang trieb er nach oben. Es war aufgefallen, der Bademeister war sofort zur Stelle. Er half beim Aussteigen und stellte Peter auf den Kopf. Das wirkte. Die Menge Wasser, die herauskam, war geringer als befürchtet. Der Schock saß tief. Peter wußte, er müßte sich mit dem feuchten Element wieder versöhnen, wollte er nicht ein Trauma zurückbehalten. Er setzte sich an den Beckenrand und verweilte dort lange. Dann stieg er noch ins Kinderbecken und schloß Frieden mit dem Wasser, das ihm beinahe den Tod gebracht hätte.

Das ›aki‹, ein damals frequentiertes Wochenschau- und Kurzfilmkino, war kein typischer Treffpunkt.[141] Doch einmal saß Dieter neben ihm. Dann lag er noch viele Male auf dem Bett in der Studentenbude neben ihm. Es war schön, sie verstanden sich. Leider ging das wöchentliche Arrangement wegen irgendeiner Nichtigkeit zu Ende. Besuche auf dem Zimmer im Carl-Schurz-Colleg zu empfangen, war üblich, wobei nur der sogenannte ›Damen-Paragraph‹ zu beachten war. Das fiel Peter nicht schwer. Die Mitstudenten aus dem Haus suchten sich gegenseitig oft auf, um gemeinsam zu studieren, etwas zu fragen, ein gemeinsames Essen zu bereiten oder schlicht um die Zeit totzuschlagen. Die gegenseitige Belästigung war enorm. Ein Schild an der Tür eines Zimmers war wie ein Hilferuf und wurde schnell kopiert: »Wenn Sie nicht wissen, was Sie tun wollen, bitte tun Sie es nicht bei mir!« Klopfte ein Besucher an die Tür, durfte unterstellt werden, daß sofort geöffnet oder »Herein« gerufen würde, falls der Student im Zimmer war. Ab einer gewissen Abendstunde wurde das nicht mehr erwartet. Das waren die Stunden der Liebe. Peter drückte sich möglichst darum, jemanden mit auf die Bude zu nehmen. Schließlich war es immer ein Risiko. Doch manchmal, es waren wenige Male, brannte die Sicherung durch. Heikel konnte es ausgehen, falls man von einem Mitbewohner beim Betreten des Zimmers zusammen mit dem Gast beobachtet worden wäre und man danach die Tür auf ein Anklopfen hin nicht sogleich oder bedenklich später geöffnet hätte. Was tun? Es war kompliziert. Aber es hatte die wenigen Male immer geklappt.

Dann stürzte sich Peter in das Treiben des Karnevals, jedes Jahr aufs neue. All die üblichen Verklemmungen und Vorbehalte konnten für diese kurze Zeit stückweise abgelegt werden. Er fuhr nach Köln, wo er in den wenigen einschlägigen Kneipen schwerlich einem Bonner Mitstudenten begegnen würde. Die Kostümierung als Fahrensmann zur See und vor allem die Faschingsmaske vor den Augen taten ein übriges. ›Em steine Kännche‹ geriet er in eine ausgelassene, sexuell aufgeladene Runde junger Burschen und Männer.[142] Es war ein leichtes, mit jedem ins Gespräch zu kommen. Sie sangen die letzten Schlager: ›Wenn bei Capri die rote Sonne im Meer versinkt‹, und es konkurrierten das ›Mariandl aus dem Wachauer Landl‹ mit der ›Rose vom Wörthersee‹. Alles tranige, aber herzige Schnulzen. Sie tanzten zusammen, mehr oder weniger eng miteinander verklammert. Man ahnte, was sich in der Hose tat. Nur während dieser fünften rheinischen Jahreszeit war das einigermaßen möglich, ohne daß die Tänzer und die Wirtin von dem sicherlich anwesenden Späher gleich eine polizeiliche Anzeige befürchten mußten. Peter blühte auf und ließ sich von der gebremst orgastischen Stimmung treiben. Hier brach sich etwas Bahn, was er in dieser Halböffentlichkeit nie für möglich gehalten hatte. Nur Verwegene wagten es. Sie küßten sich, schmiegten sich im Schritt aneinander oder kuschelten sich, einfach so, in eine Ecke zusammen. Peter tanzte mit verschiedenen Burschen. Ein jüngerer Mann, vielleicht 27 Jahre alt, kam heran und wollte mit ihm tanzen. Er war nicht kostümiert und auch nicht maskiert. Sie scherzten und lachten, während die Musik sie herumdrehte. Dann wurde er ernst und bat um Erlaubnis, Peters Maske kurz lüften zu dürfen. Warum nicht? Er zeigte etwas von Erstaunen und Interesse. Er äußerte auch Gefallen an Peter, doch nicht für sich, sondern für seinen Freund, der da drüben am Tisch sitze. Er fragte Peter, ob es für ihn möglich wäre, an den Tisch zu kommen und mit seinem Freund zu sprechen. Dieser suche eine feste Bindung und sei sehr vermögend, was mitzuteilen ihm wichtig schien. Wenn er, Peter, nur wolle, sei er aller finanziellen Sorgen enthoben. Der Freund sei in ihn, den Peter, vernarrt, er beobachte ihn schon den ganzen Abend, traue sich aber nicht, ihn anzusprechen. Peter schaute nach drüben, zum Tisch, wo der Freund saß. Er bekam einen gelinden Schock. Ein recht korpulenter Mittdreißiger mit fettem Gesicht strahlte ihn ängstlich bangend an. Was sollte Peter tun? Er war mehr verunsichert als situationssicher. In der typisch kölschen Art des ›Jede Jeck es anders‹ hätte er zum Tisch gehen und in ein unverbindliches Gespräch eintreten sollen. Es hätte nicht verletzt und gutgetan, wie auch immer der Austausch der Worte geendet hätte. Diese lässige Art gleichgeschlechtlicher Kommunikation, die alles offen läßt, aber letztlich nur das wenigste zuläßt, hat Peter erst in Südamerika kennen- und schätzengelernt. Damals war er noch nicht so weit. Es entspricht nicht dem deutschen Naturell, und er hatte es nie zuvor erprobt. Wie sehr muß er die beiden enttäuscht haben. Er stammelte irgendetwas von einer anderen Bindung, die Lüge war zu offensichtlich. Das Tänzchen war bald beendet. Er ging nicht zu dem Tisch, schaute aber zum Freund herüber, der wie ein Trauerkloß auf Abruf wartete. Peter hatte nicht den Eindruck, daß die Andeutung des ansehnlichen Vermögens geflunkert war. Der wahrscheinlich schon oft abgeblitzte Mittdreißiger hätte ja befürchten müssen, daß es sowieso bald herausgekommen wäre. Seine Qualen wären dann nur noch größer geworden. Darf man solchen Masochismus ohne weiteres unterstellen? Aber für Peter war der Wink mit dem güldenen Zaunpfahl nicht von Bedeutung, obwohl er darin nichts Ehrenrühriges gesehen hatte und auch heute nicht sieht.

Warum sollen denn nicht, im gegenseitigen Geben und Nehmen einer liebevollen Partnerschaft, der eine eher seine Jugend und sein ›körperliches‹ Vermögen und der andere eher sein ›wirtschaftliches‹ Vermögen dem anderen darbringen? Damit wird das Geschenk der Liebe so wenig bezahlt wie ein finanzielles Geschenk erliebt werden kann. Denn gerade beim Mann muß der harte Beweis von beiden erstanden werden. Ob das gelingt, steht beim Partner und dessen sexueller Ausstrahlung. Hier ist nichts steuerbar, sofern nicht manipuliert wird. Jeder der beiden freut sich, dem anderen das anzubieten, über das er zusätzlich reichlich verfügt, und freut sich, wenn der andere die Gabe annimmt. Wie könnte der eine glücklich sein, den anderen weniger liebend zu sehen? Und wie könnte der andere glücklich sein, seinen Partner finanziell schlechter ausgestattet zu sehen? Da heißt es immer degoutant, der (reichere) Ältere halte den (ärmeren) Jüngeren aus. Na und? Hält nicht auch der Jüngere den Älteren aus? Was ist mehr wert – wenn man schon den lieblosen und unpassenden Zusammenhang herstellen will –, der jugendlich spritzige Körper oder das Geld? Sie sind beide nichts wert, wenn die beiderseitige liebevolle Zuneigung fehlt.

Trotz der großen Arbeitsbelastung fand Peter immer noch Zeit, mit häufigen Theater- und gelegentlichen Konzertbesuchen ein eigenes Kulturprogramm zusammenzustellen. Der ›Kontrakreis‹ war ein kleines Zimmertheater mit schwarz getünchter Ziegelwand und blinkenden Konservendosen, die zu Scheinwerfern hergerichtet waren. Er war die vieldiskutierte Kultbühne des damaligen Bonn. Alles, was gerade herauskam, ging über die Bretter, vor allem ausländische Werke. Peter sah jede Inszenierung. Etliche Mitstudenten haben schließlich seine Begeisterung geteilt, über die Stücke wurde heftig debattiert.

Peter hätte sein Jurastudium nie in drei Jahren beendet, hätte er nicht schon ab dem zweiten Semester den üblichen Repetitor aufgesucht. Er fragte Examensstudenten, wie sie bei nochmaliger Wahl ihr Studium gestalten würden. Übereinstimmend hätten sie auf die Vorlesungen im Hörsaal verzichtet und sich schon ab dem ersten Semester das Examenswissen beim Repetitor angeeignet; an der Universität würden sie nur die erforderlichen Klausuren und Seminare belegen. Diesem Rat folgte Peter.

Gleichwohl hätte er das Studium gern unterbrochen, würde er das begehrte Fulbright-Stipendium erhalten haben.[143] Er bewarb

sich um eine der wenigen ausgeschriebenen Stellen. Die einge-
reichten Zeugnisse und sein Englischexamen versprachen gute
Chancen gegenüber den Mitbewerbern, wie vorher durchsickerte.
Pech war, daß am Abend vor dem persönlichen Bewerbungsgespräch
seine Brille zu Bruch gegangen war. Er hatte sie beim ›Lauf um sein
Leben‹ eingebüßt. Dadurch fühlte er sich unsicher und hat diesen
Eindruck bestimmt auch hinterlassen. Als Kurzsichtiger ohne Brille
wagt man kaum jemandem ins Auge zu schauen, weil man nicht
deutlich und deutbar wahrnehmen kann, ob und wie das Gegenüber
zurückschaut. Die Ablehnung hat ihn dann nicht überrascht. Wie
gern hätte er ein Jahr in den USA studiert und dabei seinen Bildungs-
und Erfahrungshorizont erweitert, abgesehen von der Chance, sein
Englisch weiter zu verbessern.

Zum Ende des Studiums belegte er noch ein völkerrechtliches
Seminar, in dem er ein längeres Referat halten mußte. Es kam gut an.
Der Professor schlug ihm eine völkerrechtliche Promotion vor, was
er später aufgriff. Dann war es soweit: Im November 1956 war das
Studium beendet, das Referendarexamen bestanden. Er verließ erst
einmal Bonn, um, wie vorgeschrieben, die Referendarausbildung in
seinem Wohnbezirk Hannover zu beginnen.

Aber schon zwei Jahre später, im September 1958, war er wieder
in Bonn und auch wieder im liebgewonnenen Carl-Schurz-Colleg.

*

Der Herbstvogel
1970
80 x 100 cm, Öl auf Leinwand

›Der Herbstvogel‹ ist ein vorzügliches Beispiel für die ›Natura mystica‹ von Siegbert Hahn. In seinen Bildern will die Natur über sich hinausweisen. Sie will zum Sinnbild unseres mystischen Lebensgrundes werden.

Der Vogel schreitet nach rechts voran, was ihm kaum zu gelingen scheint, denn ein Sturmwind bläst ihm entgegen. Er hätte sich ducken können. So wäre er dem Druck des Windes ausgewichen. Doch er bietet ihm Gegenwehr. Wie wird dieses Drama, das wir erleben, enden? Prächtig und mächtig wächst der Vogel aus dem Boden heraus. Seine schlanken Wurzelbeine tragen einen stattlichen Körper. Stolz zeigt er sein imposantes Blätterkleid, das in allen Farben des Herbstes leuchtet. Er ist ein starker Vogel, Statur und Größe der Blätter zeigen seine Kraft. Der Wind rüttelt und schüttelt an seinem Prachtgewand und reißt ihm einige Blätter vom Leib. Sein Auge verrät Mut, sich zu wehren, dem Sturmwind Stand zu halten. Wird es gelingen?

Vergleichbare Situationen hält das Leben für jeden bereit, oft genug. Das scheint eine unserer Lebensaufgaben zu sein. Der Herausforderung muß man sich stellen, so oder so. Um die Entscheidung kommt keiner herum.

Das wäre eine mögliche Annäherung an diesen ›Herbstvogel‹. Doch hat der Vogel so viele Gesichter, wie es Betrachter gibt, die ihn anschauen, die ihn befragen wollen. Jeder sollte den ihm eigenen Zugang zum Bild finden. Denn jede Deutung ist subjektiv richtig und hat nicht nur ihre persönliche Berechtigung, sondern auch Gültigkeit. Gerade in der Vielfalt seiner Deutungen gewinnt ein Bild an Leben und vermag uns seinen inneren Reichtum zu offenbaren.

Im übrigen, warum alles erklären wollen: Dort wo die Sprache endet, beginnen die Bilder zu sprechen.

338

Erinnerung an das vergangene Jahr (Melone)
1992
100 x 80 cm, Öl auf Leinwand

Die Stilleben mit Früchten oder Blumen wollen die Schönheit der Schöpfung feiern. Die Natur scheint sich selbst zu gefallen. Sie bedarf dazu des Menschen nicht. Dieser ist vielmehr beschenkt, sie betrachten und in ihr den Schöpfer verehren zu dürfen.

Will Siegbert Hahn ein Früchte-Stilleben malen, so besorgt er sich das gewünschte Obst oder Gemüse, und im Wettlauf mit der Zeit, mit dem Verfaulen der Vorlagen legt er erst einmal deren Umriß, Form und Grundfarbe an. Es folgen die unerläßlichen Trocknungszeiten über etliche Tage. Dadurch verlieren die verehrten Modelle leider schneller als gemalt Aussehen und Konsistenz. Noch ein zweites und drittes Mal muß er sich mit Anlage und Ausführung der Früchte beschäftigen. So stürzt er nochmals auf die Märkte, in der Hoffnung, das Obst und Gemüse gleicher Sorte, gleichen Aussehens wiederzufinden. Dann werden die Detailfarben angelegt, Schatten und Lichter gesetzt.

Oft muß er ein begonnenes Bild bis zum nächsten Jahr wegstellen, weil er ähnliche Modelle nicht mehr antraf. Die Kürbisse ersparten ihm diesen Ärger.

Das Bild zeigt: Es ist Winter geworden, und Schnee ist gefallen. Ein Jahr ist verstrichen. Die Natur hatte wieder einmal, aufs neue, die Früchte des Baumes und des Feldes hervorgebracht. Sie stellen sich zur Schau, zum Beweis für ein ertragreiches und als Erinnerung an ein verflossenes Jahr.

Stilleben mit kleinem roten Kürbis
1996
70 x 50 cm, Öl auf Leinwand

Der besondere Reiz der Stilleben des Künstlers liegt in der Komposition von Gegenstand und Bildfläche, und zwar in doppelter Hinsicht. Zum einen setzt er die Früchte oder Gemüse in ihrer natürlichen Abmessung ins Bild. Dadurch entsteht eine handgreifliche Unmittelbarkeit, die dem Auge schmeichelt. Gerade beim Herantreten bleiben die wirkliche Proportion und die eingeübte Sehgewohnheit gewahrt. Selbst die Kürbisse von bis zu einem halben Meter Durchmesser, die ihm Modell ›lagen‹, sind in ihrer Originalgröße wiedergegeben.

Zum anderen setzt er die originalgroßen Früchte in den Vordergrund einer weit nach hinten auslaufenden Landschaft. Lange Gebirgsketten staffeln sich dem fernen Horizont zu. Mit dem größer werdenden Abstand verliert die Berglandschaft ihre vegetative Farbigkeit und wird immer blasser. Der letzte Bergkamm in seinem transparenten Blau scheint mit dem Himmel zu verschmelzen. So verbindet er Land und Luft, als wollte er den Himmel auf die Erde holen.

Wegen dieser gegensätzlichen Größenverhältnisse wirken die Früchte im Vordergrund wie Monumente. Sie erscheinen wie ein Denkmal der Natur, vorgestellt dem Auge des Betrachters. Die perspektivische Weite des Mittel- und Hintergrundes, im Gegensatz zu den Früchten und Gemüsen, vermittelt eine sinnfällige Unmittelbarkeit, die den Vordergrund aus dem Bilde springen läßt. Der schweifende Ausblick in die Ferne wird zum schauenden Weitblick in die Zeitlosigkeit. So erscheinen die Früchte und Gemüse seiner Stilleben wie Symbole der Natur.

Vogel oder Baum
1995
70 x 50 cm, Öl auf Leinwand

Ein Stück Natur in Verwandlung: Ist es ein Vogel, der sich gerade zu einem Baum formt, oder umgekehrt ein Baum, der ein Vogel werden wird? Beides ist möglich. Die Momentaufnahme dieses Bildes läßt keinen einhelligen Schluß zu. Es kann ein Baumvogel sein, oder ein Vogelbaum. Wir beobachten den Prozeß eines Übergangs, das Spiel einer Metamorphose, den Wechsel eines Zustands. Die kühlen Mischfarben unterstreichen dieses Geschehen. Das ist der Reiz dieser Beobachtung: Neues deutet sich im Alten an.

Siegbert Hahn liebt die Metamorphose. Er hat viele Bilder dieser Gattung geschaffen.

Seine Malerei offenbart eine interessante Spannung zwischen dem leicht erfaßbaren, ansprechbaren Äußeren und der oft harten inneren Aussage. Seine Bilder in ihrer vitalen Farbigkeit und der lebendigen Linienführung erscheinen leicht eingängig. Das Äußere kann bestechen und zu einer spontanen Stellungnahme verführen — im positiven wie im negativen Sinne. Erschließt sich danach die innere Aussage mit ihrem archetypischen, oft zupackend harten Inhalt, so entsteht zwischen Form und Inhalt eine interessante Spannung. Äußeres und Inneres stehen zueinander in einem direkten Gegensatz und wirken doch gerade dadurch in sich so stimmig, was nur vordergründig als Widerspruch erscheint. Denn es ist immer die Spannung zwischen den Polen, zwischen den Gegensätzen, die Energie erzeugt und Leben bedeutet.

344

Die Erde ist rund

Zwischen dämmerndem Morgen und erwachendem Tag, zwischen Jugend und Erwachsenwerden hatte Peter eine Reise unternommen, die für ihn von ausschlaggebender Bedeutung werden sollte. Von Hannover brach er in Richtung Westen auf und kehrte drei Monate später von Osten her wieder heim. Mit der Sonne hatte er einmal den Erdball umkreist. Die Reise beleuchtete ihm bisher nicht gekannte Territorien mitmenschlicher Nähe und Körperlichkeit. Sie zeigte ihm in funkelnden Farben Burschen und Männer fremder Kulturen in fernen Ländern, die ein sexuell geglücktes und respektiertes Leben führten. Sie brachte Peters sexuelle Neigung zum Erblühen. Was er im Fernen Osten gesehen und erlebt hatte, faszinierte ihn. Er war als Jugendlicher aufgebrochen und als Erwachsener wiedergekommen. Seine Mutter hatte es bemerkt, er selbst hatte es stolz gefühlt. Jetzt konnte er ›Ja‹ zu sich sagen und Frieden mit sich schließen. Er hatte gesehen, erfahren, miterlebt, wie andere Menschen ihre Freiheit und ihr Glück gerade in der Bejahung ihrer homosexuellen Neigung finden. Er hatte mit ihnen zusammen erleben dürfen, wie selbstverständlich und kultiviert sie mit ihrer Erotik und Sexualität umgehen. Jetzt wollte auch er im Einklang mit seiner Natur leben. Zumindest was sein Inneres anging. Denn die äußeren Umstände in Deutschland, die er zurückkehrend vorfand, blieben hinsichtlich der sexuellen Liberalität weiterhin desolat. Aber er hatte ein Paradies erlebt. Das Wissen darum ließ ihn sicherer werden.

Mit Heißhunger auf das Fremde und mit Sehnsucht nach dem Abenteuer stürzte er sich in diese Weltreise. Die Schiffsfahrt zu den Kanarischen Inseln hatte ihm bewiesen, daß die touristischen Gegebenheiten von Reise und Aufenthalt im fremden Land zu meistern sind. Er wollte mit weit aufgerissenen Augen das Unbekannte aufsaugen, wollte sich auf alles einlassen, was sich ihm an- und darbot. Er würde in Jugendherbergen oder den Häusern des YMCA, des Christlichen Vereins Junger Männer, unterkommen, die doch in jeder größeren Stadt anzutreffen wären. Die Idee zu der Fahrt war spontan entstanden. Zur gründlichen Vorbereitung fehlten ihm leider Zeit und Muße. Zudem gab es damals noch nicht die vielen Bücher, die sich heute zur Reiseplanung und Einführung in Land und Leute anbieten. Was vorlag, war unbrauchbar, veraltet, aus der Vorkriegszeit. Es sollte ja nur eine Erkundungsreise werden, um vielleicht dorthin wiederzukehren, wo es ihm gefallen hätte. Dann würde sich das momentan fehlende Wissen über Geschichte und Kultur des Landes nachholen lassen.

Soll jetzt eine der typischen Reisebeschreibungen folgen, die Begegnungen und Eindrücke bildreich schildert? Gerade das nicht. Die Bibliothek der Reiseschilderungen um ein weiteres Buch vergrößern, hieße, sich und seine Eindrücke etwas zu ernst zu nehmen. In den 50er Jahren, als die Reise stattfand, hätte ein solches Buch vielleicht noch Seltenheitswert gehabt. Aber heutzutage stoßen Millionen Europäer jedes Jahr bis in die entlegensten Winkel der Erde vor. Alles ist schon von Aberhunderten gesehen, in unzähligen Fernsehfilmen dargestellt und in ermüdenden Reisebüchern ausgeschlachtet worden. Selbst im Himalaya haben sich schon Tausende getummelt, und nicht weniger waren es im Innern Afrikas und Australiens. Sofern es sich nicht um eine kulturelle oder aktuelle sozio-politische Betrachtung handelt, ist eine Reisebeschreibung inzwischen zu einem Allerweltsartikel mit Beliebigkeitscharakter degeneriert. Wo der Autor war, strolchten schon Tausende vor ihm herum oder werden es bald nachholen. Fast jeder hat seine eigenen

Eindrücke oder glaubt sie zu haben, und interessiert sich selten noch tiefergehend für die Erlebnisse eines anderen Reisenden.

Die Terra incognita in Reiseberichten zu beschreiben hat eine lange Tradition. Sie reicht bis in die Antike und erlebte einen ersten Höhepunkt mit der Entdeckung der Überseeländer. Die Forschungs- und Entdeckungsreisen in Afrika, Asien und den Polargebieten, beginnend mit der Aufklärung Ende des 18. Jahrhunderts, führten zu einem zweiten Aufschwung dieser Literatursparte. Heute scheint das Fernsehen die Tradition auf andere und wegen der Bildlichkeit sogar auf bessere Weise fortzuführen.

Daher sollen von Peters Weltreise nur die Erlebnisse geschildert werden, die für seine sexuelle Befreiung wesentlich waren. Es sind dies einige wenige Sexabenteuer, die leider flüchtig blieben, weil der Reiseplan ihn nirgendwo länger als fünf Tage festhalten sollte, die aber dafür um so nachhaltiger wirkten, als sich jedes Abenteuer ihm so ungesucht und unerwartet anbot, manchmal geradezu aufdrängte. Mit diesen Begegnungen waren Erlebnisse und Beobachtungen verbunden, die ihm bemerkenswerte Erkenntnisse vermittelten. Es war die Art und Weise, wie in Fernost Leben gelebt wird: in Malaysia, wie Menschen verschiedener Volksgruppen miteinander umgehen, und in Bali, wie die Bewohner sich dem Fremden stellen.

Die Reise brachte ihn über die USA und Mexiko nach Fernost. Die USA wären ein Kapitel für sich. Nur des Philip aus Sausalito soll gedacht werden. Er war mit Peter eine Nacht zusammen, so selbstverständlich entspannt und unterhaltsam wie bei einem schönen Abendessen. Am Nachmittag, nach der Arbeit, fuhr er dann zu seinem Termin beim Psychiater. Peter begleitete ihn und wartete auf der großen Wiese vor der Praxis. Dann setzte sich Philip dazu und berichtete, daß ihm vom Elternhaus die Ächtung des Sexuellen indoktriniert worden sei, schließlich sei er wegen Suizidgefährdung in die Behandlung dieses Psychiaters gekommen. Dem Arzt sei es gelungen, seine falsche Erziehung abzuarbeiten und ihm das Selbstwertgefühl zurückzugeben. Indem er alle seine Sexabenteuer mit dem Arzt durchspreche, gewinne er immer höheren Lebenswert. Er habe diesem gerade auch von ›Peter from Germany‹ und allem Drumherum erzählt. Jetzt endlich habe er Zugang zum anderen Menschen gefunden. Auch seine Angst vor dem anderen Mann sei gewichen, und er verleugne nicht mehr sein ›suck you dry‹. Peter war betroffen, von Philips Vita zu hören. Leider ging am späten Abend sein Flugzeug. Route und Abfahrtzeiten waren für dieses Billigticket festgezurrt. Er hätte so gern Philips Einladung, bei ihm für ein paar Tage einzuziehen, angenommen. Aber ob er das kräftezehrende Blasorchester ertragen hätte? Wahrscheinlich würde er wegen Austrocknung vorzeitig die Flucht ergriffen haben.

Am Strand von Acapulco war Peter von der internationalen ›Szene‹ wie selbstverständlich aufgenommen worden, die sich zahlenstark bei der Playa de los Amantes ausbreitete. Die rot gepinselten Worte ›Strand der Liebenden‹ leuchteten weithin sichtbar vom haushohen Felsbrocken, der die Playa Condesa absperrte. In knappen Badehosen tummelten sich auf Liegestühlen und Strandtüchern unterschiedliche Hautfarben und Sprachen, etliche Nationalitäten und Religionen. Es gab keine Berührungsängste, im Gegenteil. Wo Sympathie und gegenseitige Anziehung aufblinkten, war alles ansonsten Trennende beiseite geräumt. Jeder ging auf jeden zu. Ein englisch-amerikanisches »Hello«, oder ein spanisches »Hola«, und schon war der Gesprächsfaden geknüpft. Das gegenseitige »Du«, im Spanischen keineswegs üblich, war die Auszeichnung, daß man dazugehörte. Adressen wurden getauscht, wo die Zuneigung tiefer reichte. Man suchte Kontakt und Kommunikation, gleichgültig ob man als Einzelner oder Freundespaar auftrat. Peter traf auf den schwarzen Jimmy aus Vancouver, dem er drei Tage lang zum »First lover from Germany« wurde.

Dann drängte sich Ruben aus Perú dazwischen, mit dem er mehrere Nächte teilte. Ruben war der Sohn aus Deutschland emigrierter Juden. Er war gläubig, was immer er darunter verstand. Jedenfalls habe er keine Probleme mit seiner Homosexualität, wie er kokettierend ungefragt heraustönte. Denn im Talmud stünde eine schlimme Verheißung, die ihm nicht widerfahren solle: ›Im Himmel würde bestraft werden, wer auf Erden eine schöne Frucht gesehen und von ihr nicht gekostet habe.‹ Er machte Peter mit der lebensfrohen Diesseitigkeit des Judentums bekannt, welche dieser, als verklemmter und verbogener Christ, nur neidvoll bestaunen konnte. Manch lockere und boshafte Rede über seinesgleichen zeugte von Rubens weitem Blickwinkel und kritischem Durchblick, mit denen er lustvoll die Welt betrachtete. Er spielte das Leben, welch eine neue Erfahrung! Sie trafen sich später bei ihm zu Haus in Lima und reisten sich gegenseitig hinterher, wann immer es sich einrichten ließ. Ruben studierte in Europa, daher sahen und verkosteten sie sich oft. Gemeinsame Interessen in Literatur und Naturwissenschaften verbanden sie. Peter hat den geistreichen und charmanten Ruben sehr geschätzt, und dieser hatte an Peter einen Narren gefressen. Ruben sprach ein so ›scheenes Deitsch‹, es war so lieb anzuhören und war Ferment ihrer beider gegenseitigen Zuneigung, ähnlich wie der Blütenduft einen Tropengarten einhüllt. Das Jiddische mit hochdeutschem Einschlag war die Sprache seines Elternhauses, und Peters schlesische Mundart, nie praktiziert, aber immer okkult gegenwärtig, ähnelte Rubens Sprachmelodie, worauf Peter sich liebend gern einließ: »Lomir (›Laß uns‹) a bißele libn sich, gell.« Ruben war ein Präputophiler, wie er im Buch der Bücher stehen sollte. Er bedauerte die Beraubung seiner eigenen Vorhaut. Er konnte sich nicht genugtun an dieser mal weichen, mal strammen Hautfalte, die er spielerisch beäugte und besäugte. Er war ein Witzbold, der den ›Schlong‹ oder ›Schneckel‹ mit dem etwas Mehr über alles liebte. Dieser ›freund‹liche Körperteil werde ihm zum ›Widderhorn‹, wie er spaßte. Seine Vorväter hätten auf veritablen Hörnern vom Widder trompetet und damit die Mauern von Jericho sturmreif einstürzen lassen. Ähnlich treibe er mit seiner Blaskunst noch jeden Goj zur bedingungslosen Kapitulation. Er spann das weiter aus, lachte aus vollem Herzen, überschlug sich in spritzigen und witzigen Kapriolen.

Ach, der poetische Ruben, dieser liebe Kerl! Er hätte ein zweites Hohelied der Liebe dichten sollen. Dort hätte er die schwule Liebe feiern können, deren Reiz mit Blasen und Trompeten ebenso kunstvoll anpreisen dürfen.

Im übrigen, er hielt nicht viel von der Bibel, weil ihm die dort beschriebene Historie unglaubwürdig erschien. Mit diesen haarsträubenden Erfindungen, entsprungen dem Wunschdenken eines nomadisierenden Hirtenvolkes, habe man bloß die eigene geschichtliche Kärglichkeit aufmotzen wollen – und die bibelgläubige Welt sei darauf hereingefallen. Schalkhaft meinte er: »Peter, die Sonne ist an allem schuld. Sie treibt nicht nur die Pflanzen zum Blühen, sondern auch die Phantasie. Sie hat ganz einfach zu heftig zugestochen.« Das hielt ihn aber nicht davon ab, sich für gläubig zu halten, was bei ihm stets zwiespältig blieb. Das bewies er einmal so pfiffig, als er die ›Milch‹speise zum Nachtisch nicht verschmähte, obwohl der ›Hammelbraten‹ gerade vorangegangen war. Das war nicht koscher, vierundzwanzig Stunden hätten dazwischen liegen müssen. Doch Ruben, der schalkhafte Spitzbube, erhob sich von seinem Stuhl, umschritt planlos bedächtig mit vielen Verweilpausen den Tisch, das Glas Wein in der Hand, aus dem er ab und an nippte, versuchte alles möglichst beiläufig erscheinen zu lassen, nur Peter hat es bemerkt, und so gelangte er zu seinem Stuhl neben Peter und murmelte kaum vernehmlich: »Asoj, izt is a tog foriber.« ›So, jetzt ist ein Tag vorüber.‹

Peter und Ruben erlebten beide eine gesättigte, spannungsvolle Freundschaft, die Seiten um Seiten einer aufregenden Geschichte füllen würde. Wie ist sie zu Ende gegangen? Wie das Schicksal so seine Fäden spinnt, Schnüre verknotet und Seile fallen läßt. Die Stricke dieser *Amour bleu* baumeln noch immer im Geäst der Erinnerung, Wind und Wetter werden sie nicht zerzausen können.

Am Strand sah Peter zum ersten Mal die Blue jeans bei amerikanischen Jungen. Sie waren, und sind heute noch, die Arbeitskluft der Cowboys aus dem ›Wilden Westen‹. Damals wurden sie gerade zum Ausweis einer modernen und liberalen männlichen Jugend in den USA. Sie galten als recht gewagt, weil sie dem Träger einen wild-verwegenen, erotischen Anschein gaben. Vorbild waren die frischen Kerle, die auf Rodeos wilde Pferde ritten, im Film durch die weiten verlassenen Gegenden Arizonas ihre Herden trieben oder am Lager-feuer ihre vagabundierende Ungebundenheit dem stumpfsinnigen Bürgertum entgegenlebten. Heute ist die Jeanshose zur weltweiten Uniform von nichtssagender Beliebigkeit degeneriert. Damals war sie ein selten getragenes, abgrenzendes Bekenntnis von jungen Männern zugunsten einer neuen, wilden, Erotik und Sex bejahenden Jugend-kultur. Dieses Fanal hat sie heute längst als billiger Massenartikel der gängigen Jugend-, Herren- und Damenbekleidung eingebüßt.

Peter wollte unbedingt eine Jeans haben. Schließlich wurde er mit einem Lover handelseinig, der ihm seine so schön abgetragene, speckige Levis überließ. Man sah, was der Alteigentümer lachend erklärte, sie war mit einer Drahtbürste an der Beule im Schritt und auf den Oberschenkeln abgewetzt, der helle Grundfaden schimmerte durch. Sie war hauteng und sah frech aus. Peter paßte gerade so hin-ein. Mit den Füßen und Fersen durch die Röhren zu kommen, muß-te er einüben. Jimmy und Ruben trugen Jeans, nichts drunter, wie die meisten Jungen von der Playa de los Amantes. Das galt als zusätz-licher Ausweis einer beginnenden schwulen Subkultur. Es übertrug die Freiheit und Ungebundenheit des Cowboys direkt auf den Kör-per des Schwulen. Es vermittelte über die Haut das Empfinden von freier Erotik. Die bequemere genitale Verfügbarkeit stand nicht im Vordergrund, wurde aber als praktisch und als geile Anmache kultiviert. Die Jeans galten in der öffentlichen Meinung als unfein, wenn nicht gar ordinär. In Deutschland nannte man sie despektier-lich ›Nietenhosen‹. Außerhalb der USA waren sie noch weitgehend unbekannt. Man mußte sie in den Staaten kaufen oder sich von dort mitbringen lassen. Peter hätte nie gewagt, eine ausländische Paßkon-trolle in Jeans zu passieren. Er nahm sie in der Tasche mit und zog sie nur an, wenn ihm danach der Sinn stand, will sagen, wenn er zusätzliche erotische Wirkung erzielen wollte.

Wie die jungen Männer alle da lagen, herumtrödelten oder mit den Wellen spielten, es war eine Lust zuzuschauen. Alle waren sie von der mexikanischen Sonne knackig braun gebrannt. Das Meer offerierte die frischesten Austern. Dazu trank man *Tequila con lemón.* Eine Prise Salz, pur auf die Zunge, gab dem Getränk den richtigen Pep. Noch nie hatte Peter diese legere Harmonie unter gleichgeschlechtlichen Burschen und Männern aus vieler Herren Länder erlebt. Ausschlaggebend für diese Offenheit war die leichte, nordamerikanische Art des ›Making friends‹, gepaart mit der südamerikanischen Warmherzigkeit, der noch die Heißblütigkeit der spanischen Eroberer anhaftete. Es waren meeres- und sonnengesättigte Tage. Sie sollten zum blassen Vorspiel fernöstlicher Abenteuer werden, von denen Peter keine Ahnung hatte.

Über Hawai, Tokio, Saigon, Hongkong, Manila, Singapur und Bangkok – jede Stadt wäre ein Kapitel wert – flog Peter in Kuala Lumpur ein. Hier, in dieser heiteren, lächelnden Stadt der malaiischen Halbinsel, hatte Peter Exotik und Erotik des fernen Ostens ein weiteres Mal angetroffen.

Es war Sonntag morgen. Er steuerte sogleich den YMCA an. Gottlob fand er gerade noch ein Zimmer. Denn das Haus war von einheimischen Jungen und Männern aus der Region belegt. An diesem Wochenende fand ein Seminar statt: Vorträge und Diskussionen zum Thema der nationalen Einigung. Ein umfangreiches Vortrags- und Aktivitätenprogramm lockte zum Mittun – mit Erfolg, wie sich zeigte. Die englische Kolonialmacht hatte in ihren Besitzungen diese YMCA-Häuser gefördert. Es waren Jugendbegegnungsstätten. Das ›Christliche‹ an ihnen trat außer im Namen nicht Erscheinung. Es wäre in diesem mehrheitlich moslemischen Land auch kontraproduktiv gewesen.

Peter sah sich sogleich die Stadt an. Kann es gelingen, sich vorzustellen, wie unberührt zahm, sanft diese Stadt und ihre Menschen sich dem Besucher damals darboten? Der westliche Einfluß war gering. Es gab noch nicht das Fernsehen, der Autoverkehr war minimal, das Warenangebot beschränkt. Die Leute gingen in sich versunken und ruhig ihres Weges, Handel und Wandel verliefen gelassen, keine Hektik war zu spüren.

Kuala Lumpur ist jung, erst 1860 gegründet, als man in der Nähe Zinnerz endeckte. Die umfangreichen Bodenschätze lockten viele Minenarbeiter und Kaufleute aus China an, die dort siedelten. Heute sind die stadtnahen Minen längst erloschen. Aber jedesmal, wenn der Monsunregen den zinnhaltigen Boden opakbraun färbt, wird die Erinnerung an die Stadtgeschichte wieder so sichtbar herausgespült. Kuala Lumpur, von den Einheimischen kurz KL genannt, ist architektonisch zusammengewürfelt. Neben wenigen alten Vierteln, in denen man etwas von der Pionierzeit spürt, präsentieren sich die später errichteten öffentlichen Gebäude und herrschaftlichen Villen in einem Stilmix zwischen englischer Neugotik und europäischer Neorenaissance, angereichert mit chinesischen oder maurischen Bauelementen. Prächtige oder bescheidene Sakralbauten verschiedener Religionen liegen verstreut über die Stadt: Moscheen für Moslems, Pagodenbauten für Buddhisten und Tempel für Hindus. Im Straßenbild erkennt man schnell die drei entsprechenden Bevölkerungsgruppen: die Malaien bilden die Mehrheit, gefolgt von den Chinesen und den Indern. Heute ist die chinesische Volksgruppe in der Stadt über 50 % stark.

Peter streifte durch die Straßen, betrat die vielen Tempel der unterschiedlichen Glaubensrichtungen, natürlich ohne Schuhwerk, genoß in Garküchen die würzigen Nudelgerichte und glaubte schließlich, genug gesehen zu haben. Noch kein einziger Wolkenkratzer trübte damals den Eindruck einer tropischen Gartenstadt. Aber dadurch wurde die heterogene Stadtarchitektur nicht beeindruckender. Peter glaubte, daß sich ein längeres Verweilen in KL nicht lohne. Also sollte es dabei bleiben, er würde am morgigen Montag nach Penang und Rangoon weiterfliegen. Inzwischen war es Nachmittag geworden. Früh am Abend würde es dunkel werden. Schnell wollte er den Tag mit einem Rundblick von dem zentral gelegenen

Bukit Nanas beschließen. Er fuhr auf die fast 100 m hohe Anhöhe. Von ihr hat man einen vorzüglichen Aus- und Weitblick auf Stadt und Umgebung. Oben befanden sich Mauer- und Gewölbereste eines historischen alten Turmes oder einer früheren Befestigungsanlage.

Peter streifte in den Fragmenten der alten Turmanlage herum, Mauerdurchbrüche führten nach außen und ließen Licht nach innen. Er besah sich die Ruinen. Er war nicht der Einzige dort oben. Andere Schaulustige wanderten herum. Da, plötzlich traf sich sein Blick mit dem eines jungen Mannes. Die gegenseitigen Blicke wollten einander festnageln. Doch Peters Fremder mußte weiterschreiten und belanglos tun, was ihm nicht restlos gelang. Denn er war in Begleitung von etlichen Personen. Er war Chinese, vielleicht sechs, sieben Jahre älter als Peter und schien Reiseführer zu sein. Er sprach teils in Englisch, teils in einer fremden Sprache. Ihre Blicke, so kurz sie sich auch trafen – Peter wußte sofort, was Sache war, und erkannte dieses aufblitzende Wissen auch im Auge des anderen. Es ist schon unglaublich, der Bruchteil einer Sekunde reicht aus, um diese totale Gewißheit zu vermitteln. Der Reiseführer versuchte noch zweimal, angestrengt unauffällig, Peters Blick aufzufangen. Peter kam ihm entgegen, er schlenderte um die Gruppe herum, indem er an dem alten Gemäuer kunsthistorisches Interesse simulierte. Peter wußte, von ihm selbst mußte in der gegebenen Situation der erste Annäherungsschritt getan werden. Denn sein ›entferntes Gegenüber‹ war durch die Gruppe mit Beschlag belegt. Peter mußte ihn ununterbrochen, aber unauffällig anschauen, durfte dessen ›zufällig schweifenden‹ Blickkontakt nicht verpassen. Da, plötzlich trafen sich die Augen wieder, für die Ewigkeit von zwei Sekunden. Peters Fremder zeigte eine verblüffende Selbstbeherrschung, wie er während des Blickkontaktes vor seinen Touristen referierte, obwohl er mit Peter zu kopulieren schien. Jetzt müßte eine weitere Reaktion gezielt von ihm ausgehen. Irgendwie müßten sie sich verständigen, wie man sich wiedersehen könnte, falls er es wollte. Doch was wäre, wenn sich der

Reiseführer von seiner Gruppe nicht würde lösen können, um mit Peter zu sprechen? Was dann? Peter durchschaute die vertrackte Situation. Er wußte, es könnte bei diesen verführerischen ›Augen-Blicken‹ bleiben – wie so oft bei ähnlichen Begebenheiten. ›Schade‹, hätte er dann wieder einmal sagen müssen. Die weitere Initiative müßte jetzt schon von ›seinem Fremden‹ ausgehen – oder sie unter-bleibt. Dann, leider, dann verbliebe ihm nur die zarte Erinnerung an einen erotisch aufregenden jungen Mann chinesischer Abstammung, mit dem er nur zu gern ein ›Spiel‹ und mehr begonnen hätte. Peter hatte lange genug versucht, unauffällig in der Nähe der Gruppe her-umzustreichen. Nun mußte er sich endlich von ihr entfernen, sonst hätte er sich auffällig gemacht und vielleicht auch seinen sym-pathischen Fremden in Verlegenheit gebracht.

Da hörte er um drei Mauerecken, wie der Reiseführer forciert laut und vernehmlich irgendetwas sagte, als wollte er Sorge und Über-raschung ausdrücken. Plötzlich stand er neben Peter und hetzte heraus: »Where can we meet? Where do you stay?«

Peter, genauso schnell: »YMCA, five o'clock.«[144]

Schon machte der junge Chinese kehrt, fingerte gleichzeitig aus seiner Brieftasche einen Zettel, den er, glücklich vor sich hertragend, irgendwie zur Gruppe zurückzubringen schien. Die Finte war leicht durchschaubar, er wollte den Eindruck erwecken, er hätte einen Zet-tel verloren, den er gesucht und glücklich gefunden hatte.

Peter fuhr zurück in die Herberge und geriet in eine engagierte Diskussion gleichaltriger Jugendlicher. Er setzte sich dazu. Es ging um die Frage, wie in ihrem Land, dessen Kolonialzeit bald beendet sein würde, das Zusammenleben unter den drei Volksgruppen ge-deihlich und friedfertig ermöglicht werden könnte. Anwesend waren etwa zwanzig Malaien, fünfzehn Chinesen und sechs Inder. Die bei-den Volksgruppen der Chinesen und Inder sind im wesentlichen erst in diesem Jahrhundert auf die Halbinsel eingewandert. Die malai-ischen Jugendlichen reklamierten für sich das Recht der angestamm-ten Heimat. Sie schienen, verbittert und resigniert, aus der Position

ihres ererbten Landrechtes heraus, den beiden anderen Ethnien ein
Mitspracherecht nur notgedrungen konzedieren zu wollen. Höflich
und vorsichtig, doch recht bestimmt kam das zum Ausdruck. Aber
die Malaien waren keine geschickten Debattierer. Ganz anders die
jungen Chinesen. Sie wirkten aufgeweckt und argumentiersicher. Sie
seien nun mal im Lande und hätten wesentlich zur Wohlfahrt des
Gebietes beigetragen. Die indischen Jungen wirkten unsicher und
ergriffen kaum das Wort. Die Vertreter der drei Gruppen ließen den
Stolz auf ihre Ethnie deutlich werden. Sie betonten mehr ihre Eigen-
ständigkeit und gegenseitige Abgrenzung, als daß sie den Common
sense eines von ihnen in Kürze zu schaffenden, neuen Gemeinwesens
ansprachen. Die Referenten der vorangegangenen Vorträge, die Peter
nur teilweise gehört hatte, griffen immer wieder ausgleichend in die
Diskussion ein.

Peter hörte der Aussprache zu und bekam etwas mit von dem
Dilemma, in dem sich dieser werdende Staat befand. In der Ablehnung der britischen Fremdherrschaft waren sich alle einig. Der neue
Stolz, Asiate und auch Bewohner der malaiischen Halbinsel zu sein,
klang durch. Aber dieser Stolz reichte nicht hin, um sich in Malaiisch
zu unterhalten, weil es offenbar nicht von allen beherrscht wurde. So
wurde die Diskussion mehr schlecht als recht in einem dürftigen
Englisch geführt. Unterschwellig schwang gegenseitiges Mißtrauen
mit. Es gab nichts Einigendes, außer daß man dasselbe Gebiet bewohnte. Zu unterschiedlich waren sie in Herkunft, Geschichte, Kultur, Religion und weitgehend der Sprache, und zu betont grenzten sie
sich gegenseitig voneinander ab.

Inzwischen war Peters ›sympathischer Fremde‹ schon vor den
genannten fünf Uhr eingetroffen. Er nahm entfernt, wenn auch in
Blickkontakt mit ihm, Platz, obwohl Peters Nachbarsitze frei waren.
Das war bezeichnend, wie sich später herausstellte. Sie begrüßten sich
mit keckem Augenzwinkern. Peter bemerkte sogleich, sein ›Fremder‹
wollte eine Distanz zu der Teilnehmerrunde herstellen, in die er
nolens volens hineingeraten war. Peter respektierte das, wie er schon

auf dem Berg auf ihn Rücksicht genommen hatte. Gleichwohl war er überrascht, warum sich Chong so reserviert setzte.

Peter war durch die Referate und Wortmeldungen mit einer ihm bisher nicht bekannten Problematik konfrontiert worden. Sie sollte heute, 40 Jahre später, für Europa und Deutschland, wenn auch in abgewandelter Form, quälende Bedeutung erlangen. Die Diskussion drehte sich im Kreis. Peter hatte die Problematik der ethnischen Divergenzen nicht begriffen. Er würde ›seinen Fremden‹ später darüber befragen wollen. Er ging nach draußen, jener folgte ihm. Lachend begrüßten sie sich und nannten ihre Namen. Sie waren sich auf Anhieb sympathisch. Peter stieg zu Chong in den Wagen, und sie fuhren zu einer Bar. Sie fieberten darauf, einander kennen- und erfahren zu lernen.

Chong war fünf Jahre älter als Peter und wirkte beeindruckend selbstsicher und zielstrebig. Sicherlich trug sein beruflicher Erfolg dazu bei. Er war der Juniorchef in dem internationalen Reisebüro, das sein Vater vor wenigen Jahren eröffnet hatte. Die Mutter und die Geschwister arbeiteten ebenfalls in dem Betrieb. Zu Hause sprachen sie Chinesisch, aber die Kinder untereinander auch gelegentlich Malaiisch. Alle hatten Englisch gelernt, lernen müssen, darauf bestand der Vater. Chong hatte die Sprache sogar auf einer Londoner Schule perfektioniert und sich eine fast akzentfreie Aussprache angeeignet. Man glaubt immer, überkommene Vorstellungen würden sich mal überholen, aber Chong hatte immer noch schwache Mühe, ein ›r‹ nicht zur einem ›l‹ zu verseifen. Er gab mir seine Visitenkarte, die gefaltet viersprachig abgesetzt war: Malaiisch, Chinesisch, Indisch und Englisch. Er wirkte ungewöhnlich anpassungsfähig. Denn es war überraschend, wie er sich für alles aus meinem Leben interessierte und auf mich einging. Hatte ich erst einmal Pepsi mit Rum als mein Lieblingsgetränk bekundet, so war das nie mehr von ihm vergessen, sei es beim Barbesuch, sei es beim Zimmerservice im Hotel. Gleiches traf auf die Durianfrüchte zu, die Chong stets unaufgefordert für mich mitbestellte. Mit ihrem eigentümlichen Geschmack, der gleichzeitig an Vanille, Mandel und Zwiebeln erinnert, waren sie für mich das Köstlichste, was die asiatische Region an Obst zu bieten hat. Daß sie andererseits den Geruchssinn so quälen, weil sie entsetzlich stinken, ist mir ein unerklärlicher Widerspruch geblieben.

Chong spielte souverän den Maître de plaisir. Wir sprachen kaum ›darüber‹, weil es selbstverständlich war, er sagte nur, er brächte mich noch vor Mitternacht zurück ins YMCA, bevor es geschlossen würde, und fragte, ob das so in Ordnung sei. Wir fuhren zu einem kleinen gediegenen Mittelklassehotel, das von Chinesen geführt wurde. Chong schien bekannt. Er wäre jedenfalls von Erscheinung und Auftreten her auch sonst nicht der Typ gewesen, der verklemmt oder überfreundlich um das Hotelzimmer nachgesucht hätte, nur weil er es für einige Stunden zusammen mit einem männlichen Sexpartner aus Übersee anmieten wollte. Er strahlte vielmehr die Natürlichkeit und Selbstverständlichkeit einer jungen Persönlichkeit aus, die unaufdringlich und bescheiden, aber sehr präzis jedem Gegenüber vermittelt: Hier bin ich, hier komme ich. Das entsprang nicht dem forcierten Schein, der innere Schwäche kompensieren will, sondern strömte aus dem Sein einer früh gereiften Persönlichkeit. Das hat mir imponiert. Es machte auch mich sicher, schließlich waren das für mich immer noch recht ungewohnte Situationen. Chong hat mich nie fühlen lassen, daß er ein verschwenderischer Gastgeber war. Gleiches war mir schon bei Tschunscheng, einem chinesischen Banker, in Hongkong aufgefallen. Es gab dort wie hier nicht die geringste Andeutung, durch die ich mein oder er sein Gesicht hätte verlieren können. Auch Dank schien nicht wichtig. Jeder gab oder nahm wie selbstverständlich, was sich bot.

Das heiße Tropenwetter hatte ich geliebt. Die 30 Grad Celsius am Tag kühlten gerade mal auf 23 Grad in der Nacht ab. Das machte heiter und beschwingt. Der milde warme Wind strich durch das weite Hemd und streichelte die Haut. Es war eine Lust, sich der wärmenden Luft anzuvertrauen. Und es war ein kosmisches Gefühl, sich so ganz im eigenen Leib zu fühlen. Es trieb die Säfte zu täglich neuer

Selbstbestätigung und Ekstase, wenn sich kein Freund fand, mit dem die Lust zu teilen wäre.

Kaum im Zimmer, stürzte sich Chong auf mich. Er knöpfte meine Jeans auf und pellte jedes meiner wenigen Kleidungsstücke genüßlich vom Körper. Ich tat es ihm gleich. Unter der Dusche kamen wir richtig in Fahrt, von draußen prasselte ein kurzer Schauer gegen die Scheiben. Ein frischer Wind strich durch das offene Fenster, während eine steife Brise über unsere Lenden jagte. Ohne langes Vorspiel knallte er mich mit Wucht aufs Bett und nahm mich vor. »My sexy blondíe«, stöhnte er, drang in mich ein. Bei jedem Stoß, jedem neuen Stoß, und jedem weiteren Stoß: »blon-díe«, wieder und immer wieder. Er betonte es auf der letzten Silbe, wie um den Konvulsionen steigenden Nachdruck hinterherzujagen. Mit den Händen wühlte er durch mein volles blondes Haar, krallte sich in ihm fest. Er küßte meinen Nacken und leckte darüber hin. Er biß in meinen Hals, leicht und spielerisch. »Blon-díe!« Durch einen schmalen Zähnespalt saugte er sich fest, an ein und derselben Stelle. Ich fühlte seine Zähne: ein lustvoller, weicher Schmerz. »Blon-díe!« Mit der Zunge spielte er über die zarte Wunde. Erst als er kam, biß er fester zu. Ein Schmerz, der so erotisch war, daß er schon wieder angenehm wirkte. Es war wie ein unvermuteter Hauch von Süße auf einer herben Speise. Was ich lustvoll in mir spürte, strahlte nach oben über Rücken, Schulter und Kopf. Welch ein Erlebnis! Welch ein Rausch! Chong war glücklich erschöpft – und zärtlich im Nachspiel – wenn auch leider nur kurz.

»So, Peter,« lächelte er, »I gave Yang to you. Now I will receive Yin. Do it to me!« Er reichte mir die Cremetube, die er im Badezimmer vorgefunden hatte, und legte sich auf den Bauch. ›Also, Peter, ich gab dir Yang. Nun bekomme ich Yin. Mach's mir!‹ Ich hätte nie geglaubt, daß ein so aktiv agierender junger Mann fast übergangslos eine so weiche passive Rolle mit Passion einnehmen könnte. Er war ganz Hingabe, konnte es nicht tief und ausdauernd genug kriegen. Er bestand darauf, daß auch ich ihm in den Hals beiße und

Knutschflecken sauge. Dieses Spiel gelang mir nicht ganz zu seiner Zufriedenheit, wie er später einforderte.

Wir gingen unter die Dusche und ruhten uns aus. Es war ein aufregendes Sexerlebnis. Was die Tropensonne und das heiße Klima in den Lenden hatte herankochen lassen, ein erster voller Abstich war getan. Ich ahnte, zu welch weiteren tropischen Abenteuern Chong mich mitreißen würde. Ich fing Feuer, ich war ihm irgendwie verfallen. Und Chong stand schon längst in Flammen. Ich spürte seine Unersättlichkeit.

Chong wirkte geheimnisvoll. Er hatte einen festen, ernsten Blick. Die asiatische Augenfalte, die sich unmerklich von seinem Oberlid über den inneren Augenwinkel hinabzog, übte auf mich einen exotischen Reiz aus. Etwas Undurchschaubares lag in seinen Augen. Es war, als blicke man auf einen Vorhang der Selbstkontrolle, den er, wenn überhaupt, nur freiwillig lüftet. Aus seinem schlanken Kopf strahlte ein klares und reines Gesicht, das irgendwie nackt wirkte, so ›asiatisch‹ nackt, wie ich empfand. Sein schmaler Mund mit schönen, halbvollen Lippen gab, wenn er lachte, eine makellose Zahnreihe frei – Zähne, die keine Statisten in seinem Liebesspiel blieben. Die Jochbeine waren schwach betont. Von ihnen führten die Wangen, völlig faltenfrei, mit einer leichten Einbuchtung zum schmalen Kinn hinunter. Es waren die ›Loch-Wangen‹, denen Peter zu verfallen begann.

Wie wir so, erschöpft und fürs erste befriedigt, beieinander lagen, erblickte ich in seinen Augen den Reichtum und die Schönheit von Chong: wie er ganz im Hier und Jetzt beheimatet ist und wie er sein Schwulsein aus einer kosmischen Dimension heraus lebt. Ich sah, hier gibt es keine religiös-moralischen Vorbehalte, keinen Beichtspiegel und keine Schuldgefühle. Es gab als Norm nur das Verlangen der Natur, orientiert an der Rücksicht auf den geliebten Partner, den man so zufriedenstellen möchte, wie man es selbst ersehnt.

Chong hatte einen prachtvollen Körper. Schlank, aber muskulös gebaut, war er so groß wie ich. Das war für einen Chinesen, wie ich im Stadtbild auch hier beobachtet hatte, eigentlich ungewöhnlich. Breite Schultern, schlanke Hüften. Er hatte pechschwarzes, festes und hartes Haar, das er nur wenig länger als die übliche Bürstenfrisur trug. Zuerst glaubte ich, es sei das künstliche Licht der Lampen, das mich täuschte. Aber das Klischee stimmt wirklich. Ein zarter gelblicher Schimmer lag über Chongs makelloser Haut. Es suggerierte mir etwas von einer duftenden, sonnendurchfluteten Frühlingswiese. Es war ungemein reizvoll, mit der Hand über sein Blütenbeet zu streichen und mit dem Mund an seinem Blumennektar zu schlekkern. Seine gelbe Nacktheit, hingestreckt auf dem blaufarbenen Leinen, war wie ein geiler Aufschrei, der nach Ekstase lechzte.

Da fragte ich Chong, was ›Yin und Yang‹ bedeuten. Er deutete mir die Symbolik. Er zeichnete auf einem Stück Papier einen Kreis, mit einer S-Linie inmitten, und schraffierte die eine Hälfte dunkel. In diesem Kreis, so führte er aus, gebe es also eine helle und eine dunkle Hälfte, die sich beide wechselseitig umeinanderlegen. Gehalten würden sie vom umschließenden Kreis. Yang, der helle Teil, stehe für das männliche, aktive Prinzip der Stärke; der Himmel, die Sonne und die Farbe Rot seien ihm eigen. Yin demgegenüber repräsentiere das weibliche, passive Prinzip der Nachgiebigkeit; die Erde, der Mond und die Farbe Schwarz seien ihm zugeordnet. Beide Polaritäten vereinen sich, was der einschließende Kreis symbolisiere, im unaussprechlichen Prinzip des Tao, das hinter der Schöpfung stehe und sich nicht erklären lasse. Genauso wie sich die Schönheit und Vollkommenheit des Kreises nur ergebe, wenn die beiden Kräfte Yin und Yang die Fläche voll und harmonisch ausfüllen, in gleicher Weise werde nur rundherum glücklich, wer in seinem Leben beide Prinzipien zulasse und auch positiv auslebe. Dem weitgehend heterosexuellen Mann gelinge das sicherlich in einer geglückten Partnerschaft mit einer passiv empfindenden Frau. Aber für den homosexuellen Mann biete sich eigentlich nur die wechselseitige mal aktive, mal passive Rolle an. Er habe anfangs in seinem Sexleben auch nur das Yang-Prinzip zulassen und ausleben wollen. Erst als er sich der Yin-Kraft der Nachgiebigkeit geöffnet habe, sei ihm der Durchbruch zu einer voll befriedigenden und geglückten Homosexualität gelungen. Er habe das einüben müssen, sei aber durch das wachsende Glückserlebnis immer mehr darin bestärkt worden.

Während Chong noch ausführlicher darüber sprach und die liberale buddhistische Einstellung zur Sexualität und dem Schwulsein erläuterte, spielten wir mit unseren Körpern und rangelten aufeinander herum. Wie zufällig öffnete ich Chongs Höhle, und er gab sich mir weich und einfühlsam hin. Das geilte ihn so sehr auf, daß er sich gleich danach in mich hinein verströmte. Lachend lagen wir uns in den Armen. »That was another Yin. And then came Yang. Peter, you're great«, scherzte er und gab das Kompliment zurück, das ich ihm zuvor gemacht hatte. ›Das war nochmal Yin. Und dann kam Yang. Peter, du bist gut.‹ Wir fielen in einen kurzen Schlaf.

Dann hatte Chong Getränke und ein Abendessen bestellt. In Bademäntel gehüllt, saßen wir zu Tisch. Meine Durianfrüchte, die Stücke geeist und mit Limonen serviert, fehlten nicht. Ich fühlte mich wie im siebenten Himmel. Volksmusik tönte aus dem Radio. Chong übersetzte mir die schwülstigen, harmlosen Texte malaiischer oder chinesischer Liebesschlager, und wir mußten uns kugelig lachen.

Chong bedauerte, daß ich schon am nächsten Tag weiterfahren wollte. Er bat mich eindringlich, doch wenigstens noch eine weitere Nacht mit ihm zu teilen. Ich stimmte dem freudig zu, beanstandete bloß, daß es bei einer halben Nacht bleiben würde, weil ich vor der Sperrstunde wieder in meiner Herberge sein müßte. Doch Chong ging nicht darauf ein, mir das Zimmer in diesem schönen Hotel zu ermöglichen. Er wird seine Gründe haben, dachte ich. Meine neue Flugreservierung wolle er in seinem Reisebüro erledigen lassen. Er glaubte sogar, daß sich aus meinem Flugschein noch ein Umweg über Bali herausholen lasse, wenn die Strecke neu berechnet würde. Bali müßte ich unbedingt erleben. Er gab mir die Adressen eines Strandhotels und eines dortigen Geschäftspartners, mit dem er gerade ein gemeinsames Reisebüro plane. Bali sei viel schöner als

Acapulco, von dem ich ihm erzählt hatte und das er natürlich auch kannte. Er machte mir so richtig den Mund wäßrig, auch mit den vielen anderen touristischen Sehenswürdigkeiten in Asien, die er ausführlich rühmte. Das nächste Mal, dachte ich. Ja, das nächste Mal. Ich werde zurückkommen, werde mir alles ansehen, vieles hoffentlich gemeinsam mit Chong.

Jetzt erst hatte ich Muße, das Zimmer näher zu betrachten. Es war ansprechend eingerichtet und bot alle erdenklichen Annehmlichkeiten: Sitzgarnitur, prächtiges Blumenarrangement, eine kleine Bar, Ventilator und Klimaanlage, alle möglichen Toilettenartikel und Kosmetika für Damen und Herren, so etwa Cremes und Seifen, Parfüms und Nagelbestecke, sogar einen elektrischen Rasierapparat und Haartrockner. Dergleichen Hotelluxus war mir neu.

Ich saß auf Chong, wir tätschelten uns über Brust, Arme und Kopf. Währenddessen jagte eine der plötzlichen, vom Indischen Ozean heranziehenden Turbulenzen übers Land. Dieser gefürchtete *Sumatra* setzte mit peitschendem Regen binnen zehn Minuten den Hotelgarten unter Wasser. Chong meinte, jetzt gehe in der Stadt nichts mehr, Abwasserkanäle würden zu schäumenden Strömen. Wehe dem Auto, das keine höher gelegene Stelle erreicht habe. Doch so schnell wie hereingebrochen, war dieser Minihurrikan schon vorbeigerast. Binnen weiterer zehn Minuten riß der Himmel auf, und die Sterne zeigten sich wieder.

Ich befragte Chong nach seinem Liebesleben. Lachend berichtete er, daß er einmal so waghalsig gewesen sei, einen jungen französischen ›Kerl‹ nach Hause auf sein Zimmer mitzunehmen, was an sich, wie bisher, unauffällig hätte bleiben können. Doch plötzlich habe sich durch die Rhythmik im stoßenden Liebesrausch das Bücherregal neben seinem Bett selbständig gemacht und sei mit tosendem Krach umgekippt. Und das mitten in der Nacht. Die ganze Familie sei zusammengelaufen, um nach ihrem Chong zu sehen. Er und sein stürmischer *Mec* hätten gerade noch ein Handtuch um die Lenden schlagen können. Damit sei ›alles‹ herausgekommen, und die bisherigen Mutmaßungen hätten sich so hör- und sichtbar für alle Familienmitglieder bestätigt. Aber froh waren sie doch, daß es nur das Bücherbord war und beide Liebenden heil davongekommen seien. Der Vater habe anschließend unter vier Augen zwar Verständnis für sein erotisches Abenteuer bekundet, aber doch tadelnd durchblicken lassen, daß er selbst im Hause der Großeltern dergleichen nie gemacht hätte. Er empfahl seinem Statthalter das Hotel, in dem wir uns jetzt gerade verlustierten.

Chong erzählte weiter, wie für ihn der Himmel eingestürzt sei, als er einmal seinen Vater, in diesem Hotel hier, ertappt habe, wie er, begleitet von einem bildhübschen malaiischen Mann, ein Zimmer aufgesucht habe. Der Vater führte doch angeblich, wie es den Anschein hatte, eine so befriedigende Ehe, der drei Kinder entsprungen seien. Sollte das Wunschbild so getrogen haben? Er und sein Vater hätten über diesen Blickwechsel in flagranti nie, auch nicht in Andeutungen, ein Wort verloren. »Weißt du, was ›tabu‹ bedeutet?« fragte mich Chong. Er liebe seinen Vater, seit dieser Beobachtung sogar mehr denn je. Leider dürfe er mit ihm nicht darüber sprechen. Tabu bleibe tabu. Das Wort stamme aus der malaiischen Eingeborenensprache. Es sei eines der rigorosesten, heiligsten Gebote: Der Vater dürfe von seinen Kindern nie bloßgestellt werden. Und auch ihm sei es verboten, sich mit seinem Sohn darüber auszutauschen. Nur einmal habe er, so ganz nebenbei, bemerkt und damit wohl eine Empfehlung gemeint, das Zimmer Nr. 212 gelte als das beste in dem Hotel. Aber damit habe der Vater schon das Äußerste getan. »Peter, you're the only person to whom I have told that.« ›Keinem anderen habe er davon erzählt.‹ Aber zu seinem ›Sexy blondie‹ habe er Vertrauen wie zu sich selbst. Das sei kein Tabubruch, weil das Wissen nicht an einen Dritten gehe, schmeichelte er zum Schluß und gab mir einen Kuß auf die Lippen. Ich wunderte mich, warum ich eine solche Aufrichtigkeit verdient hätte. Ich ahnte, es war nicht an erster Stelle mein Körper, der ihn bestach. Denn Augen und Gesicht waren das erste, was wir voneinander wahrgenommen hatten. Die Blicke, die wir auf dem Bukit Nanas gewechselt hatten, schauten in verwandte Seelen, die sich, zur eigenen größten Lust, einander verschenken wollten. Das allein war es, fühlte ich sicher. Sein Vertrauen in meine Person machte mich stolz, daß ich ihm in kurzer Zeit so viel wert geworden war. Aber ich konnte es noch immer nicht richtig glauben.

Dann kam Chong noch einmal darauf zurück, daß der malaiische Liebhaber etwa dreißig Jahre jünger gewesen sei als sein Vater. Bei Chinesen und allgemein bei Asiaten spiele der Generationenunterschied keine so wesentliche Rolle. Das gelte auch in der Szene und stehe ganz im Gegensatz zu Europa und den USA, wo ein beginnender Jugendkult den Altersunterschied herauskehre. Er bedaure das, denn gerade der ältere Mensch bringe Erfahrung und Wissen mit, die den Austausch so würzig bereicherten.

Wir rangelten auf dem Bett herum. Wir liebten uns noch einmal, ohne jeden Zwang, es ergab sich einfach so. Wir waren heiß aufeinander. Wir spürten zu unserer eigenen Verwunderung, wie sehr unsere Empfindungen und Sehnsüchte im Gleichklang schwangen. Wir waren uns ähnlich. Ich sah ihn als meinen älteren Bruder, dem ich mich hingebungsvoll anvertrauen wollte. Und er empfände mich als seinen kleineren Bruder, der auch sein Geliebter wäre, dabei lachte er so, als ob er scherze, meinte es aber irgendwie ernst. Jetzt saß er im Bett, an die Kopfkissen gelehnt, und ich ruhte mit dem Rücken auf seiner Brust. Er kraulte mir durchs Haar und küßte darauf. Es war, als sprächen wir wortlos miteinander. Wir mußten oft lachen, wie einer dem anderen die Gedanken von den Augen ablas. Wir hätten auch eineiige Zwillinge sein können, natürlich nur im Gleichklang der inneren Übereinstimmung.

»I love you«, gestanden wir einander und streichelten uns übers Haar. Mit den Zungen spielten wir uns die intimste Vertrautheit zu. ›Ich liebe dich.‹ Ich fragte Chong, was das auf Chinesisch heiße. »O ei ní!« Ich wiederholte es, zweimal, dreimal, viele Male: »O ei ní!« Wie schön das klingt! Das ›O‹ so geschlossen gesprochen wie im deutschen Wort ›oft‹, und noch dunkler. ›O‹, das bin ›ich‹. »O ei ní!« Wie sinnenhaft, lautmalerisch das ›ei‹. Es bedeutet ›lieben‹. Wieviel Weite und Reife, welche Freiheit und Reinheit schwingt mit in dem liebenden ›ei‹ und ließ uns beide ein Leib werden. Das ›ní‹, auf dem der Ton liegt, das bist ›du‹, geliebter Chong. Über deinen Körper hast du mich in deine Person hereingelassen, daß ich dich ganz kennenlernen durfte. ›Ní‹, das ist dein Witz, dein Wissen, deine Erfahrung, dein Lachen, deine Zärtlichkeit, dein Inneres, dein Sex, dein Leib und deine Liebe. »O ei ní!«

Chong berichtete weiter, er habe noch nie Sex mit einer Frau gehabt. Auch hierin waren wir uns gleich. Er brauche es nicht. Sein Yin- und Yang-Ritual mit dem richtigen männlichen Partner könne sowieso durch nichts übertroffen werden, war er überzeugt. Seine zufriedene Erscheinung, wie er glücklich in sich selbst ruhte, ließ keinen Zweifel an seiner Selbsteinschätzung zu.

Ich erzählte Chong, daß ich auf der Herreise in Acapulco und den USA zum ersten Mal Männer gesehen und erlebt hätte, die beschnitten waren. Ich wollte wissen, was er davon halte. Er sah meine Ratlosigkeit. Wir wurden uns nach einer langen Diskussion am Ende einig, daß die Entfernung der Vorhaut die naturgegebene Unversehrtheit des Körpers verletze und daß dies für den Betroffenen nicht folgenlos bleiben könne.

Chong konnte hier wieder seine große Erfahrung, auf vielen internationalen Reisen gesammelt, einbringen. Er hielt die religiöse Begründung für vorgeschoben. Warum sollte sich Gott um die Vorhaut des Mannes kümmern? Für ihn als Buddhisten eine blasphemische, zumindest triviale, absurde Vorstellung. Als Zeichen eines Bundes zwischen Gott und dem Mann hätte ein sichtbarer Einschnitt etwa in das Ohr oder Ohrläppchen nähergelegen, zumal die beiden betroffenen Offenbarungsreligionen, Judentum und Islam, durch das Wort und über das Gehör gestiftet wurden. Afrikanische Stämme zum Beispiel kennen ebenfalls als Zeichen der ›Berufung‹ rituelle Narben, was wenigstens ansichtig sei, und zwar auf Stirn oder

Wange. Sie werden den Knaben bei der Initiation zugefügt. Auch die Annahme, daß medizinische Reinlichkeitsgründe die Beschneidung religiös motiviert hätten, ließ er nicht gelten. Waschungen des Intimbereichs seien üblich und möglich gewesen, wenn auch in antiken Zeiten nicht immer und überall. In diese Waschungen hätte die Säuberung der Vorhaut mit einbezogen werden können. Heute sei dies um so mehr möglich. Falls früher die fehlende Reinigungsmöglichkeit das Motiv für die religiöse Begründung gewesen sei, so könne heute auf diesen Eingriff verzichtet werden. Wie man umgekehrt auch heute nicht mehr kurzsichtig herumlaufe, sondern sich der Brille bediene. Chong glaubte, daß in Wahrheit mit der Beschneidung die erotische Lust eingeschränkt werden sollte und soll. Die Reinigung der Eichel unter der Vorhaut erfordere immer eine intensive ›Handhabung‹ des Gliedes und führe dabei möglicherweise zu einer ungewollten Erektion. Fehle indes die Vorhaut, entfalle auch die Notwendigkeit der regelmäßigen Reinigung. Vielleicht wolle man durch die Beschneidung diese sonst für die Reinigung erforderliche Berührung des Gliedes erübrigen. Dieser Gedanke sei so fernliegend nicht, meinte Chong, weil der Mann streng-jüdischer Kreise noch nicht einmal beim Urinieren sein Glied unmittelbar, sondern nur mit einem dazwischen liegenden Tuch anfassen dürfe.

Hinter der Beschneidung stehe allemal eine leib- und lustfeindliche Lebensauffassung, da war sich Chong sicher. Es müsse die Beschneidung des Mannes auch im Zusammenhang mit der der Frau gesehen werden. Bei verschiedenen Völkern in Afrika habe sich die Beschneidung der Mädchen bis in die heutigen Tage erhalten. Zur Begründung werde von den beschnittenen älteren Frauen angeführt, daß man die Frau vor ihrer eigenen Sinnlichkeit schützen müsse. Chong hielt das für eine masochistische, menschenverachtende und perverse Einstellung. Mit der Entfernung der Klitoris oder der Schamlippen werde die sexuelle Empfindsamkeit und damit das erotische Lustgefühl gemindert oder beseitigt. Die Frau sei zwar zum Orgasmus fähig, aber die begleitende lebenserfreuende Lust sei teilweise oder gänzlich beseitigt. Auch beim Mann verliere die Eichel nach Entfernung der schützenden Vorhaut ihre ursprüngliche feine Sensibilität, und ihre Empfindsamkeit stumpfe ab. Die Eichel sei die erogenste Zone am männlichen Körper. Um diesen stimulierenden Lustbereich intakt zu halten, habe die Natur im Laufe der Evolution die Vorhaut gebildet. Sie zu entfernen sei ein Eingriff in die Fürsorge der Natur. Das sei ungestraft nicht möglich. Ohne Vorhaut werde die bisher geschützte Haut der Eichel fester und härter. Der Orgasmus sei erst mit stärkerer Stimulierung zu erzielen. Wenn damit beabsichtigt sei, den Geschlechtsverkehr zu verlängern, so werde Quantität mit Qualität verwechselt. Tatsächlich sei die erotische Erregbarkeit vermindert. Beschnittene ließen dieses Argument zumeist nicht gelten, weil sie sich nicht als defekt betrachten wollten. Leider fehle ihnen die Vergleichsmöglichkeit. Die Lust einer erhöhten Sensitivität, welche die Nichtbeschnittenen für sich in Anspruch nähmen, würden sie nie nachempfinden können. Schließlich, so scherzte Chong, könne man mit einer scharfen Chillisoße noch in jedes Gericht einen Geschmack hineinbekommen, aber eben keinen erlesenen und feinen.

Zum Wohle seiner Malaien, so freute sich Chong, werde hier wie auch in Indonesien die Vorhaut zumeist nicht entfernt, sondern nur leicht eingeschnitten. Wie er erlebt habe, schmälere das nicht die Lust seiner Partner. Aber er kenne die ›armen Verstümmelten‹ in den USA, wo die Beschneidung seit Jahren Routine bei der Klinikentbindung sei. Sicherlich werden die Mediziner ausschließlich hygienisch-sanitäre Gründe anführen. Bloß, das könne er im Hinblick auf die puritanisch-bigotte Middle-class-Mentalität der US-Amerikaner nicht glauben. Schließlich sei der Großteil der Mediziner für ihre Leibfeindlichkeit hinlänglich bekannt.

Inzwischen war es 22 Uhr geworden. Chong merkte, wie traurig ich wurde, vom nächtlichen Kuala Lumpur nichts mitzubekommen, wenn wir erst kurz vor Mitternacht zum YMCA aufbrechen würden. Er bot mir an, vorher noch das geschäftige Treiben und Nachtleben zu zeigen, aber ich solle mir nicht zu viel versprechen. Wie recht er damit hatte, habe ich schnell eingesehen.

Am nächsten Tag trafen wir uns schon um 15 Uhr. Er hatte seinen Dienst vorzeitig beendet. Mein Ticket sei noch nicht fertig, aber zum morgigen Abflug werde er es mitbringen, vertröstete mich Chong. Daß er damit eine Absicht verfolgte, hatte ich nicht geahnt. Er war, wie ich, ganz locker gekleidet, mit weitem bunten Hemd und in engen Jeans. Er habe sie gerade erst aus den USA mitgebracht. Wir sahen schmuck aus und fielen auf. Die vielen Blicke der Entgegen-kommenden signalisierten es. Manch ein Bursche schaute etwas zu lange, der malaiische verträumter, der chinesische kesser. Manch vielsagender Blick wurde recht eindeutig. Es tat der schwulen Eitel-keit gut. Daß auch Chong sich so locker in seiner Heimatstadt be-wegte, hat mich beeindruckt, wo Jackett und Krawatte selbst bei größter Hitze zur Uniform der Männer gehörten.

Er wollte mir die Batu-Höhlen bei Ipoh zeigen. In einer steil auf-ragenden Kalksteinformation haben Hindus dort einen Tempel mit vielen bunten Statuen eingerichtet. Er ist ein vielbesuchter Wall-fahrtsort. Daneben gibt es eine große Tropfsteinhöhle, was nichts Neues für mich war. Chong hatte es eilig: »I'll let you experience the wildest virgin wood in this region«, machte er mich neugierig. »But it's no longer so virgin, after all«, schob er hinterdrein. »Come and see!« Wir fuhren gemächlich weiter, Chong war richtig knautschig lieb. Er hielt die Hand auf meinem rechten Oberschenkel, die ab und zu in meinen Schritt faßte. Ich hielt mich zurück, wollte ihn beim Fahren nicht ablenken. Wir kamen zu einem Urwaldgelände, dem Templer Park, der, großzügig ausgebaut, in Kürze als Nationalpark eröffnet werden sollte. Was meinte er damit: ›Ich werde dich den wil-desten Urwald der Gegend erleben lassen. Aber der ist jetzt gar nicht mehr so unberührt. Komm, sieh ihn dir an.‹?

Schon gestern Abend hatten wir damit begonnen, über das Thema der Wochenendtagung im YMCA zu sprechen. Denn ich wollte darüber mehr erfahren. Ich hatte nie geahnt, wie schwierig das Zusammenleben unterschiedlicher Volksgruppen in einem Gemeinwesen ist. Die Problematik war mir unbekannt. Aber durch die vielen Eindrücke, die sich allenthalben aufdrängten, waren wir zu sehr abgelenkt, um zusammenhängend darüber zu sprechen. Chong erklärte mir jetzt lieber Fauna und Flora seiner Heimat, gab Hinweise zur Dorf- und Stadtarchitektur. Sein Detailwissen, durch seine Reiseführungen so umfassend wie vielseitig, war enorm. Er versprach mir, am Abend im Hotel die innenpolitische Lage gründlich darzulegen.

Wir strichen über Dschungelpfade des Regenwaldes und begegneten an diesem Montag nachmittag kaum einem Menschen. Über kleine Flußläufe führten schmale Brücken. Ein großes Schwimmbecken war angelegt. Es wimmelte von Schmetterlingen und Echsen. Für die quälenden Moskitos war der Nachmittag gottlob noch nicht kühl genug. Aber wir müßten uns sputen, meinte Chong. Wir kletterten weiter bergan, wo die Wege spärlicher wurden. Chong kannte sich gut aus. Wir kamen abseits des Weges auf eine kleine Lichtung, ein undurchsichtiger Hecken- und Baumwall ringsherum. Chong wurde ganz zärtlich, und wollüstig zugleich. Wir legten uns auf den trockenen torfigen Boden, und Chong spielte an und mit mir herum. Ich wußte, was er wollte, und konnte ihm nur zustimmen. Er schob meinen Hemdkragen tiefer und saugte sich an meinem Hals fest. Ich spürte, wie er mir einen Knutschfleck in den Nacken biß. Er nahm mich. Nur meine und seine Jeans hatten wir heruntergelassen. Ich war darauf eingerichtet, weil ich es wohl ersehnte. Jedenfalls war ich morgens ohne Slip in die Jeans gestiegen. Es hat mich kaum überrascht, daß auch Chong nichts unter seiner Jeans trug. Ein Slip stört doch nur, wir wußten es beide. Wir waren uns auch hier so gleich.

Ich fand es als junger Bursche äußerst geil, die Jeans nackt auf dem Leib zu tragen. Zu dieser Zeit war es in Deutschland in Mode gekommen, Schwanzrute oder Beule in der Hose andeuten zu lassen. Das erinnerte an die mittelalterliche Mode des Penisfutterals. Was damals üblich war, könnte doch neuerdings nicht unanständig sein, war mein Credo. Wenn es darauf ankam, konnte man ohne störenden Slip den Fritz durch die Hose wirken lassen. Es war nett anzuschauen. Leider sind heute diese sinnenfrohen Anblicke aus unserem Stadtbild verschwunden. Die derzeitigen Umstandshosen der Burschen erinnern eher an Röcke für Schwangere. Welch ein Verlust an spielerischer Sinnenfreude! Jedenfalls war die damalige Mode witziger und reizvoller als das heutige Nacktbaden am Strand und in der Sauna, was keiner Phantasie mehr Raum läßt. Es lebe die schwanzbetonte Mode, in bein- und leib-engen Hosen, in denen ansehnliche und arglos blickende Burschen stecken! Laßt ahnen, was ihr habt! Warum eigentlich schauen alle, ja wirklich alle auf eure Beule in der Badehose oder auf euer Gemächte, wenn ihr nackt in der Sauna oder am Strand daherkommt? Man setze sich mal in ein Nacktbad oder an einen hüllenlosen Strand und studiere als neugieriger Dritter lediglich die Blicke der Passanten. Ich habe noch nie je-mann-den und je-frau-de beobachtet, die nur auf euer Gesicht geschaut hätten. Die Rute oder Beule in eurer Hose hat noch jeden ›richtigen‹ Mann, gerade auch den Hetero-Mann, und jede ›richtige‹ Frau zu einem direkten oder diskreten Blick angelockt. Und die es nicht tun sollten, auf die kann ohnehin verzichtet werden, in der Weltgeschichte.

Wir haben uns viel unterhalten über Land und Leute, über meine Reise und seine Europaaufenthalte, sowie über die internationale Szene. Wir haben viel gelacht. Chong war ein lustiges Haus. Er hat mich aufgeschlossen mit seiner freien, lockeren Art.

Langsam schlenderten wir zum Auto zurück. Die Moskitos verfolgten uns bereits. Wir fuhren nach KL zurück, und Chong führte mich in ein Restaurant, wo wir in unserer lässigen Aufmachung hineinpaßten. Trotz offener Fenster glaubte ich in eine Räucherkammer zu treten. Der Geruch dieser beliebten javanischen Zigaretten war mir inzwischen vertraut. Sie werden mit dem Kraut der Gewürznelke angereichert. Diese sogenannten Kretek-Zigaretten gehören mit Abstand zu den übelsten Glimmstengeln der Welt. Heiß geliebt von den einen, weil sie so schön würzig qualmen, verabscheut von den anderen, gerade deswegen. Chong traf Bekannte, aber stellte mich nicht vor. Es schien zu offensichtlich, daß er mit einem Sexpartner zusammen war. Welcher Chinese, um die dreißig, sitzt schon in einem besseren Restaurant: mit einem so viel jüngeren Ausländer zusammen und hält ihn frei? mit einem westlichen Ausländer, knakkig braun gebrannt, mit sonnengelber Haarmähne und dunklen Augenbrauen, in verwaschenen hautengen Jeans, offenem Blumenhemd und Sandalen, Goldkettchen um den Hals, und Ring am kleinen Finger der linken Hand, weil er rechts die Armbanduhr trug? mit einem jungen Westler, der eher einem vorweggenommenen Hippie ähnelte als einem ernst dreinschauenden Archäologiestudenten auf Reisen zu den asiatischen Hochkulturen? mit einem verwegen lockenden, aufgegeilten Naturburschen mit sinnlich aufgeworfenen Lippen, dessen Blick signalisierte, daß er sich auf alles, fast alles einläßt und dazu unaufdringlich einlädt?

Auf dem Weg zum Hotel hielt Chong in der Chinatown bei einem Händler an, der eine unübersehbare Vielfalt geheimnisvoller, obskurer Kräuter, Pulver, Salben und Tinkturen feilbot. Chong sprach mit dem Wunderdoktor lang und breit in Chinesisch. Er kaufte dann zwei Pülverchen und lachte verschmitzt: »They will do us very, very good. They will open us the heavens of love, even more.« Er liebte die blumige Sprache. ›Sie werden uns sehr, sehr guttun. Sie werden uns die Himmel der Liebe noch weiter öffnen.‹ Auf der Weiterfahrt berichtete er, daß hier gerade wieder mal eine altbekannte, schrullige Psychose unter älteren Männern Ängste verbreite. Der Kräuterhändler habe ihm davon erzählt. Diese Hysterie werde ›Koro‹ und bei den Chinesen ›Ssujang‹ genannt. In Anfällen von Kastrationsangst glaubten Männer, ihr Penis würde in den Bauch zurückschrumpfen. An dieser Hypochondrie verdiene sein Händler blendend, lachte Chong. Er feixte: »But we, for sure, will never suffer from this bullshit. On the contrary, our johns are growing larger and thicker, didn't you observe it? The stuff I bought will do its very best.« ›Aber wir werden an diesem Blödsinn ganz bestimmt nie leiden. Im Gegenteil, unsere Willis wachsen länger und dicker, hast du's nicht bemerkt? Das Zeug, das ich kaufte, legt noch 'nen Zacken drauf.‹

Im Hotel angekommen, mußte ich lachen, als wir wieder das gestrige Zimmer bekamen. Es war Nr. 212, was ich jetzt erst bemerkte. Wir waren also in den Räumen, die Chongs Vater empfohlen und schon mit dem malaiischen Liebhaber geteilt hatte. Wir gingen erst einmal gemeinsam unter die Dusche. Dann lagen wir wieder beieinander in den Armen und konnten nicht genug kriegen. Ich saß am Bettrand. Chong setzte sich auf mich, Gesicht vor Gesicht. Sein steifer Schwanz preßte gegen meine Bauchdecke. Aber er wollte nicht kommen, erst sollte ich meine Ladung hineinschießen.

Chong nahm mich in die Arme und flüsterte mir ins Ohr, daß er die ganze Nacht mit mir teilen werde. Das war für mich das schönste Geschenk. Nach dem morgigen Frühstück wolle er nur schnell meinen geänderten Flugschein im Büro abholen, während ich vom YMCA mit meinen zwei Taschen hierher zurückkäme.

Chong schilderte mir dann ausführlich das ›innenpolitische Drama‹, über das ich gestern in der Diskussion gehört hatte und in das, wie er sagte, diese Region hineinrase. Er wurde ernst und leidenschaftlich. Das Thema brannte ihm auf den Nägeln. Ich merkte es. Mit der Problematik hatte er sich schon lange beschäftigt. Er breitete mir sein umfassendes Wissen aus und nahm dazu eindeutig Stellung. Erst auf dem Weiterflug hatte ich Zeit, mir über das Gesagte klar zu werden und im Reisetagebuch festzuhalten.

Wir hatten das Licht so weit heruntergedunkelt, daß kaum ein Schimmer den Raum erahnen ließ. Noch erfüllte das Geschrei der tropischen Vögel den Garten, dessen Bäume bis an den Balkon reichten. Der Duft betörender Blüten schwängerte den Raum. Wir lagen auf dem hellblauen Linnen der Betten. Die Sonne und der Ausflug hatten uns erfüllt. Der Geist war frei, die Körper entspannt. Die weiche Lust der Sinnlichkeit strömte dahin, in absichtsloser Richtung, prall gefüllt und im suchenden Begehren, dem anderen zu Gefallen zu sein. Wie läßt sich das beschreiben? Überhaupt nicht.

Nur in warmen Nächten wird dieses Erlebnis geschenkt, wenn nach einem sonnendurchglühten Tag die einsetzende Kühle der Nacht und der noch warme Lufthauch die nackten Körper umschmeicheln. Dazu gehört ein sauberes, kuscheliges Lager in geschützter Zweisamkeit, eine Dusche und der richtige Partner für Gespräch und Gespiel. Wir waren so unbeschreiblich glücklich, miteinander und ineinander.

Wir liebten uns, wir ruhten, wir liebten uns, wir ruhten, und so fort. Die beiden Pülverchen, die wir gemeinsam gelöffelt hatten, hielten uns total munter und ließen uns die Nacht durchsexen, wieder und noch einmal. Es war nicht zwanghaft, es war das schiere treibende Begehren einer nicht endenden, stundenlangen Dauererektion. Es war schon lustig anzusehen, wie wir beide herumsprangen und entlangspazierten mit unseren steilen Steifen. Wir haben geduscht und geschwätzt — die Schwänze blieben stehen; wir haben geliebt und geruht — sie machten nicht schlapp; wir haben gegessen und gelacht — sie ragten weiter nach oben.

Wie war das eigentlich damals, bei unserer ersten Begegnung? Das Zimmer 212 hat alles erlebt. Es könnte Intimeres erzählen, wenn ihm Stimme gegeben wäre. Die vielfältigen Spiegel könnten die Bilder wieder erscheinen lassen, die sie gesehen haben, wenn ihnen die Kraft der Reproduktion verliehen wäre. Schade, daß diese esoterische Kraft der Materie nicht innewohnt.

Die Nacht war vorüber, wir hatten überhaupt nicht geschlafen. Im Bad erschrak ich, wie sich mir die gemeinsam verlebte und verliebte Nacht ins Gesicht eingezeichnet hatte: im Schatten um die Augen, in der Wollust der aufgeworfenen Lippen und in den Schwellungen unter den Augen, überhaupt in dem geil-gesättigten Blick. Das geht vorüber, ich kannte es. Ich würde einen Tag gut ausschlafen, neue Kräfte sammeln. Aber die Knutschflecken am unteren Halsrand würden länger bleiben, mindestens zwei Wochen. Sie erstreckten sich von einer Schulter zur anderen. Sie erinnerten an umgefallene Menhire auf einer urzeitlichen Steinallee, von denen jeder sein Geheimnis hatte und ein denkwürdiges Ereignis bezeugte. Jetzt sah ich sie aufgereiht durch den rückwärtigen Spiegel. Ich hätte zählen können, wie oft Chong… Dann, pfiffig und stolz, prahlte er mit den Liebeswunden an seinem Hals. Er war zufrieden. Ich hätte schnell und gut gelernt, lobte er mich. »Sie sind das schönste Andenken an dich«, lachte er. »Leider kann ich sie nur mit Hilfe zweier Spiegel betrachten. Blöd, jetzt werde ich wieder die hochgeschlossenen T-Shirts tragen müssen.« Er kam ganz nahe an mich heran, drehte mir Rücken und Nacken zu: »You'll come and renew them. I wait for you, Peter.« Er wollte es: Ich küßte seine Liebeswunden der Reihe nach ab. ›Du wirst kommen und sie erneuern, ich warte auf dich, Peter.‹

Wir gingen zum Frühstück nach unten in den Saal. Ich beobachtete, wie der junge Kellner Chong gezielt in den Hemdkragen schaute und dabei bemüht unauffällig den richtigen Einblickwinkel zu treffen versuchte. An seiner kontrollierten Reaktion merkte ich, daß er eine erwartete Entdeckung gemacht hatte. Hoppla, dachte ich, Chong ist hier bekannter, als von mir vermutet, auch in seinen Sexpraktiken. Warum nicht, gestand ich ihm zu. Er genießt die Liebe, solange sie schmeckt. Wenn der Kellner erzählen würde, was hätte ich wohl alles über meinen Chong erfahren können, rätselte ich. Chong macht es richtig. Ein zweites Mal: Warum nicht? Jedenfalls ist es besser, wenn Männer und Burschen sich einander in Liebe umarmen und Sex machen, als daß sie sich in Haß umbringen und Krieg machen. Sind deswegen vielleicht schwule Männer eher bereit, über Grenzen hinweg sich zu verstehen? Verhalten sie sich deshalb vielleicht weniger aggressiv und kriegerisch?

Die Reste der beiden chinesischen Pülverchen hätte ich gern nach Bali entführt, aber Chong rückte sie nicht heraus. Er hatte sie mir offenbar nur in Gemeinschaft mit ihm gegönnt. Aber ich faßte einen Entschluß: Wenn ich auf der Rückreise wieder hier bin, werde ich sie mir besorgen, für Deutschland und dort ein tolles Hallo bewirken. Auf meinem Rückflug von Bali nach Rangoon war ohnehin eine Unterbrechung hier in Kuala Lumpur routenbedingt.

Wir haben uns herzlich umarmt, gedrückt, geküßt. Wir werden uns wiedersehen. Es hieß vorerst Abschied nehmen von einem wundervollen Liebhaber. Er hatte mir erklärt, was Yin und Yang bedeuten, daß die Welt nur verstehbar sei gemäß dem Prinzip der Polarität, daß die polaren Gegensätze unser Leben beherrschten, wir zu beiden Polen ›Ja‹ sagen müßten und nur in ihrer harmonischen Vereinigung das Glück liege. Wir hatten Yin und Yang im Liebesspiel eingeübt und zusammen beherrscht, es hat uns über alle Maßen glücklich werden lassen. Jeder war dem anderen alles geworden, mal so, mal so, mal von oben, mal von unten, mal von vorn, mal von hinten, in jeder denkbaren Alternative. Wir waren so unvorstellbar glücklich geworden, miteinander.

Chong hatte mich die kosmische Einheit fühlen lassen, als deren Teil wir uns beide erleben durften. Das ging wortlos. Es war die Art seines Sprechens, Bewegens und Lachens, wie er sich in die Beziehung mit mir einbrachte. Das war so ganzheitlich und ernsthaft, das war so schöpferisch und spielerisch, wie ich dergleichen in westlicher Manier nie angetroffen hatte. Natürlich waren wir uns von vornherein bewußt, daß unsere körperliche Liebe durch die Tage meines Aufenthaltes befristet war. Aber gerade deswegen schien er um so mehr die quantitative Zeitkürze mit qualitativer Liebesfülle kompensieren zu wollen.

Chong versprach, er werde mich in Bonn besuchen. Oder er wolle mich nach London einladen. Denn ein übers andere Jahr käme er nach England, wo er viele Freunde, auch in der Szene, habe. Wir werden uns dann wiedersehen und wiedererleben. Dann würde er nicht vergessen, auch die beiden Pülverchen mitzubringen, ulkte er herum. Er kenne auch etwas von Deutschland, über die Kriegszerstörungen sei er entsetzt. »Doch, Peter, warum so weite Pläne schmieden. Erst einmal, in etwa fünf, sechs Tagen bist du auf der Rückreise wieder hier. Bali wird dich sehr beeindrucken, ich weiß es. Bald sehen wir uns wieder, hier. Ich kann es kaum erwarten.« Abschiedstrauer kam daher nicht auf. Was sind schon die wenigen Tage Verzicht aufeinander.

Chong brachte mich zum Flughafen. Das Einbuchen am Schalter erledigte er für mich. Das Rückflugdatum sei offen geblieben. »Rufe mich an, sobald du hier gelandet bist. Ich freue mich schon, wenn du wieder hier bist. Bleib dann einige Tage hier! Bitte, tu es! Du wirst mir fehlen«, waren seine Worte. »My sexy – blondíe«, flüsterte er noch leise, spitzte unauffällig den Mund zum Kuß und lachte mich voll an. »O ei ní«, durfte ich ihm aus voller Überzeugung zurückgeben. Was für ein Bursche! Wie schön wäre es, er würde nach Bali mitkommen, er fühlte meinen Wunsch. Aber er war im Reisebüro im vollen Einsatz, hatte laufend Termine.

Schon saß ich im Flugzeug. So abrupt und schnell ging das. KL lag unter mir, entfernte sich aus dem Blickfeld. Was für erlebnistiefe drei Tage hatte ich in dieser Stadt genossen! Ich wußte es. Unwiederholbar in dieser Weise, auch das hatte ich schon erfahren. Das Erotisch-Sexuelle stand nicht im Vordergrund. Es war der Mensch Chong, der mich fasziniert, in den Bann geschlagen und dem ich mich an den Hals geworfen hatte. Wie wär' mein Aufenthalt ohne ihn verlaufen? Ich wollte es mir nicht ausmalen. Ich freute mich unbändig, ihn bald wieder in den Armen zu halten und von ihm umklammert zu werden. Aber ich wurde auch traurig, von ihm getrennt zu sein. Ich hatte mich, wie selten, bei Chong mit mir selbst einig empfunden, mich im Zentrum meiner selbst gefühlt. Ich wußte in diesen Augenblicken, daß ich ›ich‹ bin. Und im sexuellen Rausch des Orgasmus hatte ich erfahren, wie ich in Chong mir selbst begegnet bin. Das hatte ich zum ersten Mal erlebt, mit einer solchen Wucht, mit einem solchen Genuß, daß mir schwindlig wurde. Mein Trost war, bald wieder bei ihm zu sein und festhalten zu wollen, wo und wie ich so glücklich war.

Die Propeller des zweimotorigen Fliegers surrten leise und einschläfernd, die Maschine wiegte sich sacht im weichen Luftbett eines wolken- und windfreien Himmels. An sich hätte ich hundemüde sein müssen, aber meine innere Erregung über das Erlebte war viel zu groß.

Gemächlich flog die Maschine über die Straße von Malakka. Ich sah die Strände einer fremden Gegend, die schmalen weißen Streifen der schäumenden Gischt. Ich sah sie verschwinden, und neue Ufer, Klippen und Strände kamen heran, an denen sich die Wogen weiß schäumend und leuchtend brachen. Im Flug verwehten sie, gerade erblickt, schon wieder zurückgelassen. Traurige Nachdenklichkeit befiel mich. Und ich wurde wieder der Peter, der sich allein weiß und den, wie schon seit Kindheit, Wehmut und Schwermut der Existenz befallen, wenn Vergehen und Verwehen so erlebbar wird. Nichts kann er festhalten. Allem steht er fremd gegenüber. Alles wird zur Episode auf dieser Erde, in diesem Leben, das spürte er wieder einmal. Er hatte Chong verlassen, wollte weiter. Warum eigentlich? Chong hatte ihn nicht festgehalten, hatte ihm nur eindringlich einen Umweg über Bali ans Herz gelegt. Vielleicht weil er wünschte, daß Peter auf dem Rückflug Kuala Lumpur streifen und wieder in seinen Armen landen würde. Peter wird ihn wiedersehen, das wollen sie beide. Doch wird es eine Wiederholung der Gefühle und Empfindungen, des Erlebens geben? Was gäbe er darum, wie bei einer Uhr mit dem zurückgestellten Zeiger auch die erlebte Zeit wieder zurückzurufen. Warum gibt es diesen Schmerz der verwehenden, glücklichen Stunden? Da schwelgt man immer, dies oder das ›war‹ so schön. Ja: ›war‹, das heißt: vergangen und dahin; vorüber, passé, vorbei; verflossen und verschwunden; Tempi passati; und so fort. Die Erinnerung bleibt ein billiger Trost, weil sie verblaßt, je vergangener um so mitleidloser. So ist und bleibt alles: einzig, unwiederholbar, einmalig. Jeder Versuch einer Wiederholung ist ein Wahn, ist ein stets nutzloses Unterfangen. Immer verläuft das Geschehen anders. Es gibt keine Kopie in der Zeit. Eine Wiederholung kann nicht zurückholen, wie und was einmal war. Allenfalls eine Er›neu‹erung von etwas Vergangenem ließe sich versuchen. Es gibt sie nicht, die ›Wiederholung‹, kann sie nicht geben, weil die Dinge sich inzwischen gewandelt haben, und wir erst recht.

Peter faßte einen Entschluß. Er nahm sich vor, noch weiter sein Herz dem Hier und Jetzt zu öffnen, noch tiefer die Einmaligkeit eines jeden Augenblickes in Körper und Geist zu spüren, sich noch ausschließlicher im Geben und Nehmen an den geliebten Partner zu verschenken. Daher wollte er nächstes Mal Chong noch umfassender und intensiver seine Liebe entgegenbringen und noch bewußter jede Stunde, jede Minute mit ihm verkosten.

Er schloß die Augen. Er sah und hörte sie beide, Chong und sich selbst. Die Gespräche klangen heran, die ernsten und lustigen. Er sah sich an jedem der Orte, roch die Luft, fühlte das Wetter, spürte die Menschen. Er durchlebte die Zweisamkeit mit Chong, fühlte die Küsse und Liebkosungen, spürte die Umarmungen und Orgasmen, die sie einander schenkten. Warum ist er weggefahren, warum nicht geblieben? Er begriff es nicht. Er wird sich in Bali kurz fassen und schnell zu Chong zurückkehren. Bild reihte sich an Bild. Darüber schlummerte er ein, wachte liebestrunken auf, streckte und reckte seinen schlanken geilen Leib, der junge, frische Stewart sah es, lächelte Peter an und schien zu wissen, welches Erlebnis dieser gleichaltrige, wild und wollüstig ausschauende Fluggast gerade hinter sich hatte. Peter lächelte zurück und hörte im Tonfall die Annäherung: »Did you enjoy KL?« Peter legte in sein verschmitztes Lachen den gesättigten Schalk des Unterleibes: »Oh, it was great, it couldn't be better«. ›Hat ihnen KL gefallen?‹ ›Oh, es war großartig, konnt' nicht besser sein.‹ Der hübsche Stewart fühlte, daß er chancenlos wäre, er bemühte sich nicht weiter.

Peter studierte den Flugschein und entdeckte zu seiner Überraschung, daß der Umweg über Bali im wesentlichen durch eine Nachzahlung beglichen war. Chong hatte ihm diesen Betrag geschenkt. Er wollte, daß Peters Dank ungesagt bliebe. Aus diesem Grund hatte er ihm das Ticket erst kurz vor der Paßkontrolle ausgehändigt, das wurde jetzt klar. In der Tat, Chongs Noblesse war bis zuletzt ausgereift. Es paßte so sehr zu seiner Person, daß man sich in Verbindung mit ihm nie kärglichen Geiz oder mickrige Berechnung hätte vorstellen können. Er kompensierte damit keineswegs irgendeinen Mangel der Attraktivität, wie es in der Szene gelegentlich anzutreffen ist. Chong hatte dies wahrlich nicht nötig. Sein Wesen war von verschwenderischer Offenheit, möglicherweise und wahrscheinlich nur dem intimen Partner gegenüber. Wäre Peter als Fremder ihm begegnet, dann wäre er auf den besagten Vorhang in Chongs Augen gestoßen und hätte nicht weiter vordringen können.

Während das Flugzeug entlang der Küste von Sumatra dahinzukriechen schien, hatte Peter Zeit, viel Zeit, um mit den Reisenotizen über seine Tage in KL zu beginnen. In Bali würde er fortschreiben können.

Was meinte Chong, als er von dem ›innenpolitischen Drama‹ sprach, das er für sein Land heraufkommen sah? Er glaubte, knapp gesagt, schwerste nationale Probleme zwischen den drei Volksgruppen seien unausweichlich, wenn sich nicht die Chinesen und Inder, die als Minderheit im Land lebten, zu den Malaien hin assimilieren würden. Nur so könne eine einheitliche nationale Identität geschaffen werden. Er hielt das Nebeneinander der drei Ethnien nicht für tragfähig, wenn einmal, was im Laufe der Zeit immer wieder geschehe, wirtschaftliche Schwierigkeiten mit nachfolgenden Verteilungskämpfen auftreten oder wenn ethnische Identitätsdefizite Mißgunst und Haß gegeneinander entfachen würden. Chong hatte sich mit der Problematik intensiv beschäftigt und seine Examensarbeit in England darüber geschrieben. Er kannte und nannte die so ›hoffnungsvoll begonnenen‹ Beispiele aus der Weltgeschichte. Aber noch jedes Zusammenleben von kulturfremden Ethnien in einem Gemeinwesen sei über lange Zeit gescheitert, ausnahmslos.[145] Es sei schließlich immer zu Ausgrenzung, schlimmerenfalls zu Bürgerkriegen, Pogromen und Vertreibung gekommen. Denn wirtschaftliche Krisen seien über kurz oder lang unausbleiblich. Das scheinen Rhythmus und Polarität des Lebens zu bedingen.

Chong gestand, daß er sich absichtlich in der Diskussionsrunde im YMCA so distanziert verhalten habe. Schließlich sei er in seinem

Reiseunternehmen auf Kunden aller Bevölkerungsgruppen angewiesen. Und im übrigen, seine Einstellung zu dem Problem sei beileibe nicht chinesenfreundlich, so daß er sich in dieser, seiner eigenen
Volksgruppe nur Feinde schaffen würde, falls er seine Meinung zu
deutlich ausspreche.

Chong schilderte die historische Ausgangslage. Malaien waren die
fast ausschließlichen Bewohner der malaiischen Halbinsel. Erst ab
Mitte des 19. Jahrhunderts mit der Kautschukgewinnung und dem
Zinnabbau setzte eine stärkere Zuwanderung ein. Die einheimischen
Malaien waren Bauern und nebenbei Fischer. Da sie als ›Kinder der
Natur‹ nicht gewillt waren, die müselige Arbeit auf den Kautschuk-
plantagen der britischen Landlords zu leisten, holten diese indische
Wanderarbeiter ins Land, erklärtermaßen nur auf Zeit. Als dann
auch Inderinnen einreisen durften und der Familiennachzug erlaubt
wurde, etablierte sich langsam eine geschlossene indische Ethnie.
Daneben tolerierte die britische Kolonialmacht eine umfangreiche
chinesische Immigration, die im Zinnabbau und im Handel Arbeit
suchte und fand. Für beide Zuwanderungsgruppen gab es wirtschaftliche Überlegungen. Aber sicherlich erschien auch den britischen Kolonialherren die Leitung des Landes unter dem Prinzip des
›Teile und herrsche‹ leichter, falls unterschiedliche und in der Mentalität widerstrebende Bevölkerungsgruppen das Land bewohnten.

In den 40er Jahren war schließlich der malaiische Bevölkerungs-
anteil auf die Hälfte der gestiegenen Einwohnerzahl abgesunken. Die
Chinesen hielten eine Quote von rund 35 % und die Inder eine von
10 % neben anderen Minderheiten. Die Chinesen hatten inzwischen
die wesentlichen Positionen in Wirtschaft und Handel erklommen.
Sie prägten schon so sehr das Stadtbild von KL, daß Peter sich in
China wähnte. Mit konfuzianischem Erwerbs- und Familiensinn
haben sie schnell Bedeutung und Einfluß im Land erlangt und auch
ausgeübt. Die Inder waren als Plantagenarbeiter, Ärzte, Rechts-
anwälte tätig. Jede der drei Ethnien lebte, weitgehend getrennt voneinander, in jeweils bestimmten Stadtvierteln und unterhielt ihre

eigenen Volksschulen, wobei die Malaien die schlechtesten Aus- und Fortbildungschancen hatten. Dasselbe dreigeteilte Bild bot sich im Zeitungs- und Rundfunkwesen, weil jede der beiden Immigrantengruppen Nationalsprache und Heimatkontakte sehr bewußt weiterpflegte. Eine gleiche Dreiteilung beherrschte natürlich das religiöse Leben. Mit geringen Ausnahmen waren die Malaien Mohammedaner, die Chinesen Buddhisten unterschiedlicher Richtungen und die Inder Hindus. Die drei Gruppen unterschieden sich also in allen wichtigen Merkmalen einer Volkszugehörigkeit: in Geschichte, Kultur, Religion und Sprache.

Eine Verschmelzung zwischen den Gruppen fand nicht statt. Im Gegenteil, sie wurde als ›unehrenhaft‹ bewertet. Die Zeiten, als sich im 19. Jahrhundert Chinesen in die malaiische Stammbevölkerung integrierten und eine neue Mischkultur begründeten, schienen vorbei. Damals brachen viele Chinesen, die vornehmlich in und bei der Stadt Malakka lebten, die emotionalen Brücken zu ihrer angestammten Heimat ab und gingen Ehen mit Malaien ein. Diese sogenannten ›Peranakans‹, damals höchstens wohl 15 000 an Zahl, verbanden chinesischen Geschäftssinn mit malaiischer Muße. Sie waren wirtschaftlich erfolgreich und wurden vermögend. Auf die britische Machtübernahme reagierten sie schnell und erlernten die englische Sprache. Ihre Söhne schickten sie zum Studium nach Großbritannien. Sie orientierten sich, auslandsoffen, nach England, wenn sie auch in Sitte und Brauchtum dem Malaiischen der Stammbevölkerung verhaftet blieben.

Chong führte an, seine Mutter sei eine echte Peranakan aus Malakka, weil die Großmutter Malaiin und der Großvater Chinese wären. Sein Vater wiederum sei Chinese, so daß er nur noch zu einem Viertel malaiisches Blut in sich trage. Peter war verwundert, er hatte ihm das nicht angesehen. Durch diese Rassenmischung in seiner Person fühle er sich für die Problematik besonders sensibilisiert und bringe für die beiden Seiten des Malaiischen und des Chinesischen ein ›angeborenes‹ Verständnis mit. Mischlinge, denen man es ansehe, hätten es leider schwer, weil sie von keiner Gruppe voll akzeptiert würden. Wenn sie aber, wie die Abkömmlinge der Portugiesen, zu wenigen Tausend in einem einheitlichen Siedlungsgebiet bei Malakka wohnen und weiterhin eine eigene Lebens-, Wohn- und Eßkultur pflegen, so sei das schon wieder eine exotisch anmutende Sehenswürdigkeit, für die sich jedes Reisebüro interessiere. Da sie mit einem Splitteranteil an der Gesamtbevölkerung so marginal seien, würden sie die erwünschte ethnische Priorität der malaiischen Ursprungsbevölkerung nur charmant bestätigen.

Die Chinesen und Inder müßten bereit sein, aktiv ihre Assimilierung zu betreiben, sei es durch Einheirat in die malaiische Stammbevölkerung oder durch Aufgabe ihres kulturellen Sonderweges. Leider kenne er seine Chinesen zu gut. Nur innerhalb eines Rattenschwanzes von Verwandten oder im Gruppenclan fühlten sie sich wohl. Noch in jedem Land würden sie sich sogleich in eigenen Vierteln einigeln und ihre Chinatown bilden, zumeist mit den bekannten schlimmen mafiotischen Auswüchsen. Uneingestanden empfänden sie sich immer als Teil ihrer Rasse, des Reiches der Mitte. Der Mensch als Individuum habe bisher nicht die Bedeutung wie in Europa erlangt. Eine innere Rassenschranke würden sie daher, von sich aus, besonders gegenüber den Europäern aufbauen.

Zuerst müßte das getrennte ›dreirassige‹ Schulsystem zugunsten eines neuen einheitlich malaiischen aufgegeben werden. An die Gewährung der neuen malaiischen Staatsbürgerschaft müßten Bedingungen geknüpft werden. Nicht jeder, der hier wohne, dürfe allein deswegen den neuen Paß erhalten. Jeder müßte beweisen, daß er aus Geschichte, Tradition und Kultur dieses Landes heraus leben wolle und dies insbesondere für seine Kinder gelten werde. Auch für die Einwanderer in Australien oder USA sei dies selbstverständlich.

Peter fragte, ob sich nicht im Laufe der Zeit nebeneinander lebende Gruppen gegenseitig beeinflussen und angleichen würden mit der Folge, daß sie sozusagen halbe-halbe zu einer neuen einheitlichen Kultur fänden. Chong meinte, das sei eine Illusion, es würde nie klappen. Nach positiven stichhaltigen und dauerhaften Beweisen in der Geschichte habe er vergeblich geforscht. Ausländische Künstler, Wissenschaftler und Kaufleute seien für jedes Land eine wunderbare Bereicherung, wie er in Europa habe feststellen können. Aber bei umfangreichen ausländischen Gruppen, insbesondere bei kulturfremden, seien überwiegend Nachteile auszumachen, die sich noch in Jahrhunderten auswirken, falls keine Verschmelzung stattfinde. Die angeblich kulturelle Bereicherung sei bald aufgebraucht und erscheine nur noch als sich abgrenzendes Fremdsein. »A foreign group remains always a foreign body«, erinnert sich Peter an Chongs Schlußfolgerung. ›Eine fremde Gruppe bleibt immer ein Fremdkörper.‹ Die Konflikte zwischen Japanern, Koreanern und Chinesen hätten Tradition.

Chong erblickte für sich persönlich das einzige Problem darin, daß er die rigorosen moralischen Ansprüche der islamischen Malaien nicht akzeptieren könne und wolle. Er gab sich hoffnungsvoll, weil alles nicht so prüde heiß gesext wie gepredigt werde. Seine schwulen malaiischen Freunde jedenfalls, die allesamt gläubige Mohammedaner seien, hätten das im Liebesspiel vorzüglich bewiesen.

Offensichtlich liege es in der Natur des Menschen und entspreche seiner stammesgeschichtlichen Entwicklung, daß sich der Mensch gegen Andersartiges abgrenze. Wenn es auch dem einzelnen gelinge, diese Grenze zu überspringen, so sei dies aber der Masse der Menschen unmöglich. Dieser einzelne versuche dann oft euphorisch und überheblich, sein eigenes Verhalten als Gebot für alle zu fordern. Doch dieser einsame Prediger würde noch stets an der Realität scheitern. Er sei dann immer entsetzt, wenn sich die Natur nicht nach seinen Vorstellungen richte, wenn die Wirklichkeit mal wieder nicht seiner Utopie folge. Das sei für die Chinesen, im Sprichwort, ›ein schöner Traum beim Hirsekochen‹, will sagen, dann ›fällt der Utopist mal wieder aus allen Wolken‹. Das buddhistische und christliche Gebot der Fremden- oder gar der Feindesliebe sei eben nur für ganz wenige realisierbar und bleibe daher ein Wunschtraum. Der mitmenschliche Friede sei wahrscheinlich nur dann einigermaßen gewährleistet, wenn jede einheitliche ›Gruppe‹ in ihren Grenzen wohne, um dann, nach innen befriedet und gesichert, Kontakte und Handel über die Grenzen hinaus zu pflegen. Jede Gruppe müsse die andere in ihren Grenzen und ihrer Kultur respektieren. Dies sollte leichter fallen, wenn jedes Land, das souverän sein wolle, als eine Gruppe nach innen ge›ein‹t und damit befriedet sei.

Peter hatte mit Chong lebhaft diskutiert, gerade weil ihm der Sachverhalt so neu war und zum Widerspruch herausforderte. Aber Chong schien seine Argumente zu kennen.

Djakarta war erreicht. Mittag war gerade vorbei. Peter hatte seine Notizen beendet. Er würde sie Chong vorlesen, ob sie seine Ansicht wiedergeben. Die Problematik, auf die Chong ihn hingewiesen hatte, ließ ihn nicht mehr los: Wie ist ein innerstaatliches Zusammenleben unterschiedlicher Menschengruppen mit divergierendem historischen und kulturellen Hintergrund möglich? Seit eh und je scheint dies ein Menschheitsproblem zu sein. Wieviele Diskriminierungen, Pogrome und Bürgerkriege hat die Menschheitsgeschichte erlebt! Wenn schon innerhalb eines homogenen Volkes allein der Unterschied zwischen katholischer oder protestantischer Glaubenszugehörigkeit einen Dreißigjährigen Krieg mitmotiviert hat und ähnliches in Nordirland virulent ist, um wieviel weniger werden sich Bevölkerungsgruppen auf Dauer vertragen können, wenn sie zusätzlich kulturell und abstammungsmäßig divergieren und schlimmstenfalls ihre Verschiedenartigkeit noch betont herauskehren!

*

Ein neuer Start, ein alter Staat

In Quedlinburg hatte Siegbert lediglich zwei Monate im Krankenhaus verbracht, um die beginnende Tuberkulose zu behandeln. In dieser kurzen Zeit war sie natürlich nicht ausgeheilt. Auch seine Mutter hatte dort schon seit einem Jahr gelegen. Sie war schlechter dran, sie litt an offener Tbc.

Es war November 1948. Inge kam am Abend mit der Mutter und den elfjährigen Zwillingen in Bernau an. Sie hatte die beiden aus dem Krankenhaus in Quedlinburg abgeholt. Siegbert schlief eine Nacht in der Praxiswohnung des Vaters, und am nächsten Tag fuhr er zusammen mit der Mutter nach Zepernick zur erneuten stationären Aufnahme in die dortige Lungenheilstätte.[146] Er wußte, daß er bis zur vollständigen Ausheilung dort bleiben müßte. Es konnte Monate, Jahre dauern. Bei ihm hatten die Tuberkelbazillen, gottlob, erst die Lymphdrüsen befallen und waren noch nicht, wie bei der Mutter, in die Lunge vorgedrungen. Er war daher, anders als die Mutter, noch nicht ansteckend. Der Verlauf der Krankheit hing von seinen körpereigenen Abwehrkräften ab. Die Tbc grassierte als Mangelkrankheit der Nachkriegszeit in ganz Deutschland. Mit Reihenuntersuchungen und der Isolierung der Infizierten versuchte man die weitere Ansteckungsgefahr einzudämmen. Die gute Ernährung war das Mittel der Wahl, um die Immunkräfte zu stärken. Besonders eine kalziumhaltige Nahrung, wie Milch und Käse, sollte die Einkapselung der Bazillen unterstützen. Der damalige Therapieplan sah strenge Bettruhe und das Verweilen in frischer Luft vor. Von den täglichen Liegekuren erhoffte man für die Patienten, eingehüllt in wärmende Decken, die Gesundung.[147] Der Krankheitsverlauf ließ sich am sichersten und schnellsten bei einer Durchleuchtung erkennen. Leider sind diese belastenden Röntgenaufnahmen viel zu häufig und ausgedehnt vorgenommen worden. Man wußte noch zu wenig von der Gefahr, die von diesem Medium ausgeht. Schlug die Therapie nicht an, dann wanderten die Bazillen in die Lunge und konnten die Organwände durchlöchern. Geschah dies bei den Venen, ergoß sich das Blut in die Lunge, und das Leben des Patienten war nicht mehr zu retten.

Der kleine, elfjährige Siegbert wußte, daß auch ihn dieses Schicksal ereilen konnte. Mit diesem Wissen hat er gelebt. Zu oft hatte er den Leichenwagen beobachtet, wenn dieser früh morgens, wie verstohlen, an die Isolierstation der offen Tbc-Kranken heranfuhr.[148] Hinzu kam das trostlose Alleingelassensein und die perspektivlose Ungewißheit seines jungen Lebens. Er war im Krankenhaus abgeliefert worden, die Anmeldeformalitäten waren erledigt, Inge war gegangen, die Infektion hatte ihn geschwächt und apathisch gemacht, er mußte damit rechnen, daß keiner der Familie ihn, wie schon im Wipertistift, besuchen würde, daß er tage-, wochen-, monatelang ungetröstet bleiben würde, und er konnte nicht ausschließen, mußte tatsächlich damit rechnen, daß sich auch seine Infektion zur offenen Tbc ausweiten und er dann, hier in diesem Krankenhaus, sterben würde. Er wurde unsäglich traurig. Er verzweifelte über seine Lage. Es war schon Abend geworden, er hatte etwas gegessen und legte sich ins Bett. Er zog die Decke über den Kopf und weinte bitterlich. Während der vergangenen Jahre der schrecklichen Not hatte er nie Tränen vergossen. Die damalige Mühsal der äußeren Umstände empfand er nie so schlimm wie die innere Verlassenheit des Augenblicks. Er weinte seine Verzweiflung aus sich heraus. Er wollte mit seinem Leid allein bleiben, wünschte nicht, daß ihn jemand hört. Wollten die Tränen auch Zuneigung und Zuwendung erbetteln? Er lag gekrümmt im Bett. Er schluchzte und wimmerte vor sich hin. Er sah keinen Hoffnungsschimmer. Er fühlte sich preisgegeben, verlassen. Daß die Familie nie ein Schutz für ihn war, so qualvoll hat er es noch nie gespürt. Die Tränen wollten kein Ende nehmen. Nach einer Weile kam ein Junge aus dem Nachbarbett herüber und berührte ihn: »Kannst du nicht aufhören, wir können nicht einschlafen.« Siegbert schämte sich, daß man ihn gehört hatte. Ihn schmerzte die geraubte Intimität, er fühlte sich in seiner Würde verletzt. Er hatte ungestört bleiben wollen. Er konnte sich noch nicht einmal ausweinen, allein und in Ruhe gelassen. Härter konnte ihn die Verlassenheit nicht anpacken. Noch nicht einmal mit eigenen Tränen konnte er sich trösten. In seiner Qual blieb er mit sich selbst vereinsamt und fiel in einen ausweglosen Schlaf.

Lebensangst und Trauer haben ihn in den neun Monaten des Heilstättenaufenthaltes erst langsam verlassen. Der Vater kam überraschenderweise jeden Sonntag zu Besuch. Zuerst sah er die Mutter, die wegen ihrer offenen Tbc in der Isolierstation untergebracht war. Das einstöckige, lang gestreckte Steingebäude lag entfernt im Park. Siegbert konnte es von seinem Fenster aus beobachten, aber seine Mutter hat er nie erblickt. Sie durfte sich nur aus dem geöffneten Fenster heraus mit dem Vater unterhalten. Dann kam er zu Siegbert ans Bett. Er brachte regelmäßig Bücher mit und verweilte nur kurz bei ihm.

Siegbert lag in einem Zimmer mit acht Betten, die nicht durchweg belegt waren. Leider wurde kein, noch nicht einmal ein reduzierter Schulunterricht angeboten. Es hätte Siegbert gut getan und sich vielleicht bei zwanzig, etwa gleichaltrigen Kindern auch gelohnt. Aber ihre Fluktuation und Bettlägerigkeit sprachen wohl dagegen. Siegbert hatte bisher, elfjährig, erst ein Jahr Schulunterricht genossen. Des Lesens war er gerade erst hinlänglich mächtig, das fehlerfreie Schreiben noch ein ferner Wunsch.

Später, als Siegbert längerfristig aufstehen durfte, kam der Vater zuerst zu ihm, und sie gingen gemeinsam zur Mutter. Vater brachte auch ihr Bücher mit. Sie las viel, und vor der Rückgabe mußten ihre Bücher erst langwierig desinfiziert werden. Die Mutter gewann langsam ihre Kräfte wieder, kämpfte aber, wie zu sehen war, mit ungewissem Erfolg gegen die Krankheit. Aus den bösen bettnachbarlichen Konflikten im Quedlinburger Krankenhaus hatte sie inzwischen wohl gelernt. Jedenfalls berichtete sie über keine neuen Vorkommnisse zu ihrem Nachteil. Zu harmlosen skurrilen Einfällen war sie wieder aufgelegt, was als Gesundungszeichen gedeutet werden konnte. Einmal brachte sie eines ihrer Lesebücher ans Fenster und holte ein ›Lesezeichen‹ heraus. Es war eine dünne, schmiegsame Scheibe ausgetrockneten Kalbfleisches. Sie wedelte damit durch die Luft. »Ist das nicht großartig? So was Winziges, lächerlich Kleines wird hier als Sonntagsbraten angepriesen«, lachte sie breit. »Seht euch das an! Noch nicht einmal einen Fettfleck hinterläßt mein Lesezeichen.« Witz und Häme saßen ihr wieder in den Augen. Es konnte mit ihr also nur bergauf gehen.

Dann bat sie den Vater, ihr Malpapier und Aquarellfarben mitzubringen. Sie wolle wieder anfangen zu malen. Siegbert war dabei, als sie Wochen später stolz und anerkennungheischend ihre Malergebnisse dem Vater zeigte. Sie stand im Fensterrahmen und hob die Blätter einzeln hoch. Es waren Dorf- und Landschaftsszenen in naiver Auffassung mit starken Lokalfarben. Die einsamen Häuser, in waldiger Gegend, vor dunklen Bergen erinnerten an das Riesengebirge, und die Baude auf schneebedecktem Gipfel an die Schneekoppe. Oder ein Weg über eine blumengeschmückte, saftig grüne Wiese, führte zu einem imposanten Gebäude mit vielen Fenstern, das zahlreichen Bewohnern ein bequemes Leben zu bieten versprach. Menschen fehlten auf ihren Blättern, doch hinter all den erleuchteten Fenstern konnten sie schalten und walten. Die roten Ziegeldächer leuchteten kontrastreich gegen das Grün der Wiesen, Bäume und Berge. Friede und Harmonie strahlten aus den Bildern. Es waren Seelenbilder eines ersehnten Glücks. Doch, es war erstaunlich, Mutter hatte das Gebirge nie gemocht. Auf die vom Vater so geliebten

Spaziergänge durch Wald und Flur ist sie selten und dann nur ärgerlich mitgegangen. Aus diesem Grund verabscheute sie sogar die liebenswerte Kleinstadt Hirschberg. Was hat sie bewegt, gerade Motive ihrer Heimat zu malen, der sie nie Beachtung geschenkt, die aber der Vater so sehr geliebt hatte? Wollte sie damit ihm bildlich zeigen: »Schau, ich mag jetzt deine geliebten Berge und einsamen Waldwege. Schau, dort wohnen wir zusammen in einem wohnlichen, großen Haus.« Betrachtet man ihre Aquarelle, glaubt man ihre Worte an den Vater zu hören: »Ich habe auf dem Krankenlager, das noch immer mein Todeslager werden kann, Frieden geschlossen mit deiner Naturliebe. Schau, diese Bilder sind für dich!« Siegbert war angerührt von dem Bemühen, wie die Mutter sich auf diesen sehnsuchtsvollen Stücken Papier hinwegzuträumen versuchte, aus ihrem Leidens- und Sterbehaus in eine gesunde und lebendige Welt. Er stand staunend da. »Deine Bilder sind schön«, sagte er und bewunderte seine Mutter. Sie schaute nach der kurzen Präsentation gespannt auf den Vater. Sie wartete auf sein Wort. Sie hoffte auf seine Anerkennung. Der lächelte nur schal, verzog die Mundwinkel, es war das Lachen eines geringschätzigen Bedauerns. Er schwieg. Er sagte kein Wort zu den Bildern. Siegbert war tief getroffen. Er begriff seinen Vater nicht. Warum hat er nicht wenigstens ihren Eifer gewürdigt und ihr Mut gemacht? Was hätte es ihn gekostet, ihr ans Krankenlager weiteres Selbstvertrauen zu bringen, selbst wenn er von dem Ergebnis ihrer Malerei nicht überzeugt gewesen wäre? Kommt es letztlich auf irgendein menschliches Ergebnis an, in diesem Leben, in dieser Schöpfung? Ist der Weg nicht das Ziel? Was gilt schon das Ergebnis menschlicher Leistung in diesem vergänglichen Kosmos einer Natur, die den Menschen übertrifft und zudem göttlichen Ursprungs ist. Die Mutter war von der Reaktion des Vaters sehr getroffen, mehr getroffen, als Siegbert es in diesem Augenblick ahnen konnte. Die Mutter hat ab diesem Zeitpunkt nie mehr, nie wieder Farben in die Hand genommen. Nach dem Tode des Vaters hatte Siegbert ihr einmal Farben gebracht. Sie war einsam, tagsüber allein in der Wohnung, mit Büchern beschäftigt. Er machte ihr Mut, wieder mit dem Malen anzufangen: »Du hast doch so schöne Aquarelle gemacht. Mal doch wieder! Ich freue mich darauf. Du hast doch Talent.« Aber sie sagte nur resignierend: »Ach, du weißt doch, wie Vater gelacht hat.« Das hätte er nicht tun dürfen. Kein Mensch sollte einem anderen Menschen das antun: Ihn ins Gesicht hinein auslachen, wegen einer angeblich mangelhaften Leistung.

Im Juli 1949 konnte Siegbert als geheilt das Krankenhaus verlassen. Bei der Mutter wollte der Infekt nicht richtig ausheilen. Sie kam ins Krankenhaus nach Berlin-Buch, wurde operiert und war erst nach über drei Jahren Krankenlager wieder zu Haus. Auch der Bruder Teddy mußte wegen Tbc in stationäre Behandlung. Bis auf Siegmund haben damit alle Flüchtenden auch noch diese zusätzliche Rechnung für die zweieinhalb Jahre Hunger, Kälte und Entbehrung begleichen dürfen, als ob ihre vorausgegangenen Leiden nicht schon gereicht hätten.

Siegbert kam zu Siegmund ins städtische Waisenhaus in Bernau. Die dreieinhalb Räume der Zahnarztpraxis, die der Vater übernommen hatte[149], boten gerade mal Wohnplatz für ihn, die Tochter Inge und Teddy, der inzwischen eine zahntechnische Ausbildung begonnen hatte. Eine getrennte Wohnung war bei der allgemeinen Raumnot nicht bewilligt worden. So mußte das zahntechnische Labor gleichzeitig als Küche und Schlafzimmer für Vater und Sohn dienen, der Warteraum wurde nach Dienstende zum Wohn- und Eßzimmer. Jeden Abend erlebte so die Wohnung eine Verwandlung in einen stillen Lebensraum und morgens eine Rückverwandlung in eine Zahnarztpraxis, die geräuschvoll und lebhaft frequentiert wurde. Lediglich Inge konnte den kleinsten Raum der Praxis ungestört benutzen. So waren nun mal die Verhältnisse im Nachkriegsdeutschland, und der Vater konnte sich glücklich preisen, auf diese Weise überhaupt eine eigene Praxis erhalten zu haben. Aber wieder einmal gab es keinen Wohnplatz für die Zwillinge. Siegmund war, von Quedlinburg kommend, direkt ins städtische Waisenhaus gebracht worden. Siegbert mußte ihm jetzt Gesellschaft leisten, und für das Wochenende durften die Zwillinge nach Hause. Sie schliefen dann zusammen auf der Couch im Sprechzimmer zwischen Bohrmaschine, Behandlungsstuhl und Besteckschränken. Klingelte, was gelegentlich vorkam, ein Zahnschmerzgeplagter am Sonntagmorgen die Zwillinge aus dem Schlaf, so mußten sie die Bettsachen zusammenraffen und im Labor verschwinden.

Die Zahnarztpraxis lag im Parterre eines einstöckigen Hauses. Es war nicht unterkellert, und der Schwamm saß behäbig und alteingesessen im modrigen Mauerwerk. Gegen die Feuchtigkeit und Kälte war nichts auszurichten. Die Kohlezuteilungen waren stets so knapp bemessen, daß nur mit äußerster Einschränkung und mit einigen ofenkalten Tagen das Ende des Winters zu erreichen war. Wo sollte man hier, mangels eines Kellers, die Briketts unterbringen, insbesondere gesichert vor dem neidischen Gelüst der frierenden Nachbarn? Dem Vater blieb nichts anderes übrig, er stapelte sie in der Küche die Wand hinauf. Es sah schon recht ärmlich aus.

Das ›Schwalbennest‹, wie das städtische Waisenhaus[150] genannt wurde, war für Siegbert ein Hort glücklicher Stunden, so ganz im Gegensatz zum kirchlich geleiteten Wipertistift in Quedlinburg. Fast drei Jahre bis zu seinem vierzehnten Lebensjahr lebte er dort zusammen mit seinem Zwillingsbruder und genoß die Vorzüge eines gut und großzügig geführten Heimes. Höchstens zwölf Kinder, Jungen und Mädchen, aber auch Säuglinge, waren dort untergebracht, zumeist nur kurzfristig. Die Zwillinge waren sozusagen Dauergäste mit Sonderstatus, weil sie für das Wochenende das Heim verlassen durften. Sie schliefen zumeist allein in einem der Dreibettzimmer.

Sie besuchten die Geschwister-Scholl-Schule, eine achtjährige Grundschule, wie sie jedes Kind in der DDR absolvieren mußte.[151] Siegbert kam trotz des einjährigen Unterrichtsverlustes in Siegmunds Klasse und fand schnell den Anschluß. Die Lücken in Deutsch sollten Nachhilfestunden schließen, die der Vater für beide besorgt hatte.

Das eingeschossige Haus mit Mansarddach lag in einem großen Park und war vordem die Villa eines Industriellen. Es verfügte über etwa zwanzig Räume, war also eher klein. Gleichwohl wirkte es zurückhaltend herrschaftlich, ohne protzig zu sein. Blumenrabatten inmitten von gepflegtem Rasen führten zu einer kleinen Freitreppe.

Die ›Tanten‹ führten die Kinder an langer Leine. Es gab keinen Drill und Druck. Liebevoll und freundlich gingen sie mit ihnen um. Das Haus stand offen, die Kinder konnten gehen und kommen, wann sie wollten. Lediglich zu den Essenszeiten und abends wurde ihre Anwesenheit eingefordert. Sie durften in Haus und Garten uneingeschränkt spielen, das Obst der Bäume pflücken und Freunde aus der Schule zum Mitspielen einladen.

Jetzt waren die Zwillinge die Ältesten unter den Kindern. Sie arrangierten kindliche Zirkusaufführungen. Wilde Tiere, verkleidet mit Decken, ließen sich von dem Dompteur Siegmund zähmen, liefen und sprangen herum, oder der mit Krone und Zepter gewürdigte Kaiser Siegbert ließ sich auf dem Schlitten unter Gejohl und Geschrei durch das Spalier der huldigenden Kinderschar ziehen. Sie malten ›Orden‹, die sie anderen Kindern für ›Verdienste‹ anhefteten und die begehrt waren. Zu Ostern schnitten, klebten und malten sie Küken, die sie für ein paar Pfennige in der Schule und sogar an die Tanten verkauften. Die lustig bunten Vögel fanden regen Absatz. Unter der Vortreppe zum Hausaufgang feierten sie ihre ›Feste‹. Hier kredenzte Siegbert die ersten Kostproben seiner Kochkunst, die er später so vorzüglich beherrschen sollte. Erst einmal galt es, gepflückte Äpfel zu schmoren, um damit als der ›Kaiser‹ bei den Kindern zusätzliche Achtung zu schinden. Etliche Kerzen und Pfanne waren besorgt. Und die Butter stammte vom Frühstückstisch, ebenso das Besteck. Auch Rührei stand auf dem Speiseplan der verschworenen Clique. Die Tanten freuten sich über die Umtriebigkeit der Kleinen und haben sie nie gehindert.

Dann wurde im Park eine vorgefundene Grube zu einer Höhle überdacht. Die Stämme und Äste, das Laubwerk und Gras sollten den Bau unentdeckt lassen. Der schmale Einstieg ließ gerade genug Licht in das Innere, wo eine Matratze und Grasbüschel einen schummrig geheimen Versammlungsort auspolsterten. Wer von den kleineren Kindern für wert befunden wurde, dem gewährten die Zwillinge Einlaß in die Höhle. Dort wurde vom Obstwein gekostet, den der Freund Dagobert von zu Hause abgezweigt hatte, und dort wurden die ersten Zigaretten gepafft, die natürlich scheußlich schmeckten, aber so mannbar machten. Eine kleine Katze trollte sich heran und wurde von Siegbert in Pflege genommen. Er versorgte sie mit Essen, auch wenn sie in das Heim nicht herein durfte. Da entdeckte der hauseigene Gärtner die Höhle und fand lobende Worte zu Konstruktion und Kaschierung. Aber damit war der Reiz des Geheimen für die Kinder erloschen.

Sie errichteten in der ausladenden Astgabel eines Baumes einen heimlichen Horst, der noch weniger erkundbar sein sollte. Die Stahlfedermatratze bildete eine feste Plattform für die kleine Runde plus Katze, aber es hätte auch schiefgehen können, im wörtlichen Sinne. Der Winter wurde freudig begrüßt. Er vertrieb sie nicht in die warmen Zimmer, wenn dort auch Batterien von Spielzeug bereitstanden.

Die Tanten brachten allen Kindern großes Vertrauen entgegen, das kaum enttäuscht wurde. Aber es kam vor. Der Vater wollte den Zwillingen neue Oberbekleidung besorgen, und so bekam jeder erstmalig einen Anzug. Hose und Jackett vom gleichen Stoff, das war etwas Neues. Nur zwei Tage erfreuten sie sich des Anblicks, dann hatte ein Ausreißer die beiden Anzüge mitgehen lassen. Der Vater kaufte billigen Ersatz. Ihm wurden die langfingrigen Unwägbarkeiten des Lebens, welche die Zwillinge selbst jahrelang erstritten und erduldet hatten, so erst langsam bewußt.

Die Zwillinge haben sich im Schwalbennest wohl gefühlt und gern dort gelebt. Das Essen war gut und reichlich. Sie konnten sich frei entfalten, wurden nicht reglementiert, der Vater war in ihrer Nähe und am Wochenende nahm er sie gelegentlich mit nach Berlin.

Sie wurden älter und mit vierzehn Jahren auch zu alt für das weitere Verbleiben in einem Heim für Kinder.

So traf es sich gut, daß die Familie endlich Anfang 1952 eine von der Praxis getrennte Wohnung zugewiesen bekam.[152] Der Vater hatte darum gekämpft. Der Wohnungsmarkt war beschränkt, das heißt, nur mit behördlicher Genehmigung durfte man eine Wohnung beziehen oder weiter benutzen. Vaters bohrende Anträge hatten nach vier Jahren Erfolg, was zu damaliger Zeit als Vorzugsbehandlung geneidet wurde. Die Zwillinge bekamen ein eigenes Zimmer. Anfang 1945 hatten sie in Hirschberg ihren Raum verlassen, jetzt, nach sieben Jahren, konnten sie erstmals wieder eine Bude ihr eigen nennen. Die neue Wohnung war nicht nur flächenmäßig größer, sondern mußte auch weniger Personen Raum bieten, was eine wesentliche Verbesserung darstellte. Inzwischen nämlich hatte Inge nach Berlin geheiratet, und Teddy übernachtete weiterhin in der Praxis. Dafür war die Mutter, geheilt von der Tbc, nach vierjährigem Krankenhausaufenthalt endlich in die Familie zurückgekehrt.

Wieder hatte die Wohnung, wie schon die Praxis, kein Bad, und die Toilette auf dem Treppenabsatz zum nächsten Stockwerk mußte mit den Obermietern geteilt werden. Daß dies regelmäßig zu beiderseitigen Schuldvorwürfen wegen vernachlässigter Reinigung, ob begründet oder haltlos, führte, war nur zu verständlich. An die schmutzige und lästige Kohleheizung hatte man sich gewöhnt. Die vorsichtige Entfernung der Asche war eingeübt. In jedem Zimmer stand ein Kachelofen, der sich erst nach Stunden erwärmte, was eine langfristige Heizplanung voraussetzte. Da jedoch die Brennmittel sehr begrenzt zugeteilt wurden, wagte man ohnehin nur einen Ofen in der gesamten Wohnung warm zu halten.

Der ältere Bruder Teddy fing früh an, sich dem weiblichen Geschlecht zuzuwenden. Nach Dienstschluß waren die Praxisräume zum Sturm freigegeben. Siebzehnjährig trat er in den Stand der Ehe, was nur einige Jahre vorhielt, was keinen verwunderte. Der Vater sprach von ›Kinderhochzeit‹. Teddy hatte die Wohnung verlassen, und so halbierte sich die Familie von acht Personen, die sie insgesamt noch in Hirschberg waren. Die 14jährigen Zwillinge wußten, daß ab jetzt die Sorge für die älter werdenden Eltern bei ihnen liegen würde. Die drei älteren Geschwister hatten das Haus verlassen, hatten teilweise eigene Familien gegründet und interessierten sich verständlicherweise nur noch distanziert für die elterlichen Verhältnisse in Bernau.

Bernau mit seinen etwa 16 000 Einwohnern war ein typisches Ackerbauerstädtchen in der Mark. Der alte Stadtkern, die Umfassungsmauern und Wälle gaben Zeugnis von der mittelalterlichen Vergangenheit und hatten ihren Charme. Einen zusätzlichen Reiz bot die wald- und seenreiche Umgebung. Bernau war daher bevorzugter Wohnort für viele, die in Berlin arbeiteten.

Siegbert kannte viele, aber noch mehr kannten ihn. Dazu trug nicht unwesentlich der Vater bei, der einer der drei Zahnärzte am Ort war. Irgendwann hat jeder einmal Probleme mit seinen Zähnen und muß den Arzt aufsuchen, und das oft über längere Zeit. Zwangsläufig werden so auch dessen Kinder zumindest vom Hörensagen bekannt, zumal der Vater in einem sehr guten Ruf stand. Er war ein Arzt der alten Schule: Er war für die Patienten da, sonntags und nachts, ohne Pardon. Sie kamen immer zuerst. Viele Arme hat er kostenlos behandelt, ohne große Worte und wie selbstverständlich. Bei den Patienten hatte er sich den Spitznamen ›Der sanfte Theo‹ erworben, was ihm laufend noch mehr der angstvoll Zahngeplagten zuführte. Seine Praxis war groß, es war ein ständiges Kommen und Gehen, die Patienten mußten lange Anmeldefristen ertragen. Er war beliebt.

In der DDR wurde lediglich der Mangel verwaltet. Die zentral gelenkte Wirtschaft nach sowjetischem Vorbild schaffte es nicht, die Versorgung der Bevölkerung sicherzustellen. Trotz der Bezugsscheine für Lebensmittel bildeten sich oft lange Schlangen vor den Geschäften, manchmal schon nachts, weil sogar die Grundnahrungsmittel nicht ausreichend angeliefert wurden. Südfrüchte gab es praktisch nie. Selbst das einheimische Obst wurde auf Bezugsscheinen zugeteilt. An Bohnenkaffee war nicht zu denken. Die ›sozialistische Wartegemeinschaft‹ traf besonders hart die Menschen außerhalb von Ost-Berlin, das als Hauptstadt der DDR bevorzugt wurde. Nach marxistisch-leninistischer Ideologie sollte die wissenschaftlich begründete Planwirtschaft dem chaotischen freien Wettbewerb des Westens überlegen sein. Dieser Anspruch mußte scheitern, weil wieder einmal gegen die menschliche Natur argumentiert wurde. Individuelle Phantasie und Energie, die mit dem eigenen Vorteil motiviert und belohnt werden, lassen sich durch nichts Besseres ersetzen. Während der Obsternte fehlten Einweckgläser, nächstes Jahr die Gummiringe hierfür. Siegbert erlebte in einer mecklenburgischen Kleinstadt ein Überangebot von Säuglingsschnullern, die in Thüringen seit Monaten nicht zu erstehen waren. Fehlleistungen dieser Art waren üblich. So hortete man, für sich und die Freunde, was gerade beschaffbar war, weil man nie wußte, wann die erhoffte Ware das nächste Mal, wenn überhaupt wieder, zur Verfügung stand. Das Ergatterte diente dann auch als Tauschobjekt. Schwarzmarkt und Tauschhandel blühten. Um harte DM West einzuhandeln, boten Bauern ihre Erzeugnisse und Private die von ihnen gesammelten Pilze oder Blaubeeren in West-Berlin an.

Während einer kurzen Phase animierte die DDR die Westberliner zum Einkauf im Ostsektor. Am Potsdamer Platz prangte eine mächtige Leuchtschrift gen Westen: »Der kluge Berliner kauft in der HO.« Dies war gegen die harte DM West mit ihrem vorteilhaften Wechselkurs nicht lange durchzuhalten, und die Vollmundigkeit der ›Handels-Organisation‹ war bald wieder abmontiert. Für das wenige, was ohne Bezugsschein abgegeben wurde, wie Blumen, Knöpfe oder Getränke, mußte man dann seinen Ostausweis vorzeigen. Die Waren sollten nur der eigenen Bevölkerung zur Verfügung stehen.

Das führte zu rigorosen Schnüffeleien auf den S-Bahnhöfen und an allen Straßenübergängen von der DDR nach Ost-Berlin. Bei der Fahrscheinkontrolle im Bahnhof mußte man zusätzlich seinen

Personalausweis vorzeigen, und das immer. Dort standen häufig auch andere Uniformierte zur Inspektion der mitgeführten Gepäckstücke. Die Fahrscheine sahen farblich unterschiedlich aus, ob sie ein Ziel in Ost- oder West-Berlin hatten, und ermöglichten so den Kontrolleuren eine gezielte Befragung. Gleiches geschah bei der Ankunft, womit verhindert werden sollte, daß aus den Westsektoren Waren mitgebracht wurden, die möglicherweise mit DM Ost bezahlt waren. Beide Kontrollen verliefen ähnlich wie die heutigen Zollinspektionen auf den internationalen Flughäfen. Der Inhalt des Gepäcks wurde erfragt und gelegentlich überprüft. Wurden dann Gegenstände gesichtet, die als Ostware bzw. als Westware für den jeweils anderen Stadtteil bestimmt schienen, so konnten die Kontrolleure recht schroff und barsch gegen die Reisenden loslegen. Je nach Temperament führte dies zu einer hitzigen oder kleinlauten Reaktion. Regelmäßig wurden Gegenstände beschlagnahmt, eine wortreiche Gegenwehr blieb meist erfolglos. Die Inspektoren waren mit allen Ausreden vertraut, die Lügen verfingen nicht mehr.

Leibesvisitationen waren selten, so daß die Reisenden erst einmal alles am Körper zu verstecken trachteten. Siegbert schmuggelte oft Westberliner Zeitungen nach Bernau hinüber. Selbst im Sommer trug er dann lange Unterhosen, um die Druckerzeugnisse besser an den Beinen befestigen zu können. Beliebt war die Satirezeitschrift Tarantel, welche die Zustände der DDR bissig glossierte und kostenlos abgegeben wurde. Wehe, er wäre mit ihr erwischt worden. Ironie, Sarkasmus und Witz werden von jeder Diktatur liebend gern gehaßt, weil sie ihr die Maske vom Gesicht reißen.

Wegen des mangelhaften Angebots versuchte jeder, der konnte, aus West-Berlin Waren herauszuschmuggeln. Der Vater fuhr einmal die Woche zum westlichen Bahnhof Gesundbrunnen. Siegbert begleitete ihn hierbei fast regelmäßig, um tragen zu helfen und um ihn zu ›schützen‹. Denn als Kind, später als Jugendlicher, konnte er erfahrungsgemäß wegen des Mitleideffektes das Schmuggelgut leichter an der Sperre vorbeiluchsen. Gelegentlich fuhren auch beide

Zwillingsbrüder mit. In der Badstraße hatten sich die Geschäfte und die flugs errichteten Buden auf diesen Käuferansturm eingerichtet und boten die strahlende Palette von Import- und westdeutschen Waren an. Schuhgeschäfte verfügten über spezielle, scharfkantige Eisenroste, über die man schlurfen konnte, um die gekauften neuen Schuhe getragen erscheinen zu lassen. Denn in der Regel wechselten die DDRler ihre Schuhe gleich aus, wie sie auch ihre alte Kleidung zurückließen oder die Neuware doppelt, auch unter die alten Kleider, anzogen. Der Wechselkurs war mit 1,– DM West gegen 5,– DM Ost arg ungünstig, denn die DDR-Bürger verdienten betragmäßig nicht mehr als die Westberliner in DM West. Doch was blieb ihnen übrig. Vater kaufte Margarine, preiswertesten Käse, geräucherten Fisch, nie etwas Besonderes. Mit großen Augen strichen die Jungen an den Süßwaren vorbei. Vater hatte dafür nie Geld übrig. Seine Sorge war, eiweißhaltige Nahrungsmittel zu beschaffen und die Kinder überhaupt satt zu bekommen.

Siegbert brachte die Taschen mit dem Gekauften unauffällig durch die Sperre, aber etwa fünfmal wurde er in den Jahren angehalten. Der Vater schritt dann weiter, als gehörte er nicht zu dem Jungen. In einem getrennten Raum wurde Siegbert gefilzt, andere Ertappte waren schon anwesend. Er sah ein Bäuerlein mit Koffer, aus dem die Popos nackter, gerupfter Enten in Reih und Glied freundlich entgegenlachten. Der Beamte schlug wortlos den Deckel zu – und der Bauer wortreich die Augen auf. Jeder wußte, daß es um den Koffer geschehen war. Siegbert beobachtete auch eine Frau, die eine stattlich vollschlanke Figur mit imposanter Oberweite abgab. Ihr Jackett war innen mit Reihen von kleinen Täschchen versehen, aus denen je ein frisches Ei heraus grüßte. Sicherlich hatte sie außer den Kontrollen nichts so sehr gefürchtet wie ein Menschengedränge. Das erinnert an die Fama, wie einer anderen Frau, die in der S-Bahn saß, ein Gepäckstück aus der Ablage auf den Hut gefallen sei. Das tat bestimmt weh, aber sie ließ sich nichts anmerken. Doch der braune Nebeneffekt ihres Mißgeschicks sorgte bei allen Umstehenden für heiteres Schmunzeln. Die witzigen Kommentare der frechen Berliner Schnauze ließen sich nicht lumpen. Die Papiertüte Kakaopulver, die sie versteckt unter dem Hut durchschmuggeln wollte, war durch den Aufprall geplatzt, und ihr Inhalt rieselte unaufhaltsam über Gesicht und Kleidung. Wie eine Schokoladenmohrin soll sie dagestanden und davongewankt sein, eine duftende rotbraune Pulverspur hinter sich herziehend.

Bevor Siegbert dran kam, wurden einer anderen Frau diskret aus Mieder und Unterwäsche Fleischstücke und Gehacktes entlockt. Er wurde auch gefilzt, mußte die Taschen entleeren, wurde abgetastet. Alles Gekaufte, Margarine und Käse, wurde er los, restlos. Nur einmal stritt er mit dem Kontrolleur erfolgreich: »Wat soll ick mir denn uff die Stulle schmieren? Soll ick Öl druff jießen?« Seine Wut war riesig. Der Inspekteur ließ sich erweichen. Einen der vier Margarinewürfel durfte er behalten.

Wäre der Vater erwischt worden, hätte er möglicherweise ein Strafverfahren wegen Devisenvergehens zu erwarten gehabt, eventuell mit Schwierigkeiten für die Praxis. Es kam ganz auf die Laune der Polizisten an. Das Prinzip Ungewißheit und Schikane war perfekt inszeniert.

Es kam zu grotesken Begebenheiten. Während der knappen Haltezeit des S-Bahn-Zuges gingen Polizisten durch das Abteil und riefen plötzlich laut: »Wem gehört die Nähmaschine hier?« Keiner meldete sich. An einer der senkrechten Haltestangen war eine Nähmaschine mit einem Schloß angekettet. Die Polizisten rüttelten, um sie loszureißen. Aber sie mußten raus, der Zug fuhr an. Angekommen in West-Berlin, näherte sich gemächlich und feixend, von allen bewundert, ein Mann. Er hatte den passenden Schlüssel.

Wöchentlich ein- bis zweimal, und das jahrelang, brachten die Zwillinge in kleinen unauffälligen Taschen der frisch vermählten Inge Briketts und Kartoffeln nach West-Berlin. Bei ihr konnten sie dann in den Westillustrierten blättern und vom Mittagessen löffeln. Mit dem verdienten Groschen erstanden sie die begehrte West-Lakritze und waren nach zwei Stunden wieder im Schwalbennest. Wie Siegbert ein anderes Mal unbeanstandet einen Kinderwagen für Inge durch die Sperre bugsierte, grenzt schon an das sprichwörtliche Wunder. Ihr Sohn Ulli war zur Welt gekommen. Der Wagen war neu und total leer, Siegbert hatte keine Ausrede parat, es gab auch keine, der Kontrolleur war verdattert, starrte ungläubig dem so verdammt jungen ›Vater‹ ins Gesicht und vergaß darüber den Blick in den Wagen. Das war Siegberts Glück und wurde Inges günstige Einkaufschance.

Mit dem Wäschetopf für Inge ging es nicht so glatt. Mit den Zwillingen war sie zum Einkauf im Ostsektor unterwegs. Die Jungen hatten sich jeder einen Anzug gekauft und schleppten auch Inges Topf. Damals war die Waschmaschine noch kein üblicher Haushaltsartikel. Fahrlässigerweise versunken in einem gemeinsamen Gespräch, betraten die drei den Bahnsteig der S-Bahn Richtung Bernau, die auf zwei Stationen West-Berlin berührte. Ein Polizist in Zivil hatte sie beobachtet und forderte sie auf, sich auszuweisen. Die Konstellation, eine Westberlinerin in Begleitung von zwei DDRlern, bestätigte seinen Argwohn. Sie durfte gehen, aber die Jungen saßen in der fahrlässig selbst gestellten Falle. Mit der grünen Minna kamen sie ins Polizeipräsidium Alexanderplatz und wurden sofort voneinander getrennt. Trotz des nach Bernau gelösten Fahrscheins glaubte man ihnen nicht, daß sie ›die Sachen nach dort bringen wollten‹. Sie mußten Hosengürtel und Schnürsenkel abgeben und wurden ins Zellenbuch für die Verhaftung eingetragen. Mitten in der Nacht kamen sie überraschend frei, unter der Auflage, ohne Berührung des Westsektors heimzufahren. Sie mußten bis fünf Uhr auf die erste S-Bahn warten. Fürs Taxi hatten sie kein Geld. Siegbert kam unvorbereitet in die Schule, wurde gerügt und war einmal mehr sauer auf die Umstände, die ihn kriminalisiert hatten. Dieses Gefühl, gegen inhumane Gesetze des Landes verstoßen zu müssen, wurde er nie los.

Siegberts Interesse an der Sexualität war schon in Hirschberg geweckt. Teddy hatte ihm die geheime Pornosammlung des Vaters gezeigt und medizinische Bücher zugeführt, die zunächst nur seinen optischen Wissenshorizont erweiterten, mehr nicht. Denn er konnte noch nicht lesen. In Bernau kam er wiederum mit solchen Büchern in Berührung und bemerkte überrascht, wie stark ihn die Fotos von Männern anzogen. Er glaubte, so sei das halt, so gehe es auch den anderen 15jährigen Jungen. Dann bemerkte er, wie er für einige Klassen- und Schulkameraden oder Jungen von der Straße ein Gefühl von Zuneigung entwickelte. Mit erotischer Neugier registrierte er, wie ein Junge aus einer höheren Klasse seine Hosenbeine in Schaftstiefel gespannt hatte, und wie er durch die eng anliegende Hose seine Rundungen zur Schau stellte. Mit gespannten Blicken beobachtete er, wie ein anderer Junge sein Fahrrad packte, aufsprang und seinen sehnigen, straffen Körper über das Gestell spannte. Es war die Lust des Schauens, die Freude, die Ausstrahlung eines Jungen wahrzunehmen, wie er redet und lacht, wie er geht, wie er steht – wie er sich gibt. Siegbert suchte die distanzierte Nähe dieser etwas älteren Jungen, arrangierte es, dichter an sie heranzukommen, bei ihnen zu stehen, auf dem Schulhof, auf den Stufen treppauf oder auf der Straße. Mit innerer Erregung betrachtete er sie, ihren Körper, ihren Gang, ihr Auftreten.

Da, plötzlich spürte er, daß dies Liebe ist, die ihn zum anderen Jungen hinzieht. Er wußte noch nicht, was das bedeutet, was er damit anfangen soll. Es war eine reine Liebe, der jede Suche nach körperlicher Vertrautheit fremd ist.

In diese lange Zeit verwirrter Gefühle platzte der erste unbeabsichtigte Samenerguß, sein Körper schien zu explodieren, es war wie eine Ekstase. Der tiefste und schönste Sinnenrausch packte ihn, wie er dergleichen noch nie erlebt hatte. Diese spontane Premiere schrie nach gelenkter Wiederholung, immer wieder, immer noch einmal. Welcher Junge folgt nicht diesem Ruf seines lüsternen Körpers? Fast jeder. Die anderen, die Unfolgsamen, bleiben die Ausnahme, die man schon als ›unnormal‹ bezeichnen müßte, wenn der Begriff nicht mit Recht so verpönt wäre.

Die Fachliteratur, die ihm zu dieser Zeit aus dem Nachlaß eines Psychiaters zufiel, war nicht dazu angetan, ihm Hilfe zu leisten. Im Gegenteil. Die Schmöker von Anfang dieses Jahrhunderts warnten vor der ›Perversität‹, wenn ein Mann sich selbst in der Onanie sexuelle Befriedigung schafft, daß dies zur Gehirnerweichung und schließlich Verblödung führen könne. Vor allem Jugendliche seien dafür anfällig. Sie würden sich schwerste körperliche und geistige Schäden zufügen. Doch besonders verwerflich sei es, wenn ein Mann mit einem anderen Mann sexuellen Kontakt suche und ausübe. Eine entsprechende Veranlagung oder Gewöhnung könne nur mit einer rigorosen Therapie angegangen werden, um diese ›Urninge‹, die dem ›Dritten Geschlecht‹ angehörten, in die Normalität zurückzuzwingen. Denn bei der Homosexualität handele es sich um eine der schlimmsten Verirrungen des menschlichen Geistes, die auch zum Selbstmord führe. Die Bücher lieferten genaueste psychopathologische Fallbeispiele und Therapieberichte. Sie verdammten diese Männer, wenn sie nicht Herr ihrer perversen Gelüste würden, wenn es ihnen am Willen gebreche, ihre Verirrung einzugestehen, um ein sexuell normales Leben zu führen. Im übrigen, die Kriminalisierung der Homosexualität sei zu rechtfertigen, um schon damit die bloße Neigung zu dämpfen und einer möglichen Verführung anderer Männer vorzubeugen. Die Bücher stellten ein angeblich ›wissenschaftlich‹ begründetes Horrorszenario krankhafter Verseuchung der menschlichen Gesellschaft dar, wenn der homosexuellen Perversion nicht Einhalt geboten werde. Siegbert las auch von den Prozessen gegen Oscar Wilde und andere Beschuldigte im Ausland. Spätestens jetzt wußte er, daß die Verdammung homosexueller Befriedigung nicht auf Deutschland beschränkt, sondern wahrscheinlich weltweit anzutreffen ist.

Auch in der Öffentlichkeit ist Siegbert der Homophobie immer und überall begegnet, wenn sich in einer Gesprächsrunde hierzu ein Anlaß bot. Er mußte Schwulenwitze anhören und die Klassifizierung der gängigen Schimpfworte unterscheiden lernen. Was Wunder, er hörte aus nächster Nähe, wie die älteren Geschwister bös-abfällige Bemerkungen zum ›effeminierten‹ 17jährigen Fleischerssohn von sich gaben, der bei einem Berliner Ballett engagiert war, oder wie sie über den ›widerlichen‹ Fotografen ihre witzig-schlüpfrigen Andeutungen machten, weil er mit einem anderen Mann ein Verhältnis habe, obwohl er doch verheiratet sei; gerade diesem Mann hätte mitfühlende Achtung gebührt, weil er in der Nazizeit nur durch die Heirat dem KZ entgangen sein dürfte. Seiner Ehefrau, die sicherlich nicht so unkundig das Jawort gesprochen hatte, gebührt die noch größere Achtung. Sie hatte in bester christlicher Beachtung des Liebesgebotes einen Menschen gerettet.

Der dritte Einfluß, der ihn verwirrte und ratlos machte, war die Religion. In schlichter Formel postulierte sie, die sexuelle Lust dürfe erst befriedigt werden, wenn sie in der Ehe ein Kinder zeugendes Ventil finde. Dieser Anspruch wurde von ihr als der ›moralisch allein vertretbare‹ hochstilisiert. Siegbert fühlte, daß dies eben nicht der schönen vitalen Fleischeslust gerecht wird. Er spürte die Verlogenheit der christlichen Kirchen, als sie in den letzten Jahrhunderten das wahre Menschsein auf ihre Sexualvorstellung zu fokussieren schienen und dabei Chance und Schönheit anderer Arten von Sex verkannten. Die Religion hatte den Menschen moralisch vergewaltigt und bot ihm keine Stütze, eine erfüllte Sexualität zu leben. Im Gegenteil, die Liebe, die sich in der Onanie selbst sucht und findet, die Liebe, die sich dem anderen gleichgeschlechtlichen Partner auch körperlich schenken will, hat sie verteufelt, zur Sünde gebrandmarkt.

So erfuhr Siegbert, wie allgemein und allgegenwärtig homosexuelle Männer und Jungen von Medizin, Gesellschaft und Religion ausgegrenzt wurden. Zu diesen ausgestoßenen Menschen wollte er nicht gehören, das war klar. Und er hatte keinen Anlaß anzunehmen, daß er je ›dazugehören‹ könnte.

Weiterhin spazierte oder fuhr er mit dem Fahrrad zu seinen geliebten märkischen Seen. Er kannte sie alle mit ihren lauschigen Ufern und versteckten Buchten, den Wandlitzer See, den Plötze-, den

Hell- und den Liebnitzsee. Er fand Gefallen, die nackten Schwimmer zu beobachten und am Ufer liegen zu sehen. Als sich vor ihm drei junge russische Soldaten entkleideten und nackt im Wasser ihre Späße trieben, empfand er das als aufregende Dreingabe zum eigenen kühlen Bad.

Als er einmal, etwa fünfzehn Jahre alt und in knapper kurzer Hose, von einem etwas älteren Jungen mehrere Straßen lang verfolgt wurde, wußte er nichts damit anzufangen. Der Bursche holte ihn schließlich beim Bahnhof Friedrichstraße ein und sprach ihn an: »Hallo, kennen wir uns doch.« »Ich glaube nicht, ich wüßte nicht woher«, war Siegberts Antwort schon im Weitergehen. Später ärgerte er sich, wie einfältig er gewesen war, diese Frage nicht als erotische Anmache verstanden und aufgegriffen zu haben. Es war ein hübscher, gepflegter junger Bursche von vielleicht zwanzig Jahren. Die Kleidung verriet ihn als Westberliner.

Als dann in einer höheren Klasse der Oberschule die Zeit der Freundschaften zwischen Jungen und Mädchen begann und die obligatorischen Tanzstunden zu organisierter Tuchfühlung aufforderten, wurde das für Siegbert zu einer Zeit schmerzhafter Selbsterkenntnis und würgender Selbstbehauptung. Fast alle Klassenkameraden, Jungen wie Mädchen, hatten sich paarweise gefunden und ›gingen miteinander‹, wie das so hieß. Sein Zwillingsbruder verliebte sich in Inge, die Klassenbeste, und schien darin glücklich aufzugehen. Alle freuten sich wahnsinnig auf die Tanzstunden und fieberten dieser neuen Erfahrung entgegen. Er jedoch konnte keine Freude verspüren, konnte die Ausgelassenheit seiner Mitschüler nicht teilen. Er fragte sich verunsichert, woher dieser Unterschied seiner Gefühle käme. Er hatte keinen Spaß am Tanzen und konnte den angeblichen Reiz dieses geselligen Vergnügens nicht spüren. Mehrfach hatte er sich aus der Runde hinweggestohlen, heimlich, es sollte nicht auffallen, was kaum gelang. Ein Gefühl von Fremdheit befiel ihn: Das war nicht seine Welt, dort fühlte er sich nicht wohl. Er sollte lustig und ausgelassen sein, weil es erwartet wurde; er sollte mitsingen und mitscherzen, weil sich das so gehörte; er sollte die Mädchen toll unterhalten, weil das so üblich war. Er stellte irritiert fest, daß ihm keine Freude bereitete, worauf andere sich freuten. Er fühlte sich zusehends elend bei der ganzen ›Tanz-Geschichte‹, die sich über etliche Wochen, einige Monate hinzog.

Während zu dieser Zeit die meisten Jungen der Klasse mit ihren Freundinnen gemeinsame Spaziergänge und Fahrten unternahmen, brach Siegbert, möglichst täglich, zu seinen Touren in die Umgebung auf, allein, zumeist mit dem Fahrrad. Siegmund schloß sich seltener an, er nannte keine Gründe hierfür. Der Reiz der Wälder und Seen, der Wege und Strände erschöpfte sich nie. Gelegentlich stellte er das Rad ab, ging zu Fuß weiter oder sprang ins Wasser. Er sah die nackten Burschen herumtollen. Er holte die Decke heraus und streckte sich hin. Er dachte über sich nach, kam an kein Ende mit seinen Gefühlen. Die Begegnungen und Gespräche mit den Jungen und Mädchen der letzten Zeit gingen ihm durch den Kopf. Er empfand, wie anders er als die anderen war. Das tat weh. Und es schmerzte besonders, wenn er die Entfremdung von seinen wenigen engen Freunden bemerkte, die ihre Freizeit jetzt eher der neuen Freundin widmeten, als daß sie mit ihm etwas unternehmen wollten.

Er fühlte, wie eine Entscheidung in seinem Innern heranreifte, unsteuerbar, unbeeinflußbar, unabdingbar. Plötzlich wußte er, es war wie eine Offenbarung, es traf ihn wie ein Blitz: Er ist nur an Männern ›interessiert‹; allein die Gemeinschaft mit dem anderen Mann schenkt ihm die tiefste seelische Befriedigung; die stärkere Erregung geht vom männlichen Körper aus. Dessen wurde er sich schlagartig gewahr, dessen war er sich zweifelsfrei sicher. Und gleichzeitig mußte er sich als Konsequenz mit Schrecken und Schauern eingestehen: Er gehört, was er nie für möglich hielt, zu dieser Minderheit der Homosexuellen – die verachtet, bespöttelt und verhöhnt werden, die von allen, von Medizin, Gesellschaft und Religion als perverse Problemfälle angesehen und ausgegrenzt sowie von der Justiz bestraft werden. Er war entsetzt über diese Einsicht. Er wollte es nicht wahr haben.

Die Erkenntnis über sich war schmerzhaft. An ihr ließ sich nicht herumdeuteln. Er bekam Angst, er wollte gerade nicht zu dieser diffamierten Bevölkerungsgruppe gehören, wollte nicht den Haß der Mehrheit auf sich ziehen. Das waren Stunden qualvoller Selbstbehauptung. Es war, als wollte ihm die Umwelt den Hals abwürgen, das Atmen verwehren, das Leben nehmen.

Welche Wege führen aus dieser Angst heraus? Der Selbsthaß mit der Hinwendung zum anderen Geschlecht war seine Sache nicht, dafür war die emotionale Magnetnadel zu eindeutig auf das eigene Geschlecht ausgerichtet. Er spürte, er war auf seinesgleichen gepolt. Das war seine Natur, das war sein Schicksal. Er mochte die Mädchen, die Frauen, er verehrte ihr Wesen. Ihre Nähe zum Leben hat ihn immer fasziniert. Auch daß sie ihren Egoismus nicht austoben, sondern sich leichter zurücknehmen und anpassen können, sah er als Stärke an. Das getrübte Verhältnis zu der Frau, die seine Mutter war, hat diese Achtung und Wertschätzung nie beeinträchtigt. Manches Mädchen hatte sich in ihn verguckt. Aber die Natur hatte ihm nicht den zusätzlichen Kick mitgegeben, den andere Jungen mit dem fraulichen Wesen, mit den Reizen des weiblichen Körpers verbanden. Er bedauerte es, er konnte es nicht ändern, er war anders als die anderen. Sollte er sich deswegen verleugnen, oder gar wegwerfen? Er hörte von Selbstmorden aus diesem Grunde.

Vielmehr wollte er ›Ja‹ zu sich sagen. Er hatte sich schon vom DDR-Regime politisch nicht verbiegen lassen, er hatte es nicht gefürchtet und sogar Nachteile in Kauf genommen. Als Alternative stand ihm letzten Endes immer der ›freie Westen‹ als Fluchtausweg offen. Jetzt und hier wollte er ebenfalls keine Konzessionen machen. Aber er merkte, so einfach geht das nicht. Hier gab es, im schlimmsten aller Fälle, keine Rückzugsmöglichkeit, hier gab es keinen ihm bekannten Freiraum gleichgeschlechtlicher Akzeptanz, in keiner Stadt, in keinem Land. Er kannte persönlich noch nicht einmal andere Schwule, oder gar Orte, wo er ihnen hätte begegnen können. Er glaubte, ein Bekenntnis zu seiner Veranlagung würde ihn schlimmen

Nachteilen und üblen Verunglimpfungen aussetzen, ohne irgendwohin ausweichen zu können, wo er unangefochten leben könnte. Ihm war klar: Noch nicht einmal zu einem Argwohn oder Verdacht dürfte er Anlaß geben. In einer prominenten beruflichen oder gesellschaftlichen Position ließe sich das Anderssein vielleicht aushalten. Aber als Schüler und junger Mann, zu jener Zeit… Hätte er sich offenbart, er glaubte, er wäre gesellschaftlich gesteinigt worden.

Er wollte seinen einzigen Vertrauten um Rat fragen, seinen Zwillingsbruder. Doch auch er hatte sich ihm entfremdet. Er hatte ihm nicht anvertraut, daß er in Inge, der Klassenkameradin, eine Freundin gefunden hatte. Er hatte es ihm verschwiegen. Bisher hatten sie sich in allem Wichtigen ausgetauscht. Siegbert war enttäuscht. Er hatte von seines Bruders Freundschaft mit Inge als letzter in der Klasse erfahren, und auch das erst durch Dritte. Er traute sich daher jetzt um so weniger, seinen Bruder um Rat zu fragen. Er fürchtete, allein mit der theoretischen Erörterung der Homosexualität sich eine Blöße zu geben. Er hatte Angst, angreifbar zu werden, ihm den Argwohn zu liefern: »Du bist doch nicht etwa schwul?« Siegmund hatte ihn ohnehin schon schief angesprochen, warum er noch keine Freundin habe. Was sollte er ihm antworten? Die Wahrheit?

Er war mit seiner Veranlagung allein. Er konnte sie nicht loswerden, noch nicht einmal ignorierend beiseite schieben. Er konnte sich nur zurückziehen, von den anderen, in sich hinein verkriechen. Er hat unsäglich an seiner Verlassenheit gelitten. Seine Veranlagung war ihm schicksalhaft zu eigen, das wußte er jetzt. Sie würde sein Leben begleiten und entscheidend mitbestimmen, das wußte er jetzt genau.

Um in dieser Gesellschaft zu überleben, so wie sie beschaffen war, faßte er den Entschluß: Er wollte seine Veranlagung verschweigen; nie durchblicken lassen, daß er schwul sei; nie ein Interesse an einem anderen Mann deutlich werden lassen. Es durfte nicht herauskommen, was ›mit ihm los sei‹. Deshalb wollte er jede Annäherung an andere Jungen vermeiden, wollte sich deren Gesellschaft versagen, wollte nie die ersehnte Erfüllung bei dem anderen Mann suchen. Er lernte Verstellung und Irreführung, wie sie jedem Schwulen von der westlichen Gesellschaft aufgenötigt werden, in früheren Zeiten bestimmt stärker als heute. Die Lüge wurde zum Selbstschutz.

Noch nicht einmal seinen nächsten Menschen wollte er sich anvertrauen. Seine Mutter hätte es vielleicht am ehesten verstanden, der Vater am wenigsten. Am ärgerlichsten wäre es sicherlich für die Geschwister geworden. Sie hätten sich schämen müssen, daß ein Mitglied ihrer Familie zu dieser verachteten Spezies von Mitmenschen gehört.

Die sexuelle Entwicklung Siegberts verlief über ungewöhnlich viele Jahre: von der kindlichen Neugier, über den jugendlichen Wissensdurst, über das erste Verliebtsein in Kameraden, bis zur Erkenntnis seiner eigenen Homosexualität; noch etliche weitere Jahre mußten vergehen, ehe er Mut fassen sollte, selbst auf die Suche nach sexueller Selbstbestätigung zu gehen. Schon am Anfang seiner Pirsch, schon weit über 20 Jahre alt, stieß er auf Peter. Doch das ist Zukunftsmusik. Erst einmal war er eingeklemmt in die Bernauer Verhältnisse, die seiner Sexualität keinen Raum boten.

Siegbert ging zur Schule, und die fast vier Jahre Unterrichtsverlust hatte er beträchtlich aufgeholt. Die Krankheit war überwunden. Die Finanzen stimmten, der Vater arbeitete unermüdlich. Mit der Kontingentierung der Nahrungsmittel konnte man sich arrangieren. Auch mit den leidlichen Wohnverhältnissen kamen sie zurecht, wenn man die katastrophale Enge bei anderen sah. Vater und Mutter waren zu Haus. Sie, die vier Familienmitglieder in dieser Wohnung, kamen leidlich miteinander aus. Es hätte also Anlaß bestanden, einigermaßen zufrieden zu sein und zuversichtlich in die Zukunft zu schauen. Aber, aber...

Wie Mehltau legte sich die politische Entwicklung auf Siegberts Seele. Jetzt, nach der Beendigung des Zweiten Weltkriegs hätte in Deutschland 1945 ein zweiter Anfang mit der Errichtung eines freien, demokratischen Staates gemacht werden können. Doch nach der Nazidiktatur griff eine neue Chimäre nach dem Land. Es war die kommunistische Diktatur, die ähnliche Strukturen wie der Nationalsozialismus aufwies und sich wie dessen Fortsetzung darstellte. Die sozialistischen Spinner wollen das zwar nicht gern hören, aber leider wurde es geschichtliche Wirklichkeit. Es war die zweite Geißel, die aufs deutsche Volk niederfuhr. Die drei westlichen Besatzungszonen Deutschlands hatten die Gründung der Bundesrepublik mit Bindung an die westliche Staatengemeinschaft vorangetrieben und abgeschlossen.[153] Vom Schicksal der sowjetisch-besetzten Zone hatten sie sich mangels einer Einigung mit deren Besatzungsmacht abgekoppelt. Hier in der Ostzone, wo Siegbert lebte, machte die Sowjetunion nicht nur ihren Einfluß geltend, sie machte die inzwischen gegründete DDR[154] zu ihrem treuen Satelliten und willfährigen Vasallen. Unter dem Deckmantel einer Parteiendemokratie wurde die Sozialistische Einheitspartei Deutschlands (SED) gegründet und andere vorhandene Parteien in scheinbarer Unabhängigkeit belassen, intern aber gleichgeschaltet, andernfalls verboten. Eine parlamentarische Opposition existierte nicht. Gesetze wurden regelmäßig mit weit über 90 % verabschiedet. Die Verfassung der föderal gestalteten Republik sah freie, geheime Wahlen zum Parlament vor – sie sind nie durchgeführt worden. Dem Bürger waren die Rechte der freien Rede, Versammlung und Presse garantiert – er hat sie nie in Anspruch nehmen dürfen. Mit dem Boykotthetze-Artikel der Verfassung wurde jeder demokratische Widerstand drakonisch verfolgt. Auch die historisch gewachsenen fünf Länder wurden aufgelöst zugunsten von vierzehn zentral geleiteten Bezirken, an deren Spitze SED-Funktionäre standen. An der kurzen Leine der Sowjetunion verfolgte die SED eine offen totalitäre Parteidiktatur mit dem Ziel, das gesamte Leben in der DDR unter ihr absolutes Meinungsmonopol zu bringen, was ihr weitgehend gelang. Sogar auf das private Leben nahm sie Einfluß durch die ›Kaderakte‹, die über jeden Bürger geführt wurde, über das ›Hausbuch‹, über den ›Abschnittsbevollmächtigten‹, der als Polizeioffizier einen Wohnblock strikt zu überwachen hatte. Lediglich die Kirchen vermochten es, bei politisch loyaler Zurückhaltung, sich in einer Nische religiöser Betätigung einzunisten. Vergleichbar der Hitlerjugend wurde die Freie Deutsche Jugend (FDJ) als staatliche Jugendorganisation gegründet, und die Mitgliedschaft in ihr wurde zur Voraussetzung für Fortkommen und Beförderung. Mit der Aktion ›Nationale Front des demokratischen Deutschland‹ versuchte die SED, die kommunistische Politik in die Bundesrepublik zu tragen, scheiterte aber. War jemand durch offene oder unvorsichtige Regimekritik aufgefallen, trat das Ministerium für Staatssicherheit (Stasi) in Aktion. Es kontrollierte Briefwechsel und Telefongespräche, es installierte ›Wanzen‹, es durchsuchte in Abwesenheit Wohnungen und heftete Späher an die Fersen der Beargwöhnten. Es überzog das Land mit Verhaftungen, Bespitzelung und Terror.

Eine aufregende Überraschung stand den Zwillingen bevor, als sie sich eines Tages die ersten fertiggestellten Häuser der Stalinallee ansehen wollten. Mit diesem Prachtboulevard wollte die DDR-Regierung ein ›sozialistisches Gegenstück‹ zum Kurfürstendamm im ›kapitalistischen‹ West-Berlin errichten. Die Imponier- und Propaganda-Architektur sollte augenfällig machen: Hier baut der Sozialismus Komfortwohnungen für Arbeiter. Tatsächlich aber haben nur hochrangige Funktionäre des Systems in den komfortabel ausgestatteten Häusern wohnen dürfen. Die Zwillinge bestaunten die Prunkbauten, die wie verloren in öder Umgebung aus dem Boden gestampft waren. Da hielt unversehens vor ihnen eine Kolonne schwerer russischer Limousinen. In Begleitung vieler Herren entstieg Stalins Außenminister Molotow, berüchtigt als knochenharter Verhandler auf dem internationalen Parkett, bekannt aus Presse und Film. Ihm sollten die Häuser gezeigt werden. Unter den Begleitpersonen fiel den Zwillingen Semjonow auf. Er war der ehemalige Außenminister der UdSSR, jetzt der Botschafter in Ost-Berlin, Statthalter und Vertrauter Stalins. Konnte Siegbert ahnen, daß er mit ihm einmal ein Vieraugengespräch führen würde? Semjonow, als angesehener Kunstsammler, suchte viele Jahre später Siegbert in Köln auf und war von seinen Bildern begeistert.

Die Übernahme des sowjetischen Gesellschaftsmodells führte zu wachsender Unzufriedenheit der Bevölkerung. Nach dem Vorbild der Kolchosen zwang man die Bauern, unter Aufgabe ihres Landeigentums, in Produktionsgemeinschaften. Auch selbständige Handwerker wollte man als Angestellte in sogenannten volkseigenen Betrieben zusammenfassen. So wurden auch selbständige Ärzte zu Angestellten in staatlichen Polikliniken. Es sollte verhindert werden, daß jemand auf eigene Rechnung arbeitet und wirtschaftet. Privatinitiative war unerwünscht und Privatvermögen verdächtig. Siegberts Vater wußte, daß keine privaten Zahnarztpraxen mehr zugelassen wurden und daß mit seinem Ableben auch seine Praxis aufgelöst werden würde.

Mangelwirtschaft, Preiserhöhungen, Zwang zur Produktionssteigerung und politische Bevormundung waren allgegenwärtig. Selbst der ›Neue Kurs‹, mit dem man im Juni 1953 den politischen Terror zurücknahm, änderte nichts an der Unzufriedenheit. Auch die ›Entstalinisierung‹ von Anfang 1956 brachte keinen Wandel.

Das Leben in der DDR verlor so sehr an Wert, daß dem freiheitsliebenden Menschen nur die Flucht blieb, wenn er mutig und unabhängig genug war, dies zu tun. Fast drei Millionen Menschen verließen die DDR und trennten sich damit von ihren Verwandten, Freunden und ihrer Heimat. Ein Gemeinwesen, das mit seiner Politik die Mutigsten und Unabhängigsten aus dem Land treibt, muß im Konzert der Staaten scheitern und kann keine Zukunft haben. Siegbert spürte es. Er wollte sich mit diesem schlechteren Teil Deutschlands nicht gemein machen.

Er lehnte sich innerlich gegen diesen Staat auf und wäre am liebsten nach Westdeutschland ›rübergemacht‹, wie es damals hieß. Er verstand die Eltern nicht, weil sie sich nicht zum Verlassen des angepriesenen ›kommunistischen Paradieses‹ entschließen konnten. Es wäre für seinen Vater nicht schwierig gewesen, in Westdeutschland eine neue Praxis aufzubauen. Bis Mitte der 50er Jahre war sogar noch der reguläre Umzug nach West-Berlin erlaubt. Aber Vaters Kampfesenergie schien verbraucht. Und andererseits hoffte man in diesen Jahren noch immer auf eine ›österreichische Lösung‹, wo die vier Besatzungsmächte das Land geräumt hatten und es zu keiner Ost-West-Blockbildung innerhalb des Landes kam.

Fast regelmäßig begleitete Siegbert den Vater auf seinen sonntäglichen Spaziergängen. Ausgedehnte Wanderungen über die Feld- und Waldwege von 20 Kilometer waren üblich. Manchmal, wenn sie morgens aufbrachen und erst abends zurückkamen, war die Strecke noch weiter. Der Vater fragte: »Kommt mein treuer Begleiter mit?« und freute sich, weil Siegbert sich immer anschloß. Beide liebten die gemeinsame Wanderung. Gelegentlich schloß sich Siegmund an. Auch die Schwester Inge und ihr Ehemann Erich wagten mal mitzuwandern. Erich stöhnte später, selbst auf dem Feldzug in Rußland habe er nie einen solch langen Marsch durchstehen müssen. Vater und Siegbert unterhielten sich ausgiebig. Nie hätte Siegbert gewagt, sein sexuelles Interesse anzudeuten. Er fühlte, der Vater hätte trotz umfassender Bildung absolut kein Verständnis für ihn aufgebracht. Da blieb er ein Kind seiner Zeit. Seine naturwissenschaftlichen Kenntnisse waren profund. Er kannte alle Pflanzen und Bäume und wußte deren Bedeutung in Botanik und Heilkunde. Dann und wann wurde gerastet, mitgebrachte Brote und Früchte wurden verzehrt. Lockte das warme Wetter, sprang Siegbert schon mal ins Wasser, der Wind trocknete den nackten Körper, der Vater ruhte im Gras.

Die Standardausbildung eines jeden Kindes in der DDR bestand, wie erwähnt, aus acht Jahren einheitlicher Grundschule. Danach schloß sich fakultativ die Oberschule an, die nach zwei Jahren mit der mittleren Reife und nach weiteren zwei Jahren mit dem Abitur abgeschlossen werden konnte. Aus dem Geist der marxistisch-proletarischen Revolution wollte die DDR mit dem Aufbau der klassenlosen Gesellschaft beginnen. Sie verstand sich als Arbeiter- und Bauernstaat und förderte diese beiden Bevölkerungsgruppen, um die soziale Privilegierung der anderen Schichten auf eine gemeinsame Ebene zu nivellieren. Daher unterschied man die soziale, elterliche Herkunft der Schüler und teilte sie in A-, B- und C-Kinder ein. Wer A-rbeiter- oder B-auernkind war, wurde im Klassenbuch besonders herausgestrichen, saß in einer der vorderen Reihen und erfuhr wohlwollendere Beurteilungen. Den verbleibenden C-Kindern war nach der achtstufigen Grundschule der Übergang in die Oberschule mit der Chance des Abiturs nicht gestattet. Damit wollte man eine Umschichtung der Sozialstruktur einleiten, das tradierte Bürgertum beseitigen und neue, parteikonforme Eliten aufbauen. Die C-Kinder, also die Abkömmlinge von z. B. Ärzten, Handwerkern, sonstigen Selbständigen oder Geistlichen sollten in nichtakademische Berufe abgedrängt werden.

Die Zwillinge waren darauf gefaßt, im Sommer 1953 mit Abschluß der achten Klasse die Schulausbildung beenden zu müssen, weil sie als C-Kinder nicht zur Oberschule mit der Möglichkeit des Abiturs zugelassen waren. Es hätte sich nur angeboten, als Fahrschüler eine Oberschule in den Westsektoren zu besuchen, wo sie mit einer Rückstufung wegen des unterschiedlichen Ausbildungsniveaus rechnen mußten. Denn statt der in zwei Jahren erworbenen Kenntnisse in Russisch hätten sie solche in Englisch vorweisen müssen. Da kam ihnen der Arbeiteraufstand vom 17. Juni zugute. Unterstützt von sowjetischen Panzern, wurde massiv gegen die Demonstrationen in den Städten der DDR vorgegangen. Es gab etliche Tote. Die Regierung sah ein, daß sie mit ihren Repressionen zu weit gegangen war. Die C-Kinder durften ab sofort die Oberschule besuchen. Das kam gerade recht. Schon wenig später, am 1. September, begannen die Zwillinge mit der Oberschule.[155]

Siegbert nahm Nachteile in Kauf, aber er weigerte sich, der FDJ beizutreten. Am 1. Mai, dem höchsten Feiertag des Sozialismus, fand stets ein großer Umzug durch Bernau statt. Lehrer und Schüler mußten in einem geschlossenen Block ihrer Schule mitmarschieren. Fast alle Schüler waren FDJler und erschienen in ihren Blauhemden.

»Ihr stört das Bild beim Umzug. Zieht das Hemd an!« zischte die FDJ-Sekretärin der Schule die wenigen ›Abweichler‹ an, wie man diese Unangepaßten diffamierte. »Das mache ich nicht, ich bin nicht in der FDJ«, war die renitente Entgegnung von Siegbert. Er gehörte auch zu den ersten, der ›Niethose und Texashemd‹ in der Schule trug und sich damit böse Blicke der Klassenlehrerin einhandelte. Ein übriges taten der ›dekadente‹ Bürstenhaarschnitt und die West-klamotten, wie zum Beispiel der Parallelo und die Kreppsohlen-schuhe. Er mochte die schicke, in West-Berlin gekaufte Kleidung, weil sie bequem war und Lebensfreude ausstrahlte. Zusätzlich drück-te sie damit seinen inneren Abstand zu dem ungeliebten Gemein-wesen aus. Hierin waren sich die Zwillinge einig. Sie hatten die Dis-krepanz zwischen Anspruch und Wirklichkeit durchschaut, hatten die hehren Parteiparolen des kommunistischen Sozialismus, die bis ins Klassenzimmer drangen, als hohle Phrasen und hinterlistige Lügen erkannt. Die SED behauptete, gegen das NS-Regime zu sein, und führte sich doch gerade mit ihren Parolen, mit ihrer Unter-drückung und Gleichmacherei wie die Nazipartei NSDAP auf.

Die Zwillinge liebten die Freiheit und kannten die westliche Libe-ralität aus dem anderen Teil der Stadt. Regelmäßig besuchten sie die Kinos im anderen Stadtteil. Sie genossen die dortige Lebensfreude und begannen, die miefige Ostberliner Stickluft des verordneten Klassenkampfes zu hassen. Sie lehnten eine Gesinnung ab, die als Ziel nur den kommunistischen Einheitsmenschen akzeptierte. So war auch jedes Schulfach mehr oder weniger indoktriniert, besonders schlimm in Gegenwartskunde, Deutsch und Geschichte. Der Sport war wichtig und seine Bedeutung überbetont. Die Literatur von Kafka, Gide, Remarque, Siegmund Freud und anderen stand auf dem Index, favorisiert waren die russischen Autoren.

Was blieb Außenseitern wie den Zwillingen übrig, wollten sie die Schule durchhalten und vor allem das Abitur machen, um studieren zu können? Ohne sich verbiegen und heucheln zu müssen, arran-gierten sie sich mit der Schule auf dem niedrigst möglichen Niveau, was lustloses, bloßes Absitzen der Stunden hieß. Siegbert wußte, welche sozialistischen, klassenkämpferischen Stanzvokabeln die Lehrer hören wollten. Er brachte sie nicht über die Lippen, also schwieg er. Ansporn und Fleiß waren gelähmt. Er haßte den Meinungsdrill dieses verlogenen Systems. Lediglich in dem sogenannten Dramatischen Zirkel taten die Zwillinge mit und steuerten ihre unpolitischen Beiträge zu schulischen Anlässen bei, wie Aufführung von Theaterszenen, Gedichtrezitationen oder die Gestaltung von Wandzeitungen.

Siegbert begann zu fotografieren und schloß sich einem Klub von Fotoamateuren in Berlin-Buch an. Natürlich war auch dies nur unter dem Dach einer gesellschaftspolitischen Organisation möglich, aber dies wenigstens ohne politische Bevormundung. Einmal in der Woche trafen sich Interessierte in den Klubräumen, wo sie ein Berufsfotograf in Kunst und Technik des Metiers einwies. Im Labor übte sich jeder im Entwickeln und Vergrößern. Es entstanden keine Kosten für den einzelnen, wie auch das Filmmaterial kostenlos überlassen wurde. Es war eine engagierte Runde, man tauschte Erfahrungen aus und organisierte Ausstellungen. Mit seinen Stadtansichten von Bernau ist Siegbert in einigen Präsentationen aufgefallen.

Das anfangs kindliche Interesse hatte die zwölfjährigen Zwillinge schon im Bernauer Kinderheim werkeln, zeichnen, mit Farbe und Pinsel hantieren lassen. Die Mutter hatte sie animiert und ihnen gelegentlich Arbeiten abgekauft. Andere Produkte ihrer Phantasie verhökerten sie im Heim und in der Schulklasse. Älter werdend, interessierten sie sich engagierter für Bildende Kunst und entdeckten die Berliner Museen. Fasziniert von den Schöpfungen abendländischer Kunst hielten sie sich stundenlang im Bode- und Pergamon-Museum sowie der Nationalgalerie auf, durchstreiften dort die Säle der alten Meister und durften sich im Kupferstichkabinett die Originalblätter berühmter Meister vorlegen lassen. Vor dem ›Flügelaltar mit der Versuchung des Heiligen Antonius‹, den Lucas Cranach nach einem Bild von Hieronymus Bosch gemalt hatte, verweilte Siegbert oft und lange. Es hat ihn nachhaltig beeindruckt.[156] Er glaubt, daß diese dort gezeigte Welt des Bizarren ihn später zur Malerei geführt hat. Während der Ferien verweilten die Zwillinge sogar täglich in der Nationalgalerie, von der Eröffnung am Morgen bis zum späten Nachmittag, schließlich sogar begrüßt von allen Angestellten des Museums. Die ihnen angebotene Tasse Kaffee signalisierte, daß sie beliebte junge Besucher waren, die wegen ihres Eifers und Interesses geschätzt wurden. Das bewies auch das Vertrauen des Kustos, der ihnen erlaubte, unbeaufsichtigt alle gewünschten Originalblätter selbst heraussuchen und betrachten zu dürfen. Wie gern hätten sie auch das Angebot angenommen, Originalblätter aus dem staatlichen Kunsthandel der DDR zu erstehen, unter anderem von Caspar David Friedrich, Adolph von Menzel, Heinrich Zille. Die Museumsleitung hatte ihnen dieses Angebot gemacht, weil sie sah, welche Liebe diese jungen Menschen den Meisterwerken entgegenbrachten. Aber die Zwillinge wagten nicht, den Vater um das Geld hierfür zu bitten, mochte der konzidierte ›Kollegen-Preis‹ auch noch so günstig sein. Sie haben das sehr bedauert.

In der Oberschule waren sie für alles Künstlerische der Schule zuständig. Die Anfertigung der Wandzeitung lag in ihren Händen. Für die Klassenfeste schmückten sie die Räume aus. Und große Abzüge von Siegberts Reisefotos aus ganz Deutschland zierten die Aula. Die Zwillinge verfügten also über ein gewisses Prestige in Sachen Kunst und die Eins im Zeugnis war ihnen immer sicher. Das war für sie als C-Kinder wichtig und ließ sie die vorgeworfene und, gottlob, nicht unbegründete ›parteipolitische Unzuverlässigkeit‹ leichter durchstehen.

Der Bruder Siegmund betätigte sich künstlerisch sehr engagiert. Deshalb lag für ihn am Weihnachtsfest 1952 unter dem Gabentisch ein großer Kasten mit diversen Ölfarben, Pinseln und sonstigem Zubehör. Die Ölmalerei galt als anspruchsvoll, und Siegmund hatte sich schnell beachtliches Können angeeignet. Mit seinen fünfzehn Jahren bewies er großes Talent. Vater wollte von ihm porträtiert werden.

Mit dieser Hoffnung vielleicht hatte er ihm die Ölfarben zugewendet. Aber Siegmund fühlte sich dem noch nicht gewachsen.

Für Siegbert lag unter dem Tannenbaum ein kleinerer Kasten mit Aquarellfarben, sicherlich als egalisierende Neidabwehr gegenüber dem Bruder gedacht. Zusätzlich bekam er ein Fahrrad, welches Siegmund schon besaß. Damit ging für Siegbert ein lang gehegter Wunsch in Erfüllung.

Sofort nach dem Unterricht, winters wie sommers, schwang er sich auf seinen geliebten Drahtesel. Das war ein Stück Befreiung vom Zwang der Staatsideologie, die zu bekunden immer wieder erwartet wurde, dem er sich aber widersetzte. Oft radelte er allein los, manchmal schlossen sich Siegmund oder Freunde an. Tägliche Strecken von 50 km während vieler Stunden waren die Regel, entlang der märkischen Seen und über Sandwege, entlang der Feldrainen und über Waldpfade, ein ständig wechselndes Bild. Das Fahrrad wurde ihm zum Symbol für den Ausbruch aus der Enge der verhaßten Politik in die Weite der geliebten Natur. An warmen Tagen lockten die Seen zum Bad.

Daneben unternahm er ausgedehnte Wanderungen durch die nähere Umgebung der Mark mit ihren unendlichen Wäldern und den Hunderten von Seen. Es kam vor, daß sich zwei oder drei Freunde zusammentaten, abends aufbrachen und in romantischer Vergessenheit durch die mondglänzende Landschaft streiften, endlos über Gott und die Welt diskutierten und morgens heimkehrten. Das waren die unvergeßlichen Stunden von sentimentaler Jugendlichkeit, in denen sie den Aufbruch in ein neues Lebensalter spürten.

Der ruhende Pol der Familie war der Vater. Jetzt nach der Vertreibung aus der schlesischen Heimat kümmerte er sich mehr denn je um das Wohlergehen der Familie. Er hatte sein Vermögen verloren. Es war ihm klar, wie hart er arbeiten und wie sehr er sparen mußte, um zurechtzukommen. Er war praktisch veranlagt und war sich nicht zu schade, aus Kostengründen zum Beispiel die Schuhe der Familie selbst zu besohlen. Sonntags war seine Nähstunde. Das war billiger, als die Sachen der ganzen Familie außer Haus zu geben. Klaglos hatte er diese Notwendigkeit erkannt und sich ihr gestellt. Siegbert leistete ihm Gesellschaft. Er hat Vaters Hemdenknöpfe angenäht oder sein Hemd gebügelt, das dieser ins Theater anziehen wollte. Die alte Frau Löck, Haushilfe seit einigen Jahren, kam fast täglich und hielt mit starker Hand die Wohnung in Schuß. Sie kochte und machte sauber. Der Vater ließ nichts auf sie kommen, und diese ließ sich von der Mutter nichts bieten. Der Rückhalt beim Vater hatte ihr den Rücken gestärkt, sonst wäre sie kaum wiedergekommen. Mutters Zähne wurden erst langsam stumpf. ›Irritationen‹ wie in Hirschberg hat sie sich immer weniger geleistet. Die Zubereitung des sonntäglichen Mittagessens war, wie schon in Schlesien, Vaters Domäne. Er kochte gern und zauberte mit den geringen Zutaten eine schmackhafte, fast erlesene Küche auf den Teller. Siegbert schaute ihm zu und ließ sich zu den groben Handlangerdiensten heranziehen: Gemüse schälen und schneiden, Geschirr abwaschen und abtrocknen. Der Vater war sparsam geworden, werden müssen, insbesondere sich selbst gegenüber. Er hat sich nichts gegönnt. Siegbert war dabei, wie er fast ein schlechtes Gewissen bekam, wenn er auf einem Spaziergang für sich und Siegbert beim Fleischer ein Brötchen mit Leberwurst erstand und hinter dem Rücken der Familie zu verzehren glaubte. Es war seine Lieblingsspeise. Aber er konnte sich wegen des Makels der Heimlichkeit nie des vollen Genusses erfreuen. An jedem Morgen bereitete er für die Jungen das Frühstück, die Mutter ließ sich dafür im Schlaf nicht stören. Es gab die obligatorische Haferflockensuppe, der kein Körnchen Zucker beigefügt war. Da war er als Zahnarzt, der täglich die Kariesschäden behandelte, sehr eigen und unerweichbar. Nur einmal im Jahr, am ersten Weihnachtsfeiertag, der auch sein Geburtstag war, machte er eine Torte und geizte nicht mit Zucker. Des Abends bereitete er regelmäßig Bratkartoffeln, die es zu den Broten gab.

Rastlos war er tätig, arbeitete bis spät abends. Um Kosten zu sparen, hatte er die Mutter in der Praxis mithelfen lassen. Er wollte ihr damit wohl auch eine sinnvolle Aufgabe geben. So saß ›Frau Doktor Hahn‹ hinter dem Tresen und führte die Patientenliste. Zur Assistenz bei der Behandlung zog er sie nicht heran, das wäre schiefgegangen. Die Eigenmächtigkeiten, die sie sich im Vorzimmer leistete, reichten schon hin: »Ach, sie sind doch Landwirt. Wissen sie, der Herr Dr. Hahn würde sich bestimmt über ein paar Eier freuen.« »Ich sehe, sie sind Metzger. Glauben sie nicht, daß Dr. Hahn von etwas Fleisch und Wurst sehr angetan wäre, wenn sie nächstes Mal wieder kommen?« Es gab keinen Beruf, der nicht in Mutters Visier geraten konnte, ob Blumenhändler, Bäckersfrau oder Schreibwarenhändler. Alles war rationiert, schwer erhältlich, sonst kaum beschaffbar, trotz guter Bezahlung. Sie ging sogar in das Wartezimmer und bat Patienten für sie etwas zu erledigen, einzukaufen: »Sie müssen doch sowieso hier warten. Es wäre nett, wenn sie für Herrn Dr. Hahn in der Zwischenzeit etwas besorgen könnten.« So hatte sie einmal einen Lehrer der Zwillinge in ihre Besorgungsdienste eingespannt, was beiden entsetzlich peinlich war, als sie davon hören mußten. Über dies und die anderen Extravaganzen von Mutter haben sie den Vater unterrichtet. Er rief sie zur Ordnung, war andererseits über die Extras, die sie von den Patienten locker machte, sicherlich nicht verärgert. Er hat sie nicht aus der Praxis entfernt.

Siegbert kannte Vaters Schwäche, daß er seinerseits die Schwächen anderer Menschen nicht verstehen und verzeihen konnte. Er kam mit dem Leid anderer Menschen nicht zurecht. Es mangelte ihm an Mitleid, aber nicht weil er hartherzig war, sondern weil er das Leid anderer aus eigener Schwäche nicht an sich heranlassen wollte. Aus diesem Grund hatte er die Zwillinge und die Mutter, die damals in Quedlinburg geblieben waren, kein einziges Mal vom nahen Eisleben aus besucht. Aber seine Opferbereitschaft für die Familie überstrahlte seine Schwäche. Daher bewunderten die Zwillinge ihren Vater und wollten ihn immer bei sich haben. Weil die Mutter so wenig liebenswert war, bündelten sie ihre Liebe auf ihn.

Um so trauriger wurden sie, als sie merkten, wie seine körperlichen Kräfte nachließen. Auch der Vater spürte es und wurde unruhig. Nachts fand er oft für Stunden keinen Schlaf. Er zermarterte sich in Sorgen um die Mutter und die Kinder. Die frühere Lebenslust war ihm, mit der Vertreibung aus Schlesien, abhanden gekommen. Sein Tagwerk bestand nur noch aus unermüdlicher, aufopfernder Pflichterfüllung, um seiner Familie einen finanziellen Rückhalt zu schaffen. Sein Herzenswunsch war, daß die Seinen gut versorgt seien und eine Lebensperspektive hätten. Aber er zweifelte am Erfolg seiner Mühen. Die bange Sorge um die Zukunft der Familie ließ ihn nicht los und verfolgte ihn bis in den Schlaf.

Er klagte zunehmend über Herzschmerzen, verbrauchte die damals üblichen Volksmittel in großer Zahl und erschöpfte sich immer kurzfristiger. Heute wüßte man, wie ein drohender Herzinfarkt zu behandeln wäre, aber damals... Der Vater verbrachte mit der Mutter einen kurzen Sommerurlaub in Wandlitz und hoffte, sich dort wieder zu erholen. Nach einem üppigen Mahl, zu dem er eingeladen war, brach er zusammen und fühlte sich sterbenskrank. Die Zwillinge kamen von ihrer Fahrradtour während der Sommerferien vorzeitig zurück und fuhren sofort nach Wandlitz. Der Vater war überglücklich, seine Zwillinge nochmals in die Arme zu nehmen. »Ihr seid mir wiedergeschenkt«, strahlte er. Sie umarmten ihn herzhaft. Er wußte, daß es mit ihm zu Ende ging. Noch am Nachmittag fuhr er ins Bernauer Krankenhaus, wo die Mutter lange bei ihm verweilte. Entgegen ihrer Gewohnheit, erst spät am Morgen aufzustehen, suchte sie ihn am nächsten Tag schon vor sechs Uhr morgens auf und konnte sich von ihm noch verabschieden. Sie bedankten sich für ihre gegenseitige Liebe. Er beklagte sich, daß keine Schwester auf sein dringendes Klingeln gekommen sei und der ärztliche Beistand sich rar mache. Er, der für jeden Patienten nachts und sonntags zur Verfügung stand, wurde in eigener Not von seinen Arztkollegen sträflich allein gelassen. Man habe ihm keine schmerzstillenden Mittel verabreicht, klagte er der hilflosen Mutter. Er berste vor Schmerzen.

Er bat die Mutter, ihn zu verlassen. Mutter verstand sofort. Er wollte im Sterben mit sich allein sein, wollte ihr, seiner so schwachen und untüchtigen Frau, den Anblick des Todeskampfes ersparen. Sie eilte zurück, weckte die Zwillinge: »Der Vater liegt im Sterben!« Diese rasten mit dem Fahrrad zu Inge, weckten sie auf, kehrten zurück, kamen aber trotzdem zu spät im Krankenhaus an. Vaters Leichnam war schon im Obduktionsraum. Sein Herz sei geplatzt, sei total zerstört. Seine aufopfernde Liebe für die Seinen konnte sich nicht sinnfälliger in der Todesursache darstellen. Nur die Mutter hatte ihn noch einmal gesehen, sie hatte sich den Sarg in der Leichenhalle öffnen lassen. Schon drei Wochen später verstarb der älteste Bruder Herbert.

Vor Auflösung der Praxis hatten die Zwillinge noch schnell die Geräte des zahntechnischen Labors, in dem Teddy weiterhin für den Vater tätig war, beiseite geschafft. Öfter schlichen sie in den Westsektor und schmuggelten die Maschinen, Becher und Pfannen, Halter, Öfen und Zubehör zu einer Vertrauensperson. Dieses Material war später dann Grundstock seines eigenes Labors in Darmstadt. Die Gerätschaften der Zahnarztpraxis selbst mußten an die Poliklinik verkauft werden. Der amtliche Schätzpreis war sozialistisch niedrig, hatte längst nicht dem echten Wert entsprochen. Hätte die Praxis wenige Kilometer weiter, in West-Berlin, gelegen, sie hätten diese zu einem reellen Preis an einen Nachfolgearzt ihrer Wahl veräußern können.

Vaters Ableben war für die Zwillinge ein Schock und Schmerz zugleich. Sie hatten den Vater geliebt. Sie waren gerade siebzehn Jahre alt, und Vaters Befürchtung, daß er ihre Jugendreife kaum erleben dürfte, ist wahr geworden. Ihn gab's nicht mehr – nie mehr werden sie ihm begegnen. Die Familie war entkernt, der Mittelpunkt entfernt. Er war der einzige Mensch, zu dem sie tiefe emotionale Bindungen hatten. Er fehlte als der Pol, um den herum sich, stabil und ruhig, das Leben der verbleibenden Restfamilie geordnet hatte. Er war die Respektsperson, die nach außen, in der Öffentlichkeit alle

Belange der Familie mit Erfolg geregelt hatte. Seiner Stellung als bekannter und beliebter Zahnarzt verdankten sie alle die eine oder andere Erleichterung. Der Vater bedeutete auch finanzielle Sorgenfreiheit. Jetzt fehlten die laufenden Einkünfte für sie drei. Der 58jährigen Mutter stand nach sozialistischer Regelung keine Witwenrente zu, obwohl der Vater Sozialversicherungsbeiträge hatte abführen müssen. Es wurde erwartet, daß auch Frauen erwerbstätig sind. Doch was hätte diese Frau arbeiten sollen? Die Zwillinge besuchten noch die Schule, hatten also kein eigenes Einkommen. Für die Versorgung blieben nur die Ersparnisse, die Vater, fürsorglich und hart arbeitend, angesammelt hatte. Mit ihnen würden sie den Anschluß an die eigene Berufs- und Erwerbstätigkeit erreichen können. Wie sollte es weitergehen: sie, die Zwillinge, noch drei Jahre auf der Schule, ohne berufliche Perspektive in dem verhaßten kommunistischen Repressionsparadies, mit der schwachen Mutter, die sich nur bedienen lassen wollte, und nur auf die Ersparnisse angewiesen? Mit dem Tod des Vaters schien alles noch ungewisser, noch offener. Es war daher nur zu verständlich, daß Siegbert eine unbändige Wut bekam, auf das Schicksal, auf die Umstände — und auf den Vater, weil er davongegangen war, sie verlassen hatte. Siegbert glaubte, wie auf schwankendem Boden hin- und herzuwanken. Denn er sah auf sich, mehr als auf Siegmund, die Verantwortung zukommen, für das Gelingen des gemeinsamen Wohnens und besonders für Mutter sorgen zu müssen. Der Vater hatte wiederholt und eindringlich gebeten: »Verlaßt mir die Mutter nicht!« Er hatte gewußt, daß sie lebensuntüchtig war und nach seinem Tod noch weniger zurecht kommen würde.

Nun war sie mehr denn je allein, ihr Dienst in der Praxis entfallen. Sie stürzte sich in das Unterhaltungsangebot von Ost- und West-Berlin. Fast täglich ging sie ins Kino oder besuchte Theateraufführungen. Von manchmal zwei oder drei Veranstaltungen an einem Tage berichtete sie. Es war für sie wie eine Betäubung, die aber nicht lange währte. Sie hatte keine Aufgabe, fühlte sich übrig, kam mit dem Leben noch weniger zurecht.

In den großen Ferien entdeckten die Zwillinge mit den Fahrrädern Westdeutschland und Österreich. Das war beschwerlich, aber hilfreich, weil sie ohne DM West auf die Wandergutscheine zugunsten der DDR-Jugendlichen angewiesen waren. Während drei Jahren in Folge erradelten sie sich so, mal allein, mal mit einem Freund, hunderte Kilometer Straßen, unzählige Städte, mannigfaltigste Sehenswürdigkeiten. Die reichbebilderten Fotoalben lassen Fernweh und Entdeckerlust ahnen.[157]

Das Lehrerkollegium war eine Sache für sich. Im Eilverfahren mußten systemkonforme junge Lehrkräfte herangebildet werden. Aus diesen frischen Spunden und Spundinnen sprudelte das kommunistische Infiltrat nur so heraus, wie aus einem gebrochenen Wasserrohr. In ihrem Engagement waren sie besonders unangenehm.

Eine sympathische Ausnahme, ein Lichtblick in der Tristesse der Schule war der Lehrer S., der Englisch und Geschichte unterrichtete. Während des Krieges war er bei der BBC-London tätig. Er hatte an den Zwillingen einen Narren gefressen. Er ging mit ihnen in die Kneipe jede Menge Biere heben und suchte auch sonst ihre Kameradschaft. Er wohnte im selben Haus und kam manchmal vor Schulbeginn bei ihnen vorbei, um sie zu wecken. »Ich sehe, ihr kommt nicht aus den Federn. Bleibt liegen, ich werde euch als krank entschuldigen«, war sein hilfreiches Angebot, das nie ausgeschlagen wurde. Er sollte ihnen später noch einen nützlichen Beitrag zu ihrer Flucht aus der DDR leisten, ohne daß er es merkte.

Viele Mitschüler ertrugen die politischen Verhältnisse nicht. Am ersten Unterrichtstag eines jeden neuen Schuljahres war es keine Überraschung mehr, wenn der eine oder andere Mitschüler fehlte. Allein oder mit ihren Eltern waren sie ›rübergemacht‹. Sie hatten es keinem Schulkameraden anvertraut, die Gefährdung durch Mitwisserschaft schien zu groß. »Die Spreu trennt sich vom Weizen«, meinte zufrieden der Direktor. Er sah sich zu einer Erklärung vor der Klasse gezwungen. Ein Ton von Triumphalismus lag in seiner Stimme. Er war sich des unaufhaltsamen Sieges des DDR-Sozialismus sicher. Wenn er geahnt hätte, daß keine vierzig Jahre später diese menschenverachtende Staatsdoktrin aus sich heraus zusammenbrechen würde.

Jeder Weggang eines Mitschülers verstärkte den Zweifel, ob das eigene Verweilen im ›Arbeiter- und Bauernstaat‹ noch zu verantworten sei. Die Absicht zu türmen war immer präsent. Je mehr Schüler sporadisch verschwanden und je länger man selbst zuwartete, um so panischer empfanden die Zwillinge ihre Lage. Sie befürchteten, in der DDR hängenzubleiben. Die Abkürzung ›DDR‹ wurde im Witz so blamabel wie zynisch umgedeutet als: ›Der Doofe Rest‹. Zu diesem hängengebliebenen, schäbigen Rest wollten sie nicht gehören.

Noch vor Schulbeginn hatte Siegbert mit der 80jährigen Frau Berthold, die nach der verstorbenen Frau Löck täglich die Hausarbeiten erledigte, die Besorgungen durchgesprochen. Ohne eine solche Haushaltshilfe wäre es bei aller finanziellen Einschränkung nicht gegangen. So war die Mutter wenigstens halbwegs versorgt und blieb gleichwohl die größte Sorge der beiden Jungen.

Die vier Jahre der Oberschule verstrichen langsam und kamen zu einem Ende. Die Wochen und Monate hatten sie lustlos ›abgerissen‹. Die Indoktrination im Unterricht stank sie an. Opposition dagegen war unmöglich. Als C-Kind mußten sie kuschen und durften sich glücklich schätzen, überhaupt die weiterführende Oberschule zu besuchen. Sie wurden gerade zwanzig, als sie 1957 das Abitur ablegten. Die vier Jahre Schulverlust hatten sie halbieren können. Noch mehr Klassen zu überspringen war nicht möglich. Sie wären jetzt, nach dem Abitur, am liebsten ›in den Westen rübergemacht‹, aber eine Flucht mit der alten Mutter schien nicht durchführbar. Ein regulärer Umzug, wie er 1950 noch der Schwester Inge möglich war, wurde nicht mehr genehmigt. Der Arbeiteraufstand von 1953 lag vier Jahre zurück. Es wehte wieder ein frostiger sozialistischer Ost-Wind, der kapitalistische Klassenfeind im Westen und besonders im anderen Stadtteil wurde mehr denn je gehaßt.

So arrangierten sich die Zwillinge erst einmal mit den unabänderlichen Gegebenheiten der politischen Gleichschaltung und glaubten, im Abwarten notgedrungen die beste aller schlechten Alternativen gewählt zu haben. Aber der Frust war unbeschreiblich. Die häufigen Opern- und Schauspielbesuche versöhnten sie kaum.

Da suchte Siegbert eine stille Insel des persönlichen Glücks und fand sie in der Malerei. Das passierte auf denkwürdige Weise. Es gibt immer ›ein erstes Mal‹, den absoluten, punktuellen Anfang, zumeist abgesunken in das Vergessen, nicht mehr erinnerbar. Handelt sich jedoch um ein existentiell bedeutsames Erlebnis, wirken die Spuren des Gedenkens wie eingebrannt.

Der Zwillingsbruder Siegmund wollte zu seiner Freundin Inge radeln, aber sein Fahrrad war kaputt. Da bat er Siegbert, ihm das Seine zu leihen. Der stimmte zu unter der Voraussetzung, daß Siegmund ihm seinerseits die Ölfarben für einige Zeit überläßt. Vormittags setzte sich Siegbert hin, es wurde Mittag, Abend und Nacht, und zum ersten Mal hatte er ein Ölbild angelegt. Vorkenntnisse besaß er nicht, Anleitungen hatte er nie gesucht oder erhalten. Lediglich seinem Bruder hat er mal zugeschaut, wie dieser Ölfarben mischte, Verdünnungsmittel zufügte, eine Farbschicht über die andere legte, wie er Schatten und Lichter setzte. Auf einer Sperrholzplatte, die Siegmund ihm überlassen hatte, kopierte er so in etlichen Sitzungen ein Bild von Monet.[158] Auf die Vorderseite, in eine Ecke, setzte er mit Druckbuchstaben gut sichtbar ›Sb. Hahn‹. Er kürzte seinen Vornamen mit ›Sb.‹ ab, weil der Bruder Siegmund auf seinen Arbeiten lediglich ein ›S.‹ zur Abkürzung seines Vornamens verwandte. Auf das Gemälde trug er einen Firnis zum Schutz auf, und das Werk war beendet. Auf die Rückseite der Holzplatte schrieb er seinen Namen, den Bildtitel ›Holländische Landschaft‹ und als Datum den ›27. Aug. 1957‹.[159] Aus dem kühnen Duktus dieser Zeilen glaubt man den Stolz und die Bedeutung zu ahnen, die der 20jährige diesem Erstlingswerk beimaß. Konnte er ahnen, daß er damit den ersten Schritt auf eine Künstlerlaufbahn gesetzt hatte? Es folgten vier weitere

Bilder, davon zwei Kopien, alle in schneller Folge im Herbst jenes Jahres entstanden. Etliche Leinwände vernichtete er, weil er mit dem Ergebnis nicht zufrieden war.

So eignete er sich langsam, im Studium der Werke anderer Maler, in vielen geglückten und mißglückten Versuchen, die Technik der Ölmalerei an. Der Dialog mit Leinwand und Farbe machte ihn glücklich. Er fühlte sich beschenkt, wenn er sich zurückziehen durfte vom alltäglichen Getriebe, um ein Bild zu gestalten, um eine weiße Fläche mit Farbe zum Leben zu erwecken. Die Malerei wurde zu seinem unersetzbaren Hobby. Jede freie Minute hatte er dem Malen widmen wollen. Aber erst zwei Jahre später kam er wieder dazu. Andere Pflichten und Tätigkeiten absorbierten seine Zeit.

Beide Jungen hatten schon vor dem Abitur die Entscheidung über die weitere Ausbildung und damit über ihr Berufsziel getroffen. Siegbert wäre am liebsten Arzt geworden. Der Vater hätte sich gefreut, sie hatten sich darüber unterhalten. Zu diesem Studium wurde jedoch nur zugelassen, wer einer parteipolitischen Organisation beigetreten war. Siegbert wollte sich nicht korrumpieren lassen und um eines Vorteils willen mit diesem verhaßten Regime gemein machen. Er versagte sich dieses Berufsziel, es fiel schwer.[160]

Der Bruder Siegmund wollte freier Künstler werden, aber er hörte die Klagen und Warnungen, wie brotlos dieses ›Unterfangen‹ wäre. Mit dem kunstpädagogischen Studium wählte er schließlich den Kompromiß, der seine Neigung mit dem Broterwerb verbinden sollte. Er wollte in der Ostberliner Kunsthochschule mit dem Studium beginnen. Doch er war nicht der einzige, der wegen fehlender politischer Betätigung abgelehnt wurde. Seine Bewerbung in West-Berlin dagegen hatte sofort Erfolg. Er mußte lediglich eine Nachprüfung zum ›Ost‹-Abitur ablegen, da es im ›Westen‹ nicht anerkannt wurde. So pendelte er täglich, wie Tausende andere, zwischen den beiden Stadtteilen hin und her. Abends kam er nach Hause und war von Belästigung und Bedrängnis des täglichen DDR-Politmiefs weniger betroffen.

Siegberts Interesse am Fotografieren legte eine berufliche Ausbildung in dieser Richtung nahe. Der Lehrer S. bot seine Vermittlung an, weil er den Chefredakteur der DDR-Wochenschau DEFA kannte. Als Vorläufer des Fernsehens brachte sie zweimal in der Woche aktuelle Filmbeiträge zu Politik, Wirtschaft und Kultur in die Kinos. Diese Streifen von fünfzehn Minuten Länge liefen vor den Spielfilmen und waren recht beliebt. Es gab zu jener Zeit sogar besondere Lichtspielhäuser, im Ostsektor drei an der Zahl, die im Stundentakt nur diese sogenannten ›Wochenschauen‹, verbunden mit anderen Lehr- und Unterhaltungsfilmen, zeigten. Schließlich waren sie damals die einzige optische Berichterstattung über das Tages- und Weltgeschehen. In Begleitung des Lehrers S. sprach Siegbert bei der DEFA vor und machte mit seinen Fotoarbeiten beim Chefredakteur Eindruck. Dieser holte sogar ein paar Kameraleute hinzu, die ebenso begeistert waren. Siegberts Bewerbung fand jedoch bei der ›Kaderabteilung‹, die als Personalbüro in jedem Betrieb die Parteilinie überwachte, nicht die erforderliche Zustimmung, weil er keiner parteipolitischen Organisation angehörte. Der Chefredakteur war indes von Siegberts Können überzeugt und setzte sich schließlich, auch gegen den zweiten Einspruch der Kaderabteilung, durch.[161] Siegbert wurde dessen Assistent und übernahm jede Woche, so jung wie er war, Regie und Aufnahmeleitung für bis zu sieben Beiträge. Siegbert wuchs in den Bereich Wirtschaft und Kultur hinein.

Sein erster Auftrag war: »Hähnchen«, so wurde er bald gerufen, »sagt dir was der Name Freiherr vom Stein?« »Ja, natürlich.« »Der hat nächste Woche seinen zweihundertsten Geburtstag. Mach was draus, dreh 'n paar Meter!«[162] Siegbert kannte sein Denkmal auf dem Dönhoffplatz, die Schadowsche Büste und etliche Porträtzeichnungen in der Nationalgalerie. Auch einige seiner Handschriften waren aufzutreiben. So fiel es Siegbert leicht, mit Kameramann und Beleuchter den filmischen Beitrag zum Thema abzulichten. Schnitt, Ton und Wortbeitrag lagen dann in anderen Händen. Siegbert erwarb sich einen ersten Achtungserfolg, als er in der Musterschau seinen Streifen kommentierte. In dieser täglichen Filmvorführung, an der alle Redakteure, Kameraleute und technischen Mitarbeiter teilnahmen, präsentierte jeder seinen neu erstellten Streifen. Über die Verwendbarkeit entschied dann der Chef, der die Endfertigung leitete.

Siegbert fühlte sich auf Anhieb wohl in dieser Tätigkeit. Sie forderte seine Initiative und Eigenverantwortung heraus, spornte seinen Einfallsreichtum an, half ihm im Umgang mit Menschen zu wachsender Selbstsicherheit und Anerkennung. An sich ein eher schüchterner, introvertierter Mensch mußte er jedes Mal über seinen Schatten springen, wenn er auf Menschen zugehen und sie ansprechen mußte. Mit der Zeit fiel ihm das immer leichter. Was ihn jedoch zunehmend störte, war die indirekte Verteidigung des verhaßten Regimes, die er mit seinen Beiträgen bewirkte. Die Propaganda, die auf seine Bilder ›draufgequatscht‹ wurde, machte ihn sauer. Dieser Zwiespalt, daß seine filmischen Beiträge mit Propaganda deformiert wurden, veranlaßte ihn schließlich auch zur Flucht aus der DDR.

Ihm oblagen die Wirtschaftssujets. Etwa dreimal wöchentlich mußte er die aktuellen Fortschritte und Erfolge in der sozialistischen Landwirtschaft, Fischerei oder Industrie aufs Zelluloid bannen. Er sah dann mal zufällig in einem Berliner Kino seinen Streifen über die Gurkenernte in Gorgast und konnte sich über die sozialistisch optimistische Wortunterlage nur wundern. Da ertönte aus dem Dunkel des Saales der Zwischenruf: »Wer frißt denn die Jurken? Mir kriegen keene«. So ging die Leinwandutopie im Gelächter unter. Siegbert war über die Pervertierung des von ihm verantworteten Bildmaterials entsetzt. Die wöchentlich zweimal präsentierte Bildlüge, daß im Sozialimus alles immer besser, immer schöner, immer größer und immer zufriedenstellender werde, änderte eben nichts an der miserablen Wirklichkeit.

Er saß zusammen mit der Sekretärin im Vorzimmer des Chefs, und ihm oblag neben der redaktionellen Arbeit die Verwaltung des

432

›Giftschranks‹. Hier stapelte er alle westlichen Presseorgane, die ein Bote gebracht und nur die beiden Chefs lesen durften. So gelangten in seine Hände der ›gefürchtete‹ Tagesspiegel und die ›verhaßte‹ Welt, die ›kapitalistische‹ FAZ und der ›böse‹ Spiegel, sowie andere ›verdammte‹ Westprodukte. Er durfte sie nicht lesen, mußte aber wissen, wo was steht. Das war grotesk. Denn oft mußte er die Publikationen durchblättern, wenn andere Abteilungen eine griffige Überschrift als Texteinblendung in die Wochenschau, einen sogenannten Insert, anforderten. Kam er von einer mehrtägigen Dreharbeit zurück, stapelte sich der von der hausinternen Kaderabteilung gehaßte ›Giftmüll‹ auf seinem Schreibtisch. Er teilte die offiziell verordnete Ablehnung nicht. Aber zur heimlichen Lektüre hatte er ohnehin keine Zeit.

Als jüngster Redakteur war Siegbert der ständige DEFA-Vertreter beim Presseamt des Ministerpräsidenten – und das, obwohl er kein Genosse war. Wann immer Sitzungen anstanden, auf denen Filmaktivitäten zu planen waren, ist der »Genosse Hahn« angefordert worden. Er war dort beliebt und wußte selbst nicht, wie ihm geschah. So erfuhr er von allen wichtigen Ereignissen und legte den Drehplan fest. Er kam bei den Aufnahmen in Tuchfühlung mit vielen Mächtigen dieser Zeit, unter anderen Wilhelm Pieck, Walter Ulbricht, Otto Grotewohl, Hilde Benjamin und Erich Honecker. Er begleitete sie bei Empfängen, Sitzungen und Aufmärschen. Ulbricht fixierte einmal mißbilligend Siegberts Bürstenhaarschnitt, der als US-kapitalistisch dekadent galt. Doch der Beargwöhnte war präpariert. Er hätte, wie schon bei anderen Gelegenheiten, auf die ›deutsche‹ Bürste des Reichspräsidenten Hindenburg verwiesen. Insbesondere die Jeans galten als anstößig. Jeder in Siegberts Team verzichtete auf diese Provokation.

Der Chefredakteur meinte, nach längerer Zeit müßte mal wieder etwas über die Hochseefischerei gedreht werden. Siegbert schrieb den Drehauftrag aus. Doch alle Kameraleute meldeten sich der Reihe nach krank oder verhindert: »Hähnchen, weißt du eigentlich, auf was du dich da mitten im November einläßt?« Schließlich fand er zwei junge Kamera-Assistenten, die sich Sporen verdienen und mal selbständig drehen wollten. Die jedoch konnte er nicht unbegleitet fahren lassen. Also mußte er selbst mit. Am zweiten Tag kam die erste Dünung auf und forderte das bekannte magenkrämpfende Opfer über die Bordwand. Siegbert wußte, es gab kein zurück, vier Wochen wird er an Bord bleiben müssen. Dieser Schrecken machte ihn seetauglich – falls er sich fürderhin vorsah. Deshalb blieben die vielen mitgenommenen Bücher ungelesen und manch sättigender Bissen ungegessen, um Gleichgewicht und Magen nicht durcheinanderzubringen. Der 300-Tonnen-Trawler kreuzte im Atlantik vor Norwegen und geriet für wenige Tage in einen Orkan mit Windstärken zehn bis zwölf. Siegbert lag nur noch in der Koje, verlor die Lust am Weiterleben und verfluchte den eigenen Drehauftrag. Von daher resultiert seine heutige Abneigung gegen die offene See, die er damals als Furie kennengelernt hatte. Später dann bei windstillem Meer gelangen dem Team prächtige Aufnahmen vom Leben und Arbeiten an Bord. Alle sechs Stunden, tags wie nachts, wurden die Netze gehievt, die Fische ausgenommen und auf Eis gelegt. Von einem Schlauchboot aus drehte Siegbert schwungvolle, schaukelnde Filmsequenzen auf den Fischkutter, die seekrank machen konnten. Das belichtete Material war so umfangreich und spannend, daß noch ein Kulturfilm über die Hochseefischerei heraussprang.

Ein anderes Mal standen Dreharbeiten in einem Steinkohleabbau in Ölsnitz an: Viele hundert Meter unter Tage, vom Steiger begleitet, die Augen vom Kohlestaub verklebt, die Luft schwer, die Hitze so unerträglich, daß die Bergleute nackt arbeiteten, ständige Luftkontrolle wegen der Schlagwettergefahr. Dann wieder war es der Beginn einer neuen Fertigung im Jenaer Zeiss-Werk oder in der Suhler Jagdwaffenfabrik.

Neben diesen fast täglichen Dreharbeiten im Bereich der Wirtschaft bemühte sich Siegbert besonders um das aktuelle Geschehen in der Kulturszene. Hieran war er besonders interessiert. Das bedeutete ihm große persönliche Befriedigung. Jede Woche war er verantwortlich für aufregende neue Dreherlebnisse: in der Zirkuskuppel, auf der Eislaufbahn, bei Opernaufführungen, Konzerten, Ausstellungseröffnungen, bei Proben und Premieren. Wenige Beispiele für hundert andere Ereignisse während der zweieinhalb Jahre seiner DEFA-Tätigkeit sind: Die Rückkehr von Kunstschätzen des Grünen Gewölbes nach Dresden, die nach dem Krieg nach Rußland entführt worden waren, die Fertigstellung des Brandenburger Tores mit der Aufstellung der Quadriga und ein Gastspiel der Mailänder Scala in der Lindenoper. Besonders interessant gestalteten sich die Filmaufnahmen über Künstler und ihr Schaffen, die zu vertrauensvollen persönlichen Kontakten führten; Filmbeiträge mit: der Schriftstellerin Anna Seghers in einem Industriebetrieb, Helene Weigel in Brecht-Aufführungen, den Intendanten Felsenstein und Langhoff in ihren Inszenierungen, dem Maler Hegenbarth im Atelier und Fritz Cremer bei der Einweihung seines Buchenwald-Denkmals.

Wenn Siegbert abends nach Hause kam, erzählte er der Mutter von seinen Drehaufgaben. Sie war gespannt auf die täglichen Neuigkeiten. Das spornte sie an, die wöchentlich zweimal neuen Streifen anzuschauen. Sie berichtete ihm dann stolz, welche seiner Beiträge sie im Kino gesehen hatte. Auf diese Weise nahm sie nicht nur an Siegberts Arbeit regen Anteil, sondern auch den Mund gegenüber Gesprächspartnern etwas voll, wenn sie mit Siegberts Leinwandpräsentationen strunzte. Ihre Theaterbesuche wurden jetzt seltener. Abends blieb sie eher zu Haus und saß über einem Buch.

Siegbert brachte ihr in mühseligen Belehrungen bei, wie sie sich etwas zum Essen bereiten konnte. Mit Ende der Schulzeit kamen nämlich die Zwillinge nicht mehr mittags nach Hause und konnten sich um die Mutter nicht kümmern. Das warme Mittagessen stand für sie jetzt nicht mehr bereit. Auch die gute Frau Berthold kam manchmal erst nachmittags und auch das nicht jeden Tag. Die Mutter wollte sich anfangs nicht belehren lassen, sperrte sich, war uneinsichtig. Siegbert ermahnte sie: »So kannst du dich nicht am Leben vorbeidrücken.« Er wurde energisch. Er war der einzige, auf den sie hörte. Von ihm nahm sie schließlich Lehre an. Erstmals lernte sie so, Kaffeepulver von Teeblättern zu unterscheiden, und vermochte, sich einen Kaffee aufzuschütten. Nur die einfachsten Speisen wagte er ihr beizubringen, eine Mehl- oder eine Haferflockensuppe. Glücklich war sie, wenn ihr endlich Mengenverhältnisse, Rühren, Temperatur-regelung und Abschmecken gelangen. Dann wartete sie auf Zuspruch und Lob, dann brach Stolz hervor. Sie war regelrecht anerkennungs-süchtig. Später wagte sich Siegbert sogar an schlichte Kartoffel- und Gemüsegerichte, die sie nachkochte.

Zu Winteranfang hatte er ihr auch das Heizen des Ofens bei-gebracht, aber wiederum mit welcher Mühe: »Du kannst doch nicht im Kalten sitzen. Der Kachelofen braucht doch Stunden, ehe er Wär-me abgibt. Komm, ich zeig' dir, wie's geht.« Die Mutter winselte und wimmerte, sie könne es nicht, schaffe es nicht, sie verstehe nichts davon, es werde sowieso nicht klappen. Er nahm Papier, Holzscheite, Briketts und zeigte ihr, kniend, wie das Material im Ofenloch auf-geschichtet wird. Die Mutter jammerte, sie habe sich noch nie hin-gekniet. Natürlich stimmte das nicht; denn bei ihrer künstlerischen Arbeit, gebeugt über ein großes, am Boden liegendes Blatt, ist sie in Hirschberg ausnahmsweise doch mal auf die Knie gegangen. Mit gütigem Zureden und einfühlsamer Rücksichtnahme brachte er sie schließlich dazu, sich hinzuknien, das Heizmaterial herzurichten und in Brand zu stecken. Sie hatte Erfolg. Er lobte sie überschwenglich, es tat ihr gut, sie war darauf angewiesen, als wäre sie ein kleines Mäd-chen. So saß sie wenigstens während der strengen Wintertage nicht im kalten Wohnzimmer. Das tägliche Entleeren der Asche und Her-anschaffen der Heizstoffe besorgten die Jungen, das hätten sie der Mutter ohnehin nicht zugemutet.

Siegbert fuhr mit ihr nach Berlin. Er überzeugte sie, daß sie end-lich ein neues Kleid kaufen sollte. In allem wollte sie jetzt von Siegbert zunehmend an die Hand genommen werden. Als Frau Berthold eines Tages die Zwillinge beiseite nahm und sie auf die Hinfälligkeit

436

der Mutter ansprach, ahnten sie, wie es mit ihrer Gesundheit bestellt sei. Sie wurde ruhiger, apathisch, verfiel immer mehr. In zehrender Stille schien sie zu verblühen.

Eines Abends, Siegbert kam spät von der DEFA nach Hause, fand er einen Zettel von Siegmund: »Mutter im Sterben – bin im Krankenhaus.« Er eilte hin, traf im Flur den Bruder, ein lautes Stöhnen klang durch den Flur. »Das ist unsere Mutter«, klagte Siegmund. »Ich hab' ihr alles vergeben.« Das Röcheln wurde leiser, der Atem leichter, war kaum noch vernehmbar und – erstarb. So ist die Mutter eilends von ihnen gegangen. Die Zwillinge wechselten kaum ein Wort, als sie in der Nacht nach Hause gingen. Sie haben die Mutter neben dem Vater beerdigt. Sie war 62 Jahre alt, als der Hirnschlag sie ereilte. Den Vater hatte sie um vier Jahre überlebt.

Siegbert hatte seiner Mutter gegenüber ein zwiespältiges Verhältnis. Durch ihre unselbständige Lebensführung, sich stets und überall bedienen zu lassen, verbunden mit ihrem arroganten Anspruchsdenken, blieben ihre Beziehungen zu jedem in der Familie spannungsgeladen. Siegbert hätte sie manchmal in der Luft zerreißen können, wenn sie ihre rücksichtslose, egoistische Seite herauskehrte, und gleichzeitig hatte er sich voll Mitleid und Liebe ihr zugewandt, weil er ihr Verhalten als krankhaft ansehen wollte. Zwischen diesen beiden Gefühlen pendelte er hin und her. Gelang es ihm gerade wieder, die liebevolle Hinwendung einzuüben, leistete sie sich eine neue rüde Attacke, eine bösartige Entgleisung, die wie eine eiskalte Dusche wirkte. Sie war manchmal in ihrer Unberechenbarkeit nicht nur schwierig, sondern auch unausstehlich. Ihre Ausfälle belasteten das ohnehin spannungsreiche Verhältnis. Siegbert hatte sich so sehr eine gütige, altruistische, einfach eine ›normalere‹ Mutter gewünscht. Auch er hatte ihr, am Grabe stehend, alle ihre ›Ungereimtheiten‹ vergeben. Er war traurig, daß sie war, wie sie war, und daß man ihr be›gegnen‹ mußte, wie man ihr be›gegnet‹ ist.

Die Zwillinge waren gerade mal einundzwanzig Jahre alt und jetzt endgültig auf sich selbst gestellt. Nun wurde es noch einsamer um sie. Schon nach dem Tod des Vaters waren sie praktisch allein, jetzt fiel die letzte familiäre Bindung weg. Der Zusammenhalt zu den beiden anderen Geschwistern beschränkte sich auf wenige, seltene Begegnungen im Jahr, die für menschliche Nähe kaum genügend Gelegenheit boten.

Unverzüglich erhielten sie vom Bürgermeisteramt die Aufforderung, die große Wohnung zu räumen. Sie mußten diese eintauschen gegen die winzige Zweizimmerwohnung ein Stockwerk höher, die der Polizist M. mit seiner Frau bewohnte. Das erlebten sie zusätzlich wie einen Wink des Schicksals, wie eine Aufforderung, nicht nur die Wohnung, sondern gleich auch die DDR zu verlassen. Jetzt war die Rücksichtnahme auf die Mutter entfallen, jetzt konnten sie konkrete Fluchtpläne schmieden. Siegbert nutzte die Verkleinerung der Wohnung, sich von möglichst vielen Möbeln zu trennen, die sie bei der Flucht ohnehin hätten zurücklassen müssen. Der Verkauf setzte sie nicht der Gefahr aus, sich der strafbaren Republikflucht verdächtig zu machen. Sie behielten nur die wenigsten Stücke zurück. Die Vorbereitungen zur Flucht liefen mit Hindernissen langsam an.

Seine morgendlichen S-Bahn-Fahrten zum Dienst unterbrach Siegbert ab und zu auf dem Westberliner Bahnhof Humboldthain und brachte heimlich persönliche Habe zu einer Vertrauensperson nahe dem Bahnhof. Das ging sporadisch über viele Monate. Die S-Bahn gehörte samt Gleiskörper und Bahnhöfen zur DDR, selbst dort, wo sie durch die Westsektoren fuhr. Die Bahnstrecke von Bernau nach Berlin-Mitte führte mit zwei Stationen über Westberliner Gebiet.[163] Diese beiden Bahnhöfe waren günstige und viel benutzte Übergänge, um in die andere Stadthälfte zu gelangen. DDR-Transportpolizei patrouillierte gelegentlich auch auf diesen, in West-Berlin gelegenen Bahnsteigen und Bahnhofshallen. In einer Tasche, die unauffällig klein sein mußte, transportierte Siegbert Bücher, Bekleidung, Bettwäsche nach drüben. Es mußte schnell ablaufen. Sofort wollte er wieder auf dem Bahnsteig einen nächsten Zug erwarten. Es sollte nicht auffallen. Trotzdem, er muß hierbei

bespitzelt worden sein, was er bald bemerkte. Siegmund brachte gelegentlich auch Pakete zu der Westberliner Vertrauensperson. Doch
viel seltener als Siegbert. Denn die gefürchteten Gepäckkontrollen
durch die DDR-Transportpolizei drohten ihm häufiger, weil seine
nach West-Berlin gelöste Fahrkarte ihn als ›Grenzgänger‹ auswies.
Diese Personen wurden zunehmend als Feinde des Sozialismus diffa-
miert und an den Medienpranger gestellt.

In der DEFA erbrachte Siegbert bald Leistungen wie ein Vollprofi.
Es waren Jahre intensiver, hektischer Arbeit, ständig auf Reisen,
laufend Kontakte mit offiziellen Stellen, spät abends nach Hause. Als
Nicht-Partei-, noch nicht einmal FDJ-Mitglied mußte er doppelt
soviel arbeiten. Auch die Anbiederungen der Kaderabteilung hatten
schließlich aufgehört, nachdem er sich entschieden geweigert hatte,
eine Wandzeitung mit sozialistischen Sprüchen zu gestalten. Im Laufe der Jahre war er wegen seiner profunden Leistungen unverzichtbar
und wegen seiner allseitigen Beliebtheit unangreifbar geworden. Es
hat ihm Spaß gemacht.

Er fand die Anerkennung aller Mitarbeiter. Sie schlugen ihn regelmäßig für Prämienzahlungen vor. Das Anfangsgehalt wurde schon
ein halbes Jahr später, ohne daß er darum nachgefragt hatte, auf-
gestockt.[164] Damit verbunden war das Geschenk eines Sonderurlaubs
in Bulgarien. Er schloß sich einem Kameramann an, der gleichzeitig
drei Sujets drehen sollte. Siegbert half ihm bei den Aufnahmen im
Rila-Kloster, im Seebad Varna und am Strand. Hier entdeckte er
wiederum, zur eigenen Verunsicherung, wie stark er sich zum anderen Mann, seinem Wesen und Auftreten, seiner Ausstrahlung, hinge-
zogen fühlte. Er spürte wieder die Angst vor diesem geächteten Interesse.

Der Kameramann wunderte sich: »Hähnchen, warum gehen sie
nicht mal raus? Hier gibt es doch nette Mädchen. Beim Tanz. Oder
an der Bar geht's lustig zu.« Was wußte Siegbert schon, wo und wie
er den begehrten Objekten seiner beginnenden Sinnlichkeit hätte
begegnen können, wo mit ihnen ins Gespräch kommen können?

Er war inzwischen einundzwanzig Jahre alt und wußte noch gar nichts. Er fühlte nur das Interesse am gleichgeschlechtlichen jungen Mann, das von kaum einem anderen geteilt werde, wie er meinte. Er wußte noch gar nichts von der Minderheit homosexuell empfindender Männer, die gleich ihm seit Menschengedenken in allen Rassen und Kulturen anzutreffen sind. Eine solche Erfahrung hätte ihn vielleicht freier gemacht. So jedoch warf die Angst vor den eigenen Gefühlen ihn zurück auf sich selbst. Sogar mit Angst reflektierte er seine eigene Angst. Es war ein Teufelskreis.

Er flüchtete in die Welt des Malens, die er gerade erst entdeckt hatte. Er hatte sich Malpappen und Farben nach Bulgarien mitgenommen. Am Strand und auf dem Hotelzimmer aquarellierte er Stilleben. Da war er ganz bei sich. Hier fand er sein tiefstes Glück.

Der Kameramann hatte es gut gemeint mit dem Hinweis auf das gemütliche Strandleben, das zum Schwätzen und Anbändeln einlud. Aber gerade das war Siegberts Interesse nicht. Er hatte einen glaubhaften Vorwand, seine Mutter sei erst vor drei Wochen verstorben, da verspüre er keine Lust zum Feiern. Damit hatte er den Kameramann zufriedengestellt. Daß er dieser ›Rechtfertigung‹ überhaupt bedurfte, empfand er als Beleidigung seiner Selbständigkeit. Aber, was half's.

Schmerzlicher waren Begebenheiten ähnlicher Art. Oft war er mit dem Aufnahmestab auch an Wochenenden unterwegs. Die jungen Kameraleute, Beleuchter, Bühnenarbeiter und Kraftfahrer suchten nach dem gemeinsamen Abendbrot eine Gelegenheit zum Schwof. Selbst die Fahrt in den Nachbarort war nicht zu weit, um mit den dortigen Schönen das Tanzbein zu schwingen. Siegbert konnte sich nicht immer fernhalten, dann saß er dabei, mal allein, mal in Begleitung älterer Mitarbeiter, die sich ebenfalls am Bierglas festhielten. Wieder fühlte er, wie fremd ihm dieses Vergnügen blieb, wie fehl am Platz er war. Er sehnte sich nach einer anderen Gemeinsamkeit, nach dem jungen Freund, ohne genau zu wissen, was mit ihm laufen würde. Es schnürte ihm den Hals zu. Da griff er zur Ausrede, er sei von der Tagesarbeit müde, wolle schon ins Bett gehen. Oder mit angeblichen Kopfschmerzen verließ er den Tanzsaal. Er ging aufs Zimmer, heulte seine Einsamkeit aus sich heraus und war verzweifelt. Er wußte nicht ein, noch aus. Der Schlaf bedeckte die Wunde.

Schlimm war es ein anderes Mal. Ein Kameramann kam mit seiner Partnerin von der Tanzfläche zurück und brachte eine weitere holde Weiblichkeit heran. Die ließ er neben Siegbert Platz nehmen und schob sie ihm zum Fummeln zu, wie er mit Augenzwinkern erklärte. Er glaubte, er würde dem Jüngsten in der Riege, der auch sein Chef war, einen Gefallen bereiten und war selbst schon wild am Knutschen, am Streicheln der Beine rauf und runter und über die Brüste. Aus dem Augenwinkel heraus schielte er auf Siegbert und war zufrieden. Was blieb dem Ärmsten anderes übrig, um sich nicht zum Gesprächsthema in der Firma zu machen? Er hatte noch Glück in der Peinlichkeit. Sein Mädchen schien ebenfalls verlegen und zierte sich. Siegbert schwor sich: »Das darf dir nie wieder passieren. In eine solche Situation darfst du dich nie wieder hineinziehen lassen!« Es gelang ihm.

Einmal, in einem mecklenburgischen Dorfkrug, kam ein junger Mann auf ihn zu, er war der hübscheste im Saal, und bat ihn, ob er nicht mit seiner Schwester tanzen wolle, sie würde sich sehr darüber freuen. Siegbert log, daß er nicht tanze. Und mit dieser Lüge, so empfand er, gestand er sich erneut seine emotionale Ausgrenzung ein, seine Fremdheit unter den Beschwingten dieser frohen Tanzfete. Er hätte viel lieber den Bruder aufgefordert, an seiner Seite Platz zu nehmen und mit ihm zu sprechen. Er spürte wieder, daß seine Sehnsucht nicht erfüllt, sein Verlangen nicht gestillt würde. Er schlich sich hinaus. Er schleppte sich in der Nacht zurück in Richtung Nachbarort, wo sie Quartier bezogen hatten. Der weite Weg hörte seine Qual. Leise schluchzte er sein Leid aus sich heraus: »Soll ich denn allein bleiben? Finde ich keinen Mann, dem ich meine Liebe schenken kann? Gibt es das überhaupt, ist das möglich? Warum fühle ich so anders als meine Mitarbeiter? Leben heißt doch Lieben. Stimmt das

denn nicht? Ohne Liebe lohnt auch das Leben nicht.« Er wiederholte die Klage, wimmernd, an sich selbst gerichtet, wer sonst sollte
ihn hören. »Ohne meine Art der Liebe lohnt sich auch mein Leben
nicht.« Er heulte seinen verzweifelten Monolog vor sich hin. Die
Nacht hörte ihn, die Landstraße, die Felder am Rand und die Bäume
entlang des Weges. Und zum ersten Mal tauchten Gedanken an den
Tod auf: »Warum sollte ich ihn nicht als Befreier begrüßen? Ohne
Liebe lohnt sich mein Leben nicht.« Er wünschte sich den Tod. Er
wäre ihm Erlösung gewesen, von einem lieblosen schwulen Leben,
das er als Strafe empfand. Er bedauerte es nicht, jung zu sterben.
Auch die Absicht, dem Leben selbst das Ende zu setzen, verdichtete
sich, wann immer der Schmerz ihn niederdrückte. Warum sollte er
sich quälen, mit einem ungeliebten Leben, dem die Liebe fehlt?
Warum die Pein ertragen? Gedanken dieser Art tauchten immer wieder auf, kamen nie ganz zur Ruhe und waren keineswegs abstrakte
Flausen. Hatte er nicht recht, daß sich das Leben nur für die Liebe
lohnt?

Die DEFA ließ Siegbert kaum Zeit für private Dinge. Er war von
früh bis spät abends verplant, fast regelmäßig auch samstags und
sonntags. Wie selbstverständlich hat er sich totalen Einsatz abver-
langt. So fand er in den wenigen freien Stunden nur selten Muße,
um sich auf sein geliebtes Malen einzustimmen.

Anfang Mai 1959 malte er sein erstes, frei gestaltetes Ölgemälde,
ohne jede Vorlage oder Anlehnung. Er nannte es ›Ein Besuch‹. Wie
konnte er ahnen: Es war das Erstlingswerk einer Bildwelt, die seine
Bildwelt werden sollte, seine *Natura mystica,* wo die Natur in schöp-
ferischer, phantasiereicher Perspektive über sich hinausweist und für
uns Menschen zum Sinnbild unseres mystischen Lebensgrundes
werden kann. Dieses Thema hat er bis heute in einigen hundert Bildern weitergeführt.

Siegbert forcierte die Fluchtvorbereitungen. Er hob sporadisch
vom Bankkonto kleinere Beträge ab, die unauffällig bleiben sollten, und brachte sie, umgewechselt in DM West, auf ein Konto im

anderen Stadtteil. Sie waren als Starthilfe nach der Flucht gedacht. Der Wechselkurs war mit 1 : 5 ungünstig, aber das vom Vater hart erarbeitete Spargeld war so wenigstens nicht dem DDR-Regime geschenkt.

Der Bruder Siegmund fuhr morgens zu seiner Hochschule im Westen, kam abends zurück und spürte verhältnismäßig wenig von der psychischen Einengung und Drangsalierung. Er wußte zwar, daß er mit seinem Studienabschluß im Westen keine Berufschancen im Osten haben würde. Aber sein Examen stand erst Jahre später an. Außerdem gehörte er zu den ›Grenzgängern‹, die im Osten wohnten und im Westen ihre Arbeit erbrachten. Die DDR-Führung prangerte sie als Parasiten am Sozialismus an. Die Kampagne, in Presse und Wandanschlägen lanciert, verhieß nichts Gutes. Siegmund wußte, daß die Flucht unausweichlich wäre. Doch er schob jeden Termin, auf den Siegbert ihn festlegen wollte, vor sich her. Er war weniger unschlüssig als bequem, befürchtete vielleicht auch Probleme mit seiner Freundin Inge, die das benachbarte, heimatliche Biesental nicht würde aufgeben, Haus und Mutter nicht würde verlassen wollen. Siegbert war beunruhigt über seines Bruders Lethargie, so empfand er das Zuwarten, und hat mit ihm argumentiert: Der nochmalige Ortswechsel und der neuerliche Verlust von Eigentum sollte ihnen doch leicht fallen, in beidem hätten sie doch Übung. Auch die gewachsenen emotionalen Bindungen an Bernau sollten so stark nicht sein. Im übrigen, er, Siegmund, könne sein Studium von einem Westberliner Wohnsitz aus sogar bequemer fortsetzen.

Und Siegbert war sich bewußt, daß er ohne Beitritt zu einer politischen Organisation kein berufliches Vorwärtskommen hätte. Er hatte sich auf Anraten seines DEFA-Chefs schon bei der Filmakademie in Babelsberg beworben und war prompt abgelehnt worden. Das war besonders ironisch, weil er gleichzeitig von dort Studienanfänger bekam, die er in die Redaktionsarbeit der DEFA-Wochenschau einzuweisen hatte. Sollte er fürderhin bloßer ›Regiegehilfe‹ bleiben, wie es in seinem Betriebsausweis hieß? Auch spürte Siegbert stärker als Siegmund, wie die DDR trotz gegenteiliger Irreführung den freien Übergang zwischen Ost- und West-Berlin zu unterbinden vorbereitete. Die Neubaustrecken von Straßen und Bahnen, welche die durch West-Berlin führenden Trassen ersetzen konnten, deuteten auf eine Trennung beider Stadtteile hin. Er wußte auch, er würde sich nochmals auf die Schulbank setzen müssen, weil sein Ost-Abitur im Westen nur nach einer einjährigen Ergänzungsausbildung anerkannt würde. Aber trotz allem, er war bereit, jede Arbeit im Westen, auch die eines Hilfsarbeiters, anzunehmen, wenn er nur aus dem kommunistischen Ideologiegefängnis der DDR ausbrechen könnte. Das Ob der Flucht war unter den Zwillingen unstrittig, nur das Wann wurde kontrovers diskutiert. Anderthalb Jahre lang zogen sich Begründung, Beharrung und Resignation hin, eine Terminabsprache war nicht zu treffen.

Da hörte Siegbert in der DEFA davon, daß Plätze für eine Chinareise angeboten würden. Es entsprach einer neuen Gemeinsamkeit der ›sozialistischen Bruderstaaten‹, die Grenzen für ausgesuchte Bürger durchlässiger zu machen. Zu damaliger Zeit war das eine Sensation. Siegbert buchte Ende 1959 zwei Plätze im staatlichen Reisebüro und sah hierin die Chance, legal mit einem großen gepackten Koffer aus dem Haus und später auf der Rückreise in den Westen zu gelangen. Gleichzeitig könnten sie so ihr Bankkonto schmälern und dafür in den Genuß einer kulturell interessanten Fahrt kommen. Jeder kaufte sich noch einen Anzug und eine Fotokamera, was das Konto weiter verringerte. Die Vierwochenreise, mit je 5 000 DM Ost für DDR-Verhältnisse extrem kostspielig, war für die Zwillinge nur aus dem hinterlassenen väterlichen Guthaben finanzierbar. Die Reise schien von den geheimen staatlichen Kontrollinstanzen genehmigt, andernfalls wären ihnen die Reisedokumente nicht ausgehändigt worden.

Etwa sechs Wochen vor der Abfahrt machte Siegbert die unheimliche Entdeckung, daß sie bespitzelt wurden. Briefe, die sie erhielten, waren geöffnet und merkbar wieder verschlossen worden. Auch beim

Verlassen der Wohnung folgte ihnen ein Mann. Siegbert bemerkte den Späher zuerst und machte seinen Bruder darauf aufmerksam. Dieser glaubte ihn auch gesehen zu haben, auf seinen täglichen Wegen zum und vom Bahnhof. Aber er war sich nicht sicher. Denn es waren verschiedene Personen. Der letzte Zweifel fiel, als sie einen Freund baten, den heimlichen Verfolger selbst zu kontrollieren. Die Zwillinge gingen zum Essen in ein Restaurant. Der Freund hat die beängstigende Vermutung zur beunruhigenden Gewißheit werden lassen. Der Späher hatte über eine Stunde im Regen ohne Schirm, nur an die Mauer gelehnt, ausgeharrt, bevor er die Zwillinge zurück nach Hause verfolgte. Jetzt ergriff den Bruder Panik. Eine Unvorsichtigkeit oder ein konkreter Fluchtverdacht hätten sie schnell vor Gericht und ins Gefängnis bringen können. Ab und zu erwogen sie sogar, noch vor dem Abreisetermin nach West-Berlin zu fliehen, verwarfen aber stets wieder diese Spontanreaktion. Es waren Wechselbäder der Ängste und Hoffnungen. Als dann auch noch eine Hausbewohnerin Siegbert fragte, ob sie flüchten wollten, klingelten die Alarmglocken besonders schrill. Sie muß von irgendeinem Argwohn gehört haben, sonst hätte sie nicht gefragt. »Wie kommen sie denn darauf? Ich habe doch einen blendenden Beruf bei der DEFA, wo ich ungemein zufrieden und glücklich bin. Den werde ich doch nicht hinwerfen!« beruhigte Siegbert die Frau. Er hoffte, sie wird es so weiter berichten, falls sie vorgeschickt sein sollte.

Der Abreisetermin rückte näher.[165] Der Späher stand noch immer vor dem Haus. Auch die Mieter M., mit denen sie die Wohnung nach Mutters Tod tauschen mußten, schienen ihr Gehen und Kommen zu überwachen. Jedes Geräusch eines vor dem Haus anhaltenden Autos mit dem Schlagen der Tür tönte wie das Einklinken der Handschellen. Es wurde zur Obsession. Noch Jahre später verfolgten Häscher Siegbert im Traum. Die Zwillinge baten den früheren Lehrer S., der im Hause wohnte, sie zu frühester Stunde mit seinem Wagen zur Haltestelle des Flughafenbusses zu bringen. Sie hatten Bedenken, zu späterer Stunde, unter den Augen des Spähers, mit den Koffern ein

Taxi zu besteigen. Siegbert schloß die Wohnungstür hinter sich ab und wußte, nie mehr würde er durch diese Tür die eigene Wohnung betreten. Nie mehr würde er die zurückgelassene persönliche Habe, die Leinwände mit den angelegten Bildern wiedersehen. Leise tappten sie das Treppenhaus hinab. Morgendämmerung lag über der Stadt. Siegbert drehte sich nochmals kurz um, sah zurück zum Haus. Dieses Bild, die Stimmung und die Gefühle sind tief in der Erinnerung eingebrannt. Wie oft hatte er schon in seinem kurzen Leben Abschiede und Verluste hinnehmen müssen. Wehmut kam auf. Eine neuerliche Trennung. Trotz allem, es fiel leicht. Er wollte die Freiheit des Westens dagegen eintauschen: Welch ein Gewinn! Er durfte seine Gefühle nicht ausdrücken, mußte sich absolut arglos verhalten. Lehrer S. mußte gutgläubig bleiben, sie wollten ihm keine Unannehmlichkeiten bereiten, eingeforderte Aussagen sollte er gutgläubig leisten können. Aus diesem Grund logen sie ihm etwas von anschließenden Urlaubsplänen im Sommer an der Ostsee vor. Die beabsichtigte Urlaubspost aus China sollte die Irreführung unterstützen.

Die Reisegruppe umfaßte fünfzehn Personen: unter anderem Atomforscher, Chefärzte, Juristen, teils einzelreisend, teils mit den Frauen. Der DDR-Botschafter überraschte die Gruppe am ersten Abend mit der Mitteilung, daß sie als offizielle Reiseabordnung der DDR angereist und daher Gäste der Volksrepublik China seien; denn die gezahlten Reisekosten würden den tatsächlichen Aufwand bei weitem nicht decken. Daher sei auch das von den chinesischen Gastgebern ausgearbeitete Besuchsprogramm einzuhalten. Das stieß sofort und später mehrfach auf Widerspruch. Die Gruppe setzte es schließlich durch, nicht nur die Anlagen zur Fertigung etwa von Baustahl, Koffern, Füllfederhaltern, Textilien, Seidenstoffen, Tee und Reis zu besichtigen, und nicht nur ansehen zu müssen die zahlreichen nationalen Denkmäler des Kampfes gegen Tschiang Kai-schek, des Krieges gegen die Japaner, das Sun-Yat-sen-Grabmal in Nanking und die zahlreichen Grabstätten der Gefallenen des Bürgerkrieges. Es wurden ihnen Besichtigungen ermöglicht, die ursprünglich im Plan nicht vorgesehen waren, aber den verschiedenen Interessen der Teilnehmer entsprachen: die Große Mauer und die Ming-Gräber bei Peking, die Gartenstadt Hangshow, die alte Kaiserstadt Nanking, einige buddhistische und Tao-Klöster, eine Kunsthochschule in Shanghai, zwei Akupunkturbehandlungen und Operationen in Wohan.

So aufregend und faszinierend, so abwechslungsreich und schillernd auch die Zwillinge ihre Chinareise erlebten, sie blieb überschattet von dem ungewissen Erfolg ihres Fluchtplans. Siegmund wollte plötzlich doch wieder zurück in die Bernauer Wohnung, weil er seiner Freundin Inge das Wiedertreffen versprochen hätte. Siegbert argumentierte, er könnte sich auch in West-Berlin mit ihr treffen, und es wäre dumm, diese einmalige Chance verstreichen zu lassen. »Hast du vergessen, daß wir bereits bespitzelt werden? Willst du ein DDR-Gefängnis riskieren?« fragte Siegbert. Die Argumente gingen hin und her, bei etlichen Gelegenheiten, wo sie allein waren, keine Ohrenzeugen befürchten mußten. Schließlich lenkte Siegmund wieder ein. Hätte er nicht nachgegeben, Siegbert hätte seinen Bruder nicht verlassen und wäre mit ihm trotz aller Risiken in die Wohnung zurückgekehrt. Sie schürten fleißig weiterhin falsche Erwartungen und schrieben schwärmerische Postkarten an alle Arbeitskollegen und Bekannten: Es gebe ja so viel zu berichten, worauf sie sich schon freuten, ebenso wie auf das baldige Wiedersehen.

Am 1. Mai stand die Gruppe auf der Tribüne des Tiananmen-Platzes in unmittelbarer Nähe von Mao Tse-tung, Tschu En-lai und der Regierung, um als Staatsgäste der bedeutenden Maiparade beizuwohnen. Eine Million Chinesen defilierten in gigantischen Blöcken unterschiedlicher Gruppierungen vorbei: Militärformationen von Infanterie und Artillerie, mit Panzern und Raketenlafetten, während Kampfflugzeuge über den Platz donnerten; farbenprächtige Tanz- und Trachtengruppen, Kinder- und Folkloreformationen, sie schwenkten Fahnen und Transparente, bunte Tücher und Hüte, klatschten in die Hände und sangen; zivile Kampfgruppen trugen riesige Porträtbilder, wie Ikonen, von Marx und Lenin, von Stalin und Mao, umwallt von einem riesigen Meer mächtiger roter Banner. Alles war inszeniert wie ein überwältigendes, betäubendes Ritual des sich selbst feiernden Kommunismus auf dem Weg zu einer neuen Weltreligion, auf dem Marsch in ein neues Menschheitsalter, huldigend ihrem weisen Führer Mao Tse-tung. Danach wurden die wenigen ausländischen Gruppen eingeladen, sich unter das Volk zu mischen, aufeinander zuzugehen in völkerverbindender sozialistischer Geste. Aus den Lautsprechern tönte chinesische Tanzmusik. Paare drehten sich, züchtig-prüde, Distanz wahrend, auch Frauen und Männer jeweils miteinander. Man sah, sie hatten sich alle fein gemacht, auch Männer gemäß Jahrhunderte alter Landessitte mit rot getupften Wangen und rot gefärbten Lippen, wie sonst üblich zu ihrem Geburtstag. Man konnte dies noch an den Akrobaten im chinesischen Zirkus beobachten, als dieser in den 80er Jahren erstmalig auf Tournee durch Europa zog. Es war Teil der wunderschönen männlichen Schminksitte, wie sie seit Jahrhunderten als heiteres Festtagsritual so arglos gepflegt wurde. Leider wird ihr, wenn heute der chinesische Zirkus im Westen auftritt, nicht mehr regelmäßig gefolgt. Sicherlich ist diese schöne fernöstliche Gepflogenheit der christlich-westlichen Bigotterie und Trauertal-igkeit zum Opfer gefallen.

Da kam auf Siegbert spontan ein Matrose zu, in der schmucken Uniform der Kriegsmarine, Wangen und Lippen fein gemacht nach Landessitte, und ergriff Siegberts Hand zum Tanz. Doch ›Tanzen‹ ist in China keine noch so schwach erotisch intendierte Bewegung von Mann und Frau wie im Westen, sondern ist traditionell ein bloß gemütliches Schreiten und Drehen in Lebensfreude, ist ein absichtsfreies Bewegungsritual zwischen Menschen, die sich sympathisch sind, gleichgültig ob Mann mit Mann oder Frau mit Frau, oder ob Mann und Frau sich berühren und gemeinsam bewegen. Der Matrose drehte sich mit Siegbert herum, lachte ihn an, wollte fröhlich sein, die beiden Bänder seiner keck und schräg gesetzten Mütze wirbelten herum, er wollte als Soldat eines stolzen Landes dem ausländischen Gast zur Feier des Tages seine Reverenz erweisen. Doch Siegbert schämte sich, die Musik gab ihm keinen hörbaren Rhythmus vor, er wollte sich dem Matrosen nicht verweigern und ihn damit vielleicht öffentlich beschämen. Siegbert verklemmte sich, begriff den Tanz zweier Männer als eine schwule Liebesäußerung, und das dazu noch in aller Öffentlichkeit, unter den Augen seines Bruders, seiner Reisegruppe, wo er sich doch gerade alle Mühe gab, seine innersten schwulen Gefühle zu verbergen, bloß nicht auf- zufallen – und dann das – hier! Er bekam schließlich kaum noch einen Schritt zustande. Eine junge Chinesin bemerkte es, wollte ihn ›befreien‹, klatschte ihn ab. Sein seelisches Gleichgewicht war erst einmal dahin. Ein ›Krieg‹ ›irdischer‹ Gefühle tobte in seiner Brust. So endete für ihn die Mai-Parade auf dem Platz des ›Himmlischen‹ ›Friedens‹. Wo magst du heute sein, schmucker, mutiger Matrose von damals? Hoffentlich warst du nicht zu sehr enttäuscht vom auslän- dischen Gast, der mit deiner freundlichen Geste dummerweise nicht zurechtkam.

Die zahlreichen Strecken über die schier endlose Weite Chinas waren im Flugzeug, mit Eisenbahn und Bus, und im Schiff auf dem Jangtsekiang zurückgelegt; das opulente Staatsbankett am Vorabend des 1. Mai, an dem sie teilgenommen hatten, war verrauscht; der riesige Aufmarsch abgetreten und das grandiose Feuerwerk ohne- gleichen erloschen. Am Tag danach standen sie auf dem Flughafen, es ging zurück. Die Ankunft in Berlin verzögerte sich, weil der Abschuß des amerikanischen Spionageflugzeugs U 2 am 1. Mai den zivilen Flugverkehr über der Sowjetunion erst einmal lahmlegte. Die Maschine landete mit Verspätung am 4. Mai in Ost-Berlin. Was würde die Zwillinge jetzt erwarten? Ein Spitzel zur Observation, ein Polizist zur Verhaftung? Siegbert begegnete im Flughafen einem Sportreporter der DEFA, der gerade aus Prag gelandet war. Sie begrüßten sich, fragten nach dem Woher und dem Wohin. Siegbert rief ihm zum Abschied noch zu: »Bis morgen früh!« und wollte alles tun, daß dies nicht wahr würde. Mit dem Flughafenbus ging es zum Strausberger Platz, dann mit der U-Bahn zur Friedrichstraße, mit dem Taxi zum Nordbahnhof. Dort lösten sie eine Fahrkarte nach Bernau und betraten den Zug, der am Bahnsteig länger verweilte. Sie stellten sich mit den unhandlichen Koffern an die Tür. Es war die letzte Station im Ostsektor, bevor der Zug über die beiden Westberliner Bahnhöfe wiederum in Ost-Berlin einfuhr. Transportpolizei ging den Bahnsteig entlang, blickte durch die offenen Wagentüren, durch die großen Scheiben. Leute mit viel Gepäck waren auffällig und wurden fallweise zur Kontrolle nach draußen gerufen. Die Zwillinge hätten immer die glaubhafte und mit der Fahrkarte belegte Ausrede gehabt, nach Bernau durchfahren zu wollen. Polizisten waren gerade in ihrer Höhe, Siegbert wollte das Herz stillstehen, da schlossen sich die elektrischen Türen, der Zug setzte sich in Bewegung, Richtung Freiheit.

Im nächsten Bahnhof Humboldthain stiegen sie aus, stürzten die Treppen hinauf, konnten nicht schnell genug rennen, weg von der S-Bahn, dem DDR-Territorium, raus auf die Straße, atemlos, die Nerven schienen zu reißen, eine Last fiel von ihnen ab, und sie selbst fielen sich um den Hals, drücken sich, hielten sich, ihre Erregung war unermeßlich, ihr Glück unvorstellbar. Sie waren dem DDR-Regime entkommen. Alle Angst konnte abgeschüttelt werden. Die Flucht war gelungen. Sie hatten die Freiheit gewonnen, die Selbstachtung wiedergefunden. Sie brauchten sich nicht mehr verbiegen, verkrümmen, verunstalten vor einem Regime, das ihnen die Freiheit rauben wollte. Es war für Siegbert der schönste Tag seines Lebens!

Später sollte ein noch schönerer Tag folgen – eine verwegene Steigerung des bisherigen Höhepunktes, ein Komparativ des Superlativs, was emotional immer noch möglich ist.

*

Und noch eine Flucht

Die Zwillingsbrüder klopften bei der Schwester Inge in West-Berlin an. Sie öffnete die Tür, war erschrocken, obwohl vorgewarnt, und amüsiert, obwohl schon einiges von ihnen gewohnt. »Der Ostblock liegt hinter uns, wir sind gerade aus China gelandet«, meldeten sie triumphal. Die beiden hatten es also doch wahr gemacht und hatten die Reise ins Reich der Mitte zur Flucht genutzt. Sie erzählten ihr stichwortartig, wie sie die Wohnung auf Nimmerwiedersehen zurückgelassen und aus Bernau abgereist seien. Inge hörte, welch tiefen Eindruck die Fahrt auf die 22jährigen gemacht hatte. Die zwei Koffer und Reisemitbringsel ließen sie bei ihr. Sofort fuhren sie zum Notaufnahmelager in Berlin-Marienfelde, wo sie, wie auch andere DDR-Flüchtlinge, registriert, untersucht und mit neuen Ausweisen versehen werden sollten. So standen sie zwei Stunden später mit einem Blechnapf in der Hand um Essen an. Sie erinnerten sich des üppigen Staatsbanketts vor erst drei Tagen, wo die gedeckten Tische unter Fülle und Pracht der Leckereien zu krachen schienen. Gerade noch hatten sie als hofierte Staatsgäste in guten Hotels genächtigt, jetzt schliefen sie im Mehrbettraum mit vielen anderen Jugendlichen. Der deutsche Bundesnachrichtendienst (BND) und der US-amerikanische CIA interessierten sich für die Vorgänge hinter dem ›Eisernen Vorhang‹. Noch gab es nicht die Satelliten als die besseren Himmelsspione. Aber Truppenbewegungen und militärische Objekte hatten die beiden nicht beobachtet. Anhand des Laufzettels hatten sie schließlich die vielen Stellen hinter sich gebracht. Das dauerte einige Tage. Denn der Westen wollte die Fluchtlegende eines jeden Flüchtlings überprüfen, um die möglichen Ostspione herauszufiltern. Der BND versuchte später noch zweimal, Siegbert für Dienste und Kontakte in die DDR anzuwerben. Er sollte zurück nach Bernau gehen, seine Flucht als Kurzschlußhandlung entschuldigen und bei der DEFA weiterarbeiten. Er lehnte dieses wahnwitzige Ansinnen kategorisch ab. Dann solle er wenigstens einen Kontakt zu einem DEFA-Angestellten herstellen. Zum Schein ging er darauf ein. Er empfand die Gespräche mit dem aufdringlichen BND-Mann als eine Belästigung. Er wollte endlich in Frieden und Freiheit leben. Sein Bedarf an politischer Intrige war durch die schrecklichen Jahre in der DDR absolut gedeckt.

Wieder stand den beiden ein Neuanfang bevor. Wie schon so oft in ihrem jungen Leben hatten sie gerade erst und wieder einmal Abschied nehmen müssen, hatten wieder nicht richtig heimisch werden, hatten wieder nicht Vertrauen und Zuneigung zu einem Fleckchen Erde aufbauen können. Die Namen der meisten Orte der Flucht, des Wohnens und Verweilens, für einen Tag, für wenige Tage oder Wochen sind nicht mehr erinnerbar. Lediglich wie Meilensteine im morastigen Gelände der Nachkriegszeit ragen die Aufenthalte heraus, die besonders schmerzlich waren: Karlsbad, Johanngeorgenstadt, Dresden, Görlitz, Reichenberg im Sudetenland, nochmals Görlitz, Herrenhut, Leipzig, Magdeburg, Haldensleben, Ummendorf, das Reichertlager in Görlitz, das Lager in Gröditz, Riesa, Quedlinburg mit dem Wipertistift, Krankenhaus und Kinderheim in Bernau, dort dann die letzte Wohnung, zurückgelassen, zur Beute dem DDR-Regime. Bernau hätte neue Heimat werden können, wenn die DDR die Luft der Freiheit zum Atmen gewährt hätte. Aber daß auch ihre jetzige Zu›flucht‹ in West-Berlin auf Sand gebaut war, konnten sie es vorhersehen? Schon ein Jahr später sollten sie auch von dort wieder überstürzt aufbrechen müssen.

452

Siegbert hatte seine Anstellung verloren und sah keine Chance, an seine praktische Filmtätigkeit hier im Westen anzuschließen. Er wollte es nicht mehr unbedingt. Denn er hatte die Fragwürdigkeit des Mediums Wochenschau erkannt. Individuelle Kreativität kann sich bei der Teamabhängigkeit kaum entfalten, und Aussagen, die das Bild transportiert, können vom unterlegten Wortbeitrag geschickt desavouiert werden, was tatsächlich oft genug geschah. Doch gänzlich war der Film aus seinem Blickwinkel nicht verschwunden. Er wollte sich mehrere berufliche Optionen offenhalten und erst einmal mit breiter Perspektive studieren. Hierfür bot sich Theaterwissenschaft an, die an drei Orten in Westdeutschland gelehrt wurde: Berlin, Köln und München. Er wollte in Berlin bleiben, und der Kurs zur Anerkennung seines Ost-Abiturs sollte in fünf Monaten beginnen.

Sie hatten schnell ein Leerzimmer in einer riesigen Wohnung gefunden.[166] Mit dem heimlich nach West-Berlin transferierten Geld erstanden sie zwei Bettgestelle, etliche Stühle und Büchergestelle. Neue Gardinen kamen an die Fenster, und ein Aktpodest brachte Siegmund aus der Akademie heran. Es fand als Eß- und Arbeitstisch schmunzelnde Verwendung. Eine Staffelei für Siegbert kam hinzu. Die Blümchentapete übertünchten sie weiß. Es fehlten nur noch die aus Bernau herausgeschmuggelten Bücher und die Wäsche, die sie aus dem Versteck abholten.

Siegbert stürzte sich sogleich in die Arbeit, denn er merkte, wie das väterlich Ersparte wie Schnee in der Sonne schmolz. Er schuftete als Hilfsarbeiter im Lagerkeller bei Langenscheidt, mußte mit der Hand die Druckbogen abstapeln und sortieren, die Stockwerke höher gebunden werden sollten. Es war eine Knochenarbeit. Ausgelaugt kam er dann wieder ans Tageslicht, ging einkaufen und nach Hause, machte Ordnung und bereitete für sie beide das warme Abendessen. Er war erschöpft, und müde, und trotzdem glücklich, weil er in der Freiheit war. Des Nachts hat er noch wenige Stunden der Malerei gewidmet, sonst wäre der Tag verloren gewesen.

Für Siegmund verlief das Leben weiter wie bisher, er hatte sein Stipendium, und die Hochschule konnte er jetzt zu Fuß erreichen, was über zwei Stunden Zeitgewinn bedeutete. Gleichwohl, er fiel in ein seelisches Loch. Er ließ sich hängen und kümmerte sich kaum um das gemeinsame Wohnen und Leben. Er steckte in einer Krise, irgendeiner, Siegbert war ratlos. Es muß die örtliche Trennung von seiner Freundin gewesen sein.

Die westdeutschen Behörden hatten beschlossen, das Ost-Abitur nur nach einer erneuten Prüfung anzuerkennen. Das war ein Stück westdeutscher Überheblichkeit. Denn sogar politisch kaum beeinflußbare Fächer wie Turnen, Kunst, Biologie und Sprachen wurden erneut gelehrt und geprüft. Hinsichtlich Deutsch und Geschichte wäre es verständlich gewesen. In der Sonderklasse fanden sich etwa dreißig junge Erwachsene aus allen Teilen der DDR zusammen.[167] Die Lehrer mochten die Klasse, weil sie lebhaft mitarbeitete, Fragen stellte und Antworten gab. Der Direktor hat die Prüfungen von Lehramtskandidaten vorzugsweise in dieser Sonderklasse absolvieren lassen. Die erwachsenen Schüler wußten es und verhalfen dem Kandidaten zu einem guten Lehrerfolg. Sie hatten inzwischen Siegbert zum Klassensprecher gewählt, was ihm Ärger und Nachteile einbrachte. Er intervenierte auf Bitten von Schülern beim Direktor wegen angeblich ungerechter Beurteilung oder Benotung. So hatte der Englischlehrer Siegbert zum Fressen gern. Er forderte ihn auf, das englische ABC zügig von rückwärts aufzusagen. Was für einen Lernzweck sollte das haben? Wer kann es schon? Es war schiere Rache-Schikane. Die Fünf war Siegbert sicher, auch noch im folgenden Abiturzeugnis, so nachtragend war der Lehrer und inzwischen auch bockig der Schüler. So wurde das ›Gut‹ für Englisch im ersten Abi-Zeugnis zur Makulatur.

Die großzügige Siebenzimmerwohnung war ein Ort skurriler Begegnungen und Ereignisse. Die Zwillinge nannten ein riesiges Zimmer ihr eigen, aber sie mußten das Bad und die Küche mit drei anderen Untermietern und dem Vermieter teilen. Dieser, ein 70jähriger

Witwer, war von undurchschaubarer Herkunft, ein liebenswürdiger, stiller, zerbrechlicher Herr alter Etikette, Porzellanrestaurator von Beruf und unordentlich, gelinde gesagt, regelrecht schmuddelig. Im Eingangssalon und seinen zwei Zimmern türmten sich Bücher, Klamotten, alte Zeitungen, Vasen, Leuchter, Porzellane, Körbe von solchen Scherben zuhauf und überall, in, auf, vor und hinter uralten Kredenzen, Vertikos und Kommoden. Gab es einen Lehnstuhl mit freier Sitzfläche? Ist jemals während der letzten Jahre in seinen Räumen saubergemacht worden? Wenn die ›totale Unordnung‹ eine allegorische Umschreibung verdiente, müßte sie ›Meese‹ heißen, was der Name des sympathischen Vermieters war.

Wollte er telefonieren, konnte er zuweilen den Apparat nicht finden, selbst wenn er die streckenweise sichtbare Schnur weiterverfolgte. Dann schickte er ›Rumpelstilzchen‹ zur öffentlichen Telefonzelle und ließ sich selbst anrufen. Dieser Retter in der Not war ein anderer Untermieter, vielleicht sechzig Jahre alt, und firmierte in dieser Männer-WG frühesten Typs unter verschiedenen Spitznamen. Siegmund nannte ihn unter der Hand »Rigoletto«, wofür es keine, denn absurde Gründe gab. Rumpelstilzchen, das war Siegberts Bezeichnung, hatte leider einen Wackeltick und dies auch bei intimen Geschäften. Er tat sich delikaterweise schwer, beim Pinkeln die Kloschüssel zu treffen. Keiner hat je gesehen, wie er das anstellte, doch das Ergebnis war nicht zu übersehen. Der gute Meese war nachsichtig – der Mitmenschlichkeit sei gedankt –, kaufte Sägespäne und streute sie rund um das Becken. Rigolettos Zitterstrahl ward so durch Verbreiterung der Zielvorgabe trockengelegt und der Klofrieden wiederhergestellt. Seine Mitmieter wären diesen undelikaten Zappelfinger am liebsten los geworden. Doch er stand unter dem Schutz des gütigen Meese. Sie hätten ihm zurufen mögen: »Verpiß dich!« Doch das hätte er als Billigung seiner Wackeleritis mißverstehen können. Ansonsten fiel Rumpelstilzchen auch noch unangenehm auf, weil er oft alle verfügbaren Herdplatten mit der Anfertigung von Knochenbrühe belegte. Er hat bei den allfälligen Küchenversammlungen nie erläutert, welcher Tick ihn zum Ankauf solcher Mengen von Rinderknochen angestiftet hatte.

Wenn man den Salon oder Meeses Zimmer durchschritt, wirbelten Staubflusen auf und zogen wie ein Kometenschweif durch den Raum. Herr Meese hatte es aufgegeben, durch das Tohuwabohu durchzufinden. Einmal entdeckte er amüsiert verwundert eine Schachtel mit verkrusteten Pralinen aus den 30er Jahren: »Da hat meine Frau noch gelebt. Welch eine Überraschung, welch eine rührende, konservierte Erinnerung! Schauen sie nur!« Ein anderes Mal bat er Siegbert um Hilfe. Er wäre gerade vom Einkaufen heimgekehrt, als das Telefon klingelte. Die kleine Fleischportion hätte er flugs aus der Hand gelegt, sei zur Telefondose an der Wand geeilt, um sich von dort entlang der überlangen Schnur zum Apparat zu hangeln, weil dieser trotz des Geläuts nicht zu orten gewesen sei. Nun könne er das Rindergehackte nicht mehr wiederfinden. Siegbert suchte mit. Sie drehten und wendeten alles, was obenauf lag, herum und spähten in alle verdächtigen Falten und Spalten, die das Chaos stellenweise den Blicken freigab. Nach langem Bemühen mußten sie die Expedition durch den Dschungel von Plunder und Zunder ergebnislos abbrechen. Herr Meese hoffte mit eingeübtem Fatalismus, daß zu guter Letzt der Geruch verfliegen und die Maden ihr Werk ordentlich verrichten würden.

Jeden Abend warf sich der distinguierte Herr Meese in Schale, in einen schwarzen Anzug mit Melone auf dem Kopf, und verließ das Haus. Morgens kehrte er heim, und keiner der Untermieter hat je erfahren, wo sich der ehrenwerte Siebziger die Zeit vertrieb. Wahrscheinlich brachte er das Geld unter die Leute, das er mit der kleinunternehmerischen Anmietung einer großen Wohnung und der Untervermietung einzelner Zimmer erwirtschaftete. Er war nicht aus der Ruhe zu bringen. Nur bei der gelegentlichen Verwechslung seines Namens mit ›Möse‹ konnte Herr Meese recht pikiert und böse reagieren. Sonst war er die Güte selbst.

In einem der Leerzimmer hauste ein runtergekommener Adliger, der stolz darauf war, in der Woche nicht mehr als zehn Mark fürs

Essen zu verbrauchen. Er ließ reihum alle, mal und immer wieder, von seiner schmackhaften, aber ewigen Standardmahlzeit Pommes frites mit Tomatensalat kosten. So konnte er seine eigene Speisekarte um die zu erwartenden Gegeneinladungen anreichern.

Einen der Räume, er war möbliert, vermietete Herr Meese stets nur kurzfristig. Dort wohnte mal Fernando aus Bilbao. Siegbert lud ihn zu einem Fleischtopf ein, in den er, wie üblich, mit viel Paprika, Knoblauch und Kräutern einen mediterranen Geschmack hineingezaubert hatte. Fernando pries das Essen als sein bisher bestes in Deutschland, was nicht als spanische Caballereske gemeint sei, wie er beschwor.

Der Nachfolgemieter, der Fernando ablöste, bereitete dem würdevollen Meese duftenden Kummer, dessen sogar die Polizei ansichtig und anrüchig wurde. Der stürmische Liebhaber aus dem Vorderen Orient schleppte täglich seine Zufälligkeiten und Eroberungen mit aufs Zimmer. Meese störte das nicht, er sei allerhand gewohnt. Nur begreife er nicht, wie sich die properen Damen in des Mieters verdreckter, fleckenstarrender Bettwäsche genüßlich suhlen könnten, fragte er Siegbert. Er wisse zwar, daß Liebe blind mache, aber die Wäsche stinke doch auch. Mache denn Liebe zugleich geruchstaub, wollte er wissen. Indes, vielleicht ließ sich der orientalische Faun gerade durch die beiden Sinneserlebnisse des Auges und der Nase stimulieren. Eine andere Erklärung schien kaum möglich. Auch seinem Tastsinn frönte er auf ingeniöse Weise. Prahlte er doch, die Hosentaschen abgeschnitten zu haben, um besser sein Gemächte begreifen zu können. Allerdings, das aktuelle Vorkommnis ging in der Tat ein bißchen zu weit. Hatte er sich mit einer seiner Damen gezankt und war sie die Täterin, oder war er selbst sturzhagelvoll gewesen? Hatte sie oder er die Gefäße verwechselt? Wer weiß! Jedenfalls rief der lammfromme Meese seine Mitbewohner bis auf den einen ins Bad und wies auf den Haufen »Levante«, der braun und breit in der Badewanne thronte und vor sich hin stank. Jeder der Anwesenden starrte mit ungläubigen, kultivierten Blicken in die

Wanne, erschauderte und wußte von sich und dem anderen, daß er nicht in Frage käme. Der beleidigte Meese ließ nicht locker und konfrontierte den ficksüchtigen Mitbewohner mit »Levante«. Der Verdächtigte grollte und packte sich im Salon den handlichen, doch gewichtigen Steinobelisken, der auf der Kredenz wie ein schwarzer Phallus drohte. Er stürzte heran und wollte ihn auf Meese schleudern. Beinahe wäre tatsächlich dieses Abbild altägyptischer Kultur in seiner phallischen Metaphorik nicht lebenzeugend, sondern todbringend geworden, wenn das Schicksal nicht einen Ausweg gewollt hätte. Der verschwanzte Liebhaber umklammerte, wie ein rachsüchtiger Ficker, den steingewordenen Phallus, als wäre es sein eigener, und war im Begriff, ihn auf den bedrängten Meese zu werfen. Der flüchtete in sein Zimmer, schloß ab und war fürs erste gerettet. Die Funkstreife eilte herbei, erkannte die Lage und beendete brachial das spannende Mietverhältnis der beiden Beleidigten. Schade, es hätte noch so abwechslungsreich werden können.

Der Spitzname »Levante« für das Corpus delicti war treffend in doppelter Hinsicht. Herr Meese rühmte sich seiner Begriffserfindung. Das Wort suggeriert in der Tat durch seine Dreisilbigkeit etwas Ruhend-Behäbiges und durch seine Vokalität etwas Rund-Bedächtiges. Ein ›Haufen Levante‹ ist jedenfalls etwas anderes und klingt viel sympathischer als ein ›Haufen Sch…‹, wie wahrscheinlich jeder beipflichten dürfte.

Alsdann zog Herr Meese in eine neue Wohnung und freute sich, daß die Zwillinge wie auch die anderen Untermieter mitwechselten.[168] Siebenmal mußte der Umzugswagen vorfahren. So viel Krempel brachte Meese zum Verladen.

Hier wie in der vorherigen Wohnung bekamen die Brüder gelegentlich Besuch von Kameraden aus Siegberts Schule oder Siegmunds Hochschule. Diese schlossen sich den Mahlzeiten an und kamen gern wieder. Regelmäßig am Wochenende traf Inge bei Siegmund ein, und der Bruder hatte für alle drei ein Mittagessen bereitet. Dann räumte er das Feld, um den beiden einige Kuschelstunden in ungestörter

Zweisamkeit zu ermöglichen. Wenigstens Siegmund wollte er zu der Erfüllung sexueller Sehnsüchte verhelfen. Daß dabei für den Begünstigten nicht so viel heraussprang, ist erst reichlich später ans Licht der Offenbarung gedrungen. Jedenfalls zog Siegbert stundenlang durch die Stadt, im Sommer leicht vergnügt, im Winter schlotternd mißvergnügt, erkundete West-Berlin, studierte die Architektur und mied ängstlich den Grenzbereich zum Osten der Stadt. Er mußte die Zeit totschlagen. Leider fehlte das Geld fürs Kino oder Theater. Bei Regen wartete er unter Mauervorsprüngen die Stunden ab. Er kehrte heim, traf Inge noch an, freute sich über das Schäferstündchen seines Bruders und bedauerte sich selbst, daß er seinen Sex nicht ausleben durfte. Gelegentlich leistete er sich ein Schwimmbad, genoß den Anblick der männlichen Gestalten und fetzigen Körper. Das war seine ganze Erfüllung erotischer Sehnsüchte. Für mehr war er zu verängstigt und noch nicht bereit, obwohl er wie eine Spinne im Fadenkreuz der schwulen Szene saß, er wußte es bloß nicht. Das Viertel rund um die Motzstraße war Zentrum des besagten Nachtlebens. Er hat sie gesehen, die Gruppen frischer Burschen, die sommers mit einem Bierglas in der Hand vor den Kneipen standen, und hat es nicht durchschaut. Sein Auge verweigerte ihm den Durchblick. Er glaubte, seinen Sex nie ausleben zu dürfen, weil er nicht kriminell werden wollte.

Eine Wiederbegegnung der besonderen Art hatte Siegbert mit seiner früheren Schreibtischkollegin bei der DEFA. Uschi K. war Chefsekretärin und eine liebenswürdige Generalistin, die trotz der Hektik der täglichen Aktualitäten nicht aus der Ruhe zu bringen war. Sie saßen sich im Vorzimmer des Chefs gegenüber und mochten sich, obwohl sie als Parteimitglied und Siegbert als erklärter Desinteressierter sich nicht hätten verstehen sollen. Jetzt trafen sie sich auf Siegberts Wunsch in einem Café, und Uschi berichtete, daß schon einen Tag nach Siegberts Flucht die Wohnung von der Stasi betreten worden sei. Uschi war über alles bestens informiert. Siegbert habe unter Spionageverdacht gestanden, der übliche und gängige Vorwurf, unliebsame Leute ›los zu werden‹. Doch die Kaderabteilung sei von seiner Flucht überrascht gewesen, habe nicht damit gerechnet. Man glaubte, Schuld an der Flucht sei Siegberts Zugang zum ›Giftschrank‹ gewesen, der ihn mit dem westlichen Pressemüll verdorben habe, was natürlich Quatsch war. All die streng gehüteten westlichen Presseorgane hätte er jederzeit in den öffentlichen Leseräumen West-Berlins einsehen und manche auch kostenlos mit seinem Ostausweis erhalten können. Das war's nicht. Er gestand Uschi, wie sehr er das DDR-Regime ablehne. Sie verabschiedeten sich, und Uschi besuchte sicherlich weiterhin ihren Freund im westlichen Wedding. Aber Siegbert hat sie nie wieder getroffen, er wollte sie keinen Verdächtigungen aussetzen. Er hatte ihr auch nichts von dem Ansinnen des BND-Mannes offenbart.

Das zweite Abitur war bestanden und ein Studienplatz an der Freien Universität gesichert. Im Oktober 1961 wollte er mit dem Studium der Theaterwissenschaft beginnen. Bis dahin waren es noch drei Monate. Mit einem Klassenkameraden wollte er sich am 13. August in Hannover treffen, um auf dessen Moped eine längere Fahrt durch Westeuropa anzutreten. Er hatte die Reisesachen gepackt, verließ die Wohnung – und er konnte nicht ahnen, daß er nie mehr in das Zimmer zurückkehren und nie mehr in Berlin wohnen würde, wie auch den skurrilen und gütigen Meese nie wiedersehen würde. Mit welch anderen Augen hätte er die Möbel, das Zimmer, das Haus und die Straße bei der Abreise betrachtet! Die Brüder verabschiedeten sich, Siegmund blieb in Berlin. Auch sie sollten nie mehr gemeinsam wohnen und leben. Das Leben ging seinen Weg. Die Abfahrt von Berlin wurde für Siegbert zu einer doppelten Trennung und, ohne daß er es ahnte, auch zu einem doppelten Abschied.

Er wunderte sich schon, daß die U-Bahn nicht fuhr, die ihn zum Flughafen Tempelhof bringen sollte. Er nahm ein Taxi. In Hannover gelandet, hörte er, daß die DDR-Regierung seit den Morgenstunden West-Berlin abriegele. Jedweder Verkehr zwischen Ost- und West-Berlin war unterbrochen. Was war passiert? Was war damit bezweckt? Noch wußte man nichts Genaues. Aber besonders jeder Berliner kannte die Vorgeschichte.

Das von den drei Westmächten USA, Großbritannien und Frankreich kontrollierte West-Berlin war von Anfang an ein Dorn im Fleische der sowjetischen Einflußsphäre. Gesamt-Berlin wurde anfangs von den vier Siegermächten im gemeinsamen Alliierten Kontrollrat verwaltet. Als mit der Währungsreform (18. Juni 1948) die Deutsche Mark in Westdeutschland (ohne West-Berlin) eingeführt wurde, folgte die Sowjetunion fünf Tage später mit der Ausgabe der neuen DM Ost, aber nicht nur für die Ostzone, sondern darüber hinaus für Gesamt-Berlin. Das sah wie ein Affront gegen die Westmächte aus. Daraufhin führten diese die DM West auch in West-Berlin ein. Das löste die ›Berlin-Blockade‹ aus: Aus Schikane unterband die Sowjetunion den gesamten Personen- und Güterverkehr auf dem Land- und Wasserweg. Die Westmächte wußten, fällt West-Berlin, ist als nächstes Westdeutschland dran. Nur über die Luft konnten die 2,2 Millionen Westberliner versorgt werden. In dichter Folge brachten Militärmaschinen der Westmächte Nahrungsmittel, Kohle und LKW-Kraftstoff heran. Die von den Westmächten verhängte Gegenblockade zeigte nach zehn Monaten Wirkung und ließ die Sowjets einlenken. Dieser Würgegriff auf die Freiheit der Stadt blieb bei den Berlinern in lebendiger und angstvoller Erinnerung.

Ab 1952 hatte die DDR an der Demarkationslinie zur Bundesrepublik einen ›Grenzwall‹ errichtet, um sich ›gegen Spione, Diversanten, Terroristen und Schmuggler‹ aus Westdeutschland zu schützen. Damit war der Fluchtweg über die innerdeutsche Grenze abgeschnitten. Die Absperrmaßnahmen waren gegen einen Grenzübertritt vom Osten her angelegt und wurden im Laufe der Jahre so perfektioniert, daß ein Durchkommen bei lebendigem Leibe fast unmöglich werden sollte. Jetzt war es allein in Berlin möglich, aus dem Ostsektor relativ ungehindert in die Westsektoren zu gelangen. Daraufhin wurden in der DDR die Züge nach Ost-Berlin kontrolliert, sowie in Berlin die U- und S-Bahnen, die nach West-Berlin fuhren. Gleichwohl riß der Flüchtlingsstrom nicht ab. Doch die ›Abstimmung mit den Füßen‹ bewegte das DDR-Regime trotzdem nicht zum Einlenken.

Die ab 1952 schrittweise eingeführten sozialistischen Eigentumsformen in Landwirtschaft und Handwerk ließen die Fluchtzahlen zusätzlich in die Höhe schnellen. Nicht nur die Bauern mußten sich in Landwirtschaftlichen Genossenschaften zusammenschließen, auch die Handwerker wurden in Produktionsgemeinschaften zusammengelegt. Die Privatinitiative erlahmte. Das ›Wirtschaftswunder‹ in der Bundesrepublik setzte Maßstäbe, welche die DDR wiederholt zu überspringen versprach, aber nie schaffte. Diese nicht erfüllten Versprechungen ließen die Bürger der DDR zusätzlich an der dortigen Zukunftsperspektive zweifeln.

Das spätere Eingreifen der Sowjets gegen den Volksaufstand vom 17. Juni 1953 minderte weiter die Hoffnung auf ein freies Berlin. Trotz der leichten Verbesserung der Lebensumstände sahen monatlich Tausende keine Lebensperspektive und flohen.

Ende 1958 forderte die Sowjetunion ultimativ, West-Berlin den Status einer ›freien und entmilitarisierten Stadt‹ zu geben. Darauf gingen die Westmächte nicht ein. Mit gleichem Machtanspruch erklärte Ulbricht: »Ganz Berlin liegt auf dem Territorium der DDR und ist dessen Hauptstadt.«

Die Unzufriedenheit der Menschen wuchs 1959 trotz zeitweiser Versorgungsbesserung ständig, weil Bevormundung und Bespitzelung subtiler wurden. Das führte zu galoppierenden Fluchtzahlen. Allein im Juni 1961 flohen 30 000 Menschen. In der Zeit von 1949–1961 waren es 2,7 Millionen. Dieser Aderlaß gerade der agilen und jungen Bevölkerung wirkte existenzbedrohend für die Wirtschaft der DDR, ganz zu schweigen vom Verlust der geistigen Elite aller Bereiche, die dem Land den Rücken kehrte. Der Bundesrepublik verhalf dieser Zuwachs zu beschleunigtem Fortschritt. Im Juni 1961 erzielten, was erst später herauskam, die beiden Supermächte USA und UdSSR eine geheime Übereinkunft über die Abgrenzung der gegenseitigen Interessensphären. Damit sah sich die DDR in Abstimmung mit der Sowjetunion frei, ohne Repressionen seitens des Westens rund um West-Berlin den sogenannten ›antifaschistischen Schutzwall‹ zu errichten, um die eigenen Bürger am Verlassen des Arbeiter- und Bauernparadieses zu hindern.

Als Siegbert am 13. August 1961 in Hannover landete, war die Nachricht von der Abriegelung West-Berlins für ihn wie für alle Deutschen ein Schock. Man hatte es befürchtet, aber doch nie für möglich gehalten. Wie sollte er sich entscheiden, die Fahrt antreten, nach Berlin zurückfliegen oder in Hannover die Entwicklung abwarten?

Siegbert und sein Klassenkamerad entschlossen sich nach sorgenvollen Überlegungen und trotz Bedenken, gleichwohl die Reise anzutreten. Die nicht beeinflußbare Entwicklung könnten sie auch so abwarten. Eine spontane Rückkehr schied für Siegbert ohnehin aus, weil seine Studentenfluglinie auf Wochen ausgebucht war. Nur mit ihr hätte er aus Kostengründen zurückfliegen können. Die zweimonatige Fahrt, Siegbert als Beifahrer auf dem Motorroller, führte sie zunächst durch Holland, Belgien und Frankreich. Mit dem Zelt fanden sie überall Unterkunft. Die Gepäcktaschen des Rollers faßten nur wenige Sachen der beiden. Ihre Gespräche kreisten ständig um die Ereignisse in Berlin. Noch hoffte man, daß dies eine vorübergehende Schikane sei, wie schon die ›Berlin-Blockade‹. Auch glaubte man, wie damals würden die Westmächte Gegenmaßnahmen ergreifen und dem Spuk schnell ein Ende setzen. Unterwegs erhielt Siegbert ab und zu von seinem Bruder Post. Es sehe nicht danach aus, daß die Abriegelung vorübergehend sei, weil die anfänglichen Stacheldrahtsperren inzwischen durch hohe Steinmauern ersetzt würden. Auch auf eine Intervention der Westmächte warte man vergeblich. Im Gegenteil, es scheine, daß sie den Mauerbau billigend in Kauf nähmen.

Von Toulon aus telefonierte Siegbert mit seinem Bruder in Berlin. Dieser berichtete, wie sich die politischen Drohungen des Ostens gegen West-Berlin steigerten, und daß er, Siegmund, jetzt noch weniger Vertrauen in die gesicherte Unabhängigkeit West-Berlins habe. Er wolle schnell fort aus Berlin und gehe davon aus, daß auch er, Siegbert, nicht länger auf dem Pulverfaß sitzen wolle. Er werde mit seinem Freund Dagobert zur Fortsetzung seines Studiums nach Karlsruhe gehen, das sei zwischen ihnen beschlossen. Sein Semester beginne schon in wenigen Wochen. Übrigens, so teilte er mit, sei Siegberts Fluggesellschaft pleite gegangen und der Flugschein ungültig geworden. Er schlug vor, daß er Siegberts persönliche Sachen mit der Paketpost zum Bruder Teddy nach Darmstadt schicke, der unterrichtet und einverstanden sei. Siegbert war überrascht, er mußte schlucken, so war das halt, wo sollte er sonst hin, was blieb ihm anderes übrig, der Sachzwang ließ keine andere Wahl, nun war der kurzfristige Lebensplan wieder einmal über den Haufen geworfen, die ohnehin offene Zukunft verdunkelte sich schon wieder. Also würde er nochmals neu anfangen müssen, diesmal allein. Sie kamen überein, den restlichen Berliner Hausstand aufzulösen. Siegmund wollte die Möbel verkaufen. Siegbert stimmte seinem Bruder in allem zu. Welche anderen realistischen Möglichkeiten hätte es sonst gegeben?

Die vorangegangene Flucht von Ost-Berlin in den westlichen Stadtteil war ihnen damals schon als eine halbe Sache erschienen, wie ein Sprung, zu kurz für die volle Freiheit. Jetzt, unter dem Druck des Mauerbaus, vollzogen sie die Übersiedlung nach Westdeutschland, wozu sie vorher keinen dringenden Grund und Anlaß sahen. Schlagartig stellte sich für Siegbert eine völlig neue Situation dar: Der gerade mühsam und halbwegs eingerichtete neue Hausstand war futsch, die geliebte Staffelei verscherbelt, der sichere Studienplatz verloren, das angenehme Umfeld Berlin aufgegeben. Daß mit dem Weggang von Berlin zwangsläufig Wohnung und Studienplatz aufgegeben werden mußten, lag in der Natur der Sache. Daß dies auch die Trennung von Siegmund zur Folge hatte, lag an ihren getrennten Studienorten. Der Zwillingsbruder, mit dem er seit der Geburt zusammen war, wollte eigene Wege gehen, war vielleicht über den Zwang der Lage nicht unzufrieden, so empfand es Siegbert. Ihm bot sich jetzt von den drei möglichen Studienorten nur noch Köln an, weil München überbelegt war.

Die Weiterreise der beiden Camper verlief entlang der französischen und italienischen Riviera sowie des Gardasees. Es wurde schon kalt, sie wollten schnell zurück. Die Gedanken an Berlin bedrückten Siegbert mehr als bisher, sie lähmten seine Freude an der Reise. Aber er blieb dem Reisegott dankbar, der sie beschützte, und dem Klassenkamerad, daß er ihn mitnahm. Dieser setzte ihn in Darmstadt ab.

Die Pakete waren angekommen, darin seine Bücher, die Malutensilien, die persönliche Wäsche und das Bettzeug. Zusammen mit der schmalen Reisetasche was das sein gesamtes Eigentum. Er konnte es in drei Koffern unterbringen. Das war schon arg viel im Vergleich zum Gepäck der Flucht über China. Die Ersparnisse des Vaters schmolzen gegen Null, und der Erlös aus dem Möbelverkauf war für die Paketfracht draufgegangen. Es blieb also kaum etwas zum Leben.

Teddy, der selbst beengt wohnte, nahm ihn herzlich auf. An einen Studienbeginn in Köln schon in drei Wochen war nicht zu denken, weil die Anmeldefrist verstrichen war. Er ging sofort wieder arbeiten, um seinen finanziellen Beitrag zum Unterhalt bei Teddy zu leisten, den dieser auch eingefordert hatte. Dessen Einkommen war noch bescheiden, Unterhaltszahlungen für Frau und Tochter standen ins Haus, denn seine Ehe war gescheitert.

Als Hilfskraft verdingte sich Siegbert in einer Buchbinderei. Auf den langen Fußwegen zu und von der Arbeitsstelle ging er den Stationen seines Lebens nach. Er hätte schier verzweifeln können über die zahlreichen Abstürze und Zusammenbrüche, die Trennungen und Verluste, die das Schicksal ihm auszuleben angeboten hatte. Er wurde wütend, wie das kriminelle Naziregime und das nicht minder verbrecherische DDR-Regime sein Leben beschädigt hatten.

Er war immer nur Opfer von Gewalt und Niedertracht gewesen. Bis zu seinem dreiundzwanzigsten Lebensjahr hatte er nur in Diktaturen gelebt.

Vielen Menschen, liebenswürdigen und wertvollen, interessanten und skurrilen, ist er begegnet. Er dachte an alle Freunde, Schulkameraden und Lehrer, die Kollegen der DEFA und die vielen Bekannten. Wo sind sie geblieben? Das Mahlwerk der Zeit zerrieb die Erinnerung an sie wie brüchigen Marmor. Zurück blieb der Bruch, mit Wehmut betrachtet, weil er den früheren Glanz geteilter Gespräche und Zuneigung noch ahnen ließ. Die Mühlsteine des Vergehens scheinen nie stumpf zu werden, nie abzuschleifen. Das alles war vergangen, unwiederholbar der Vergangenheit und dem Vergessen anheimgegeben. Er merkte, er hatte die Jugend endgültig zurückgelassen. Der Tod des Vaters war die bisher tiefste Markierung in seinem Lebenslauf. Der emotionale Leuchtturm der Familie war erloschen, die Orientierung für die Zwillinge mühsam geworden. Siebzehn Jahre war er alt, als er praktisch ›Vollwaise‹ wurde, denn die Mutter zählte nicht. Die Sorge für sie lag vornehmlich bei ihm. Noch durften die beiden Jungen in der alten Wohnung weiterleben, bis auch die Mutter starb. Dann mußten sie den Hausstand verkleinern, die Wohnung wechseln. Mit der folgenden Flucht war dann auch der bisherige Lebensraum, der neue Heimat hätte werden können, zurückgeblieben. Siegbert merkte, er würde nie mehr an Vergangenes anknüpfen können. Er war jetzt vierundzwanzig Jahre alt. Das erste Buch seines Lebens, das ›Jugend‹ heißt, war zu Ende geschrieben. Der Buchdeckel klappte zu, unter ihm ruhten die Kindheit und Jugend mit den Jahren der Flucht, die Eltern und Geschwister, die alte und die neue Heimat. Von einer ›schönen Kindheit‹ wie andere konnte er nicht schwärmen. Auch die Jugend war ihm vermiest. Die Erinnerung an die verweigerten Möglichkeiten und verbotenen Freiheiten erfüllte ihn mit Bitterkeit.

Er fühlte, jetzt kommt etwas ganz Neues, etwas ganz anderes. Ein neues Buch wird aufgeschlagen, die Seiten sind noch unbeschrieben.

Er wußte nicht, wie er würde weiter leben können. Er war sich wohl sicher, während des Studiums ein notdürftiges Stipendium zu erhalten, mit dem er sich gerade über Wasser halten könnte. Am liebsten würde er sich nur der Malerei widmen. Das wurde sein Herzenswunsch. Dafür werde er akzeptieren, in Armut und Bescheidenheit zu leben. Er sah diese dürftige Lebensperspektive auf sich zukommen. Damit wollte er sich abfinden. Melancholie überfiel ihn, daß er nach dem Glanz der ersten Kindheitsjahre in Hirschberg jetzt nur noch eingeschränkt werde leben können. Hinzu kam seine sexuelle Ausgrenzung, die ihn bitter schmerzte. Er gehörte nicht dazu, empfand sich als Fremdling in dieser Existenz und erlebte sich wie einer, der Geschehen und Geschichte nur beobachtet, der lediglich als Zuschauer, aber nicht als Mitwirkender am Leben teilnimmt.

Unverdrossen stand er vor der Bindemaschine und ließ sich von der monotonen, rasanten Arbeit nicht unterkriegen. Abends setzte er sich an den Tisch und malte seine Imaginationen. Vierzehn Bilder sind in diesem Jahr 1961 entstanden. Er beteiligte sich an Ausstellungen und verkaufte schon mal ein kleines Ölgemälde.

Dann kam der Termin der Abreise. Bis zum letztmöglichen Tag hatte er sechs Monate lang an der Bindemaschine gestanden. Er hatte sich bei seinem Bruder Teddy wohl gefühlt. Er war ihm für die Hilfe dankbar und schenkte ihm zahlreiche Bilder.[169] Aber er hatte sich vorgenommen, nie mehr jemanden in seiner Familie um Hilfe anzusprechen. Seine gewünschte Selbständigkeit verbot es ihm. Lieber wolle er ›verrecken‹. Er wollte ihnen mit seiner unsicheren Existenz und seinen wackligen Berufsaussichten nie das Gefühl geben, für ihn einstehen zu sollen.

Jetzt packte er die zwei Koffer: sein ganzes Eigentum. Das ersparte Geld reichte gerade für die Fahrkarte, zwei Monatsmieten und sparsamstes Essen. Irgendwie würde er schon durchkommen. Er fuhr einem neuen Ziel entgegen: Köln. Dort sollte er die längste Zeit seines Lebens wohnen. Es sollte seine neue Heimat werden, wenn auch das ›Kölnisch Wasser‹ gelegentlich nach Essig duftete. Im

Rheinland wartete schon sein Lebenspartner auf ihn. Doch beide wußten es nicht, ersehnten sich aber beide. Es brauchte noch vier Jahre, ehe das Schicksal sie zusammenführte.

*

Die Zeit drängt

Peters Mutter war froh, daß ihr Sohn jetzt wieder längere Zeit bei ihr in Hannover bleiben würde. Er jedoch sah darin eine Einschränkung seiner bisher genossenen Freiheit. Gleichwohl wollte er sie zufriedenstellen und vermittelte ihr den Eindruck von Genugtuung. Hätte sie Peters sexuelle Neigung, die sie schließlich geahnt haben mußte, akzeptiert, so hätte die äußerliche Harmonie auch auf einer inneren Begründung gefußt. Doch nie, tatsächlich nicht ein einziges Mal, haben sie sich zu dem Thema Homosexualität ausgetauscht. Die Mutter war hierfür zu unbeholfen, und Peter wollte sie nicht verletzen. Sie hätte es intellektuell nicht meistern können. Er hatte Angst um den Ausgang eines bekennenden Gesprächs. Weniger wegen der Folgen für seine Person, als wegen der Qualen und Selbstvorwürfe, unter denen sie in ihrer Ratlosigkeit leiden würde. Wen würde sie nicht alles nach seinem Bekenntnis ins Vertrauen ziehen! Das wollte Peter unbedingt vermeiden.

Indem er ihr viel an Abwechslung und gemeinsamen Unternehmungen bot, wollte er sie für ihre Enttäuschung ›entschädigen‹. Er führte sie regelmäßig zu Opern- und Schauspielaufführungen aus. Den Georgspalast mit seinen kurzweiligen Varietédarbietungen, die ihr immer gefielen, besuchten sie oft. Sie reiste häufig, besuchte ihre Schwestern in Trier, Lübeck und Bremen, und er nahm sie mit nach Belgien, Holland, Frankreich, Österreich und in die Schweiz.

Die verschiedenen Stationen der juristischen Referendarausbildung boten Peter erheiternde und erschütternde Einblicke in das konfliktbeladene Miteinander der Menschen.[170]

Interessant waren die Wochen beim Landgericht Hannover in den Zivil- und Strafkammern. Eheleute trennten sich, daß die Fetzen flogen, oder ihre beiderseitigen Verletzungen schienen schon längst verheilt. Diese Termine waren traurige Ereignisse. Schließlich hatten sich die Partner einmal geliebt, sie hatten geheiratet, die Körper miteinander geteilt und im günstigen Fall auch die Seelen zueinander hin geweitet. Waren gemeinsame, noch bedürftige Kinder da, schien die Scheidung besonders einschneidend. Die sonstigen Zivilprozesse, zu denen Peter gelegentlich Gutachten beisteuern mußte, waren die banale Wochenkost der Kammer.

Die Strafprozesse indes waren aufregender, zumal sich Sittlichkeitsdelikte in der vierten Kammer zu häufen schienen. Hier nur zwei Fälle, um diesen Tatbeständen kein unzutreffendes Übergewicht zu geben. Das Tun des Wäschefetischisten, der sich auf getragene Dessous fixiert hatte, wirkte in der Verhandlung nicht mehr so albern, wie es uns Referendare zuvor beim Aktenstudium amüsiert hatte. Vielmehr war es erschütternd, aus seinem Mund, stockend und unbeholfen, das Bekenntnis zu hören, wie ihn die Pirsch auf seine Lustobjekte durch die Tage hetzte. Erst des begehrten Gegenstandes teilhaftig, fand er in Berührung und Verströmen die ersehnte Ruhe im Innern. Unter Ausschluß der Öffentlichkeit lief das Verfahren gegen die Lagerarbeiterin. Sie ließ einen 17jährigen Lehrling während der Mittagspause ins Jenseits verbluten, als sie ihm in sexueller Erregung die Eichel vom steifen Glied abgebissen hatte. In der Presse wurde dieser Prozeß kaum erwähnt. Die anderen zahlreichen Verfahren wegen Raubes, Urkundenfälschung, Hehlerei und Betruges liefen ab wie das Brötchenbacken. Die Delikte wirkten durch die Gewöhnung, zur eigenen Überraschung, schließlich wie etwas Alltägliches, was es ja tatsächlich war. Die Einsicht von der wesensbedingten Fehlbarkeit eines jeden Menschen drängte sich auf. Kann es nicht jeden treffen, wenn die Umstände dahin treiben? Doch dies entbindet nicht, sich gegen die Versuchungen zu wehren. Peter spürte ein tiefes Mitleid mit den Menschen in ihren sozialen Verstrickungen und erlebte gleichzeitig ihr Gefangensein in den oft unentrinnbar scheinenden psychischen Programmierungen.

Die drei Monate in der Staatsanwaltschaft wollte Peter möglichst schnell hinter sich bringen. Ihm lag es nicht, das Aufspüren und Anklagen von Mitmenschen, wenn auch die Gesellschaft ohne die Verfolgung von Missetaten nicht auskommt. Es freute ihn, daß er einem Justizbeamten eines kleinen Amtsgerichts vielleicht helfen konnte. Dieser hatte der Frau eines Einsitzenden das schriftliche Gesuch formuliert, damit der Ehemann für die Weihnachtstage Haftverschonung erhalte. Dafür sollte sie dem Beamten einen Kuß geben, so stellte sie es dar. Sie hat es dann auch getan, wobei natürlich nie klar wurde, wie unfreiwillig-freiwillig sie das auch gewollt hat. Prompt jedenfalls präsentierte sie ihrem Mann das Justiz-Busserl als Geständnis unter dem Weihnachtsbaum. So nahm eine fast unendliche Geschichte ihren Lauf, die Eheleute erstatteten Anzeige. Peter bekam die Akte als erster auf den Tisch und mußte sich damit herumschlagen, ob ein – und vor allem dieser – Kuß eine Vorteilsnahme im Sinne der Bestechung sein könnte. Der Teufel steckt im Detail, und der Details gab es einige. Die Tatumstände lagen komplizierter, als hier darstellbar. Peters heimliches Interesse war das der Entlastung des Beschuldigten. Eine Disziplinarmaßnahme sollte reichen. Er prüfte, formulierte ein langes Gutachten und meinte: keine Anklage. Er mußte dem Oberstaatsanwalt persönlich vortragen. Diesem gefiel Peters Vorschlag gar nicht. Der vorgesetzte Generalstaatsanwalt in Celle würde sicherlich anklagen wollen, weil ein Justizbeamter betroffen sei. Doch der Oberstaatsanwalt stellte sich vor Peter, er unterzeichnete seine Einstellungsverfügung. Er machte Peter noch Avancen, nach dem Assessorexamen zur Staatsanwaltschaft zu kommen. Peter dachte nur: Um Himmels willen, gerade das nicht. Inzwischen war er schon bei anderen Referendarstationen. Da hörte er, daß auf Weisung des ›Generals‹ in Celle Anklage erhoben worden sei, und zwar vor der vierten Strafkammer, bei welcher er zuvor gearbeitet hatte. Peter begegnete zufällig einem Richter dieser Kammer und erwähnte, was auf sie zukäme, wobei er ins Detail ging. Die Kammer lehnte die Eröffnung des Hauptverfahrens ab. Der General ging in die Beschwerde. Der Senat des Oberlandesgerichts gab ihm recht. Das Hauptverfahren mußte dann doch von der Strafkammer eröffnet werden. Monate vergingen. Dann sprach die Kammer ihr Urteil: Freispruch des beklagten Justizbeamten. Der General ging in die Revision. Wieder vergingen Monate. Dann hatte auch der Bundesgerichtshof die Revision als offensichtlich unbegründet zurückgewiesen.[171] Damit war der Fall nach zwei Jahren ad acta gelegt, der Justizbeamte schuldlos. Es soll nicht unterstellt werden, daß Peter am Freispruch beteiligt war. Aber in welche Richtung von Anfang an ein Verfahren läuft, ist bestimmt nicht unerheblich.

Kleine Genugtuungen ähnlicher Art erlebte er dann mehrfach in den Verkehrsstrafprozessen vor dem Amtsrichter. Er mußte als Vertreter der Staatsanwaltschaft die Einlassung des Angeklagten und die Beweise würdigen und daraufhin den Strafantrag stellen. Wenn die Beweisaufnahme dies irgendwie hergab, plädierte er auf Einstellung oder sogar auf Freispruch. Unvergessen bleiben die strahlenden Gesichter dieser Beklagten, wenn sie an ihm vorbei den Saal verließen. Andere schauten grimmig oder deprimiert. Es war kein angenehmer Auftrag, der ihm oblag. Gottlob waren es nur wenige Sitzungen.

Um körperlichen Ausgleich besorgt, ging Peter regelmäßig zum Schwimmen ins Goseriedebad. Dort lernte er Hans-Georg kennen, einen frischen, lebenslustigen Stewart bei einer britischen Fluglinie. Er besaß ein Auto und steuerte, offensichtlich recht erprobt und kundig, die Herrenhäuser Gärten an. Da kannte er, dieser Filou, ein Plätzchen, verborgen hinter undurchsichtigen Hecken. Die niedergedrückten Büsche und Sträucher, über die sie sich hangelten und wälzten, dürften die Kämpfe gut überstanden haben. Richtet sich doch die Natur immer wieder auf, wie bei ihnen beiden, so auch hier das geschundene Grünzeug im Park. Es ist eine erfrischende Bekanntschaft geblieben. Sie sehen sich noch heute gelegentlich. Daß Peter sich in diesen Monaten sogar einmal in ein Szenelokal in Ricklingen wagte, mutet wie eine Herausforderung des Schicksals an. Eine Wiederholung lohnte nicht, das Ambiente war zu muffig, es fehlte der rheinische unaufgesetzte Frohsinn. Aber vor allem wollte er nicht das Wagnis einer Dekuvrierung eingehen. Noch gab es die polizeilichen Kontrollen der Personalien und sogar Razzien aus nichtigem oder willkürlichem Anlaß. Sie hätten ein Desaster für seinen Ausbildungsabschluß bedeuten können.

Sechs herrliche Sommermonate im Jahr 1958 verlebte er in Berlin. Er war beim Amtsgericht Schöneberg in den verschiedenen Abteilungen der Zivilgerichtsbarkeit beschäftigt. Abends stürzte er sich in das kulturelle, nachts in das schwule Leben dieser brüchigen, kaputten Stadt. Er war fast täglich unterwegs zu Schauspiel oder Oper, mal in West-, mal in Ost-Berlin. In dieser Fülle hat er darstellende Kunst nie wieder genossen. Er hat wirklich alles gesehen, was die diversen Spielpläne anboten. Immer bekam er Eintrittskarten noch an der Abendkasse. So waren für ihn nicht entscheidend die Verfügbarkeit von Karten, sondern Lust und Laune, was er gerade sehen wollte. Das war eher quälerisch, denn unter etwa dreißig Bühnen, die täglich aus einem reichen Repertoire schöpften, mußte er auswählen. Durch den günstigen Wechselkurs war der Theaterbesuch in Ost-Berlin besonders preisgünstig, zumal man sich während der Pause für lumpige West-Pfennige schnell leckere Häppchen erobern konnte, ehe die anderen ›Westbesucher‹ die Tabletts leer gekauft hatten. Anschließend ging es in die Szene, zumeist rund um den Nollendorfplatz. West-Berlin war eine freie, weltoffene Stadt, sie knüpfte an die Tradition vor 1933 an. Szenelokale und Bars mit Tanz waren ohne Sperrstunde geöffnet. Bis zum frühen Morgen wurden sie von vielen Nachtschwalben angeflogen. Diese Treffpunkte waren ein Eldorado, wo sich ein internationales Publikum aus Ost und West mischte. Junge Burschen, knapp an Westgeld, wurden freigehalten. Absichten

waren damit selten verbunden. Es waren eher Solidarität und Mitleid, die zum Freibier einluden. Razzien, wie andernorts noch üblich,
waren hier gänzlich unbekannt.

Peter hatte mit Absicht ein zentral gelegenes Zimmer gesucht und
gefunden.[172] Es waren nur zehn Minuten zum täglich aufzusuchen-
den Amtsgericht in der Grunewaldstraße und zwanzig Minuten zum
nächtlichen Gourmet-Gericht rund um den Nollendorfplatz. Das
Zimmer von über 30 qm war zweckmäßig möbliert, die Wirtsleute
großzügig. Über die nächtlichen Besuche haben sie nie ein Wort
verloren.

Im Kleist-Kasino[173], einem Szenelokal, ist Peter schon in seinen
ersten Berliner Tagen Heidar begegnet. Sie verstanden sich auf Anhieb. Heidar, der in einem Reisebüro in Reykjavík arbeitete, jettete so
oft wie billig nach Berlin. Zweimal im Monat trudelte er für ein verlängertes Wochenende ein. Früher sei er nach New York oder London
geflogen. Aber der Szene in Berlin gebe er den Vorzug, sie sei uriger
und ehrlicher. Er sprach gut Deutsch. Die Nächte verbrachte er auf
Peters Bude. Er war ein ehrlicher, lieber Kumpel, entsprach ganz dem
nordischen Typ, wie man sich einen Isländer vorstellt: großgewach-
sen und schlank, blond-rötliches Haar, weiße Haut, blaue Augen,
eher scheu als zutraulich, eher verlegen als spontan. Genau umgekehrt war er im Bett, da war er wie umgewandelt. Rechtschaffenheit
und Vertrauenswürdigkeit standen ihm ins Gesicht geschrieben.
Aber durch die erbarmungslose Diskriminierung der Schwulen in
seiner Heimat war er so verängstigt, daß er Peter nie seine Heimat-
adresse gab. Er wollte in keinem Fall irgendwelche Post aus dem Ausland empfangen. Er flehte Peter an, seine Angst verstehen und seine
panische Diskretionswut verzeihen zu wollen. Hier in Berlin wohnte
er angeblich in einem Hotel, er hat nie offenbart in welchem. Ob
überhaupt der Vorname stimmte, wer weiß. Lediglich ein Telegramm
aus Island kündigte sein Kommen an. Diese Notiz war für Peter das
einzige Zeugnis von Heidars Herkunft. Er wollte ihn nicht mit Fragen quälen, Heidar war so lieb. Also blieb es eine freundschaftliche,

intime Begegnung, die beiden vielseitige Innigkeit schenkte. Heidar war passiv, in einer lasziven Weise. Das will sagen, seine Devise war nicht: ›Hier bin ich, nimm mich‹, sondern lautete: ›Such mich, dort bin ich.‹ Immer wieder neu inszenierte er seinen Körper zum Angriffsziel erwünschter Attacken. Da sprudelte seine Phantasie wie ein isländischer Geysir, dessen Fontäne immer neue Wasserskulpturen emporschießt. Die beiden verlebten hinreißende Stunden voll Pirsch und Hatz, voll Hin- und Hergabe.

Aber die vielen Begegnungen brachten sie trotz allem kaum menschlich nahe. Tagsüber wollte Heidar lieber allein durch die Stadt strolchen. Vielleicht traf er sich mit jemandem, wer weiß. Abends eröffnete Peter ihm die Welt der Oper. Langsam entdeckte er sie. Richard Wagner lag seinem Naturell näher als das italienische Fach. Mit dem Schauspiel tat er sich wegen der Sprache schwer. Bedächtig und abwägend erzählte er von seinem familiären Hintergrund. Doch immer merkte man, daß er das meiste und wichtigste verschwieg. Peter hatte Verständnis für ihn. Hatte er nicht selbst in seinen Bonner Studientagen die Kommilitonen über seine Schwicheldter Wohnverhältnisse auch im Unklaren gelassen und war jeder Frage ausgewichen? Dann trat Heidar eine Urlaubsreise an. Der nächste und vielleicht auch der übernächste Besuchstermin müßten ausfallen, kündigte er an. Er schrieb noch zwei Karten aus Fernost. Da rückte Peters Abreise aus Berlin heran. Er packte die Koffer. Den Wirtsleuten nannte er sein Reiseziel nicht, auch das Postfach war gekündigt. Die Berliner Spuren sollten verwehen. Heidars Urlaub hätte schon beendet sein müssen. Aber ein erneutes Telegramm traf nicht ein. Hatte er eines geschrieben? Peter mußte abreisen, die nächste Ausbildungsstation ließ nicht auf sich warten. Traurig, schon eher fatalistisch ergeben fuhr er davon: Eine Faser seines Herzens hatte Heidar mit nach Reykjavík genommen, er müßte es gewußt haben. Hat er es wenigstens geahnt? Mit etwas Pfadfinderspürsinn hätte er Peters Anschrift bei zwei Vertrauten in der Berliner Szene herausbekommen können. Er hatte sich nicht bei ihnen gemeldet. Hatte er wieder

Angst? Hatte er vielleicht die Trennung von Peter mit Vorbedacht so inszeniert? Hatte er etwa mit ihm nur gespielt? War das möglich, nach so vielen, so heftig geteilten Nächten? Fragen über Fragen, ohne Antwort. Sie haben sich nie wiedergesehen: Heidar und Peter.

Peter ist in Berlin sehr glücklich gewesen. Seine Referendarzeit hatte einen weiteren Sprung nach vorn gemacht. Mit seiner Promotionsarbeit hatte er begonnen, seinen Doktorvater wiederholt getroffen. Die Mutter kam zweimal zum Theaterbesuch nach Berlin. Sie fühlte sich hofiert, was beabsichtigt war, und schien glücklich, bis auf die fehlende Schwiegertochter. Aber sie wagte kaum ihren Kummer anzudeuten: Warum hatte Peter ihr nie von einer Zukünftigen oder wenigstens mal einer Freundin erzählt?

In den Bars und auf den Tanzdielen hatte er viele Burschen und Männer kennengelernt, sich anregend unterhalten und aufregend ausgetauscht. Es war eine Lust: Er konnte sich ausleben. Alle diese Erfahrungen waren wichtig. Er gab sich dem Rausch des Neuen hin. Etliche Amouren hatten ihm den Kopf verdreht. Aber es war beileibe nicht so, daß schon eine wiederholte Begegnung zu Intimitäten geführt hätte. Seine früheren Enttäuschungen und die seiner Gesprächspartner waren zu groß, als daß eine neue spontane Zuneigung ihnen leichtfertig neue Wunden schlagen sollte. Mit offenem Auge und kritischem Blick hatte er die Szene studiert. Er war ein genauer Beobachter. Seine Intuition verfeinerte sich. Jetzt wußte er, wie Leben und Treiben in der Szene laufen. Man konnte ihm nichts mehr vormachen, er war realistisch und nüchtern geworden. Das überdrehte Chichi und kreischende Tuntengesabber kotzten ihn an. Mehr denn je wünschte er sich den Freund fürs Leben, den nüchternen, seriösen Freund, dem er sich auf Gedeih und Verderb schenken könnte, unter dem erhofften Wohlwollen der Transzendenz.

Wie tragisch: Nur vier Kilometer und wenige sechs U-Bahn-Stationen entfernt, in Ost-Berlin, arbeitete zur gleichen Zeit Siegbert. Täglich fuhr er mit der S-Bahn von Bernau nach Berlin-Mitte in sein DEFA-Filmstudio. Abends war auch er, wie Peter, oft in der

Staatsoper Unter den Linden und in den anderen Berliner Bühnen. Sind sie sich dort oder auf der Straße schon einmal, nah oder entfernt, über den Weg gelaufen? Während dieser sechs Monate hätten sie aufeinandertreffen können, waren sie doch tagtäglich so wenig weit voneinander entfernt. Aber es wäre unwahrscheinlicher gewesen als bei der sprichwörtlichen Stecknadel im Heuhaufen. Denn keiner wußte, wie der andere aussah, der zu suchen wäre. Die gesuchte Stecknadel kennt man schließlich. Ob dann auch der erste Blickkontakt bei ihnen ›Klick‹ gemacht hätte, wer weiß. Ihre beiden Schutzengel hatten es jedenfalls bisher nicht gefügt. Vielleicht war Peters Hörnchen noch nicht hinlänglich abgestoßen und seine Bindungsfestigkeit noch nicht hinreichend ausgehärtet. Sie mußten beide acht Jahre aufeinander warten.

Auf dem Weg nach Bonn machte Peter halt in Hannover. Es gab ein Problem zu lösen. Die Mutter hatte auf Peters Anregung dessen Zimmer an einen ausländischen Studenten vermietet. Die Mieteinnahme war nicht ausschlaggebend. Er wollte vielmehr ein Zeichen der Verständigung setzen. Es wurde ein bitterer Reinfall. Ausländische Studierende fanden kaum Unterkunft in privaten Haushalten. Die Technische Hochschule hatte dringend um Unterstützung gebeten, weil die Wohnheime für Studenten nicht ausreichten. Der junge Student aus dem Vorderen Orient war recht unordentlich und schmutzig, was noch hinnehmbar war, weil zumindest ihm Dreck nichts auszumachen schien. Aber er leistete sich einige Anzüglichkeiten gegenüber der Mutter, griff sich mehrfach mit Augenzwinkern auch vor Peter in den Schritt und schleppte schließlich Mädchen aufs Zimmer. Wohl kaum hätte er dergleichen in seiner Heimatstadt gemacht und so die zu erwartende Haussitte verletzt. Er flog raus, wollte pampig werden, die Polizei war verständigt. Ihm wurde klar, daß er auch in der Technischen Hochschule Probleme bekäme, mit Auswirkungen bis in seine Heimat. Endlich war seine Renitenz gebrochen. Besonders die Mutter war enttäuscht, das Zimmer blieb fürderhin leer.

Inzwischen war die Wohnung komplett eingerichtet. Das von Peter in der Messeverwaltung verdiente Geld machte es möglich. Eine Couchgarnitur und der zeittypische Wandschrank waren gekauft, ein Nachtspeichergerät installiert, um die staubige Kohleheizung entbehrlich zu machen.

Damit die Mutter auch ihrem betagten Leben einen nützlichen Sinn gäbe, hatte Peter ihr geraten, einen sozialen Dienst zu beginnen. Zweimal die Woche war sie im Krankenhausdiakonat tätig und sprach mit Patienten, die ein Gespräch erbeten hatten. Anfangs hatte sie Hemmungen, doch Peter machte ihr Mut und diskutierte mit ihr mögliche Gesprächssituationen. Auch gab es einen Helferkreis, in dem ihre Arbeit erörtert und beraten wurde. Die unterschiedlichsten Probleme wurden an sie herangetragen, zum Beispiel die Sorge um Unterbringung und Versorgung der verwaisten Kinder, Folgen von nicht bezahlten Rechnungen, Auseinandersetzungen unter Familienangehörigen, die erhoffte Versöhnung mit entzweiten Personen und vieles andere mehr. Sie informierte die verschiedenen Stellen, vermittelte Hilfen und wurde selbst tätig. Sie schwieg zwar darüber, aber einiges von ihrem mühsam ersparten Geld muß dort geblieben sein. Es gelang ihr nicht, ihre Mildtätigkeit vor Peter zu verbergen. Er hätte es ihr nie verübelt, im Gegenteil. Erstaunlich viele Fragen betrafen die Sinndeutung des Lebens. Ein langes Krankenlager oder ein lebensbedrohliches Gebrechen führen notgedrungen dorthin. Natürlich sind die Antworten, die jeder sich selbst zurechtlegt, so unterschiedlich, wie es die Menschen auch sind. Es gibt keine allgemeingültige Antwort. Wurde die Mutter darum gebeten, vermittelte sie Besuche eines katholischen oder evangelischen Pfarrers. Doch etliche Gespräche des Trostes hat sie selbst geführt, manchem Todkranken im langen Sterben die Hand gehalten.

Die nächsten zwei Jahre verbrachte Peter in Bonn. Er wohnte wieder im Carl-Schurz-Colleg und übernahm die Funktion des Tutors. Er war zuständig für das Programm mit Seminaren und Kursen im Haus. Aber im Vordergrund stand die Fortsetzung der juristischen Ausbildung, um möglichst bald das Staatsexamen zu absolvieren. Weitere Engagements kamen dazu. Das führte ihn an den Rand seiner physischen Belastbarkeit. Fünf Tätigkeiten erforderten seinen Einsatz: die Verwaltungsstation der Referendarausbildung, die dazugehörende Arbeitsgemeinschaft, sein Tutorenamt, die Seminare im Colleg, die Arbeit an der Promotion und gelegentliche Tätigkeiten zum Gelderwerb. Ab und zu hetzte er nach Hannover, um nach dem Rechten zu sehen. Er war erschöpft, fühlte sich ausgelaugt. Mehrfach brach er zusammen. Ein Privatleben gab es nicht mehr, keine Ablenkung, keine Szenebesuche in Köln, kein Treffen mit Freunden. Nach stundenlangem Büffeln über Büchern und Tippen auf der Schreibmaschine wollte er einmal frische Luft schnappen. Wie erstaunt war er, als er nachts um eins die Reklame einer Kneipe leuchten sah. Er trat zögerlich ein, sie war rappelvoll mit Studenten. Das gab es also, er war verwundert, er hatte es fast vergessen. So ging es nicht weiter. Für einige Monate unterbrach er die Ausbildung. Die Tätigkeit im Colleg wollte er nicht aufgeben, weil er sonst den kostenlosen Wohnplatz verloren hätte.

Viele weibliche Leser dieser Zeilen dürften, wie sich zeigte, zwischen Verärgerung und Verwunderung schwanken, wenn sie hier mit den Schilderungen lustvoller homosexueller Liebesabenteuer konfrontiert werden. Verwunderung, weil sie diese Lässigkeit und Freiheit schwuler Kontakte nicht für möglich hielten, und Verärgerung, weil es eben doch etliche, und nicht die schlechtesten Männer und Jugendliche sind, die sich von einer Frau erotisch nicht angezogen fühlen. Die Schwulen sollten wissen, wohin sie gehören, jedenfalls nicht zur gegengeschlechtlich empfindenden Mehrheit. Die Bisexuellen als zweite Gruppe stehen in der Mitte. Zerrissen glücklich siedeln sie diesseits und jenseits des Ozeans der Lüste und sind auf ihre Weise mit ihrer homosexuellen Komponente zufrieden. Aber auch die dritte Gruppe ist für Überraschungen gut. Gemeint sind die Knall-Heteros, die sich mangels einer Frau, also aus Verlegenheit, auch mit ihresgleichen einlassen, oder die aus Probierlust mal kosten wollen. Sie wildern mit Vergnügen in schwulen Gefilden. Leider gebricht es ihnen zumeist an der seelischen Zuneigung zum gleichgeschlechtlichen Partner. Allein diese liebevolle Zuwendung gibt dem sexuellen Akt erst die erotische Würze. Ohne das gegenseitige begehrende Streicheln, Küssen, Umarmen bleibt Sex schal.

Hier soll ein Beispiel für eine solche sexuelle Begegnung aus Verlegenheit geschildert werden. Ins Carl-Schurz-Colleg zog ein Erstsemester ein. Bernhard studierte Jura und gehörte zu einer etablierten Familie. Er war etwa 19 Jahre alt, also fünf Jahre jünger als Peter. Beide verstanden sich gut, sie mochten sich. In der Mensa steuerten sie gern aufeinander zu, wenn sie sich erblickten, und setzten sich zusammen. Sie besuchten sich auf der Bude und gingen auch mal gemeinsam in den Contra-Kreis oder ins Kino, wobei Bernhard der initiativreichere war. Peter fand ihn sympathisch, aber wegen des Altersunterschieds und eines gewissen Phlegmas hielt er ihn nicht für den gleichwertigen Gesprächspartner, um dessen menschliche Nähe er sich seinerseits bemüht hätte.

Peter hatte sich ihm gegenüber nicht ›offenbart‹. Aber sie sprachen sehr freimütig über alles. Daher rührte wohl auch die Offenheit, mit der Bernhard Peter in seine ›sexuelle Notlage‹, wie er es nannte, einweihte: »Peter, besorg mir ein Weib! Ich muß dringend mal ff-f-icken!« Die Satzbetonung lag auf dem letzten Tätigkeitswort, und in das anlautende ›f‹ legte er seinen ganzen pfeifenden Frust einer bisher nicht gehabten Beischlafschance. »Hast Du nicht eine Frau für mich? Du mußt doch eine kennen. Besorg mir eine. Ich will keine Nutte.« Dabei faßte er sich in den Schritt. Die schiere Geilheit sprang ihm aus den Augen. Wie sollte Peter diese Not wenden? Er verwies ihn an Mitstudentinnen, die er doch kennen müßte. Er sollte mal ein Auge wagen und eine kesse Lippe riskieren. Aber er traute sich nicht. Er hatte Angst, abgewiesen zu werden. Er wußte, daß er nicht attraktiv war, daß die Mädchen ihn übersahen, geschweige denn auf ihn fliegen würden. Herkunft und Familienbande wirkten andererseits nicht so magnetisch, daß er die holde Weiblichkeit allein deswegen anziehen würde. Peter wollte ihn nicht enttäuschen, wo Bernhard so viel Mut mit seiner schonungslosen Offenheit gezeigt und um vertrauensvolle Hilfe geworben hatte. Peter stellte irgendwelche Kontakte, irgendwann mal, mit irgendeiner Maid, irgendwie in Aussicht, um ihn zu trösten – und auch zu vertrösten, wie er hoffte.

Doch Bernhard sprach ihn immer wieder auf seine Problematik an. Seine Lage schien immer verzweifelter, der sexuelle Druck immer auswegloser. Peter wies ihn schließlich auf die Selbstbefriedigung hin, die ihm auch Erleichterung schaffen könnte. Bernhard gestand, es noch nie versucht zu haben. Er wehre sich gegen die Onanie, die ihm vom Beichtspiegel und Hörensagen her bekannt sei. Aber nicht aus ethisch-religiösen Gründen, sondern weil sie ihm als doch wohl dürftiger Ersatz erscheine. Dann wollte Bernhard von Peter wissen, wie dieser mit seiner Sexualität zurechtkäme. Und hier, an dieser Stelle, erblickte Peter eine Chance, sich mit seiner sexuellen Neigung einzubringen. Er tat das sehr behutsam, um Bernhard nicht zu verschrekken. Und andererseits war er auf Rückzug bedacht, falls Bernhard falsch reagieren sollte. Peter mußte sicher sein, daß Bernhard diskret bleibt und ihn im Studentenwohnheim nicht in Verlegenheit bringt. Peter log, daß er ›nur beiläufig‹, auch ›schon mal‹, mit einem Studenten Sex gehabt hätte, was doch recht befriedigend und lustig gewesen sei. Es sei ja auch unproblematischer als mit einer Frau, weil die Sache wegen der Gleichgeschlechtlichkeit unverbindlicher bleiben könne, und zudem bestünde nicht die Gefahr einer Schwängerung. Bernhard wurde neugierig. Er ließ sich das Moment der Lust und seiner Befriedigung ausführlich erläutern und wollte wissen, was denn so im Bett gemacht werde. Peter strengte sich an, ihm laienhaftes Wissen vorzutäuschen, und schilderte die ihm, scheinbar vom Hörensagen her, bekannten zwei, drei Varianten. Abschließend meinte er, daß dies aber wohl kaum etwas für ihn, Bernhard, sei, weil der Genuß des Orgasmus auch die Zuneigung zum Körper des anderen Mannes voraussetze. Wie ausschließlich diese Hinwendung zum Körper des anderen tatsächlich sein sollte, hätte Peter gern offenbart. Auch wie schön Sex mit dem geliebten Mann sein kann, hätte er gern angepriesen. Aber darauf war Bernhard nicht vorbereitet, im übrigen hätte er als offensichtlicher Nichtschwuler dies nicht verstehen, geschweige denn nachfühlen können. Peter hatte seine Erläuterung als Marginalie abzutun versucht. Doch Bernhard war nachdenklich geworden. Wir wechselten das Thema. Die Rotweinflasche war geleert, die Kerze heruntergebrannt.

Etliche Tage später rief Bernhard — er saß gerade am Nachbartisch in der Mensa — zu mir herüber, er wolle mal reinschauen, er müsse eine Hausarbeit fertigstellen. Der Anlaß war erlogen, wie sich später herausstellte. Aber der Zuruf wirkte unverfänglich. Denn wir hatten uns über juristische Themen schon gelegentlich unterhalten.

Bernhard war ausgesprochen heiter und aufgeräumt, als er eintrat. Ich entzündete die Kerze, löschte die fahle, gelbschimmrige Deckenleuchte und holte die Rotweinflasche heraus. Die juristische Diskussion konnte beginnen. Doch Bernhard steuerte sofort sein sexuelles Thema an: er werde schier wahnsinnig wegen des sexuellen Dranges, den er zwischen den Beinen spüre. Seine Phantasie, seine Träume würden nur noch um seinen Schwanz und das lustvolle Eindringen kreisen. Das alles war hektisch und abrupt vorgetragen. Er griff sich zwischen die Schenkel und rieb sich die Genitalien. Ich litt mit ihm, wie seine sexuelle Not einem ultimativen Punkt entgegenzurasen schien. Seine Augen wurden glasig. Er schien wie ums Überleben zu kämpfen. Er ging zur Tür, drehte den Schlüssel herum und prüfte, daß die Tür verriegelt war. Zusätzlich stellte er die Sperrholzplatte in die Türfüllung, die sich die Studenten angeschafft hatten, um nach beiden Seiten die Geräusche zu dämpfen. Er stellte sich vor mich auf und hechelte: »Peter, jetzt will ich es wissen. Los! Jetzt machen wir Sex miteinander. Hier bin ich. Zeig es mir! Jetzt muß es sein. Es verträgt keinen Aufschub. Stell dich nicht an! Los, komm her!« Er riß sich die Kleider vom Leib, sein Schwanz stand steil nach oben. Ich war total perplex, wollte abwarten, wie weit er ginge, und zog mich nur zögernd aus. Bernhard packte mich an der Hand und zog mich ruckweise heran. Er knallte sich aufs Bett, den Bauch nach unten, und hämmerte aus sich heraus: »Komm, Peter, mach es! Los! Nimm mich! Mach's! Nu, los doch!« Jedes Wort war wie ein Hilferuf, herausgehetzt, voller Energie, fordernd, laut. Er steigerte sich in einen Wortrausch, wie um sich noch mehr Mut zu machen. Die Wortkaskaden wirkten zwar spontan. Doch alles schien überlegt, in langen Wachträumen herangereift. »Her mit deinem Schwanz! Nu, los doch!« Jetzt sollte es passieren, wollte er die Ekstase eines Bei-schlafes erfahren, was immer er sich darunter vorstellte. Wie von Sinnen räkelte er sich, spreizte die Beine und bot sich dar. Ich war so konsterniert, so fassungslos, daß ich kein Wort herausbekam. Ich saß auf dem Stuhl neben dem Bett, war nackt und fühlte mich durch die geile Spannung wie elektrisiert. Mein Schwanz stand wie eine Eins. Doch ich war mental blockiert. Da lag ein guter Freund, sexuell un-erfahren, suchte seine Initiation, wünschte freiwillig ›vergewaltigt‹ zu werden, wie es sich für ihn darstellen mußte. Ich empfand, letzt-lich wisse er doch gar nicht, was er wollte, worum es ging. Sicherlich, ich hatte ihm einmal, auf seine Fragen hin, von dieser Form des mann-männlichen Aktes aus eigener Erfahrung berichtet; hatte weder die passive noch die aktive Erlebnisform als die gültigere dar-gestellt. Auch hatte ich hetero- und homosexuelle Befriedigungs-formen als gleichwertig angepriesen. Was bloß veranlaßte Bernhard, sich passiv mir anzubieten? Ich habe es nie erfahren. Wir haben nie darüber gesprochen. Wollte er nicht doch lieber mich aktiv nehmen und wagte bloß nicht, mich darauf anzusprechen? Er wollte doch gerade, was die vorangegangenen Gespräche ergaben, bumsen, wollte hineinspritzen. Er wollte »sich zu Ende ficken«, wie er sagte. Was er, der Unerfahrene, darunter verstand, blieb offen. Unser beider Puls jagte auf Hochtouren. Ich kam zu keinem Ende mit meinen Über-legungen in dieser angeheizten Stimmung. Ich war verwirrt, konnte nicht mehr klar denken.

Erst später, Stunden später, als ich wieder allein war, erinnerte ich mich. Ich hatte ihm mal von meinem Abenteuer mit Chong in Kuala Lumpur erzählt, wo wir uns wechselseitig in Lust schenkten, jeder mal nahm, mal gab, immer wieder. Jetzt glaubte ich zu ahnen, warum Bernhard sich passiv anbot. Er wollte sich aktiv mit mir Befriedigung verschaffen, und glaubte, als Vorleistung sich mir anbieten zu müssen. An sich ›wollte er ficken‹. Er wagte nur nicht, mich darauf anzusprechen. Also ging er davon aus: Wenn er sich zuerst mir angeboten hätte, dann dürfte er sich ungefragt danach in mich hinein verströmen. Das alles schien Stunden später logisch. Ich erinnerte mich meiner fernöstlichen Reiseschilderung. Aber da war es zu spät und es tat mir leid, wie unser beider Zusammensein zuvor abgelaufen war.

Ich saß am Bettrand und strich ihm kurz über den Rücken. Ich wollte ihn ablenken, aber merkte schnell, daß dies nicht der richtige Weg war. Er packte mein steifes Glied: »Komm, Peter, fick mich! Los! Mach zu!« Ich überlegte, war sehr verlegen. »Bernhard«, es muß recht jämmerlich geklungen haben, »das kann ich nicht. Ich darf es nicht. Ich kann dich nicht ficken. Du weißt nicht, was Du forderst.« Glaubte ich doch, gerade das wäre sein ausschließlicher Wunsch gewesen. Hätte er doch den Mund aufgemacht und klar gesagt, was er wirklich wollte. Ich hätte ihn behutsam genommen, hätte ihn bestens für die Aufnahme meines Gliedes vorbereitet, daß es ihm eine solche Lust geworden wäre, von selbst danach zu gieren. Im zweiten Teil dann hätte ich ihm zur Lust gedient, und meine dabei nicht vermißt. »Bernhard, ich kann es nicht, ich darf es nicht.« Er war zu unbeholfen, war zu sprachlos, hatte, was Wunder, eine letzte Prüderie nicht überwunden. »Du weißt nicht, was du forderst.«

Ich legte mich neben ihn, und wir wichsten uns gegenseitig volle Ladungen ins Handtuch. Er schien glücklich. Es war sein erstes Mal. Welch ein Rausch für ihn! Auch für mich. Es war eine phantastische Vorstellung, an seinem Frühlingsopfer mitwirkend teilzunehmen. Er war wahnsinnig aufgeregt. Wir ließen uns viel Zeit und wiederholten es. Ich zeigte und erklärte ihm, wie man sich mit Muße in unverkrampfte, autogene Stimmung versetzt, damit ein rauschhafter Orgasmus gelingt. Bernhard war ja noch so hektisch, so forciert, nicht im Einklang mit seinem Körper, zu sehr von seiner Geilheit gesteuert. Leider, er suchte nicht, vielleicht noch nicht, das erotische Spiel vor und nach der sexuellen Begegnung. Wäre es nach seiner unterstellten Absicht verlaufen, dann hätte er vielleicht in mir …, vielleicht, wohl kaum, oder doch.

Es war anders gelaufen. Bernhard war gegangen. Ich hatte keine Sorge, daß er mit seinem ersten Sexerlebnis zurecht käme. Aber ich war gespannt, auf welche Weise er es verarbeitet hätte. Ich war neugierig, wie er sich mir gegenüber verhalten würde, wenn wir uns wiedersähen.

Drei Tage später, ich ging gerade im Studentenwohnheim die Treppe hinauf, da rief von oben Bernhard herunter: »Peter, bist du heute Abend da? Ich komm’ mal vorbei.« Das klang ganz locker und frisch. Und so war er auch, als er eintrat. Ohne zu fragen, verriegelte er hinter sich die Tür und packte mich am Arm: »Peter, es hat mir gutgetan. Das war Klasse. Du hast doch Zeit?!« Ich bejahte. »Und du hast auch die nötige Muße?« fragte er nach, um zu beweisen, was er gelernt hätte. »Ich bleib wieder bei dir.« Wir sprachen kaum über das erste Mal, es war ihm nicht wichtig, weil es ihm selbstverständlich erschien. Ich fragte ihn, ob er Probleme mit seiner katholischen Erziehung habe. Er verneinte das. Sein sexueller Ausnahmezustand hebe jede Verhaltensmaßregel auf. Was heiße hier Gebot, wenn es ihm so vitale Lebensfreude bereite. Sein Körper gebiete ihm doch gerade die Erfüllung seiner Lust. So hat er argumentiert. Ich merkte, daß ich ihm sehr sympathisch geworden war. Und warum auch nicht, dachte ich. Mit welchem Freund ruht man schon mal, aufgegeilt, nackt an nackt zusammen. Es ist etwas Eigenartiges darum, wenn man dem Manne wiederbegegnet, mit dem man zum ersten Mal die Körper geteilt hat. Man blickt dem anderen ins Auge, trifft aber immer auch des anderen Geschlecht und erlebt im Schauen die gemeinsamen Orgasmen.

Wir gingen ins Bett. Bernhard fand Gefallen am gegenseitigen Masturbieren. Das zwang ihn, den Körper des Mannes an seiner heikelsten Stelle zu packen. Ich übernahm das Kommando. Ich steuerte seinen Orgasmus und hatte mit wachem Gespür erreicht, daß wir gleichzeitig kamen. Ich spürte instinktiv, daß mit dieser zweiten Begegnung sein Drang gestillt war, sein Frühlingsopfer war vollzogen. Und so war es auch. Wir hatten nie mehr miteinander Sex. Wir haben uns noch oft im Haus, in der Uni getroffen, zusammengesessen, geschwätzt. Nie mehr kamen wir, auch nicht andeutungsweise, auf unsere Intimitäten zu sprechen. Ich beobachtete nur, daß er mich bei Meinungsverschiedenheiten mit Dritten immer auf Biegen und Brechen verteidigte. Selbst wenn auch die gegenteilige Ansicht nahelag, er pflichtete immer mir bei. Die Anhänglichkeit haben wir uns gegenseitig bewahrt, bis der Kontakt nach dem Studienabschluß und den getrennten Lebenswegen praktisch zum Erliegen kam.

Wir hörten schon mal voneinander, haben uns aber leider nie wiedergesehen. Bernhard ging zurück in seine süddeutsche Vaterstadt, wo er einem angesehenen Beruf nachging. Er hatte geheiratet. Die Ehe soll nicht glücklich gewesen sein. Er war dem weiblichen Geschlecht nebenbei heftig zugetan. Welche Ehefrau goutiert das schon. Ob er an allen drei Kindern Gefallen gefunden hatte? Er starb vor einigen Jahren. Peter hätte ihn so gern zu ihrem Kapitel sexueller Gemeinsamkeit befragt. Vielleicht hätten sie jetzt, wo das Alter die Jugend einholt, unbefangen darüber sprechen können. Peter warf sich vor, zu lange gezögert zu haben. Über die Nachlässigkeit halfen die Blumen schwerlich hinweg, die er dann ans Grab brachte: Hier ruht Bernhard... Schade. Man sollte nichts aufschieben.

Dann, im Oktober 1960, verließ Peter endgültig Bonn. Er kam für sechs Monate an das Oberlandesgericht Celle, wohnte wieder bei der Mutter und warf sich ganz in die Examensvorbereitung. Besonders nachdenklich machte ihn das dreitägige Ausbildungsprogramm in der Strafanstalt Celle[174], das sporadisch durchgeführt wurde. Hier saßen überwiegend Langzeitgefangene und Lebenslängliche ein. Mit Führungen durch die Anstalt und Vorträgen wurden die Referendare mit dem Strafvollzug vertraut gemacht. Kein noch so heikles Thema wurde ausgelassen. Es sei ein offenes Geheimnis, daß homosexuelle Betätigungen gang und gäbe wären. Junge Häftlinge seien die begehrten Zellengenossen. Die Anstaltsleitung überlasse dem jungen Spunt die Entscheidung, mit wem er zusammengelegt werden wolle. Aber für irgendeinen mußte er sich entscheiden, denn wegen der Überbelegung der Strafanstalt konnte eine Einzelzelle nur ausnahmsweise überlassen werden. So arrangierten sich Kumpaneien, die zu einer gewissen Befriedung des sexuell-brisanten Zellenalltags beitrugen.

Gelungen schien dies in einer Zweimannzelle, die Peter in einer kleinen Gruppe von Referendaren zusammen mit einem Justizbeamten betreten durfte. Die Besichtigung von etwa drei Zellen gehörte zum Ausbildungsprogramm. Die Einsitzenden waren stets anwesend. Die Vollzugsbeamten kannten die Gefangenen, bei denen die Besichtigung ohne böse Worte möglich war. Die Sache war heikel, schließlich wurden die Gefangenen gewissermaßen vorgeführt. Andererseits stand ihnen nicht das Recht zu, die Besichtigung zu verbieten. Aber sie hätten Rabatz machen können, was bei der Mehrzahl der Zellen auch geschehen würde, wie die Beamten andeuteten. Also, die Zelle war freundlich eingerichtet, nicht zu eng, Doppelbetten und das bekannt dürftige Mobiliar. An einer Industrienähmaschine saß ein älterer Gefangener, vielleicht vierzig Jahre alt, und nähte Stoffbahnen zusammen. Neben ihm bereitete ein etwa 20jähriger die Stoffe vor und heftete sie mit Stecknadeln. Peter erkannte sofort, daß die beiden schwul waren. Die Vertrautheit zwischen ihnen schien greifbar. Daß die meisten Menschen dieses Fluidum nicht ertasten, ist gut und schützt die Integrität einer solchen Zweisamkeit. Der Jüngere, mit zarter Körperfigur, wirkte weich und hatte fast noch ein Knabengesicht. Man konnte ahnen, welch reine Blicke und engelhafte Züge ihm eigen gewesen sein müssen, ehe die Straftat passiert war, die ihn hierher brachte. Er wirkte gedrückt, wie unter einer unsäglichen Last. Der Ältere schien sich und die Umstände besser im Griff zu haben. Er hatte einen klaren, festen Blick. Forsch jagte er die Stoffbahnen an der surrenden Nadel vorbei. Als sich die Zellentür geöffnet hatte, schauten beide nur kurz auf und hielten in der Arbeit inne. Zögerlich, ob es denn nötig sei, erhoben sie sich. Die Referendare sollten und dürften Fragen stellen, war vorher angeboten worden. Aber sie machten nur spärlich davon Gebrauch. Hier wie auch in den anderen Zellen geriet das zu einem peinlichen Unterfangen. Da persönliche Erkundigungen tabu waren, blieben nur Fragen zum Haftalltag: zur Verpflegung, dem Spaziergang, der Tätigkeit und Ablenkung. Was blieb den Gefangenen in Anwesenheit des Aufsehers schon übrig, als wohlwollende und vorwurfsfreie Antworten zu geben. Nur dadurch konnten sie sich, in dem Beziehungsgeflecht ihrer Abhängigkeit, einen Vorteil erhoffen. Denn ein Referendar hätte einer Beschwerde sowieso nicht abhelfen können, das wußten die Gefangenen. Also machten sie das Theater mit und beantworteten dröge und gelangweilt die lästigen Fragen.

Kaum draußen, machte sich Peter an den Justizbeamten heran. Er war neugierig und wollte ihm zu dem Erahnten heikle Fragen stellen. Er wußte nicht, ob er sie beantworten würde und dürfte. Aber Peter verstand es, dem Beamten die Zunge zu lösen. »Warum sitzen die beiden ein?« Er merkte das ernsthafte Interesse. Nach einigem Drucksen: Also, der Ältere wäre in eine dumme Körperverletzung mit Todesfolge verwickelt gewesen, die Beweislage blieb unklar, er habe bis zuletzt geleugnet. Aber die Gesamtstrafe brachte ihn dann doch etliche Jahre hinter Gitter, die vorzeitige Entlassung wegen guter Führung stehe an. Er sei ein väterlicher Typ, auf Ausgleich bedacht, für das Personal ein angenehmer problemloser Fall, er wolle ›die Sache‹ schnell hinter sich bringen. Der Fall des Jüngeren sei bedauernswert, sehr viel tragischer. Auf dem Dorf aufgewachsen und als Schwächling gehänselt, suchte er in einer Gruppe Gleichaltriger Anlehnung. Er glaubte, als Mitglied der Clique könnte er auf ihre Achtung hoffen und bliebe von Sticheleien verschont. Dafür wollte er Kodex und Ansprüche der Gruppe übererfüllen. Es waren allesamt Dorfrabauken, derb, ungeschlacht und weibergeil, wie sie protzten. Man fuhr nach Hannover, ›was anstellen‹. Der Jüngere war dabei. Nach einer Zechtour beschloß man, in den Puff zu gehen. Jetzt, unaufschiebbar, kam heraus, daß der Jüngere noch nie mit einer Frau geschlafen hatte, die Rotte grölte, die Sticheleien begannen aufs neue und wollten kein Ende nehmen. Die Clique wollte zugucken, wenn »Bubi«, wie er gerufen wurde, es zum ersten Mal macht. Ob das möglich sei? Doch die Puffmutter war gegen die eine Schaunummer, sie bestand auf den mehreren Zahlnummern. Also jeder in ein Zimmer. Der Jüngere hätte wohl gern gekniffen – was waren die Gründe? Er durfte nicht. Er mußte ›es‹ machen, er wollte vor der Gruppe bestehen, wollte anerkannt, nicht wieder gehänselt werden. Das grölende, berstende Lachen dröhnte noch in seinem Kopf und zerriß ihm den klaren Verstand. Wie alles genau abgelaufen ist, der Justizbeamte hatte es aus dem Urteilstext erfahren, aber nicht mehr präsent. Jedenfalls, zuerst tranken Bubi und die Frau eine Menge Alkohol, sie war am Umsatz beteiligt. Er nahm auf wackligem Stuhl Platz, sie hockte auf dem Bett. Schon war sie nackt, hatte ihm das Hemd ausgezogen und wollte gerade seine Hosenknöpfe lösen. Da packte ihn eine fremde Kraft, warf sich auf ihn und überwältigte ihn. Mit einer Gewalt, die ihm unbekannt und wesensfremd war, stürzte er sich auf die Frau und würgte sie, daß ihr die Stimme versagte. Wie betäubt blieb sie liegen. Er tobte durchs Zimmer, nicht mehr er selbst, das vordem schmächtige, zarte Bürschchen mit dem Engelsgesicht. Was mag in ihm vorgegangen sein? Wozu nur wurde er jetzt fähig! Es war entsetzlich. Mit einer berstenden Wut und Verzweiflung, die ihm unbekannt und wesensfremd waren, mordete er sie – auf eine Weise, so grausam wie situationstypisch, worüber zu schreiben sich verbietet.

Nur Mitleid ist angemessen und Ratlosigkeit in Anbetracht der Furie eines solchen Schicksals. Waren die Rabauken schuld, die ihn rücksichtslos in diese Situation gehetzt hatten; sein Minderwertigkeitsgefühl und die Versagensangst, sich jetzt im Angesicht der anderen nicht bewähren zu können; sein Schamgefühl, banal und forciert etwas tun zu müssen, wovon er andere Träume hatte; oder eine latente Homosexualität? Wer weiß es? Wußte er selbst es eindeutig? Sollte es etwa der psychologische Gerichtsgutachter besser wissen? Wohl kaum. Zeugen gab es nicht. Und wie hätte der Angeklagte den äußeren und inneren Tathergang aus dem verwirrten Dunkel erhellen können? Zur Tatzeit galt er als vermindert zurechnungsfähig. Das half, entließ ihn aber nicht straffrei aus dem Prozeß. Die Anstaltsleitung mußte behutsam mit dieser verwundeten Seele umgehen. Ihn zusammen mit anderen Gefangenen in eine Mehrbettzelle zu legen, schied aus. Für die Zweimannzelle schlug man ihm verschiedene Mithäftlinge vor. Er entschied sich für diesen ›Älteren‹. Dann habe man beiden die Arbeit in der eigenen Zelle ermöglicht, anstatt sie im großen Arbeitssaal unterzubringen. Sie galten als schwules Paar und praktizierten ihre Liebe. Das wurde nicht nur geduldet, sondern sogar begrüßt, obwohl der Strafparagraph noch immer bestand. In diesem Celler Gefängnis war man fortschrittlicher als draußen in der Freiheit. Abschließend erzählte der Justizbeamte, die beiden hätten die Absicht, auch später das Leben in Freiheit miteinander zu teilen. Hoffentlich hat es geklappt. Euch beiden viel Glück, euer Schicksal, in Schuld verstrickt, war bisher schon schwer genug!

Im übrigen empfand Peter den Gefängnisalltag frostig und kalt. Zudem schufen Haß und Neid, gegenseitige Verachtung und Mitleidlosigkeit, Frust und Langeweile, alles komprimiert auf enge Zellen, Gänge und Höfe, ein aggressives Klima, das er während der drei Tage durchgängig spürte. Als die Referendare auf einem Gang, aber getrennt durch ein Gitter, einer Gruppe von Häftlingen begegneten, wurden sie mit einem Chorgesang von Unflat und Porno angejohlt. Vielleicht begünstigten die trennenden Gitter eine Atmosphäre von zoohafter Zurschaustellung und voyeuristischem Ausgeliefertsein, obwohl das Zusammentreffen zufällig war. Peter und die anderen hatten eher weg- als hingeschaut, waren eher verlegen als schaulustig. Natürlich wußten die Gefangenen, daß hier zukünftige Strafverfolger und Richter, ihre angeblichen und erlebten ›Peiniger‹, vorbeischritten.

Für Peter waren die Celler Vollzugsanstalt und die Strafprozesse von nachhaltiger Bedeutung. Er wußte, daß er nie in die Strafjustiz gehen würde. Sie hat wie die Medizin mit ›Krankheitsfällen‹ zu tun, und zwar mit den sozialen Gebrechen, die Medizin mit den körperlich-seelischen. Doch beide unterscheiden sich beträchtlich in der Reaktion der betroffenen ›Kranken‹ gegenüber den Akteuren in Heilkunde und Rechtsprechung. In der Medizin sind es Dankbarkeit und Kooperation, weil geholfen werden soll, in der Strafjustiz Argwohn, Mißtrauen bis Haß, weil bestraft werden soll. Das erklärt, warum Ärzte in der Reputation der Meinungsumfragen immer weit oben rangieren.

Schnell aufeinander folgten endlich im Herbst 1961 das zweite juristische Staatsexamen in Celle und die mündliche Prüfung der Promotion in Bonn. Peter war erleichtert. Jetzt war alle Paukerei beendet. Er konnte in das Berufsleben eintreten, endlich. Studium und Ausbildung hatten lange, zu lange gedauert. Ein Mißstand in Deutschland, daß man so alt werden muß, bevor man ans Geldverdienen kommt. Ein Umstand, unverantwortlich für das Gemeinwesen und vor allem für die Berufsanfänger. Die schönsten Lebensjahre, wenn man auf der Leistungshöhe steht, versitzt man vor Büchern, in Kolloquien und Seminaren; lernt, repetiert und formuliert man für Klausuren, Hausarbeiten und Prüfungen.

Die Chancen, die ihm der Abschluß eröffnete, erschienen Peter immer unfreundlicher. Die Juristerei, ob in der freien Wirtschaft, Verwaltung oder Justiz, bleibt ein großes Unterfangen zur Konfliktvermeidung und Konfliktentsorgung; sicherlich unerläßlich für die menschliche Gesellschaft. Sie ist, vergleichbar der Medizin, nur dazu da, ein eventuelles soziales Gebrechen durch Verträge, Satzungen, Gesetze zu verhindern oder ein eingetretenes zu kurieren. Immer handelt es sich um Schadensvermeidung oder -behebung, Tätigkeiten, die jeder Lebenseuphorie ermangeln und keine Weitung der Seelenkräfte fördern. Peter fragte sich: Das soll alles sein, von einem großen Wurf, den das Leben darstellen könnte und sollte? So reduziert auf Vermeidung von Streit, Schlichtung von Zwist und Durchsetzung bei Rechtsbruch? Der eingeschlagene Berufsweg erschien ihm nicht mehr optimal. Es tröstete ihn, daß er nebenbei auch Betriebswirtschaft abschlußreif, wenn auch ohne Examen, studiert hatte. Und ein weiterer Trost war, daß sich auch Jura-untypische Berufe einem Assessorexamen anbieten würden. Doch in jedem Fall wäre es wohl richtiger gewesen, er hätte auch noch das betriebswirtschaftliche Studium abgeschlossen und hätte einen praktischen Wirtschaftsberuf ergriffen. Das hätte ihm schneller Geld gebracht, was Unabhängigkeit bedeutet. Oder er hätte sich, was noch besser wäre, in Handel oder Gewerbe selbständig gemacht. Denn als Angestellter hätte er in einem abhängigen Dienstverhältnis wegen seiner sexuellen Orientierung wohl immer Nachteile befürchten müssen. Oder er wäre in den internationalen Journalismus gegangen, wo Liberalität und wechselnde Arbeitsplätze im In- und Ausland üblich sind, zumal ihm Sprache und auch die Sprachen leichtfallen. Diese Alternativen hätten ihm wahrscheinlich größere Befriedigung und Freude gebracht.

Hätte die Mutter nicht mehr gelebt, Peter würde möglicherweise den beruflichen Sprung in eine andere Richtung gewagt haben. So fühlte er sich gefangen in einem Lebensentwurf, der ihn in die Richtung seines juristischen Studiums führte. Es fehlte ihm damals leider die, erst später gewonnene, Erkenntnis, daß bei seiner Veranlagung die finanzielle und karrieremäßige Unabhängigkeit ausschlaggebend für das Lebensglück sind. Was Kaschierung seiner sexuellen Neigung bedeutete, hatte er erfahren. In einem festen Arbeitsverhältnis würde es schlimm werden. Nur mit Chuzpe und Glück würde er es durchstehen. Schon drei Monate später nahm er, nicht sehr glücklich, eine Stelle in Aachen an. Jedenfalls wollte er nicht in Hannover oder in leicht erreichbarer Nähe zur Mutter leben. Mit dem Wegzug in die Ferne hoffte er, die alte Freiheit Berliner Tage wiederzugewinnen. Wie sehr wünschte er sich, daß es gelinge. Es lag nicht an ihm allein, die Transzendenz müßte es fügen.

*

Ein Strand und ein Versprechen

Das Flugzeug, das Peter von Djakarta nach Bali bringen sollte, fiel angeblich wegen schlechten Wetters am Zielort aus. Das hatte zwar nicht, wie sich später herausstellte, den Tatsachen entsprochen. Aber so sparte sich die Fluggesellschaft für den einzigen Transitpassagier die Hotelkosten. In Wirklichkeit war die Maschine entweder nicht ausgelastet, oder sie hatte einen Schaden. Von Djakarta hat Peter nichts gesehen, er fiel nur wie tot ins Hotelbett und schlief bis zum nächsten Morgen durch.

Am frühen Nachmittag landete er in Denpasar auf Bali. Die Propellermaschine kam gerade noch vor dem Ende der Piste zum Stehen. Eine warme Brise, geschwängert mit dem Salz des nahen Meeres, umfing ihn. Ein Ozean von Palmen und Banyan-Bäumen umrahmte den Flughafen. An der Gepäckausgabe überraschte ihn ein junger Balinese: »You are Peter from Germany?«

»Yes, that's me.«

»Welcome in Bali. I am Wayan.«[175]

Vor Peter stand ein großer kompakter Bursche mit rundem Gesicht und weichen Zügen. Große, traurige Augen gaben ihm einen ernsten Ausdruck. Schwung und Fülle der Lippen deuteten Sinnenfreude an, die aber noch nicht ausprobiert schien. Volles blauschwarzes Haar bedeckte den Kopf und fiel ihm in die Stirn. Das weiße kurzärmlige Hemd stak in einem farbig-gemusterten Sarong, der ihm bis zu den Waden reichte. Die Farben des Rocks leuchteten und kontrastierten in ihrer bunten Frische zu seinem müden Blick. Das gab ihm eine ambivalente Gesamtwirkung von bestechendem Reiz. Es war, als sollte ein Adagio eigentlich als Allegro gespielt werden. Gesicht, Arme und Beine waren samt-braun. Die nackten Füße in den leichten Sandalen waren vom Staub der Straßen gepudert.

Der Bursche lächelte Peter an, schien verlegen und unsicher. Er hatte eine leichte Verbeugung gemacht und ihm die Hand gereicht: »Chong aus Kuala Lumpur hat uns angerufen. Übrigens, sie dürfen mich ›Bodur‹ nennen, wie es auch Chong tut. Mein Vater möchte sie gern in unser Haus einladen. Wir würden uns freuen, wenn sie unser Gast wären.« Er wartete scheu und zurückhaltend Peters Reaktion ab.

Dieser entgegnete, daß er für die Einladung danke und sie gern annehme. Obgleich die Namen schon bekannt waren, stellte er sich aus irgendeiner Verlegenheit nochmals vor: »Bodur, mein Name ist Peter.«

»Ja, Peter«, sagte Bodur leise und schaute ihn dabei melancholisch an. »Willkommen in Bali«, wiederholte auch er seine Begrüßung.

Behend und leichtfüßig packte er Peters Koffer. Mit einem der wenigen Taxis fuhren sie zum Haus von Bodurs Eltern. Langsam tukkerte der Wagen über die holprigen Straßen. Der warme Wind zog durch die Fenster. Unterwegs erzählte er, daß sein Vater gerade ein Reisebüro aufbaue und mit Chong in geschäftliche Verbindungen trete.

Der Vater kam aus dem Haus. Ein Autogeräusch war noch eine solche Rarität, daß es auffallen mußte. Er begrüßte Peter und wiederholte die Einladung. Er war über vierzig Jahre alt und trug ebenfalls einen Sarong, aber in ruhigeren Farben. Er rief seine Frau zur Vorstellung herbei, die aber sogleich und scheu zurück in die Küche huschte.

Das Gästezimmer war bescheiden eingerichtet: Ein Bett mit einem großen Moskitonetz, das, wie ein Zelt aufgehängt, über das gesamte Gestell reichte, ein Tisch, wenige Stühle und etliche Wandhaken für die Kleidung. Auf dem Tisch stand eine Kerze. Das Haus hatte kein elektrisches Licht, wie übrigens die Mehrzahl der Häuser im Ort. Aber kleinere und größere Karbidlampen waren überall im Einsatz, wo ein großer Raum, ein Marktstand, ein Gamelanorchester erleuchtet oder wo sonst besonders helles Licht erwünscht war. So in der Küche dieses Hauses. Andernfalls tat es auch eine Öllampe, wie sie im Flur hing. Über der Zimmertür, wie über allen anderen Türen des Hauses, befand sich eine große Öffnung, die für ständigen Luftzug sorgte. Das machte das Haus hellhörig, was aber nur eine Sache der Gewöhnung war. Hörte man erst einmal alle anderen sich ungeniert räuspern, gähnen, schnarchen und so weiter, brauchte man auch selbst keine persönlichen Laute mehr zu unterdrücken. Das galt natürlich auch des Nachts, wenn ohnehin die Geister über diese geheimnisvolle Insel ihre Herrschaft anzutreten schienen.

Der Vater lud Peter zu einem Fruchtsaft ein, stellte viele Fragen zum Woher und Wohin, und erzählte von seinem Vorhaben, ein Reisebüro zu eröffnen. Chong wolle ihm Touristen vermitteln, die er dann hier in Bali unterbringen wolle. Alles stecke noch mehr im Kopf als in der konkreten Planung. Aber Chong sei so voller Ideen und Energie, daß im Laufe der Jahre schon etwas Erfolgreiches herauskommen sollte. Chong habe den europäischen Tourismus studiert, weshalb er glaube, daß sich ähnliches auch im asiatischen Raum wiederholen lasse. Bodur saß bei dem Gespräch zunächst still dabei und schaute Peter verträumt an. Dann stellte er Fragen zu Peters bisheriger Reise. Er wollte viel über die USA wissen, und erkundigte sich, wie die Niederlande seien. Peter merkte, daß er mit diesen Fragen auf sich aufmerksam machen wollte. Der Vater schlug dann vor, was zwischen ihm und dem Sohn bereits abgesprochen schien, daß Bodur das touristisch Interessanteste der Insel Peter zeigen sollte. Am Vormittag müsse Bodur zwar seinen Englischkurs absolvieren. Eventuell dürfe er diesen auch mal versäumen, zumal die Sprechpraxis mit dem Gast die entfallenen Stunden mehr als ausgleiche. Bodur beherrschte das Englische, besonders die Intonation schon recht gut. Der Vater indes war schwer zu verstehen, weil er über seinen harten malaiischen Stakkatoakzent nicht hinwegkam. Der Vater trat resolut und bestimmend auf. Er dirigierte Bodur, versuchte das aber zu kaschieren. Das hat Bodur geprägt. Er wirkte wie ein folgsamer, eingeschüchterter großer Junge.

Peter deutete an, daß er ganz gern für ein, zwei Tage auch noch am Strand wohnen würde, was als Wunsch des Gastes mit zustimmendem Respekt angehört wurde. Abschließend forderte der Vater seinen Sohn auf, sich um den Gast gut zu kümmern, damit er angenehme Tage habe. Im übrigen, zu den Mahlzeiten würde man sich sowieso jeweils wiedertreffen.

In dem geräumigen einstöckigen Holzhaus wohnten noch die Großeltern und die beiden jüngeren Schwestern von Bodur. Aus einem Nebengebäude drang das Grunzen von Schweinen, und lebhaftes Gegacker von Hühnern tönte aus einem entfernten Teil des Hofes. Ein kleiner Gemüsegarten war sichtbar. Und ein Hund trollte sich gelangweilt und friedvoll über den Hof. Er war eine undefinierbare balinesische Inselmischung.

Am verbliebenen Nachmittag hatte Bodur dem Gast noch die Stadt gezeigt. Sie bot nichts Sehenswürdiges, geschweige denn Aufregendes. Die Häuser waren in Größe und Ausführung dem Anwesen seiner Gastgeber ähnlich. Höchstens zwanzig westlichen Touristen ist Peter begegnet. Die Insel war für den internationalen Tourismus noch totales Neuland. Bali sei Lob! So bereitete das Reisen noch ein pfadfinderisches Vergnügen, und die einheimische Bevölkerung war noch nicht touristenmüde. Es gab zwei kleine Hotels bescheidenen Zuschnitts, die kaum belegt waren. In einem der beiden Häuser gab es ein Informationsbrett, das von Touristen initiiert schien. Da suchte zum Beispiel jemand noch weitere Interessenten für eine, sich auf diese Weise verbilligende, Taxifahrt zu einer lohnenden Sehenswürdigkeit; oder der Tausch eines Rückflugtickets war angeboten, wie damals gang und gäbe; oder Reisehinweise zur Nachbarinsel Lombok waren erbeten. Die Zettelwand ersetzte das damals fehlende Touristenbüro.

Die Straßen des Ortes waren durchweg ungepflastert, der Boden hart und fest gestampft. Die Straßendecke war gewölbt, damit der Regen zu beiden Seiten abfließen konnte. Gegen sechs Uhr abends wurde es schnell dunkel. Es gab keine Straßenbeleuchtung. Aber der wolkenlose südliche Himmel und der irgendwie immer scheinende Mond legten einen silbernen Schein über die Dinge. Selbst der Neumond wollte in den Tropen seinen schimmernden Rand klarer als sonstwo andeuten, wie Peter schon früher bemerkt hatte. Friedlich huschten Schemen von Menschen aneinander vorbei. Hunde aus allen Häusern strichen um die Beine und kläfften heiser, aber beharrlich jedem Passanten hinterher. Von irgendwo ertönte leise ein Gamelanorchester. Die warme Tropenluft säuselte durch die Palmen und ließ die Blätter im wiegenden Rhythmus leise aneinander wedeln, was so lautmalerisch zirrte und flirrte. Alles schien unwirklich, phantastisch und fremd, sogar ein bißchen unheimlich.

Nach dem Abendessen ging Peter auf sein Zimmer. Die Kerze erhellte den Raum zur Not und schuf eine schummerige Stimmung von fragwürdiger Einfachheit. Das weckte Erinnerungen. Er sah sich in dem von einer Kerze beleuchteten Kellerraum in der Festung Breslau, gerade erst vor einigen Jahren, als sein Leben auf dem Spiel stand und der Soldat mit dem wissenden Blick ihm die Weinflasche zum Mittrinken reichte. Der Soldat hatte Gefallen an Peter gezeigt. Doch noch mehr Gefallen hatte der Tod an dem jungen Soldaten gefunden: Er ist erschossen worden, sei es im Kampf, sei es als Gefangener, oder er hat sich selbst umgebracht, jedenfalls war er bald später nicht mehr am Leben. Das Licht der Kerze war hier so fahl wie damals. Es ließ das Grauen der Breslauer Belagerungsnächte wieder lebendig werden. Peter sah umher in diesem Raum und fragte sich verwundert, was er eigentlich hier mache, was ihn hierher gebracht, hierher getrieben habe. Ist das nicht alles absurd? Auf einer spontan geplanten Reise einmal um die Welt war er jetzt hier, wollte sich gerade auf dieser kleinen Sunda-Insel südlich des Äquators zur Nachtruhe unter ein Moskitonetz legen; noch vor wenigen Tagen

wußte er nichts von der Existenz dieses Ortes, von der jahrhunderte-
währenden Kulturtradition dieser Insel und von seinen liebenswürdigen Gastgebern. Hatte es seine Vertreibung aus Schlesien eigentlich gegeben? Waren Schwicheldt wahr gewesen, das Hildesheimer
Andreanum, Not und Hunger der vergangenen Jahre? Warum und
wie passierten die Ereignisse mit ihm? Ist er deren Akteur oder eher
ihr Erdulder? Wie fließt sie dahin, die Zeit? Welche neuen Erlebnisse jagt dieser unruhige Motor ›Zeit‹ immer wieder auf ihn zu, wer
dirigiert das ganze Geschehen? Peters Blicke greifen in den dunklen
Raum und wollen die Zeit festhalten. Es gelingt nicht. Wie ähnlich
sind sich Kerzenschein und dunkler Raum, damals wie heute!

Da betrat Bodur das Zimmer, völlig geräuschlos, als wollte er Peter
überraschen. Jeder hier schwebte lautlos durchs Haus, wenn nicht
gerade mal eine Holzdiele quietschte. Er wolle die Fahrten des morgigen Tages besprechen. Er schlug vor, Pura Besakih zu besuchen, den
ehrwürdigsten Tempel des balinesischen Hinduismus. Das Heiligtum
sei berühmt und in seiner Bedeutung für ganz Bali herausragend. Es
war abgemacht, daß Peter auch einen Sarong anziehen sollte, um der
Sitte des Landes entgegenzukommen. Bodur würde ihm einen seiner
Röcke überlassen. Auch Sandalen sollte er anziehen, um beim Betreten der Tempel leichter die Schuhe abstreifen zu können.

Bodur sah bei Peters Sachen die Jeans liegen und erkundigte sich
nach diesem US-amerikanischen Kleidungsstück, von dem er gelesen
habe. Er nahm die Jeans in die Hand und musterte sie. Er bat Peter,
sie einmal anzuziehen. Das tat er und beobachtete dabei Bodur, wie
dieser ihm großäugig zusah. Peter behielt ausnahmsweise seinen Slip
an. Bodur schien ratlos, ob er die Jeans interessiert oder gelangweilt
betrachten sollte. Er bemerkte, daß er ›auch eine Hose‹ besitze. Das
war so beiläufig hingesagt, als sei dies eigentlich ein unnützes Kleidungsstück. Aber er wolle doch jetzt einmal die Jeans ausprobieren.
Er ging dazu in ein Nebenzimmer. Nachher wußte Peter, daß Bodur
sich erst einen Slip anziehen wollte, denn unter dem Sarong trägt
man in der Regel nichts. Peter war froh, daß die Jeans ihm nicht

paßten. Vielleicht hätte Bodur an dieser verwaschenen, engen Bein-
röhre einen kuriosen Hautreiz erlebt, und Peter hätte sie ihm dann
wohl überlassen dürfen, sollen, müssen. Doch als Gastgeschenk für
Bodur hatte er etwas anderes anvisiert. Aber dafür brauchte es Zeit
und Muße.

Bodur war knapp über 20 Jahre alt, hatte gerade erst einmal das
benachbarte Java bereist, kam also von seiner Insel kaum weg. Trotz
der wenigen Jahre Altersdifferenz haben sich beide gleichjung gefühlt, was Bodur auch so ausdrückte. Das war für das beiderseitige
Verstehen und Aufeinanderzugehen wichtig. Denn Bodur staunte
und wunderte sich immer wieder über Peters Initiative zu dieser Weltreise. Er fand das unglaublich mutig und konnte es nicht begreifen.
Peter fühlte, er war für Bodur ein verwegener Paradiesvogel, der für
wenige kurze Tage eingeflogen war. Den wollte und konnte er nur
staunend und ungläubig betrachten – nochmals betrachten – und
vielleicht auch noch näher betrachten – und wegen des Gleich-
klangs im Alter vielleicht auch näher erleben. Da lag alles drin, wie
Peter fühlte: in dem völlig überraschenden Zusammentreffen, auf
Erkundungsfahrt durch Bali. Dabei blieb Bodur stets scheu und bedächtig. Immer erweckte er den Eindruck von Ratlosigkeit, ob und
wie er sich richtig verhalte. Er war wie ein groß gewordenes Kind, das
sich die staunende Naivität gegenüber einer fremden Welt bewahrt
hatte.

Moskitos und andere Insekten schwirrten ins Zimmer. Das Gaze-
fenster muß einige Löcher gehabt haben, oder es waren die Quälgeister früherer Invasionen. Zwei Geckos hingen an der Wand und
schnappten sich mit ihrer flinken ›Lassozunge‹ die stechenden Jagd-
flieger. Sie heißen *Tjitjack,* was lautmalerisch das Schnalzen ihrer
Klebezunge einfängt. Für Bodur waren sie die liebsten Haustiere, unverzichtbar wegen der nahen Süßwassertümpel und Reisfelder.

Der Schlaf unter dem Moskitozelt war beschwerlich, die Luft
stand und wurde stickig. Das Netz war so eng gesponnen, daß auch
die kleinste Stechfliege nicht eindringen sollte. Draußen schwirrte

eine Unzahl von ihnen herum, und der bedrohliche, an- und abschwellende Summton ließ Hunderte von lechzenden Saugrüsseln erahnen. Die Geckos waren die ganze Nacht hindurch aktiv. Sie waren im ganzen Haus auf lohnender Pirsch, Wände rauf und runter, die Zimmerdecke kreuz und quer. Die Natur muß ihre Augen wie starke Nachtsichtgeräte ausgestattet haben. Sie waren scheu, wußten aber, daß ihnen von den Hausbewohnern keine Gefahr drohte. Unter dem Zelt wurde es unerträglich heiß. Aber das Netz lüften, um etwas Luftzug zu spüren, wäre ein Desaster geworden. Von blutrünstigen Myriaden waidwund gestochen und ausgesaugt, hätte Peter Bali und seine Weltreise verflucht. Das bedeckende Laken war schon längst nach unten geschoben. Am liebsten hätte er sich auch des Slips entledigt und nackt geschlafen. Er wagte es nicht, die Klapptür war nur aufzudrücken.

Am Vormittag ging Peter allein durch die Stadt, während Bodur wahrscheinlich gerade englische Redewendungen büffelte.[176] Von einem Touristen hörte er, daß am Abend außerhalb von Denpasar ein Barongtanz stattfinde. Dort wollte er mit Bodur nach dem Tagesausflug hingehen.

Peter hatte den Sarong, getragen von malaiischen Männern und Jungen, als schönen, farbenfrohen Rock bereits auf der malaiischen Halbinsel bewundert. Vor allem bei den dortigen Fahrten über Land hat er ihn allenthalben angetroffen. In den Städten, wo die Chinesen die Mehrheit bilden, hatte sich schon die Hose auch bei den malaiischen und indischen Männern durchgesetzt. Aber hier in Bali war der Sarong die fast ausschließliche Leib- und Beinbekleidung der männlichen Bevölkerung. Die Hose galt, wie Peter von Bodur hörte, als noch zu exotisch, und die westliche Lebensweise noch keineswegs als nachahmenswert. Der Sarong trägt sich in den heißen Ländern auch angenehmer als eine lange Hose. Noch luftiger soll indes die lange, mantelartige Aba der Araber sein, weil sie die Luftzirkulation von den Knöcheln am Körper entlang zur Halsöffnung hinaus befördere, wie Ali später Peter in Kairo versicherte.

Der Sarong ist ein äußerst praktisches Kleidungsstück, beliebt sowohl bei balinesischen Frauen als auch bei Männern. Leider ist zu befürchten, daß er aus Liebedienerei vor der westlichen Kultur langsam verschwinden wird. Das wäre sehr zu bedauern: Dann dürfte er wohl nur noch zu folkloristischen Einlagen vor Touristen angelegt werden und ein weiteres Stück Weltkultur wäre an den Welteinheitsbrei verloren. Der Sarong ist ein Stoffband von etwa drei Meter Länge, dessen Breite der gewünschten Rocklänge von der Hüfte nach unten entspricht. Das Hüfttuch wird um den Leib gewickelt, vorn ein- oder zweimal übereinandergeschlagen und schließlich in der Gürtellinie zu einer Wulst zusammengedreht. Die Frauen wickeln es im Uhrzeigersinn, die Männer links herum. Es soll auch nahtlos gewebte Sarongs in Form eines weiten Rocks geben, der vorn im Saum verknotet wird und so Halt bekommt. Peter sah Sarongstoff aus gewebten Tuchen, bei denen Schuß und Kette lebhaft bunte Streifen bilden. Doch der im Batikverfahren eingefärbte Sarong wirkte edler. Bei ihm ließen sich die schönsten Blumen- und Blattmuster, Ornamente oder freie Farbkompositionen auf das einfarbige Gewebe aufbringen, wenn auch hier die Farben nicht so leuchtend herauskamen.

Peter fand Gefallen am Sarong, weil er noch besser als bei einer engen Hose das Gesäß plastisch herausmodelliert. Dafür sind drei Faktoren maßgebend: In der Regel tragen die Männer, wie Bodur bestätigte, nichts unter dem Sarong, so daß der Stoff direkt auf der Haut aufliegt. Zum anderen wird gewöhnlich ein dünner Stoff verwandt. Und zum letzten, der Rock wird vorn am Bauch gerafft und geknotet, so daß er am Gesäß stramm anliegend Halt bekommt, um nicht zu rutschen. Peter hat das an sich selbst erfahren, als er für die Tempelbesuche einen Sarong anlegte. Jeder Schritt setzt die Muskelanspannung des Oberschenkels bis in die Pobacken fort. Der Sarong bildet dieses Spiel der Sehnen auf das schönste ab. Ist er dann auch noch in kräftigen Batikfarben hergestellt, so scheint die Augenweide vollkommen. Es sollte nur kein Oberhemd, darüber angezogen, das erotische Bewegungsspiel so schamert verdecken. Der Sarong sollte kurz unter dem Knie enden. Dann wirken die Proportionen im Verhältnis zum Hemd und der gesamten Gestalt ausgeglichen, und die Signale der nackten Beine sind nicht geschmälert. Indes wird beides beeinträchtigt, wenn der Sarong bis zu den Waden reicht.

Schon mittags fuhren sie los. Bodur drängte, weil die Entfernung groß sei und sie nach einsetzender Dunkelheit um 18 Uhr keine weiteren Tempel mehr ansehen könnten. Bodur hatte ein Taxi besorgt, ein schöner alter, klappriger Wagen, der noch ganz lustig lospreschte.

Zuvor, im Haus, hatte Bodur Sarong und Sandalen für Peter geholt. Er half ihm beim Anlegen des Tuches und meinte, daß dieser seinen Slip ausziehen sollte, denn nach Landessitte trage man nichts darunter. Peter spürte, daß dies für Bodur der gesuchte Vorwand war, ihn nackt zu sehen. Bodur blickte, wie Peter zu sehen glaubte, mit einem Anflug von Lüsternheit auf dessen Geschlecht. Es war, als schaue er auf einen Köder, unschlüssig, ob er ihn schnappen oder lassen solle. Deshalb zögerte Peter das Überstreifen des Sarong gemächlich hinaus. Das wiederum merkte Bodur. Und beide waren's zufrieden. Nur fürs erste, so hoffte Peter.

Über holprige, unbefestigte Straßen erreichten sie nach zwei Stunden den Tempelbezirk Besakih. Unter Tempel versteht man hier nicht ein einzelnes Gotteshaus, sondern ein umfriedetes, langgezogenes, offenes Areal, das maximal in drei Höfe gegliedert ist. Jeden Hof betritt man durch ein Tor und meistens auch über einige nach oben führende Stufen. In ihm befinden sich Altäre, Schreine, Pavillons sowie große und kleine Pagoden, die sogenannten *Merú*. Jeder Tempel auf der Insel ist zum Vulkan Gunung Agung hin ausgerichtet, eine Reverenz vor Gott Schiwa und dem Reichstempel Besakih.

Dort waren sie jetzt angekommen. Er liegt an einem Berghang über 900 Meter hoch. Dahinter erstreckt sich mit ausladender Mächtigkeit der Vulkan Agung mit seiner Höhe von über 3 000 Metern. Eingerahmt von üppiger Vegetation mit Bäumen, Sträuchern und Hecken verschiedenster Art, lag das Ensemble von etwa 150 Tempeln.

In Größe und Bauart waren sie recht unterschiedlich. Die beiden Jungen ließen die Sandalen am Eingang. Sie legten jeder einen breiten Stoffgürtel an, der einmal um die Brust gelegt und verknotet wird. Bodur hatte diese grünfarbigen Schals mitgebracht. Der Selendang ist ein ritueller Zeremonienschal, der stets beim Betreten eines Tempels angelegt werden soll. Dann ging Bodur voran zu einem Quellbrunnen, wusch sich Hände, Gesicht und Beine. Er freute sich, als Peter es ihm gleichtat – falls dies angemessen sei, wie Peter ihn zuvor befragt hatte.

Mit Palmenfasern bedeckte und pagodenartig errichtete Türme fielen schon am Eingang auf und waren über die gesamte Anlage verteilt, die sogenannten *Merú*. Bodur erklärte, die Zahl der übereinander gestaffelten Pagodendächer müsse immer ungerade sein und dürfe nie elf übersteigen. Denn die Zahl dreizehn sei der obersten Gottheit vorbehalten. Der *Merú* bekröne einen Schrein, der als Sitz einer Gottheit vorgesehen sei. Je höher der Rang dieses verehrten Wesens, desto mehr Dächer weise die Pagode auf. Bodur hatte sich viel Wissen angeeignet. Er bereite sich schon seit langem auf seine Tätigkeit in der geplanten Reiseagentur vor. Die Dreifaltigkeit des Hinduismus werde hier besonders verehrt: Wischnu, Schiwa und Brahma. Besakih sei das Mutterheiligtum aller Tempel der Insel. Trotz der Rivalitäten zwischen den balinesischen Fürsten während vieler Jahrhunderte sei die Ehre von Besakih als einigender Reichstempel nie gefährdet gewesen. Das heiligste aller Feste, das Eka Dasa Rudra, werde hier oben nur einmal in hundert Jahren zelebriert. Sein Sinn sei die Reinigung der Insel, der Welt und des Kosmos von allen schädlichen Einflüssen und von Schuld. So soll das Gleichgewicht von oben und unten, von Himmel und Erde, von gut und böse wiederhergestellt werden. Vor 500 Jahren habe man es zum letzten Mal begangen und seit der holländischen Fremdbesetzung nicht mehr wiederholt. Ausführlich berichtete er von den glanzvollen Gottesdiensten mit vielen hundert Gläubigen, an denen er hier teilgenommen habe: allenthalben die prächtigen Gewänder der

Menschen, die feierlich geschmückten Altäre und Schreine, die leuchtenden Wimpel und Schirme, die klangfreudigen Gamelangruppen. Leider hat Peter nie einen hinduistischen Gottesdienst miterlebt.

In dem großen Areal waren sie fast allein. Neben einigen Bauarbeitern trafen sie nur auf zwei balinesische Frauen, die Opfergaben mit sich führten. Bodur sprach mit ihnen. Er hatte ihnen angeboten, sie im Taxi zurückzunehmen. Sie gaben ihm zwei prächtige Orchideen. Bodur steckte sich eine hinters Ohr ins Haar, das gelte bei dieser Gelegenheit als sakraler Schmuck. Die andere Blume reichte er Peter. So geschmückt betete Bodur vor einem Schrein. Es sei das Götterhaus seiner Familiensippe. Er steckte einen mitgebrachten Zettel tief in einen Steinspalt, bis er verschwand. Tief im Gebet versunken, schien er wie abwesend und ließ sich nicht stören. Peter stand beiseite und freute sich über Bodurs transzendente Bindung.

Sie fuhren davon, nicht ohne Quellwasser in den mitgebrachten Flaschen zurückzunehmen. Die beiden Frauen stiegen in einem entfernten Dorf aus, und Peter setzte sich wieder auf die Rückbank neben Bodur.

Zurückblickend sah Peter den machtvollen Vulkan und erspähte noch die Schemen der Pagoden. Der überwältigende, heilige Pantheon in erhabener Naturszenerie entschwand den Blicken. Es gibt Orte, die allein durch ihre natürliche Beschaffenheit die Ausstrahlung des Besonderen herzeigen. Sie bedürfen keines menschlichen Arrangements oder der Zufügung eines Monuments. Es ist die sich selbst feiernde Inszenierung der Natur, welche diese Orte so erhaben erscheinen läßt. Kommen dann noch, wie hier, die architektonisch erlesenen Pagodentürme und die unglaublich kostbaren Steinmetzarbeiten hinzu, beides hineinarrangiert in die überschwengliche Flora, so drängt sich die Heiligkeit des Ortes einfach auf: Dieser Flecken Erde ist der Schöpfergottheit geweiht.

Auf dem Rückweg fuhren die beiden Jungen noch zum Tempel Kehen, in der Nähe des Ortes Bangli. Er ist, wie der Besakih, ein über

Terrassen geführtes Stufenheiligtum. Beherrscht wird er von einem elfstufigen *Merú*. Eine Galerie von Dämonenskulpturen flankiert das Eingangstor, und an anderer Stelle sind blaufarbige chinesische Teller in die Wand eingelassen. Da fing es an zu dunkeln. Sie eilten zum Taxi und fuhren zügig zurück.

Die beiden Jungen haben nacheinander geduscht. Bodur holte Peters getragenen Sarong für die Wäsche ab und legte gleich mehrere zum Wechseln ins Zimmer. An dem Abendbrot nahmen, wie schon gestern, nur der Vater und die beiden Jungen teil. Die Mutter aß mit den beiden Töchtern in der Küche, wie zu hören war. Wie sich überhaupt die Mutter nie weiter blicken ließ, obwohl ihre vorbeihuschende Anwesenheit stets zu vermuten war.

Peter half Bodur im Kerzenschimmer noch bei der englischen Hausarbeit. Sie war schnell erledigt. Bodur schlug vor, morgen mehrere Orte in Mittel- und Ostbali zu besuchen, die für die Kultur des Landes wichtig seien. Er würde versuchen, schon um 11 Uhr vom Unterricht zurück zu sein.

Bodur hatte am Nachmittag Peter immer wieder zögernd und zaudernd beobachtet, sein Gehen und Stehen, sein Hantieren und Sitzen. Er hatte ihn von oben bis unten taxiert, immer wieder seinen Körper, die Füße, die nackten Beine und Arme mit Blicken abgetastet. Jetzt saß er neben Peter am Tisch und schaute ihn wieder so groß und lang und tief an. Abwartende Unentschlossenheit, aber auch lüsterne Willfährigkeit lagen in seinen dunkelbraunen Augen. Er starrte ihn, wie benommen, an. Peter hielt eine Weile stand, brach dann aber vorzeitig den Blickkontakt ab. Das wiederholte sich einige Male. Er wußte, er mußte Bodur zappeln lassen, bis er sich selbst weichgekocht hätte. Peter ahnte, wie die Bilder und Eindrücke Bodur einholen und bis in den Schlaf hinein begleiten würden. Er schien sexuell aufgeschlossen, aber zu zaghaft. Oder es gab ein anderes Problem. Peter wird ihm etwas entgegenkommen, aber gleichzeitig muß Bodurs geile Bereitschaft und eigene Initiative heranwachsen, oder es bleibt bei dem schönen Versuch einer Anbahnung.

Beide waren müde. Bodur wollte gehen, sie erhoben sich von den Stühlen. Sie gaben sich die Hand. Bodur hielt Peters Rechte nur ein wenig, kaum merklich länger, als es der Situation angemessen war. Schien er zu hoffen, daß sie zum Abschied ihre beiden Körper aneinanderdrücken? Doch Peter lockte Bodurs ruhende Geilheit. Sie standen ganz eng, Gesicht an Gesicht. Peter schaute ihm bei geöffneten Lippen mit einem tiefen wollüstigen Blick abwechselnd mal ins rechte, mal ins linke Auge. Sonst tat er gar nichts. Dann, nach einer ganzen Weile, flüsterte er: »Gute Nacht, Bodur.« Er wollte die brodelnde Sprachlosigkeit beenden. Er rückte von Bodur ab, ließ ihn einfach so stehen. Als dieser sich immer noch nicht rührte, hauchte Peter nochmals: »Gute Nacht – Bodur!« Wie belemmert verließ der arme Junge das Zimmer. Welche Nacht stand ihm bevor! Da mußte er durch, damit es nachher um so schöner wird, das kannte Peter aus eigener Erfahrung. Bodur darf nicht blank verführt werden, er muß die wesentlichen Annäherungsschritte tun, von ihm selbst muß die Verführung ausgehen, nur in diesem Gefühl wird er sich selbst ganz aufschließen.

Diese Nacht hatte Peter schon besser geschlafen. Am Vormittag besichtigte er das Bali-Museum, das wie alle Ämter und Läden bereits um 8 Uhr geöffnet hatte. Um 11 Uhr war Bodur mit dem bekannten Taxi zur Stelle. Es war bereits mörderisch heiß, aber Peter hat die Hitze nie gemieden, sondern geschätzt. Sie fuhren in etliche Künstlerdörfer, wie Batulaban, Celut, Batuan, Mas. Peter sah die einheimischen Stein-, Silber- und Holzarbeiten in den vielen Werkstätten, die Gemälde in den Malerateliers. Läden gab es noch kaum. Er kaufte sich einige Kleinigkeiten als Erinnerung an diese prächtigen Tage. Doch in Köln wirkten die Souvenirs so beziehungs- und belanglos, daß Siegbert sie Peter ausgeredet hat; sie landeten auf irgendeinem deutschen Trödelmarkt.

Bodur und Peter fuhren weiter nach Ubud, in dessen Umkreis das kulturelle Zentrum der Insel liegt. Stolz berichtete Bodur, daß der deutsche Walter Spies hier bis 1942 gewirkt und die balinesischen

Maler nachhaltig befruchtet habe. Er habe sie ermutigt, neue ästhetische Richtungen einzuschlagen, und organisierte den Verkauf ihrer Bilder. Leider, die niederländische Kolonialmacht habe ihn interniert. Bei der Evakuierung sei er ums Leben gekommen, als sein Schiff bei einem japanischen Luftangriff versenkt wurde. Spies habe auch das Bali-Museum in Denpasar als Konservator betreut.

Bei einem Dorfmarkt erfrischten sie sich mit einem Getränk. Sie waren beinmüde und fanden im Schatten eine schlichte Bank. Peter nutzte die Gelegenheit, Bodur zu befragen, was ihm schon lange auf den Nägeln brannte. Er wollte es nicht länger aufschieben, weil er ab morgen im sturmfreien Strandhotel wohnen würde. Er wollte sich bei Bodur kundig machen, ohne dies direkt anzusprechen, welches Verhältnis sein Vater zur Sexualität hätte. Damit wollte er herausbekommen, wie sich der Vater zu sexuellen Erfahrungen seines Sohnes stellt. Das geschickt und unverfänglich von Bodur herauszubekommen, war für Peter nicht einfach. Aber irgendwie gelang es doch. Schließlich, er konnte Bodur nicht offen sagen, welch abenteuerliches Sexfeuer er gemeinsam mit ihm anzünden wollte. Peter wollte auf keinen Fall das Gastrecht gegenüber dem Vater verletzen, selbst wenn von seinem Sohn die Initiative ausgehen würde, was Peter ja forcierte. Irgendwie würde es der Vater bestimmt fühlen, wenn nicht gar erfahren, was sich zwischen dem Gast und seinem Sohn ereignet hätte. Dann würde der Vater bei einem möglichen Vorwurf nicht unterscheiden, wer, der Gast oder sein Sohn, zum gemeinsamen Sex motiviert hätte.

Bodur erzählte unbefangen, daß sein Vater neben der Ehe ein verstecktes, aber allseits bekanntes Verhältnis mit einer anderen Frau habe. Gottlob habe er mit dieser Frau keine Kinder. Und Vaters Bruder, also Bodurs Onkel, unterhalte trotz Familie mit drei Kindern eine feste langjährige Beziehung zu einem ständigen Freund, was bekannt und akzeptiert sei. Dieser würde zu den Familienfesten immer mit eingeladen, etwas anderes würde hier nicht verstanden werden. Im übrigen, Sexualität werde hier immer ausgelebt. Ein

Junge finde immer ein Mädchen. Erwarte sie ein Kind, werde geheiratet. Kämen die Eheleute nicht zurecht, trenne man sich problemlos. Die Kinder blieben beim Vater, die Mutter gehe zurück zu ihrer elterlichen Familie. Es werde immer unterstellt, sogar erwartet, daß jeder Mensch sich sexuell betätige. Das sei so selbstverständlich, daß nur das Gegenteil beachtens- und erwähnenswert sei. Wie eindeutig Bodur diese Sachverhalte formulierte, hat Peter erstaunt. Auch werde stillschweigend immer erwartet, daß sich etwas Erotisches nie in der Öffentlichkeit abspiele. Um so freizügiger sei dafür der private Raum. Abschließend meinte er, sein Vater sei doch Balinese und Hinduist, er verstehe daher ›alles‹, weil alles ›gleich‹-gültig sei.

Das beruhigte Peter. Er entsann sich der Bemerkungen, die Chong vor dem Abflug in Kuala Lumpur gemacht hatte. Chong glaubte, daß der Vater eine gleichgeschlechtliche Aktivität seines Sohnes nicht bedauern würde, wie dies im asiatischen Raum überhaupt relativ wertfrei beurteilt werde. Der Vater wisse doch von seiner, Chongs, Veranlagung, weil dieser ihm auf Bitten ein Techtelmechtel mit einem Balinesen arrangiert habe. Chong glaubte, der Vater würde es wohl sogar begrüßen, wenn sein inzwischen über 20jähriger Sohn überhaupt mal irgendeine sexuelle Aktivität ausübe. Abschließend hatte Chong Peter ermutigt, Bodur ›aufzuschließen‹, weil er an dessen Homosexualität nicht zweifele, möge sie auch noch latent sein. Er, Chong, könne und wolle seine künftigen Geschäftsbeziehungen mit Vater und Sohn auf keinen Fall mit einem gleichzeitig laufenden Liebesverhältnis konfrontieren. Selbst dann nicht, falls der Vater dies wünsche, was nicht ausgeschlossen sei, und selbst dann nicht, falls beide Verhältnisse schadlos nebeneinander laufen könnten. Peter erinnerte sich dieser Beurteilung, und er wußte Bescheid: Bodur könnte schon, wenn er nur wollte. Vorhaltungen des Elternhauses habe er nicht zu erwarten, auch der Gast keine Vorwürfe. Jetzt stand es für Peter fest: Er würde Bodur sanft in die schöne Homo-Liebe einführen, aber er müßte ihm halbwegs entgegenkommen.

Die Nacht war hereingebrochen, schneller als erwartet. Auf dem Heimweg erlebten sie noch einen quirligen Abendmarkt in einem urigen Dorf, abseits der großen Landstraßen. Der blonde, fremdländische Peter in seinem schmucken Sarong, eine Blume hinterm Ohr, stand hier mehr als anderswo im Blickfeld der Neugier. Er wurde gemustert, verstohlen beäugt, aber nie belächelt. In Begleitung von Bodur, der so typisch malaiisch aussah, erschien er den Betrachtern wohl als ein indonesisch-ausländisches Rätsel, hinter das sie nicht kamen. Der eine und andere pirschte sich an sie heran, um ihre Sprache aufzuschnappen. Dann sagte Peter schon mal einige der wenigen, gängigen Sätze in Bahasa Indonesia, die Bodur ihm beigebracht hatte. Das steigerte die Verwirrung, was beabsichtigt war. Zumal wenn Bodur einfach in Indonesisch weitersprach, Peter nichts verstand, aber gleichwohl so tat als ob. Besser beherrschte Peter den Sarong. Er konnte ihn zünftig handhaben, fühlte sich in ihm sicher, wenn es auch um die nackten Beine herum ein komisches Gefühl war, einen Rock zu tragen. Besonders beim Sitzen mußte er ihn geschickt um die Beine schlagen. Schließlich war er darunter nackt.

Ihm fiel auf, daß er in der Öffentlichkeit nie den Austausch von Zärtlichkeiten, noch nicht einmal Händehalten zwischen Mann und Frau, zwischen Jungen und Mädchen beobachten konnte. Das gelte als obszön, hatte ihn Bodur belehrt. Doch oft bekam Peter blanke Augen, wenn er, wie schon in Bangkok, Jungen oder Männer nebeneinander spazieren oder stehen sah, während sie sich an den Händen hielten oder untergehakt hatten. Es war, wie er wußte, keine Geste der erotischen Annäherung, hatte außer Sympathie nichts zu bedeuten. Daher war es auch unverfänglich, als Bodur, was er danach immer öfter tat, Peters Hand ergriff und festhielt. So spazierte er mit ihm in den Tempelanlagen umher und durch die Straßen unter den Augen der Passanten. Peter mußte nach innen lächeln, wie Bodur langsam, aber sicher Feuer fing und von selbst Scheite nachlegte. Soll er mal!

Die Straßen waren leer, der Verkehr gleich null. Der warme Fahrtwind blähte ihre Hemden auf und massierte die heiße Haut. Es war ein erlebnisreicher Tag. Peter war Bodur dankbar, er hatte ihm viel gezeigt und erklärt. Jetzt saßen sie im Fond des Wagens und waren müde. Bodur legte seine Hand auf Peters Knie. Peter ließ ihn gewähren. Das Auto legte die 25 Kilometer bis nach Hause in einer knappen halben Stunde zurück.

Peter war gerade aus der Dusche herausgetreten, als Bodur hereinkam. Er wollte ein größeres Handtuch bringen, obwohl schon ein ausreichend großes bereitlag. In Wahrheit wollte er Peter wieder nackt sehen, was ihm ausgiebig gelang. Peter versuchte, seine Knutschflecken am Hals zu verbergen, um irgendwelche Fragen zu vermeiden. Er legte fix das Handtuch um seine Schulter. Er wollte es dort liegenlassen, bis Bodur sich getrollt hätte. Doch dieser verließ nicht den Duschraum. So war Peter jetzt doch auf Bodurs Dreingabe angewiesen, um sich abtrocknen zu können. Wie lange hätte er sonst nackt vor ihm aushalten sollen?

Nach dem Abendbrot beeilten sie sich, in das Nachbardorf zu kommen, um den Barongtanz zu sehen. Entlang an Feldern und Wassergräben gingen sie, begleitet vom Vollmond, etwa eine halbe Stunde zu Fuß. Auf einer Waldlichtung in der Nähe von Wohnhütten hatten sich ungefähr zweihundert Balinesen, Frauen, Männer und Kinder versammelt. Sie bildeten einen großen weiten Kreis. Zwei mächtige Petromaxlampen, die mit Karbid arbeiten, ließen den Tanzplatz fast taghell erstrahlen. Nur insgesamt vier Ausländer waren anwesend. Für sie waren aus dem Nichts, ungebeten, Stühle herbeigebracht. Im rituellen Barongtanz kämpfen Barong, ein löwenartiges Fabelwesen, mit der Hexe Rangda. Der gute Barong bewacht die Gemeinde und die Menschen, während die böse Rangda über den Friedhof und die Zauberer herrscht. Dann stürzen Gefolgsleute dem Barong zu Hilfe und stoßen sich ihre *Kris,* schlangenförmige Dolche, in die Brust. Sie sollen in Trance sein und sich angeblich nicht verwunden, weil der *Kris* die Haut nicht durchdringen kann. Aber etwas muß an diesem Abend außer Kontrolle geraten sein. Schlagartig waren die vielen Jugendlichen und Kinder wie vom Erdboden verschluckt, ein *Kris*-Krieger lag am Boden und sah elend aus. Mehrere Priester kamen hinzu, rieben ihn mit Früchten ein und verrichteten ihre Gebete. Das Gamelanorchester spielte unbeeindruckt weiter, das ohnmächtige Tanzopfer wurde herausgetragen, und die letzten Szenen waren bald zu Ende gespielt.

Heimgekehrt, saßen Bodur und Peter noch eine Weile zusammen. Ab dem morgigen Samstag wollte Peter, wie verabredet, noch zwei Tage bis Montag am Strand von Kuta verbringen. Vorher indes wollte Bodur ihm noch einen berühmten Meerestempel auf einer Steilklippe zeigen.

Bei der Verabschiedung standen sie wieder eng voreinander. Bodur fixierte Peter wieder so willfährig mit seinen dunklen, tiefen Augen. Da griff er sacht und zaghaft Peter aufs Geschlecht. Dort ruhte seine Hand die Ewigkeit von wenigen Sekunden. Dann schmiegte er sich an Peters Körper. Doch auch das war so kurz und obendrein linkisch, daß Peter ihm entgegenkam. Er gab ihm einen Kuß auf den Mund. Bodur schien nicht überrascht. Er legte beide Arme um Peters Schultern und sagte leise: »Peter, Peter«. Doch plötzlich löste er sich, irgendwie erschrocken über sein Tun. Peter lächelte ihn an: »Was meinst du, sollten wir nicht das Wochenende zusammen verbringen?« Bodur schien verwirrt, aber nicht verängstigt. Er gab keine Antwort. Wortlos schritt er davon. An der Tür drehte er sich nochmals zu Peter um, sah ihn groß an und ging in sein Zimmer.

Peters dritte und letzte Nacht im elterlichen Haus von Bodur war angebrochen. Er schlief diesmal noch besser. An das ungeliebte Moskitonetz hatte er sich widerwillig gewöhnt, aber die Alternative wäre grausam, er hörte es. Einmal glaubte er, knarrende Dielen in seinem Zimmer zu hören, aber er war zu müde, um sich darauf zu freuen.

Bodur hatte am Samstag keinen Unterricht. Er wollte den freien Tag mit dem weltreisenden Gast verbringen, von dem er angetan und gleichzeitig eingeschüchtert schien. Peter hatte die Sarongs an Bodur zurückgegeben. Es waren ausschließlich gewebte Stoffbahnen, er hätte so gern einmal einen Batiksarong getragen. Bodur hatte davon selbst nur zwei. Er trage sie nur zu außergewöhnlichen, festlichen Anlässen. Er zeigte sie Peter. Sie waren leuchtend, mit eher abstrakten Blumenmustern geschmückt, der eine in vorherrschendem Grün, der andere in Rot. Peter mochte besonders den roten Stoff. Sie waren in Nordjava hergestellt. Jetzt lief Peter wieder in Hose herum und fühlte sich so banal bekleidet, so eingeschlaucht in die Röhren dieses komplizierten Beingestells. Wieviel schöner, geschmackvoller und praktischer ist das Hüfttuch eines Sarong! Leider ist er nur für die Tropen geeignet. Die Menschen dieser Klimazone sind um dieses schöne Kleidungsstück zu beneiden.

Peter überreichte dem Vater als Gastgeschenk zwei kleine Pakete. Er hatte Bodur befragt, worüber der Vater sich freuen würde. Peter hatte inzwischen gelernt, daß ein Geschenk immer als Zwilling auftreten muß, immer soll man zwei Päckchen überreichen, nie ein einzelnes. Und tunlichst sollte die Gabe zum Abschluß oder nach der Begegnung überreicht werden. Wird ein Geschenk zu Beginn des Treffens ausgehändigt, legt der Gastgeber es ungeöffnet zur Seite und läßt es bis zum Ende der Begegnung unbeachtet. So will es die Sitte. Gast und Gastgeber könnten andernfalls ihr Gesicht verlieren. Denn würde das Geschenk, vielleicht sogar unter den Augen der anderen Gäste geöffnet, nicht den Erwartungen des Einladenden entsprechen, wäre der Gastgeber enttäuscht und der Gast blamiert. Sollte andererseits das Geschenk wertvoller sein als die offerierte Gastfreundschaft, so wären Blamage und Enttäuschung umgekehrt verteilt. Beides soll dadurch vermieden werden, wenn man das Gastgeschenk nicht vor dem Ende der Begegnung überreicht.

Peters Sachen waren im Taxi verstaut. Die Verabschiedung von den Eltern war herzlich. Peter wußte, daß die Großzügigkeit, die er empfangen hatte, Chong geschuldet war. Peter hatte die Taxikosten begleichen wollen, aber sie haben sich strikt geweigert. Steckt etwa Chong dahinter, daß er für sie aufkommt? Er wurde diesen Verdacht nicht los, er wird es noch herausbekommen, in Kuala Lumpur.

Derweil war es Mittag geworden. Bodur dirigierte das Auto auf die südliche Halbinsel Badung, wo sie den Tempel Luhur Uluwatu besuchten. Hier wird die Meeresgöttin Dewi Danu verehrt. Wie ein Schiff, das durch die Lüfte schwebt, liegt die Anlage auf einer Felszunge in 25 Meter Höhe über dem Indischen Ozean. Es heißt, es sei das versteinerte Schiff der einst über die Meere fahrenden Göttin. Nun sei sie hier, an Balis Küste, als Beschützerin der Insel zur Ruhe gekommen. Peter durfte als Nichthindu das eigentliche Heiligtum nicht betreten. Ein Aufseherpriester verwehrte ihm den Durchgang. Sarong und Serendang, der Hüftschal, hätten ihm, wie sonst, den Zutritt erleichtert. Denn der junge blonde Andächtige in der Landestracht des Sarong mit dem Serendang hatte immer beeindruckt, mag er auch noch so eindeutig als Ausländer erkennbar gewesen sein; in Kleidung und Glaubensgestik kam er ihnen entgegen, das schmeichelte. Bodur betete vor dem dreistufigen Hauptschrein auf der Felsnase. Er hatte ein kleines Blumengesteck mitgebracht, das die Mutter bereitet hatte. Er legte es am Schrein nieder. Als er das Gebet beendet hatte und zurückkam, schaute er Peter eigentümlich an. Sein Blick ging durch ihn hindurch, reichte in weite Ferne. Er schien enthoben. Peter fühlte instinktiv, daß er der Gegenstand des Gesprächs mit der Göttin war. Bodur schien sich vom Tempel nicht trennen zu wollen, als suche er nach einer Antwort, einer Eingebung. Sie verweilten lange beim Tempeleingang, schauten auf das Spiel des stürmischen Meeres und spazierten etwas herum, so weit die Wege es zuließen. Bodur schien ergriffen, er sprach nichts. Dann, nach langer Zeit, brachen sie auf.

Bodur fuhr mit Peter zum Strandhotel nach Kuta.[177] Es war eines von drei Hotels, die man als solche bezeichnen konnte und die es überhaupt auf der Insel gab. Es war gerade im Um- bzw. Aufbau. Etliche alte und neue Bungalows mit jeweils zwei Appartementhälften standen locker verteilt in einem Palmenhain. Ausschließlich männliches Personal war tätig, ob als Bedienung im Restaurant, am Empfangstresen oder im Zimmerservice. Das war Peter schon in

Thailand und Malaysia aufgefallen und war ganz offensichtlich eine Maßnahme der Arbeitsbeschaffung. Leider hatte man die jungen Männer in falsch verstandener Internationalität in grau-grüne Uniformanzüge gesteckt. Wieviel schöner wäre ein geschmackvoller einheitlicher Sarong gewesen; diesmal vielleicht sogar inklusive Unterwäsche, falls eine bigotte Hotelführung moralische Bedenken haben sollte. Peter war der einzige Gast in der gesamten Hotelanlage von vielleicht sechzig Betten. Am nächsten Tag traf noch ein Australier mit seiner Gespielin aus Singapur ein.

Das Appartement war ansehnlich, aber nicht aufwendig eingerichtet: breites Doppelbett, eine kleine Küche und die üblichen Sessel und Tische. Auffällig war die feste Kissenrolle, die sich feist und dreist der Länge nach auf den Betten hinstreckte. Als weiteres Kopfkissen schien sie zu voluminös; auch gab es deren geeignetere. Wofür wohl war die Rolle vorgesehen? Als Knautschzulage für den Alleinschlafenden; ähnlich etwa wie ein Stofftier oder ein sonstiges Schmusepippi zum Schlafgenossen für das Kleinkind wird? Es gab eine zusätzliche Überraschung, dem Schlaf zur Genugtuung: Das Fliegennetz fehlte. Es war wegen der Nähe zum Meer nicht notwendig. Wind und Salzgehalt der Luft vertreiben jede Mücke, jedenfalls am Kuta-Strand. Aber es gab den Nachteil, daß sich alle Stoffe feucht anfühlten. An das abendliche Kerzenlicht hatte sich Peter schon gewöhnt. Auch hier gab es keinen elektrischen Strom. Die Fenster blieben stets geöffnet. Jalousien regulierten das einfallende Licht, ersetzten Vorhänge und boten den üblichen Spalt für Aus- und Einblick.

Die heißeste Mittagssonne brannte vom Himmel. Bodur hatte sich seine Badehose mitgebracht. Beide stürzten ins Wasser. Peter hatte sein Unterhemd anbehalten. Er wollte die Knutschflecken am Hals und auf den Schultern nicht offenbaren. Sie hätten bei Bodur nur verwunderte Fragen ausgelöst, zumal ihre Farbe inzwischen ins Gelblich-Violette changierte. Peter beruhigte ihn, er habe eine empfindliche Haut und fühle sich mit dem Hemd wohler. Ein lebhafter Wellenschlag bei nicht zu hohen Wogen ließ das Baden ungefährlich erscheinen. Sie duschten im Bungalow und nahmen den Sonnenschirm mit nach draußen.

Jetzt gelang es ihnen beiden zum ersten Mal, mit Zeitreserve und weitem Bogen, miteinander zu sprechen, ohne daß sich erklärungsbedürftige Sehenswürdigkeiten dazwischenschoben. Das war angenehm, unter dem großen, schattenspendenden Sonnenschirm. Bodur sprach über Politik und Wirtschaft, über Land und Leute seiner Insel. Anschaulich erklärte er das tradierte Kastenwesen, das sich im sozialen Gefüge der Insel erhalten hat. Sogar die holländischen Kolonialherren haben sich seiner bedient, wenn sie es auch modifiziert hätten. Sein Vater sei ein *Gusti* und gehöre mit seiner Großfamilie zu einer erblichen, niederen Adelsklasse. Daher resultiere vielleicht seine einschüchternde Autorität, die er stets zu spüren bekomme. Immer fühle er sich genötigt, den Vater um Rat und Erlaubnis zu fragen. Die Vorfahren der Familie standen im Dienste balinesischer Könige und nahmen untergeordnete Verwaltungsaufgaben wahr. Peter befragte ihn nach der Geisterwelt des Hinduismus, von der er so viele plastische Darstellungen in den Tempeln gesehen hatte. Bodur glaubte an die Mächtigkeit der Geistwesen, der bösen wie der guten. Alle Götter seien Ausfluß der ›Einen Allmächtigen Gottheit‹, die sich in drei Personen und so vielen weiteren Göttern manifestiere, wie es Wege des Menschen zur Erkenntnis der Gottheit gebe. Diese ›Eine Allmächtige Gottheit‹ sei weniger ein oberster Gott, als die Zusammenfassung aller göttlichen Kräfte. Gott sei in allem, und alles sei Gott. Alle Götter seien lediglich Offenbarungen dieser ›Einen Gottheit‹. Die bösen Götter müsse man beschwichtigen, damit sie dem Menschen nicht schaden. Den guten Wesen müsse man für ihr Wohlwollen danken und sie bitten, weiter zu helfen. Das Böse sei im Meer versinnbildlicht. Dort sei die Heimstatt des Bösen, des Negativen, Gefahrvollen. Der Berg hingegen stehe für das Gute, Positive, Segensreiche. Der Regen fließe, fruchtbringend, vom Berg herab, bewässere die Felder und verschmutze auf dem Weg zum Meer immer mehr. Bodur bekannte, er verehre von der hinduistischen Trinität besonders die dritte Person, den Gott Schiwa, der Heilbringer und Zerstörer zugleich sei. So versinnbildliche dieser Gott die Dualität der Welt. Das erinnerte Peter an Chongs Unterweisung über Yin und Yang.

Peter erzählte ausführlich von seiner Weltreise, sparte aber alle erotischen Abenteuer aus, erwähnte nur, daß er allem gegenüber aufgeschlossen sei, daß er das Leben liebe. Auf seinen Vorschlag, das Wochenende gemeinsam zu verbringen, kam er nicht mehr zurück. Dann lud er Bodur zum Essen ins Hotel ein. Sie verstanden sich soweit ganz gut. Doch Peter spürte, daß Bodur hinter einer Barriere stand. Entweder war er sich über Peter nicht schlüssig. Warum hatte er ihn dann nicht befragt, zumal die Balinesen auch heikle Dinge klar ansprechen? Oder lag das Problem in seiner eigenen Person, vielleicht in seinem Umfeld? Oder wünschte er, daß Peter ihn einfach schlankweg aufs Bett knallt und mit ihm Sex macht? Die Balinesen gelten nicht als liebesromantisch. Diesen Schluß hatte Peter aus Bodurs Schilderungen gezogen. Sie brauchen den Sex nicht mit Romantik zu verklären, müssen ihn nicht mit einer strahlenden Aura veredeln. Denn Sex ist für sie nie sündig, nie tabuisiert gewesen. Die Liebe des Balinesen ist Sex. »Willst du?« das reicht. Oder: »Schläfst du mit mir?«, wenn es ein paar Worte mehr sein sollen. Es bedarf nicht der vorbereitenden Komplimente, wohl aber der Hautberührungen und Zärtlichkeiten. Ihre Sprache kennt kein Wort für ›platonische Liebe‹, trotz ihres umfangreichen und differenzierten Vokabulars.

Bodur brach auf, er würde am morgigen Sonntag zum Baden wieder hier sein. Er wirkte traurig und nachdenklich. Im Zimmer zeigte Peter auf die Bettrolle und meinte scherzend, daß sie sein Gefährte der Nacht sein werde. Peter sah dabei Bodur nicht an, sondern schaute lachend zur Seite. Bodurs Reaktion hat er also nicht wahrgenommen. Sie umarmten sich, Bodur hatte es initiiert. Peter dankte ihm nochmals sehr herzlich für die Fahrtbegleitung, seine Erklärungen und seine Mühen: »Hab Dank, Bodur. Ich werde es nie vergessen.« Bodur ging, er wollte vor dem Dunkelwerden zu Hause sein.

Peter war allein am Strand. Eine Gruppe von Balinesen kam im Schein der untergehenden Sonne, von weitem sichtbar, langsam heran. Das milde Licht der untergehenden Sonne schien diese farbenprächtige Karawane von Strandgängern zu verzaubern. Es war eine Großfamilie. Ältere und jüngere Frauen trugen Körbe auf dem Kopf. Sie waren barbusig, mit einem knöchellangen Sarong bekleidet. Ebenso zwei sehr alte Frauen, die wahrscheinlich die Großmütter waren, sowie Mädchen, kleinere und größere. Letztere kümmerten sich um die Kleinkinder, die sie auf dem Rücken trugen oder an der Hand führten. Die Väter schleppten kleine Kartons in den Händen, und die Söhne, ältere und jüngere, trugen ebenfalls irgendwelche Behältnisse. Die Sarongs der Väter und Söhne waren knielang und ließen kräftige muskulöse Beine frei. Wahrscheinlich von einem langen Markttag kehrten sie heim. Sie schritten an Peter vorbei, nahmen keine Notiz von ihm, wie auch er, gemäß der Sitte des Landes, sie nicht merkbar betrachtete. Die Barbusigkeit der Frauen und Mädchen war keine Nacktheit. Diese hätten die Balinesen in der Öffentlichkeit nie zur Schau gestellt. Es war vielmehr ihre unverdorbene Natürlichkeit, die den Büstenhalter nicht kennt. Peter überblickte die Reihe der Frauen flüchtig und war betroffen, wie sich, im Kreislauf des Lebens, das Alter in den Brüsten von den Töchtern bis zu den Großmüttern abbildet: Von den sich gerade bildenden Erhebungen, über den straffen festen Busen der reifen ledigen Töchter, zu den Müttern mit ihren vollen, aber vom Säugen geschwächten, schlappen Brüsten, und schließlich zu den Großmüttern mit ihren leeren, zumeist eingeschrumpften, papierenen Hautfalten. Peter überblickte diesen Altersverfall und wurde nachdenklich. Woher sollte er das kennen, zu einer Zeit, als es in seiner Heimat die Nacktbadestrände und auch die Gemeinschaftssaunen noch nicht gab?

Der Sonnenuntergang war ein farbenprächtiges Ereignis. Bei wolkenlosem Himmel blies sich der Sonnenball zu einer mächtigen gelb-roten Kugel auf. Seine Farbe wechselte ins Dunkelrot und ließ das schillernde Meer in tausend Funken sprühen. Wie auf einem

Leuchtteppich näherte sich die Sonnenkugel dem Strand, als wollte sie nach ihm greifen und ihn mit sich ins Meer hineinziehen. Die fahler werdenden Strahlen irisierten die auf dem Sand auslaufenden Wellen. Dann vermählte sich die Sonne mit der See, drängte in sie hinein und verlor dabei ihr leuchtendes Leben, wurde verschlungen – und war einmal. Im Widerschein des Firmaments verglühte noch ihr Glanz wie eine schwache Erinnerung. Die Dunkelheit legte sich schnell über Wasser und Land. Peter blieb noch lange im Sand liegen. Der Vollmond, wohl gerade erst zwei Tage jung, stieg im Osten hoch. Die Strandkrebse krochen in ihre Löcher zurück, sie brauchten das Sonnenlicht für die Jagd.

Die Musik der Wellen spielte die Millionen Jahre alte Melodie. Peter wurde ihrer zum ersten Mal so richtig gewahr. An den Ufern der Weltmeere brechen sich im Äonen währenden Spiel die Wogen, als gäbe es den Menschen nicht, als wäre er, was er ja tatsächlich ist, eine historische Marginalie der Kosmosgeschichte. Hier, wie an jedem Sandstrand, wird der Mensch im Zeitmaß der Natur so sichtbar zur bedeutungslosen Attrappe seiner Überheblichkeit. Das zurückfließende Wasser der vorangegangenen Welle schiebt sich unter die heranströmende neue Woge und hebt sie empor. Mit Getöse kippt sich die neue Welle über den verzehrten Rest der alten, und läuft mit Kraft, wenn auch gebrochen, zum flachen Ufer hinauf. Dabei hat sie die alte Welle für immer vernichtet. Dieser Rhythmus wiederholt sich seit urdenklichen Zeiten. Ein- und ausströmende Wassermassen kämpfen miteinander. Die Sandkörner tanzen unter der Begegnung dieser beiden Kräfte, zerreiben sich und bilden den wunderbar feinkörnigen Strand.

Peter verliebte sich in diesen Klang der immer wiederkehrenden, mächtigen, klangvollen Brecher, in das plätschernde Auslaufen der Welle am Strand, während sich schon wieder die nächste Woge heranschiebt und donnernd überschlägt. Es wurde ihm die schönste Musik während des Lesens und Schreibens, während des Meditierens und Schlafens. Diese Meeresmelodie hat ihn nicht mehr losgelassen.

Er hat sich später einen elektronischen Apparat gekauft, ein spärliches Surrogat, das ihm diese ›Musik‹ imitierte.

Peter ging ins Appartement, duschte, löschte die Kerze und legte sich zur Ruhe. Es war heiß, Peter schlief nackt. Die kühler werdende Brise vom Meer strich durch die Jalousien und war angenehm. Die Wellenbrecher und auslaufenden Wogen waren die umschmeichelnde Begleitmusik für die hereinbrechende Nacht. Das Licht des Mondes erhellte im Widerschein der Bäume und Sträucher den Raum; zwar nur schwach und fahl, aber die Konturen der Gegenstände traten hervor.

Jetzt war er wieder allein, wie so oft auf dieser Reise, allein mit sich, seinen Gedanken und dem Tagebuch. Er überdachte die Zeit in Bali, die Stätten des Glaubens, das überreiche spirituell-kulturelle Leben dieser einfühlsamen Balinesen, ihre schöpferische Kunst in Bild, Plastik und Musik. Übermorgen wird er zurück nach Kuala Lumpur fahren. Er freut sich schon auf Chong, seinen ›großen Bruder‹. Er wird ihm überschwengelich danken für das Erlebnis Bali, zu dem er ihn motiviert hatte. Leider, es hatte nicht geklappt, Bodur ›aufzuschließen‹, wozu Chong ihn ermuntert hatte. Es hatte sich nicht ergeben, nochmals: schade. Aber es war besser so, Peter wollte niemanden, selbst den schnuckeligsten Kerl nicht, blank verführen. Darüber schlief Peter ein.

Da plötzlich klopfte es an der Tür. Peter war schlaftrunken, verwirrt, nahm das Geräusch nicht sofort wahr. Es klopfte wieder. Als er sich räusperte, hörte er eine Stimme. »Peter, it's me, Bodur.« Peter war ratlos, öffnete die Tür, er hatte sich nichts übergezogen, war nackt. Bodur stand, vom Mondlicht angestrahlt, vor mir und sprach leise: »Peter, I come to you.« Er holte nach Luft und packte meine Hand: »I would like to stay with you – overnight.«[178] Mir wurde blitzschnell klar, bei ihm zu Hause muß inzwischen etwas vorgefallen sein; es dürfte sich auch um meine Person gedreht haben. Nach einer Weile fragte er mich: »Willst du?«, und es war eindeutig, was er meinte.

»Ja, Bodur.« Ich unterstrich die Bejahung, öffnete weit die Arme und zog ihn an mich. Wir drückten uns fest und leidenschaftlich. Mein nackter Leib und sein weißes Oberhemd schimmerten im Mondlicht. Umklammert hielten wie uns lange, legten die Wangen aneinander. Ich hörte sein Herz jagen. Er war verliebt, ich schon lange. Wie schön!

Bodur hob die Tasche vom Erdboden auf und brachte sie herein. Ich entzündete die Kerze und sah, daß Bodur seinen grünen Batiksarong angelegt hatte. Ich erinnerte mich, daß Bodur ihn nur zu besonderen festlichen Anlässen trug. Ich packte Bodur an beiden Händen und schaute vielsagend und beglückt zu seinem Sarong herunter. Bodur sah es seinerseits, er hatte diese Überraschung gesucht. Ich strahlte ihn an: »Bodur, du hast recht, wir feiern ein Fest, die ganze Nacht hindurch, und auch länger, wie wir wollen.«

Bodur erzählte, daß er verzweifelt zu Hause angekommen sei. Der Vater habe es bemerkt und ihn zur Rede gestellt. »Peter, hast du nicht gefühlt, daß ich dich mag?« Er habe dem Vater von allem berichtet, von unseren Annäherungen, Umarmungen, und seinen eigenen kleinlichen Ängsten. Der Vater habe ihn aufgefordert, hierher zu kommen und das Wochenende mit mir zu verbringen. Jetzt sei er glücklich, denn er wolle nichts ohne oder gegen das Einverständnis seines Vaters tun. Die Eltern hätten ihm diesen Korb voller Früchte für uns beide mitgegeben, und für ihn Wäsche zum Wechseln.

Ich löschte die Kerze und legte mich, nackt wie ich war, aufs Bett. Ich mußte mir über diese unerwartete Wendung erst innerlich klar werden. Ich konnte es noch nicht begreifen. Bodur setzte sich an den Bettrand, ich zog ihn zu mir herunter. Wir küßten uns, drückten Kopf und Oberkörper aneinander. Wir wechselten kein Wort. Ich löste Bodurs Sarong und griff an sein Geschlecht. Sein Schwanz wuchs zufühlends zu einer strammen Eins heran. Ich mußte aufpassen, er sollte nicht kommen, noch nicht. Bodur stand auf, legte Sarong und Oberhemd zur Seite. Ich sah die Silhouette seines Leibes, das war verheißungsvoll. Er streckte sich neben mich hin und atmete schwer. Ich merkte seine Unerfahrenheit. Es wäre sein erstes Sexerlebnis überhaupt, wie er gestand.

Ich wollte ihn nicht berichtigen, meinte er doch, sein erstes Sexerlebnis ›zusammen mit einem Partner‹. Denn ich wußte, daß er sich ab und zu selbstbefriedigt. Ich hatte es ihm an unserem zweiten Reisetage während eines Tempelbesuchs schlankweg auf den Kopf zugesagt. Ich hatte es in seinen Augen gelesen. Wir standen vor einem Mauerfries und betrachteten ein einschlägiges erotisches Halbrelief. Ich hatte ihm bekannt, daß ich die Masturbation schon als junges Bürschlein kennen- und schätzengelernt hatte. Ich glaubte, nach meiner Vorleistung würde auch er sich erklären. Statt dessen kamen wir ins Diskutieren, ob die Selbstbefriedigung überhaupt eine Befriedigung sei. Er fragte mich, was ich glaube. Ich antwortete ihm: »Das mußt du doch selbst wissen, du praktizierst sie doch.«

Er lächelte unsicher, fing sich schnell: »Woher willst du das wissen?«

»Bodur, es stimmt doch. Warum fragst du?«

Er überging meine Retourfrage mit Schweigen. Sein Minenspiel und die verlegene Gestik der Hände signalisierten Zustimmung. Natürlich hatte er ausgiebige Masturbationserfahrung, das stand für mich in seinen Augen und außer Frage. Er wollte es, so überrumpelt, nur nicht zugeben. Wir hatten weiter diskutiert und waren uns einig, daß die Selbstbefriedigung sicherlich eine Art sexueller Befriedigung sei und ließen alles weitere offen. An sich war die Erörterung müßig, denn der Künstler des Halbreliefs hatte die Antwort so lustvoll in Stein gemeißelt. Jetzt erinnerte ich mich dieser Begebenheit. Sie war nicht mehr wichtig.

Bodur lag neben mir, in seiner lasziven Nacktheit. Ich hatte die Lamellen der Jalousie nach oben gedreht, so fiel Mondlicht hell in den Raum und legte einen silbrigen Schimmer auf unsere Haut.

Ich wußte von meiner Verantwortung, daß er die lustvollste Erinnerung an dieses ›Erste Mal‹ zurückbehält. Ich wußte um die

Bedeutung dieser Nacht, die für sein Leben ausschlaggebend sein konnte, wie er nämlich schwule Liebe erstmalig erfährt und erlebt. Gerade dieser Akt muß kultiviert und geschmackvoll zelebriert werden. Ich wollte ihn glücklich machen, ich wollte ihn mit Bravour in die Wunder der schwulen Liebe einführen.

Gerade hatte ich ihm gestanden, daß ich schon mit Männern geschlafen hatte. Er fand das gut und wichtig. Er wollte von mir lernen, ich sollte vorangehen. Ich sollte ihm alles beibringen, mit der ganzen geilen Herausforderung, mit der ganzen geilen Lust. Er hat dies nicht in Worte gefaßt, aber die geweckte Wollust seines Leibes hat es herausgeschrien. Er wünschte meine Initiative, ich fühlte das. Ich ertastete seinen Körper, mit den Fingern: er tat es mir nach; mit den Lippen: er tat es mir nach; mit der Zunge: er lernte auch dieses Spiel sehr schnell und gewann Genuß daran. Wir ließen nichts aus, wir hatten keine Hemmungen, es gab keine Tabus. Ich mußte verstärkt auf der Hut sein, daß er nicht kam. Wir haben lange Zeit miteinander geschmust – war es eine Stunde, war es länger?

Ich merkte, wie seine Sinnlichkeit dem Kulminationspunkt entgegeneilte. Jetzt mußte ich seine erste Erfüllung mann-männlicher Begegnung ansteuern. Wortlos, mit dem Druck meines Körpers, mit dem Zug meiner Hände dirigierte ich ihn.

Er setzte sich an den Bettrand und ich mich auf ihn. Mit meinen Beinen umklammerte ich seinen Unterleib. Meine Arme lagen auf seinen Schultern, und mit den Händen fuhr ich ihm über den Kopf, kraulte sein Haar. Seine Arme umfaßten meinen Oberkörper und krallten sich um ihn fest, preßten und drückten ihn. Unsere Gesichter ruhten aufeinander, Mund und Zunge trafen sich, während sein Schwanz sich in mir streckte und reckte. Dies sollte sein erster schwuler Orgasmus werden und wurde es mit einer solch eruptiven Gewalt, daß der Vulkan Gunung Agung seinen gönnerhaften Spaß daran gehabt hätte. Bodur bäumte sich auf, stöhnte, sein ganzer Leib bebte, ich bewegte meinen Körper rhythmisch rauf und runter, massierte sein Glied mit festem Druck, er schien zu explodieren, warf sich mit dem Oberkörper nach hinten, um sich gleich wieder an mir festzuklammern, seine Augen umwölkten sich mit dem Schimmer des Mondlichts, er stöhnte und schrie, er wimmerte und winselte, unsere Zungen spielten das saugende Spiel, er schrie, drängte seinen Schwanz tiefer hinein, ich hob und senkte meinen Körper, rauf und runter, wiederum knallte er seinen Oberkörper nach hinten aufs Bett, trommelte mit den Handflächen aufs Laken, richtete sich wieder auf, suchte meinen Mund, seine Zunge fand die meine, ich preßte und umfaßte sein Glied, er schrie einen Aufschrei von archaischer Kraft, spritzte und jagte einen Stoß nach dem anderen hinein, röchelte: »Peter, you make me crazy«, seine Hände krallten sich in meinen Rücken, sein offener Mund empfing meine tiefe Zunge, er stöhnte: »What are you doing with me? Wow!«[179] Sein Unterleib bäumte sich in meinen hinein, das alles hatte mich stimuliert, daß ich auch kam, in seine Stöße hinein jagte ich meine, unsere Bauchdecken trieften vor Lust, er wurde ganz knutschig und weich, streichelte über meinen Rücken und Hals, sackte leicht in sich hinein, legte seinen Kopf auf meine Schultern: »Wow – Peter«, er suchte meinen Mund, küßte und küßte, bedeckte mit seinen Lippen meine Wangen, meine Stirn, meine Augen, meine Schläfen, meinen Hals, es wollte kein Ende nehmen. »That's great«, lallte er. Ich erwiderte seine Liebkosungen. Bodur war glücklich. Seine Augen schimmerten im Mondschein. Er wurde still, nur Atem und Puls jagten. Jetzt allmählich wurde ihm bewußt, was er gerade genossen, welches Erlebnis der Natur ihm sein Körper gerade geschenkt hatte. Er hatte seinen Leib dem Freund zum Geschenk gemacht und hatte im Tausch den Leib des Freundes als Geschenk erhalten.

Ich wußte, jetzt hat Bodur seine erste Erfüllung gefunden. Nur auf diese Weise sollte er in die schwule Liebe eingeführt werden. Es war uns geglückt: Er hat im Orgasmus nicht allein seine Lustbefriedigung gefunden, sondern die körperlich-sinnliche Nähe zum anderen Mann suchen, finden und kultivieren können. Gesicht und Mund ruhten auf des anderen Mund und Gesicht. Die Zungen suchten und amüsierten sich. Die Hände streichelten Kopf und Wangen. Die Lippen küßten über Augen und Hals. Er war ganz Hingabe und ganz Besitzergreifung, zugleich und in einem. Die Zuneigung zum anderen Mann war ausschlaggebend für seinen Orgasmus. Ich hatte ihm geholfen, sich zu erkennen. Er hatte seinen Weg gefunden. Er hat zu sich selbst gefunden. Das war entscheidend. Zeitlebens wird er nach diesem, seinem Ideal suchen.

Wir hielten uns umklammert. Bodur wußte nicht, wie er sich verhalten sollte. Sensibel ließ er sich in meine Führung fallen. Wir blieben beieinander, ineinander, wir waren schwitzig, verklebt, es war schön so. Es mußte so sein. Es gehörte dazu. Ich wollte, daß er ein zweites Mal kam. Aber die reitende ›Kameradenstellung‹, so wichtig und einladend fürs ›Erste Mal‹, war auf Dauer zu anstrengend, sie lud zu keiner Wiederholung ein.

Wir gingen unter die Dusche, seiften und trockneten uns gegenseitig ab. Bodur suchte die fleischliche Nähe, schien ohne Hautberührung nicht mehr sein zu wollen. Wir kuschelten uns auf dem Bett aneinander, ich öffnete ihm ein zweites Mal das Tor, wieder legte ich Wert darauf, daß sich dabei die Gesichter nahe waren, die Lippen sich trafen, wir den Atem des anderen mit einsaugten, wir den Schweiß des anderen mit rochen. Bodur war noch wilder als beim ersten Mal, die Lust seines Schwanzes bäumte sich noch kräftiger und voller auf, suchte noch ekstatischer nach dem Blackout der Sinne, er arbeitete auf mir herum, stöhnte und lallte, schrie und winselte seinen Orgasmus in mich hinein. Es war unfaßlich, wie er sich im Rausch der Gefühle, im Taumel der wiederholten Wollust verausgabt hatte. Er sackte flach auf mir zusammen. Wir schafften nicht mehr den Gang zur Dusche. Wir schliefen erschlafft in den Armen des anderen ein. Der Wind blies durch die Lamellen der Jalousie, die salzgeschwängerte Brise strich über die nackten Leiber, trocknete den Schweiß, trocknete die Flecken auf dem Laken und trocknete unsere feuchten Träume. Jetzt waren wir nur noch erschöpft, schliefen ohne Traum, denn er war schon Wirklichkeit geworden. Der Mond war weitergewandert, lugte nicht mehr durch den Spalt der Jalousien, das Zimmer war dunkler geworden. Bald wird er von der anderen Seite wieder hereinschauen.

Es muß Mitternacht gewesen sein. Bodur wachte zuerst auf, er löste sich aus der lockeren, im Schlaf gesuchten gegenseitigen Nähe der Arme und Beine. Er setzte sich auf mich und lockte mich mit seinen streichelnden und kitzelnden Fingern aus dem Halbschlaf. Er küßte mich, legte sein Gesicht an das meine, suchte mein Ohr und flüsterte: »Peter, I love you.« Er küßte ins Ohr, wie um sein Geständnis zu bestätigen: »Peter, I love you.« Er strich über die Wangen, legte seinen Kopf neben den meinen, hielt still, ließ Wind und Wellen sprechen.

Ich wurde munter, wir räkelten uns, und wie aus einem Mund: »Komm, gehen wir baden!« Nackt sprangen wir heraus, hatten aus balinesischer Vorsicht die Badehosen in den Sand gelegt. Wir stürzten ins Wasser. Der Mond strahlte vom wolkenlosen Himmel, versilberte das Meer, das gleichwohl nicht weniger unheimlich wirkte als in dunkler Nacht. Das Licht war so schwach, daß ich keine Angst haben mußte, Bodur könnte meine Knutschflecken entdecken. Daher verzichtete ich jetzt auf das Unterhemd. Wir schwammen nicht weit heraus, ließen uns von den überschlagenden Wellen herumreißen, waren übermütig, neckten und balgten uns. Dann wurden wir still und lüstern. Wir suchten Boden unter den Füßen. Bodur vergewisserte sich, daß niemand in der nächtlichen, wenn auch mondhellen Nähe war. Er hatte sich geirrt, aber das ahnten wir damals nicht. Er hatte einen Steifen, er suchte das Tor, es öffnete sich ihm, es war die schiere, selbstsichere Geilheit, die sich jetzt bei ihm meldete. Er war in Fahrt gekommen, er hatte zu sich gefunden. Er suchte die Selbstbestätigung, den Erfolg, den Sieg über sich und den Vater, über seine Sexverklemmungen und seine Autoritätshörigkeit. Das Wasser umspülte die Leiber und spielte mit ihnen, riß sie herum und reizte zu orgastischer Lust. Unsere jaulenden Schreie erstarben im tosenden Krachen der nahen Brecher. Aber in den Pausen der auslaufenden

Wellen galt es leise zu sein. Die Wasserfläche trägt Laute ungeahnt weit. Unsere Lustschreie sollten die Hoteljungen nicht wecken. Falls nicht schon das lautvolle Geschehen im Bungalow die lauschende Neugier geweckt hatte, was das Schicksal verhindern möge.

Mit seligem Blick verkündete Bodur, daß sein morgendliches Gebet mehr als erfüllt sei, daß er sein Glück nicht beschreiben könne, mit mir zusammen zu sein. Der Mond war Zeuge unserer rangelnden Zweisamkeit, er schien zu schmunzeln. Das Wasser des Meeres zischte übers Gesicht, wirbelte durch die Haare, und trieb das Salz in die Augen. Das Spiel der Wellen spielten wir weiter, nicht gegen die Strömung. Sondern im Gleichklang der Wasserwirbel griffen und faßten wir einander, hielten uns fest, drückten Leib an Leib, gerieten unter Wasser, um prustend wieder nach Luft zu schnappen. Unsere salzigen Küsse gaben der Zunge einen griffigen Geschmack. Immer wieder gelang es den Wellen, uns zu trennen, aber nur kurzfristig. Jetzt hätte man Rücken- und Seitenflossen haben müssen, wie ein Delphin. Der Übermut hätte uns zum verliebten Jagen und Fangen ins Meer getrieben. Mit Sprüngen in die Luft wären wir durch die See getollt.

Dann lagen wir im flachen Wasser, hatten uns willfährig von den heranstürmenden Wellen auf den Sand werfen lassen. Alle viere streckten wir von uns. Das kühle Wasser griff ans Geschlecht, streichelte es nach getaner Lust, lief den Strand herab und kam zurück mit der nächsten Welle, um erneut mit seinen feuchten Fingern Schwanz und Sack zu kitzeln. Welch eine Liebkosung dieser beiden Werkzeuge nach heißen Gefechten! Welch eine Ermunterung für kommende Schlachten!

Wir werden wiederkommen, das Meer liegt vor der Tür, wir beide sind noch einen Tag und eine weitere Nacht zusammen. Oder bleibe ich länger, weil Bodur mir weiter den Kopf verdreht? Doch ich will Chong nicht enttäuschen, wir hatten einen Termin angepeilt. Nackt, die Arme einander um die Schultern gelegt, gingen wir zurück, hielten an, küßten, umarmten uns, gingen weiter. Wir näherten uns dem Bungalow. Da sahen wir eine schlanke junge Gestalt zu einer entfernten Palme huschen. Der Spanner trug Hose. Also war es ein Mann aus dem Hotel. Bodur bekümmerte das nicht. Das werde auf Bali großzügig gesehen und habe nie Folgen, für keine Seite. Weil eben, ja weil eben: Sex nicht tabuisiert sei; im übrigen, die beobachteten Liebenden würden sich auch kaum beleidigt fühlen. Heikel hätte nur eine beabsichtigte Halb-Öffentlichkeit unter dem Voll-Mond werden können, falls jemand Anstoß genommen hätte.

Wir gingen unter die Dusche. Ich war froh, daß Bodur wegen der Dunkelheit meinen Hals nicht betrachten konnte. Ich wollte ihm von meinen Liebeswunden bei anderer Gelegenheit ungefragt erzählen, jetzt mußte ich ihn geschickt hinters Licht führen. Wir legten uns aufs Bett. Das frische Meerbad hatte uns hellwach gemacht. Unsere Köpfe ruhten nebeneinander. Mit den Fingern streichelten wir mehr vage beiläufig, als gezielt sexuell über Rücken und Lenden, über Oberschenkel und Pobacken. Wir waren voneinander erfüllt, hatten unsere beiden Körper miteinander verschmelzen können. Bodur jedoch war noch keineswegs in Harmonie mit seinem Leib. Dieser war ihm in den drei Ekstasen davongerast, sein Geist hatte den Körper noch nicht eingeholt. Bodur machte den Eindruck, als wisse er nicht, wie ihm geschah. Es war nicht Ratlosigkeit, sondern eher Verwunderung über sich selbst, gemischt mit Stolz über eine erfolgreich bestandene Prüfung. Ich kannte das. Ich wußte, in Bodurs tiefster Mitte fordert jetzt die Sexualität, sein Trachten und Sinnen, so neu für ihn, die Erfüllung seiner geilen Gier. Wie schön ist diese Phase des Experimentierens mit allem, an allem, mit sich selbst, mit dem Freund. Er bricht gerade in Neuland auf. Ich will ihn begleiten, leider nur für die wenigen restlichen Stunden. Aber ich werde ihn nicht liebesverwundet zurücklassen.

Da fragte mich Bodur, es konnte nicht besser passen, nach meiner schwulen Vergangenheit. Ich erzählte ihm von Acapulco, Los Angeles und Hawai, von Hongkong, Saigon und den Philippinen. Wir lächelten über den jungen Sumoringer in Tokio, der sich auf dem Weg zur

Sportarena an mich herangemacht hatte. Ein Übungsringen sollte an diesem Vormittag stattfinden. Er war bekleidet mit einem weißen, weiten Mantel aus leichtem Stoff, der bis an die nackten Waden reichte, und trippelte auf den typischen altjapanischen Holzsandalen, die auf zwei Querstollen ruhten. Keck sah er aus, lächelte mich an, und wir schritten bis zum Eingang nebeneinander her. Sein Ansinnen war erotisch, das war eindeutig. Ich sprang sofort darauf an. Er hatte Uhrzeit und Ort zu einem Treffen genannt. Leider in einem so kümmerlichen Englisch, daß ich nur mutlos werden konnte. Was sind das, gelinde gesagt, für Aussichten auf ein gelungenes Sexabenteuer, zweifelte ich dann doch an der Anmache. Hinzu kamen die Augen der vielen, die das Schauspiel der öffentlichen Annäherung beobachtet hatten. Auch den anderen Ringern war ich aufgefallen und erspähte deren genießende Blicke. Als ›mein‹ Kämpfer dann auch noch vom Kampfplatz aus wiederholt und gezielt auf mich im Zuschauerrund blickte, war es um meinen geilen Mut geschehen. Worauf lasse ich mich da ein? Wird das nicht zu einer Gleichung mit drei Unbekannten? X: Wie unterhalten wir uns, wenn eine gemeinsame Sprache fehlt? Y: Was fange ich mit dieser Masse Fleisch an? Für ihn bin ich ein willkommenes Wildbret vom schlanken Reh, doch wem liege ich gegenüber? Z: Werde ich vielleicht zum geliebten Besitz der ganzen Riege? Welcher Skandal könnte da programmiert sein? Gefährlich waren sie nicht, diese massigen Sumokämpfer, im Gegenteil ausgesprochen liebenswürdig und rücksichtsvoll, wie ich sie auf dem Weg zur Arena erlebt hatte. Doch für mich war die Situation nicht berechenbar. Und das war ausschlaggebend. Ich trollte mich aus der großen, nur spärlich gefüllten Halle, unter den Blicken der neugierig gewordenen Zuschauer: Junger Ausländer, auffällig durch Kleidung und Haare, im wechselseitigen Augenkontakt mit Sumoringer. »Was bedeutet denn das?« überwältigte die Neugier selbst die stoische Diskretion der Japaner. Zurückschauend habe ich seinen traurigen Blick und den zur Seite geneigten Kopf eingefangen. Ich sehe noch sein frisches rundes Gesicht und die gestriegelten pechschwarzen Haare, die er zu einem Zopfbündel festgezurrt hatte. Es tat mir leid für ihn, und ich war nicht minder enttäuscht. Aber für mich galt: besser nicht; im Zweifel: nein.

Ich erzählte Bodur dann von Ssanschai in Bangkok, wie er mir das thailändische *Sanuk* als Lebensziel vorgestellt habe, daß jedem der ihm eigene Spaß am Leben zustehe. Ich berichtete ihm von unserem Vorspiel über Stunden, wie wir wenige Tage zusammen im Hotel lebten, wie er das Horoskop befragt und gelobt hatte.[180] Dann mußte ich leider lügen. Ich wollte seiner möglichen Frage zuvorkommen, woher meine ›Verletzungen‹ am Hals rühren, und habe den unschuldigen Ssanschai zum Autor meiner Knutschflecken hochstilisiert. Bodur hörte sich das mit glänzenden Augen an. Ich durfte Chong, den Geschäftspartner seines Vaters, nicht ins Gespräch bringen. Ich unterstellte Chongs Wunsch, daß unser beiderseitiges Liebesabenteuer hier in Bali nicht bekannt werden sollte. Jedenfalls hatte er mich dazu nicht autorisiert. Er sollte selbst davon erzählen, falls er wollte, mich hätte es nicht gestört.

Jetzt wurde Bodur so richtig neugierig. Er wollte noch mehr von meiner Vergangenheit hören. Ich habe ihm einiges von meinen Freundschaften, den langen und kurzen, erzählt. Er war irgendwie stolz auf mich und genoß diesen erfahrenen Körper.

So erfuhr er, daß ein Sexerlebnis für mich immer mit der liebevollen Bindung an den Partner einhergeht. Ich bekannte ihm, daß die eintägigen fernöstlichen Amouren, die reisebedingt waren, nicht nach meinem Geschmack seien. Ich hatte sie nie gesucht, sie drängten sich auf. Ich war für die freizügigen Asiaten so offensichtlich eine exotische Verführung, die sie lüstern machte und an der zu knabbern sie reizte. Ich ging darauf ein, weil es mir schmeichelte und mich stimulierte. Lieber zusammen mit jemand anderem als allein, war meine Einschätzung.[181]

Bodur teilte mir mit, daß Chong aus Kuala Lumpur beim Vater angerufen habe. Es gäbe Probleme mit einer Reisegruppe in Manila, vielleicht müsse er für einen Sprung dorthin fahren. Und sein Vater lasse noch ausrichten, daß meine Buchung mit Umsteigen in Djakarta in Ordnung gehe.

Die Hände wurden uns langsam zum Streicheln zu schwer. Auch unser Reden tröpfelte nur noch dahin, setzte aus und lallte dahin. Wir wurden müde. Die Augen waren schon lange geschlossen. An Bodurs Atem erkannte ich, daß er schon schlief. Ich drehte mich um, und der Schlaf ergriff endgültig Gewalt über uns beide. Das war gut so, schließlich stand der neue Tag schon in den Startlöchern.

Längst war die Sonne aufgegangen. Zuerst wachte ich auf. Jetzt sah ich erstmals bei vollem Tageslicht Bodur nackt. Bäuchlings lag er auf dem weißen Laken. Sein Kopf ruhte auf dem Arm. Sein liebes Gesicht schaute in meine Richtung. Er war ein schöner Kerl, so groß wie ich, eine ebenmäßige hellbraune Haut, ein kompakter Körperbau, kraftvolle Schenkel und Arme, ein muskulöser Apfel-Po. Seine venusmündigen Lippen schienen sich über Nacht prall mit Sinnlichkeit gefüllt zu haben. Ihr Rot leuchtete noch intensiver. Die Unterlippe wölbte sich satt und voll nach unten. Was verheißt das? Die Lippen sind das Tor zum Mund. Sie schienen für neue Abenteuer gerüstet. Der Bogen der schmalen schwarzen Augenbrauen rundete sich über zwei schönen großen Liddeckeln. Das tiefschwarze Haar, so kraftvoll wie ein Banyan-Baum, stand zerzaust und wuschelig ab.

Ich hatte viel Zeit, Gedanken nachzuhängen. Bodur atmete lang und schwer. Er war noch im Tiefschlaf, ich werde ihn nicht wecken. Ich will ihn beim Erwachen beobachten, wie ich schon andere Liebespartner bei diesem geheimnisvollen Übergang vom kleinen Tod zum neuen Tag betrachtet habe. Es gibt hundert Facetten dieses Ereignisses, aber keine ist so beobachtenswert wie die nach der ersten Liebesnacht. Wie Erinnerung und Wirklichkeit sich gegenseitig einholen, wird mal zögerlich, mal ekstatisch, bisweilen belustigt oder verwundert, nie aber belastend erlebt.

Ist das nicht alles irreal? Vier Tage zurück wußten wir nichts voneinander und noch vor 24 Stunden hatte Bodur sich geziert, auf mich zuzugehen. Inzwischen hatten wir die intimsten Berührungen ausgetauscht, deren zwei Menschen fähig sind. Zusehends hatten wir uns achten- und schätzengelernt. Man kann schon von Verehrung sprechen, die von Tag zu Tag zwischen uns gewachsen war. Gleichzeitig reifte die erotische Faszination heran. Die Berührungen, Umarmungen und die zwei Küsse waren Zeichen unserer Zuneigung. Andererseits schien Bodur nicht ganz begreifen zu können, was da heranreifte. Er war sich selbst zum Rätsel geworden, so hatte ich es empfunden.

Da wachte Bodur auf, drehte und räkelte sich auf den Rücken. Wort- und regungslos blickte er zur Decke. Er überlegte, wo er ist, und schaute im Zimmer umher. Verlegen wollte er das Laken übers Geschlecht ziehen. Er fingerte nach dem Tuch, fand es nicht. Seine schamvolle Einübung, so althergebracht, dauerte nur Sekunden. Er merkte, hier braucht er sich nicht zu verhüllen. Doch es bleibt ein Unterschied, ob man sich nackt bei vollem Tageslicht ins Spiel bringt, oder ob man das in der Dunkelheit oder dem fahlen Mondlicht tut. Ja, diese letzte Nacht hatte Bodur sich zu sich selbst befreit. Er durfte und wollte sich mir, seinem ersten Sexpartner, jetzt ganz ungeschützt darbieten.

Bodur sah mich und lächelte. Verwundert betrachtete er meinen Leib, den er sich zu Besitz genommen hatte. Er schien nicht glauben zu wollen, was sich in dieser Nacht mit ihm, mit mir, mit uns ereignet hatte. Er schien unmerklich den Kopf zu schütteln: »Ist das alles wahr?« Langsam neigte er sich zu mir herüber. Er schaute mich innig und tief an. In den Blick legte er seine geballte erotische Sehnsucht. Wir gaben uns einen Kuß auf unsere vollen saftigen Lippen. In unserem offenen, breiten Lachen lag eine ungemeine Schamlosigkeit. Wir wußten, was wir voneinander hatten und noch wollten. Die Nachtruhe sollte nur eine kurze Unterbrechung sein.

»Guten Morgen, mein Schatz«, sagte er, »es war wunderbar, einfach toll. Ich hatte nicht geglaubt, daß es das gibt.« Wir küßten uns, lange, zärtlich, ausgiebig. Wir schlossen die Augen und dämmerten im Viertelschlaf noch weiter in den Morgen hinein. Bodur gehörte also zur Gruppe der romantischen Erwacher der ›Ersten Nacht‹.

Er spielte mit meinem Schwanz, schaute ihn an und tat sich an der Vorhaut gütlich. Er war von verspielter Erotik. Da wollte er wissen, wie eigentlich ein beschnittenes Glied aussehe. Ich zeigte und erklärte es ihm an seinem Schwanz, den ich zu einem schönen Steifen hochgejubelt hatte. Wir erörterten Nutz und Frommen der Vorhaut und ihrer Entfernung. Als Ergebnis waren wir froh, daß wir sie noch besaßen und unversehrt waren. Je mehr man hat, desto mehr steht fürs Spiel zur Verfügung, ist doch klar. Das Spielzeug wollten wir genau studieren und drehten uns in gliednahe Blickpositionen. Welch schöner, neuer Aussichtspunkt auf den Freund. Der, die, das, eins ergab das andere: der Schwanz und der Mund, die Geilheit und die Zunge, das Spiel und das Gespräch, alle trugen sie dazu bei. Gesicht an Geschlecht lagen wir voreinander und scherzten. Da befühlten wir mit Lippen und Zunge den Schwanz vom Schatz. Ich ließ Bodur erfühlen, wie das geht, er tat es mir nach. Mit den Fingern massierten wir uns gegenseitig den Sack. Die beiden Feuersteine trieben wir so, ungewollt, aber nützlich, zu erhöhter Produktion an. Sie glühten zwar schon seit vergangener Nacht, hatten glänzende Leistungen vollbracht, aber zu Bestform waren sie noch nicht aufgelaufen. Das sollte ihnen noch bevorstehen. Da konnte jede streichelnde Zuwendung nur hilfreich sein.

Ich brauchte nur anzutippen, wo die Finger zusätzliche Luststeigerung finden könnten. Bodur wußte sofort, wie von selbst, wo am Sack und im Spalt der Oberschenkel die erogenen Punkte liegen. Er war ein gelehriger, einfühlsamer Schüler. Die Feuersteine schlugen aufeinander, die Funken stieben. Wir kamen gleichzeitig, und wurden sprachlos – . –

So verharrten wir schweigend und ruhten lange im Anblick des ›freund‹lichen Gemächtes. Mit Hand und Finger strichen wir um die Oberschenkel, die Pobacken und über die Bauchdecke.

Dann kam am Morgen der unvergeßliche Augenblick, als nach dem Duschen Bodur aus seiner Tasche seinen zweiten, den roten Batiksarong herausholte. Er legte ihn mir an: »Ich möchte ihn dir schenken, Peter.« Das war eine Überraschung. Ich habe mich riesig gefreut und mich bedankt. Wir umarmten und küßten uns. Der Sarong war ein teures Stück und als Aufmerksamkeit unangemessen kostbar. Aber ich durfte diese Geste nicht beeinträchtigen, durfte dieses Zeugnis von Zuneigung nicht ablehnen. Aber spontan wußte ich, ich werde den Rock irgendwie an Bodur zurückreichen müssen. Schließlich werde ich ihn nur hier auf Bali tragen können und wollen, immer nur zusammen mit Bodur. Doch ich war gerührt. Jetzt sahen wir auch äußerlich wie ein Paar aus. Unsere beiden weißen Oberhemden taten ein übriges. Die Sarongs waren aus der gleichen Werkstatt, sie wirkten durch die gleiche Strukturierung wie Zwillingsstücke, wenn auch im Grundton Rot und Grün unterschiedlich.

Im Frühstücksraum, wo wir allein waren, hielt Bodur Ausschau nach dem Spanner. Er hoffte, ihn an irgendeiner unsicheren Auffälligkeit ausmachen zu können. Entweder hatte er nach dem Nachtdienst frei oder tat woanders Dienst. Beim Empfang regelte ich noch die Zimmerbelegung für die zweite Person. Den Sonntag wollten wir am Strand verbringen. Nur noch drei Ausländer zeigten sich hier. Wenige einheimische Jungen tollten im Wasser, aber Sonnenbaden nach westlicher Art war ihre Sache nicht.

Mittags waren wir wieder im Bett und wiederholten das morgendliche Aufwachritual. Bodur wünschte es. Wie er überhaupt zusehends seine erotischen Begierden klarer empfand und schon vorsichtig formulierte. Er bat mich herzlich darum, doch erst am Dienstag zurückzufliegen. Er würde gut und gern die beiden kommenden Unterrichtstage gegen weitere Stunden Sex mit mir eintauschen. Für die Balinesen ist Sex Liebe, wie umgekehrt Liebe Sex ist. Ich merkte, Bodur wollte die Gelegenheit dieses zugeflogenen Vogels beim Schwanz packen, um sich sexuell weiter auszuprobieren. Ich stimmte nur zu gern zu, hatte nur Bedenken wegen der Rückfluganschlüsse.

Bodur telefonierte mit dem Vater, der über unsere Entscheidung froh war. Er werde auch die Umbuchung besorgen und sprach noch von irgendwelchen Problemen mit der hiesigen Startbahn.

Mit Sarong und Sandalen spazierten wir über die Sandwege des Ortes Kuta. Sonntagsstimmung lag in der Luft, die Menschen waren fröhlich und besser gekleidet als sonst. Wir gingen Hand in Hand. Bodur sah verliebt aus. Es war, als sollten die Leute das auch bemerken, als wollte er mich vorführen. Er strahlte übers Gesicht. Wir waren ineinander vernarrt, selig, voneinander hingerissen. An irgendeiner Ecke aßen wir den üblichen Reistopf mit Gemüse. Einem Gamelanorchester, das in der Nähe spielte, wollten wir zuhören. Ich setzte mich an einen Baum, Bodur lehnte sich an meine angewinkelten Schienbeine. Daß er seinen Kopf in meinen Schoß legen würde, ging offensichtlich zu weit. Ich hätte es so sehr gewünscht. Wie gern hätte ich ihn gestreichelt. Aber selbst zwischen Junge und Mädchen galt dies als verpönt.

Wir gingen zurück zum Bungalow, ins Bett, unter die Dusche, warfen uns wieder aufs Bett, schliefen, die Musik von Wind und Wellen lullte uns ein, wir duschten und so weiter. Ich hatte ihn mitgerissen. Er versuchte mich zu überholen.

Die Nacht war hereingebrochen, und wir hatten das Abendbrot versäumt. Wir gingen zum nächtlichen Strand, und der Mond war Zeuge unserer stundenlangen Gespräche über Liebe und Homosexualität, über unsere Lebensläufe. Bodur erzählte mir von seiner Kindheit und Jugend, von den Schwierigkeiten mit seinem Vater, den familiären Verhältnissen, seinen Freunden und so fort. Ich berichtete ihm von meinem Elternhaus, von Schule, Krieg, Vertreibung und Schwicheldter Not. Das war ebenso unglaublich für ihn, wie die Neugier auf westliches Leben unermeßlich schien. Wir stellten Rückfragen, wo wir weitere Aufklärung wünschten. Auch fiel mir wieder auf, welchen Eindruck meine Weltreise machte. Dieses abenteuerliche, initiativreiche Angehen einer solchen Erdumrundung quittierte er mit ungläubigem Staunen. Wie man in Fernost letztlich die westliche Art des selbstbestimmten Individualismus nicht begriff.

Dann sprangen wir ins silbrigweiße Wasser, wir tollten umher, waren vernarrt ineinander, die Lust regte sich erneut und Bodur wiederholte das Ritual der vorigen Nacht. Wir ruhten danach wieder am Strand, die Wellen plätscherten um uns herum. Wir beugten uns übereinander und leckten uns die salzigen Tropfen von Wange und Hals, von Brust und Bauch.

Im Appartement duschten wir. Das Kerzenlicht flackerte verwegene Träume an die Wand. Für Bodur war das fahle Mondlicht, das durch die Jalousien fiel, zu düster. Er hatte die Kerze entzündet, weil er das Abenteuer der Nacht auch mit den Augen genießen wolle, wie er sagte. Das war ein gutes Zeichen. Im kaum erhellten Raum hätte er sonst das Sexerlebnis praktisch blind, nur nach innen gerichtet, erlebt. Jetzt suchte er zusätzlich den visuellen Austausch mit dem Freund. Mitternacht war vorüber. Der Wind hatte sich gelegt, der Wellenschlag war kaum hörbar. Wir streichelten uns am ganzen Körper, von den Zehen bis zum Scheitel, von unten nach oben. Durch das kühle Meerwasser waren wir putzwach. Nun kam, was Bodur sich so ersehnte. Wir wiederholten das gestrige erste Sexerlebnis, nur mit umgekehrten Rollen. Ich setzte mich an den Bettrand, und Bodur senkte sich auf mich nieder, festgenagelt in Tiefe und Breite. Er tönte und stöhnte sich die Geilheit aus dem Hals. Ich mußte ein Kissen heranreißen, um es zwischen unsere Gesichter zu drücken. Dort stieß er seine Schreie hinein. Sie sollten nicht in die stille Dunkelheit dringen. Es war wie gestern, nur Bodur war diesmal der Genagelte. Er konnte es nicht tief und lang genug haben. Er schien außer sich. Er warf sich an mich heran, umklammerte, preßte, würgte mich. Das zu beschreiben, ist vergeblich. Das Ergebnis wäre dürftig. Wer es nicht erlebt hat, dem werden die Worte immer hohl bleiben. Wer es kennt, dem genügt eine winzige Andeutung; den offenen Rest von neunundneunzig Prozent wird die Erinnerung ihm wachrufen.

Die Nacht gehörte der Liebe, dem Schmusen, dem Schlaf, und wieder dem Schmusen.

Vor dem Frühstück warfen wir uns in die Wellen und schwammen weit hinaus. Der Seegang war mild. Heute gab es keine schweren

Wogen, gegen die anzuschwimmen so kräfteverschleißend war. Gruppen von Balinesen zogen wieder am Strand entlang, mit Körben beladen. Es sah schön aus, die farbigen Sarongs, die Oberkörper frei, Männer wie Frauen.

Für diesen Montag planten wir wieder eine Fahrt über Land zu Sehenswürdigkeiten. Wir wollten die Lust aufeinander durch Zerstreuung steigern. Das war eine Überwindung, denn am liebsten hätten wir fortlaufend miteinander geschmust. Doch der Verstand sagte uns, daß Ablenkung vom Sex gerade ihm zugute kommt.

Ein Taxi war leicht besorgt. Unterwegs hielten wir bei einer Garküche, aßen reichlich und gut. Bodur kannte ein Gericht, das auf der Insel im Ruf stehe, den Feuersteinen besonders gutzutun. Davon nahmen wir einen Nachschlag. Der Koch mußte lächeln. Er durchschaute, was zwischen uns lief. Das war bei unserer einheitlichen Kleidung und der vertrauten Zweisamkeit auch einfach. Er sprach mit Bodur, und der Koch warf irgendein Wassertier in die Pfanne, das Wunder wirken sollte. Ich hätte Bodur gern von den beiden Pulverwundern aus Kuala Lumpur erzählt, mußte es mir aber zur Schonung von Chong verkneifen.

Zuerst besuchten wir Tanah Lot, ein weiteres Meeresheiligtum. Architektonisch nicht so gelungen wie Uluwatu, liegt es aber ungewöhnlich reizvoll auf einem bizarren Felsriff, an dem sich der anbrandende Ozean austobt. Die Anlage gilt als Balis landschaftlich schönst gelegener Tempel. An den Schreinen des fünfstöckigen *Merú* und der anderen Altäre werden die im Meer wohnenden Dämonen verehrt. Wir kamen gerade dazu, als bei Ebbe unterhalb des Riffs ein Priester und eine Familie Weihehandlungen für ein Neugeborenes vornahmen. Sie opferten den Meeresgöttern Blumen und Früchte. Der Duft der Räucherstäbe vermischte sich mit der salzigen Meeresbrise.

Wir waren allein im Heiligtum. Bodur hatte unterwegs am Straßenrand Blumen gepflückt und legte sie hier am Schrein nieder. Er faltete die Hände vor der Stirn und betete zu seinen Göttern. Ich stand neben ihm und betete zu meinem Christengott. Wir wurden uns, im Gebet vereint, noch mehr zugetan. Bodur wandte sich mir zu und gab mir einen Kuß auf die Wange: »I am so thankful that I have met you, Peter. I am only sorry, that you have come so late to unlock me. I thank the Gods for the gift of my homosexuality.«[182] So sprach er. Es war eine ergreifende Situation: Zwei junge Burschen, ein schwarzhaariger Malaie, ein hellblonder Europäer, gleich groß, in gleicher Kleidung, eng voreinander stehend, sich lange an beiden Händen haltend, schauten sich in die Augen und erkannten im anderen das Bild von sich selbst. Wir umarmten uns. Wir küßten uns auf die Wangen. Wir hielten unsere Hände. So gingen wir schweigend zurück zum Taxi. Wir fuhren weiter. Bodur legte seinen Kopf an meine Schulter. Im Rhythmus der Schlaglöcher wiegte sich sein Kopf an meinem Körper hin und her. Ich hätte ihn knutschen und küssen mögen.

Wir sahen noch zwei weitere Orte. Aber sie rauschten innerlich an uns vorbei, nach unserer bewegenden, in dieser Weise noch nie erlebten Nähe im Heiligtum. Wir fuhren zum Nationaldenkmal Margarana, wo 1946 im Unabhängigkeitskrieg gegen die Holländer ein letzter Trupp von Balinesen aufgerieben wurde. Beeindruckend war das Feld stupaartiger Grabsteine für jeden der über tausend Gefallenen. Keiner hatte sich ergeben wollen, obwohl zahlen- und ausrüstungsmäßig hoffnungslos unterlegen. Ihr Anführer Ngurah Rai wird als Held verehrt. Der spätere Flughafen wurde nach ihm benannt. Bodur fügte bittere Worte über die holländischen Kolonialherren an. Sie hätten nicht nur unselige Ein- und Übergriffe in einheimische Lebensweise, Tradition und Verwaltung begangen, sondern in ›Polizeikommandos‹ auch pogromartige Metzeleien unter der Bevölkerung verübt. Erst 1949, nach vier Jahren Guerillakrieg, hätten die Holländer auf Druck der UNO, lange nach den Briten, den indonesischen Archipel aufgegeben. Die Erinnerung an sie sei fluchbeladen.

Ich griff das früher geführte Gespräch über die balinesische Einstellung zur Sexualität auf. Bodur schilderte, wie frei hier Sexualität ausgelebt werde. Es machte mich traurig, wenn ich mir die Leibfeindlichkeit des Christentums vergegenwärtigte. Leider mußte ich Bodurs Annahme bestätigen, daß der Sex im Christentum negativ beurteilt werde. Er wußte von strenggläubigen Mohammedanern auf Java, die ebenfalls rigorose leibfeindliche Gebote aufstellen. Er wollte mir nicht glauben, daß die Verfolgung der mann-männlichen Liebe eine lange christliche Tradition hat. Er hielt das für so ungeheuerlich, da auch diese Liebesform Ausdruck zwischenmenschlicher Zuneigung sei. Daß Männer deswegen sogar körperlich gezüchtigt und lebendig verbrannt wurden, war ihm völlig unvorstellbar. Ich mußte es ihm mehrfach bestätigen. Er meinte abschließend, daß das Christentum dann wohl keine gute Religion sein könne.

Wir sahen noch einen Tempel, aber der interessierte uns noch weniger. Vor Antritt der Heimreise aßen wir nochmals ausgiebig. Wir wollten unsere letzte gemeinsame Nacht nicht durch langwieriges Warten im Hotelrestaurant verkürzen.

Angekommen, sprangen wir ins Meer und schwammen der untergehenden Sonne entgegen. Der Wind war schwach. Die lange Dünung spiegelte wie eine Hochglanzfolie in Orangerot. Und die Wassernebel, vom ausholenden Armschlag hochgespritzt, tanzten wie tausend rotgelbe Opale vor unseren Augen. Wir spürten die Kraft in den Muskeln der Arme und Beine, wir waren dem Wasser gewachsen. Es war eine Lust, sich zu beweisen, die Leistungsgrenze zu erproben. Wir spürten die Kraft in den Lenden, wir wußten, was wir von uns selbst wollten. Ermattet und keuchend warfen wir uns in den Sand.

Bodur lag neben mir. Wir waren still geworden, den vollen Tag lang hatten wir uns ausgetauscht, hatten gefragt, geantwortet, geplaudert, gelacht und Witze erzählt. Bodur hat mir indonesische Begriffe beigebracht. So haben wir uns kennengelernt, haben uns mit ganzer Person schätzen- und liebengelernt. Der Sex war der Schlüssel unseres beiderseitigen Verstehens, er hat den Zugang zum Inneren geöffnet. Wir haben den Reichtum des anderen erblickt, waren erstaunt und beeindruckt.

Ich lag auf dem Rücken, den Kopf auf die Hände gestützt, und schaute nach oben in den unendlichen Raum. Das ehedem Königsblau dunkelte langsam ins Ultramarin. Ich wurde mir der Weite des Himmels gewahr und hielt inne. Was bin ich im Vergleich zu dieser Grenzenlosigkeit?! Ich wurde mir der vergänglichen Einmaligkeit dieser Tage bewußt. Es befiel mich Wehmut und Melancholie. Ich kannte dieses Gefühl, diese verzehrende Sehnsucht, den Moment festhalten zu wollen, und zugleich von dieser Aussichtslosigkeit zu wissen. Trauer mischte sich in die Freude des Augenblicks. Es war wie am Kärrnerberg in Breslau, als mich das Fatum des Lebens so jung, wie ich damals mit elf Jahren war, zum ersten Mal packte. Es war der Schmerz der verrinnenden Zeit. Dieser Einbruch in die jugendliche Unbeschwertheit währte nur kurz, gottlob. Die Melancholie vergeht schnell, wird von der sanguinischen Leichtlebigkeit des jungen Menschen bald verdrängt. Aber es gab diese Attacken auf Lebenswillen und Lebensfreude seit meiner Kindheit immer wieder.

Ich betrachte Bodur, der neben mir liegt. Ich höre seinen Atem. Welch eine Be›geben‹heit, wirklich etwas Gegebenes vom Himmel, daß wir uns trafen. War es mit Chong, ›meinem älteren Bruder‹, nicht noch erlebnistiefer? Sei's drum, es kommt nicht darauf an. Aber in Kuala Lumpur gab's nicht den Strand, keinen weit offenen Himmel, nicht den Hautreiz salziger Wellen, keinen lauwarmen Wind, der den feuchten Leib trockenleckt.

Jeder Mensch ist eine Offenbarung, eine Facette des göttlichen Lebens in dieser Schöpfung. Doch nicht jeder kann jeden ertragen und ausstehen, so will es die Natur. Treffen aber zwei gleiche Seelen aufeinander, wird einer dem anderen zum Freund. Diesen zu erleben ist eine Wohltat. Ihn darüber hinaus genießen, verkosten zu dürfen, ist ein zusätzliches Geschenk. Ich danke dem Himmel, daß ich mich Bodur geben durfte und daß er sich mir gegeben hat. Was darf man mehr erhoffen!

Ich fühle diesen meinen jungen Körper, der braungebrannt, muskeltrainiert, vom Meerwasser gekühlt, auf dem noch heißen

Sand ruht. Die leichte warme Brise trocknet die Spritzer auf der Haut. Zurück bleiben die winzigen Kristalle von Salz, die wir uns gegenseitig abschlecken. Das Herz pumpt das Blut energisch und lebensstark durch die Adern. Die Hoden summen und brummen. Welcher vitale Junge kennt nicht diesen immerwährenden Kitzel, wie hundert Ameisen, die aufgestoben durch die beiden Drüsen jagen. Hart und stramm fühlt man, welch funkensprühendes Feuer da heranlodert. Heftig und unerbittlich, zwingend und fordernd wird es wieder herausbrechen, wenn der geliebte Partner sich nähert.

Die feuerrote Sonne senkte sich über den Horizont. Lange lagen wir einsam und schweigsam im Sand. Woran dachte Bodur? Dann gaben wir uns das Versprechen, daß wir uns wiedersehen. Ich werde zurückkommen. Wir suchten die Hand des anderen und hielten sie fest. Wir gaben uns ein weiteres Versprechen. Wir werden an diese Stelle zurückkommen, um ›diesen unseren Sonnenuntergang‹ zu wiederholen. Das war eine verheißungsvolle Aussicht, wir gerieten ins Schwärmen. Doch wir konnten es nicht ahnen. Es war der letzte Abend am Strand, der letzte Sonnenuntergang, den wir gerade gemeinsam erlebten. Ich habe Bodur nie wieder gesehen. Wäre mir schon damals ein inneres Gehör gegeben, ich hätte das Schicksal lachen gehört, wie es wieder einmal mit den Menschen spielt.

Bodur saß zwischen meinen gespreizten Beinen und legte den Kopf auf meine Brust. Ich pustete an sein Ohr, er beugte sich zurück und lachte: »Mein Schatz!« Er wünschte sich, daß ich hierbliebe, daß ich zumindest regelmäßig wiederkäme. Ich konnte Bodurs Begehren verstehen. Ich war sein erstes Erlebnis. Er wünschte die perpetuierende Wiederholung, als wenn das möglich wäre. Er wußte noch nichts vom Verschleiß eines jeden Gefühls, auch des sexuellen. Er wollte, daß ich oft wiederkäme, sah aber selbst ein, daß die Entfernung dies unmöglich mache. Er war bedrückt. Ich nahm mir vor, mit Chong zu sprechen. Vielleicht wäre er doch bereit, mit diesem wertvollen Bodur ein Liebesverhältnis zu versuchen. Bodur besprach Arbeitsmöglichkeiten für mich in Bali. Er erwähnte die vielen Künstler, die

Schriftsteller und Maler aus Europa und Australien, die hier Fuß gefaßt und Wurzeln geschlagen hätten, und die zahlreichen wissenschaftlich oder an Kunst interessierten Besucher, die aus dem Westen regelmäßig hierherkämen. Warum eigentlich haben diese oder ähnliche Lebensentwürfe zusammen mit Bodur nie in meiner Überlegung gestanden?

Die Sonne versank, die Wolken zogen am Mond vorbei, wir lagen noch lange am feucht-heißen Strand, berührten uns Kopf an Kopf. Wehmut stieg hoch: Das letzte Zusammensein, aber nur für dieses Mal, ich werde wiederkommen, das stand für mich fest.

Wir gingen zurück in den Bungalow. Das erotische Feuer dieser letzten Nacht wollte uns schier versengen. Ich nahm Bodur, er wollte es – wiederholt, brannte ihm die Wunden in den Hals, die er sich ersehnte. Er krampfte und krümmte sich unter dem geliebten Schmerz. Seine Geilheit schlug helle, lodernde Flammen, als wollten sie seinen Körper in Brand setzen. Er winselte und wimmerte sich die Lust aus dem Leib. Wir gaben einander das letzte. So verging die Nacht. Es war wie gestern, alles nur gelenkiger und geschmeidiger. Wir wußten, es ist die letzte innige Verschmelzung, vor meiner Abreise.

Am Morgen ein letztes Bad im Meer und Bodurs stolze Liebeswunden der Sonne gezeigt, ein schnelles Frühstück und das Gepäck gerüstet. Er war damit einverstanden, als ich ihm den roten Batiksarong, den er mir geschenkt hatte, zur Verwahrung gab, bis ich zurückkomme. »Bodur, ich will ihn nur hier, und wenn du dabei bist, tragen. Ohne dich würde mein Sarong nicht strahlen.« Er freute sich über die Worte.

Der Himmel hatte sich bezogen, das machte die Abreise leichter. Wir fuhren zum Flughafen, wo Bodurs Vater schon wartete. Er und sein Sohn sprachen intensiv miteinander, wie sie auch gestern lange telefoniert hatten. Der Vater nahm mich zur Seite und bedankte sich für das Zusammensein mit seinem Sohn. Aus der Wahl seiner Worte hörte ich, daß er Bescheid wußte. Er schenkte mir eine balinesische Göttin, geschnitzt aus weißem Tierknochen. Unbedingt sollte ich bald wieder zu Besuch kommen. Dann könnte ich auch im Haus wohnen. Ein größeres Zimmer für uns beide stehe bereit. Ein Wiedersehen in ein bis zwei Jahren war fest geplant, der Juni als angenehmster Reisemonat anvisiert.

Bodur war betrübt. Mir wurde das Herz bleischwer. Haben wir geweint? Wir konnten die Tränen kaum unterdrücken. Wir umarmten uns. Der Vater schaute beglückt zu. Sie beide begleiteten mich zur Maschine aufs Rollfeld. Ein Winken aus dem Fenster. Das Flugzeug rollte an, hob ab, und Bali entschwand unter den Wolken eines Abenteuers, das am einsamen Kuta-Strand zurückblieb – plötzlich so weit entrückt, als wäre es nie erlebt.

*

Was der Beruf will

Das Rheinland lockte ihn wieder zu sich heran. Als er den Ruf spürte, hat er sich gern erneut dieser lebensfrohen Landschaft mit ihren eher heiteren Menschen anvertraut. Es wurde schließlich zur neuen Heimat, falls ein solcher Wechsel überhaupt möglich ist. Kann man die angestammte Heimat wohlbehüteter Kindheitstage wie ein Kleidungsstück wechseln? Ist sie nicht eine Prägung, die man ein Leben lang mit sich trägt? Es sind die Bilder und die anderen Sinneseindrücke, die sich dem Kind im Spiel und daher so bleibend einprägen. Heimat scheint immer etwas Einmaliges zu sein. Darauf deutet schon die Sprache hin, die eine Mehrzahl des Wortes ›Heimat‹ nicht zuläßt. Aber unter der Not einer unbarmherzigen Vertreibung aller Ostdeutschen durch die Siegermächte blieb nur die Wahl, sich heimatlos zu empfinden oder woanders neue Wurzeln zu schlagen.

Peter hatte sich sofort nach dem Assessorexamen bei wenigen Firmen und Behörden mit internationalem Geschäftsbereich beworben. Er wollte die einkommenslose Zeit kurzhalten. Trotzdem, das erste beste Angebot hätte er nicht angenommen. Da, überraschend schnell, kam aus dem Rheinland eine erste und gleichzeitig auch gute Offerte. Er sagte sofort zu. Schließlich könnte man ja immer noch die eventuell übereilte Wahl korrigieren, meinte er – eine Vorstellung, die so schlicht nicht stimmt. Peters Gang ins Rheinland sollte sich aber als eine gute Entscheidung herausstellen.

Ein vorangegangenes gutes Stellenangebot aus Süddeutschland oder dem Frankfurter Raum hätte ihn bestimmt nach dort verschlagen. Wie anders wäre dann sein Leben verlaufen. Ob er anders als in Köln Siegbert begegnet wäre? Schon in Berlin, wo er nur wenige Kilometer entfernt von ihm gearbeitet hatte, wollte es sich nicht fügen, oder gar in Hannover, fast schon in Blicknähe.

Peter fand Anstellung bei Finanzierungsinstituten, die sich wegen ihrer politiknahen Tätigkeit in der Nähe des Regierungssitzes Bonn niedergelassen hatten. Fast zwanzig Jahre blieb er in diesem Geschäftsbereich tätig. Er reüssierte bei einem Kölner Institut. Vorausgegangen war ein kurzes, nicht erwähnenswertes Präludium in Aachen. Seine hinlänglichen Spanischkenntnisse verschafften ihm Vorteile bei der hausinternen Plazierung. Für einen Arbeitsbereich in Spanisch sprechenden Ländern schien er prädestiniert. Schon nach wenigen Jahren leitete er die Hauptabteilung Lateinamerika und Iberische Halbinsel. Ständige Reisen in die Länder seiner Zuständigkeit öffneten ihm die Augen für die Probleme der Entwicklungsländer. Sicherlich fünfzig- bis sechzigmal war er in diesen Jahren in Südamerika, um Finanzierungsprojekte vor Ort zu prüfen oder um an Sitzungen von Aufsichtsgremien teilzunehmen. So lernte er im Laufe der Zeit Länder und Leute seines Arbeitsbereiches kennen, wenn auch meist nur flüchtig.

In Chile zum Beispiel hatte er in den Jahren vor der Präsidentschaft Allendes die Finanzierung zweier namhafter deutsch-chilenischer Unternehmen der Faser- und Porzellanfertigung betreut. Dies war während der Prüfungs- und Produktionsphase mit viel Arbeit und einigen Reisen verbunden. Nach üblichen Anfangsschwierigkeiten liefen die beiden Fabriken gut, sie galten schließlich als Vorzeigeobjekte eines gelungenen binationalen Engagements.

Das erste schockierende Erlebnis von deprimierender Armut traf ihn in Santiago de Chile. Es sollten ihm Einsatz und Erfolg deutscher Finanzhilfen in einem Sozialprojekt demonstriert werden. Ein katholischer Geistlicher und eine Sozialarbeiterin holten ihn im Hotel ab.

Man fuhr weit nach Südosten, wo sich die Stadt in etliche ›Vorort-slums‹ zerfaserte, in die sogenannten *Callampas*. Die ungepflasterte holprige Straße führte vorbei an Lehm- und Bretterbuden, stellen-weise an schlichten Ziegelhäuschen. In der Regenzeit werden sich die Wege in eine Schlammwüste verwandeln, mutmaßte Peter. In dem Morast dürfte dann kaum voranzukommen sein. Jetzt aber brannte eine sommerliche Februarsonne vom wolkenlosen Himmel, heizte den Lehmboden auf und pulverisierte ihn zu feinstem gelben Staub. Die abweisende Trostlosigkeit dieses Viertels, seiner Wege und Buden, war erschreckend. Es war früher Nachmittag, an einem Samstag, allenthalben spielende und lärmende Kinder, ärmlich gekleidet, in abgerissenen Sachen, offensichtlich geschenkt oder von den älteren Geschwistern übernommen. Einige Männer, ältere und jüngere, la-gen auffällig in der Straße herum. Wie ein Bündel Elend schienen sie eher hingestürzt und zusammengesunken dazuliegen, als sich geord-net zu einer ungewöhnlichen Siesta am Straßenrand hingelegt zu haben. Dem einen waren die Kleider verrutscht, das Hemd hing raus und legte Bauch und Brust frei. Das Gesicht war unrasiert, aufgedun-sen. Mit offenem Mund röchelte er seine lastende Betäubung aus sich heraus. Ein anderer lag bäuchlings mit dem Gesicht im lehmi-gen Staub und pumpte mit qualvollem Japsen sein massiges Körper-gewicht rhythmisch nach oben. Wieder andere schienen vor der eige-nen Behausung zu liegen, irgend jemand hatte ihnen ein Kissen unter den Kopf gezwängt. Es war ganz offensichtlich, das waren deprimie-rende Bilder geschundener Menschen. Alle schienen betrunken, im Vollrausch einer maßlosen Selbstaufgabe hingestreckt. Warum waren es so viele zu dieser frühen Nachmittagsstunde eines Wochentages? Hatte es ein feucht-fröhliches Fest gegeben, war eine ausgiebige Ein-ladung vorangegangen?

Das Auto hielt vor einem einfachen Ziegelbau. In der *Casa de Familia*, wie ungelenk über der Eingangstür stand, war eine Näh-stube eingerichtet. An etwa acht Nähmaschinen saßen Frauen und beschäftigten sich mit der Kleidung ihrer Familien: ausbessern, flicken und stopfen; entwerfen, nähen und herrichten. Weitere saßen an Tischen und erledigten Handarbeiten. Man sah, den meisten ging es nicht leicht von der Hand, sie übten erst noch die Fertigkeiten ein. Peter schien angemeldet, die Frauen unterbrachen die Arbeit, und eine Leiterin fand Worte der Begrüßung und Erläuterung, freundlich und ausführlich. Unter Aufsicht von angelernten Leiterinnen stünden die Maschinen allen Frauen des *Suburbio*, des ›Viertels‹, kostenlos zur Verfügung. Auch seien Garne und Stoffe aus Geld- und Sachspenden reichlich vorhanden. Sogar Selbsthilfekurse würden organisiert, um Frauen eine berufliche Chance als Änderungsschneiderin zu eröffnen.

Eine beeindruckende Harmonie unter den Frauen war spürbar. Ein solidarischer Gleichklang schwang in ihren Worten. Das lastende Los, in ›diesem‹ *Suburbio* leben zu müssen, hatte sie geeint. Mütter seien sie alle, mindestens vier heißhungrige Kindermäuler, wenn nicht mehr, habe jede zu stopfen. Zumeist auch sei, bei etwa der Hälfte von ihnen, die Bindung an den Mann zu einem *Fracaso*, einem ›Reinfall‹ geworden, erzählten sie so selbstverständlich wie freimütig, weil der Vater der Kinder, der oft nicht der Ehemann sei, Mutter und Kinder verlassen habe. Die Sorge für die Familie sei ihm lästig geworden. Natürlich habe er inzwischen wieder eine neue *Mujer*, ›ne Frau‹ gefunden, die ihm bestimmt neue Kinder gebäre. Das Geld für die vielköpfige Familie habe schon vorher hinten und vorne nicht gereicht. Jetzt erst recht fehle es an wirklich allem, am Bett für die Kinder, an den Utensilien für den Schulunterricht und so fort. Jetzt liege auf ihnen, den verlassenen Müttern, ganz allein die Last des Gelderwerbs und der Kinderversorgung. »Wenn sich doch ein neuer Mann einfände!« Vielleicht würde er ihre Sorgen für die vorhandenen Kinder wenigstens etwas schmälern. Dafür wären sie ihm zu Willen, würden ihm eigene Kinder schenken und auch sonst vieles durchgehen lassen, wenn sich nur einer zu ihnen gesellen würde. Es waren Worte, die sich deprimierend anhörten, doch schicksalsergeben, vielleicht sogar heiter über die Lippen kamen.

Die Bürde des Lebens hatte den Frauen, auch schon den jungen, herbe Züge ins Gesicht gezeichnet. Aber sie wirkten nicht verbittert. Im Gegenteil, couragiert hatten sie ihr Leben im Griff. Sie hatten sich nicht, vielleicht ›noch nicht‹, aufgegeben und hatten jetzt wenigstens die Chance dieser *Casa de Familia* ergriffen. Gemeinsam schienen sie in diesem ›Haus der Familie‹ mit der Schwere ihres Schicksals besser zurechtzukommen. Sie suchten die Nähe beieinander. Jede war am Los der anderen beteiligt.

Leider würden viele andere Mütter den Fuß in dieses Refugium nicht hineinsetzen, bedauerte die Leiterin und die Frauen. Die Mehrzahl der Männer hätten Arbeit bei Großwinzern im *Cajón del Maipó*, etwa 20 km entfernt. Wie dürftig sei die Bezahlung! Und zudem werde ein Teil des Lohnes in Gutswein ausgezahlt. Das sei ein Kreuz für sie, die Mütter, die Kinder und vor allem für die Männer selbst. Mit dem Bus führen sie täglich zu den Weinfeldern. An jedem Samstag erhielten sie den Wochenlohn ausgehändigt und obendrein das verfluchte Deputat von etlichen Flaschen billigen Fusels. Leider, der *Patrón* bestehe darauf, einen Teil des Lohns in Wein zu zahlen. Der ›Arbeitgeber‹ könne halt die Regeln festlegen. Schon im Bus auf der Rückfahrt gebe es Krawall, angefacht durch den allgegenwärtigen Alkohol. Fast alle seien sie unbeherrscht und schütteten den Fusel in sich hinein. Es sei ein schreckliches Machoritual. Etliche erreichten nicht mehr das Haus und kippten unterwegs um. Wo sie hinsackten, blieben sie liegen. Den schamvollen Abtransport in die Wohnung, mit Hilfe der Kinder, hätten sie schon längst aufgegeben. Was könnten sie, die Mütter, schon machen? Was sollten sie denn ausrichten können? Nichts, in dieser Machogesellschaft. Der *Señor* habe immer recht.

Die Frauen hatten Peters Fragen bereitwillig beantwortet. Schließlich kamen sie selbst ins Reden. Es war der ausländische Besucher, der nicht wiederkommen würde, der sie so offenherzig sprechen machte. Zum Dank und Abschluß sangen sie ihm noch ein Lied. War es eine *Cueca*? Deprimiert fuhr er ab. So locker diese Mütter, darunter die vielen Alleinerziehenden, mit ihrem Schicksal umzugehen schienen, so bitter war das künftige Los für ihre vielen, vielen Kinder, denen sie das Leben ›geschenkt‹ hatten. Was bahnt sich da an? Werden sie es einmal besser haben als ihre Mütter hier in diesem Elendsviertel? Wohl schwerlich. Die Wohnhütten und -häuser hatte man ihm nicht gezeigt oder nicht zeigen wollen, er hatte nicht danach zu fragen gewagt. Das Erlebnis dieses Elends ließ ihn nicht mehr los, er fuhr zurück in sein elegantes Hotel. Er fühlte sich angesprochen, etwas gegen die Not zu tun, vielleicht ein Opfer zu bringen. Wieviel Geld reicht überhaupt aus, um dieses Elend zu mildern? Man müßte ein persönliches Opfer bringen, einen Verzicht leisten. Indes, was hätte es gebracht, wenn er sich statt ins Hotelbett auf den harten Fußboden, wie in Schwicheldt, gelegt hätte?

Das Thema der Überbevölkerung in den Entwicklungsländern war damit angesprochen. Peter begann, sich darüber kundig zu machen. Der Bücher sind Legion. Dramatisieren und Verharmlosen halten sich die Waage. Es soll hier kein neuer Aspekt hinzugefügt werden, lediglich von einem Gespräch soll berichtet werden.

In Kolumbien begegnete Peter einem Geschäftsmann, älter als er, Familienvater von sechs Kindern, wohlsituiert, gebildet und geschäftlich versiert. Man saß bei Tisch. Das Gespräch kam auf die wachsende Bevölkerungszahl in seinem Land. Peter gab zu bedenken, ob der Geburtenüberschuß von 3,5 % nicht etwas zu hoch sei. Der Tischnachbar wurde unwillig und gereizt, als Mitglied einer streng katholischen ›Laiengruppe zur Förderung der Familie‹ sei er gegen jede Verhütung und Abtreibung. Als hinsichtlich der Abtreibung Einigkeit bestand, beruhigte sich der Gesprächspartner wieder leidlich. Aber auch jede Art von Verhütung mißbilligte er. Sie diskutierten, wie bei damals 20 Millionen Einwohnern die jährliche Zunahme von 700 000 Menschen wirtschaftlich zu verkraften sei, und das bei weiterhin bestehender hoher Arbeitslosigkeit. Für die 350 000 Jungen müßten neue Arbeitsplätze geschaffen werden in der Landwirtschaft und der Weiterverarbeitung, in Industrie, Handwerk, Handel und sonstigem Dienstleistungsbereich. Das seien an jedem Tag des Jahres 1 000 neue Stellen: vorgestern, gestern, heute, morgen, übermorgen und so fort, wobei diese Zahl bei kontinuierlich wachsender Gesamtbevölkerung noch steigen werde. Das sei ein sich beschleunigendes Perpetuum mobile, wenn es nicht mit Gewalt angehalten werde. Peter und sein Gast waren sich einig, wie aufwendig und beachtlich schon ein Betrieb mit nur 50 männlichen Arbeitskräften ist. Davon müßten sicherlich Tag für Tag fünf neue aus dem Boden gestampft werden, um annahmeweise nur den Geburtenzuwachs im industriellen Sektor aufzufangen. Wie das, bei jetzt schon eklatanter Arbeitslosigkeit, möglich sein solle, fragte Peter, eher rhetorisch, denn sein Gegenüber hatte längst widerwillig zugegeben, daß dies nicht möglich wäre. Ob Mord und Totschlag folgen könnten, falls in einigen Jahrzehnten Not und Hunger allgemein um sich greifen sollten, wollte er eher bezweifeln.[183] Es werde schon alles gut ausgehen, zumindest solange er lebe, schien seine Devise.

Peter begegnete seinem Tischnachbarn noch mehrfach wieder. Als sie sich nach Jahren das letzte Mal sahen, erwähnte dieser, daß es bei seinen sechs Kindern geblieben sei. Er sagte das gespielt beiläufig, aber doch erfolgsbestätigt. Es schien, als wollte er diese Einsicht irgendwie loswerden. Dann verloren sie sich aus den Augen, die geschäftlichen Verbindungen waren ausgelaufen. Peter hörte später, daß er in der kirchlichen Familiengruppe nicht mehr engagiert sei, weil er ein Verfechter der Empfängnisverhütung geworden sei.

Wie soll man über eines der bedrohlichsten Phänomene der Moderne schreiben? Es geht wohl nur mit Sarkasmus. Denn im wissenschaftlich engagierten Pro und Kontra, im mitmenschlichen Verstehen und Mißbilligen, ist zur Überbevölkerung unserer Erde schon überreichlich viel gesagt worden.

Als Peter Anfang der 60er Jahre seine Berufstätigkeit begann, zählte die Erde 2,7 Milliarden Menschen. Nach 35 Jahren hat sich die Zahl auf 5,6 Milliarden verdoppelt. Für das Jahr 2005 wird die Gesamtbevölkerung günstigstenfalls mit 8,5 Milliarden prognostiziert, falls die Geburtenrate weiterhin, wie bisher, abgeflacht verläuft. Davon werden dann weit über die Hälfte in der Dritten Welt leben.

Dies waren schlimme Erfahrungen für Peter: Die in dieser Form bisher nicht erlebte Armut und das Problem des gefährlichen Geburtenüberschusses, die sich beide zu bedingen schienen. Mit diesen Phänomenen eines Entwicklungslandes ist er im Laufe der Jahre verstärkt konfrontiert worden. Am Ende standen Ratlosigkeit und Fatalismus, weil eine zerstrittene Welt sich über Ursachen und Problemlösungen nicht einigen kann und will. Jedenfalls ist nicht der Westen schuld, wenn sich die Menschen in der Dritten Welt in die Armut hinein vermehren. Das ist ihr Problem. Wie wir Deutsche für die Taten der Nazizeit Verantwortung tragen, tragen müssen, so sind auch die Kinder der Armut für die Gebärlust ihrer Eltern verantwortlich. Vielleicht muß die Erde erst ins Chaos stürzen oder an dessen Rand stehen, bevor eine Lösung sich aufzwingt.

In Chile schenkte das Schicksal Peter noch eine liebe Begegnung. Es war Donnerstag. Peter bummelte durch die prächtigen Straßen von Santiago. Er genoß, wie diese unbekannte Stadt sich präsentierte, musterte die Menschen und betrachtete die Auslagen in den Schaufenstern. Die kühle Oktobersonne war gerade dabei, den heiteren Frühlingstag zu verabschieden. Erst am Vormittag war er, aus Europa kommend, gelandet. Das erste Mal in Chile. Peter wollte sich dem Abenteuer dieses fremden Landes öffnen. Er stand vor einem Schaufensterpavillon, ihm gefiel die farbenfrohe Art, wie Männermode hier kreiert wurde. Da erblickte er auf der anderen Seite durch die Scheiben ein Augenpaar, das ihn fixierte. Das kommt vor, dachte er. Aber die schönen farbigen Hemden, die den kommenden Sommer schon begrüßen wollten, zogen ihn stärker an, er wollte sie ausgiebig anschauen und Preise vergleichen. Morgen würde er zurückkommen und eines kaufen. Aus den Augenwinkeln bemerkte er, daß der Bursche die Position verändert hatte und auf die Straße hinausgeschritten war. Er schien zu warten. Peter schlenderte um die Schaufensterinsel herum, mit dem Blick auf den Kleidungsstücken.

Da stand der Bursche neben ihm und erfragte die Uhrzeit. Schalk lag in seinen Augen, der Blick, erotisch geladen, signalisierte Hingabe. Peter wußte sofort, zu welchem Abenteuer dieser *Muchacho*, dieser ›Junge‹, ihn aufforderte und sich anbot. Sie begrüßten sich. Mario heiße er. »Y cómo te llamas?« ›Und wie heißt Du?‹ lockte er. Mal sehen, was kommt, dachte Peter. Mario, vielleicht gerade erst Anfang Zwanzig, hatte eine schlanke Figur, pechschwarzes Haar, ein mageres Gesicht, feine Züge, gerade Nase, Backenknochen betont, bleiche Haut. Er wirkte etwas feminin, wie er schritt und die Hände bewegte. Gleichwohl konnte er burschikos frech lachen, bevor ein kecker Gedankenblitz, gerade durchdacht, über seine Lippen kam. Er lachte noch hinterdrein, wenn er dem eigenen Einfall zuhörte und sich daran zu delektieren schien. Dann rutschte schon mal ein Kicks in die Stimme. Er fragte, ob er mir etwas von Santiago zeigen solle, was mein Vorschlag sei. Also wenn ich gerade angekommen sei, müßte man mit dem aufregendsten Schlüsselerlebnis Chiles beginnen – und das sei er. Dabei zwinkerte er mit dem linken Auge und lachte spitzbübisch, als wollte er sich mir an den Hals werfen. Ich würde gern tanzen gehen, wo auch Männer miteinander tanzen können. »Gibt es in Deinem prachtvollen Santiago auch ein solch prächtiges Angebot, Mario, bevor Du mir das Schlüsselerlebnis verschaffst?« Er war ratlos. Dergleichen wie in Europa, wovon er gehört habe, gebe es nicht, das sei verboten. Wir setzten uns in eine Bar, fanden eine ruhige Ecke und redeten uns heiß. Mario wollte alles erfahren über mich, und wie es in Europa sei. Er wisse manches von einem Schweizer Freund, der ihn auf Dienstreisen regelmäßig besuche. Er zeigte mir Fotos von ihnen beiden. Sie dürften sehr glückliche gemeinsame Tage verbracht haben, man sah es. Ihre strahlende Zweisamkeit schien die Schwarzweißfotos förmlich zu kolorieren. Wollte mir Mario damit Appetit machen? Denn er stand schon ganz in Flammen, wollte das ›neue Du‹ ganz erobern.

Ich war irritiert und wollte wissen, warum er mich so direkt angestupst habe, woher er die Sicherheit in der Beurteilung meiner

Person nehme. Aber nein, er sei an sich sehr zurückhaltend und vorsichtig. Seine weiche Art trage ihm manchen Spott in diesem Macholand ein. Schon deswegen sei er eher abweisend und manchmal aufgesetzt schroff. Aber er liebe das Spiel der Begegnung mit dem Mann, dessen Gesicht, dessen Äußeres ihn fasziniere. Er ging mit seinen Komplimenten ein bißchen weit, aber natürlich verfehlten diese nicht ihre Wirkung. Im spielerischen Ping-Pong des gegenseitigen Wortwechsels, so sagte er, fühle er schnell, ob es sich lohne weiterzugehen. Er suche nicht das kurze Dreisatzspiel, sondern wünsche sich das Zweimannturnier über viele Spielsaisons. Daß dies meist nicht gelinge, habe er, so jung er sei, schon schmerzlich erfahren. Er suche die mann-männliche Zärtlichkeit, die ihm Ruhe und Geborgenheit schenke, nicht nur das einmalige Abenteuer. Aber jetzt und hier sei er sicher: Er werde eine liebevolle Zeit mit mir verbringen. »Pedro, dudas?« ›Peter, Du zweifelst daran?‹ fragte er verschmitzt frech und boxte mich in die Seite. »Ein langes Wochenende liegt vor uns, Peter, und du kommst noch oft nach Chile zurück, nicht wahr?« Er wolle sich mir schenken und fühle, daß er alle bergende Liebe von mir zurückbekommen werde. Dabei legte er beide Hände auf meine Knie, keiner in der Bar hat es bemerkt.

Wo können wir uns einander schenken, in einer behüteten Umgebung, kultiviert und anschmeichelnd? Die Frage drängte, wir suchten nach einer Antwort, die verbale Ouvertüre des Vorspiels dauerte schon viel zu lange. Leider, zu sich könne er mich nicht nehmen. Die Familie wisse zwar Bescheid, aber soweit reiche ihr Mut nicht. Sie hätten Angst um den Ruf in der Straße. Das wurde einsichtig, als Mario mich am nächsten Tag zu einer Stippvisite nach Hause eingeladen hatte.

Am liebsten wäre Mario mit aufs Hotelzimmer gekommen. Er hatte gehört, wie gediegen die Zimmer ausgestattet seien. Aber das Hotel war zu klein und übersichtlich, der Fahrstuhl lag direkt gegenüber dem Empfang. Sicherlich hätte ich ihn ›zur Übergabe irgendwelcher Akten‹ mit aufs Zimmer nehmen können. Aber für eine halbe

Stunde? Das war unser nicht würdig. Und über Nacht? Unmöglich. Es wäre aufgefallen, wenn und wie Mario am nächsten Morgen aus dem Fahrstuhl gehüpft wäre. Unvorstellbar auch, eine Andeutung hätte die Firma erreicht, die mich in diesem antiquiert-seriösen Alameda-Hotel untergebracht hatte. Meine Angst war nicht unbegründet, in diesem restriktiven Land.

Da reifte eine Idee. Ich könnte die Einladung der Firmenleitung für das Wochenende sausenlassen. Zur Entschuldigung würde reichen, daß ich die Tage auf andere Weise und lieber in Ruhe begehen wollte. Das würde dem Arbeitsbeginn am Montag zugute kommen. Was bliebe dem Geschäftsführer anderes übrig, als sich in die Wünsche des Gastes zu fügen, schließlich hatte dieser als Vertreter einer Investition schon etwas mitzureden.

Ich lud Mario ein, mit mir das Wochenende am Meer in Viña del Mar zu verbringen, das über 100 km entfernt liegt. Er war begeistert, doch müsse er die Eltern unterrichten. Das sei reine Formsache, aber immer müsse und wolle er sie verständigen, wenn und wo er über Nacht weg sei. Er telefonierte und bat mich, am nächsten Tag, vor der Abfahrt, bei seinen Eltern vorbeizukommen. Wegen der Abwesenheit über zwei Tage seien die Eltern nicht unbesorgt. Wir saßen noch lange zusammen bei einigen Gläsern *Pisco sour*, diesem köstlichen Weinbrandmix mit dem zarten Blumenaroma. In dieser warmen Frühlingsnacht war er das verheißungsvollste Stimulans schlechthin.[184] Unsere Stimmung war ebenso ausgelassen, wie die vielen, noch abzuwartenden Stunden uns schmerzten. Zwei Tage und zwei Nächte würden wir zusammen verbringen, das war eine geile Aussicht. Mario brachte mich bis vors Hotel. Ich war noch putzmunter, die Vorfreude hatte mich aufgewühlt. Eine Schlaftablette zwang mich in den Schlaf.

Die Eltern besaßen ein schmuckes Häuschen in einer kleinbürgerlichen Siedlung, wo jeder über jeden alles zu wissen schien und wohl auch wußte. Die Bewohner standen auf der Straße herum, begrüßten sich und tratschten. Die Eltern waren liebenswürdige einfache

Menschen. Mit Fleiß und Sparsamkeit hatten sie sich ein schlichtes Heim geschaffen, das zweckmäßig und unaufwendig eingerichtet war. Die Eltern und die Schwester hatten mich ausgesprochen herzlich aufgenommen und bewirtet. Als wollten sie ersehnen, daß der fremde Gast, der ihres Sohnes und Bruders Geliebter sein würde, die dargereichte Freundlichkeit ›ihrem Mario‹ entgelten würde. Es wurde offensichtlich, sie wußten nur zu gut von seiner Lust auf Männer und kannten seine Gefährdungen. Es war, als wollten sie mich bitten, ihn liebevoll zu behandeln und ihm die volle körperliche Zuneigung zu schenken, die sie ihm nicht geben konnten. Es war ihr ›über alles geliebter Mario‹, den sie zu beschützen und nicht zu verlieren hofften. Er sei doch noch so jung, gerade neunzehn Jahre alt. Von ihrer umsorgenden Liebe ließen sie viel auf mich überströmen. Ich fühlte mich wohl bei diesen einfachen Menschen, natürlich beschränkt auf die mitmenschliche Wärme. Aber ist das nicht schon das Wesentliche im Leben? Wie diese biederen Eltern einen so witzig geistreichen Mario zum Sohn haben konnten, habe ich mich verwundert gefragt, als ich sie nebeneinander agieren sah. Sie waren einverstanden, daß Mario zwei Tage mit mir zusammen am Meer verbringt. Sie waren sicher, daß er glücklich heimkehren werde, und äußerten das andeutungsweise auch so. Ein Reisebeutel für Mario war schnell gepackt. Er steckte noch ein Döschen hinein und zwinkerte mir verschmitzt mit einem Auge zu. Ich kam nicht dahinter, warum. Sie wünschten uns glückliche Reise, und die Mutter nahm mich zaghaft in die Arme. Sie, alle, hatten mich ins Herz geschlossen. Ich spürte etwas von der weiten, alles verstehenden Menschlichkeit, die mich schon bei den Frauen in der Nähstube des Armenviertels beeindruckt hatte. Trotzdem, ich war ganz schön verlegen, wenn auch andererseits begeistert, wie diese warmherzigen Eltern und die gutmütige Schwester mich als den Sexpartner ihres Sohnes bestärkten, förmlich umwarben. Ich merkte, sie taten es ihrem Mario zuliebe. Auf eine Dauerbindung durften sie kaum hoffen. Sie wußten, daß ich zu einer seltenen Dienstreise gerade mal für wenige Tage in Santiago war.

Schon saßen wir im Bus, es war inzwischen Mittag geworden. Auf der letzten Bankreihe drückten wir uns aneinander. Ich fiel in Schlaf und legte unverfänglich meinen Kopf auf Marios Schulter. Schließlich war ich um Mitternacht meiner inneren Uhr schon aufgestanden, und jetzt wäre es in Deutschland für mich morgens gewesen. Ich war mit der Zeit durcheinander. Der Unterschied von sechs Stunden war so leicht nicht wegzustecken. Er sollte mir noch arg zu schaffen machen. Armer Mario, dein übermüdeter Peter sollte sich nicht als so vital erweisen, wie du es dir ersehnt hattest. Ich hätte gestern abend früher ins Bett gehen sollen.

Kaum im Hotelzimmer angekommen, warfen wir uns einander in die Arme. Vor 24 Stunden hatten wir uns kennengelernt und immer noch keine handfeste körperliche Zuneigung austauschen können. Der aufgestaute Hunger aufeinander schien unstillbar: küssen, umarmen und streicheln, necken, rangeln und beißeln, und was sonst nicht alles. Hier zeigt sich, ob die mann-männliche Liebe von Herzen kommt. Diese Hand- und Mundreichungen sind unverzichtbare Elemente ihres Echtheitsbeweises. Wer sie verschmäht, gehört nicht wirklich dazu. Wir mußten uns bremsen, um nicht... hoppla. Schnell unter die Dusche, und schon lagen wir nackt beieinander, unterwegs auf der Reise über zwei glühende Körper. Mario war erfinderisch, wie er zu wiederholten Malen die einsetzende Ekstase hinauszögerte oder einfach abbrach, um im verlängerten Vorspiel den potenzierten Lustgewinn zu suchen. Es war wie bei einem Flugzeug, das knapp über der Piste zur Landung ansetzen könnte, aber wieder durchstartet. So jung wie er war, er erwies sich als ein Naturtalent des sexuellen Spiels. Das kann man nicht erlernen, das muß man im Blut haben. Er war sich sicherer über den Gleichklang unser beider Körper, als ich mir dessen gewahr wurde. Ich beherrschte zwar das eigene Instrumentarium vorzüglich und konnte Vor- und Rückschritt steuern. Aber gleiches auch in Übereinstimmung mit dem Rück- und Vorwärtsschritt des Partners zu harmonisieren, darin war Mario Meister. Wie ein Spitzbube entzog er sich der Umklammerung, stand auf und trank etwas, oder er ging voran auf den Balkon, ein aufbäumendes Handtuch um die Lenden, und wir betrachteten das Treiben auf Straße und Strand.

Das Hotel lag in der Nähe des Ufers, von oben konnte man weit in den Pazifik hinausblicken. Es gab kein direktes Gegenüber, wir konnten ungeniert die Vorhänge geöffnet und die volle Abendsonne hereinlassen. Das Zimmer war großzügig eingerichtet, mit einer Sitzgarnitur und Kühlschrank. Breite Betten und viele Kissen, die abzudämmenden Lampen und der anheimelnde Wellenschlag der Dünung. Was konnte man sich mehr wünschen an äußeren Vorzügen für zwei orgastische Nächte und Tage?

Der ›Pazifik‹, der sich so gleißend in der Weite verlor, wurde mir zu einer schönen Verheißung. Unsere Vorfahren im Mittelalter bezeichneten ihn, wie zu dieser Zeit üblich, in Latein *Oceanus pacificus*. Sie glaubten, es sei ein ›friedlicher, stiller Ozean‹. Mir wurde er da schon eher zum ›Pazi-Fick‹, der mit seinem Rauschen und Plätschern die friedliche Ruhe nach den Orgasmen verhieß.[185]

Bei der Ankunft im Hotel gab es eine Arabeske mit dem etwa 40jährigen Señor Fulano von der Rezeption. Er hatte den gewissen ambivalenten Blick, der manches andeutet, aber nichts davon zweifelsfrei. Auf meine Frage nach einem Doppelzimmer lag ihm die ›Absage mit Bedauern‹ schon auf den Lippen. Er blätterte und blätterte und fand kein freies Zimmer. Mir wurde zur Gewißheit, was ich beobachtet hatte und instinktiv fühlte. Er hatte schnell, aber kundig Mario mit einem Blick taxiert und war sich sicher, ›was hier lief‹. Er blätterte weiter und fand immer noch kein freies Zimmer. Als ich dann meinen Auslandspaß präsentierte, war seine Suche nach einem freien Zimmer urplötzlich erfolgreich. Das geschah so abrupt, daß die Sache nur noch kurioser wurde. Mario meinte später, er habe mich offenbar für einen der vielen Inländer mit einem fremden Akzent gehalten, dessentwegen er sich keine irgendwie gearteten Komplikationen einhandeln wollte. Aber, welche? Die Übernachtungslisten wurden schon lange nicht mehr polizeilich kontrolliert. Erschien ihm der Ausländer, der mit einem einheimischen Burschen ein Techtelmechtel suchte, unbedenklicher? Nach Marios Ausweis hat er dann nicht mehr gefragt. Ein Vorabtrinkgeld war ihm also sicher. Jetzt war er plötzlich unser Bundesgenosse. Er hätte Wochenenddienst bis Sonntag vormittag, glaubte er uns beruhigen zu sollen. Auch daß ich ein großes Zimmer mit Meerblick erbat, entsprach dem Niveau des Hauses, so empfand er wohl. Ich wurde den Verdacht nicht los, daß anfangs bei ihm ein gewisser Sexneid im Schwange war, der sich aber nach beiderseitigem Scherzen und Lachen in eine gönnerhafte Kumpanei verwandelt hatte. Schließlich kokettierte er sogar mit Mario. Zuvor war er Luft für ihn. Aber immer, wenn wir später den Schlüssel abgaben oder erbaten, erwartete uns ein Anflug von süffisantem Lächeln in seinen Mundwinkeln. Als ich am Montag morgen dann die Rechnung bezahlen wollte, arrangierte er es, ohne Kollegen allein hinter dem Tresen zu sein. Da lächelte er wieder so hinterfotzig und fragte mit dem Anschein einer Arglosigkeit, die im Tonfall ungemein anzüglich war, ob ›wir eine gute Zeit gehabt hätten‹. Sieh an, da wuchsen also doch noch diesem falschen Mißgunst-Teufelchen seine wahren Penis-Hörnchen. Als Mario entgegnete, ›wir hätten spritzig-schöne Tage genossen – drinnen und draußen am schäumenden Meer‹, da war er nur noch baff und bekam endlich einen roten Kopf.

Wir räkelten uns wieder auf dem Bett, die untergehende Sonne streichelte die Haut und tauchte sie in leuchtendes Rot. Nun war es soweit. Er nahm das Döschen aus der Tragetasche und reichte es mir. »Das ist unsere *Crema de los amantes*«, machte er mich neugierig. »Das Motoröl für männliche Raketen«, schob er hinterher und zwinkerte wieder mit dem linken Auge. Die ›Creme der Liebhaber‹ war ein Privatprodukt der lokalen Szene, weiße Vaseline, schwach angereichert mit Menthol. »Aplícatela!« ›Trag sie dir auf!‹, lachte mich Mario an. »Sie wird uns beiden guttun.« Marios Augen sprühten geilste Sinnlichkeit, sein Mund war aufgerissen, er knallte sich bäuchlings aufs Bett. Wie er so dalag in seinem gertenschlanken Körper, mit enggebauter Hüfte, verschwamm mir sein Anblick. Er erschien mir wie ein Holzast, der das Beil erwartet, damit es tief in ihn eindringt und ihn spaltet. Mario stöhnte und schrie immer wieder sein *Métemelo*, wie über den weiten Pazifik, wie zu den Sternen hinauf, die inzwischen aufgegangen waren.[186] Seine Hingabe an unser beider Trieb war wie eine kosmische Urgewalt. Er war von archaischer Leidenschaft, wie seine Muskeln und Gelenke das Empfangene umklammerten und festhielten: *Métemelo*. Im Synchronflug erreichten wir den Zenit. Es war, als würden wir durch das Firmament stoßen und jenseits der Sterne fliegen. Dort war es still und licht – . –

Wie lassen sich diese Gefühle des gleichzeitigen Verströmens, Zerfließens, Verglühens beschreiben? Gar nicht. Wer es erlebt hat, schweigt, schließt die Augen und lächelt. Wer es nicht erfahren hat, der ist zu bedauern. Das tiefste Erlebnis kosmischer Verschmelzung mit sich, dem Partner und dem All, das die Natur dem Menschen schenkt, hat er versäumt.

Wir blieben beieinander, übereinander, ineinander, lustvoll ermattet, erschöpft. Doch Mario nahm gleich einen neuen Anlauf zu den Sternen. Gelenke und Muskeln gaben nicht locker und gleichzeitig alles her, um im Fluge erneut über den Orbit hinauszuschießen. Er war ein versierter Astronaut, wie er unser beider Raketen schon wieder zum Abschuß katapultierte. Das war eine Meisterleistung, wie sie kein Rechenzentrum zuwege brächte. Dafür brauchte Mario nur seinen Gefühlscomputer. Der garantierte sekundengenaue Treffer – . –

Wir hatten vorgesehen, angenehm zu Abend zu essen. Ich habe immer die genußvolle Tafel nach dem beiderseitigen Verzehr der Körper geschätzt. Aber ich war so hundsmüde, fühlte mich außerstande mitzugehen. Ich gab Mario meinen Geldbeutel und bat ihn, das Abendbrot allein einzunehmen. Ob und wann er es getan hat, ich habe nichts davon wahrgenommen. Auch wann er zurückgekommen ist, habe ich nicht bemerkt. Armer Mario, dein Peter war nur noch ein Bündel Müdigkeit. Hast du dich im Bett gewälzt, gelesen, vom Balkon geschaut? Nichts habe ich mitbekommen. Was hast du gedacht, als du mich schlafend im Bett vorfandst und so betrachtet hast? Wir haben uns über diese Dinge nie ausgetauscht, wir schätzten das kleine Geheimnis. Dir als Südamerikaner lag das diskrete Desinteresse ohnehin. Und schließlich würde unser Liebesabenteuer eine Romanze bleiben, heftig, aber im Jahresrhythmus flüchtig. Das wußten wir beide.

Ich wachte erst auf, als Mario mich frühmorgens mit einem verspielten Einfall aus dem tiefsten Schlaf ge›schaukel‹t hatte. Er saß auf mir und hatte sich meiner Mo-La bedient, um *Hamaca* zu spielen, dieser Schlingel. Oder war es gar nicht die ›Morgen-Latte‹, sondern meine durch Mario handgerichtete *Parada*? Ich habe es nie erfahren. Denn auch meinen ›Steifen‹ haben wir in Diskretion einfach stehengelassen. Von dem ganzen Präparieren und Hantieren an meinem Körper hatte ich nichts wahrgenommen. Ich quälte mich aus den verklebten Augen und mußte lauthals lachen: »Mario, was stellst du mit mir an?« Seine rechte Hand roch leicht nach Menthol, was mich nicht störte, sondern nur seine couragierte Fremdhilfe bewies. Mario hatte sich förmlich um mich festgesaugt. Er ergriff meine beiden Hände, und wir schaukelten uns heiß. Er wippte auf mir herum, auf und vor, hin und zurück. Natürlich schaffte er wieder den Abschuß einer Zwillingsrakete – . –

Das Frühstück im Speisesaal unter den vielen Hotelgästen wurde für mich zu einer qualvollen Mahlzeit. Marios ohnehin federnder, leicht femininer Gang wirkte durch die empfangenen Raketenzündungen jetzt zusätzlich gequält verkrampft. So als ob er den erlittenen Partien die verdiente Erholung durch das Gehen nicht verwehren wollte. Wie nicht anders zu erwarten, wurde ihm hinterhergeschaut, und sogleich trafen die Blicke, die an Eindeutigkeit nicht zu übertreffen waren, mich. Das stand ich durch, aber angenehm war es nicht. Die Gemeinsamkeit mit Mario war mir so viel mehr wert als irgendein fragwürdiger ›guter Eindruck‹. Aber ein Schreck fuhr mir doch in die Glieder, als ich unter den Gästen ein bekanntes Gesicht entdeckte.

Der junge Mann war in Begleitung von Frau und Kindern. Sie sprachen das Portugiesisch aus Brasilien. Wir tauschten kurz einen Blick
aus, aber keinen Gruß und kein Kopfnicken. Auch er schien mich zu
kennen. Ich weiß bis heute nicht, wer es war. Sicherlich einer der vielen Angestellten aus einer von mir betreuten Firma in Brasilien, auf
Urlaubsreise hier in Viña del Mar. Jedenfalls hat er ab dann gewußt,
auf welchem Ufer der Bankvertreter aus Deutschland segelt.

Wir sahen uns die Stadt an und bummelten am Strand entlang.
Dort trafen wir auf einen Fotografen, der auf einem Holzstativ eine
Lochkamera mit integrierter Entwicklungskammer hatte. Wir ließen
uns aufnehmen. Der Fotograf lüftete kurz den Deckel von der Linse,
das war's. Mit dem Arm in einer Manschette hantierte er in der Dun-
kelkammer seines Apparates herum, fixierte und wässerte das Papier-
foto. Das Ergebnis war gut. Mario hatte eine Hand auf meiner Schulter, wir lachten uns an. Dies alles mußte für die zweite Aufnahme
wiederholt werden.

Das Mittagessen bestand aus einem zünftigen Fetzen *Churrasco*
mit reichlich Gewürzen, die uns in die Lenden fahren sollten. Dann
gingen wir aufs Hotelzimmer und wieder ins Bett – . – Da übermannte mich erneut die Müdigkeit, und wieder schlief ich Mario
unter den Händen ein. Ich schämte mich entsetzlich. Mario ging ins
Kino, was ich ihm nahegelegt hatte. Ich bat um Verständnis, daß ich
lieber zwei Stunden Schlaf nachholen wollte. Er möge einsichtig
sein, schließlich würden meine neu gewonnenen Kräfte ihm zugute
kommen. Da meinte er, dann sollte ich aber besonders energiereich
schlafen, denn er habe viel mit mir vor.

Nach dem Abendessen spazierten wir lange den Strand auf und
ab. Wir sprachen, und sprachen, über Gott und die Welt. Er wollte
wieder und wieder alles wissen, auch über die deutsche Szene, über
meine Freunde und mein Liebesleben. Er wollte sich über Kinofilme
mit mir austauschen. Leider war ich für ihn nicht der gleichwertige
Gesprächspartner. Er kannte sie alle, die berühmten Filme und ihre
Darsteller. Er besitze viele cineastische Bücher, sie wären sein einsames

Vergnügen, wenn er mal die Nase voll habe. Hin und wieder setzten wir uns auf eine Bank, vorsichtig aneinandergedrückt, die Oberschenkel berührten sich leicht, mehr war nicht drin, Passanten kamen dann und wann vorbei. Mario war von peinigender Offenheit, wie er über seine Probleme sprach und mich ins Vertrauen zog. Manchmal schien er dem Weinen nahe, wenn er von den Diffamierungen erzählte, die er wegen seines weichen Auftretens erleiden müsse. In seiner Firma habe er nach vielen Blessuren erst durch die Anerkennung seiner überhöhten Leistungen die Schwätzer zum Schweigen gebracht. Er war in einem mittelgroßen Textilbetrieb tätig und für die Anfertigung der Modellentwürfe zuständig. Nur kleine Serien von Damen- und Herrenoberbekleidung wurden hergestellt.

Er klagte sein Leid, daß er unter seinen schwulen Landsleuten kaum Liebespartner finde. Deshalb bemühe er sich gar nicht um sie. Ich meinte, es läge wohl eher an seinem ›bißchen weichen‹ Auftreten als an einer allgemeinen Homofeindlichkeit im Lande. Doch das zog er in Zweifel. Mit europäischen Ausländern komme er blendend zurecht, was ihn entschädige.

Inzwischen hatte sich der Strand geleert. Wir saßen auf einer Bank, ich legte den Arm um seine Schulter. Er fragte mich, ob ich ihn denn für so weich, so feminin halte, wie über ihn gewitzelt werde. Ich konnte ihn beruhigen, er habe zwar weiche, aber keinesfalls tuntige Bewegungen. Ich warf mich in die Tuntengestik und schauspielerte ihm etwas vor, während ich die Promenade entlang watschelte. Wir haben brüllend gelacht. Er merkte, daß er noch himmelweit davon entfernt war. Er schien erleichtert. Wir hatten einen Heidenspaß bei den wechselseitigen Bewegungsübungen, wie wohl ein Chileno-Macho sich auf die Schenkel schlägt, im hohen Bogen spuckt oder sich eine Zigarette anzündet. Die Pantomime ist uns gelungen. Mario erfand viele andere Luftspiele mit imaginären Mahlzeiten, Autozusammenstößen und Saufgelagen, wie sie der Macho wohl gestalte. Wir haben gewiehert vor Lachen, bei jeder Sequenz aufs neue. Aber irgendwann schlug der Spaß in eine traurige Komödie um.

Denn Mario versuchte immer wieder die Machogestik zu verinner-
lichen oder wenigstens zu spielen. Doch es wollte ihm nicht gelingen.
Und ich fragte mich, warum sollte es denn gelingen. Hat er nicht das
naturgegebene Recht zu seinen fließenden Hand- und Schreitbewe-
gungen? Warum sollte er sich verstellen, wenn die Natur ihn so und
nicht anders ausgestattet hat? Warum soll er seine Natur nicht ausleben, seine Gestik ist doch kein krimineller Akt, der die Gemeinschaft schädigt?

Wir gingen aufs Zimmer, wo die bestellten Getränke schon bereitstanden. Mario wollte mich amüsieren. Ich sollte so lange im Badezimmer ausharren, bis er etwas arrangiert hätte. Mit seiner und
meiner Kleidung, mit Handtüchern, Decken und Kissen veranstaltete
er eine kesse Stripteasemodeschau. Schwanz und Sack waren pfiffig
mit farbigen Taschentüchern drapiert und in Szene gesetzt. In der
Po-Ritze steckte die rote Rose aus der Blumenvase. Mein Pullover,
etwas zu groß für ihn, stand ihm wegen der schicken Farben blendend, er mochte ihn. Wir waren in bacchantischer Stimmung, der
Pisco sour machte uns noch ausgelassener. Wie er die wenigen vor-
gefundenen Textilien einsetzte, zeigte Einfall und Laune. Er war in
seinem Beruf richtig aufgehoben, dieser witzige Spaßvogel. Wir
machten eine Kissenschlacht, jagten über die Betten und fielen uns
hechelnd in die Arme.

Wir erfanden auch verliebte Wortspiele mit unseren Vornamen,
neckten uns mit spaßigen Verballhornungen. Natürlich hatte hier
Mario den Heimvorteil seiner Muttersprache. Er machte mich zu seinem ›Pedrito Alemanito‹ neben vielen anderen gereimten Mätzchen.
Ich kombinierte dann reimend den Stadtnamen ›Sant-iago‹, was
›Heilig-Jakob‹ bedeutet, zusammen mit seinem Namen. So wurde er
zu meinem ›Mario/de San Jácobo‹ – so ungewöhnlich betont fürs
spanische Ohr, weil auch der ganze Bursche so außergewöhnlich war.
Die verliebte Situation gebar verrückte Wortspiele, die im Hand- wie
Scherz-Umdrehen entstanden und wieder vergessen waren. »Mario,
mi mago marrón.« »Mañana Mario marcha masturbándose al mar,

mientras mastica melones.« »Pedro pide pepinos para el pesayuno.«[187]
Diese Phantasmen lassen sich nicht zurückrufen. Jeder Einfall war
wie eine Sandburg am Meeresstrand, die den nächsten Wellen anheimgegeben ist. Ähnlich verlief Jahre später eine ›Poesie‹ zwischen Traum
und Wirklichkeit in einem Lissaboner Hotel.

Aber unsere anfängliche Ausgelassenheit war bald verflogen. Wir
wußten, daß die letzte Nacht angebrochen war, daß ich schon in wenigen Tagen nach Kolumbien weiterfliegen müßte. Wir gingen ins Bett,
löschten das Licht. Mario kuschelte sich an mich, in mich hinein.
Wie miteinander vernietet, wurden wir ein Körper, in genossener
Hingabe. So blieben wir verbunden die ganze Nacht, bis auf die wenigen Unterbrechungen. Da wurde ich mitten in der Nacht putzmunter, die deutsche Zeit spielte mir wieder einen Streich. Wie habe ich
es genossen, ihn schlafen zu hören, ihn träumen zu fühlen, während
ich in ihm war. Da war er ganz mein. Die Sinnlichkeit entzündete
mich wieder. Ich brauchte mich nur außerhalb meiner selbst, wie im
Kino, zu betrachten, da war es um mich geschehen. Ich steuerte das
Sex-erzitium aus Schwicheldter Tagen an, als ich damals völlig lautlos,
aber supergeil die bewegungslosen Orgasmen einübte und schließlich perfekt beherrschte. Damals mußte ein Taschentuch herhalten,
um die Ladung aufzufangen. Wieviel schöner und umhüllter war es
hier und jetzt. Ich wollte Mario nicht wecken. Ich versenkte mich
in den Akt und zündete meine dreistufige Rakete. Sie zischte los und
jagte in den Himmel der Seligkeit. Die Zwillingsrakete blieb diesmal
am Boden. Mario wachte kurz auf und hauchte nur, schlaftrunken:
»Magnífico« – . – Das nächste Mal sagte er: »Maravilloso« ›Wunderbar‹, stürzte zur Startrampe und jagte seine Rakete hinterher. Beide
fühlten wir uns jenseits des Orbits, da schliefen wir endgültig und
fest ein – . –

Am nächsten Morgen ging es zurück nach Santiago. Im Bus er-
gatterten wir ganz hinten wieder unsere leere Bank. Wir drückten
uns in eine Ecke, hielten die Hand und kamen ins Schwätzen. Mario
wollte wissen, wie ich zu den regungslosen Orgasmen gekommen

sei. Ich erzählte ihm etwas vom Kriegsende, der Vertreibung aus Ostdeutschland und meiner Schwicheldter Not. Ich schilderte ihm die Zwangseinweisung von meiner Mutter und mir in einem winzigen Raum mit niedriger Decke. Neun Jahre hätten wird dort aushalten müssen. Er verstand das alles kaum, ich merkte es an seiner Reaktion. Es überstieg seine Vorstellungskraft und seinen Erlebnishorizont. Das lag an seiner Jugend und dem Abstand zu irgendeiner erlebten kriegerischen Auseinandersetzung. Ihm fielen zwar einige Kriegsfilme ein, die er kannte. Aber sie hatten nur das martialische Treiben der Soldaten und Waffen abgelichtet. Leben und Leid der Zivilbevölkerung waren kein Thema der Filmstreifen, schon gar nicht das der zwölf Millionen deutscher Heimatvertriebener.

Ich erzählte ihm, wie mich die Raumnot zu den erregungs- und bewegungslosen Orgasmen gezwungen hätte. Meine Mutter in ein Meter Entfernung durfte nichts merken. Immer dann, wenn mich vor dem Schlafengehen die Wollust gepackt habe, hätte ich keinen anderen Ausweg gesehen. Schließlich habe es mir sogar Spaß bereitet. In drei Aufteilungsetappen steigere sich die Lust zum orgastischen Gipfelsturm, als ob man einen Berg erklimme. Das sei von unbeschreiblicher und unvergleichlicher Intensität, etwas Geileres sei kaum vorstellbar. Mario meinte, er habe das auch so empfunden, aber erst so richtig beim zweiten Mal: »Peter, ich war ja so müde, du hattest mich doch so fertiggemacht.« Ansonsten schaute er nur ungläubig drein. Er konnte es nicht fassen, wie man ohne äußere Reize, nur in der Versenkung den Schwanz in Wollust aufbäumen und aufschäumen lassen könne. »Das ist nicht einfach«, mußte ich ihm recht geben.[188]

Das holprige Pflaster und die Straßenlöcher schlugen uns das Sex-erzitium aus dem Kopf und brachten uns zurück in den Bus. Inzwischen hatte sich der Bus langsam und gemächlich bergauf nach Santiago geschleppt. Wir hatten die Stadt erreicht und waren angekommen. Was mich jetzt erwartete, lag näher, viel näher – war schöne, heitere Gegenwart.

Ich freute mich, Marios Eltern und die Schwester wiederzusehen. Es war vereinbart, daß wir vom Busbahnhof ein Taxi nähmen und ich zum Kaffee bliebe. Die Mutter erwartete uns. Sie hatte die Tafel bereits gedeckt. Sie nahm Mario liebevoll in die Arme und strich ihm durchs Haar. Mich umarmte sie kurz. Mario berichtete ihr wortreich und plastisch von der Busfahrt, vom Strand- und Stadtleben in Viña del Mar, vom luxuriösen Hotel und so fort. Alles erotisch Verfängliche sparte er aus, aber drückte sich nicht darum herum, von erfüllten gemeinsamen Stunden am Tag und in der Nacht zu sprechen. Mehr war nicht nötig, die Mutter ahnte sowieso alles, seine Mutter fühlte es. Sie blühte auf, als sie Mario so glücklich sah. Nicht daß sie mit seiner Art von ausgelebter Sexualität konspiriert hätte. Sicherlich litt sie auch heimlich unter der Homosexualität des Sohnes. Welche Mutter tut das nicht. Als Hüterin der Nachkommenschaft liegt das in ihrem Blut. Aber sie quälte sich nicht und machte sich keine Selbstvorwürfe. Sie hatte erkannt, daß er in Übereinstimmung mit seiner Natur lebte und bei Verzicht darauf sich selbst würde aufgeben müssen. Das wollte sie nicht. Also mußte sie ihm helfen, sein Schwulsein auszuleben. Sie machte das auf eine so natürliche und selbstverständliche Art und Weise, wie es eine Mutter bestimmt nicht oft zuwege bringt. Ich kenne die verquälten Mienen betrübter Mütter, die entgangenen Enkelkindern hinterhertrauern, wenn sie sich auch noch so locker in schwuler Souveränität spreizen. Ich kenne die ungewollten Zwischentöne sorgenvoller Mütter, die um den ›guten Ruf‹ in der Öffentlichkeit fürchten, wenn sie sich auch noch so wortreich ihrer schwulen Modernität preisen.

Marios Mutter war ganz anders. Sie erschien mir wie sein Alter ego, sein ›Anderes Ich‹, das wie selbstverständlich an allem Anteil nahm und ihn in allem begleitete, ohne wirklich alles wissen und bei allem dabeisein zu müssen. Ich beobachtete sie, wie sie in seinem Schlafzimmer seine Tragetasche ausräumte. Sie nahm den Schlafanzug heraus, stellte fest, daß er unbenutzt war, und legte ihn zurück in seine Kommode. Das Vaselindöschen öffnete sie. Als sie sah, daß es geleert war, brachte sie es zum Nachfüllen ins Bad. Das geschah so natürlich, wie man eine Vase mit Blumen herrichtet.

Der Vater und die Schwester waren von ihrem Sonntagsspaziergang zurückgekehrt und saßen mit am Tisch. Mario hatte seinen Reisebericht teilweise wiederholt. Ich war fasziniert von der ungekünstelten Akzeptanz, mit der seine Familie die geschilderte Rahmenhandlung zu dem schwulen Wochenende begleitete. Da gab es nicht die geringste versteckte Häme oder frivole Andeutung. Was Mario erzählte, wurde kommentiert und hinterfragt. Wozu er schwieg, blieb unberührt. Sein Bericht war überschwenglich, er kam richtig in Fahrt. Er erzählte von unserem Strandtheater mit den imaginierten Machotypen. Er berichtete scherzend von meiner Übermüdung und ihren Tücken. War es südländische Übertreibung? Er hätte noch nie eine solch unbeschwerte und schöne Reise gehabt. Sicherlich hatte er auch mit seinen Eltern Fahrten unternommen. Sie hatte er jetzt beschämt, das tat mir leid. Sein Lob genierte mich auch, denn wir hatten uns nichts Ungewöhnliches geleistet. Er tänzelte im Zimmer umher. Ab und zu kam er in meine Nähe und drückte dabei sein Gesicht von hinten auf mein Haar. Flüchtig tätschelte er mein Gesicht. Ich war arg verlegen und wußte nicht, wie zu reagieren. Er schloß seinen Bericht: »Que días tan maravillosos con mi Pedrito!« ›Welch wunderschöne Tage mit meinem Peter!‹ Er kniete sich lachend vor mich hin, schlang seine Arme um mich und drückte mir einen Kuß auf die Wange. Die drei schauten zufrieden drein und waren kein Stück verlegen. Welch ein Familie! Ich war begeistert. Mario, welches Glück hast du, in einem solchen familiären Umfeld leben zu dürfen!

Das erinnerte mich an Jan in Amsterdam. Er hatte mich vorsichtig leise in die Wohnung geschleust. Wir sollten keinen Krach machen, weil die Eltern schon schliefen. Mein Hinweis, daß er die Tür zu seinem Zimmer nicht verriegelt hätte, tat er ab. Niemand käme unerbeten herein, war er sich sicher. Als die Sonne schon kräftig durch die Scheiben schien, klopfte es an der Tür, und Jan rief: »Kom binnen.«

»Goede morgen, jullie twee. Wat voor een heerlijke zonnige ochtend.«

Jan wies auf mich und sagte: »Goede morgen, mam. Dit is Peter uit Bonn.«[189] Wir lagen nackt im breiten Einzelbett, das Bettlaken bedeckte uns bis zum Nabel, und ich war mächtig verlegen. Jan hatte mich zwar vorgewarnt, aber diese Konfrontation war total entwaffnend, weil so unvorstellbar. Die Mutter lächelte uns freundlich zu: »Welcome, Peter. Here is the breakfast for both of you.« Sie stellte das Tablett mit zwei Tassen Tee und vielen Keksen auf ein Tischchen. »Did you both have a fine dancing night?« »Is tea allright with you?«[190] schien sie weniger zu fragen, als festzustellen, daß sie den üblichen Kaffee nicht anbiete. Und schon war sie draußen, nicht ohne noch mütterlich wohlwollend zurückzulächeln. Jan erzählte, daß die Mutter diese Liebenswürdigkeit nur erweise, wenn er das vereinbarte Zeichen im Flur hinterlasse. Auch erwarten die Eltern, insbesondere der Vater, daß er nur einen topseriösen Freund, den er auch als Wiederholungsgast wünsche, zur Übernachtung in sein Zimmer mitbringe. Nur Samstagabend sei ihm dies gestattet. Wir beide waren junge Studenten und mochten uns gut leiden. Ich kam noch etliche Male in den sonntäglichen Teegenuß. Von Bonn aus war die Fahrt zu Jan nicht weit. In den 50er Jahren galt Amsterdam als das Mekka schwuler Liberalität in Europa. Als ich nach Abschluß des Studiums Bonn verlassen hatte, war auch Jan aus meinen Augen entschwunden. Als junger Bursche geht man leider so schludrig mit Freundschaften um und pflegt sie nicht über den Augenblick hinaus; immer in der Annahme, das aufbrechende Leben werde noch unendlich viele weitere und noch bessere Chancen bieten; Irrtum. Man braucht leider zu lange, bis man diese Fehleinschätzung wahrnimmt und korrigiert.

Ich saß mit Mario und seiner Familie noch eine Weile zusammen. Ich merkte, daß die drei noch stärker um mich warben als schon vor zwei Tagen bei Fahrtantritt, freilich zurückhaltend und etwas verlegen. Wie lange ich bliebe, wann ich wiederkäme, ob ich eine Tätigkeit in Chile suchen würde, das und ähnliches waren die Fragen, die sie interessierten und vorsichtig stellten. Sie mochten mich, weil Mario mich liebte. Und sie wünschten, daß ich Marios fester Freund würde, weil er mich als Lebenspartner begehrte. Wie Mario sich damit abgefunden hatte, daß ich wieder abreisen mußte, so schmerzte sie diese Aussicht. Sie konnten ihre enttäuschte Hoffnung kaum verhehlen. Aus Liebe zu ihrem Sohn und Bruder hatten sie auch mich in ihr Herz geschlossen, mit meiner ganzen Person, mit Herz und Verstand, mit meiner Körperlichkeit und mit meiner Sinnlichkeit, das fühlte ich. Welch eine menschliche Größe! Diese schlichten Menschen waren über sich hinausgewachsen. Die Mutter war die treibende Kraft, Vater und Schwester folgten ihr. Zusammen standen sie zu Marios Homosexualität, verteidigten sie und schützen ihn. Mehr noch, sie unternahmen alles, daß er sich seiner Natur gemäß verwirklichen konnte, damit er glücklich würde. Bei der Mutter von Jan aus Amsterdam entsprach dieses Interesse eher einer großbürgerlichen, aufgeklärten Liberalität. Sie hielt eine minderheitlich ausgeübte Sexualität für eine Lappalie. In Marios Arbeiterfamilie war es eher die natürliche Herzensgüte, die unreflektiert nur das Glück ihres Mario anstrebt. Er war schwul, also sollte er sich in seinem Schwulsein ausleben dürfen. Er sollte sich angenommen fühlen. Und er durfte es in der Tat. Das gab ihm die innere Sicherheit. Deshalb hatte er auch, wie ich jetzt erkannte, Erotik und Sex so unverkrampft und unbelastet mit mir teilen können. Ich war fasziniert von Marios Familie, wie Jahre zuvor schon Jans Mutter mich beeindruckt hatte.

Es gibt sie, diese großartigen Mütter, diese großartigen Eltern. Ausgezeichnet seien sie vor den anderen! Warum sind es so wenige? Auf ein Denkmal möchte ich sie setzen, die Eltern schwuler Söhne und Töchter, die zu ihren Kindern stehen, sie ihrer Natur gemäß leben lassen und sie darin noch bestärken. Ihnen gebührt ein Platz in der imaginären ›Ehrenhalle der Menschheit für die Gütigen und Mutigen‹!

Meine Verabschiedung von Marios Familie war herzlich, ich solle ja das Wiederkommen nicht vergessen. Abends trafen wir uns,

Mario und ich, in einer Bar in der Innenstadt. Ich beglückwünschte ihn zu seiner Familie, ein solches Umfeld sei sehr selten. Er wußte es, er war dem Schicksal dankbar. Ich war mir sicher, ohne diesen Halt hätte er sich schon längst aufgegeben, was immer das heißt, hätte sich weggeworfen, Schluß gemacht. Ich mußte aufpassen, ihn nicht zu sehr um sein geglücktes Familienleben zu beneiden. Dann kam er nochmals auf das ›Sex-ercicio‹, mein ›Sex-erzitium‹ zu sprechen. Es hatte ihn doch ›tief beeindruckt‹, wie er schwärmte. Daß ich dafür sogar ein eigenes Wort geprägt hatte, imponierte ihm gewaltig. Auch leuchtete ihm ein, daß ich das zugehörige Verb vom Ort ›Schwicheldt‹ abgeleitet hatte, selbst wenn es für ihn ein nicht zu überlistender Zungenbrecher blieb. Welcher Landsmann lateinischer Zunge vermag schon das Wort ›schwicheln‹ auszusprechen, ein Wortungetüm von Konsonanten, nichts als Barrieren im romanischen Sprachfluß? Überschwenglich bedankte er sich dann für die beiden Tage in Viña del Mar und bat um Verständnis für seine wollüstige Unersättlichkeit, aber er müsse jetzt Monate davon zehren. Das Foto werde ihn an Peter erinnern, der ja übers Jahr wiederkäme, nicht wahr. Mario verschwieg, daß er ungern schrieb. Deshalb wohl erbat er nicht meine Adresse. Hatte er vielleicht orthographische Probleme? Doch er gab mir seine Anschrift, damit ich mein nächstes Kommen ankündige. Er freue sich so riesig drauf. Ich legte ihm meinen Pullover, der die gestrige Modeschau so grandios eröffnet hatte, um die Schultern. Er war selig. Es war heikel, ihm etwas zuzustecken, aber ich konnte ihn finanziell nicht so eingeschränkt sehen. Ich hatte ein Päckchen Parfüm gekauft, das er bevorzugte. In die Packung hatte ich ein paar Scheine gesteckt und hoffte, daß er das Parfüm erst zu Hause öffnete. Aber er war nicht zu halten und wollte es gleich mal verwenden. Er war bitter enttäuscht über meine Gabe und hielt sie für fehl am Platz. Es war langwierig und schwierig, ihn zu beruhigen, daß er sich nicht bezahlt fühlte. Wie habe ich auf ihn eingeredet, daß mich seine Dürftigkeit mehr schmerze als sein jetzt verletzter Stolz. Unter der Voraussetzung, daß er mich zum Abendessen einladen dürfe, war endlich der Friede wiederhergestellt. Das war die einzige Differenz, die wir hatten.

Wir umarmten uns in einem dunklen Hauseingang, küßten uns, streichelten gegenseitig über Gesicht und Haar. Die Tränen standen uns in den Augen. »Adiós, amado mío!« ›Tschüß, mein Geliebter!‹ Nach seinen Verhandlungen mit den Firmen flog Peter ab und nahm die Erinnerung an seinen ›Mario de San Jácobo‹ mit. Während der kommenden Monate hat er ständig an ihn gedacht, ihm dreimal geschrieben, aber nie eine Antwort bekommen. Mario hatte es durchblicken lassen. Hätte es damals schon die kostengünstige Direktwahl gegeben, Peter hätte ihn bestimmt mal angerufen. So blieb ihm nur die Vorfreude auf das regelmäßige Wiedersehen, während vieler kommender Jahre. Doch die Geschichte mit Mario, diesem lieben weichen Burschen, ist schnell, leider zu schnell zu Ende erzählt.

Übers Jahr war Peter wieder da. Er kam diesmal aus Argentinien und hatte die Zeitdifferenz längst überwunden. Er rief Mario an, und der bat darum, daß wir uns im Hotelzimmer treffen sollten. Er meinte, das würde ihm und mir schönere Wiedersehenszärtlichkeiten ermöglichen. Mario klopfte an, ich öffnete, er stürzte heulend auf mich zu. »Mario, was ist los?« Es versagte ihm die Stimme. Er schlang die Arme um meinen Hals und wimmerte: »Estoy tan solito, tan triste. Siempre lo mismo«.[187] Er fühle sich so unverstanden, habe zwei enttäuschende Lieben, die sich als grausame Affären erwiesen, hinter sich. Er sehe sich erniedrigt, gedemütigt und wisse nicht mehr ein noch aus. Es hat lange gedauert, ehe ich ihn beruhigt hatte. Aufgewühlt erzählte er mir alles. Ich versuchte mit Scherzen, ihn auf seine Dummheit hinzuweisen, diese Typen, die ihn gedemütigt hätten, zu ernst genommen zu haben. Sie hätten ihn doch gar nicht verdient. Er sei ein so wertvoller Bursche. Ich streichelte ihn, liebkoste ihn. Vielleicht sei er auch ein bißchen selbst schuld, daß er sich nicht rarer mache? »Has pensado en eso?« ›Hast du mal darüber nachgedacht?‹ Endlich konnte er etwas lachen, und er beruhigte sich. Er hatte eine kleine Tragetasche bei sich, aus der er für mich eine chilenische

Schnitzarbeit in folkloristischer Art herausholte, und von seiner Mutter eine Kerze, verziert mit einem religiösen Motiv. Er fingerte noch das kleine, vertraute Döschen heraus. Dabei zwinkerte er spitzbübisch mit dem linken Auge. Wie letztes Jahr, geschah das immer, wenn er ein Sexabenteuer beschwören oder leitmotivartig ankündigen wollte. »Ich bleib über Nacht hier. Ich darf doch!?«

»Ja – und was sagt das Hotel?« war meine besorgte Frage. Ich könne beruhigt sein, ein schwuler Angestellter, der sein volles Vertrauen genieße, habe ihn durch einen Nebeneingang heraufgeführt. Ich äußerte meine Zweifel an seiner Beschwichtigung. Er aber schwor Stein und Bein, daß wir ungestört blieben, und morgen wisse er, wie er unverfänglich wieder herauskomme.

Ich mußte noch in die Empfangshalle, um einen vereinbarten Gesprächstermin mit einem Geschäftsmann wahrzunehmen. Ich hing das Schild ›Bitte nicht stören‹ vor die Tür und ließ Mario zurück. Als ich zurückkam, lag er nackt im Bett, frisch geduscht und lecker anzusehen.

Mario war älter und reifer geworden. Er hatte nichts von seiner Schalkhaftigkeit verloren, aber er setzte sie kontrollierter ein. Während er letztes Jahr gelegentlich etwas überdreht wirkte, war er jetzt bedächtiger, einfach ernster geworden. Seine feinen Gesichtszüge waren ungetrübt geblieben. Auch die liebenswürdige Weichheit seiner Bewegungen in Hand und Gang hatte er beibehalten. Er müsse damit leben, habe erkannt. Und, in der Tat, sie gehörte so sehr zu seiner Persönlichkeit wie das *Métemelo* seiner Lustschreie. Ich zog mich aus, ging unter die Dusche und stieg dann zu ihm ins Bett. Da wandte er sich etwas ab und führte die rechte Hand zu Stirn und Brust.

»Mario«, fragte ich ihn, »du machst ein Kreuzzeichen?«

»Aber ja doch, das mache ich immer – zuvor. Hattest du es letztes Jahr nie bemerkt, Pedro?«

Ich fragte, ob es nicht etwas verwegen sei, Glauben und Sex so zu vermischen. Man bekreuzige sich doch vor einem gefahrvollen Tun, etwa bevor das Flugzeug abhebt, oder, wie am pazifischen Strand beobachtet, bevor man ins Meer steigt. Unsere Liebe werde doch nicht unter Gefahren verlaufen.

Er protestierte: »Pedrito mío, du magst recht haben, aber hast du nicht auch gesehen, daß Sportler sich vor dem Wettkampf bekreuzigen, weil sie siegen wollen. Und macht man nicht auch das Kreuzzeichen vor einer Mahlzeit, vielleicht nicht in deiner Heimat, aber bei mir zu Haus? Vor einem guten Festtagsessen wird das Tischgebet besonders intensiv mitgebetet. Y no vés que deseo saborearlo todo, Pedro.« ›Und ich will dich doch vernaschen, Peter.‹ »Also sollte ich mich nicht bekreuzigen?«

Ich konnte seiner Argumentation nicht folgen. Aber nur, weil ich damals das Religiöse zu kirchlich, zu eng faßte. Heute sehe ich das großzügiger. Denn wir sind alle an das Kreuz der Sterblichkeit geschlagen und nur aus diesem Wissen heraus können wir echte Vitalität für das kurze Leben schöpfen. Nach christlichem Glauben hat sich Gottes Sohn am Kreuz für die Menschen geopfert – eine erschütternde Vorstellung. Warum sollte deshalb nicht derjenige, der will, den erlebnisstärksten Akt der Natur auch unter das Zeichen dieser Tat stellen dürfen? Mario, dieser blutjunge Bursche, hatte mich beschämt. Hatte er so unrecht? Er hat mich nachdenklich gemacht: Sexualität und Gottesglauben können zusammengehen, auch der homosexuelle Liebesakt darf unter das Ritual des Kreuzzeichens gestellt werden, von dem, der will. Das ist keine Blasphemie. Mein guter Mario, wie sehr wünschte ich dir, daß dieses Ritual dir Segen bringt und dich schützt, falls deine Natur dich in Gefahr bringen will. Du hast deinen Schöpfergott trotz allem geliebt, wir haben darüber lange diskutiert.

Wir schliefen beide Nächte zusammen bzw. schliefen nicht. Mario war so heiß wie eh. Wir waren unsagbar glücklich. Wir ließen die Reminiszenzen von Viña del Mar wieder aufleben. Auch bestand er darauf, daß ich das Sex-erzitium wiederholte. Diesmal war Mario hellwach, er wollte es mitvollziehen. Während wir uns laut- und regungslos gegenseitig an den Händen hielten, tat er es mir gleich, als er meinen Höhepunkt sich heransteilen fühlte. Er konnte sich trotzdem nicht bändigen und hauchte leise: »Esto es una locura.« ›Das ist ja irre‹. Diesen Genuß habe er noch nie verkostet. Gleichwohl, er bevorzuge die lautmalerische Begleitung des Orgasmus und die eruptive Bewegung der beiden Körper, so zwanglos und drangvoll wie die Natur beides steuere.

An meinem letzten Aufenthaltstag trafen wir uns im Park beim Cerro San Cristóbal. Es dunkelte schon, wir wanderten den Hügel hinan. Einsam setzten wir uns, fern von jedem Weg, auf das leicht abfallende Grün. Ich lehnte an einem Baum, Mario legte seinen Kopf in meinen Schoß, und ich strich ihm durchs Haar. Mario fing an zu weinen und quälte sich seinen Schmerz heraus. Wie sehr er immer den Mann liebe und den Akt mit ihm ersehne. Wie sehr es ihn quäle, er leide, daß er so wenig Erfüllung finde, so wenig glücklich in seinen bisherigen Beziehungen geworden sei. »Pedro, pucha, tú te vas otravez, y yo me quedo aquí tan solito.« ›Pedro, ja du, du fährst wieder weg. Und ich bleib' so allein hier zurück.‹ So suche er immer weiter, und suche, und werde wohl nie den Freund fürs Leben finden. Die ganze Fülle seiner Liebesfähigkeit liege brach, verkümmere, verblühe und er mit ihr. Er fühle sich vernichtet, wo er doch leben und lieben wolle. Könne er denn keinen anderen Mann glücklich machen, ein Leben lang, oder wenigstens einige Jahre? Er heulte sich aus, umklammerte meine Beine. Sein Monolog war wie eine schmerzhafte Litanei, ein Flehgebet zu Gott. Ich schwieg, und schwieg, streichelte bloß durch sein Haar, jedes Wort von mir wäre falsch gewesen. Wie könnte ich ihn trösten? Er schluchzte und stammelte wieder und immer wieder seine Klage. Dann suchte er das Gespräch. Er wollte über Gott reden. Er klage ihn nicht an, daß er ihn so gezeichnet habe, für das ganze Leben, oder daß er die Mitmenschen so intolerant gemacht habe. Er nehme sein Schicksal an, aber er leide, leide, »verstehst du das?« Dieses Leid werde wohl sein Schicksal sein. Lieber wäre er schmerzfrei. Aber er müsse diese Quälerei wohl als Liebesbeweis Gottes ansehen, sonst könne er nicht weiterleben. »Pedro, ich danke dir, daß du mir das Glück dieser Tage geschenkt hast. Bleibe bei mir! Kannst du nicht in Chile leben? Oder hole mich in deine Heimat!« »Geht beides nicht? Wirklich nicht?« Schweigend verharrten wir lange, während die Zeit stillzustehen schien. Ich lehnte am Baumstamm, Marios Kopf ruhte in meinem Schoß, meine Beine hielt er umklammert, als würde er stranden. Ich streichelte ihm durch sein volles festes Haar, immer und immer wieder. War es eine halbe Stunde, die wir so stumm und still in selbstvergessenem Gleichklang, ort- und zeitlos, zu verschmelzen schienen? War es nicht eher eine Ewigkeit kosmischer Einswerdung mit dem geliebten Du, dem Partner in der Schöpfung, dem man sich ausliefern will, dessen Teil man werden möchte? Schweigend hielten wir uns aneinander fest. Die Zeit hielt an, wir schwiegen, schlossen die Augen, spürten Atem, Wärme und Nähe des anderen. Eine Ewigkeit schien vergangen. Langsam nahmen wir die Geräusche wieder wahr, die von unten empordrangen. Die Zeit begann erneut zu fließen. Wir bemerkten wieder die funkelnden Lichter der Straßen und Autos.

Ich mußte aufbrechen. Mein Flugzeug ging gegen Mitternacht. Wir wanderten hügelabwärts zum Hotel Sheraton, ich holte die Koffer heraus, er begleitete mich im Taxi zum Flughafen. Kurz und flüchtig umarmten wir uns, drückten die Körper aneinander. Mehr war nicht drin unter den Augen der vielen Passagiere. Er konnte die Tränen nicht zurückhalten. Ebenso ging es mir. Ich werde nie das Bild vergessen, wie er mir hinterherschaute, verheult, und kaum winken konnte. Wie ein Häufchen Elend stand er da. Ich drehte mich noch mehrmals um, verzögerte den Schritt. Dann winkten wir ein letztes Mal einander zu. Ich mußte um eine Ecke biegen, unsere Blicke erreichten uns nicht mehr. Es ist unbegreiflich, ich habe ihn nie wiedergesehen, den guten Mario. Der Trennungsschmerz packte mich so richtig im Flugzeug. Das Gespräch am Berg San Cristóbal hatte mich erschüttert. Ich bekam von den angebotenen Speisen nichts herunter. Ich versuchte schnell einzuschlafen. Nächstes Jahr werde ich ihn wiedersehen, dann will ich die Zeit mit ihm noch intensiver nutzen. Ich werde ein paar Tage Urlaub anhängen und mit ihm eine schöne Reise unternehmen, wohin er wünscht, in den Süden, nach Argentinien oder Brasilien. Wir werden Seele und Körper wieder miteinander teilen, nächstes Jahr.

Ich kündigte meine Ankunft brieflich an, hatte einen Urlaubsplan für uns beide entworfen und ihm mitgeteilt. Wie sehr ersehnte ich Mario. Inzwischen war er einundzwanzig Jahre alt. Sicherlich wird er jetzt reifer, heißer und geiler geworden sein. Ob auch feiner im Gesicht, noch weicher in der Gestik? Diese Eigenschaften waren mir an ihm aufgefallen, ich hatte sie so geschätzt. Ich war auf ihn gespannt. Ich griff zum Telefon. Die Mutter war am Apparat. Ihre Stimme stockte. Mario sei weg, er lebe irgendwo bei Valparaíso. Es sei alles ganz schrecklich. Er habe seine Stelle im Textilbetrieb verloren, was schlimm sei. Was war passiert? Ich fuhr zur Mutter.

Sie schien sehr unglücklich und zugleich etwas verwirrt. Sie drückte mir beide Hände zur Begrüßung und freute sich aufrichtig über mein Kommen. Zuerst führte sie mich in Marios Schlafzimmer, das sie unberührt lassen wolle. Sie wies auf das gemeinsame Foto von Mario und mir am Strand in Viña del Mar, das gerahmt auf dem Nachttisch stand. Es erstaunte mich nicht, daß zwei andere Freundschaftsfotos daneben standen, darunter das von seinem Schweizer Freund. Sie beklagte ihren Schmerz, ihr Sonnenschein sei weg. Denn eine Mutter habe nun mal eine besondere Beziehung zum Sohn, jetzt fühle sie sich so alleingelassen. Tochter und Ehemann könnten das Loch nicht füllen, das Mario hinterlassen habe. Diese einfache, schlichte Frau breitete lang und breit ihren Kummer vor mir aus. Sie schien verzweifelt, mein Kommen hatte den Schmerz neu entfacht. Es fiel ihr schwer, sich auszudrücken. Ihr Bericht ergab: Mario hatte hier in Santiago einen Farmerssohn aus der Nähe von Valparaíso kennengelernt. Sie haben sich beide gemocht und auch gut verstanden, druckste sie herum. Sie war trotz allem verlegen, wie schon vor zwei Jahren, das Schwule direkt anzusprechen. Dann besuchte Mario für ein verlängertes Wochenende Enrique auf dessen Farm.

Begeistert kam er zurück, aber nur um seine Sachen zu holen und wieder hinzufahren. Alle Einwände der Eltern und das Flehen der Schwester, die Entscheidung langsamer reifen zu lassen, haben ihn nicht überzeugen können. Er sagte nur, Enrique sei die Liebe seines Lebens. Weg war er. Das war vor sechs Monaten.

Die Mutter zeigte mir Fotos von Mario zusammen mit dem Freund, mal auf der Viehkoppel und auf dem Feld, mal am Schwimmbassin und im ländlichen Anwesen. Die Aufnahmen zeigten keine Berührungen oder Zärtlichkeiten zwischen den beiden. Enrique war gut anzuschauen, ein prächtiges wildes Exemplar von Mann, achtundzwanzig Jahre alt, kerngesund, kraftstrotzend und athletisch gebaut, mit einem offenen Lachen in einem ehrlichen Gesicht unter blond-strohigem Haar. Ich kannte Mario, insoweit jedenfalls besser als die Mutter, und wußte genau, wie er auf dieses Gesicht und diesen Körper abgefahren ist und gar nicht anders konnte. Die Farm schien umfangreich, man sah Leute bei der Arbeit im Haus und auf den Weiden, wo etliche Rinder und Pferde standen. Auf einem Foto war ein alter, kränklicher Mann zu sehen, es sei der Vater.

Als ich meinte, daß Mario sehr glücklich ausschaue, hatte sie ihre Bedenken. Mario sei doch noch so jung, was wisse er schon vom Leben. Vielleicht habe Enrique ihm nur den Kopf verdreht, und ihr Mario sei nur auf eine *Locura*, eine ›Verrücktheit‹, hereingefallen. Enrique sei auch hier gewesen, habe sich bekannt gemacht. Aber sie habe nicht den besten Eindruck von ihm. Gewiß, das sei reines Gefühl, sie könne nicht begründen, warum. Ob er nicht doch eines Tages heiraten wolle, wegen der Leute, wegen der Nachkommenschaft, dann sei ihr Mario abgemeldet. Ich versuchte, ihre Sorge zu entkräften. Schon zweimal habe Mario angerufen und sie beruhigt, wie überglücklich er sei. Er möchte und dürfte die Eltern und die Schwester mal zu Besuch einladen. Aber erst sollte der zu erwartende Tod des Vaters abgewartet werden, der sterbenskrank sei.

Die Mutter zeigte mir eine Weihnachtskarte, von Enrique geschrieben. Zwei Zeilen am Ende waren von Mario hingekritzelt. Jetzt sah ich zum ersten Mal einen Text von ihm. Was ihm an kesser Schlagfertigkeit so hörbar in den Mund gelegt war, fehlte ihm so sichtbar an schriftlicher Ausdruckskraft.

Ich erkannte nach alledem, daß die von der Mutter geschilderte Tragödie mit Mario eher ihre eigene war. Ich war beruhigt. Nach dem Telefonat hatte ich Schreckliches erwartet. Ich übergab der Mutter mein Mitbringsel für Mario. Jetzt war es ein nachträgliches Zeichen der Erinnerung geworden. Vielleicht hat er sich darüber gefreut, ich habe keine Reaktion mehr erwartet. Was sollte ich der Mutter für dumme Worte des Trostes stammeln? Mit der Trennung ihrer Kinder mußte sie selbst fertigwerden. Ich nahm sie in die Arme, weil ich sah, daß ich sie nicht trösten konnte. Das konnte nur Mario, am besten wenn er ihr nicht nur sagt, sondern zeigt, wie glücklich er wirklich ist. Vielleicht hatte er auch deswegen die Einladung nach Valparaíso angekündigt. Gerade seine Mutter hat er besonders geliebt, weil sie ihn stets vorbehaltlos geschützt hat und Vater wie Schwester darin bestärkte.

Wie sehr habe ich ihm gewünscht, daß er in Enrique seinen Lebens- und Liebespartner gefunden haben möge. Wenn sie sich beide bemühen und die Fügung des Himmels günstig ist, sollte es gelingen. Wie sehr war ich jetzt meinerseits glücklich, daß er nun auch sein Glück, nach dem er so sehr gesucht hatte, offensichtlich gefunden hat – hoffentlich. Wie schön wäre es, wenn ›Val-paraíso‹ ihm auch persönlich zum ›Tal des Paradieses‹ würde.

Das war die Geschichte von und mit ›Mario de San Jácobo‹. Peter hat nie wieder von ihm gehört. Er hatte eine Faser seines Herzen bei Mario gelassen, vielleicht sogar zwei, während der beiden Begegnungen. Mario hat sie mit nach Valparaíso genommen. Eines Tages wird er sie im ›Tal des Paradieses‹ verloren haben. Und das ist gut so, falls Enrique ihm sein Herz ganz geschenkt hat. »Adiós, mi amado!« ›Leb wohl, mein Geliebter!‹ Ob Mario noch lebt?

Peter kürzte seine Dienstreise in Santiago ab. Die Stadt war für ihn trist und traurig geworden. Die beiden zu betreuenden Firmen standen inzwischen auf eigenen Beinen, die Zusammenarbeit lief langsam aus. Es ergaben sich für ihn keine neuen Dienstreisen nach Chile. Inzwischen waren die Allende-Zeit, der Umsturz und die Pinochet-Ära über das Land hinweggegangen. Peter war nie wieder dort. Chile war für ihn Mario. Das ist lange, sehr lange her. So geht das Leben – so vergeht die Zeit.

*

Die Tage in Aachen waren für Peter abwechslungsreich. Die Stadt war wie eine gute Stube. Im Krieg zu 90 % durch Bomben zerstört, war sie erst halbwegs wieder aufgebaut. Die Baulücken waren beträchtlich. Wann immer Peter es einrichten konnte, war er sonntags zum Hochamt im Kaiserdom. Die Ausstrahlung dieses antiken, heiligen Ortes nahm ihn gefangen. Danach hörte er sich am Elisenbrunnen das Mittagskonzert an.

Peter hatte ein Zimmer in einem Appartementhaus gefunden.[192] Es verfügte noch nicht über die exklusive Ausstattung heutiger Tage. Die Küche war über den Flur zu erreichen. Aber das Zimmer war groß und ansprechend möbliert. Peters Mutter kam gelegentlich zu Besuch. Ein zweites Bett war vorhanden.

Mit diesem Haus, aber es könnte auch woanders sein, wird für Peter eine schmunzelnde Entdeckung verbunden bleiben. Andi, Sohn des Hausmeisterpaares, war Abiturient, 18 Jahre alt und schien über alle Maßen sein Fahrrad zu lieben, mit dem er durch die Gegend jagte. Er putzte es, motzte es mit vielem Zubehör auf und werkelte ständig an ihm herum. Mit seiner blonden Pilzfrisur, die wie ein großer Champignon den Kopf bedeckte, war er nicht zu übersehen. Peter spürte, daß Andi gerade in der Phase sexuellen Experimentierens war. Diese Annahme schien bestätigt, als Peter beobachtete, wie er den gleichaltrigen Nachbarsjungen, den Sohn eines Rechtsanwaltes, an mehreren Samstagabenden in die Wohnung hereinließ. Die Eltern waren wieder mal zum Ferienhaus in die Eifel gefahren. Die Wohnung war also sturmfrei. Das Licht in Andis Schlafzimmer erlosch bis auf eine Schummerleuchte. Dusche und Toilette rauschten ausgiebig und mehrfach. Das war so ungewöhnlich, daß es dem interessierten Beobachter auffallen mußte. Erst gegen ein Uhr nachts klappte die Wohnungstür, dann die Haustür, der Nachbarsjunge trollte sich. Wie schön zu wissen, daß auch im Souterrain die schwule Liebe immer wieder ihre Feste feierte und zwei Achtzehnjährige sich miteinander vergnügten. Andis wissender Blick und seine verschwiemelten Augen am Sonntagmorgen sprachen lustvolle Bände und waren Hinweis, daß er nicht nur sein Fahrrad abgöttisch liebte.

Gleich in den ersten Tagen lernte Peter auf urige Weise Siegfried kennen. Mit vollen Einkaufstüten in den Händen bestieg dieser den Bus, der schon rappelvoll war. Er suchte ratlos nach einem Halt, hatte aber keine Hand frei. Peter saß auf der Querbank direkt beim Eingang. Er bot dem jungen, schlaksigen Burschen an, die Einkaufstüten zwischen Peters Beine zu stellen. Das war immer noch besser, als daß dieser Kerl, der inzwischen knallrot im Gesicht angelaufen war, beim ruckartigen Anfahren des Busses auf ihn hingeknallt wäre. Das hätte zwar ohne die Tüten recht schön lustig sein können, aber er hatte nun mal diese voluminösen Tragetaschen in beiden Händen. Siegfried feixte verlegen, es war eindeutig, beide hatten sich erkannt. Sie trafen sich dann gelegentlich, Siggi wohnte in unmittelbarer Nähe.[193] Es wurde eine liebe, aufgeweckte Freundschaft. Siggi war ohne die Eltern 1959 aus der DDR geflüchtet, jetzt allein und versuchte, in Westdeutschland Fuß zu fassen. Das war nicht leicht. Doch er hatte eine stabile Grundstruktur, war ein sanguinischer Typ. Er konnte herzhaft lachen, und die Witze gingen ihm nie aus. Er schloß das Architekturstudium an der Technischen Hochschule ab. Aber sein Interesse an antiken Uhren bestimmte seinen folgenden Beruf als Kunsthändler, in dem er sehr erfolgreich wurde. Als Peter schon nach etlichen

Monaten Aachen verlassen hatte, verloren sie sich aus den Augen, bis Siggi sich mit seinem neuen sympathischen Freund Herbert nach 40 Jahren wieder blicken ließ.

Peter hatte inzwischen einen gebrauchten Opel Rekord, seinen ersten Wagen, erstanden und bereiste jedes Wochenende Belgien und Holland. Wiederholt sah er sich Brüssel, Lüttich, Antwerpen und Maastricht an, ging in deren Museen sowie Kirchen und frequentierte die indonesischen Gaststätten mit ihren Frühlingsrollen und Reistafeln. In den Szenelokalen von Antwerpen hatte er viel Spaß. Er fühlte sich wohl unter den Flamen. Man tanzte, lachte und scherzte. Deutsche waren wohl gelitten. Es gab hier nicht die aus der Besatzungszeit resultierende Ablehnung der Deutschen, wie sie in den Niederlanden, selbst abgeschwächt in der Szene, virulent war. Die flämischen Burschen waren so kernig frisch und unbefangen direkt, daß es eine schiere Freude war, mit ihnen zu sprechen und ins Bett zu springen, wenn letzteres denn hätte sein sollen. Immer wieder kam es vor, daß eine Visitenkarte Peter in die Brusttasche des Jacketts gesteckt wurde: »Ruf mal an, es wäre schön!« Die Augen sagten alles, der Schalk um die Mundwinkel ließ jede Deutung zu. Es war eine frivole Sitte. Diese fröhlichen Abende bei Bier, Tanz und Gesang unter vielen lebenslustigen Burschen hätten nie enden mögen. Die Atmosphäre war in einer anständigen Art geil, in einer witzigen Weise erotisch, daß man sich einfach gut aufgehoben und wohl fühlen mußte. Das Ambiente war bar jener blasierten, lasziven Dumpfheit, wie sie Dekaden später in deutschen Lokalen anzutreffen war.

Die Lust am Autofahren brachte Peter auch an vielen Wochentagen, noch nach der Arbeit am späten Nachmittag und Abend, über die Grenze. Hierbei begleitete ihn meist Uwe, dieser liebenswerte Schlingel. Zufällig, in einem abgedunkelten Kino, kamen sie nebeneinander zu sitzen. Peter war verspätet zum Hauptfilm hereingekommen. Es war ein lustiger Streifen, und es wurde viel gelacht, zuweilen mehr über die eingeworfenen Kommentare des Publikums als über die Gags von der Leinwand. Peter mischte ordentlich mit, hatte viele Lacher auf seiner Seite. Der Junge rechts von ihm amüsierte sich, fand das toll und sprach ihn an. Beim Rausgehen holte er Peter ein und ging neben ihm. Als Peter erwähnte, daß er gerade erst vor drei Tagen nach Aachen gekommen sei, schenkte dieser ihm geradewegs den Stadtplan, den er bei sich hatte. »Hast du 'nen Stadtplan? Wenn du willst, kannst ihn haben.« »Ich danke dir.« Peter war berührt von dieser Geste und lud ihn ebenso spontan zu einem Bier gegenüber ins Bierlokal ein. Uwe war jung, ein nettes, flapsiges, aufgewecktes Bürschlein. Er schäkerte gern, er nannte es ›herumkalbern‹, und hatte einen unverdorbenen, zaghaften Schalk. Uwe zeigte Interesse, daß man sich wiedersehe. Peter gab seine Adresse, und sie trafen sich in der Folge wenige Male zu einem Bier in der Kneipe. Uwe hatte Spaß am Autofahren, besaß aber keinen Führerschein. Er sei 18 Jahre alt, schwindelte er Peter an. Das war ihm wichtig, um Peter bei den Ausflügen durch Belgien, wenn er am Steuer saß, zu beruhigen. Im Belgien damaliger Tage war ein Führerschein nicht obligatorisch. Wer sich zum Fahren eines Autos tauglich fühlte, durfte sich ans Steuer setzen, sofern er über achtzehn Jahre alt war. Das eröffnete Peter die legale Möglichkeit, Uwe auf den leeren Landstraßen Belgiens intensiv Fahrstunden zu geben. Uwe war schnell von Kapee. Seine technische Begabung kam ihm zustatten. Flugs hatte er alle Hebel im Griff und genauso flott kam er ins Rasen. Da gab es manchen Rüffel von Peter.

Uwe kam aus Leverkusen. Hier in Aachen lebte er in einem Lehrlingsheim und unterzog sich irgendeiner technischen Ausbildung. Immer öfter kam er dann zu Peter am Abend aufs Zimmer, bevor er um 22 Uhr zurück im Heim sein mußte.[194] Uwe suchte Anlehnung an Peter, der sich darüber wunderte. Sicherlich, er hatte ihn ernst genommen, wie einen gleichwertigen Erwachsenen behandelt und ihm stets einen beträchtlichen Vorschuß an Vertrauen gegeben. Dergleichen dürfte er vielleicht kaum von seinen Eltern und sicherlich kaum von den Altersgenossen erfahren haben. Da Uwe ihn nie enttäuscht hatte, wuchs die gegenseitige Zuneigung zusehends und führte schließlich zu einer gewissen Vertrautheit und Vertraulichkeit. Uwe wollte sich einschmeicheln, brachte kleine Geschenke mit. Einmal mußte er eine Reise antreten, Peter brachte ihn zum Zug, Uwe fiel ihm um den Hals und gab ihm einen Wangenkuß. Er wollte, daß es viele Leute sehen. Peter war verdattert, aber er genoß es.

Das war der Startschuß zu einer amourösen Verfolgungsjagd, die für beide unbefriedigend und enttäuschend endete. Peter nannte ihn ›mein Nonplusultra‹.[195] Uwe ließ sich das erklären, es schmeichelte ihm. Er hatte dieses Prädikat damals, aus einer schwärmerischen Laune heraus, verdient. War er doch so unglaublich sympathisch, freundlich, anschmiegsam, einfach ein Pfundsjunge, den man liebhaben mußte. Siegbert war ja noch so weit weg. Andererseits war der Titel schon wie ein Omen. Im Wortspiel nur leicht durch ein Komma getrennt (non, plus ultra), schwingt eine Ahnung davon mit, daß Uwe ›nicht‹ (non) zu erreichen sei, weil er immer ›weiter weg‹ (plus ultra) wäre.

Peter hatte unsägliche Angst, daß Uwe seiner Gefühle nicht Herr werden könnte. Schließlich, er war noch so jung, stürzte sich gerade in sein erstes erotisches Abenteuer. Es kam heraus, er hatte noch nie ein Mädchen gehabt, hatte auch noch nie mit einem Jungen zusammen gewichst. Hinzu kam, er war Schüler in einem Lehrlingshaus, und der Heimleiter hatte sich bereits erkundigt, wo er abends so oft hinginge. Uwe hatte wahrheitsgemäß Auskunft gegeben. Also war Peter dort bekannt und hatte bereits, wie sich alsbald herausstellte, schwulen Argwohn erweckt. Peter war hin- und hergerissen. Da schmeichelte sich ein so frischer Bursche an ihn heran, drückte sich statt auf den Sessel gleich auf die Couch neben ihn und suchte absichtlich-unabsichtlich die Berührung mit Ellbogen und Oberschenkel. Es war, also würde Uwe davonrennen in der Hoffnung, von Peter gejagt und eingeholt zu werden. Doch Peter blieb stehen, er verfolgte ihn nicht. Er ließ ihn zappeln, wollte erst ganz sicher sein, daß er diskret war. Uwe hatte noch einen Kumpel in Leverkusen, von dem er erzählte. Wie redselig war er diesem gegenüber? Hatte er ihm vielleicht im Überschwang der Gefühle von Peter erzählt? Wie verschwiegen ist dieser Freund? Alles Fragen, die nicht eindeutig zugunsten Peters Sicherheitsgefühl beantwortet werden konnten. Also, in dubio contra, Finger weg, ›im Zweifel dagegen‹. Es gab ja noch den Paragraphen, der, erschwerend bei Jugendlichen unter einundzwanzig Jahren, die mann-männliche Liebe unter Strafe stellte. Seine ganzen Mühen und Investitionen in die Ausbildung könnten vergeblich werden, seine ganze Zukunftsplanung zusammenbrechen, wenn er von Dritten angezeigt und Uwe, in die Enge getrieben, ihn belasten würde. Sie jagten sich weiter, mal Uwe den Peter, mal umgekehrt. Keiner holte den anderen je ein und teilte das lustvolle Lager mit ihm.

Doch die gemeinsamen Treffen, vielleicht dreimal die Woche, waren für beide unterhaltsam. Im Sommer fuhren sie am späten Nachmittag, nach der Arbeit, noch schnell über die Grenze, sahen sich die nächsten Orte an oder wanderten in den Wäldern des Hohen Venn. Peter mied die Aachener Umgebung, um nicht mit Uwe gesehen zu werden. In die belgischen oder holländischen Szenelokale hatte er ihn nie mitgenommen. Oder sie gingen ins Kino. An den kalten Winterabenden blieben sie auf Peters Zimmer. Eine Rotweinflasche stand immer parat, Kerzen brannten, und vom Tonbandgerät erklang das ›Liebesband‹, von dem schon berichtet wurde. Uwe alberte herum, riß Peter mit, und sie schwangen sich im Takt der Musik, getrennt, dann und wann berührten sie sich. Schließlich passierte es, sie drückten sich aneinander. Es trafen sich die Lippen, und die Zungen spielten miteinander. Uwe legte die Wange an Peters Kopf. Peter spürte, wie Uwe Feuer fing und erotische Flammen schlug, wenn auch schüchtern und verlegen. Peter hatte Angst, heillose Angst, daß Uwe in Brand geraten, nicht Herr seiner selbst werden könnte, falls es zu einem, und zwar zu seinem ersten sexuellen Kontakt kommen sollte. Würde er sich innerlich wieder beruhigt haben, wenn er, schon zwei Stunden später, ins Lehrlingsheim zu den Mitschülern zurückkehrt und dann vielleicht auch dem Heimleiter begegnet?

Peter wußte, wäre er selbst einer der Mitschüler gewesen, er hätte auf Anhieb Uwes gerade erlebtes Sexabenteuer gespürt: Aus Uwes selbstkontrolliertem Auftreten und seinem verschleierten Blick hätte er das so eindeutig gefolgt, als würde Uwe darüber ausführlich berichtet haben. Peter schloß von sich auf andere und unterstellte, daß jeder andere dies auch fühlen müßte. Auch dachte er an seinen eigenen ersten Sex mit einem Jungen. Damals blieb er unbehelligt für zwei, drei Tage, konnte Abstand und wieder klaren Kopf gewinnen. Diese Zeit der Ruhe braucht man nach der ersten Explosion der Gefühle.

Peter mußte stehenbleiben, mußte Uwe weiterlaufen lassen, durfte ihn nicht einholen. Oder war es nicht auch umgekehrt, daß Peter aus Angst vor ihm davonrannte, und Uwe ihn einholen und fassen wollte, aber nicht zu packen bekam.

Es war in Brüssel. Peter hatte Uwe eingeladen, das Wochenende mit ihm dort zu verbringen. Jetzt wollte er ihn vernaschen und fühlte, daß auch Uwe unausgesprochen dieses Erlebnis ersehnte. Sie streiften durch die Stadt, hatten viel gesehen, gut gegessen, dann gingen sie ins Hotel.[196] Peter hatte zwei Einzelzimmer genommen und Wert darauf gelegt, daß die Zimmer getrennt auf ihre Namen eingetragen werden, was sich als kluge Vorsichtsmaßnahme erweisen sollte. Uwe hatte vom Heimleiter die Erlaubnis für die Abwesenheit einholen müssen. So sehr sich Peter die körperliche Nähe und das gemeinsame Nachtlager mit Uwe wünschte, plötzlich verließ ihn der Mut. Er spürte seine Angst, die ihn verklemmte und unsicher machte. Wäre es nicht klüger gewesen, er wäre mit Uwe für mehrere Tage und entfernt von Aachen zusammengetroffen? Dann hätten sie die Hingabe ihrer beider Körper ausgiebig und lustvoll zelebrieren können. Keine Nähe zu der vertrauten Umgebung hätte gestört, und viele Tage gemeinsamer Nähe hätten geholfen, die Gefühle zu ordnen. Sie hätten sich mehrfach des Tags und Nachts verströmt und zu einer Harmonie ihrer beiden Körper gefunden. Peter war erfahren, er hätte Uwe mit allen Ritualen, die ihm gefallen, vertraut gemacht. Er hätte ihn verwöhnt, hätte sich ganz auf ihn eingestellt. Er war nicht festgelegt. Er liebte auch das Vexierspiel, die Lust des anderen zu suchen und zu entdecken. Das wären die idealen äußeren Gegebenheiten gewesen. Aber sie lagen nicht vor. Schade. Wieso eigentlich war er auf diese wahnwitzige Idee eines gemeinsamen Wochenendes in Brüssel gekommen, fragte sich Peter. Es war ein schlecht durchdachter Einfall. Er bereute die Reise. Er wollte nur heil aus dieser Sache herauskommen.

Sie standen auf dem Flur, vor Uwes Zimmertür. Peter umarmte Uwe und wünschte ihm gute Nacht. Sie küßten sich. Uwe wirkte verunsichert und ratlos. Peter übersah es. Er ging zu seinem Zimmer und schloß hinter sich die Tür. Er zog sich aus, ging zu Bett und löschte das Licht. Nach einer Weile klopfte es an der Tür. Peter machte wieder Licht und öffnete. Uwe kam im Schlafanzug herein, sein steifer Schwanz drückte gegen die Hose. Es war qualvoll. Es war so peinigend, daß die Worte fehlen, die Situation hinreichend zu beschreiben. Uwe sagte nichts, stand wortlos da, die Augen verglast, die Lippen aufgeworfen, der Mund geöffnet. Seine hilflose Geilheit sprang aus jeder zaghaften Geste, jeder Gesichtsfalte. »Uwe, bitte, geh wieder in dein Zimmer.« Ich konnte ihm nicht sagen, daß ich ihm nicht vertraute, daß ich Zweifel in seine Diskretion, in seine innere Stärke hätte, ob und wie er sein Sexerlebnis verarbeiten würde. Ich sah plötzlich den Heimleiter vor mir als Schwulenhasser, Uwes Kumpel als eifersüchtigen Berserker. Als wollten beide mich denunzieren, reinlegen, hinter Gefängnismauern bringen. Ich durfte nicht weitergehen mit Uwe. Er stand bedröppelt da, er tat mir so leid, ich hatte ein schlechtes Gewissen. Er war so lieb, so zutraulich. Aber vielleicht eben doch nur ›herumkalbernd‹ geil, wer weiß.

Ich konnte ihn nur ganz lieb an die Hand nehmen, ihn an die Tür begleiten und ihm wieder gute Nacht wünschen. Selbst wenn ich gewollt hätte, es hätte bei mir nicht geklappt. Ich war voller Angst, ich war nicht erregt. Es war, als stürzte ich in Panik davon, Uwe gelang es nicht, mich einzuholen. Hätte Uwe von sich aus seine unbedingte

Zuverlässigkeit angesprochen und bekräftigt, vielleicht wäre Peter schwach geworden. Doch er war total wortlos, was für Peter diese Begegnung nur noch unheimlicher machte.

Am Frühstückstisch sprachen sie nicht mehr über das nächtliche ›Tête-à-tête à Bruxelles‹. Eine strahlende Sonne schenkte sich dem ihr geweihten Tag, sie schlenderten über den *Marché aux puces*, und am Rande des ›Flohmarktes‹ gab es eine gemütliche Kneipe, wo sie zu Mittag aßen. Zuvor hatte Peter Uwe mit zum Gottesdienst genommen, schon damit er dem Heimleiter dies berichten konnte, falls dieser Fragen stellen sollte. So kam es dann auch. Uwe hatte ihm die Rechnung des Einzelzimmers, die auf ihn ausgestellt war, gezeigt, zeigen müssen, um weitergehende inquisitorische Fragen abzuschneiden.

Dann waren Peters Tage in Aachen auch schon vorüber. Uwe, der inzwischen nicht mehr in Aachen war, hat Peter zweimal in Köln besucht. Das erste Mal brachte er seinen Kumpel mit, sie trafen sich in einer Kneipe. Doch Peter gefiel Uwes Freund nicht. Mißtrauen kam hoch. Könnte Peter in eine der plumpen Erpressungsfallen tappen, wie sie gang und gäbe waren? Uwe konnte er vertrauen. Aber seinem Freund? Schon wieder eine Verunsicherung. Peter bedauerte, daß Uwe ihn mitgebracht hatte. Warum? Oder wollte Uwe einen neuen Anlauf zu einem Sexerlebnis mit Peter machen, in Beteiligung seines Kumpels? Das zweite Mal kam Uwe spät abends auf Peters Zimmer. Hoffte er, über Nacht zu bleiben? Sie unterhielten sich ausgiebig, das Thema Sex wurde nicht berührt. Jetzt kam raus, daß Uwe gerade volljährig, also achtzehn Jahre alt geworden war, was er zu Peters ›Beruhigung‹ zu erwähnen schien. Daß er sich vor vielen Monaten noch zwei Jahre älter gemacht hatte, überging er, als sei es nie passiert. Plötzlich, völlig unmotiviert, verkündete er, daß er sich neue Slips gekauft hätte, die ganz vorzüglich passen und aussehen würden. Schon hatte er die Hose geöffnet und runtergezogen und zeigte seine enganliegenden Jeansslips, die wirklich gut anzusehen waren, mit seinem Paket drin. Ach, der Uwe. Hätte er doch die Sache etwas geschickter eingeleitet, mit oder ohne Worte eine erotische Stimmung aufgebaut, Peter wäre darauf eingegangen. Er hätte das Paket auf seinen Wert abgetastet, was Uwe doch erhoffte. Hätte er doch, von sich aus, über seinen Kumpel distanziert gesprochen, alles wäre anders gelaufen. Wie gern hätte Peter sein non plus ultra vernascht, einmal und mehrmals, öfter und regelmäßig. Sie hatten sich so oft gegenseitig verfolgt. Aber nie eingeholt. Wo mag Uwe heute sein? Wie mag er die Geschichte erlebt haben?

*

Das Schicksal lacht

Die Mitreisenden im Flugzeug, fast alle Malaien, hatten die ergreifende Verabschiedung mit angesehen. Sie konnten sich keinen Reim darauf machen: dieser exotische blonde Europäer und ein gleichaltriger Balinese hatten einander in den Armen gelegen und kamen nicht voneinander los. Fast hatten sie geheult. Ihre Unterkiefer zitterten im Kampf gegen die Tränen. Dann hielten sie sich fest an den Händen. Unverkennbar der Vater des jungen Balinesen, er stand daneben und Glück strahlte über sein Gesicht. Was war da abgelaufen? Sie wollten das Rätsel diskret lösen, konnten aber nicht anders, als indiskret diesen Fremden zu beäugen, während sie einen Vorwand suchten, im Gang an ihm vorbeizuschlendern. Ein Mann faßte Mut, sprach ihn an, wollte das Woher und Wohin herausbekommen. Peter lenkte mit der Schönheit Balis ab, die er rühmte, wie er die Liebenswürdigkeit seiner Menschen pries, er wolle wiederkommen und länger bleiben. Der Frager wollte mehr erfahren. Er schien mit der Ausbeute nicht zufrieden, zeigte dies aber kaum.

Da landete die Propellermaschine in Surabaya auf Java, unplanmäßig. Schuld daran waren die Reparaturarbeiten an der Startbahn in Denpasar auf Bali gewesen. Der Flieger konnte wegen der verkürzten Piste nicht genug Sprit tanken, so war die Zwischenlandung unumgänglich. Langwieriges Hantieren am Motor kam hinzu, und Peters Anschluß in Djakarta war vertan. Die Fahrt über Land, achthundert Kilometer bis in die Hauptstadt, hätte auch nichts gebracht.

Chong tat ihm leid, die vereinbarte Rückkehr nach Kuala Lumpur hatte sich ohnehin schon um Tage verzögert. Peter hatte ein miserables Gewissen. Er hatte sich bei Bodur ›verlegen‹, und solche Verzögerungen wie jetzt kamen hinzu. Die weiteren erzwungenen Tage in Djakarta vertrieb er sich mit ausgiebigen Besichtigungen, unter anderem des Botanischen Gartens in Bogor. Über zwanzigtausend Pflanzen des malaiischen Archipels rühmen den tropischen Reichtum der Region. Eine andere vom Reisebüro organisierte Tour führte zu einer Höhle, wo um fünf Uhr nachmittags Tausende Fledermäuse in einem schier endlosen Schwarm zur nächtlichen Futtersuche aufbrechen. Das lautlose Spektakel war gespenstisch.

Endlich war es soweit. Peter saß im Flugzeug nach Kuala Lumpur. Seine Freude war grenzenlos, Chong wiedersehen zu dürfen. Ob er neben seinen Verpflichtungen im Reisebüro wieder Zeit finden wird für ihn, nicht nur des Nachts, sondern auch für Ausflüge, Gespräche und Essen? Peter wünschte es, wenn er auch wußte, er würde nicht zu lange in KL verweilen dürfen. Trotz aller Liebestrophäen, die er vielerorts angeboten bekam, er mußte an die Weiterfahrt denken. Er wollte nicht noch mehr Reiseziele der Schlußetappe streichen müssen, weil er sich an anderen Orten zu lange aufgehalten hätte.

Gleich nach der Ankunft rief Peter bei Chong im Büro an. Eine Sekretärin teilte ihm mit, daß Chong gerade gestern eine Reise angetreten habe, er aber ein Schreiben für ihn hinterlassen habe. Peter war geschockt. Damit hatte er nicht gerechnet. Er fuhr hin. Der Vater empfing und beruhigte ihn. Ein Problem mit einer Reisegesellschaft, die sich gerade in den Philippinen aufhalte, habe Chong zu regeln. Leider werde er nicht vor einer Woche zurückkehren. Der Vater war reserviert höflich, er lud Peter zu einem Getränk ein. Sicherlich ahnte er, was zwischen seinem Sohn und dem Besucher gelaufen war. Peter hätte es gern im Gesichtsausdruck festgestellt. Aber wie soll man aus der Mimik eines Chinesen etwas herauslesen? Gibt es bei ihnen überhaupt ein Spiel der Minen? Peter dachte an Chongs Vertraulichkeit über seinen Vater, wie er ihn heimlich mit einem malaiischen jungen

Mann ein Hotelzimmer aufsuchen sah. Wenn der Vater wüßte, was Peter über ihn weiß! Der Vater händigte den Brief aus und stellte Peter frei, ihn gleich zu lesen. Das Schreiben lautete:

»KL, den …

Lieber Peter, leider muß ich unaufschiebbar dienstlich verreisen. Ich hoffe, Bali hat dir gefallen. Ich hätte so gern deinen Reisebericht gehört. Vielleicht bist du bei meiner Rückkehr am … noch hier. Sonst bis zum Wiedersehen hier oder in Europa.

Beste Grüße, Chong«

Peter kannte ihn zu gut, um zu wissen, daß die Kargheit seiner Zeilen wohlüberlegte Rücksichtnahme war. Zudem war der Briefumschlag unverschlossen geblieben, als höflicher Akt seinem Vater gegenüber.

Die Stadt war erfüllt von Chong, Peter glaubte den frischen Geruch seines Körpers in den Straßen aufzufangen. Er tröstete sich, ziemlich hilflos, indem er am Hotel vorbeiging, wo er mit ihm zwei wilde Nächte verliebt hatte. Er stand vor dem Restaurant, in dem sie nach einem Landausflug in rauchgeschwängerter Luft gegessen hatten. Er war so sentimental und fuhr nochmals zum Bukit Nanas hinauf. Dort streifte er durch die ruinöse Turmanlage und vergegenwärtigte sich den allerersten Blickkontakt mit seinem chinesischen Freund. Chongs Gegenwart schien zum Greifen nahe. Er erinnerte sich an seinen makellosen Alabasterleib, an ihren vitalen Sex, an Chongs Lehrstücke und ihrer beider Dauerorgie. »Wo bist du, Chong, mein älterer Bruder?« schrie es in ihm. Peter war niedergeschlagen. Er wollte ihm von Bodur erzählen, diesem prächtigen Menschen, Freund und Liebhaber. Chong hatte ihm geraten, sich an Bodur heranzupirschen. Das Resultat dieses Ratschlags wollte er ihm ausführlich schildern, und dabei nicht vergessen, von ihrer Liebeserfüllung zu schwärmen, soweit dies ohne Verletzung seiner und Bodurs Scham schicklich war. Er wußte, wie sich Chong dafür interessiert hätte, und dabei verschmitzt und wohlwollend gelächelt hätte. Er wollte Chong einen Stups geben, seine beruflich begründete Reserve gegenüber

Bodur aufzugeben. Vielleicht könnten sie ein Liebespaar werden. Er, Peter, würde nämlich nach den Gesprächen mit Bodurs Vater nicht glauben, daß ihre beiderseitigen Geschäftsinteressen darunter leiden müßten. Dieses und vieles mehr hätte er gern Chong in vertrauter Zweisamkeit erzählt, unterbrochen nur von der Liebe, die sie sich schenken würden, zu wiederholten Malen. Sie würden sich neue Knutschflecken einbrennen. Pläne für weitere Treffen hätten sie schmieden und die Aussichten für eine gemeinsame Zukunft erörtern können. Chong hatte es angedeutet. An Impetus und Mut hatte es Peter nicht gemangelt. Er war verrückt nach ihm. Jetzt endlich hätte Peter auch einige Fotos von Chong erbitten können, was er schon im Falle von Bodur vergessen hatte. Das alles konnte er jetzt nicht mehr... Es mußte aufgeschoben werden. Er wurde traurig.

Abends suchte er in der Chinatown nach dem Händler der beiden Wunderpulver. Er fand ihn, doch leider sprach dieser kein einziges Wort Englisch. Alle Versuche der Zeichensprache schlugen fehl. Einen steifen Schwanz hätte er andeuten können, wenn nicht zig Müßiggänger den Stand umlagerten, um den Ausgang des stockenden Palavers zwischen dem exotischen Fremden und dem Kräuterdoktor abzuwarten. Wie stellt man in der Gebärdensprache ein verlängertes Wachbleiben trotz nächtlicher Müdigkeit dar? Wie teilt man gestenreich mit, daß man vor einigen Tagen in Begleitung einer seiner Landsleute hier war, und dieser zwei wunderbare Stimulanzien erstanden hatte? Unmöglich. Hätte er wagen sollen, einen englischkundigen Malaien aus dem Menschenknäuel um Übersetzungshilfe zu bitten? So dreist war er nicht. Unverrichteter Einkäufe trollte er sich. Statt der Pulver für erhoffte Lust bekam er jetzt nur mächt'gen Frust.

Peter war wieder im YMCA, schon aus Gründen der Tradition. Bedrückt versuchte er einzuschlafen. Er hatte sich eine andere Nacht ersehnt. Er stellte sich Chong vor, wie er mit seiner Reisegruppe beim Abendessen saß. Darüber versank er in Schlaf.

Vor dem Weiterflug schrieb Peter einige Worte an Chong:

»Lieber Chong, wie sehr bedauere ich, dich nicht anzutreffen. Aber wir sehen uns in Europa, nicht wahr? Bis bald, mit besten Grüßen, Peter.«

Bei aller sexuellen Freiheit Asiens, die Grenze zur Öffentlichkeit durfte nicht überschritten werden. Wie gern hätte er seine Gefühle für ihn dem Papier anvertraut, aber es ging nicht. Er brachte das Schreiben in ebenfalls offenem Umschlag zum Büro und reiste wehmütig weiter, aber mit der Gewißheit, daß sie bald wieder einander in den Armen liegen werden, daß sie bald entscheiden, eine bleibende Freundschaft aufzubauen. Chong hatte diesen Wunsch angedeutet.

Peter stoppte in Rangoon, wofür ihm nur ein Zweitagevisum zur Verfügung stand. Maurice tröstete ihn über die Kürze des Aufenthalts hinweg. Als Peter in der Nähe des Strand-Hotels durch den Park schlenderte, holte Maurice ihn ein und verwickelte ihn, neugierig und liebenswert, in ein Gespräch. Er trug den landesüblichen hautengen Sarong. Sie unterhielten sich über Peters Weltreise. Mit seinem kleinen Finger suchte er, vorsichtig und zielstrebig, Peters kleinen Finger, hakte ihn ein und ließ Peter so nicht mehr los. Sie durchquerten langsam die wenigen Wege der dürftigen Grünanlage. Andere birmesische Jungen und Männer schritten in gleicher Weise nebeneinander her, die kleinen Finger miteinander verhakt. Es war die übliche Art des gemeinsamen Spazierens, wenn man sich gut zu verstehen schien. Es hatte keine erotische Bedeutung, das war offensichtlich. Maurice und Peter entdeckten den harmonischen Gleichklang ihrer beider Empfindungen. Das ging so erklärungslos, das verlief so selbstredend. Maurice wollte unbedingt auf Peters Hotelzimmer. Warum diese herzliche Bitte abschlagen? Am Morgen der Abfahrt kam er zum Hotel, sie verabschiedeten sich, und Maurice schenkte Peter sein Foto, er in langer Hose, seiner ersten und bisher einzigen, wie er stolz erwähnte. Auch mit seinem selbst gewählten weiteren Vornamen ›Maurice‹ suchte er die westliche Annäherung. Seinen richtigen Vornamen hat Peter nie erfragt. Der Zubringerbus zum Flughafen setzte sich in Bewegung. Maurice weinte herzerweichend, er schüttelte sich und schlug die Hände vor die Augen. Peter sah es durch das Fenster und war bestürzt. Das hatte er nicht erwartet. Sie schrieben sich noch eine Weile. Warum hat Peter ihn nie wiedergesehen?

Seine Rückreise ging über Kalkutta, welch eine schreckliche Stadt. Schon der Stewart der britischen Fluglinie hatte ihn gewarnt: »You really want to go to this most rotten place in the world?« ›Ob es wirklich die verkommenste Stadt der Welt sei‹, konnte Peter nicht beurteilen. Er wollte diese Schmähung nicht hinnehmen, aber er war entsetzt. Er wollte etwas von der Misere in der Sheldai-Station auf den Film bannen. Familien kampierten in der offenen Wartehalle und auf den Bahnsteigen, nicht weil ein Zug ausgefallen wäre. Sie hatten Wohnlöcher und Feuerstellen in den Boden gegraben, weil sie dort eine Bleibe wohl auf Dauer einrichten wollten. Man mußte sich den Weg zum Fahrkartenschalter und den Bahnsteigen über die ruhenden und schlafenden Eltern, Kinder und Greise, vorbei an qualmenden Bratrosten ertapsen. Wollten so die Wohnungslosen die Hilfe von der Regierung ertrotzen, oder war es nicht eher verzweifelte Apathie, weil ihnen sowieso nicht geholfen wurde? Peters kleine Minox-Kamera, in der Handfläche verborgen, fiel trotz der Heimlichkeit auf, Polizei war gerufen, er zur Wache gebracht, die Kamera beinahe beschlagnahmt. Vom deutschen Konsulat erschien die herbeigeflehte Hilfe in Gestalt eines indischen Angestellten. Nach langen Stunden und noch längerem Palaver kam er endlich frei und war auch befreit von Illusionen. Diese geballte Ladung von Schweiß und Dreck, von Menschen und Kühen war nichts für ihn, sollten sich andere darin wohlfühlen, was sie hoffentlich tun.

Als Peter in Bonn eintraf, lag bereits ein Brief von Chong vor: »My beloved blondíe, how did you arrive back at home? What else did you see?« Er schilderte seinen Noteinsatz in Manila und pries den Zauber der philippinischen Inselwelt. Fürs nächste Jahr kündigte er seinen Aufenthalt in London an. Und welch eine Freude, er lud zu einer gemeinsamen Rundreise durch England ein, »thus we will have loads of hours together, my blondíe«.[197] Er kündigte noch an, daß er in Kürze nach Bali fahren müsse, und wünschte, Peters Eindrücke von Bodurs Familie zu erfahren. Chong hatte den Brief nur mit Krakeln unterschrieben und auch der Vorname war nicht klar erkennbar. So blieb für den Fremden unklar, ob der Absender männlich oder weiblich war, eine Vorsichtsmaßnahme zugunsten von Peter.

Dieser antwortete Chong in einem langen Schreiben. Er dankte ihm herzlich und überschwenglich für seine großzügigen Gesten. Er schilderte seine Impressionen von Bali und meinte, daß er sich mit Bodur sehr gut verstanden hätte. Er schwärmte von Asiens Schönheit und Freiheit, und schloß seine Verbitterung über Enge und Spießbürgerlichkeit in Europa an. Er war in den Formulierungen zurückhaltend. Er war nicht überzeugt, daß der Brief ausschließlich in Chongs Hände gelangen würde. Er empfahl ihm: »Tausche dich mal mit dem kultivierten Bodur aus.« Peter hatte keinen Zweifel, daß Chong zwischen den Zeilen lesen konnte.

An Bodur schickte Peter ebenfalls einen Brief. Er zeichnete ihre gemeinsamen Stunden im Bungalow am Kuta-Strand nach, dankte ihm für alle Zuwendungen und lud ihn nach Deutschland ein. Natürlich schloß er herzliche Grüße an den Vater an.

Wenige Wochen später traf eine Karte von Chong ein, die in Bali aufgegeben war. Unterschrieben war sie zusätzlich von Bodur und dessen Vater. Sie grüßten von einer Fahrt zum Reichstempel Besakih und von Chongs Premiere in einem Sarong. Es hieß noch, daß Chong und Bodur bald eine Reise auf die Philippinen antreten werden, um die Eröffnung eines Büros zu prüfen. Peter war überrascht, daß der Vater seinem Sohn schon soweit beruflich freie Hand ließ.

Peter war im Studium fest eingespannt. Er hatte nicht sogleich an Chong geschrieben. Seine Weltreise lag schon wieder weit zurück, aber an seine beiden großen Lieben dachte er ständig. Sie fehlten ihm. Da traf ein Brief aus Manila ein, geschrieben auf dem Papier eines Hotels, wie solche Schreibutensilien in besseren Häusern ausliegen. Der Brief sah aus wie ein hyperkalligraphisches Kunstwerk. Peter mußte schmunzeln. Er überblickte, was Sache war, und freute sich darüber. In schwankenden Linien, mal kreuz, mal gerade, mal quer, mal auf dem Kopf stehend hatten Chong und Bodur leichtfüßige Zeilen hingefetzt. Am Schreibduktus erkannte er sie beide:

»Geliebter Peter - - du fehlst in dieser herrlichen Umgebung - - Tanah Lot ist nie vergessen - - wir träumen - - unser blonder Schwarm - - von dir - - dein Sarong sehnt sich nach dir, mehr noch sein früherer Besitzer - - O ei ní - - Wow! - - die Sonne taucht im Westen hinunter - - Suchanzeige: wo ist Blondíe - - B + C erwarten dich - - Bukit Nanas liegt nur in KL - - und Peter kommt vom Westen herauf - - Yin and Yang like Bodur and he likes YY - - setz dich auf einen Lichtstrahl, sei hier - - bis drauf und drunter in London - - «

Weitere erotische, persönliche Freizügigkeiten mögen unerwähnt bleiben. Sie sollen ein einziges Mal dem Papier anvertraut sein, dem Originalbrief. Peter ahnte, welche Laune und Lust solche Zeilen gebären. Chong und Bodur schwelgten, so nachlesbar, während einer Sextour in höheren Regionen. Daß sie dabei an ihn dachten, tat ihm gut und hob das schwule Selbstvertrauen.

Peter war froh, daß sich die beiden gefunden hatten. Er wußte nicht, wem er den Vorzug geben sollte, Chong, seinem älteren Bruder, oder Bodur, dem verträumten, reinen Naturkind. Chong hatte eine faszinierende Persönlichkeit, zu der er als Leitbild aufschauen durfte und wollte. Wie er die Dinge beurteilte und anpackte, wie er jeden Sachverhalt kritisch von vielen Seiten beleuchtete und dann entscheidungsfreudig zu einem knappen Urteil kam, das alles hatte imponiert. Hinzu kam seine Ernsthaftigkeit und seelische Tiefe, er spielte nicht mit den Menschen. Aber er spielte das Leben, und er spielte sich selbst. Immer war er auf dem Sprung zu einem neuen Einfall, stets hatte er einen Witz auf Lager. Sein lächelnder Charme rundete seine Persönlichkeit ab. Zudem war er Peter ein versierter und verspielter Liebhaber, der keine Tabus kannte, schonungslos, aber rücksichtsvoll. Peter war verknallt in Chong. Er wollte ihn nicht verlieren, im Gegenteil, er wollte ihm näher und näher kommen. Ob er für ihn auch nach Kuala Lumpur gezogen wäre? Sicherlich.

Während Chong gegenüber Peter eine Führungsposition innehatte, war es mit Bodur gerade umgekehrt. Für ihn war Peter das erfahrene Vorbild, zu dem er seinerseits aufsah und dem er sich vorbehaltlos anschmiegte. Das schmeichelte Peter und stachelte sein Verantwortungsbewußtsein an. Er war Bodurs erster Sexpartner überhaupt. Das kann, wenn es eine geglückte und erfüllte Erfahrung war, zeitlebens nachwirken. Peter wünschte sich so sehr eine Wiederholung, und ebenso freute er sich, daß Chong den Weg zu Bodur gefunden hatte.

Er wünschte beiden Glück. Er war überzeugt, daß seine Beziehung zu jedem von ihnen nicht leiden würde. Das orgastische Schreiben schien es zu beweisen. Peter war von der asiatischen Einstellung zur Sexualität, wie er sie erfahren hatte, begeistert. Noch nie hatte er eine solche Souveränität der Körper miterleben dürfen. Im Vergleich dazu empfand er die vom Christentum geprägte Leibfeindlichkeit unwürdig und menschenverachtend, jämmerlich und erbärmlich. Asien ist in seiner alten und langen Geschichte mit seiner sexuellen Großzügigkeit gut gefahren. Peter glaubte, in Chong und Bodur Freunde fürs Leben gefunden zu haben.

Peter setzte sich sofort hin und sandte jedem eine Postkarte mit der Ansicht der Bonner Universität, fotografiert vom Hofgarten aus. Er steckte sie in einen Umschlag, um mehr Text unterzubringen:

»Bonn, … My beloved …

I have tried to jump on a light beam to be with both of you. Next time, I will try harder – on. I will never forget our days together. When we'll join once again? Please, don't forget to send me your photos!

For ever, Yours Bl.«[198]

Zwei Wochen später fuhr ein Blitz auf Peter nieder. Er hielt einen Brief von Chongs Vater in den Händen. Es war eine Todesanzeige, abgefaßt auf unbekannt fremdländische Weise, in malaiischer und chinesischer Sprache. Ihn packte Grauen, er hetzte über den malaiischen Text, las Chongs Namen, das Entsetzen griff nach ihm, er fand ein drei Wochen altes Datum und eine Ortsangabe mit dem Zusatz ›Philippinen‹. Ein paar handschriftliche Zeilen, wahrscheinlich von einer Sekretärin, waren angefügt. Der Vater hatte sie unterschrieben: »Mister Chong Y. T. ist zusammen mit Mister Wayan B. aus Bali bei einem Bootsunfall in der Bucht von Manila umgekommen. Nur die Leiche von Mr. Chong konnte geborgen werden. Sie ist in KL bestattet.« Dem Brief lag Peters Ansichtskarte bei, die er gerade erst an Chong geschickt hatte.

Peter stürzte sich aufs Bett und heulte sich im Kopfkissen aus. Es wollte kein Ende nehmen. Wieder und wieder las er die Anzeige durch, er konnte es nicht fassen. Das Entsetzen schnürte ihm den Hals zu. Er fühlte sich beraubt, enteignet. Chong und Bodur waren ihm Sinnbild eines neuen Lebensentwurfs geworden. Mit ihnen hatte er seine sexuelle Befreiung erlebt. Er fühlte sich verurteilt, gedemütigt. Nie zuvor hatte er eine solch tiefe erotische Begegnung erlebt, die das Sexuelle weit überragte, die zum Kern der Persönlichkeit vorzustoßen trachtete. Eine Katastrophe war über ihn hereingebrochen. Er zitterte am ganzen Körper. Eine Brücke in die Zukunft war eingestürzt, eine Lebensperspektive vernichtet. Er kam von den Zeilen nicht los, die wie Todesboten mit kalten, unheimlichen Fingerkrallen nach ihm griffen. Er sah die Todesengel nicht. Aber er glaubte ihr Lachen in der Ferne zu hören, während sie am Rad des Schicksals drehten. So geht das Leben …

Er ging für drei Tage nicht mehr auf die Straße, vernachlässigte alle Termine an der Uni und beim Repetitor. Er fand keine Kraft, seinen Schmerz zu kontrollieren. Selbst Wochen danach, schriftliche Arbeiten mißlangen und eine mündliche Prüfung wurde zum Fiasko. Sein Schmerz war unermeßlich. Der Verlust von Chong und Bodur hat ihm eine tiefe Wunde geschlagen. Sie wollte sich nicht schließen.

Er reiste im nächsten Jahr noch einmal nach Fernost in der vagen Hoffnung, an sein vergangenes Glück in den beiden Orten anschließen zu können. Was suchte er? Was wollte er in Kuala Lumpur und am Strand von Bali? Welcher vergeblichen Hoffnung flog er hinterher? Je weiter ihn das Flugzeug trug, und je näher es ihn zu den Orten geraubter Lebenserfüllung brachte, um so heftiger nagte der Zweifel an seinem Vorhaben. Chong und Bodur sind doch tot, nie mehr wird er sie wiedersehen, kein weiteres Mal Wörter und Körper mit ihnen tauschen dürfen. Wie verloren wird er sich am Grab von Chong erleben, und an Bodurs letzter Ruhestätte wird er nicht einmal verweilen dürfen!

In Neu-Delhi unterbrach er, wie geplant, die Hinreise für zwei Tage, er wollte Indien wenigstens durch seine Hauptstadt in besserer Erinnerung behalten. Doch dort packte ihn der Zweifel am Sinn seiner Wallfahrt erst richtig. Die ersten Stunden in dieser plötzlich neuen und alten Fremde offenbarten ihm die Sinnlosigkeit seiner Suche nach dem verlorenen Glück. Sein Entschluß stand fest, er wird umkehren. Er will die beiden geheiligten Orte nicht mehr betreten, fürs erste jedenfalls nicht. Er will sie nicht entweihen. Es könnte sich ereignen, daß ein anderer Chong oder Bodur sich an ihn heranmacht. Er würde den Zwiespalt von Trauer und Begierde nicht aushalten. Er fühlte, er würde daran zerbrechen, bleibenden Schaden nehmen. Er durfte sich den Orten seiner erstmalig erfüllten Liebe nicht nähern. Es wäre kein Verzicht, sondern Gewinn, für die Liebe. Aber sein Verlangen dürstete nach Umarmungen, er wollte Chong küssen und besitzen, er wollte Bodur genießen und verwöhnen, er wollte... und er suchte... und er wollte... Es ging nicht, es war aussichtslos, er durfte nicht mehr zurück an ›seine‹ Orte, es hätte ihn seelisch gemordet, er fühlte es.

Er plante die Rückreise neu. Er wollte und mußte sich im Gedanken und im Gedenken an seine beiden verlorenen Liebhaber in neue Abenteuer stürzen. Das war eindeutig, unaufschiebbar und zwingend. In neuen fremden Ländern erhoffte er eine Wiederholung seines Liebesglücks. Nur so würde er seinen Schmerz besiegen können, glaubte er.

Seine Kehrtwendung verlief über Teheran, Beirut und Kairo, diese unvergleichlichen Juwelen im Vorderen Orient, jedenfalls zu damaliger Zeit. Wer besingt den Reiz dieser untergegangenen Städte der Anmut und der Schönheit, mit ihrem Charme und Flair, mit ihrer Liberalität und Lebenskraft? Durch Politik und Überbevölkerung sind sie inzwischen ruiniert. Welch eine Heiterkeit strahlte das liebenswerte Teheran mit gerade mal zwei Millionen Einwohnern aus! Seine Hotels mit den dienstbaren Boys, so aufmerksam wie anschmiegsam, bleiben unvergeßlich. In Beirut hätte er eine Zweitwohnung besitzen, sogar leben wollen, so begehrenswert war das Land. Vom damaligen Libanon konnte man nur schwärmen. Das sehenswerte Kairo war noch ganz gemütlicher, schlaftrunkener Orient. In jedem der Orte hängte sich ein Bursche an Peter. Das wären drei andere, quirlige und innige Geschichten: Es waren der feinsinnige Huschang in Teheran, im Libanon der phantasievolle Majd und der schwärmerische Ali in Kairo. Aber sie alle drei reichten an Chong nicht heran, den kraftvoll weichen Chong, und an Bodur, den verträumt sinnlichen Bodur. War er enttäuscht? Mehr als das. Es waren zwar drei prächtige Kerle, mit denen er sich während der jeweils acht Tage blendend verstand. Sie waren nicht auf das ›eine‹ fixiert, sondern Peter erlebte sie mit ihrer ganzen Persönlichkeit im Austausch der Worte und Gefühle. Aber auf das ›eine‹ starrten sie doch zu levantinisch, durch die Macho-Brille ihres Männlichkeitswahns. Peter hatte seit Chong und Bodur nichts mehr ›erlebt‹. Das jetzt war ein Schock. Er mußte ihnen erst einiges vom wechselseitigen Spiel der sexuellen Erfüllung beibringen, was nur zur Hälfte gelang. So reiste er zurück nach Deutschland, ernüchtert und bekümmert: Wie soll es weitergehen? Er ging ›auf Suche‹.

Schmerzhafter noch als zuvor spürte er den doppelten Verlust von Chong und Bodur. Die Wunde klaffte offen und blutete mehr denn je, sie wollte nicht verkrusten, für Jahre. Durch den Verband jeder neuen mißglückten Liebschaft sickerte weiterhin das frische Blut von Chong und Bodur. Die Wunde schloß sich endgültig erst mit Siegbert. Dazwischen lag eine Zeit ruhelosen Vagabundierens auf der Suche nach dem verlorenen Freund, auf der Suche nach dem Glück.

*

Stummer Schrei
1978
80 x 100 cm, Öl auf Leinwand

Das Bild gehört zu den zahlreichen ›Umwelt-Bildern‹ des Künstlers und ist wohl
sein markantestes.

Ein Fisch dreht und windet sich auf dem Boden eines ausgetrockneten Sees. Sein
Lebensraum ist ihm genommen. Er will Leid und Qual aus sich herausschreien. Aber
ihm sind keine Stimmbänder gegeben. So bleibt sein Schrei stumm.

Siegbert Hahn thematisierte die Vergiftung der Umwelt durch Abgase und chemi-
sche Belastung, insbesondere das Waldsterben. Die Bilder ›Der klagende Vogel‹,
›Sterbender Baum‹ und ›Baumgruppe‹ gehören unter anderen hierhin.

Seit alters her wird die Schönheit der Natur vor allem in der Pracht der Blüten
erblickt und daher auch im Blumenschmuck gewürdigt. Wenn aber ein Käfer, der
anthropomorph für den Menschen steht, Blüten reißt und mit ihnen davonstürzt,
so können kaum treffender Gewalt und Zerstörung veranschaulicht werden, die wir
Menschen der Natur antun. Siegbert Hahn hat etliche solcher ›Blüten-Raub‹-Bilder
geschaffen.

Die ersten Umwelt-Bilder entstanden in den 60er Jahren, als für diese Problematik
in der Allgemeinheit überhaupt noch keine Sensibilität bestand. Sie stießen in den
damaligen Ausstellungen auf Unverständnis, erregten sogar Ärgernis. Das war die
Zeit, als Zukunftseuphoriker wie Herman Kahn die ›machbare Zukunft‹ proklamier-
ten und die futuristischen Glücksutopien zu dogmatischen Glaubensbekenntnissen
wurden.

Warum ...

1995
70 x 50 cm, Öl auf Leinwand

›Warum ...‹ etwas ist; warum etwas so ist, wie es ist — die uralten Fragen des Menschen an die Welt und an sich selbst.

Siegbert Hahn möchte das ›geheimnisvolle Spiel der Natur‹, in das der Mensch zwischen Geburt und Tod gespannt ist, in seinen Bildern durchscheinen lassen. Mit seiner Naturmystik will er innewerden des Geheimnisses der menschlichen Existenz und des Rätsels des Lebens. Seine Bilder wollen zu einer Liebeserklärung werden an die Schöpfung, an ihre Schönheit und ihr Geheimnis. Um diese ›Natura mystica‹ bemüht er sich.

Seine Bilder wollen ahnen lassen, daß dem menschlichen Leben ein Mysterium zugrunde liegt. Die Bilder wollen durchscheinen lassen, daß hinter unserer sichtbaren Welt eine unsichtbare Wirklichkeit wirkt, daß der Mensch Anteil hat an diesen beiden Welten. Man kann vielleicht sogar sagen, daß seine Bildwelt — im entfernteren Sinn — auf eine religiöse Aussage hinzielt, ohne allerdings Symbole des Glaubens zu verwenden. Seine Darstellungen erscheinen wie Urbilder einer übergeschichtlichen Wirklichkeit. So werden sie zu Sinnbildern und vermitteln zeitlose Aussagen.

Die Symbolsprache seiner Bilder verlangt Öffnung und Zuwendung.

606

Verrinnende Zeit
1995
70 x 50 cm, Öl auf Leinwand

Die heutigen Kosmologen glauben, daß die Zeit erst mit dem Urknall entstanden sei. Demnach gab es zuvor, und gibt es wahrscheinlich auch ›weiter-hin‹, jenseits der Zeit zeitlose Zustände. Also ist Zeit begrenzt. Also kann Zeit sich auch erschöpfen.

Wie aus einer Sanduhr fallen die Jahrhunderte, Jahrtausende und Jahrmillionen auf einen Haufen gelebter Zeit, vergangener Kosmosgeschichte. Das allerwenigste davon hat der Mensch wahrgenommen, denn es gab ihn noch nicht.

Auch individuell könnte das Bild erfahrbar werden: Jedem ist eine eigene Sanduhr zugeordnet, mehr oder weniger gefüllt. Keiner ist bei der Zumessung gefragt worden. Keiner kann das Verrieseln seiner Lebenszeit stoppen. Die individuelle Sanduhr entleert sich unaufhörlich.

›Die Zeit‹ ist eines der aufregendsten Phänomene des Lebens. Sie ist körper- und formlos, aber unüberwindlich; meßbar, aber mit unseren Organen nicht spürbar; und vor allem unumkehrbar. Jenseits der Zeit waltet kein Gestern, Heute und Morgen.

Diese Rätselhaftigkeit hat Siegbert Hahn in seinen ›Zeit-Bildern‹ einzufangen versucht.

Begegnung
1983
30 x 24 cm, Öl auf Leinwand

Welch eine verwegene Behauptung stellt dieses Bild dar: Himmel und Erde berühren sich! Sie streben aufeinander zu. Sie treffen sich, sie küssen sich.

Das Jenseits neigt sich dem Diesseits zu, wie sich das Diesseits dem Jenseits ent-
gegenreckt. Jede Seite bringt der anderen etwas entgegen: Die Suche nach zärt-
licher Berührung. Und das auf halbem Wege zueinander. Keine Seite zieht sich zurück oder eilt der anderen vollends entgegen. Weder Distanzierung ist gewollt,
noch Anbiederung beabsichtigt. Sondern jede Seite macht sich selbst auf den Weg
und will der anderen begegnen.

Auch Gott und Mensch könnten gemeint sein. Sie suchen und finden sich, und zwar
in der Mitte des Weges. Die Gnade wartet auf das Entgegen-Kommen des Empfan-
genden, und der Mensch darf das Entgegen-Kommen Gottes erwarten. Die Übernatur neigt sich zur Natur hinab. Und die Natur ihrerseits hat Sehnsucht und Kraft,
sich der Übernatur zuzuwenden.

Beide Vögel tragen dasselbe Federkleid: die warme Ockerfarbe der Liebe.

Es folgen die Jahre ...

Den ersten Jahrestag ihres Kennenlernens feierten sie mit einem Essen in einem asiatischen Restaurant.[199] Siegbert hatte die chinesische Küche auf seiner Reise durchs Reich der Mitte schätzengelernt. Leider reichten die Kölner Künste, voller Zugeständnisse an den europäischen Geschmack, bei weitem nicht an die Genüsse seiner Fernostreise heran. Doch die Mie-Suppe, als Hauptgericht mit saftigen Gemüse- und Fleischstücken angereichert, ließ keine Wünsche offen und lockte sie noch oft dorthin. Die sattgelben und bißfesten Nudeln aus China, leider nie in den Geschäften zum Kauf angeboten, verloren auch nach längerem Kochen nicht die Konsistenz.

Im Jahr darauf, 1968, wiederholten sie die Begebenheiten des Originaltages. Denn sie fühlten, daß sie mit der Wiederbelebung jenes Tages den Lauf ihrer beider Leben für einen Augenblick würden anhalten können. Die Erinnerung führte sie zu den alten Orten. Damit glaubten sie, ihrer Beziehung Dauer zu verheißen. Wie Rituale zelebrierten sie die Wege und Handlungen, die plötzlich so bedeutsam in die Zukunft hineinschallten. Ein Echo kam zurück, ganz von fern und weit, mit ersterbendem Klang. Es hallte zurück vom Lebensende. Die Zukunft der Vergangenheit tönte aus ihren Beschwörungen des ersten gemeinsamen Tages. Mit dem inneren Ohr hörten sie, daß sie bis zum Ende zusammen bleiben dürften, wenn sie wollten; es läge bei ihnen, das Schicksal böte die Chance.

Sie schritten, vom Neumarkt aus, den Weg zur Werderstraße ab und kauften wieder ›ihren‹ Kirschkuchen in der Bäckerei. Auf dem Zimmer fielen sie sich in die Arme und genossen das Glück ihrer Körper. Zum Abendessen gingen sie erneut zu ›ihrem‹ Adria-Grill. Diesmal sprach Siegbert der Fleischplatte kräftig zu. Zwei gemeinsame Jahre Zuneigung, Liebe und Sex hatten sie geteilt. Sie hatten ihre Lebensgeschichten ausgetauscht und das Schicksal des anderen miterlitten. Sie empfanden ihr Zusammensein wie eine Sensation und liebten sich, in umfassender Weise ihrer Persönlichkeit. Sie erblickten im anderen ein Geschenk des Schicksals. Für Peter war Siegbert etwas mehr. Ihm war er ein Geschenk des Himmels. Denn sein Gebet in Vierzehnheiligen schien erhört. Peters Traum von einem Freund fürs Leben könnte in Erfüllung gehen. Er wollte allen Mut und alle Kraft darein investieren, damit es gelinge.

Sie waren sich einig geworden, daß sie das Leben miteinander teilen, daß sie zusammen wohnen wollten. Peter wußte, welche Schwierigkeiten zu überwinden wären. Zum ersten war da: Seine Mutter, die sich an ihn klammerte und mit ihm eine Wohnung teilen wollte. Bislang hatte er das enge Appartement in der Werderstraße nicht aufgegeben, um gerade dies zu verhindern. Zum anderen drohte das kleinbürgerliche Klima, das einen ›Männerhaushalt‹ mißtrauisch bis feindlich beargwöhnte.

Die öffentliche Meinung war bösartig gegen die Homosexualität eingestellt, selbst in dem sich für liberal haltenden Köln. Es gab Razzien der Polizei an den Homotreffs, und Festnahmen für die Personalfeststellung folgten üblicherweise. Es ist auch zu Hausdurchsuchungen gekommen. Sicherlich waren Anlaß hierfür ein sogenannter Skandal oder ein polizeiliches Aufklärungsvorhaben. Eine Restgefahr lag immer in der Luft, da es jeden unvorbereitet treffen konnte. Peter wußte nicht, ob nicht von Seiten seiner früheren Schmusis irgendwelche Gefahren ausgehen könnten, ob nicht ein konfisziertes Notizbuch mit seiner Adresse oder ein Brief mit seinem Absender in die Hände der bestallten Sittenwächter fallen könnte. Vorladungen und

Hausdurchsuchungen sind in vergleichbaren Fällen passiert. Einer von Peters Bekannten hatte Besuch von der Kriminalpolizei bekommen, weil in dessen Umfeld jemand Opfer einer Gewalttat geworden war. Die Angst ging um, wie eh und je. Man wollte auf keinen Fall mit der Polizei zu tun haben.

Peter hatte eine große Schachtel mit Fotos seiner früheren Freunde aus dem In- und Ausland. Das waren ausnahmslos unverfängliche Aufnahmen, hätten also keine unmittelbare Gefahr bedeutet, aber ein Indiz wären sie allemal gewesen. Er wollte jedes Risiko ausschließen. Alle Unterlagen, alle Fotos, jeden Hinweis an einen früheren Bekannten aus der Szene wollte er vernichten. Gleichzeitig sollte das einen Bruch mit der Vergangenheit symbolisieren, weil Siegbert sein Lebensinhalt wäre, ohne wenn und aber. Mit diesem Akt wollte er einen Schlußstrich unter die Vergangenheit ziehen. Daher trennte er sich damals gern von diesen ›Erinnerungsstücken‹, weil er sich nicht mehr erinnern wollte. Diesen Relikten verflossener Sehnsüchte und Liebesqual wäre ein Brandopfer angemessener gewesen. Doch die Wohnung besaß keinen Kamin. So zerpitzelte er die Vergangenheit in kleinste Fetzen und opferte sie dem Gully. Es war ein grausamer Akt einer sich selbst verstümmelnden Vergangenheit, die als schön empfunden und nicht bereut wurde. Gerade weil auch das Damoklesschwert der staatlichen Rechtsordnung dies nahezulegen schien. So sind fast alle Fotos, Briefe und Postkarten von ehemals lieben Freunden vernichtet worden. Heute bedauert Peter dieses Vernichtungswerk. Denn die Vergangenheit kann ihn nicht mehr einholen. Das eine oder andere schöne Gesicht, das ihm zu jener Zeit einiges bedeutet hat, würde er gern noch einmal wieder betrachten und die verschlüsselten Anzüglichkeiten gern noch einmal wieder lesen. Das wären keine Sehnsüchte nach den Genüssen dieser Episoden. Die sind unwiederholbar passé. Doch viele Stücke Lebensgeschichte, deren er sich nicht zu schämen braucht, waren in diesen vernichteten Memorialien repräsentiert. Heute hätte jedes Foto die geschilderte Affäre mit dem Konterfei der Beteiligten illustrieren können, hätte etwas von der Stimmung der Situationen durchscheinen lassen. Schade! Jetzt muß die Phantasie der Leser hinzuerfinden, was andernfalls das Minenspiel der Abgelichteten, das Farbenspiel ihrer bekleideten Nacktheit und das Schauspiel des Ortes hätten offenbaren können. Die Momentaufnahmen hätten mit der Mimik der Personen und der Optik der Sachen viel eindrucksvoller Lust und Laune des verliebten Augenblicks vermitteln können. Das alles ist jetzt nicht mehr möglich.

Neue gemeinsame Freunde stellten sich ein. Peter hatte gelegentlich einer Dienstreise in Rio de Janeiro Ernst S. kennengelernt, der gerade seine Doppelvilla neben der Kirche ›Igreja da Gloria‹ renovierte. Dieser sympathische Multimillionär hatte just die väterliche Erbschaftshälfte an einem bekannten Fabrikkomplex versilbert und baute sich neben seiner frustrierenden Ehe eine aufwendige Hofhaltung im liberalen und homofreundlichen Brasilien auf. Sie mochten sich und haben sich regelmäßig und häufig gesehen. Ernst hat den beiden, wenn er abwesend war, sein tropisches Domizil überlassen. Dem Personal in Haus, Küche und Garten gelang es nicht immer, die tropisch-lässige Schläfrigkeit vor dem Chaos zu retten.

Ernst stiftete die Verbindung zu Herbert Steiniger, dem begnadeten Mimen beim Kölner Schauspiel. Herbert brachte öfter einen Freund von Bühne oder Ballett zum Abendessen mit. Er war ein geistreicher, eloquenter Plauderer, wenn er von den Brettern der Welt berichtete. Er liebte Siegberts Bildwelt und Peters Sachbezogenheit, er fühlte sich wohl, sie verstanden sich blendend. Dann sagte er einen ominösen Satz, den Peter und Siegbert nicht für bare Münze nahmen, den Herbert aber später auf Heller und Pfennig einfordern sollte: »Wenn es mir mal schlecht geht, halte ich mich an euch.« Herbert war bis zu seinem Tod beiden mit Anhänglichkeit zugetan.

Peter hatte noch nicht den Mut, für sie beide eine gemeinsame Wohnung zu suchen. Er wog das Für und Wider ab. Der Prozeß der Entscheidung lief über drei Jahre. Er glaubte, sich vor allem Schwierigkeiten in der Firma einzuhandeln, die ihm beste Aufstiegschancen bot. Einen seiner Vorgesetzten hielt er für einen Homohasser. Siegbert machte Peter Mut, sein Leben zu leben und dabei mit einer gewissen Rücksichtslosigkeit gegenüber der öffentlichen Meinung ›Ja‹ zu sich zu sagen. Dies waren qualvolle Monate des inneren Kampfes, des Zauderns und Zögerns, des Hoffens und Haderns.

Die Mutter kam oft von Hannover zu Besuch. Peter verwöhnte sie, lud sie ins Theater und Restaurant ein. Er nahm sie mit auf Reisen. Er hatte dienstlich in Barcelona zu tun. Sie trafen sich dort, und er zeigte ihr die Stadt und den Montserrat. Drei Wochen fuhr er mit ihr in den Nahen Osten: Beirut, die damals so prächtige und wunderschöne Perle der Levante, Amman, Jerusalem, Tel Aviv waren Städte, in denen sie wohnten. Mit Leihwagen und Fahrer unternahmen sie Kreuzfahrten über Land in Palästina und Israel. Jerusalem war noch geteilt, man konnte nur mit zwei Pässen reisen, weil Palästina einen Paß mit israelischem Visumseintrag nicht anerkannte. Der beklemmende Übergang durchs Mandelbaumtor ins jüdische Jerusalem ist kaum noch erinnerte Vergangenheit.

Die Mutter fragte Peter immer kleinlauter, ob und wann er wohl heiraten wolle. Sie hatte Siegbert kennengelernt und beobachtete mit Argwohn und Ärger, wie fürsorglich und selbstverständlich die beiden miteinander umgingen. Sie gab sich den Anschein, Siegbert als einen Bekannten ihres Sohnes höflich zu behandeln, zumal Siegbert ihr in jeder Hinsicht entgegenkam. Aber es war nur hilflose Fassade. Sie hatte gefühlsmäßig richtig eingeschätzt, wie schwach ihre Position als Mutter gegenüber dem Sohn und als älterer Mensch gegenüber dem Jüngeren war. Ein Kind geht, wenn es will, seinen eigenen Weg, notfalls auch gegen die Mutter. Peter hatte ihr angedeutet, daß er sich eine ›etwas größere‹ Wohnung nehmen wolle, hatte ihr aber verschwiegen, daß er sie mit Siegbert teilen werde. Er befürchtete ihre energische Einrede, am Ende wahrscheinlich sogar ihr beleidigtes Verletztun. Ihm blieb nichts anderes übrig, er mußte sie vor vollendete Tatsachen stellen, ihr die Wohnung präsentieren, in welcher er mit Siegbert bereits zusammenlebte. Mit der Einladung zu einer schönen

Reise wollte er sie dann besänftigen und ihr damit zu weiterem Prestige in ihrem eigenen Bekanntenkreis verhelfen.

Den Fragen in der Firma glaubte er damit zu begegnen, daß er so ganz nebenbei Siegbert als Bekannten aus Breslau erwähnte. Ihre beider Eltern hätten sich dort gekannt, was ein glücklicher Zufall sei. Nun sei der elternlose Siegbert Hahn von seiner, Peters Mutter ›aufgenommen‹ worden. Da er tatsächlich dort geboren war, ergab das so eine passabel glaubwürdige Geschichte: Siegbert Hahn sei Maler, und ihm, Peter, mache es Spaß, ihn auf seinem beruflichen Weg zu begleiten. Zu solchen Verrenkungen mußte damals bedauerlicherweise gegriffen werden, um den spießbürgerlichen Anschein zu wahren und sich nicht zu gefährden.

Siegbert hatte zur Vorbereitung auf die Lateinprüfung einen Kurs belegt, der bis Mitte 1968 lief. Zweimal wöchentlich trafen sich unter Leitung eines früheren Gymnasiallehrers einige Studenten in der Mensa. Auch Peter erbot sich, ihm beim Lateinstudium zu helfen. Viele, sehr viele Stunden haben sie gemeinsam geübt. Peter beherrschte die Grammatik noch gut, die Lehrbücher taten ein übriges. Die Übersetzungstechnik stand im Vordergrund. Peter hörte ihn Vokabeln ab. Die Konjugationen und Deklinationen hetzten sie rauf und runter. Es war nicht einfach. Nur wegen eines ›Papiers‹ diese Plackerei! Siegberts innerer Widerstand wuchs beharrlich, er fühlte sich mit dreißig einfach zu alt für diese wahnwitzige Paukerei einer Altsprache, die er unmittelbar, etwa wie ein Lateinlehrer, ohnehin nicht brauchte. Sein Interesse am Latein schien nicht so sehr der anstehenden Prüfung zu gelten, als vielmehr Peter geschuldet zu sein. Das natürlich war dem Erfolg nicht förderlich. Peter merkte es und sah, daß Siegberts Impetus vorrangig seiner Malerei galt. Er hatte während dieser Zeit weiterhin intensiv gemalt. In den drei Jahren 1966 bis 1968 sind jeweils über zehn Bilder in seiner engen Kammer in der Siebengebirgsallee entstanden. Er gab vor, intensiv zu lernen. Doch viel lieber saß er vor der Staffelei und zog sich zurück in seine Bildwelt. Die Öffentlichkeit suchte und fand er in einigen Gruppenausstellungen, an denen er teilnahm. Seine zweite Einzelausstellung bot ihm der Kölner Arzt Rolf H. an, dessen damaliger Einsatz rühmend erwähnt werden soll. Dreiundzwanzig Gemälde zeigte er in seinen Praxisräumen, für die er dann auch ein Bild günstig erwarb. Erste Verkäufe im Freundeskreis und an Sammler machten Siegbert Mut. Aber daß die Malerei sein Beruf und Broterwerb werden könnte, daran war überhaupt nicht zu denken. Er wollte einen kunsthistorischen Beruf in einem Museum ansteuern, der ihm Zeit lassen sollte, sich nebenbei seiner Malerei zu widmen.

Ein beträchtlicher Druck lastete auf ihm. Ohne das große Latinum würde er nicht zu dem Studienabschluß mit der Promotion zugelassen werden. Nach zwei Jahren sollte und wollte er in die Lateinprüfung gehen. Im August nahm er an einem dreiwöchigen Intensivkurs in Regensburg teil. Peter schickte ihm Freßpakete mit vielen Vitamintabletten, um dem Gedächtnis auf die Sprünge zu helfen. Die Prüfung sollte er dann als Externer an einem Mainzer Gymnasium ablegen. Aus dem abschließenden Brachialkurs heraus, drei Tage vor der Prüfung, rief er Peter in der Firma an: Er schaffe es nicht, es sei nichts zu machen, er werde scheitern, er sei verzweifelt, aber es sei die Wahrheit. Peter hatte es immer befürchtet. Es kam für ihn nicht überraschend. Er machte ihm spontan Mut zurückzukommen, es gäbe auch andere Lebensperspektiven, darüber könnte in Köln gesprochen werden. Siegbert war erleichtert. Traurig und deprimiert fiel er Peter in die Arme. Im Umgang mit ›Niederlagen‹ hatten sie beide hinreichend Erfahrung. Sie gingen erst einmal essen, und Peter tröstete ihn. Er solle sich dem Malen widmen, das sei sein Leben, vielleicht würden sich Käufer für seine Bilder auch weiterhin finden. Sie wollten sich gemeinsam um Einzelausstellungen bemühen. Irgendwie werde es schon weitergehen. Sie konnten nicht ahnen, daß diese ›Niederlage‹ – Siegbert empfand sie als solche – ihn frei für die Malerei machen würde. Das allgemeine wirtschaftliche Klima in der Bundesrepublik war ausgesprochen positiv. Mit Vertrauen, sogar mit einer gewissen Euphorie schaute man in die Zukunft.

Die zwei waren sich einig, daß sie jetzt eine gemeinsame Wohnung suchen wollten. Sie wollten die Zuneigung, die sie füreinander empfanden, in einem gemeinsamen Zuhause intensiver erleben. Mit dem eigenen Hausstand strebten sie von der Trennung und Enge der beiden Appartements weg. Sie waren spät dran, sie waren über dreißig. Wie lange hätten sie noch zuwarten sollen? Wie recht Oscar Wilde hatte, sollten sie bald spüren: ›Das Glück ist als Zwilling geboren. Man kann es nur gemeinsam genießen.‹ In der neuen Wohnung wollte Siegbert seine Gemälde präsentieren. Deshalb peilten sie eine geräumige Wohnung mit hohen Wänden an, wo sie in zwei, drei Räumen seine Bilder galerieartig ausstellen und Besuchern zeigen könnten. Nur ein Altbau käme hierfür in Frage.

Ende 1968 gingen sie auf Wohnungssuche. Die Hauseigentümerin Blütentritt schaute beiden fest ins Auge und fand ihre Frage »Wer macht denn in der Wohnung sauber?« nicht befriedigend beantwortet. Das war beiden eine Lehre. Nur Peter allein sprach in Zukunft vor und träufelte ›die fest engagierte Putzfrau‹ wie einen satten Baldriantropfen unauffällig gleich zu Anfang ins Gespräch. Eine baldige Liaison mit einem weiblichen Wesen als vermeintlichen Bonus vorzulügen erschien ihm nicht unbedingt hilfreich. Denn zu erwartendes Kindergeschrei könnte im Gegenteil verschrecken. Es war eine delikate Gratwanderung zwischen den Erwartungen und Befürchtungen der anspruchsvollen und ach so betulichen Vermieter. Der Mieter durfte nur Minibrötchen backen. Die Nachfrage überstieg bei weitem das Angebot.

Dann war es soweit. Im Wonnemonat Mai 1969 bezogen sie auf dem Ubierring ihr erstes gemeinsames Zuhause, in einem eindrucksvollen Altbau.[200] Endlich wollten sie weiträumig und anspruchsvoll wohnen, entsprechend der Devise: ›Gut gewohnt ist doppelt gelebt.‹ Die Größe von 160 qm hatte es ihnen angetan. Doch die beiden Ladungen Umzugsgut in dem kleinen VW-Transporter verloren sich in den Räumen, die ihnen so imposant vorkamen. Sie kauften sich schnell die fehlenden Möbel. Von einer monatlichen Gehaltszahlung zur nächsten glitt Peter wie auf einem Trapezseil, vorsichtig balancierend, zur nächsten Bestellung voran. Ein Netz zugesagter Kredite war absturzsicher gespannt, aber er wollte darauf nicht abspringen müssen.

Vom zentral gelegenen großen Flur gingen drei Räume sowie Küche und Bad ab. Der vierte Raum, das Schlafzimmer, war nur durch das Erkerzimmer zu betreten. Jedem der weiß gestrichenen Räume gaben sie durch die Gardinen und den aufliegenden Teppich einen unterschiedlichen Farbcharakter. Das Schlafzimmer war hellblau und die Galerie rot gehalten. Peters Arbeitszimmer, mit dem Erker nach vorn gelegen, erstrahlte in sattem Gelb und Siegberts Atelier, zur Nordseite nach hinten heraus, in erdigem Braun. In diesen beiden Räumen stand je eine zusätzliche Bettcouch. Im großen Flur lief man wie über eine dichte grüne Wiese. Es war ein lustiger Farbenkitzel, der jedem Besucher in die Augen stach.

Der erste Besuch der Mutter wurde zu einem Opfergang der Gefühle. Peter hatte die Einladung aufgeschoben, bis alle Gardinen gehängt, die Teppiche gelegt und die meisten Möbel angeschafft waren. Die Junisonne strahlte in die Räume, und die Vasen prangten im vollen, üppigen Blumenschmuck. Siegbert gab sich alle Mühe, ihr mit Freundlichkeit entgegenzukommen, aber sie wurde barsch und unwirsch. Sie sah, daß Peter sein eigenes Leben mit Siegbert eingerichtet hatte. Ihr Traum von einer gemeinsamen Wohnung mit Peter schien ausgeträumt. Sie war bitter enttäuscht und konnte ihren Unwillen kaum verbergen. Aber zu einer Auseinandersetzung, wortreich und vielleicht wortgewaltig, war sie nicht in der Lage. Dafür fehlten ihr die Argumente und Formulierungen. Sie biß ihren Schmerz in sich hinein, man sah es. Sie hat die Enttäuschung nie mehr verwunden. Die Reise nach Kopenhagen, zu der sie Peter gleich danach eingeladen hatte, konnte sie kaum besänftigen. Sie empfand sich ausgeklammert, endgültig ausgeschlossen. Hinzu kam, daß sich ihr Sohn mit einem Mann die Wohnung teilte, was sie verunsicherte. An sich könnte, nach ihrer bisherigen Vorstellungskraft, nur zwischen Mann und Frau ›etwas passieren‹, weshalb sie die beiden in ihrer Hannoveraner Wohnung stets zusammen auf der breiten Couch nächtigen ließ. Aber es irritierte sie das französische Bett im blauen Schlafzimmer. Wofür die Anschaffung eines solchen ›Ehebettes‹ im Schlafzimmer des Sohnes? Sie argwöhnte, daß trotz der drei Betten in der Wohnung dieses breite Bett von ihnen gemeinsam genutzt werden könnte. Die Mutter hörte das Gras wachsen, und sie hatte sich noch nicht einmal verhört, wenn auch Siegbert während ihrer Anwesenheit in seinem Atelier nächtigte. Denn so offensichtlich sollte ›ihr Sohn nicht in Sünde schlafen‹, wie sie es wohl gesehen hätte. Wie falsch sie mit ihrem Urteil über Natur und Sünde tatsächlich lag, sie hätte es sowieso nie begriffen.

Das Haus gehörte der Kölner Wach- und Schließgesellschaft, die bis auf die Wohnung der beiden im 3. Stock und die Mansardenwohnung über alle Räume im Haus verfügte. Der Notdienst im Hochparterre war lärmvoll rund um die Uhr besetzt. Aus dem Fenster zum Hausflur lugte sofort jemand heraus, sobald man die angelehnte Haustür durchschritt. Das Gebäude gehörte daher sicherlich zu den einbruchsichersten in Köln, doch das zwangsläufige Passieren der Pforte war lästig. Die Besucher fühlten sich zur Meldung veranlaßt, wohin sie gingen, auch wenn dies vom Pförtner nicht erwartet wurde. Wer zur Wachgesellschaft wollte, hätte ohnehin nachgefragt. Aber der forschende Blick durchs Pfortenfenster blieb auch für die zwei unangenehm. Schließlich grüßte man sich, als ob man zum Personal gehörte, wo die beiden gerade die Anonymität gesucht hatten.

Die beiden konnten ihr Glück kaum fassen, wenn auch für Peter ein Schimmer von Beklemmung über seinem beruflichen Alltag lag. Er wußte nie, wie sein Zusammenleben mit Siegbert offen oder heimlich kommentiert würde. Leider war er auf Toleranz angewiesen. Lieber hätte er die volle Gleichberechtigung ihrer schwulen Zuneigung unterstellt. Auch die im September 1969 vollzogene Legalisierung der Sexualität unter erwachsenen Männern ließ nicht ohne weiteres auf Wohlwollen hoffen oder gar schließen.

Das Haus, mit Fahrstuhl versehen, war gediegen und ihre Wohnung in bestem Zustand. Die zwei haben sich in ihrem ersten Heim unglaublich wohl gefühlt. Sie genossen die weitläufige Wohnung, immer mehr Besucher klopften an, Bildkäufer fanden sich ein, und in der Eßküche feierten sie mit Freunden manch rauschendes Fest. Siegbert erlebte hier seine ersten Triumphe als geschickter Koch, einfallsreich, fast professionell.

Die Bergische Truhe von 1788 war anfangs das einzige Möbelstück in der Galerie. Später kamen noch sechs moderne, funktional kleine Sessel in beige-braunem Leder hinzu. Sonst blieb der Raum leer. Oft zogen sie zu später Abendstunde die Stores beiseite, streckten sich auf den Teppich hin und ließen den Mond durchs Zimmer wandern. Mit einem Kissen unter dem Kopf betrachteten sie die Sterne, schweigend, in Gedanken versunken. Wie wird das Schicksal durch ihr Leben schreiten? Sie hatten einen gewagten Schritt getan. Siegbert zumal bewunderte Peters Mut. Er war das größere Wagnis eingegangen. Die Reaktionen der Mutter und im beruflichen Umfeld waren ungewiß. Ängste schienen nicht unbegründet.

Sie schauten zum Fenster hinunter und beobachteten das seltsame Verhalten eines Mannes. Durch den Parkstreifen inmitten des Ubierringes zogen sich der Länge nach zwei Sandwege. Büsche und Hecken standen verstreut auf der Wiese und gewährten von oben einen Überblick auf das lauschige grüne Eiland inmitten der breiten Häuserzeile. Die wenigen Bäume stellten keine Sichtbehinderung dar. Der Mann saß angelehnt auf einer Bank und schaute des öfteren nervös auf seine Armbanduhr. Vom Rheinufer her näherte sich ein anderer Mann, und sogleich erhob sich der erste, ließ eine Mappe auf der Sitzfläche zurück und entfernte sich. Der zweite Mann steuerte die Bank an, ergriff im Vorbeigehen, gewollt unauffällig, die Mappe und verschwand in eine andere Richtung. Was sich gerade ereignet hatte, war unschwer durchschaubar. Die kleine Grünanlage diente in tiefer Nacht einem fremden, wahrscheinlich östlichen Geheimdienst zum Empfang von Spionagegut. Siegbert fühlte sich an Bernauer

Tage erinnert. Sollten die beiden die deutsche Abwehr unterrichten? Noch ehe sie sich einig wurden, berichtete die Presse, wahrscheinlich lanciert, über die geheimdienstlichen ›Briefkästen‹ in der Stadt und erwähnte dabei ausdrücklich den kleinen Park auf dem Ubierring.

Doch die Bänke boten auch andere Draufblicke. Das eine Mal versammelten sich Tippelbrüder zu alkoholisierten Gelagen, die geräuschvoll bis tief in die Nacht währten. Das andere Mal fanden sich Liebespaare, die dem Gott ›Wollust‹ mit einem Opfer dienten. Denn wie verrenkt die Damen auf den Herren ritten oder wie sie auf der Bank längs wie quer zuunterst lagen, bereitete schon beim Anschauen Rückenschmerzen. Männlein und Weiblein streckten und reckten sich, sie schienen an der harten Holzunterlage und der störenden Rückenlehne beträchtlich zu leiden. Wenn Siegbert sich nachts von der Staffelei löste, war er gespannt, ob nach dem malenden Nahblick auf die Leinwand ihm jetzt vielleicht ein erotischer Fernblick auf die Parkbank gegönnt würde. Ab und zu wurde des Malers heimliche Augenlust zufriedengestellt. Auch aus statistischen Gründen schien ihm bemerkenswert, ob die Bänke im Durchschnitt mehr von den Tipplern oder von den Ficklern bevölkert wurden.

Siegbert empfand sich seit Kindheitstagen erstmals wieder zu Haus, erstmals wieder frei und ungebunden in großzügiger Atmosphäre. Er malte verbissen und ausdauernd. Zumeist spät in der Nacht legte er den Pinsel beiseite, huschte unter die warme Bettdecke und drückte sich an Peter. Er war beflügelt von Freiheit und Schwung der Malerei, sie wurde zu seiner Leidenschaft, die er jetzt erst voll ausleben konnte. Denn der Druck der Universität war gewichen. Das schrullige kunsthistorische Institut verdiente keinen weiteren Besuch mehr. Kein dröges Museumsamt drohte als möglicher Beruf. Sein einziger täglicher Auslauf waren die Einkäufe zur Severinstraße. Sonst wanderten die beiden selten genug zum Hindenburgpark[201] oder am Rheinufer entlang, wenn nicht gerade ein Hochwasser die Uferstraße blockierte. Angenehm war das leise Tuckern der Schiffe, das mit seinem heimeligen Rhythmus nachts ins Schlafzimmer schlich. Im benachbarten Völkerkundemuseum, einen Steinwurf entfernt, besuchten sie jede Sonderausstellung. Ebenso wie sie in demselben Haus jedes Theaterstück der Kammerspiele erlebten. Sensible Inszenierungen mit bester Besetzung etwa von Brecht, Tschechow, Horváth und Genet sind unvergessen. Während der Pausen spazierten sie auf einen Drink in die geliebte Wohnung. Die Entfernung dorthin schien nicht weiter als bis zum Theaterbuffet.

Da traf sie ein Schlag wie aus heiterem Himmel. Peter stand gerade unter der Dusche, in einer halben Stunde sollte ihn das Taxi zum Flughafen abholen, er wollte nach Südamerika fliegen. Siegbert hielt einen Brief in Händen, die Wohnung sei ihnen gekündigt, die Gesellschaft wolle ihr Büro ausdehnen, binnen drei Monaten müßte die Wohnung geräumt sein. Schreck und Ärger waren groß. Peter trat erst einmal die dreiwöchige Dienstreise an, aber die Bitterkeit über Rauswurf und Willkür nahm er mit. Denn bei Anmietung war vom Geschäftsführer ein möglicher Eigenbedarf erst in etwa fünf Jahren angesprochen worden. Das hatte die beiden nicht gestört. Aber für bloß 18 Monate hätten sie die Wohnung nicht genommen sowie keine Gardinen und Teppiche angeschafft, die jetzt kaum noch verwendbar waren. Sie fühlten sich reingelegt. Lagen die wahren Gründe der Kündigung etwa beim Journalisten L., der mit Partnerin ein Stockwerk höher wohnte? Er mußte ja davon ausgehen, daß seine verbalerotischen Verfolgungsspielchen auch eine Etage tiefer vernommen würden, was ihm vielleicht nicht behagte. Hätten die beiden ›Untermieter‹ ihn beruhigen sollen? Denn es hatte sie nicht gestört, wenn auch die stöhnende Hatz recht laut durch die Zimmer jagte. Oder lag die Kündigung am Geschäftsführer, den moralische Bedenken gegen die ›Männerwohnung‹ plagten? Jedenfalls, die zwei wollten jetzt ihrerseits sobald wie möglich raus. Es wohnt sich nicht angenehm unter solchen Umständen. Sie erlebten erneut, wie sehr der Mieter vom Lebensgut des sicheren Wohnens abhängig ist.

Erst einmal schmiß Siegbert den Geschäftsführer aus der Wohnung, der noch zwischen Kündigung und Auszug die Wohnung in eine Baustelle verwandeln wollte. Im gesamten Haus sollten die Heizkörper und Steigrohre ausgewechselt werden. Damit war bereits in den unteren Etagen begonnen. Aber in die Wohnung der zwei kamen die Monteure nicht hinein. So blieb das gesamte Haus im beginnenden Winter ohne Heizung. Der Geschäftsführer gab klein bei, er wußte, daß er rechtlich zu weit gegangen war, er verzichtete auf die Miete.

Ende Januar 1971, noch vor dem ersten Gerichtstermin über die vom Zaun gebrochene Räumungsklage, zogen sie aus. Im anschließenden Prozeß sollten die zwei verurteilt werden, die Kosten des Verfahrens zu tragen. Sie wurden ›angeschwärzt‹, in einem ›eheähnlichen Verhältnis zu leben‹. Doch selbst das verfing nicht bei Gericht, das schon der Räumungsklage keinen Erfolg eingeräumt hatte. Die Kostenklage wurde abgewiesen. Diesen Reinfall gönnten sie dem Geschäftsführer. Daß dieser dann die freigewordene Wohnung nicht als Büro nutzte, sondern für den Journalisten erstritten hatte, war schon nicht mehr verwunderlich. Trotz dieser Intrige, den drohenden Fluch hätten diese beiden nicht verdient.

Doch was sich ihnen als Bosheit und Ungerechtigkeit darbot, sollte sich zum Glücksfall wandeln – ein Phänomen, dem sie noch oft begegneten. In gleicher Weise haben gezielte Mißgunst und anonyme Häme fast regelmäßig ein glückbringendes Ereignis oder den Verkauf eines Bildes angekündigt. Dies erscheint wie ein Gunsterweis des Polaritätsprinzips, wie ein Stück ausgleichender Gerechtigkeit, als Entschädigung für ›mitmenschliche Schlechtigkeit‹. Sie hatten eine Wohnung in schönster Lage gefunden, viel näher an Peters damaligem Firmensitz und genauso geräumig.

Der Möbelwagen stand vor der Tür, Siegbert und Peter waren traurig. Der Anfang ihres gemeinsamen Wohnens: Es war wie ein Blick ins Paradies, in das sie gerade mal die ersten Schritte gesetzt hatten. Die wenigen Monate auf dem Ubierring, diese herrliche, helle Wohnung mit den weiten Räumen und hohen Decken – wie nach einem Box-K.-o. standen sie benommen und gedemütigt auf der Straße, schauten hinauf zu den Fenstern, hinter denen sie so glücklich

waren, und konnten die Bitterkeit kaum hinunterschlucken. Wie
Eltern ihre Erstgeburt auf besondere Weise lieben, so hatten die zwei
ihr erstes gemeinsames Zuhause besonders leidenschaftlich ans Herz
gedrückt. Es war ein gemeiner Rauswurf aus dem Paradies. So haben
sie es empfunden.

*

Alte Orte verwehen

Im Laufe der Jahre kamen sie oft auf den ersten Tag ihrer Zwei-samkeit zu sprechen. Da schwang immer Wehmut mit, gepaart mit glücklicher Erinnerung. Sie haben gelegentlich auch die denkwürdi-gen Stellen aufgesucht, die Zeugen ihres ersten Kennenlernens waren.

Von außen schauten sie am Haus in der Werderstraße empor zu den Fenstern ihrer damaligen Wohnung. Jürgen D. hatte die Woh-nung übernommen. Aber sie wollten ihn nicht stören; man würde auch später noch einmal den Raum wiedersehen können. Dann könnten sie endlich auch die Fotos von den Innenräumen, vom Treppenhaus und dem besagten Fahrstuhl machen, was sie immer wieder aufgeschoben hatten. Sie stellten sich an die Litfaßsäule am Neumarkt und dachten an den 4. Januar 1966. Auch kauften sie in derselben Bäckerei nochmals den Kirschkuchen, denn »da brauchen wir nicht gleich wieder runterzugehen«. Dies geschah nicht regel-mäßig jedes Jahr, aber doch in dem einen oder anderen Jahr, dann natürlich stets um den 4. Januar herum. Siegbert hat von diesen Remi-niszensausflügen nie sonderlich viel gehalten, aber er machte mit, wenn Peter des Wendetages ihrer beider Leben — irgendwie auf diese rituelle Weise — gedenken wollte.

Und eines Jahres machten sie sich wieder auf den Weg des Geden-kens und fanden die Litfaßsäule nicht mehr vor. Und irgendein Jahr drauf hatte ein neuer Bäcker das Geschäft übernommen; der Kirsch-kuchen war ein anderer geworden und schmeckte nicht mehr wie ehedem. Und schließlich Anfang der 80er Jahre wollten sie das Haus in der Werderstraße besuchen, aber auch ›ihr‹ Haus gab es nicht mehr. Zu einem Wiedersehen ihrer Liebeshöhle war es zu spät: abgerissen.

Die wenigen Orte, die durch ihre Liebe gesegnet schienen, hatten sich verändert. Das Vertraute, das Ans-Herz-Gewachsene, an dem sich die Erinnerung so behend festmachen läßt, war weg, gab es nicht mehr. Das tat jedesmal weh. Aber es erzwang von ihnen die Einsicht, der sich der Mensch – gerade in den Dingen der Liebe – so gern versagen möchte: Wir stehen unter dem Gesetz des Wandels. Nichts kann man festhalten. Alles muß man einmal loslassen. In der Zeit ändert sich alles, alle Dinge um uns herum. Und wir selbst auch. Gelingen deshalb Partnerschaften so selten? Es ist das eherne Panta rhei, das rigide Urgesetz des Lebens.[202] Man muß sich auf diesen steten Wandel einlassen, ihn bejahen. Muß man ihn vielleicht sogar befördern, um einigermaßen glücklich zu werden, in der Zeit?

Ein letztes Opfer an das Gesetz des Wandels war zu bringen: Im Jahr 1997 hieß es, das Gebäude ihrer ersten Begegnung werde abgerissen oder zumindest müsse es umgebaut werden. Es sei, wie viele Bauten aus den 50er Jahren, mit schlechtem Material errichtet. Die Nachricht tat weh – bei aller Einsicht in die allgegenwärtige Veränderlichkeit aller Dinge. Schließlich war es der Ort ihrer ersten Berührungen – mit den Augen, mit den Händen. Sie gingen nochmals hin und machten einige Fotoaufnahmen. Dann später hieß es überraschend, das Gebäude werde restauriert. Welch eine Genugtuung an die Erinnerung!

*

Es folgen die Jahrzehnte ...

Die Umzugskartons standen in den Zimmern herum, und die wenigen Möbel verloren sich in den Räumen. Zwei, drei Tischlampen strahlten wie Irrlichter vom Boden aus die leeren weißen Wände an. Zum Chaos fehlte die berstende Fülle, denn das Umzugsgut verlor sich in den sechs Räumen. Doch der Wirrwarr der kunterbunt hingestellten Dinge rief nach Erlösung. Da war kein Durchfinden mehr.

Der Umzug in die neue Wohnung war zügig verlaufen, hatte aber trotzdem bis in den frühen Abend dieses Februartages gedauert. Diesmal mußte ein voluminöser Transporter die Ladung aufnehmen. Beim letzten Umzug von der Werderstraße zum Ubierrring hatten noch zwei Fuhren mit dem VW-Kleintransporter gereicht.

Peter und Siegbert saßen auf den Kisten. Sie waren glücklich: Das also war ihr neues Heim, aber auch voller Sorge: Ob es ihnen auch heimisch werden würde? Nach all ihrer beider Vertreibungen und Fluchten, Umzügen und Ortswechseln? Endlich wollten sie die Chance erhalten, seßhaft zu werden. Ob es wohl klappen würde?

Das neue Domizil grüßte freundlich in den Stadtwald hinein. Sie traten auf den Südbalkon. Über die Baumwipfel hinweg konnten sie bis nach Lindenthal blicken. Vom zeitweise wolkenlosen Nachthimmel erstrahlten die Sterne.[203] Der Orion schob sich kraft- und eindrucksvoll vom Osthimmel nach Süden. »Schau, das da ist der Orion! Im antiken Mythos war er ein hünenhafter Recke und Jäger«, erklärte Peter. »Er hat der schönsten Sternenkonstellation am Himmel seinen

Namen gegeben. Sieh, dieses leuchtende Viereck da, die beiden oberen sind die Schultersterne, während die beiden unteren seine Knie fixieren, und inmitten, querliegend, der Gürtel, an dem sein Schwert herabhängt.« Um die Sternenpunkte herum zogen sie die Umrißlinie seiner Figur und ergänzten so die volle Gestalt des Jägers. Er war von imponierender Größe.

»Ist er nicht prächtig, dieser Bursche, wie er über den nachtschwarzen Winterhimmel jagt? Ich sehe ihn, du auch?« Mit seinem mächtigen Körper nahm er einen beherrschenden Teil des Himmels ein. Sie wünschten sich, er würde ihnen zur Verheißung werden, er würde ihnen das Jagdglück schenken, nach einem dauerhaften Daheim, ohne antischwule Häme, hier in dieser neuen Wohnung. Wie hätten sie ahnen können, welches Geschenk sie erwartete, daß sie Jahrzehnte dort wohnen würden, glücklich und zusammen, die schönste und längste Zeit ihrer beider Leben?

Mit der mächtigen Erscheinung des Orion ging einher – und das sollte bei einem solch kraftstrotzenden Burschen selbstverständlich sein – seine sexuelle Ausstrahlung. Sie konnten sich Orion nämlich auch als nackten Kuros vorstellen. Die drei Quersterne, sonst als Gürtelsterne bekannt, würden dann seinen linken Unterarm markieren, den er über den Bauch herablegt. Und, in der Tat, warum sollten ihn lediglich die vier Hauptsterne markieren, die Schulter und Knie fixieren, wenn nicht auch sein Geschlecht herausgestellt wäre? Denn unterhalb des Arms hängt sein Glied. Die Populärastronomie bezeichnet diese Sternenfolge zwar als das ›Schwert-Gehänge‹. Aber der nackte Orion dürfte hier eher sein ›Schwanz-Gemächte‹ baumeln haben. Sicherlich hat auch die sinnenfrohe Antike dies so gesehen. Denn es wäre mehr als verwunderlich, wenn etwa die leibesfrohen Griechen, wovon ihre Vasen zeugen, diese hängende Sternenreihe zwischen den Oberschenkeln nicht auch als sein Gemächte gedeutet hätten. So wurde Orion den beiden, Peter und Siegbert, nur noch sympathischer. Sie haben ihn als ihren großen Sternenfreund ins Herz geschlossen. Was der Blick durchs Fernglas auf sein *Membrum virile* fernerhin andeutet, darüber haben sie herzlich gelacht und darüber darf der voyeuristische Betrachter ins Schmunzeln kommen. Denn an welcher Stelle des männlichen Körperbaus gribbelt und grabbelt der berühmte Orionnebel? In dieser Dunstwolke hodeln und brodeln, wie in einem Hochofen, neue Sterne heran. Sie schießen heraus aus dieser saftig-frischen Brutstätte, wie aufgezogen auf Schnüren und Fäden. Das Spiel der Sternenkonstellationen hat den Orionnebel gerade an dieser Stelle plaziert. Welch eine Huldigung an unseren Himmelsburschen! Man sieht, mit seiner Muskelkraft geht seine Manneskraft einher. Orion, du bist potent, du bist sehr potent. Du müßtest daher auch schwanzfixiert sein. Und das als Verheißung zu Beginn eines jeden neuen Jahres, zur Zeit der früheren Saturnalien und des heutigen Karnevals, sichtbar auf der Nord- und Südhalbkugel gleichermaßen. Wenn das nichts ist!? Dem Schöpfer sei gedankt, denn er läßt nicht zu, daß die Prüden und Schamerten dem Orion einen Lendenschurz aus Sternen vor sein Gemächte und Geläute hängen. Er hat Orion den Bewohnern dieses Planeten Erde zum prachtvollen Geschenk gemacht, gerade so entblößt wie er ist.

Peter und Siegbert beschauten und bestaunten ihn. Peter gab seine astronomischen Kenntnisse zum besten. Sie betrachteten den Burschen lange, gedankenverloren, nie wieder kam er so nah an sie heran. Er wirkte gewaltiger als je später. Es war, als wolle er sich als ihr Beschützer vorstellen und sie ab jetzt begleiten. So wurde der Recke Orion zu ihrem Talisman am Himmel und zu ihrem geliebten Kumpel, den sie jeden Winter aufs neue freudig begrüßten. Er blieb für immer mit ihrer neuen Kölner Wohnung verbunden. Schließlich war er der erste Gast, bekleidet oder nackt, der sofort vorbeigekommen war und sie begrüßt hatte. So etwas vergißt man nicht.

Siegbert hatte sich das kleinste Zimmer als seine Malklause gewählt. Dort fühlte er sich wohl. Die meisten seiner Bilder sind dort entstanden. Fand ein größeres Gemälde in dem Raum keinen Platz, zog er vorübergehend in ein anderes Zimmer um. Jedes Jahr zeigte er in mindestens einer Ausstellung seine Bilder, zumeist in Museen oder anderen öffentlichen Häusern. Es war nicht einfach, ein interessantes und interessiertes Haus zu finden. Peter hatte sich dieser Mühe gestellt. Siegbert hatte sich vor der Öffentlichkeit nie versteckt. Wer auf seine Bilder hingewiesen sein wollte, erfuhr irgendwie davon und konnte seine Werke sehen. Die Resonanz des Publikums war stets positiv. Siegberts Ausstellung im Hambacher Schloß 1997 war bereits seine einhundertfünfzehnte.

Peters Arbeitsstelle lag in Sichtweite jenseits des kleinen Stadtwaldes. Er konnte zu Fuß hindurchwandern. Von seinem Bürofenster aus konnte er hinübersehen zum Haus, in dem früher der Kölner Bürgermeister Konrad Adenauer gewohnt hatte. Zum Dienstschluß rief er Siegbert an, daß er sich bald auf den Weg nach Hause mache. Siegbert kam ihm entgegen und wartete, verborgen hinter Bäumen, dort wo die Max-Bruch-Straße auf die Haydnstraße stößt. Denn keiner aus der Firma sollte ›es‹ wissen. Unvergessen das eine Mal, als Siegbert wie eine griechische Statue posierte und in der einen Hand ein Gingoblatt verschmitzt zwischen den Schritt hielt, als wäre er nackt. Der Witz dieser Laune war leider nie mehr wiederholbar, wenn sie auch den Charme dieser Begegnung zurückrufen wollten. Sommers wie winters trafen sie sich dort. Manchmal schloß sich ein kurzer Spaziergang an. Zumeist aber wanderten sie direkt nach Haus durch den kleinen Tierpark, wo sie die zahmen Rehe, Hühnchen und vor allem ihre Namenskollegen, die Hähnchen, fütterten.

Peter war es lange verborgen geblieben: Eine der Mitarbeiterinnen aus seiner Abteilung hatte sich in ihn besonders heftig verknallt, mehr als andere im Haus. Als sie einmal für längere Zeit im Krankenhaus lag, glaubte er, als der Leiter der Abteilung sie besuchen zu müssen. Leichtsinnigerweise hatte er es versäumt, sich jemanden aus der Abteilung als Begleitung mitzunehmen, dafür aber die üblichen Blumen. Sie lag in einem großen Raum mit etlichen Patientinnen, die an Peters Erscheinen interessiert Anteil nahmen, wie nicht zu verkennen war. Welche Diskussionen mag es danach unter den Frauen gegeben haben? Diesen Pflicht- wie gleichermaßen Anstandsbesuch muß die arme Kranke hintergründig mißverstanden haben. Denn sie entbrannte zu ihm so sehr, daß sie nicht mehr ein noch aus wußte. Sie war ein bedauernswertes Geschöpf. Lieblos aufgewachsen, klammerte sie sich an jeden, bei dem sie Mitgefühl vermutete. Eines Nachmittags, sie war aus dem Krankenhaus längst entlassen, stand sie oben auf der Terrasse des dritten Stockwerks, während die Angestellten gerade das Haus verließen. Sie schrie auf die Straße herunter, daß sie liebe, aber nicht erhört werde; sie wolle sich hinunterstürzen, wenn ihre Liebe nicht erwidert werde. Peter hörte seinen Namen wie einen mächtigen, furchterregenden Glockenschlag heruntertönen. Er war verwirrt, geschockt, hatte er doch von nichts eine Ahnung. Der ›liebesschmähende‹ Peter erlebte diese ärgerliche Situation neben anderen Kollegen auf der Straße mit. Was tun? Gar nichts ist immer noch das beste. Jede Geste, die etwa gar noch positiv auslegbar wäre, könnte mißverstanden werden. Der Tumult hatte schnell einige Mitarbeiterinnen auf die Terrasse gerufen. Sie sprachen der liebeskranken Todesmutigen von Frau zu Frau zu. Peter trollte sich wie ein von Liebesfurien begossener Pudel, weil die ganze Aufführung ihm gegolten hatte. Als dann, gottlob, die Verliebte einige Zeit krank zu Hause blieb, wollte er die Sache als ausgestanden betrachten, aber im Betrieb war sie längst nicht abgehakt, was bei der üblichen Geschwätzigkeit in einer jeden Firma leicht vorstellbar ist. Das Gerücht um Peters sexuelle Neigung wurde jetzt erst so richtig zum Thema: »Das wird doch nicht etwa wahr sein?« Peter machte sich etwas vor. Er war sicherlich längst durchschaut.

Lobende Anerkennung verdienen seine Sekretärinnen B. und K., die stets zu ihm gehalten haben. Sie waren souveräne und großartige Menschen. Ein ebenso hohes Niveau bewies eine Handvoll weiterer Mitarbeiter. Während andere leider weniger sensibel waren. Ein Fall für etliche andere: Wichtige neu eingestellte Mitarbeiter mußten sich bei allen Abteilungsleitern vorstellen. Ein Abteilungsleiterkollege von Peter fühlte sich bei dieser Gelegenheit bemüßigt, einem Neuankömmling mitzuteilen, daß er bei Peter auf einen Herrn ›vom anderen

Ufer treffen werde‹. Das war von ihm eine so unnötige Häme, wie auf andere Weise das Pech, das er mit seinen Kindern hatte. Warum mußte er so schwätzen? Man schmäht auch nicht die Eltern wegen ihrer Kinder. Doch besonders hämisch war ein Geschäftsführer, der Peter, wahrscheinlich wegen dessen sexueller Neigung, zu hassen schien. Als dieser so weit ging, Peters Lebensbasis zu beeinträchtigen, mußte Peter sich wehren. Die beiden anderen Geschäftsführer waren lebensfrohe Typen. Das wiederholte Greifen des einen in den Schritt bewies, für wie potent er sich hielt. Das erinnerte an Männchenrituale im Zoogehege und wurde so auch von den Mitarbeitern, deren Zeugenschaft begrüßt schien, verstanden und kommentiert.

Die neue Wohnung war bald wieder Treffpunkt lebensfroher Runden. Freunde wurden eingeladen und luden ein. Es war jahrein, jahraus ein lebhaftes Treiben geselliger Zusammenkünfte. Siegbert perfektionierte seine Kochkunst, Menüs mit sieben Gängen waren anfangs die Regel. Eine große italienische Eismaschine lieferte die frischen Sorbets, die noch in aller Eingeladener Munde sind. Das eine Mal waren die ersten Gänge so üppig ausgefallen, daß alle Teilnehmer sich ein Plätzchen zu einem Zwischenschlaf suchten. Als dann die Vögel beim Morgengrauen ihr Frühlingslied zu trällern begannen, folgten die weiteren Gänge, denn das Ritual mußte eingehalten werden. Ein anderes Mal gab es ›Kaviar satt‹ aus der Zwei-Kilo-Dose, die von russischen Offizieren aus Ost-Berlin herübergeschmuggelt war. Verrücktheiten, einmalig, unwiederholbar. Es war eine Lust, mit Gästen zu feiern. Siegbert sagte immer, er koche an sich nur für Peter, und die anderen dürften lediglich daran teilnehmen, aber die Gäste haben es nie bemerkt. Peter und Siegbert luden gern zu Essen ein, und ihre Großzügigkeit kam oft als Echo zurück. Die meisten Freunde waren ebensolche spendablen und vergnüglichen Gastgeber. Aber manche waren Stoffel, sie haben sich noch nicht einmal für die Bewirtung bedankt. Um ähnlichen Enttäuschungen aus dem Wege zu gehen, war es durchweg auch angenehmer, wenn keine Gastgeschenke mitgebracht wurden. Schließlich hatten Peter und Siegbert darum sogar ausdrücklich gebeten. Denn manche der Mitbringsel waren so blamabel für die Einschätzung der Geladenen, daß es weh tat.

Ein Freund klammerte sich an seinem Lebensabend fast verzweifelt an Peter und Siegbert. Es war der über 70 Jahre alte Schauspieler Herbert Steiniger. Jahrelang besuchte Peter ihn wöchentlich, später täglich mindestens einmal. Oft haben sie Herbert zu einem schmukken Abendbrot zu sich eingeladen. Er sollte Freunde mitbringen, weil sich langsam die Gespräche mit ihm im Kreis bewegten. Doch fast immer kam er allein, er ließ seinen Bekanntenkreis klein erscheinen. Herbert hatte jedem gegenüber verheimlicht, daß er einen großen Freundes- und Bekanntenkreis hatte. So glaubte jeder, er nehme bei Herbert eine Vorzugsstellung ein. Er hatte wohl Angst, seine Freunde könnten sich über ihn hinweg auch untereinander gut verstehen und ihn dann vernachlässigen. Gegenüber dem täglich anwesenden Peter gelang ihm diese Heimlichkeit nicht vollständig. Herbert lebte wie auf einer Bühne der Illusionen und kam immer weniger mit den unentwindbaren Handgreiflichkeiten des täglichen Lebens zurecht. Um alles in seinem Leben mußte Peter sich schließlich kümmern. Er organisierte das Essen, die Arztbesuche, den Pflegedienst und all die anderen Kleinigkeiten, bis zur Fütterung und dem Gassigehen seiner über alles geliebten Whippet-Dame. Herbert hatte sein tödliches Leberleiden stets verdrängt. Er hätte ein Leben lang Zeit gehabt, sich mit dem eigenen Tod zu beschäftigen und zu befreunden. Vielleicht hat er das innerlich intensiver getan, als es nach außen deutlich wurde. Dafür spricht der floskelhafte Satz, den er laut und lachend oft jedem vordeklamierte, wahrscheinlich ein Bühnenzitat: »Ich lebe noch, ich wage noch zu leben.« In unmittelbarer Nähe zu ›seiner Mühle‹, wo er schon 25 Jahre kampierte[204], wollte er sich vom Leben ausruhen. Es freute ihn, daß der Alfbach, der sein Grundstück durchquerte, kurz dahinter an seiner ausgewählten Grabstelle vorbeifloß. Peter organisierte die Beerdigung und hielt die Grabrede, die ihm gut gelungen war. Es war im Eifeldorf Olkenbach die erste Urnenbestattung, dazu noch ohne Pfarrer. Dies lockte neugierige Dorfbewohner zu der nicht angekündigten Beerdigung auf den Friedhof. Aus ihrem Munde hörte man später, daß sie noch nie eine so würdige Beerdigung erlebt hätten, viel schöner noch als bei ihrem Pfarrer. Wenn das nichts war! Herbert hatte der Friedhofskirche eine alte holzgeschnitzte Madonnenfigur vermacht, damit sie für immer dort als Gnadenfigur bliebe.[205]

Herbert hatte etliche Vermächtnisse ausgesetzt, die Peter erfüllte. Aber jeder aus seinem großen Freundeskreis hoffte, wegen der vermeintlichen Vorzugsstellung wenigstens Miterbe der kleinen Hinterlassenschaft zu sein. Die Enttäuschung war merkbar und bei einem seiner Freunde Sch. wurde sie gegenüber Peter und Siegbert, die Herbert zu Erben eingesetzt hatte, besonders verleumderisch. Alle die Enttäuschten hatten in den Jahren und besonders den letzten Krankheitsmonaten Herbert von fern mit Telefonaten getröstet, aber keiner war eben auf Dauer zur Stelle. Das galt besonders für seine Nichte, die über drei Instanzen Herberts Testament angefochten hatte, ohne Erfolg. Das ihr zustehende Vermächtnis ging zum größten Teil für die Prozeßkosten drauf. Das Nachspiel zu Herberts Tod wurde so zu einem unwürdigen Spektakel mit bitterem Beigeschmack. Es wurde zu einem kleinen Lehrstück über Erbschaftsrangelei.

Zuvor hatte Peter schon seine Mutter im Sterben begleitet. Sie wollte von Hannover weg, in ein Altersheim in Peters Nähe, was bestens gelang. Dort war sie die letzten sieben Jahre ihres 90jährigen Lebens geistig umnachtet. Die wöchentlichen Besuche bei ihr, manchmal öfter, und ihre vorübergehende Einweisung in eine Anstalt wurden zu einer peinigenden Qual des Mitgefühls. Es war bestürzend zu verfolgen, wie eine so kraftvolle und stolze, eine so blutvolle und mutige Frau scheibchenweise bis zum Schatten ihrer selbst abgetragen wurde. Warum muß das Leben vieler Menschen so entwürdigend enden? Kampf und Leid ihrer Jahre hätten sie ein gütigeres Finale verdienen lassen. Das Spiel des Lebens kennt wahrlich jeden Schluß und für jeden Mitwirkenden sieht es ein anderes Ende vor. Wenigstens hier sollte es eine Lebensgerechtigkeit geben, aber selbst da nicht.

Die letzten Stunden ihres Lebens waren angebrochen. Peter hatte ihren Mund befeuchtet, wollte ihn schließen, aber die Muskeln waren blockiert. Sie stöhnte und stieß die Luft qualvoll aus sich heraus. Als sich nachts um drei ihre Atemzüge nur noch röchelnd aus der Brust rangen, wußte Peter, das Ende war erreicht. Er entzündete die Sterbekerze, setzte sich auf den Bettrand und nahm ihre Hände in die seinen wie zum Gebet gefaltet. Sie, die stundenlang mit blockiertem Blick zur Zimmerdecke gestarrt hatte und den Mund nicht mehr schließen konnte, sie sprach plötzlich den Anfang ihres Lieblingsgebetes, das Peter ihr vorsprach. Dabei senkte sie plötzlich die Augen und schaute ihn unvermittelt an. Es folgten drei schwache Atemzüge, die ihre letzten waren. Peter war erschüttert, wie nie vorher in seinem Leben. Er hatte Transzendenz gespürt, er wollte beim Tod seiner Mutter dabeisein, und jetzt hatte er dieses großartige Geschenk bekommen. In die Sterbestunden seiner Mutter hatte er sich mit einer leichtsinnigen Planlosigkeit gleiten lassen. Denn so etwas übt man nicht. Wie alles kommen wird, und wie er sich verhalten soll, noch nicht einmal diese Fragen hatte er sich gefragt. Da plötzlich war es soweit. Warum hatte er sich auf die Bettkante gesetzt, ihre Hände ergriffen und das Gebet begonnen? Es geschah, ganz einfach so, nichts war vorüberlegt. Er verweilte bei der Toten und vernahm, wie die Organe ihres Körpers nachbebten. Sie hatten ihr so lange gedient. Der Leib zuckte und ruckte, er richtete sich auf das endgültige Ausruhen ein. Die Mutter hatte Peter das Leben geschenkt, und jetzt durfte er sie in den Tod begleiten. Die Stafette des Lebens war eine Runde weiter gelaufen. Aber Peter wird in seiner Person den biologischen Stafettenlauf der Generationen abschließen. Das Spiel des Lebens will es so.

Am nächsten Tag hatte er in der Leichenhalle den Sarg nochmals öffnen lassen, er wollte einen letzten Blick auf sie werfen. Sie war bereits grün und gelb angelaufen, die Fingernägel schon ergraut, es war, als wollten die tausend Pillen und Pastillen, die sie in den Jahren geschluckt hatte, ihre giftige Fragwürdigkeit veranschaulichen. Dieser

Anblick machte den ›Abschied für immer‹ leicht. Er machte die Trennung vom Reich der Lebenden offensichtlich und damit so begreifbar endgültig. Dieser Leib schrie nach Bestattung, schrie nach Auflösung im Erdreich. Der Rat der Bestatterin, sich diesem Abschied zu stellen, war heilsam.

Wie erschütternd war das Schicksal, mit dem der Tod unter den Schwulen ab den 80er Jahren zu wüten begann. Bleischwer legte sich die Angst vor dem Testergebnis auf die Szene. Wilfried war der erste im Freundeskreis, den es packte. In der Pause einer Opernaufführung brach es aus ihm heraus, daß er nicht sterben wolle. Peter und Siegbert waren hilflos gegenüber seinen Tränen und Ängsten. Sie hatten gerade erst von dieser neuen rätselhaften Krankheit gehört, die den Tod brachte. Sie haben ihn zusammen mit seinem Lebenspartner mehrfach zum Essen eingeladen und ihn gastlich bewirtet. Sie wollten ihm Sympathie zeigen und ihn ablenken. Aber sie spürten, wie die Panik ihn packte. Der liebenswürdige und schöne Wilfried wurde in der Blüte seiner Mannesjahre gefällt, weil er geliebt hatte, weil er viel geliebt hatte. Gerade erst hatte sich der Dunst der Diskriminierung unter den wärmenden Strahlen einer liberalen Einstellung aufzulösen begonnen. Da heftete sich an die schwule Liebe diese tödliche Krankheit Aids. Es war eine Katastrophe für diese Minderheit, weltweit. Denn arglos hatten sie in Zuneigung ihre Körper verschmolzen, hatten Sehnsucht, Freude und Ekstase geteilt, und der Tod wollte sich grimmig lachend mit ihrer Liebe vermischen. Sie sind ins offene Messer gerannt, ohne es blitzen zu sehen. Peter und Siegbert waren über diesen ersten Todesfall zutiefst ergriffen. Sie richteten am Tag der Trauerfeier ein Essen für einige Freunde aus und bestellten einen Gottesdienst, weil sie in diesem ersten Opfer die Hekatomben schwuler Toter vorausspürten. Sie haben dies in Verehrung für den guten Wilfried getan, weshalb der Dank seines Lebenspartners erst gar nicht erwartet wurde.

Daß dem Liebesakt der Tod beiwohnte, wer hätte das geahnt? Tausende verloren ihr Leben, weil sie von der Ansteckungsgefahr nichts wußten. Viele Tote aus dem nahen und fernen Bekanntenkreis folgten dem guten Wilfried nach.

Welch eine Bedrängnis liegt heute auf den Schwulen, besonders den jungen. Wie locker und unbedenklich konnten sie in der Vor-Aids-Zeit intime Kontakte knüpfen. Nichts davon ist übriggeblieben. Die Angst geht um. Im Gegenüber muß stets der Todbringer vermutet werden, und das ehrliche Eingeständnis, infiziert zu sein, darf nicht unbedingt erwartet werden. Es wäre an sich zu fordern. Doch darf man dieses heroische Bekenntnis, das ausgrenzt und sogar der Selbstaufgabe nahekommt, ohne weiteres erwarten? Man frage sich, wie man sich selbst verhalten würde.

Doch zu fordern bleibt, daß die Schwulen sich nie und nimmer mehr ungeschützt sexuell begegnen dürfen. Die Verantwortung vor sich und anderen gebietet das unerbittlich. Leider fallen viele Schwule weiterhin dem Leichtsinn zum Opfer, obwohl man vom Schutz längst weiß. Doch wer will richten, wenn die Geilheit dem Verstand schwanzhart ein Bein stellt? Die Liste des Gedenkens wird immer länger. Ab und zu zünden Peter und Siegbert ein Kerzchen an und lesen die Namen aus dem Verzeichnis. Das sind beklemmende Augenblicke des ratlosen Warum. Gottlob führte Aids nicht zur Kriminalisierung der Schwulen. Denn sie waren nicht die allerersten und blieben nicht die überwiegend Betroffenen. In manchen schwarzafrikanischen Ländern, von wo Aids entsprang, ist inzwischen die heterosexuelle Bevölkerung mehrheitlich infiziert.

*

Von einer Reise voller Sentimentalität ist zu berichten. Peter und Siegbert fuhren im Juli 1989 nach über 40 Jahren das erste Mal nach Schlesien, das Land ihrer Geburt. Der Wunsch, früher dorthin zu fahren, war durch die politisch bedingten Reisehindernisse gedämpft. Wer fühlte sich ›als verhaßter westlicher Klassenfeind im sozialistischen Polen‹ schon wohl? Doch 1989 kündigte sich bereits die Auflösung des Ostblocks an.

Als der Bus nach Breslau einbog, stockte Peter der Atem. Er gedachte seiner Jugend in dieser schönen Stadt. Aber wie fremd, wie anders sah alles aus. Zu später Abendstunde, gerade angekommen, ging er vom Hotel die Schweidnitzer Straße entlang und stand vor dem Rathaus. Ein Kloß setzte sich in die Kehle. Er ging weiter zu seinem Gymnasium am Oderufer. Er wankte zurück und heulte bitterlich. Die Erinnerung glücklicher Kindheitstage und unglücklicher Kriegstage stürzte sich wie ein Würgeengel über ihn, hielt und schüttelte ihn. Er konnte die Tränen nicht stoppen. Andererseits wollte er nicht glauben, daß dies mit ihm etwas zu tun hatte. Doch die Bilder der Vergangenheit, die ihn bedrängten, zwangen ihn zu einer Stellungnahme. Er kam nicht ins reine mit sich. Er hatte es geahnt, er würde sich mit dieser Reise zurück in die Jugend auf eine furcht-bare Begegnung einlassen. Ob und wie beschädigt er da herauskommen würde, er wußte es noch nicht.

Am nächsten Tag sah er sie wieder, die Orte der letzten Kriegstage und der Monate unter polnischer Okkupation. Er blickte hinauf zum steilen Norddach der Dorotheenkirche, das er in wesentlichen Teilen mit gedeckt hatte. Er sah sich auf den Sprossen entlangbalancieren und glaubte, die Ziegel wiederzuerkennen, die er einmal schuftend in den Händen gehalten hatte.

Von seinem ausgebrannten Wohnhaus war nichts mehr zu sehen, es war abgetragen, ein Bretterzaun umschloß die Abraumfläche. Mäßiger Verkehr bewegte sich wie eh und je durch die Gabitzstraße, die plötzlich an Breite verloren hatte. Die Erinnerung ließ die grauenhaften Bilder der gespenstischen Kriegstage auferstehen, als er mit den wenigen Familienangehörigen im Keller hockte und über ihren Köpfen das Haus brannte. Vom Krachen der Granateinschläge und dem Schreien der Sterbenden war nichts mehr zurückgeblieben. Schmerz und Leid, die für immer mit diesem Ort verschmolzen schienen, waren verweht. Das wirkte wie eine Beleidigung der Vergangenheit – war es aber nicht. Denn das Zukünftige schert sich nicht sonderlich um das Vergangene. Eine neue Straßenbahn quietschte über die Gleise, und Menschen fremder Zunge standen an der Haltestelle, als seien sie schon immer Bewohner dieser Stadt – waren sie aber nicht. Denn das Vergangene schert sich nicht sonderlich um das Zukünftige. Individuelle Vergangenheiten und Zukünfte verbleichen und verschwinden am Rande geschichtlicher Epochen, so nebensächlich wie das Wetter eines vorvorletzten Sommers. Diese Erkenntnis kratzt zwar am Selbstbewußtsein, aber spätestens wenn man sich zum Sterben bereitet, dürfte man es einsehen.

War das wirklich ›sein‹ Geburtshaus, vor dem Peter nachdenklich stand und von dem er sich, zur eigenen Überraschung, kaum trennen wollte. Er blickte zur früheren Wohnung hinauf, wo er das Licht der Welt erblickt hatte. Ein junger Mann, der gerade von der Arbeit kam und das Haus betrat, schaute noch einmal vom Flurfenster herunter, verwundert oder ärgerlich. Er hatte gespürt, daß gerade ein früherer deutscher Bewohner dieses Hauses Erinnerungen aufleben lassen wollte. Im Hof stellte Peter sich an die gleiche Stelle, wo das einzig erhaltene Kindheitsfoto ihn als Zappelbubi auf einem Stühlchen zeigt.

Noch länger verweilte Peter auf dem Kärrnerberg. Er ließ sich Zeit, die räumlichen Kindheitsbilder, verblichen durch die Zeit, neu einzuprägen. Abgrundtiefe Wehmut stieg in ihm hoch, als er die Stelle am Eisenbahndamm wiedersah, wo er dem rauch- und dampfschnaubenden Zug nachgeschaut hatte, der so gemächlich dahinkroch. Wie oft hatte er inzwischen das damalige Kindheitsgefühl an anderen Orten, immer stärker werdend, aufs neue empfunden, das Gefühl einer Lebensfremdheit, daß man eigentlich diesem Leben nie ganz zugehört, daß man ein Fremder bleibt, so sehr man sich auch darin einrichtet. Er schaute im Kreis herum, erblickte die Stadt in der Nähe, den Zobtenberg und das Riesengebirge in der Ferne. Das ist einmal seine Heimat gewesen, die ihm auch Heimat hätte bleiben können.

In der Aula der Universität war der polnische Adler angebracht, und im Dom waren die deutschen Inschriften von den Epitaphen entfernt. In etlichen katholischen Kirchen prangte die polnische Fahne am Hochaltar, eine widerliche Anbiederung der angeblich universellen Kirche an den Staat, was gelegentlich auch in Frankreich anzutreffen ist. Wenn das Schule macht! Das preußische Stadtschloß war gesprengt. Von dort hatte König Friedrich Wilhelm III zum Kampf gegen die eingedrungenen Truppen Napoleons aufgerufen. Die als aufdringlich empfundenen deutschen Spuren sollten hier wie andernorts verwischt werden. Natürlich war man nicht konsequent. Denn dann hätte das prächtige gotische Rathaus, Zeugnis des deutschen Mittelalters, ebenfalls abgetragen werden müssen. Und gerade die Jahrhunderthalle von 1913, seinerzeit die größte freitragende Kuppelkonstruktion der Welt, hätte beseitigt werden müssen. Denn sie verherrlichte den deutschen Sieg über die Franzosen 100 Jahre zuvor, was man damals nötig hatte.

In der Klosterkirche auf der Hirschstraße versammelten sich sonntags etwa zweihundert Deutsche zum katholischen Gottesdienst. Demgegenüber fanden sich in der Friedenszeit der 20er Jahre nur einige polnische Studenten und Durchreisende in der kleinen Martinikapelle ein. Damals lebten in Breslau mit 630 000 Einwohnern kaum Polen. Mit einem Ausländeranteil von etwa 0,1 % war Breslau eine durch und durch deutsche Stadt. Der kulturelle Einfluß des 100 km entfernten Polen war ähnlich gering wie etwa Belgien für das Köln unserer Tagen nebensächlich bleibt. Und auch die wirtschaftlichen Beziehungen zwischen Deutschland und Polen verliefen im wesentlichen einseitig von West nach Ost.

Peters Familiengräber waren eingeebnet, was nach 40 Jahren verständlich erschien. Daß man aber die deutschen Grabsteine schon

1948, sofort mit Beendigung der Vertreibung, entfernte, soll nicht verschwiegen werden. Beim jüdischen Friedhof hat man beides nicht gewagt, weil man wahrscheinlich auch die Vorwürfe des jüdischen Auslands fürchtete. Sicherlich sprach auch der jüdische Totenkult dagegen, wonach eine Begräbnisstätte grundsätzlich bis in alle Ewigkeit nicht anders gewidmet werden darf.

Wo Siegberts Erinnerung das Grundstück der Großeltern wiederzusehen hoffte, klaffte ein mit Abfall übersätes Feld. Von dem eindrucksvollen Haus und der Kornbrennerei, vom Garten und den uralten Bäumen war nichts mehr zu sehen. Dafür stand er jetzt zum ersten Mal vor dem Gebäude, in dem er zur Welt gekommen war.[206] Mit dieser Begegnung hatte er nicht gerechnet. Er wollte sich eine persönliche Beziehung einreden, die er zu diesem Haus haben müßte. An sich sollte es zu ihm mit Vertrautheit sprechen, denn hinter diesen Mauern hatte seine Mutter ihn entbunden. Doch es blieb ihm fremd und unbekannt. Er spürte plötzlich, daß er mit diesem Gebäude nichts zu tun hatte, denn es war ihm genommen worden. Es befand sich in seiner ursprünglichen Heimat, die seine geraubte Heimat geworden war. Es war dieses disparate Gefühl der ›vertrauten Fremdheit‹, das sich hier erstmalig, aber nachhaltig bemerkbar machte.

Dann stand Siegbert in Hirschberg vor dem elterlichen Haus und konnte nur Ekel vor der abstoßenden Schäbigkeit empfinden, die sich ihm zeigte. Der Balkon war abgebrochen, im Putz klafften Lücken, und der Vorgarten war verwüstet. Er betrat den Hausflur, um sogleich vor Widerwillen umzukehren. So hatte er sich die Begegnung mit dem über alles geliebten Heim seiner Kindheit nicht erträumt. Das gleiche Bild bot sich in der Stadt. Sie war im Krieg unbeschädigt geblieben, aber nichts war mehr zu ihrer Pflege getan. Das war verständlich, weil damals noch mit der Rückgabe Schlesiens an Deutschland zu rechnen war. Aber mußte das auch diesen Dreck und Schmutz, diese Verwahrlosung und Schäbigkeit allenthalben zur Folge haben. Siegbert war mehr als deprimiert. Seine Trauer war lähmend.

Peter andererseits sah auf dieser Reise zum ersten Mal Schweidnitz, die Geburtsstadt seiner Mutter. In der gotischen Pfarrkirche erinnerte er sich der Erzählung der Mutter, wie sie vor Scham fast gestorben wäre. Ihr Festkleidchen für die Erstkommunion habe nach der neuesten Mode die Fußknöchel freigelassen. So prüde sei die Erziehung gewesen, daß sie diese Schande verbergen wollte. Mit eingewinkelten Knien sei sie den ganzen Tag herumgehumpelt, um sich kleiner zu machen. Unvergeßlich dann die reich ausgemalte Friedenskirche aus Holz. Die evangelische Gemeinde hatte sich im 17. Jahrhundert dieses Juwel an Schönheit im Stil der protestantischen Predigerkirchen mit zwei Emporen gebaut. Später wurden Altar und Kanzel in der Manier des Spätbarock eingefügt.

Das zwiespältige Gefühl der ›vertrauten Fremdheit‹ begleitete Siegbert und Peter auf der restlichen Reise. Schließlich standen sie den Orten ihrer Kindheit unsentimental gegenüber und hatten eher die Nase voll von der Konfrontation mit dieser Vergangenheit. »Haben diese Gebäude, diese Straßen mit mir überhaupt etwas zu tun, mögen auch Pflaster und Mauerwerk noch dieselben sein?« fragte sich jeder. »Eigentlich betrifft mich das gar nicht mehr« wurde zum Eingeständnis, daß jede Begegnung mit Erinnerungsorten grundsätzlich und diese hier im besonderen unnütz erscheint. Da alles einmalig ist, unwiederholbar vergeht, vermag der Besuch eines Gedächtnis-Ortes auch nichts mehr zu ›beschwören‹, so sehr man sich auch bemüht. Denn die Umstände und die Menschen sind andere. So verbleibt nur Trauer über das zu schnelle Verlöschen des Vergangenen. Die alten Orte vermögen nicht mehr zu erschrecken, wie sie es vorher taten, sie erwärmen nicht mehr, wie sie es vorher vermochten, und sie erheitern nicht mehr, wie sie es vorher bewirkten. Ein Schleier legt sich über das weit Zurückliegende. Es rückt von der Gegenwart weiter fort und fort. Peter und Siegbert wollten schließlich Schlesien schnell hinter sich bringen. Dieser Landstrich hat ihnen nichts mehr zu bedeuten, zumal sie sich nach der Vertreibung von diesen Orten ausgestoßen fühlen mußten. Was später an Verzicht auf sie zukam, hier hatte ihre Lehrzeit begonnen. Der Verlust ihrer Heimat war der Anfang dieser schmerzhaften Schulung. ›Verlieren lernen‹ sollte das Leitmotiv der Lehrjahre werden, die auf ihre Vertreibung folgten. So hatten sie gelernt, daß Verzicht frei macht. Besitz und Erfolg können verknechten, weil sie sich perpetuieren und maximieren wollen, was jedoch fast immer mißlingt.

Selbst die Erinnerung an Schlesien wollten sie sich aus dem Kopf schlagen. Es galt voranzuleben. Schließlich hatten sie im Rheinland Wurzeln geschlagen. Sie wollten mit dem Osten nichts mehr zu tun haben. »Je westlicher, desto bestlicher«, war Siegberts Schlagwort. Was wiegt die Nähe zu den europäischen Staaten im Westen auf, zu ihrer Kultur und Landschaft, zu ihrer Folklore und Küche? Nichts.

Die jetzigen Bewohner Schlesiens mögen ihr Glück in dieser gesegneten Gegend finden! Sie sind unverdient in den Besitz dieses prächtigen Landstrichs gekommen, der so bevorzugt ist an fruchtbarer Erde und Naturschätzen, so reich ist an Industrie und Kultur. Sie mögen in Frieden dort leben! Wenn sie sich zum deutschen Erbe bekennen und es nicht leugnen, wenn sie es pflegen und nicht verderben lassen, sollten die bösen Geister der Vergangenheit zu bannen sein. Das Rheinland jedenfalls ist auf die Relikte aus der römischen Zeit stolz und putzt sie heraus, obwohl die Römer sogar als Eroberer kamen. Selbst der Code Napoléon, 1804 während der französischen Rheinlandbesetzung aufgezwungen, hat noch heute juristische Bedeutung. Die Polen werden um die Anerkennung der deutschen Vergangenheit Schlesiens nicht herumkommen, denn die während vieler Jahrhunderte eingegrabenen Spuren sind allgegenwärtig. Auch polnische Versuche, dem alten Schlesien einen gemischt-nationalen Charakter nichtdeutscher Prägung zuzuschreiben, scheitern an der geschichtlichen Redlichkeit.[207] Den ›Schlesier gemischt-nationaler Herkunft‹ hat es nie gegeben. Und die wenigen Polen in Schlesien, zahlreicher in den Randlagen Oberschlesiens, haben sich nie als ›Schlesier‹ bezeichnet. Mit Ausnahme dieser oberschlesischen Randgebiete war Schlesien in Jahrhunderten durch und durch deutsch geprägt. Jetzt, nach der ›ethnischen Säuberung‹, ist Schlesien nicht mehr deutsch. Ostpolen und damit eine neue Mentalität haben Einzug gehalten. Vielleicht gelingt es den Kräften der Geomantik, aus den neuen Bewohnern im Lauf der Zeit andere, neue Schlesier zu formen. Aus Breslau ist jedenfalls erst einmal ›Wrotzlaff‹ geworden.[208] In wenigen hundert Jahren sieht die politische Ordnung Europas sowieso wieder anders aus. Wer hätte zur Zeit der Französischen Revolution, vor 200 Jahren, geahnt, wie sich Politik und Wirtschaft in der Staatenvielfalt Europas bis heute entwickeln werden? Welche Wechsel gab es in der Zwischenzeit? Es ist naiv zu glauben, der jetzt eingeschlagene Weg der europäischen Vereinigung werde ›gradlinig‹ verlaufen.

Die Vertreibung der 12 Millionen Deutschen aus ihrer angestammten Heimat ist in Quantität und Qualität ohne Beispiel in der Geschichte. Beginnend vor 700 Jahren kamen deutsche Siedler, gerufen von polnischen und deutschen Piastenherzögen, in ein desolates, fast unbesiedeltes Schlesien, das im Laufe der Jahrhunderte deutsch wurde.[209] Nur für etwa 150 Jahre stand es unter polnischer Herrschaft.[210]

In der Konferenz zu Jalta forderte und erhielt Stalin die Rückgabe ostpolnischer, vorher russisch-ukrainischer Gebiete, die Polen 1919/1920 mit einem Angriffskrieg überfallen und erobert hatte. Als Entschädigung hatte Stalin für Polen ostdeutsche Gebiete gefordert und wollte damit zugleich den Einflußbereich des Ostblocks nach Westen schieben. Die Westmächte sind darauf eingegangen, haben aber die ostdeutschen Gebiete (Schlesien, Teile Pommerns und Ostpreußens) den Polen lediglich zur Verwaltung überlassen. Tatsächlich jedoch hat Polen sich die Gebiete sogleich einverleibt. Auch dies haben die Westmächte und natürlich die Sowjetunion stillschweigend gebilligt. Oft hat in der Geschichte eine siegreiche Kriegspartei Feindesland annektiert. Dabei wechselte lediglich die einheimische Bevölkerung den Souverän. Hier jedoch wurde die gesamte deutsche Bevölkerung vertrieben, weil man sie nicht haben wollte. Die Gewinnung eines neuen und die Schaffung eines homogen polnischen Staatsgebietes war erklärtes Ziel. Ein Problem, die vertriebenen Ostpolen im eigenen

Land unterzubringen, hätte nicht bestanden, weil Polen insgesamt nur schwach besiedelt war und heute noch ist.[211] In dem aufgegebenen ostpolnischen Gebiet, zu dem Teile von Weißrußland und der Ukraine gehörten, waren die Polen mit 2 Millionen neben etlichen anderen Volksgruppen in der Minderheit, so daß ein Besitzanspruch ohnehin fraglich war. Zwar ist dieser Landstrich etwas größer als das zugewonnene ostdeutsche Gebiet. Aber den umgesiedelten 2 Millionen Polen standen 12 Millionen vertriebene Deutsche gegenüber. Zudem hatte das ostpolnische Land einen rein agrarischen Charakter und war unterentwickelt. Demgegenüber handelte es sich bei den ostdeutschen Gebieten um ein beachtlich industrialisiertes Land mit vorzüglicher Infrastruktur. Eine gerechte Entschädigung zugunsten der wenigen umzusiedelnden Ostpolen hätte in dem dünn besiedelten Polen selbst bewirkt werden können. So aber wurde erstmalig, um ein Staatsgebiet zu erweitern, die Vertreibung der angestammten Bevölkerung, die ›ethnische Säuberung‹, zum Völkerrecht.[212]

*

Eine zweite Reise in die Vergangenheit wurde unumgänglich. Siegbert hatte sich anfangs dagegen gesperrt. Er wollte die früheren Leidensorte seiner Flucht nicht wiedersehen. Doch Peter wünschte sich die authentische Einstimmung in die Passion seines Freundes.[213]

Siegbert stand in Görlitz wieder traurig am Neißeufer und schaute hinüber auf die östliche Seite, wie er ehedem schon, vor genau fünfzig Jahren, als kleiner Bub zusammen mit seiner Mutter und seinen Brüdern dort oft verweilt hatte. Der Übergang in die nahe Heimatstadt Hirschberg war ihnen damals verwehrt. Aus der Heimat waren sie ausgesperrt, für immer, was sie damals nicht ahnten. Jetzt kräuselte sich der milde Schimmer der Sonne auf den Wasserwellen, als sei die Neiße ein Idyll immerwährenden Friedens gewesen, als habe die Politik ihre Wasser nie getrübt. Mit der Strömung des Flusses war Siegberts Vergangenheit längst hinweggetragen worden, wie auch jede persönliche Vergangenheit auf dem Fluß der Zeit hinaus ins Meer des Vergessens gespült wird. Wenig vermag sich am Ufer festzuklammern, um sich bewahrend gegen den Sog der Vergänglichkeit zu wehren.

Siegbert suchte die Görlitzer Orte des Leids wiederzusehen. Er fand sie nicht. In welchem Haus der Berliner Straße hatten sie gewohnt? Wo war er vor Schwäche zusammengebrochen und hatte ihm die gütige Frau ihren Ehering geschenkt, damit er sich etwas zum Essen besorge? Und wo ist gar das Reichertlager geblieben? Schmukke Häuser einer Siedlung und Grünanlagen überbauen jetzt die Not ehemaliger Kriegsgefangener und späterer Flüchtlinge. Gras wächst über alles, die Zeit konserviert nichts, und Rost legt sich auf alles. Jeder wohlwollend menschliche Versuch des Bewahrens wirkt wie die Beschwörung von Spukgespenstern. Aber gleichwohl, diese Geister müssen gerufen werden, damit nicht die Natur alles Vergehende endgültig überwuchert. Nur gezielt wird sich der Verfall verlangsamen, nie für immer aufhalten lassen.

Jetzt erst sah Siegbert die Schönheit von Görlitz. Wie eine Perle leuchtete die Stadt in ihren Renaissancegebäuden, an denen fleißig restauriert wurde. Görlitz ist ein Schatz, mit dem sich wuchern läßt. Denn in Jahrzehnten wird die vollständig restaurierte Stadt zu den schönsten in Deutschland zählen. Aber leider dürfte sie wegen ihrer östlichen Grenzlage kaum die Lebendigkeit und Frische des vergleichbaren Aachen in sich sammeln und verströmen können. Das ist nun einmal so. Görlitz bewahrt mit seiner Umgebung einen ›Rest deutsches Schlesien‹ und wird hoffentlich dieses winzige Erbe hüten. Keiner Volksgruppe darf verwehrt werden, ihr kulturelles Erbe zu bewahren. Sonst würden nach Wegnahme des Landes auch noch die Erinnerung und die Vergangenheit enteignet werden. Was für die Friesen, Nordschleswiger und die Sorben gilt, haben erst recht, gerade wegen ihrer Vertreibung, die deutschen Schlesier für sich und ihren Landstrich einzufordern.

Durch Ummendorf wollte Siegbert schnell durchfahren und bloß durchs Autofenster die Vergangenheit erspähen. Aber zur Spurensicherung waren doch einige Aufnahmen vom damaligen ›Haus der Schmach‹ unumgänglich. So schritt er wieder über das Kopfsteinpflaster ›seiner‹ Straße und stand plötzlich vor dem gesuchten Haus. Er wollte vor Scham vergehen, wenn er sich der berichteten und verschwiegenen Einzelheiten erinnerte, wie seine Mutter mit den drei kleinen Söhnen dort gehaust hatte. Er sah die Fenster, hinter denen sich das Chaos abgespielt hatte. Er hoffte, unerkannt und flugs davonzukommen. Eine Nachbarin kam heraus und erinnerte sich dunkel an damalige Zwangseinquartierte. Der frühere Hausbesitzer Wicker ruhe schon lange auf dem Friedhof, er würde sich über das Wiedertreffen sicherlich gefreut haben, meinte sie arglos. Aber seine Tochter wohne noch in dem fraglichen Haus und würde bestimmt gern dazukommen. Ob man sie rufen solle? Siegbert drängte zur Eile, stammelte eine Ausrede — er wollte weg von diesem Ort ›seiner‹ Schande, die eigentlich seiner unfähigen Mutter zuzurechnen war. Peter meinte, nach fünfzig Jahren könne man vielleicht darüber lachen. Aber Siegbert war nicht umzustimmen, seine noch so tiefe Reue schließe nicht diese schmachvolle Konfrontation ein. Er konnte im nachhinein immer weniger ihr damaliges Verhalten begreifen. Diese schreckerinnerten Ummendorfer Monate schlugen auf die jetzige Stimmung. Sie kehrten in eine gerade eröffnete Gaststätte ein, und zur Buße versprach Siegbert dem jungen Koch eine Ladung guter und praktischer Kochbücher. Die Lieferung war auf den Weg gebracht, aber eine Reaktion ward nie vernommen. Und das war so in Ordnung, weil es Siegberts innere Annäherung an diesen Ort abrundete. Jetzt bemerkte er auch zum ersten Mal, wie schmuck sich dieses Ummendorf mit Kirche und kleinem Schloß nebst Wassergraben präsentierte.

Nichts von Schönheit indes boten Unkraut, Wildnis und Gestrüpp, wo damals das Lager in Gröditz gestanden hatte. Damit entsprach es genau den Verhältnissen von ehedem. In den 50er Jahren war es abgerissen worden. Einige Baracken hatte man in die Umgebung verkauft. Ein sachkundiger Gröditzer bot sich als Führer durch die Vergangenheit an. Er kannte die Verhältnisse im Stahlwerk während des Krieges. Das war hilfreich. Sonst wäre Siegbert in diesem nicht ortbaren Durcheinander verloren gewesen. Aber auch ihm gelang es nicht, die Lichtpausen des früheren Lagers auf das jetzige verwüstete Areal zu übertragen. Irgendwo hier müßte die Baracke gestanden haben, wo Siegbert und die Seinen sich unter Hungerphantasien und Stromsperren durch einen der strengsten Winter gequält hatten. Die gezeichnete Vergangenheit und die gezeigte Gegenwart waren nicht in Deckung zu bringen. Die Radler, die an diesem grünen Chaos vorbeifuhren, was wußten sie von der menschenverachtenden Wirklichkeit vor über fünfzig Jahren? Vom Laubwerk umklammert, schimmerte noch ein gemauertes, arg verfallenes Häuschen durch die Büsche, vermutlich die frühere Lagerküche. Lediglich die spitzen Bruchstücke des Hochofenabraums, mit dem das Lager planiert war, ragten noch wie kleine Rasierklingen aus dem Boden und hatten so spürbar die Zeit überdauert. Wie früher versuchten sie aufzuschlitzen, was mit ihnen in Berührung kam. Der Wind, der durch das Astwerk strich, hatte schon längst das Leid der Kriegsgefangenen und das Schicksal der KZler und die Not der Flüchtlinge hinweggeweht. Noch nicht einmal ein Echo war hörbar. Er wenigstens wolle gegen das Vergessen ankämpfen, meinte der sympathische Gröditzer. Deshalb beginne er damit, die Erinnerung an die russischen Kriegsgefangenen zu dokumentieren. Wer sonst im Ort wisse noch von dem dort Geschehenen? Er fühlte sich verantwortlich. Er war übriggeblieben, für wenige Jahre, höchstens. Er war schon alt.

Das Wiedersehen mit Riesa machte glücklich. Es war 1947 der letzte Aufenthaltsort der Mutter mit ihren drei Söhnen, nach zwei Jahren ihres vagabundierenden Herumziehens. Siegbert stand vor dem Gebäude, in dem sie gewohnt hatten. Er betrat das Haus, durchschritt den Flur, Wohnungstür und Klinke waren die alten, ging über den winzigen Hinterhof und sah das Küchenfenster. Alles hier war einmal höchst lebendige Gegenwart gewesen. Inzwischen lag Frau Tillig, die gute Vermieterin, längst unter der Erde. Aber das Gebäude stand da, unversehrt, und half, die Passagen der Erinnerung zu beschreiten. Hier gingen sie ein und aus: zum täglichen Schulbesuch und zum ebenso täglichen ›Hausbesuch‹ in der Hoffnung, etwas Eßbares zu erfechten. Hier hatte die Mutter einsam vegetiert, von der Tbc befallen, als die drei Jungen im Kinderheim lebten. Hinter diesen beiden Fenstern hatte sie gelitten, während ihre Klagen immer kleinlauter wurden. Mit Hilfe städtischer Stellen konnte schließlich sogar das Kinderheim ausfindig gemacht werden, das noch immer einer ähnlichen Funktion dient. Hier waren die drei Jungen umsorgt und erstmals wieder in häuslichen Verhältnissen glücklich gewesen. Siegbert gedachte der gütigen Schwestern und dankte ihnen über ihr Grab hinaus. Im städtischen Amt fanden sich Bild- und Textzeugnisse vom früheren Haus, die bescheidenes Glück in diesen Zeiten der Not darstellten. Riesa hatte die Wiederbegegnung mit dem Vater bedeutet. Damit waren die Jungen der Sorge um die Mutter enthoben, und für die Betteltouren bestand kein Anlaß mehr. Die Stadt hatte ihnen das erhoffte kindliche Glück der geeinten Familie beschert. Deshalb blieb Riesa in erfreulicher Erinnerung und ließ den Wiedersehensabschied zufrieden ausklingen.

Wie anders die Wiederbegegnung mit Quedlinburg. Die elterliche Notunterkunft und die gegenüberliegende Schule waren schnell gefunden. Beide Gebäude waren gut erhalten. Aber wie heruntergekommen bot sich die Innenstadt dar. Beim früheren Aufenthalt, 1947, glänzte Quedlinburg, vom Krieg unzerstört, durch ein märchenhaftes Ensemble schönster Fachwerkhäuser, bereits aus dem 14. Jahrhundert. Der Stadtkern war durch keine Bausünde oder -lücke beeinträchtigt. Inzwischen waren ganze Häuserreihen eingeebnet, Straßen verrottet, zahlreiche Häuser aufgegeben und verwahrlost. Es bestanden Pläne der DDR-Regierung, die historische ›Altstadt‹, gewissermaßen als bürgerliche ›Altlast‹, einfach verfallen zu lassen. Gottlob kam es nicht in Gänze dazu, aber was die Zeit verfallen ließ, war schlimm genug.

Vom schrecklichen Wipertistift kündete noch der verblasste Namenszug neben dem Eingangstor. Wie oft ist der zehnjährige Siegbert über diese Türschwelle geschritten zum regelmäßigen Schul-, zum sonntäglichen Kirchen- und zum öfteren Krankenhausbesuch bei der Mutter. Wieviel Leid hat er auf diesem Gelände erfahren, nachdem gerade erst der Vater wiedergefunden und schon wieder weggezogen war. Das Zentralgebäude stand noch da wie eh und je. Doch die Schlafbaracke gab es nicht mehr. Auch die Flüche, hundertfach von allen Heimkindern gegen dieses Anwesen geschleudert, schienen durch die Zeit verbraucht.

Er sah den Dom wieder und den Pfeiler, in dessen Nähe er das Ende dieser öden Gottesdienste herbeigesehnt hatte. Er fühlte erneut, wie der winterliche Frost durch seine dünne Waisenhauskleidung kroch und ihm jede Andacht raubte. Wie sehr hatte er in diesen zugigen Mauern gefroren! Die jetzige Führung durch Dom und Schatzkammer vermochte ihn kaum zu fesseln, so sehr hatte ihn die Vergangenheit eingeholt, obwohl deren frühere Wirklichkeit auf den jetzigen Ort nicht zu passen schien.

Am Portal sprang der vergoldete Hund noch immer durch den Ring. Siegbert erblickte mit Überraschung diesen kunstvollen Türgriff, ein Detail, das er vergessen hatte. Jetzt erinnerte er sich. Der Hund war ihm damals ›durch den Kopf gesprungen‹, unentschieden, ob er den Dressurakt im Wipertistift oder den bloßen Übermut eines vergnügten Tieres versinnbildlichen wollte. Diesmal begriff Siegbert fest den Klinkenhund, den er früher nur mit den Augen befühlen durfte. Die aufsichtsführenden Schwestern hätten es nicht geduldet. Seine kindliche Phantasie hatte diesen spaßigen Springhund mit Halsschnur und Ringelschwänzchen ins Herz geschlossen.

Das Haus, in dem sich die Suppenküche befunden hatte, glaubte er wiedergefunden zu haben.[214] Daß er sich damals ›als Maler sehen‹ durfte, war das schönste Geschenk, das Quedlinburg ihm mitgegeben hatte. Auf das entsetzliche Dunkel, das diese Stadt für ihn bereithielt, wollte sich der Lichtstrahl aus der Pölkenstraße legen; bloß, er hatte es damals nicht ›wahr‹ genommen. Jetzt erst, fünfzig Jahre später, weiß er mit Bestimmtheit, welche Verheißung ihm hier gegeben war. Wie ehedem steht er auch jetzt dem Phänomen ratlos gegenüber. Aber er war dankbar für diese unverdiente Gabe, die ihn schon damals beschämte. Was war da passiert? Die Frage blieb und bleibt unbeantwortet.

Den Gang zum Krankenhaus, wo seine Mutter an der Tbc und an den Mitpatienten gelitten hatte, wollte er sich ersparen. Ob es den Zaun noch gibt, durch den er sich mit der Mutter an jedem Sonntag unterhalten hatte? Später lag er selbst dort, ebenfalls an Tbc erkrankt. Als damals bettlägeriger Patient fuhr er von Quedlinburg ab. Er ließ die leidvollste Station seines Lebensweges zurück.

Auf der Rückfahrt von dieser Reise sortierten Siegbert und Peter ihre Eindrücke und Erfahrungen. Für Siegbert war es die ergreifendste Fahrt seines bisherigen Lebens, was nicht heißt, daß sie ihn glücklich gemacht hätte. Im Gegenteil, die Konfrontation mit seiner Vergangenheit hat ihn zutiefst traurig abreisen lassen. Er merkte, daß die alten Orte fast nichts mehr mit ihm zu tun hatten. So fragte er sich manchmal, ob er tatsächlich schon einmal an dieser Stelle, in diesem Haus gewesen sei.

Beiden war klar geworden, daß eine Rückkehr in die eigene Vergangenheit nützlich und wichtig sein kann. Aber nur ganz wenige Male, am besten gar nicht, sollte diese Konfrontation wiederholt werden. Es lohnt nicht, sich mit der Erinnerung an die eigene Kindheit aufzuhalten. Für Siegbert war es zudem die schlechteste Phase seines Lebens.

*

Im Oktober 1973 hatten sie eine Autofahrt kreuz und quer durch Portugal geplant. Es wurde die anmutigste Reise, die sie je erlebten. Land und Leute waren von schlichter Stille, eingebettet in eine kulturträchtige Vergangenheit. Gerade darum wirkte dieser Streifen im westlichen Abseits Europas so spektakulär. Die Begegnung mit dem lusitanischen Erbe griff ans Gemüt. Unter dem Staub und Moder lag der Glanz vergangener Epochen und durch die Ritzen und Fugen schimmerte das Skelett gewesener Größe. Das war 1973. Die Reise wurde zu einer Liebeserklärung an dieses malerische Land.

Zuerst Lissabon. Es begann mit einem denkwürdigen Ereignis, über das ausführlich zu berichten kaum möglich ist und auch indiskret wäre. Die beiden waren gerade vom Flughafen im Hotel eingetroffen.[215] Die Sachen aus den Koffern waren leidlich verstaut. Da wurde Peter hundsmüde. Statt des sofortigen Erkundungsganges durch die Stadt wollte er zunächst einmal ruhen. Er legte sich schräg übers Bett und torkelte hinüber in einen seligen Halbschlaf. Er dämmerte ein, ohne tief zu schlafen, war aber gleichwohl zu müde, um alles um sich herum wahrzunehmen. Siegbert war hellwach. Er legte sich daneben. Die Nachmittagssonne fiel schräg ins Zimmer und schickte warme Herbstluft durch das offene Fenster. Heiterkeit und Zufriedenheit strömten in den Raum. Ein beseligendes Gefühl von Glück schien in der Luft zu liegen. Siegbert streichelte Peter und dichtete seine ›unvergeßliche Lusitanische Ode‹, die wiederzugeben unmöglich ist, weil ihr Text schon verweht war, bevor er ausgesprochen schien. Nur soviel sei verraten, jede Zeile der ›Ode‹ begann, fragend, mit dem schönsten poetischen Vergleich, den Glanz und Farbe, Geheimnis und Phantasie der Natur anbieten: »Bist du dies…« – »Bist du das…«, um dann fortzufahren: »Nein. Das bist du nicht.« Das überraschte Peter, weil die schwärmerische Gleichstellung nicht schmeichelhafter hätte sein können. Aber vielleicht verschwamm die Wahrnehmung im Dämmerschlaf. So ging es wohl etliche Zeilen, wer weiß es genau. Peter hat außer zwei, drei dieser Vergleiche nichts wahrgenommen, die Müdigkeit hatte sich ihm in die Ohren gesetzt.

Doch beim Ende war er halbwach: »Nein, nein, nein! Das alles bist du nicht. Du bist so sehr viel mehr! Du bist der Puschl.« Peter glaubte zu träumen, was hatte er grad im Schlummerschlaf gehört, er war gerührt, jetzt hatte die Neugier die Müdigkeit verdrängt. Er bat Siegbert, seine ›Ode‹ zu wiederholen. Doch es war nichts zu machen, er hat es nicht gewollt. Er meinte, sein Poem wäre dem Augenblick geschenkt, wäre der Sonne und der Herbstluft, die den Raum erfüllten, anheimgegeben. Vielleicht war seine ›Fantasia Lusitana‹ noch nicht einmal für Peters Ohren bestimmt. Nie hat er seine ›Ode‹ wiederholt, jede Bitte blieb erfolglos. Ein Geschenk dürfe man nicht zweimal schenken. So hat Peter nur eine Andeutung des Poems vernommen. Aber wenn Peter auf Siegberts Bildern die kleinen Details erkundet, das blinkende Funkeln eines Wassertropfens oder das blitzende Leuchten eines Auges, den duftigen Schimmer einer Frucht oder den dunstigen Schleier eines Wasserfalls, dann könnte er vielleicht die verwehten Zeilen der ›Ode‹ zurückrufen, vielleicht — doch eher nein.

Tags erwanderten sie die Stadt und nachts lauschten sie dem Fado. In beidem erlebten sie den Traum von einem historischen Erbe, das verbraucht schien: Die Häuserfassaden bröckelnd und schief; die Farben verwaschen, verblichen, selbst in der ›Straße der grünen Fenster‹; etliche Gemälde in den Museen durchlöchert und schräg im beschädigten Rahmen; die Aufsicht schläfrig und scheu; die Straßenbahnen altersmüde und quietschend; die Menschen erschöpft und ermattet, aber liebenswert und freundlich in ihrer Traurigkeit; die Frauen früh gealtert und die Burschen früh gereift. Die Geschichte dieses Landes schien an der Lebenskraft der Nachfahren gezehrt zu haben. Deshalb diese ›sich versagende Sehnsucht‹; der Fado singt von dieser *Saudade*. So alt die Geschichten dieses Ortes, so unnahbar die Geheimnisse dieses Liedes. Lissabon und der Fado gehören zusammen. Wird man als Fremder sich je der Seele von beiden so nähern können, daß man glauben darf, man habe sie be›griffen‹? Ein sehnsuchtsgesättigter Schmelz lag über der Stadt, und ein ebensolcher

Schmerz klang aus dem Fado: Das war 1973. Peter und Siegbert haben die Stadt genossen. Trunken vom altersgesättigten, kräftigen *Colhares,* wankten sie zurück ins Hotel und wünschten, daß es immer so bliebe.

Ein Auto war in Lissabon gemietet. Auf dem Weg in den Norden haben sie alles kulturhistorisch Wichtige gesehen und mit Muße betrachtet: die Umgebung der Metropole, Mafra, Óbidos, Alcobaça, Nazaré, Batalha, Fátima, Tomar, Coimbra und etliche weitere Orte. Am Rande einer Lagune aßen sie in einer *Pousada* zu Mittag, während das gleißende Sonnenlicht sich im glatten Wasserspiegel brach und noch von unten in die Augen stach.[216] Der schmalste Sehschlitz der Augenlider schien noch zu breit. Fischer ernteten vom Kahn aus gemächlich mit Gabel und Rechen den Tang. Angenehm schmeichelte sich das Geräusch ihrer Arbeit in die Stille dieses geruhsamen Mittags. Die warme Luft fächelte sich in das offene Hemd. Das weite Himmelsgewölbe schien bis herunter zu reichen. Alles mutete wie im Traum an. Ähnliche Empfindungen boten sich landesweit. Insbesondere die Orte, die abseits liegen – und oft dort gelassen werden –, haben sie nicht bereut: Guimarães, Vila Real, Lamego, Viseu und Guarda.

Die Küche in den *Pousadas,* in denen sie fast regelmäßig abstiegen, war aufregend eintönig, aber die vieltönigen Leckereien des Gambrinus am Lissaboner Rossio gab es damals doch auch. Und mit aller Dürftigkeit versöhnte der würzige, altersschwere Rotwein, dessen Trauben fleißige Füße vor Jahrzehnten gestampft hatten.

Unvergessen der Bergort Marvão, verlassen und verträumt, voller schlafender Vergangenheit, die in dem Mauerwerk eingeschlossen schien. Im prallen, heißen Sonnenlicht knisterten leise die Steine, als wollten sie etwas von der Mühsal der Jahre, von der Last der Erinnerung loswerden. Eine Katze ruhte träge auf der Brüstung und vermochte im gleißenden Sonnenlicht kaum einen Augenschlitz zu öffnen. Doch sie ließ sich angstlos streicheln und nicht ablenken, was die alten Festungsmauern aus maurischer Zeit ihr anzuvertrauen schienen. Die dortige *Pousada* sympathisch schlicht und liebenswert anspruchslos.[217] Der Abendhimmel war wie ein funkelnder Teppich, und bot ihnen die Überraschung des kommenden Winters: Ihr Liebhaber Orion lugte um die östliche Ecke und hat sie hier entdeckt. In seinem Lächeln spiegelte sich die Anmut dieses liebenswerten Landes wider, mit seinen traurig und treu blickenden Menschen.

*

Auf den ausländischen Dienstreisen begleitete Siegbert oft Peter, oder sie trafen sich nach Beendigung von Peters Aufgaben an einem vereinbarten Ort in Übersee. Peter sah Siegbert vor dem Hoteleingang im Flughafengebäude Miami sitzen. Er führte ihn zum Leihwagen und hinaus ging es nach Key Biscayne. Dann fuhren sie über die Everglades bis Key West, sahen in Orlando das Weltraumzentrum und den Disneypark, dessen Originalfassung sie von Kalifornien schon kannten. Am Strand von West Palm Beach erlebten sie eine verängstigte Nacktbadeszene, die hinter jedem Busch einen Polizisten argwöhnte. Das Land der unbegrenzten Möglichkeit war und ist bis heute prüde bis zum Abwinken, obwohl die dortige Pornoindustrie nicht ihresgleichen in der Welt kennt. Die schöne, aus mediterranem Geist gewachsene sexuelle Lässigkeit und die geschlechtliche Ambivalenz haben in den USA kaum Einfluß gewinnen können. Das Land bleibt von einer bigotten Unentschiedenheit geprägt. Das hatten sie schon auf ihrer großen Reise durch den Westen der USA beobachten können. Natürlich sind Großstädte ›weitläufiger‹, aber selbst dort brach unerwartet Prüderie durch. Ihre Westreise führte sie entlang der Küste bis Tijuana. Sie hatten das ›Tal des Todes‹, den Grand Canyon, viele andere Naturparks erlebt und landeten schließlich in Salt Lake City bei den Mormonen.

Verschiedentlich waren sie in Staaten Südamerikas, in Kolumbien, Perú, Argentinien und besonders Brasilien. In Rio wohnten sie im Haus von Ernst S. und stürzten sich in den Karneval, oder sie genossen die fleischfröhlichen und körpergeilen Strände der Stadt.

Doch nach Jahren der Umtriebigkeit gewann das Zuhause immer größeren Reiz. Auch die Austauschbarkeit vieler Ziele verlockte schließlich kaum noch zu Fahrten. Es hört sich reiseklug an, aber es ist wahr. Man sehe sich die Aufnahmen aus früheren Tagen an. Welch einen Reiz und Charme boten ehedem die fremden Städte und Strände. Heute nivellieren die gleichförmigen Wolkenkratzer und Bauten das Lokalkolorit, welches man neuerdings in sterilen Schonungen der Erinnerung noch zu hegen versucht. Selbst die Museen moderner Kunst in der Welt bieten inzwischen so viel ähnliches dar. Die Lust an dieser Kunst kann man innerhalb der näheren Umgebung mehr als befriedigen, wenn nicht Sonderausstellungen andernorts locken. Ein übriges tut das Fern-Sehen, das die Welt so nah heranholt und den Reiz des Reisens schmälert. Denn was ist noch neu, unbekannt, ungesehen?

So ist ihnen die neue Wohnung zu einer schützenden Hülle geworden, in der sie ihre Zweisamkeit gestalten, kultivieren und genießen konnten. Sie kamen sich vor wie zwei Vögel in einem Ei, wie Zwillinge aus demselben Schöpfungsakt, befruchtet mit demselben Begehren und beseelt wie eineiige Zwillinge. Siegbert hat dieses Ereignis wenige Male ins Bild gesetzt: Der Blick in ein Ei, wo zwei Vögel sich schnäbeln: ›Lieben ist leben‹.

Ihr Wappen fordert zu ›Modus et Animus‹ auf. Sie verstehen unter ›Maß‹ die zugeteilte Elle Zeit, die ihnen zu leben gewährt ist. Wie das Metermaß einen Anfang und ein Ende hat, so spannt sich das Leben zwischen diesen beiden Grenzpunkten – als ihr Lebensmaß. Es gibt nicht weniger, und es gibt nicht mehr. Dieses Maß läßt sich gegen die vorausschauende Macht des Schicksals nicht abändern; auch der bewußt gewählte Freitod ist diesem Schicksal anheimgegeben. Ihr Wahlspruch sollte sie an diese Befristung gemahnen. Sie wollten sich in Zukunft noch mehr dieses zugeteilten Maßes an verbliebener Lebenszeit innewerden.

An seinem fünfzigsten Geburtstag stellte sich Siegbert vor Peter auf. An seinen beiden vorgestreckten Händen ließ er sieben Finger aufrecht stehen und sagte, daß nach den Berechnungen der Lebensversicherungen der Mann im Durchschnitt eine Lebenszeit von etwas über 70 Jahren hätte. Wenn jeder Finger für zehn Lebensjahre stehe, müsse er heute fünf Finger in die Handfläche zurücknehmen und nur noch zwei Finger dürften stehenbleiben. Diese Hand mit den zwei ausgestreckten Fingern und die andere, sozusagen fingerlose, Hand bewegte er eindringlich auf und ab: »Das verbleibt mir noch – nach dem gemittelten Durchschnitt, vielleicht mehr, eher weniger.« Diese Demonstration war eindrucksvoll, packend, sie ist unvergessen. Siegbert hat sie älteren Besuchern gegenüber noch manchmal wiederholt, oft mit der Konsequenz, daß der Gast seine panische Betroffenheit kaum unterdrücken konnte. In der Tat, die augenfällige Ansichtigkeit verblüfft stichhaltiger und verunsichert nachhaltiger als jede noch so eindringliche Suada.

Im Bewußtsein der zugeteilten Lebenszeit zu leben, wird, älter werdend, immer wichtiger. Es fordert heraus, mit der Zeit – mit der Restlebenszeit – bewußter umzugehen. Auch der junge Mensch kann früh sterben. Aber für den Älteren geht die Wegstrecke des Lebens definitiv nicht mehr weit voran. Sie meinten nicht mehr, alles und jedes mitmachen zu sollen. Also muß klar erkannt werden, was Umweg oder Ablenkung ist. Sie wollten sich jetzt noch weniger das ›leere Zeitverprassen‹ leisten, von dem August von Platen spricht. Er hat in einem ergreifenden Sonett die Klage über die verlorene Lebenszeit angestimmt und kommt zu der deprimierenden, aber wohl richtigen Einschätzung, daß aller Einsatz von Zeit und Mühe das Glück nie herbeizwingen könne.[218] Sie wollten auch der Transzendenz öfter und gezielter im Tagesablauf Raum geben.

Die zweite Devise ihres Wahlspruchs fordert auf, ›Mut zu haben‹, also die Elle Lebenszeit ohne Angst und Furcht durchzustehen. Das ist leichter gesagt als getan. Denn das Schicksal schlägt zu – immer wieder, unvermutet und oft recht derb. Ob der Zugriff des Schicksals selbstverschuldet oder fremdbeeinflußt ist, spielt dabei keine Rolle. Es sind allein die Schläge, die zählen. Schließlich droht über allem das physische Ende, der Tod, der unausweichlich kommen wird – ebenfalls oft unvermutet.

Und dann fehlt noch das mächtige Stück Mut, das von beiden zusätzlich eingefordert wird. Es ist der Schneid, zu sich selbst zu stehen: das Selbstvertrauen zum Schwulsein. Es verlangt von ihnen, die Mitgift ihrer Natur aus vollem Herzen für sich zu akzeptieren und auszuleben, auch wenn die meisten Mitmenschen ihre abweichende minderheitliche Natur letztlich nicht gutheißen.

Man könnte vielleicht mit Wurstigkeit all die mißlichen Umstände, die den Lebensgeist beeinträchtigen, beiseite schieben und in den Tag hinein leben. Aber das ist ihnen beiden nicht gegeben. Sie waren sich, älter werdend, immer mehr bewußt, daß bei aller Heiterkeit eines sonnenerfüllten Frühlingstages oder bei allem Glück einer gelungenen Partnerschaft eine Trauer über allen Dingen liegt. Sie ist vielfältig und facettenreich: Sei es die Trauer über die verwehende Flüchtigkeit eines jeden Augenblicks, sei es die Trauer über die drohende Zerbrechlichkeit einer jeden Sache oder sei es die Trauer über das Fressen und Gefressenwerden in der gesamten Natur. Vergil faßte diese Erkenntnis in eines der gewaltigsten Worte der Antike: »Sunt lacrimae rerum« – ›Die Dinge haben ihre Tränen.‹[219] Im Angesicht der Gefährdungen und Verluste einigermaßen froh und gelassen leben zu wollen und zu können, erfordert Mut.

Im Winter traten Peter und Siegbert auf den Südbalkon hinaus, um sich bei wolkenlosem Himmel mit ihrem Recken Orion zu unterhalten. Sie glaubten sogar, sich beide in seiner Nähe zu sehen. Denn links oberhalb von ihm, in seiner unmittelbaren Nachbarschaft, befanden sich Castor und Pollux, als leuchtendes Doppelgestirn im Sternbild der Zwillinge. Das mythologische Paar, gezeugt vom Göttervater Zeus mit der sterblichen Leda, galt als unzertrennlich. Sie lebten als Söhne des Gottes auf Erden, und stets gemeinsam nahmen sie teil an mannigfachen Abenteuern und Händeln. Zusammen verbrachten sie eine glanzvolle Zeit, bis Castor in einem Streit fiel. Da hat sich Zeus an dem Kampfesgegner gerächt und ihn durch einen Blitz erschlagen, so wütend war er über die Tötung seines Sohnes. Castor mußte hinab ins Schattenreich, von seinem geliebten Bruder so schmerzlich getrennt. Pollux wurde von Zeus sogleich bei den Unsterblichen aufgenommen, um nicht auch ihn zu verlieren. Doch Pollux wollte nicht abgesondert von seinem toten Zwilling leben. Da sah Zeus ihrer beider Leid. Er gestattete ihnen zusammenzuleben, den einen Tag im Olymp, den anderen Tag in der Unterwelt, so würdig erschien ihre beiderseitige Liebe. Zum bleibenden Vorbild nahm er sie daher unter die Sterne auf, und er setzte sie persönlich ans Firmament. Unzertrennlich schreiten sie seitdem am Himmel nebeneinander her, als Künder der Liebe zwischen zwei Männern, als strahlendes Doppelgestirn.

Der Orion zog wie seit Jahrtausenden seine Bahn, so jedenfalls ließ es die tägliche Erddrehung um die eigene Achse erscheinen. Natürlich standen seine Sterne fix am Firmament, und mit ihrer Größe konnten sie sprachlos machen. Der linke Schulterstern, Beteigeuze mit Namen, hat eine so gewaltige Ausdehnung, daß jede Vorstellung versagt. Zum Vergleich: Die Entfernung Erde zur Sonne beträgt rund 150 Millionen km, so daß der Durchmesser der Erdbahn um die Sonne das Doppelte, 300 Millionen km, ausmacht. Die Sonne mit ihrem Durchmesser von ›nur‹ 1,4 Millionen km wirkt auf uns wahrlich schon von berstender Gewalt an Strahlkraft und Masse. Doch um wieviel gigantischer ist der Beteigeuze: die 300 Millionen km durchmessende Erdbahn um die Sonne würde in ihm bequem Platz haben, über ein so unbegreifliches Volumen verfügt er. Daß er gleichwohl so ›normal‹ schwach leuchtet, liegt an seiner Entfernung von rund 2 800 Billionen km. Mit der schnellsten Eisenbahn würden wir etwa eintausend Millionen Jahre brauchen, um hinzukommen, noch auf einem Lichtstrahl sitzend würde unsere Reise schätzungsweise

300 Jahre dauern. Unser Recke Orion hat es also in sich. Sein rechter Kniestern Rigel ist mit der etwa 100 000fachen Leuchtkraft unserer Sonne ein ebensolcher Gigant. Gleichfalls Bellatrix, der rechte Schulterstern.

Das sind Dimensionen so enorm, wie sie augenfälliger die Geringfügigkeit der Erde und ihrer Bewohner nicht beziffern können. Diese Vergleiche zwingen zur Verehrung der Schöpfung, können sogar die Anbetung des Schöpfers einfordern. Daß Orion diese Botschaft Jahr für Jahr den beiden ans Firmament heftete, dafür sei ihm gedankt. Es verging wohl kaum ein wolkenloser Winterabend, an dem sie nicht einen Blick und einen Gruß zu ihm hinaufgesandt haben.

*

Die Gnade lächelt

Alles ist zufällig oder nichts unterliegt dem Zufall, das ist auf spielerische Weise schon angedeutet worden. Die Ereignisse, in welche wir Menschen gelangen, sind entweder vorhersehbar erwartet, oder sie scheinen wie ein Meteor – woher und wohin, wann und wie? – überraschend auf uns einzustürzen. Dazwischen gibt es vielfältige Mischformen des grundsätzlich erwarteten, geplanten oder nicht geplanten, aber im einzelnen nicht bestimmbaren Ereignisses. Wie war das am 4. Januar 1966?

Siegbert wollte, als er an diesem Tag zum Agrippabad ging, durchaus ein erotisches Abenteuer suchen. Er hatte diese Chance geplant und wartete dort auf den Fisch, der nach seinem Köder schnappte. Viele ›gay-müt‹liche Fische tummelten sich in dem groß angelegten Badevergnügen und ›scharwenzelten umher‹. Aber ihm gefiel bei›leibe‹ nicht jeder Goldfisch, der dort ›herumschwänzelte‹. Und nur die wenigsten der Fische bemerkten überhaupt seinen Wurm, den auch er bedeckt-versteckt ausgelegt hatte. Denn er war ja noch so unerfahren, wie das ›mit dem Köder und so‹ ginge. Ihm diente das Bad, wo er ein- bis zweimal die Woche hinging, insbesondere der Körperreinigung. Denn in seiner Mülheimer Untermiete hatte er nicht die Möglichkeit zu duschen.

Zu Berliner Zeiten, als er bei Herrn Meese in West-Berlin wohnte, pflegte er in das nahe gelegene Schöneberger Schwimmbad zu gehen. Hunderte belagerten vor jedem Wochenende die öffentlichen

Duschbäder, um für 20 Minuten auf die schnelle eine Duschzelle zu ergattern. Oder man weitete diese Notwendigkeit gleich zu einem Besuch des Schwimmbades aus, was auch Siegbert praktizierte. Dann duschte man in der großen, trennwandfreien Halle, nackt, worauf das Personal streng achtete: »Hose aus! Wir sind hier sauber.« Manch einer war schamert, oder er hatte das Emailschild übersehen, das aufforderte, hier nackt zu duschen. Denn ungewaschen unter der Badehose sollte keiner ins Schwimmbecken steigen. Falls dann ein Kerl sich sein Gemächte zu sauber gerubbelt hätte, könnte dies zu folgendem witzigen Wortwechsel geführt haben. Bademeister: »He, sie dürfen hier nich wichsen.« Der Kerl: »Ick kann mer meenen Schwanz doch waschen, so fix ick et will, oda?« Diese Logik hätte den Bademeister entwaffnet, aber bestimmt nicht kommentarlos davonziehen lassen. Mit seiner großzügigen Berliner Schnauze hätte er noch eins draufgesetzt.

Im Kölner Agrippabad forderte man diese Reinlichkeit nicht ein, was der Hygiene des Schwimmbeckens ›bestimmt‹ und dem Begehren des Auges ›bedingt‹ abträglich war. Etliche wuschen sich überhaupt nicht, oder wenn doch, dann wuschen sie nicht den Unterkörper, oder wenn doch, dann behielten sie die Badehose an. Die beiden ersteren waren die schlampigen Drückerfische, die dem reinigenden Duschraum schnell aus dem Wege gehen wollten. Und die letzteren waren die verklemmten Stockfische, die vielleicht unter dem Diktum litten: »Wer zeigt, der läßt.« Indes so eindeutig sind Verhalten und Körpersprache keineswegs zu entschlüsseln. Wer zeigt, will vielleicht bloß und nackt angeschaut werden. So bedeutet die freiwillige Ent-›kleid‹ung, die der Reinigung dient, immer auch eine Ent›blöß‹ung, weil sie mitgewollt ist. Oder man entkleidet sich, weil man sich nur zu gerne entblößen will, und die Reinigung dient lediglich als Vorwand. Es gibt demnach zwei Spielarten der Hosenbefreiung, was auseinanderzuhalten dem geübten Auge leichtfällt und Spaß bereitet. Die dortigen gay-mütlichen Wassertiere jedenfalls beherrschten dies Wissen.

Bei Peter war das anders, wenn er das Agrippabad aufsuchte. In seinem Appartement in der Werderstraße konnte er im eigenen Bad duschen. Wenn er baden ging, dann wollte er sportlich schwimmen, was er bereits als Student in Bonn gern und ausgiebig getan hatte. Natürlich waren ihm die gut aussehenden und bunten Fische aufgefallen, die sich, wie in einem Aquarium, zur Schau stellten und einander umschwirrten. Aber dort jagte er grundsätzlich keinen Fisch, weil er sich das verboten hatte. Seine Angst war viel zu groß, daß ein Angestellter seiner Firma wie ein Neunauge ihn erspähen und ertappen könnte. Folglich war er dort ›brav‹, aus Not, nicht aus ›Gesittung‹.

Das Agrippabad war ein Neubau aus dem Jahr 1958. Das 25-Meter-Becken mit acht Bahnen nahm den größten Teil der weit gespannten, luftigen Halle ein. Daneben lag ein Sprungbecken mit Turm, und entlang der riesigen Fensterfront, welche die gesamte Straßenseite einnahm, verlief eine geheizte Steinbank mit drei Sitzstufen. Das Kinder- und Planschbecken in einer getrennten kleineren Halle hielt das Geschrei in Grenzen. Für sie war ein gesonderter Duschraum vorgesehen, gleichwohl gelangte schon mal manch frühreifer Knabe versehentlich mit Absicht in die Herrendusche. Mit fatalistischen Armbewegung schien er signalisieren zu wollen: »Wenn ich schon mal den Eingang verwechselt habe, was soll's, jetzt bleib ich hier.« Doch sein Schauvergnügen währte nur, bis der Bademeister ihn rauswarf.

Der Duschraum für Männer war durch eine Wand halbiert, und in jeder Hälfte lagen sich auf beiden Seiten eines Ganges jeweils sieben Duschen gegenüber. Sie waren untereinander mit einer seitlichen Trennwand geschieden, die in den 70er Jahren entfernt wurde. Zum Mittelgang hin gab es eine Sichtblende, wobei je zwei Duschen mit einem gemeinsamen Eingang zusammengefaßt waren.[220] Zwischen diesen beiden benachbarten Zellen war die Abtrennung kürzer. Trat man also von der Dusche etwas zurück, konnte man den Nachbarn voll erblicken, besonders wenn dieser das gleiche tat. Alle

Wände waren nur bis zur Augenhöhe hochgeführt, so daß die Größeren überblicken konnten, welche Duschzellen belegt waren. Andererseits war der gemeinsame Durchgang zu den beiden benachbarten Duschen so breit ausgelegt, daß man bei passendem Blickwinkel in die Zellen schräg gegenüber, wiederum durch diesen Eingang, blicken konnte.

Seit vier Jahren ging Peter oft Sonnabendnachmittag schwimmen. Es blieb nicht aus, daß sich kannte, wer regelmäßig erschien. Man begrüßte sich und sprach miteinander, immer ein bißchen verlegen und versteckt, aber nicht weniger wohlwollend, doch mit Galgenhumor. Man war vorsichtig, es entsprach der gewissen gedrückten Stimmung, die unter den Schwulen herrschte. Die Bademeister, zwei bis drei an der Zahl, wechselten ab, wenn sie unregelmäßig, aber überfallartig den Duschraum, die Toiletten und den Raum mit den Umkleidekabinen kontrollierten, die Augen ringsum kreisend, um ›auf Gesittung zu achten‹. Das sollte als Warnung gedacht sein. Doch es spielte sich sowieso wenig ab. Denn der Verbotsparagraph und die Prozeßberichte in den Zeitungen sagten zu deutlich, was gerade auch in der Luft des Schwimmbades lag. Es hätte sofort Anlaß gegeben, Anstoß zu nehmen und den Bademeister zu rufen. Doch eine Annäherung ließ sich allemal fortsetzen, dann eben später, dann eben woanders. Zumeist blieb die Runde solange, bis am Abend das Bad für die Schwimmvereine frei gemacht werden mußte. Dann stellten sich die Fragen, wer was mit wem noch anstellen wollte, sofern nicht schon vorher unter der Dusche der Funke für ein Bier, für einen Film oder für eine Nacht übergesprungen war.

Selten oder nie gesehene Gesichter tauchten jedes Mal auf. Der Neue wurde an seinem Blick und der Badehose zur Hälfte durchschaut, sowie ob er die Nähe oder Ferne der anderen Duschenden suchte, oder wie lange er unter der Dusche verweilte. Den Rest ergab ein Gespräch, in das er sich vielleicht hineinziehen ließ. Der Neue war das Objekt der Wißbegier und wurde auf die kölsch-offenherzige Art in die Riege hineingezogen, falls sich's ergab. Wer miesgrämig dreinblickte oder nicht wenigstens mit seiner kessen Badehose signalisierte, daß er seinen Körper liebt und mit ihm spielt, der hatte wenig Chancen.

Das Schwimmbad war damals der einzige Ort, wo ein Schwuler in respektabler Weise seinesgleichen erotisch begegnen konnte. Daß hier die Nacktheit öffentlich praktiziert und akzeptiert war, bereitete unbeschwertes Augenvergnügen. Im übrigen erschienen Wasser und Seife und Bürste ohnehin als Inbegriff von Sauber- und Reinlichkeit, was dem Duschgeschehen fast einen rituellen Charakter verlieh. An solch reinlichem Ort sollte also auch alles übrige rein erscheinen. Die erotische Annäherung hat davon profitiert.   .

Die schwulen Burschen und jungen Männer, die Samstagnachmittag mehr oder weniger regelmäßig kamen und einander kannten, scherzten und Witze machten, hatten bald einen Spitznamen weg. ›Modderlieschen‹, der schräge, immer lustige ›Karpfen‹ aus Nippes, war der geistreiche Namenspender. Er hatte ein Auge für das Klitzeklein-Typische eines jeden. Und seltsamerweise akzeptierte jeder seinen Taufnamen, wenn auch mancher über seine Charakterisierung nicht glücklich schien. Da aber bald auch alle anderen ihn so riefen, hörte der Neugetaufte letztendlich auch auf ›seinen‹ Namen. Wer sich indes abwandte oder nur selten blicken ließ, erduschte sich nicht die Würde eines fischigen Spitznamens.

Unter der Brause, meistens vergeblich allein, stand Hans der ›Hai‹, weil er bei jedem anbeißen wollte. Immer roch er Blut. Doch mit seiner direkten, drängenden Art hatte er sich die Abfuhren selbst verursacht. Er hätte eher ›Steinbeißer‹ heißen sollen. Rudi, ›der Hecht‹ genannt, war mit seinem Spitznamen schon besser umschrieben. Er jagte blitzschnell durchs Wasser, hechelte aus dem Becken und jagte genauso wendig durch die Gänge des Duschraumes. In diesem dampfenden Fischteich fühlte sich der Hecht, als wär' er zu Haus. Mit sicherem Blick erfaßte er, wo er sich diesmal neben einen lohnenden Beutefisch unter die Dusche stellen sollte. In seinem handfesten Ehrenfelder Dialekt wußte er alles Erforderliche so schön sprachtümlich einzufädeln: »Mer jon noch e Kölsch drinke? Ne? Mer han doch Zick, uns dat noher uszeschwaade. Wat meins do?«[221]

Und der Erwin, Peters lieber Erwin, er glitt wie ein ›Rochen‹ durchs Wasser, gemächlich und kraftvoll. Er sah furchterregend aus unter seiner voluminösen Badekappe aus schwarzem Gummi, die seine noch schwärzeren Haare kaum bändigen konnte. Unter der Dusche war er ein stets angenehmer Gesprächspartner, der das Neueste aus seiner Gärtnerei erzählte, wo er, schon ausgelernt, sich um die Grünpflanzen kümmerte. Peter hatte ihn dort mal besucht, weil Erwin ihm den Betrieb und über Nacht noch mehr zeigen wollte. Daraufhin nannte Peter ihn »mein Stachelrochen«, und Erwin tat's gut. Denn er war auf sein Stück stolz. Die beiden haben sich gemocht und stürmisch geliebt. Die Wochenenden verbrachte Erwin oft in Peters Wohnung auf der Werderstraße, die er bald in ein Gewächshaus für Grünpflanzen verwandelte. Peter verpaßte ihm einen Schlips, und so gingen sie manchmal draußen speisen. Mit Erwin konnte man sich sehen lassen, er war ein interessierter Unterhalter. Leider wechselte der liebe Stachelrochen nach Berlin, er wollte der Wehrpflicht entgehen. Und die Grünpflanzen gingen ohne seine pflegende Anwesenheit schnell und kläglich ein.

Dann gab's da noch den ›Seeteufel‹, weil er so grimmig blickte, oder die ›Kröte‹, diese geile, giftige Tunte undefinierbaren Alters, mit der man nichts näher zu tun haben wollte, und weitere wenige Wassertiere. Der ›Tintenfisch‹ ruderte im Gehen mit den Armen, als müßte er sich in der Luft abstützen. Er schaffte offensichtlich den Übergang vom Wasser auf festen Grund erst nach einer Weile. Das ›Walroß‹ sah auch so aus und war entsprechend umgänglich.

Der ›Stichling‹ war der jüngste in der Runde. Er war ein grundanständiger Hüpfer mit pfiffig verschmitzten Augen. Anschmiegsam und anbiedernd, wollte er jedem gefallen, was ihm durchweg gelang. Mit geschmeidigen Körperbewegungen begleitete er sein selbstverliebtes Betasten der Haut. Auffallend oft strich er sich über Arme, Brust, Bauch, Beine, Kopf, wie in einer liebkosenden Sexmassage.

Ungestüm und ungesteuert schien dieses Verlangen am eigenen Hautgenuß aus ihm herauszukribbeln. Man spürte, über das Tasterlebnis seiner Haut gab er seinem Leib, was dieser begehrte. Dabei lachte er mit einer subkutanen Schamlosigkeit, die neugierig machte, was diese wohl zu bedeuten hätte. Einige in der Riege hatten es schon erkundet. Aber stets war man erneut davon angetörnt. So ergab es sich irgendwie fast immer: Er ließ sich von einem fürs Wochenende einladen und torkelte Montag früh zu seiner Arbeitsstelle. Er stach und ließ stechen, auf flexibelste Weise, beides mit einer betörenden Selbstverständlichkeit. Peter hatte ein paar Mal mit ihm seinen runden Spaß. Übrigens, er hieß Robert, der junge Stichling.

Wie er denn zu seinem harmlosen Spitznamen käme, hatte Peter den Modderliesrich gefragt. Der stellte die Gegenfrage, warum Peter denn nie eine andere als die gold-gelbe Badehose trage, die zwar verdammt gut zu seiner Haarfarbe passe, aber gleichzeitig schaute er mißbilligend runter auf Peters Hose. Tatsächlich, das gelbe Stück war nicht so knapp geschnitten, wie in der Riege gängig. Doch Peter wählte sie stets, weil er am dienstfreien Samstag durchaus Mitarbeiter seiner Firma dort gewärtigen mußte, was schon vorgekommen war. Die Strandbermuda war ein züchtiges Mitbringsel von der Copacabana. Im übrigen, Peter hatte sich überhaupt nicht als ›Goldfisch‹ gesehen, der so gemächlich im trüben Teich dahinzieht. Aber wer in der Runde hatte schon seine zoologische Zuordnung als schmeichelhaft empfunden?

Modderlieschen hatte schlimmere Namen parat, immer aufs neue, nach Jux und Laune. Die posaunte er hinterher, wen er gerade nicht mochte, und die anderen prusteten vor Lachen. Da wechselte er schon mal ins Reich der Amphibien: »Michel, du Frosch, hops mal zur Seite! Stefan, du blinder Grottenolm, verkrich dich ins Planschbecken!« Doch immer war spaßhaft empfunden, wie er ulkte, gemäß seiner Devise: »Loß mer jet Uuz maache.«[222]

So gut wie nie ging Peter während der Woche ins Schwimmbad. Das verbot die Arbeitszeit. Gestern war er aus Hannover vom

Weihnachtsurlaub zurückgekehrt und hatte den heutigen Dienstag noch Urlaub. Warum nicht ins Bad gehen, eine seltene, ›zufällige‹ Gelegenheit, sagte er sich. Er packte dieses Mal die schmale, leuchtend-blaue Nylonhose ein und was sonst dazugehört. Das Bad war schwach besucht, die Duschen auch nur sporadisch belegt. Er stand unter der Brause, rechts von ihm die Nachbarkabine war frei. Er wusch sich Haare und Körper, da stellte sich jemand unter die Nebendusche, Peter nahm es kaum wahr. Er wollte schnell ins Schwimmbecken. Die Körperreinigung war beendet, da bemerkte er, wie ihn der andere aus dem äußersten Augenwinkel fixierte. Peter ahnte sofort, was Sache war. Doch irritierte ihn die verklemmt schüchterne Art, die ihm sagte, der muß noch lange zappeln, ehe aus dem was wird. Peter hatte den Nachbarn kaum wahrgenommen, war nicht interessiert, er wollte schwimmen. Er hatte Seife und Bürste auf den Fußboden der Duschkabine gelegt und hatte sie dort schlicht vergessen, als er zur Schwimmhalle ging. Sonst und wie bisher stets hatte er diese Utensilien in den vorgesehenen Fächern am Rande des Schwimmbeckens abgelegt. Welch ein Zufall der Nachlässigkeit! Er zog seine Bahnen, wurde müde und wollte aufbrechen: »Schnell noch das Chlorwasser abduschen, die Waschsachen aus dem Ablagefach nehmen.« Da bemerkte er den Verlust, ging zurück zu seiner vorherigen Kabine, die nicht besetzt war. Hätte er dort die Waschsachen nicht wiederfinden wollen, er hätte unter den fast dreißig Duschen etliche andere gefunden, die nicht belegt waren. Und er wäre nach dem Gesetz der Wahrscheinlichkeit kaum wieder unter seine vormalige Dusche geraten. Den Kerl von vorhin hatte er während des Schwimmens vergessen. Den suchte er nicht, er hatte ihn gar nicht ›wahr‹-genommen, geschweige denn taxiert. Jetzt stand Peter also wieder unter seiner früheren Brause und wollte sich flugs vom Chlorwasser des Schwimmbeckens befreien. Da sah er, daß der Kerl, genau schräg gegenüber, in Blickkontakt zu ihm stand. Wenn das keine Absicht ist, war Peter sofort klar. Hier lagen seine vergessenen Utensilien, er mußte sie hier wiederfinden, worauf der Kerl spekulierte, und von gegenüber war er noch trefflicher zu beobachten. Peter merkte, der Fisch, den er vergessen hatte, war auf der Jagd, auf der Jagd nach ihm. Peter sollte sein Beutetier werden. Doch der ›Raub‹fisch gegenüber sah nicht so ›räuberisch‹ aus. Erst jetzt musterte Peter den drübigen Kerl und fand ihn auf Anhieb attraktiv. Genau was er mochte, die Figur gertenschlank und ein liebes, ernstes Gesicht, die ›Loch-Wange‹, in die er gern hineinfiel, und das Wesen, das er ausstrahlte, zurückhaltend, unverdorben und kultiviert. Er packte seine Waschsachen und ging rüber zu dem Kerl, wo die Nachbarzelle noch frei war.

Sie wechselten gerade mal zwei banale Sätze. Da erblickte Peter plötzlich einen früheren Bekannten aus dem Jurastudium, der jetzt in Köln als Justitiar tätig war. Peter erschrak: »Das war's dann eben, nichts wie weg.« Seine Laune der Annäherung hatte sich schlagartig im Dampf des Duschraums aufgelöst, er eilte nach oben zu den Umkleidekabinen. Er hielt seine Reaktion für richtig, doch wurde er traurig über den abrupten Weggang. Er überlegte: »Das wär' doch zu schad', so ein netter Kerl.« Peter war angezogen, fertig zum Gehen. Er suchte den Burschen, wollte ihn ansprechen, ging durch die langen Reihen der Umkleidekabinen und war irritiert: »Sollte der schon gegangen sein? Den wiedertreffen? Unwahrscheinlich, so gut wie unmöglich.« Er war enttäuscht. Da endlich fand er ihn. Durchs Türgitter der Umkleidekabine erblickte er ihn, das Unterhemd übergestreift, ein liebes, frisches Gesicht voll Spannung.

Peter stand seinem Glück gegenüber. Er sah es nicht, denn seine Augen waren wie mit Blindheit geschlagen. Erst recht hatte er das Schicksal nicht gesehen, das jetzt wieder neben ihm stand und gerade diese neuerliche Begegnung arrangierte. Warum sieht man dieses Wesen nicht, das die Seile des Zufalls sortiert und miteinander verknüpft? War es der ›Fünfzehnte Heilige‹, der ihm nach dem Prager Fiasko aus ›Vierzehnheiligen‹ nachgeschickt und nachgereist war? Wie frustriert und wütend hatte Peter erst vor wenigen Monaten mit seinen Bitten auf den Altar jener Wallfahrtskirche gehämmert. Er hatte sich das Recht zu ›seinem‹ Leben aus dem Leibe geschrien. Wie schön wäre es, Einblick zu haben in das Reich des Geistes, in sein Leben und Wirken; faszinierend wäre es, mit anzuschauen, wie die Gedanken der Menschen, ihre Hoffnungen und Segenswünsche, ihre Verzweiflungen und Flüche agieren, miteinander kommunizieren und sich realisieren wollen.

Peter schaute auf sein unerkanntes Glück. Durchs Gitter hetzten die Sätze: »Wollen wir uns wiedersehen?«

»Ja! Gern.«

»Ich muß mit einem Bekannten hier noch ein Bier trinken. Leider.«

»Ach!«

»Wo können wir uns treffen, in der Stadt?«

»Hm?«

»Schlag' was vor! Sag' was!«

»Am Neumarkt an der Uhr.«

»Okay. Aber es dauert bei mir«, und weg war Peter.

Genau so verlief diese Begegnung, so kaschiert und versteckt, so gehetzt und abrupt, darum so unromantisch und unwürdig für den Beginn einer möglichen Liebe. Die zufällige Annäherung und der flüchtige Wortwechsel schienen angetan, diesen Versuch einer Liebe scheitern zu lassen. Aber daß gerade auch in banalen Kleinigkeiten das Große verborgen ist oder in ›nichts‹sagenden Begleitumständen ›alles‹ sich andeuten kann, davon zeugen viele Begebenheiten. Jeder kennt sie. Ein aufschlußreiches Beispiel dürfte die Erzählung sein, wie Gott dem Elia ›begegnet‹ sein soll. Der mächtige Schöpfer des Weltalls wählte hierfür eine ohnmächtige Erscheinungsform. Nicht im Sturm und nicht im nachfolgenden Erdbeben, auch nicht im anschließenden Feuer war er zugegen und ging er an Elia vorüber. Sondern im leicht überhörbaren Säuseln eines Windes teilte er sich mit.[223] In dieser eindruckslosen ›Schwäche‹ war der ›Stärkste‹ gegenwärtig. Das Unauffälligste kann gerade das Wirkkräftigste sein. Ob es die einzelne Zelle eines Samens oder eines Eis ist, ob Atom oder Virus, die Natur kennt diese und andere Beispiele. Auch in einem Lächeln kann mehr Wirkung liegen als in einem Lachen. Daß ähnlich unspektakulär, ja geradezu unter abwehrenden Umständen, die Liebe zwischen Peter und Siegbert ihren Ursprung nahm, verwundert nicht. Es war nicht der Paukenschlag einer Liebe auf den ersten Blick, und es war auch nicht die Ouvertüre, die in Ruhe und Prägnanz ein Thema andeutet, um auf das folgende Musikspiel einzustimmen. Ihre erste Begegnung war eher eine dissonante Stolperstrecke von abgebrochenen Soli-Einsätzen.

Etliche frühere naheliegende Möglichkeiten hatte das Schicksal nicht arrangiert. Es wäre leicht gewesen, sie in Berlin oder Hannover zusammenzuführen, als beide in derselben Stadt weilten. Hundert weitere Gelegenheiten hätte das einfallsreiche Schicksal, früher und andernorts, ermöglichen können. Doch gerade ›diese‹ eigenartige Chance hatte es ausgewählt. Vielleicht gab es überhaupt nur diese eine Begegnung, die das Schicksal geplant hat? Wer kennt schon die Geheimnisse im Spiel des Lebens? Man kann eine Chance beachten oder übersehen, nutzen oder ausschlagen. Erst nachher weiß man, ob eine ergriffene Chance zum Glück oder Unglück gereichte, und ob im günstigen Glücksfall das Geschick dauerte oder schon bald wieder entfloh. Von wievielen verpaßten Chancen, großen und kleinen, weiß jeder zu berichten!

Die Römer haben die Glücksgöttin Fortuna auf einer Kugel reitend dargestellt, so unberechenbar rollt das Glück heran und hinweg, oder sie haben ihr Flügel gegeben, so schnell kann das günstige Geschick entfliehen. Manchmal haben sie ihr eine Augenbinde angelegt, um ihre blinde Willkür zu kennzeichnen.

Was ist von dieser allerersten Begegnung im Agrippabad übriggeblieben? Alles, was ihrer beider gemeinsames Leben ausmacht, und das ist sehr, sehr viel – sowie zwei Kleinigkeiten, das damalige Unterhemd von Siegbert und die Badehose von Peter. Für Siegbert hat sein wahres Leben erst mit diesem 4. Januar 1966 begonnen. Und für Peter hat das Leben ab dann erst seinen wahren Inhalt gefunden. So glauben sie: Der Sinn ihrer beider Leben hat sich in ihrer Gemeinsamkeit erfüllt.

Vom Schicksal hatten sie ein Angebot erhalten, und sie haben es angenommen: Sie stürzten sich in das Liebesabenteuer ihrer Begegnung. Heute wissen sie, das Schicksal hatte ihr Zusammentreffen gefügt, denn es hat ihre schwule Liebe, hat ihre schwule Partnerschaft gewollt. Es hat ihnen ihre Begegnung ›zufallen‹ lassen. Das Leben ist Liebe. Der einzige Sinn des Lebens — wenn es denn einen gibt — dürfte die Liebe sein, die Menschen einander schenken und voneinander empfangen dürfen. Dies scheint die Schöpfungsabsicht zu sein. Denn ohne Liebe ist das Leben unerträglich, nicht lebenswert. Den Schwulen ist ›ihre‹ Liebe, die ›ihnen eigene‹ Liebe lange verwehrt worden. Während vieler hundert Jahre waren sie und ihr Liebesbegehren im Westen ausgegrenzt. Damit wurde ihr Leben weniger lebenswert und für manche nicht mehr fortsetzenswert.

Eine geglückte Bindung zwischen zwei Menschen erscheint wie ein Geschenk des Himmels. Denn das bloß eigene Bemühen stößt bald an die Grenzen der eigenen Fähigkeiten. Die Kraft muß vorhanden sein, muß gewährt werden, damit das Ziel einer Liebe angesteuert und vielleicht erreicht werden kann. Eine ›geglückte Partnerschaft‹ in Lebendigkeit und Liebe, in Vertrauen und Verläßlichkeit ist ein reines Geschenk. Es muß sich fügen, das Schicksal muß es wollen. Es scheint eine so unverdiente und seltene Gabe zu sein, als wäre es eine Gnade der Transzendenz. So haben das Peter und Siegbert mit tiefer Dankbarkeit empfunden.

Siegbert hatte sich einen Freund fürs Leben heimlich ersehnt, ohne zu wissen, daß es eine solche Verbindung überhaupt gibt.

Peter wußte davon, aber in zahllosen Anläufen hatte er Reinfall nach Reinfall erlebt. Dem ›Zufall‹ einer tragenden Liebesverbindung glaubte er sich einmal zum Greifen nahe. Das war, als er Chong begegnet war, seiner ersten Hoffnung auf eine Zweisamkeit. Sie schmiedeten Pläne für eine gemeinsame Zukunft. Doch dann hatte er aus der Ferne des Ostens plötzlich ein Lachen gehört. Nie ist Peter diesen

Eindruck losgeworden. Als der geliebte Chong in der Bucht von Manila ertrank, als er davon die Nachricht in den Händen hielt, da war es ihm, als habe das Schicksal ihn schallend ausgelacht.

Jetzt lächelte das Schicksal, und das nennt man Gnade, und die wird geschenkt.

* * *

Anmerkungen

1 Die Bäckerei wird nach Besitzerwechsel und Vergrößerung heute noch betrieben. Aber der alte Charme dieses ehedem kleinen Familienbetriebes ist wegmodernisiert.

2 Nach Peters Auszug ist die Straße umnumeriert worden. Das Haus erhielt die neue Nr. 36. Es lag genau gegenüber der heutigen Nr. 33. Die Versicherungsgesellschaft Agrippina hat dort Erweiterungsbauten ihrer Hauptverwaltung errichtet. Das damalige vierstöckige Haus hatte auf jedem Geschoß vier Kleinappartements, je zwei zur Straße und nach hinten. Im Grundriß unterschiedlich, umfaßte jedes Appartement etwa 20 bis 30 qm. Im Innern verliefen das Treppenhaus, recht steil und eng, ein Fahrstuhl und zwei Belüftungsschächte, auf welche die Fenster der Badezimmer führten.

3 Es handelt sich um die Platten ›Canta un Tiple‹, Vol. I–III (Pacho Benavides), sowie später Vol. IV (Marcos Murcia), erschienen bei Montilla, und ›Su Majestad El Tiple‹ (Alvaro Dalmar), bei Sonolux. Die wahrscheinlich auf Volksliedern und -tänzen basierenden Musikstücke, die ihn besonders ansprachen, sind in der Form des Bambuco, Pasillo oder der Guabina geschrieben.

4 Es war das Savoy-Theater, Hohenstaufenring 25. Es wurde in den 80er Jahren geschlossen.

5 Hohenstaufenring 22. Das Restaurant ist Anfang der 80er Jahre geschlossen worden.

6 Hinter der Wohnungstür kam man in einen Flur von etwa 3 qm, in dem eine Garderobe und ein Regal für die Auslandsreisekoffer stand. Von den zwei Türen führte die eine ins Bad und die andere in das einzige Zimmer. Das grün gekachelte Bad mit Toilette und Dusche hatte ein Fenster zum Lichtschacht. Das Zimmer seinerseits hatte zwei große Fenster zur Straße, die dem Raum viel Licht gaben. Vom Zimmer war ein schmaler Gang als

Küche abgetrennt, etwa 2 m lang, mit der Entlüftung in einen Luftschacht. Der Schrank war ein schlichtes, aber schönes Stück aus Esche in Naturfarbe von Anfang des Jahrhunderts. Es wurde Peter über eine Annonce angeboten. So war damals die Zeit: Der Besitzer war froh, ihn kostenlos abgeholt zu bekommen, um Platz für eine – wahrscheinlich scheußliche – dunkle Palisanderschrankwand zu schaffen. Heute ist es ein ansehnliches Möbelstück mit dem Flair einer gediegenen, wenn auch nicht gerade kostbaren Antiquität. Damals übrigens hatte Peter noch drei weitere Schränke bei anderen Eigentümern zur Auswahl gehabt.

Unter einem der Fenster war die Gasheizung, deren Belüftung nach außen ging. Sie erwärmte den Raum schnell und kräftig.

7 Gängige Praxis dieser Agenturen war, die Adressen der wenigen ihnen angebotenen Zimmer vielen Interessenten gleichzeitig zu nennen, und das über etliche Tage, sogar Wochen hinweg. Natürlich waren die Zimmer immer schon an die ersten Interessenten vergeben. Rabiate Szenen und wortgewaltige Auseinandersetzungen in den Büros waren folglich die oft gehörte Begleitmusik beim Aufenthalt im Wartezimmer. Schwache Gemüter glaubten schließlich eher an den Erfolg über Zeitungsinserate, gaben ihre Bemühungen über die Agentur auf und ließen das Honorar sausen. Der Eindruck war allgemein verbreitet, daß die Vermittlungsbüros aus diesen schwachen Seelen ihre finanzielle Stärke bezogen. Denn so viele Wohnungen und Zimmer gab es gar nicht, um so viele Agenturen mit seriösen Vermittlungsangeboten am Leben zu erhalten.

8 ›Verzällcher (= Geschichten), wie man auf Kölsch sagt.‹ ›Nee, was die Sylvia wieder angestellt hat, sie werden's nicht glauben.‹ ›Das darf man keinem erzählen. Aber ihnen kann ich es ja sagen …‹

9 Es ist offensichtlich, daß der Kosename aus dem Französischen abgeleitet ist (*le cœur* = das Herz). Die Diminutivform ›chen‹ ist, so will es die deutsche Grammatik, stets sächlichen Geschlechts. Aber es heißt mit voller Absicht ›der Körchen‹, was das Außergewöhnliche der Verbindung und das Männliche des Namensträgers unterstreichen soll.

10 Koninklijk Museum voor Schonen Kunsten.

11 Es hätte auch anders kommen können. Verschiedene Alternativen eines Ereignisverlaufs hätte das Schicksal anbieten können. Die Konstellationen wären anders, je nachdem, ob einerseits die todbringende Munition im ersten oder zweiten Zug transportiert worden wäre und ob andererseits der Freund den ersten oder zweiten Zug begleitet hätte. Das sind vier verschiedene Möglichkeiten. Nur in einem dieser Fälle war das Leben des Freundes gefährdet, wenn nämlich die Munition im voranfahrenden ersten Zug geladen war und er diesen Zug leitete. Er bat darum, gerade

diesen früheren Zug fahren zu dürfen. In den drei anderen Fällen wäre er unter den gegebenen Umständen mit dem Leben davongekommen. Warum wählt man – angeblich frei – unter den verschiedenen Konstellationen gerade die fatale? Es ist eine Frage an das Schicksal.

12 Breslau, Gabitzstraße 109. Der Hauseingang lag genau gegenüber dem Portal der Caroluskirche. Es war eine große Wohung mit fünf stattlichen Zimmern.

13 Der Dorotheenfriedhof, Steinstraße 89, war Teil eines weiträumigen Begräbnisareals noch weiterer Kirchengemeinden.

14 19.12.1940.

15 IG – Kleine Chronik einer Gemeinschaft. Düsseldorf, Gesellschaft für Buchdruckerei und Verlag, 1951, S. 10.

16 Es war ein Eckhaus und grenzte an die Gabitzstraße 103, wo die Mutter mit Personal ein Feinkostgeschäft betrieb, das im Krieg das Überleben verbesserte. Das NS-Regime hatte eine Arbeitspflicht für jede Person durchgesetzt.

17 Luisenplatz 5.

18 Eine schön begrünte, frühere Abfallhalde zwischen der Charlotten- und Kürassierstraße. Sie ist 27 m hoch und über 350 m lang. Später erhielt sie den Namen ›Hardenberghügel‹.

19 Es heißt, daß sich im Zyklus von sieben Jahren eine intro- und eine extrovertierte Lebensphase ablösen.

20 Heinz Boberach: Jugend unter Hitler. Düsseldorf, Droste, 1982.

21 Sie war am 12.02.1865 in Kaltenbrunn (polnisch: Myslaków) unterhalb des Zobtenberges (718 m) geboren und hieß Martha Winkler. Ihr Ehemann war Heinrich Baumert, geboren 26.09.1859 im benachbarten Groß-Wierau (polnisch: Wiry).

22 Die neuromanische Hallenkirche (1911–1915) hatte eine sehenswerte Kanzel in Form eines Segelschiffes, an dessen Steuer der heilige Petrus plastisch dargestellt war. Als Anregung hat wegen vieler Ähnlichkeiten möglicherweise die barocke Schiffskanzel der Stiftskirche in Irrsee/Kaufbeuren (1725) gedient. Die moderne Breslauer Kanzel war plastisch stärker ausgearbeitet. Sie ist nach 1945 entfernt worden.

23 Bei Alt-Gersdorf/Habelschwerdt (polnisch: Stary Gieraltów/Bystrzyca Klodzka) unterhalb der ›Steinkuppe‹.

24 Donnerstag, den 25.01.1938. Das Nordlicht reichte bis Süditalien (30. nördlicher Breitengrad). Breslau liegt auf dem 53. Breitengrad. Normalerweise bildet ein Nordlicht flirrende und schwirrende Streifen, die sich wie stark auseinandergezogene Wattestreifen bewegen, ständig entstehend und wieder verschwindend. Es leuchtet in grünlichen, bläulichen oder rötlichen

Strahlenbündeln. Mal verändern sie in schneller Folge ihre Erscheinung, mal verweilen sie für einige Zeit in gleicher Gestalt. Sie sind jenseits des 70. Breitengrades, im Bereich des magnetischen Pols, also nördlich von Hammerfest in Norwegen, oft anzutreffen. Aber hier trat das Ungewöhnliche ein. Die Magnetstürme der Sonne trieben das Polarlicht bis weit in den Süden Europas. Hinzu kam die gleichbleibende unveränderte Intensität des scharlachroten Lichts, was so unheimlich wirkte. Selbstverständlich hat alles eine natürliche Begründung. Auch die sogenannten ›Wunder‹ finden im Rahmen der Natur statt, sind also natürlich. Aber es kann etwas ungewöhnlich sein, das übliche Maß übersteigen und damit signifikant werden. Um dieses Phänomen geht es.

Legt das die Annahme nahe, daß sich der folgende 2. Weltkrieg vorher sichtbar angekündigt hätte? Etwa möglicherweise wie alle großen Ereignisse des Weltgeschehens? Die kleinen Katastrophen, etwa die eines Vulkanausbruchs oder einer Sturmflut, brechen bekanntlich herein, so unvermittelt und abrupt, wie eh und je. Ob indes die großen Verhängnisse, die weite Landstriche und zahllose Menschen berühren, von der Natur fürsorglicher angezeigt werden, müßte eine geschichtliche Untersuchung ergeben. Dabei wäre nachzuweisen, wievielen solchen angeblichen Ankündigungen nichts Unheilvolles gefolgt ist. Es würde allerdings nicht überraschen, wenn sich Beziehungen zwischen Vorankündigung und Ereignis statistisch belegen ließen. Nicht nur der Mensch, auch die ›vielfältige‹ Schöpfung ist beseelt, wenn auch in je ›vielfach‹ unterschiedlicher Weise. Zu den Kräften der Seele gehört, unabhängig von der intellektuellen Verstandeskraft, auch das vorausahnende Empfinden und seine Kundgebung.

25   Das ›Stadttheater‹, Schweidnitzer Straße 22, zeigte vornehmlich Opern. Für Schauspiele und andere Großdarbietungen gab es drei weitere Häuser.

26   Schuhbrücke 37. Ab 1941 fanden die Versetzungen in die höheren Klassen nicht mehr zu Ostern, sondern zu Beginn der Sommerferien (›Große Ferien‹) statt.

27   Es war die erhoffte Versetzung von der fünften in die sechste Klasse (von der Obertertia in die Untersekunda) im Sommer 1944.

28   Gartenstraße 53.

29   Der Derglich, schlesisch = Ein kleiner, zerbrechlich wirkender Knabe, der deswegen Zuwendung zu verdienen scheint.

30   Es waren kreisrunde Bretter (ca. 18 cm Durchmesser) mit Handgriff, auf denen aus Laubholz gesägte kleine Hühnchen montiert waren. Von diesen Tierchen führte jeweils ein Faden durch ein Loch im Brett zu einem zentral hängenden kleinen Gewicht. Die Hühnchen machten reihum eine Pickbewegung, wenn man das Brett rotierend bewegte, weil das Gewicht

sich ebenfalls im Kreis bewegte und die Schnüre entsprechend straffte. Alles war recht bunt angemalt. Es bleibt erstaunlich, wo die Kriegsgefangenen Handwerkszeug und Farben ›herhatten‹. Das kann wohl nur mit hilfsbereiten Deutschen möglich gewesen sein.

31 Er wohnte auch auf der Herderstraße. Die Mutter hat ihn zusammen mit Peter auf der Nahostreise 1966 besucht.

32 Ob Juden damals keine Lebensmittelkarten bekamen und wann die Familie Jakob fliehen konnte oder in ein Vernichtungslager abgeholt wurde, ist unbekannt.

33 Geboren 25.12.1888 in Maker, Kreis Leobschütz, verstorben 23.07.1954 in Bernau bei Berlin.

34 Siegberts Mutter, geboren 24.02.1896 in Breslau, verheiratet 26.05.1917, verstorben 05.06.1958 in Bernau.

35 Geboren 13.03.1863 in Radlin, verstorben 1938 in Breslau.

36 Stonsdorfer Straße 13. Vorher wohnte der Vater zur Miete in einem Eckhaus Friedrichstraße.

37 Die Privatklinik von Frau Dr. Treffs lag Friedrich-Hebbel-Straße 6, heute polnisch: Ulica Kutnowska.

38 Taufe am 12.06.1937 in der Lutherkirche, Kaiserstraße.

39 1939: 53 000 Einwohner, 95 % Deutsche; tschechisch: Karlovy Vary.

40 Tschechisch: Merklín.

41 Tschechisch: Horni Platná. Vielleicht war es auch (tschechisch): Pernink.

42 Vom Wasser aus gesehen am rechten Ende, schon auf dem leicht erhöhten Felsabsatz.

43 1966, 40 x 30 cm.

44 Ludwig II von Bayern hat sich im Münchner Opernhaus mit 209 mitternächtlichen ›Separatvorstellungen‹, wie er sie nannte, von Richard-Wagner-Opern verwöhnen zu lassen. Er saß in der Königsloge, der Innenraum war erleuchtet, er war der einzige Zuschauer, keiner sonst durfte anwesend sein.

45 Gilbachstraße 25. Dieser Pfarrkirche ist der Name der im Krieg zerstörten Kirche gleichen Namens (neben dem Gürzenich) übertragen worden, um so die Kölner Tradition einer St.-Alban-Gemeinde fortzuführen.

46 1966, 30 x 24 cm.

47 Einwohnerzahl Breslaus 1939: 630 000.

48 Geboren 20.10.1944.

49 Der Rosenmontag war der 14. Februar.

50 Kaps, Johannes: Die Tragödie Schlesiens 1945/46. München, Deutscher Taschenbuch Verlag, 1962.
Peikert, Paul: Festung Breslau in den Berichten eines Pfarrers. Berlin (DDR),

Union Verlag, 1974.

Geiger, Friedrich: Wie Breslau fiel ... Stuttgart, Kulturaufbau-Verlag, 1948.

51 Die Waffen-SS war eine selbständige militärische Organisation und bestand neben den drei Teilen der Wehrmacht. Sie wurde zu Kriegsbeginn 1939 aus früheren SS-Truppen und Freiwilligen, besonders Ausländern, gebildet. Ende 1944 gehörten ihr 910 000 Mann an. Sie verfügte über keinen eigenen Generalstab, stellte aber ihrerseits Oberbefehlshaber von Heeresgruppen. Deutsche Soldaten mußten bei Gefangennahme im Falle zweifelhafter Identifizierung ihre Achselhöhle visitieren lassen, um zu beweisen, daß sie nicht zur Waffen-SS gehörten.

52 Polnisch: Góra.

53 Der Kampf in und um Breslau ist erschöpfend dokumentiert von Gleiss, Horst: Breslauer Apokalypse 1945 – Dokumentarchronik vom Todeskampf und Untergang einer deutschen Stadt und Festung am Ende des Zweiten Weltkrieges. Wedel, Natura-et-Patria-Verlag, 1986–1998, 7 Bände.

54 Schon Mitte Juli war eine Testbombe in den USA mit Erfolg gezündet worden. Die zweite Atombombe wurde am 09.08.1945 auf Nagasaki abgeworfen. Sie beendete den Krieg mit Japan.

55 Linnéstraße 9: 20.08.–07.09.1945.

56 Das Gebiet der Tschechoslowakei war im Mittelalter Kernland des deutschen Reiches, die böhmischen Könige waren 1237–1708 Kurfürsten der Deutschen Könige, Kaiser residierten in Prag und die erste deutsche Universität wurde dort 1348 gegründet. Erst Mitte des 19. Jahrhunderts setzte sich, ausgehend von der Volksgeistlehre Herders, ein tschechischer Nationalgedanke durch. Er führte 1919 als Folge der Kriegsniederlage von Österreich-Ungarn zur Abspaltung und Bildung eines eigenen Staates (Vertrag von St. Germain). Ein Viertel der Bevölkerung waren Deutsche, die fast ausschließlich in den Randgebieten, dem sogenannten Sudetenland, siedelten. Mit der Zuweisung dieser großen deutschen Volksgruppe zu einem ethnisch (geschichtlich, sprachlich, kulturell) anders verfaßten tschechischen Staat war bereits die Ursache für die künftigen Differenzen gelegt und verschuldet. Die deutsche Volksgruppe wollte ihr Selbstbestimmungsrecht wahrnehmen und hatte die Angliederung an Deutschland gewünscht, was ihr verweigert wurde.

57 Ondra, ein schwuler Modename, ist abgeleitet vom englischen Andrew = Andreas.

58 ›Der komische Hahn‹, 1959, 40 x 30 cm; Ausstellung 05.05.–04.06.1961.

59 Juryfreie Kunstausstellung Berlin 1962, Ausstellungshallen am Funkturm, 04.05.–03.06.1962. Gemälde: 1962, 45 x 35 cm.

60 Rue des Beaux Arts 6, Paris VI (Saint-Germain-des-Prés, 07.–30.05.1963).

Der Vater von François kannte den Galeristen, der seiner Tochter zuliebe diese Galerie eröffnet hatte.

61   In die Blätter haben sich eingetragen u. a. Dalí, Hans Arp, Arrabal, David Duncan.

62   Rue Palatine 5.

63   1. ›Traumwald‹, 1963, 140 x 200 cm, gekauft von den Eheleuten Jean Dubas. Das Bild soll beim Umzug nach Chinon stark beschädigt worden sein: Die abgespannte Leinwand sei, statt sie zu rollen, gefaltet worden.
2. ›La vie dans les plis‹, 1966, 192 x 132 cm (= ›Verborgenes Treiben‹), von Siegbert an Ingrid und François geschenkt.

64   ›Was ist es denn für ein Schätzchen? Da bin ich aber glücklich für sie. Wie heißt es denn, das Liebchen?‹

65   Görlitz hatte 1940 etwa 95 000 Einwohner. Durch die Flucht vor den heranrückenden sowjetischen Truppen sank die einheimische Bevölkerung im Mai 1945 auf ca. 45 000. Nach Kriegsende stieg die Bewohnerzahl auf bis zu 120 000, bedingt durch ca. 60 000 heimkehrwillige Schlesier und zurückgekehrte Görlitzer. Die Zahlen für den Landkreis Görlitz sahen noch katastrophaler aus.

66   Görlitzer Magazin. Städtische Kunstsammlungen, 1955, Jahrgang 9, S. 3–17.
Scholz, Franz: Görlitzer Tagebuch, Chronik einer Vertreibung 1946/46. Frankfurt am Main und Berlin, Ullstein, 1993.
Archiv der Stadt Görlitz mit umfangreichem amtlich-internen Schriftverkehr und vielen Berichten aus dieser Zeit.

67   Wahrscheinlich: Berliner Straße 52.

68   Ein Aufruf, der allenthalben in der Stadt von gelbem Papier entgegenleuchtete, hatte die Überschrift: »Görlitz steht vor der Hungersnot!« und lautete weiter: »Trotz der seit Wochen bestehenden Zuzugssperre in Görlitz Stadt und Land steigt die Bevölkerungszahl katastrophal. Allein im Landkreise beträgt der tägliche Zustrom 20 000 Menschen. Weder der Landkreis noch der Stadtkreis haben Lebensmittel für die Flüchtlinge. Mit einer Öffnung oder Lockerung der jetzigen Sperre nach dem Osten ist nicht zu rechnen. Alle Versuche, das Flüchtlingsproblem örtlich zu lösen, sind gescheitert. Die Frage wird höherenorts entschieden. Rückwanderer und Flüchtlinge, sucht sofort andere Orte auf, in denen diese Not nicht herrscht. Beachtet ihr diese Warnung nicht, so setzt ihr euch der Gefahr des Hungertodes aus. Görlitz, den 21. Juni 1945. Stadt- und Landkreisverwaltung.« Schon acht Tage später forderte die Stadtverwaltung in öffentlichen Aushängen alle Flüchtlinge und Ortsfremde auf, binnen 48 Stunden die Stadt zu verlassen. Alle Hauswirte seien für die Räumung der

betroffenen Wohnungen verantwortlich.

69 Tschechisch: Hrádek (nahe Nisou).

70 Tschechisch: Liberec.

71 Tschechisch: Frýdlant (nahe Sméda).

72 Die Katharinenkirche ist 1980 durch Einzug einer Zwischendecke wesentlich verändert worden. Neue Sitzstühle wurden angeschafft und die besagten Bänke stehen heute in der Kirche von Barleben.

73 Wahrscheinlich: das Eckhaus Schulstraße/Alsteinstraße (neben Nr. 32), gegenüber der Schule.

74 Maschenpromenade 21; damals trug das Haus eine andere Nummer.

75 Friedrich Wicker, Seelschestraße Nr. 2, heute Nr. 3, der rechte Teil eines Doppelhauses; es war ein zweifenstriger Raum im Erdgeschoß nach vorn.

76 Seine frühere amtliche Bezeichnung war: Außenlager 23 des ›Stammlagers VIII Görlitz‹. Jetzt wurde es nach der Reichertstraße benannt, auf der es sich befand.

77 Es hieß ›Mitteldeutsche Stahlwerke AG, Lauchhammerwerk Gröditz‹. Es gehörte zum Flick-Konzern und war schon 1934 in die Aufrüstung einbezogen. Für den wachsenden Bedarf an Arbeitskräften wurde ab 1939 das Barackenlager für 530 deutsche und ausländische Zivildienstverpflichtete angelegt und ab 1942 innerhalb des Werkzaunes für 1 600 russische Kriegsgefangene vergrößert.

78 Allein in Hamburg erfroren im Januar 1947 dreißig Personen in ihren Wohnungen.

79 Friedrich-Engels-Straße 52, Parterre, Straßenseite, die beiden Fenster zum rechts angrenzenden Nachbarhaus.

80 Joseph-Haydn-Straße; heute: Mittelschule.

81 Städtisches Waisenhaus, Mergendorfer Weg 12; heute als ›Sozialpädiatrisches Zentrum‹ eingegliedert in das neu gebaute Kreiskrankenhaus.

82 Damals gehörte Schwicheldt als selbständige Gemeinde zum Kreis Peine. Ab 1974 ist es nach dorthin eingemeindet. Beide Orte waren in den 40er Jahren wesentlich kleiner. Innerhalb der letzten 50 Jahre ist Schwicheldt stark gewachsen.

83 Die postalische Adresse war damals ›Schwicheldt Nr. 27‹. Heute ist es ›Peine, St.-Florian-Straße 4‹.

84 Das Zimmer maß 4 x 3,40 m.

85 Im Winter heizte er schön ein und erübrigte eigenes Wärmen mit einem Elektrogerät, das auch erst noch hätte gekauft werden müssen. Im Sommer trieb er die Zimmertemperatur auf Saharahitze. Der Kamin ist in den 70er Jahren verkleinert worden.

86 Das Fenster geht auf die Brunnenstraße.

87 Die Treppe überwand bei einer Grundflächentiefe von 2 m die Höhe von 2,30 m, war also ungemein steil. Jede der 14 Stufen hatte nur eine Trittiefe von 23 cm, so daß man kaum einen sicheren Halt empfand.

88 Etwa 1990 ist das Kanalbett gemäß Europanormen verbreitert und das Ufer mit Spundwänden eingefaßt worden. Von dem früher ohnehin geringen Charme der Wasserstraße ist nichts mehr übriggeblieben. Abgesehen von der Verschmutzung des Wassers könnte jetzt kein Badender mehr die Stahlwand ohne Leiter überwinden.

89 Die Kleinbahn hieß im Volksmund ›Blitz- und Bogenbahn‹. Ihr offizieller Name war ›Hildesheim-Peiner Kreiseisenbahn‹ mit Sitz in Hohenhameln, gegründet 1897. Der Betrieb wurde 1964 eingestellt. Die Gleisanlagen sind inzwischen abgebaut und teilweise neu bebaut.

90 Früher: Haus Nr. 91, heute Birkenweg 38.

91 Auf dem Grabstein steht: Richard Serow 11.12.1920–20.11.1944; Johann 29.08.1889–08.07.1969; Anna 24.07.1896–19.07.1978. Im amtlichen Einwohnerverzeichnis von 1952 wird der Vater Johann Serow als ›Iwan Serow‹ geführt. Es ist zu vermuten, daß auch die Namen des Sohnes und zumindest der Mutter ›eingedeutscht‹ worden sind.

92 Es war Sophie Keres. In welchem Jahr zwischen 1947 und 1950 der Besuch stattfand, ist nicht rekonstruierbar. Die 2,– Mark, die sie erbat und Peter zahlte, geben darauf keinen Hinweis. Das Honorar könnte für die Zeit vor der Währungsreform (Juni 1948) zu gering, für die Zeit danach zu hoch sein, könnte aber auch von ihr reduziert worden sein. Das Haus Salderstraße/Ecke Am Walle, in dem sie zur Miete wohnte, und ihr Grab sind längst abgeräumt.

93 Stehr, Hermann: Der schlesische Mensch, in: Volkskalender für Schlesier. Landshut, Aufstieg-Verlag, 1988.

94 Mit den angrenzenden Dörfern war Hildesheim eine katholische Enklave.

95 Moltkestraße 13.

96 Es war der Pfarrei St. Joseph, Marienburger Straße 135, angegliedert. Das Gebäude ist 1977 abgerissen worden.

97 Die Aufführungen fanden in der Aula der damaligen Hohnsen-Volksschule statt, Hohnsen Nr. 55.

98 Lateinisch: Exercitium = Übung, Exerzitium. .

99 Früher: Haus Nr. 1a, heute ›Das Doctorhaus‹, Niedersachsenstraße 31.

100 Hachmeisterstraße 1, Dachgeschoß, links, letzter Raum zur Hofseite.

101 Er wohnte in einem Haus neben der abgebrannten Steingrube-Kaserne.

102 Es war Oberstudienrat Ludwig Kalpers, verstorben 1989.

103 1. Stock, Straßenseite, die fünf Fenster von links.

104 Bosseschule, Schulstraße 2.

105 Erst jetzt, nach 50 Jahren, bei der Befragung zu diesem Buch, hat er erstmals davon berichtet.

106 Er wohnte Heidfeldstraße 13, in der Mansarde zur Hofseite. Der Hauseigentümer hatte sie ihm mietfrei überlassen.

107 Es umfaßte das Areal zwischen der Wiperti- und Mühlenstraße sowie der Schenkgasse. Ende des letzten Jahrhunderts als städtisches Krankenhaus errichtet, stand die Anlage von Anfang unter der Betreuung durch evangelische Gemeinde- oder Ordensschwestern. Ab 1907, nach Bau eines größeren Krankenhauses, wurde das Stift zunächst als städtisches Waisen- und Altersheim genutzt und erhielt etliche Zusatzgebäude, u. a. für die Schweine- und Hühnerhaltung, und eine Baracke als Schlafsaal der Kinder. Einige baufällige Gebäude an der Ecke Wiperti-/Mühlenstraße wurden nach 1945 abgerissen.

108 Schillerstraße 6, heute befinden sich dort Außenabteilungen des neu errichteten Klinikums.

109 Diese Vermutung wurde von Otto Fehlberg in einem Gespräch am 18. 09. 1996 in Quedlinburg bestätigt. Er gehörte zu dieser Zeit der kommunalen Aufsichtsbehörde an und war von 1962–1975 selbst Leiter des Wipertistiftes, das zu dieser Zeit nur noch als Behindertenheim fungierte.

110 Die Einschätzung der Oberschwester Martha, die seit den 30er Jahren im Heim war, wurde von Herrn Fehlberg vorbehaltlos geteilt.

111 Im Wipertistift wurde ca. 1952 die Abteilung Waisenhaus geschlossen. Als Altersheim wurde es bis 1978 und als Heim für Schwerbeschädigte noch bis etwa 1984 weiter benutzt, bis entsprechende Neubauten bezogen werden konnten. Seit dem blieb das Stift bis zur Eingliederung der DDR in die Bundesrepublik ungenutzt.

112 In Hannover kam er zuerst bei der Familie Dr. Leder, Oesterleystraße 6, unter. Er durfte das frei gewordene Zimmer des Sohnes Gottfried kurzfristig bewohnen und gab dafür der russischen Adoptivtocher Deutschunterricht. Später wohnte er gegen einen geringen Mietzins Immermannstraße 7, wo ihn Edgar Pommerin und seine Freundin aufgenommen hatten.

113 Kirchröder Straße 10.

114 ›Hat er Scheiße im Kopf?‹

115 ›Mein Schwanz juckt mich.‹

116 Maschstraße 22, Haus der Jugend.

117 Dorotheenstraße 48, Frau Budoch war Hauseigentümerin. Die Fassade ist später mit hellbraunen Klinkersteinen nach dem Geschmack der späten 50er Jahre verschlimmbessert worden. Auch wurde das eine Dachlukenfenster durch eine zweifenstrige Gaube ersetzt.

118 Kaiserstraße 57. Peter bewohnte zuerst im zweiten Collegstockwerk ein Zimmer zur Nassestraße, dann zur Kaiserstraße, später als Tutor das rückwärtige Zimmer 14 auf dem ersten Collegstockwerk, bis das benachbarte, große Flurendzimmer 15 für ihn frei wurde. Inzwischen ist der Collegcharakter zugunsten eines bloßen Wohnheimes aufgegeben worden. Das Haus hat heute fast alles von seiner früheren Gediegenheit und Großzügigkeit eingebüßt, es ist verschlunzt.

119 Heute: Adenauerallee 128.

120 Kloster Schöntal, eine Gründung der Zisterzienser aus dem 12. Jahrhundert, liegt bei Jagsthausen. Einige Orden sind mit den Trachten ihrer verschiedenen Mitgliederarten (z. B. Abt, Kleriker) vertreten, auch scheinen Phantasieorden imaginiert zu sein. Die 302 Tafeln repräsentieren also keine gleich große Anzahl von Orden.

121 Peter hat die Attacken gegen das Opus Dei nie ganz verstanden. Wo Beeinflussung Minderjähriger stattfindet, muß man das Werk, wie auch jede andere Jugendsekte, mit allen Mitteln zur Ordnung rufen. Falls die Ordensaustritte und die Skandalträger in ihren Reihen sie einmal auf Abhilfe sinnen lassen, werden sie wahrscheinlich ihre neuen Mitglieder eher unter den Libidoschwachen sowie den Anpassungs- und Hörigkeitswilligen suchen, weil sie weniger Probleme bringen. Warum sollen diese Menschen, so wertvoll wie alle anderen auch, nicht in einer Gemeinschaft ihrer Wahl ihr Glück suchen?

Sollte das Opus Dei einmal autoritären, vielleicht sogar fundamentalistischen Einfluß anstreben, was latent bei ihnen angelegt ist, so wird man sie schmerzhaft attackieren müssen. Diese Methode wenden sie mit Bußgürtel um den Oberschenkel und Zuchtgeißel auf den Rücken gegen sich selbst an. Sie dürften also auch Züchtigung von dritter Seite als Mittel innerer Reifung gelten lassen. Um sie vor sich selbst zu schützen, sollten alle ihre gesellschaftlichen und finanziellen Aktivitäten und ihr Besitz immer publik gemacht werden. Kritische Medien sollten das ›Werk‹ ständig unter den Röntgenschirm der Berichterstattung zerren. Öffentlichkeit verhindert viele Auswüchse schon in den Anfängen.

Eine zölibatäre Lebensgemeinschaft dürfte nur dann einigermaßen glücklich und zufrieden mit sich zurechtkommen, wenn die Mitglieder, neben dem religiösen Impetus, bestimmte Eigenschaften mitbringen.

Die wichtigste scheint eine geringe Libido zu sein. Schon ein normaler sexueller Trieb, ob hetero- oder homosexuell, wird ihnen in den Jahrzehnten ihrer auferlegten Keuschheit immer wieder ein Bein stellen. Um nicht zu stolpern, auch nicht im Geiste, werden sie enorm viel Lebensenergie in das Niederhalten des Triebes verschwenden müssen. Peter kennt diese gebrochenen Kasteiten. In ihren Augen, an den Lippen und im Gesicht hat sich ihnen die Selbstqual eingezeichnet. Ihr Los ist hart, sie verklären es masochistisch als süß. Die von der Berufung geforderte Reserve gegenüber dem weiblichen Geschlecht erklärt auch, warum homosexuell orientierte Menschen überproportional unter katholischen Geistlichen und Ordensleuten vertreten sind. Der Regens eines Priesterseminars hat sich 1994 gegenüber seinem Bischof als selbst homosexuell offenbart und berichtet, daß aufgrund seiner 19jährigen, intimen Einschätzung bei über der Hälfte der Priesteramtskandidaten eine homosexuelle Tendenz vorliege. Das Opus Dei wird sich, wie schon die anderen katholischen Gemeinschaften, im Laufe der Zeit verstärkt aus den Libidoschwachen rekrutieren. Das läßt hoffen. Denn ›eunucheske‹ Mitbürger haben noch nie (über längere Zeit) Einfluß auf die Gesellschaft ausüben können.

Eine zweite Eignung der Mitglieder bestünde darin, williges Objekt für die Prägeschablone des Ordens sein zu wollen. Das setzt eine masochistische Persönlichkeitskomponente voraus, die bei den meisten Menschen anzutreffen ist; bereits Ignatius von Loyola spricht davon. Nur subjektschwache Menschen dürften sich im Opus Dei glücklich und wohl aufgehoben fühlen. Die wenigen Ausnahmen in den Leitungspositionen bestätigen diese vermutete Prämisse.

Damit dürfte den Opus-Dei-Vollmitgliedern die Erfüllung von zwei der drei mönchischen Gelübde (Keuschheit und Gehorsam) leichtfallen. Fast aussichtslos erscheint jedoch die Beachtung des dritten Gebots der Armut. Das persönliche Einkommen ihrer durchweg hochdotierten Mitglieder fließt der Gemeinschaft zu und vermehrt die Finanzkraft des Werkes kontinuierlich und enorm. Ausgaben für eine Familie fallen nicht an. Auch erben darf immer nur das Werk. Da das Gemeinschaftsleben durchweg in gediegenstem Wohlstand abläuft, wird so die gelobte und angeblich persönliche Armut zur pharisäerhaften Farce. Wahrscheinlich spielen hier kompensatorische Ausflüchte eine Rolle, ein bißchen außerhalb des Gelübdes. Auch will man ›in der Welt‹ imponieren, weil man, vielleicht caballerohaft, auf den Anschein soviel Wert legt. Das hat mancherorts zu vorzüglichster, fast prunkhafter Architektur und Innenausstattung verführt. Als Grimasse ihres Armutsgelübdes?

122 ›Ach nee, der Herr XY! Wie geht's denn? Was haben Sie für 'nen schönen Schlips an!‹

123 Die Europäische Verteidigungsgemeinschaft sollte sechs europäische Staaten umfassen. Die französische Nationalversammlung hat den Vertrag nicht ratifiziert (30.08.1954), so daß die EVG scheiterte.

124 Das entsprach damals 30,– DM.

125 Cañada = (Eigenname) Das innere Kratergelände.

126 Hoher Ausblick.

127 Caldera = Kessel.

128 *Aficionados* = Stierkampf-Begeisterte

129 *Vida o muerte* = Leben oder Tod.

130 Ramblas de los pájaros = Ramblas der Vögel; Ramblas de las flores = Ramblas der Blumen.

131 Ramblas No. 100 (Ramblas de las flores); heute ein ›Tabaco‹ namens ›Gemino‹, das nach rückwärts ausgebaut ist. Damals standen keine Buden in Höhe dieses Hauses. Man konnte von der Mittelallee aus schon von weitem in die Bar hineinschauen.

132 ›Hallo – Wie geht's Dir? – Wo kommst Du her?‹

133 Stierkampf – Saft aus gepreßten Erdmandeln – ›Bis bald‹.

134 Richtig: ›a las dos‹, mit dem deutlich ausgesprochen Endungs-›s‹.

135 ›Araberhengst‹ – ›Blonder Liebling‹.

136 Besonders liebte er das dunkle Gedicht: ›El juvencito se olvidaba‹, das ihm Wut und Sieg der verheimlichten Homosexualität enträtselte.

137 Erst 1971 war er mit der Mutter wieder in Barcelona, dann mit Siegbert erstmals im Jahr 1975.

138 Rambla No. 74.

139 Im Juli 1996 hat Peter das Haus, das unter Denkmalschutz steht, wiedergesehen. Der seit 1978 neue Hauseigentümer Wistuba ließ Peter alle Räume besichtigen.

140 Franziskanerstraße 9. Es war damals das einzige Hallenschwimmbad in der Stadt.

141 Wesselstraße.

142 Perlenpfuhl 12 (›Em steine Kännche‹ = Zum steinernen Kännchen); 1959 abgerissen, um einem Neubau zu weichen.

143 Im Rahmen des seit 1953 bestehenden Fulbright-Programms wurden Reise- und Aufenthaltsstipendien für Studenten und ›Postgraduates‹ vergeben.

144 ›Wo können wir uns treffen? Wo wohnst du?‹ – ›YMCA, fünf Uhr.‹

145 Wie recht hatte Chong. Denn als 1969 die Wirtschaft im neu geschaffenen Malaysia in eine Schieflage geriet, brachen sogleich Rassenkonflikte mit vielen Toten aus. Nur mit Truppeneinsatz und Ausnahmezustand war die Ruhe einigermaßen wiederherzustellen. Doch die Besänftigung war nicht nachhaltig. Schon 20 Jahre später, 1989, brachen erneut Rassenkrawalle aus. Sie dürften nicht die letzten sein. Im Nachbarstaat Indonesien gab es 1998 die letzten von bisher drei ausgedehnten Chinesenpogrome.

146 Schönower Straße, jetzt befinden sich dort die Außenabteilungen des

Krankenhauses Bernau.

147   Diese Maßnahmen gelten inzwischen als überholt, die Chemotherapie ist das Mittel der Wahl.

148   Noch heute sterben jährlich 3–5 Millionen Menschen weltweit an Tbc, insbesondere in der Dritten Welt.

149   Berliner Straße 47; das Haus ist später zugunsten eines Neubaus abgerissen worden.

150   Eberswalder Straße 15, heute ›Kinder-, Jugend- und Familienhilfe Menschen(s)kinder‹.

151   Wilhelm-Pieck-Straße 19, heute: Allgemeine Förderschule, Mühlenstraße 19.

152   Berliner Straße 58, 1. Stock.

153   08. 05. 1949.

154   07. 10. 1949.

155   Die Ober- und die Grundschule befanden sich, bei einheitlichem Namen ›Geschwister-Scholl-Schule‹, unter einem Dach.

156   Kopie des Altars von Hieronymus Bosch in Lissabon, Katalog-Nr. 1198.

157   1955–1957.

158   ›Moulin à Zaandam‹, 1871, siehe Wildenstein, Daniel: Claude Monet. Lausanne und Paris, La Bibliothèque des Arts, 1974, Bd. 1, Bild-Nr. 177, S. 197.

159   28,5 x 24,0 cm, Öl auf Holz.

160   Eine interessante Zusatzbemerkung: Als er 1966 eine Berliner ›Hellseherin‹ kennenlernte – beide wußten nichts voneinander – sagte diese ihm, daß sein Beruf und sein Schicksal in den Fingern lägen, er dürfte wohl Chirurg sein. Als Siegbert dies verneinte, hat sie das nicht verunsichert: Dann werde seine Sensibilität, die in den Fingern liege, eben woanders ihre schicksalhafte Erfüllung suchen und finden.

161   ›DEFA – Studio für Wochenschau und Dokumentarfilme‹, Otto-Nuschke-Straße 32 (heute Jägerstraße), 1989 aufgelöst.

162   Freiherr vom Stein, geboren 27. 10. 1757.

163   Bahnhöfe: ›Gesundbrunnen‹, frequentierter Umsteigeort, und das ruhigere ›Humboldthain‹, wo jeder Passagier eher auffiel.

164   Anfangsgehalt ab 01. 10. 1957 190,– DM Ost, erhöht auf 220,– DM Ost ab 01. 05. 1958.

165   06. 04. 1960.

166   Motzstraße 60, 2./3. Stock, Treppenhaus rechter Eingang.

167   Friedrich-Engels-Oberschule, Emmentaler Straße, Reinickendorf.

168   Treuchtlinger Straße 8, Hochparterre.

169   Für Siegberts Ausstellung in Paris im Sommer 1963 hatte Teddy ihm gern

einige seiner bis dahin geschenkten Bilder zur Verfügung gestellt. Als diese dort verkauft wurden, hatte Siegbert ihm Ersatz geleistet durch größere Formate und zusätzliche Bilder. Von den insgesamt sechzehn Bildern, die Teddy besitzt, sind dreizehn geschenkt.

170 Ab Januar 1957 für fünf Monate beim Amtsgericht Wennigsen/Deister.

171 Da inzwischen die Prozeßbetroffenen verstorben sind, hier das Aktenzeichen: BGH 5 StR 188/59.

172 Trautenaustraße 1. Es war: 1. Stock, das Erkerzimmer nach vorn. Das herrschaftliche Gebäude mit vier Stockwerken und einem Treppenhaus von verblichener Eleganz war nach den Bombardements inmitten einer Steinwüste stehengeblieben. Seine Statik war wohl so beeinträchtigt, daß es später abgerissen wurde.

173 Kleiststraße 35.

174 1710 erbaut als ›Zucht-Werk-Tollhaus‹, wechselten die Gebäude oft ihren Namen. Ab 1971 tragen sie die Bezeichnung ›Justizvollzugsanstalt‹ (JVA).

175 ›Sind sie Peter aus Deutschland?‹ ›Ja, ich bin's.‹ ›Willkommen in Bali. Ich bin Wayan.‹

176 Über ein ›Erlebnis mit Balli‹ berichtet der Autor in seinem Buch ›Sebastian – Das Spiel des Lebens spielen‹, erschienen bei der edition alectri, Köln, 2000, ISBN 3-934233-00-7.

177 ›Kuta Beach Hotel‹, wohl identisch mit dem heutigen ›Natour Kuta Beach Hotel‹.

178 ›Peter, ich bin's, Bodur.‹ – ›Peter, ich komm' zu dir.‹ – ›Ich möcht' bei dir bleiben – über Nacht.‹

179 ›Peter, du machst mich wahnsinnig.‹ – ›Was machst du mit mir? Wahnsinn!‹

180 Über weitere Begebenheiten mit Ssanschai wird in einem anderen Buch des Autors erzählt, siehe Anmerkung 176.

181 Peter berichtete Bodur auch von seinem ›Erlebnis mit Ike‹, das in dem Buch ›Sebastian – Das Spiel des Lebens spielen‹ wiedergegeben ist, siehe Anmerkung 176.

182 ›Ich bin so dankbar, daß ich dir begegnet bin, Peter. Ich bin nur traurig, daß du so spät gekommen bist, um mich aufzuschließen. Ich danke den Göttern für das Geschenk meiner Homosexualität.‹

183 Im Jahr 1994 sollen 40 000 Menschen in Kolumbien ermordet worden sein (das sind täglich 110), abgesehen von den Getöteten in den Kämpfen zwischen den Regierungstruppen und der Drogenmafia.

184 Der Pisco ist ein heller Weinbrand, ohne Zusatz destilliert und in Chile sowie Perú bekannt. Zum Pisco sour wird er durch Zusatz von ein wenig geschlagenem Eiweiß mit Zucker, dem dann Zitronensaft beigefügt wird.

Unter der dicken Eiweiß-Schaumschicht entfaltet dieser Cocktail seine Aromafülle. Ein ›Wahnsinns-Getränk‹, das unmerklich die Beine ›lähmt‹.

185 Lateinisch: Pacificus (pax facere) = friedfertig.

186 *Métemelo* = Im Spanischen so schön viersilbig und rhythmisch, wörtlich: ›Steck ihn mir hinein!‹ Das Verb *meter* beschreibt die Tätigkeit, wenn man etwas ›hinein-tut, -setzt, -stellt, -legt‹. Es wird in vielen Verbindungen gebraucht, ist also im alltäglichen Sprachgebrauch üblich. Es wirkt daher gerade zur Beschreibung des ›Kopulierens‹ so erfrischend normal. Demgegenüber wird das entsprechende deutsche Verb nicht in einem weiteren Bedeutungszusammenhang verwandt und gilt als Unwort. Zudem ist es phonetisch häßlich, spitz und schrill: ›F… mich!‹

187 Gekünstelte, bizarr-lustige Stabreime in Spanisch, was im Deutschen nicht durchzuhalten ist: ›Mario, mein dunkelbrauner Magier.‹ ›Morgen marschiert Mario masturbierend zum Meer, während er Melonen kaut.‹ ›Peter erbittet Gurken zum Frühstück.‹

188 Auf der Rückfahrt schilderte Peter auch den denkwürdigen ›Auftritt von Alex‹. Hierüber ist zu lesen in einem anderen Buch des Autors, siehe Anmerkung 176.

189 Jan: ›Herein.‹ Mutter: ›Guten Morgen, ihr beiden. Der Sonntag steht schon lange vor der Tür.‹ Jan: ›Guten Morgen, Mam. Das ist Peter aus Bonn.‹

190 ›Hattet ihr beide einen schönen Tanzabend? Geht das mit Tee so in Ordnung?‹

191 ›Ich bin so allein, so traurig. Immer dasselbe.‹

192 Hasselholzer Weg 24, 1. Stock, zur Rückseite.

193 Damals: Lütticher Straße 240. Siegfried S. kam aus Forchheim/Erzgebirge.

194 Evangelisches Lehrlingswohnheim Wichern-Haus, Boxgraben 95.

195 Lateinisch wörtlich: ›nicht darüber hinaus‹, übertragen: ›unübertreffbar, nichts geht darüber hinaus‹.

196 Das Hotel befand sich in der Rue du Pélican.

197 ›Mein geliebter Blondschopf, wie bist du nach Haus zurückgekommen?‹ ›So werden wir jede Menge gemeinsamer Stunden haben, mein Blondíe.‹

198 ›Mein geliebter… Ich habe versucht, auf einen Lichtstrahl zu springen, um bei euch beiden zu sein. Nächstes Mal werde ich es härter (mit einem Harten) versuchen. Ich werde nie unsere gemeinsamen Tage vergessen. Wann werden wir noch einmal zusammenkommen? Bitte vergiß nicht, mir Fotos von dir zuzusenden. Für immer, Dein P.‹

199 Am Rinkenpfuhl 57. Es hieß ›Tokio‹ und bestand nur noch einige Jahre.

200 Nr. 49, die Wohnung mit dem zum fünffenstrigen Erker ausgebauten Balkon im 3. Stock. Von vorn betrachtet: Das Erkerzimmer war Peters

Arbeitszimmer, links davon das blaue Schlafzimmer und rechts davon die Galerie. Siegberts Atelier lag nach hinten, neben Küche und Bad.

201   Später umbenannt in ›Friedenspark‹.

202   Der Spruch Πάντα ρεῖ (= Alles fließt) wird Heraklit zugeschrieben und will besagen: Es gibt kein bleibendes Sein.

203   Tatsächlich sind die beiden sofort nach dem Einzug zu einer mehrwöchigen Reise zum Karneval nach Brasilien aufgebrochen. Die ›Begegnung mit Orion‹ fand an wolkenfreieren Nächten Mitte Februar 1971 statt.

204   Die ›Kraulsmühle‹ bei Olkenbach (Bausendorf), an der Landstraße nach Niederscheidweiler gelegen.

205   Die sitzende Figur, in grünem Gewand mit rotem Beinumschlag, trägt in der herrschaftlichen Pose einer ›Siegbringenden‹ auf den Knien das Jesuskind, das in Haltung und Kleidung gleich gestaltet ist. Die Arme der Madonna sind beschädigt.

206   Siehe Anmerkung 37. In dem Gebäude war wiederum ein klinischer Betrieb untergebracht.

207   Auch die angeblich ›polnische‹ Benediktiner-Abtei Grüssau hatte während der letzten Jahrhunderte nur einen einzigen polnischen Mönch.

208   Polnisch: Wroclaw.

209   Die Besiedlung verlief im 12. bis 14. Jahrhundert und umfaßte knapp 500 000 Neusiedler, was etwa 2 000 Personen pro Jahr ausmacht. Sie kamen u. a. aus den Niederlanden, Österreich, Bayern und Thüringen, um in den Gebieten östlich von Elbe und Oder im Interesse der Landesherren den Boden urbar zu machen (Rodung und Trockenlegung der Sümpfe). Im Altreich mit etwa 10 Millionen Einwohnern war Ackerland rar geworden, der Osten war un- bzw. dünn besiedelt. Dieses Interesse an einer ostwärts gerichteten Abwanderung des Bevölkerungsüberschusses galt für alle westeuropäischen Staaten. Die Stammesfürsten versprachen sich wirtschaftliche Entwicklung und Bevölkerungszuwachs. Die Neusiedler brachten die neuen landwirtschaftlichen Technologien mit (Wenderäderpflug; Dreschflegel; eiserne Geräte, z. B. Egge, Sense; Dreifelderwirtschaft; Wasser- und Windmühlen), was die Ernte-Erträge verdoppelte. Dafür war ihnen als Anreiz das Privileg des deutschen Rechts (gewisse selbständige Verwaltung, Schöffengerichtsbarkeit usw.) verliehen worden. Slawische Siedler kamen auch in den Genuß des deutschen Rechts, weil das polnische als veraltete Bürde empfunden und das deutsche Recht zum Modellfall wurde. Die Landesherren förderten die Siedlungspolitik nach Kräften. Doch für die Siedler blieb wahr: »Dem ersten den Tod, dem zweiten die Not, dem dritten das Brot.« Die Siedler kamen nicht als Eroberer oder Abenteurer, sondern als angeworbene Spezialisten in Gebiete, die wirtschaftlich

um Jahrhunderte zurücklagen. Sie brachten nicht nur ihre gewerbliche Kunst und kaufmännischen Fähigkeit mit, sondern auch neue Lebensformen und Rechtsgewohnheiten. So hat sich auch das deutsche Stadtrecht, das nur vom Landesherrn verliehen werden konnte, durchgesetzt. Das privatwirtschaftliche Interesse der jeweiligen Grundherrschaft war maßgebend für Aufruf und Durchführung der Siedlung. Von einer ›deutschen Ostsiedlungsbewegung‹ kann daher keine Rede sein. Aus der halben Million westlicher Zuwanderer sind im Laufe der Generationen 12 Millionen Deutsche geworden, die nach dem Siedlungsaufruf vor 700 Jahren aus ihrer inzwischen rechtlich erworbenen und angestammten Heimat vertrieben wurden. Hierzu siehe u. a.: Engel, Hans-Ulrich: Deutsche unterwegs. München, Olzog-Verlag, 1983.
Deutsche und Polen. Bonn, Bundeszentrale für politische Bildung, 1991, Reihe Informationen zur politischen Bildung, Heft 142/143.

210 Die zeitliche Zuordnung ist schwierig und umstritten, weil (national)staatliche Formen damals nicht bestanden; lediglich zeitweise im 10.–12. Jahrhundert wird eine polnische Souveränität angenommen.

211 Fast so groß wie das heutige Deutschland, ist Polen nur halb so stark bevölkert.

212 Die ›zwangsweise Umsiedlung von Bevölkerungsteilen, um homogene Siedlungsgruppen zu schaffen‹, ist hier zum legitimen Mittel des Völkerrechts geworden. Denn die drei Siegermächte des 2. Weltkrieges, die gleichzeitig in dem Nürnberger Kriegsverbrecherprozeß Recht sprachen, wollten mit der Vertreibung kein Unrecht begehen. Das darf auch heute nicht unterstellt werden. Andernfalls müßten sie offiziell die ›Umsiedlung‹ als Unrecht anerkennen und revidieren, was sie nicht wollen und dann auf internationalen Druck hin auch Deutschland nicht mehr wollen durfte. Damit ist, als logische Folgerung, die zwangsweise Umsiedlung und Trennung von Völkergruppen zum Mittel des Völkerrechts geworden. Der gegenteilige Versuch im Dayton-Abkommen von 1996 zur Regelung der ersten Teils der Jugoslawienkrise wird keinen Bestand haben, zumal die Gräberfelder der gegenseitig umgebrachten Volksangehörigen auf Sichtweite liegen und noch für 100 Jahre dort liegen dürften. Humanitäre Anliegen entarten zur humanitösen Farce, wenn man die menschliche Wirklichkeit einer Utopie opfern will. Das schlimmste Beispiel dieses Scheiterns ist der Somalia-Einsatz westlicher Länder in den Jahren 1992–1994. Dieses Fiasko war symptomatisch. Da war man wieder einmal entsetzt, daß sich die Wirklichkeit nicht gemäß einer politischen Utopie verhält. Die zwangsweise Umsiedlung zur Schaffung von weitgehend homogenen Siedlungseinheiten mit politischer Neuordnung könnte aktuelle

Volksgruppenkonflikte befrieden helfen (Nordirland, Baskenland, Jugoslawien, Kosovo, Zentralafrika, Ceylon, Kurdistan, Kanada, Südafrika und andere Staaten dieses Kontinents). Es irrt, wer glaubt, daß ›ungleich zu ungleich sich gern gesellt‹. Die genetische Prägung des Menschen läßt nun mal nur einen geringen Prozentsatz an nachbarlicher Fremdheit als angenehm und erlebenswert empfinden. Auch Eheleute, die sich zerstritten haben, können die Gemeinsamkeit der einen Wohnung beenden, und der Staat hat ein rechtliches Instrumentarium entwickelt, wie ihre Trennung friedlich geregelt werden kann. Jedoch Völker und Volksgruppen, die sich nachhaltig zerstritten haben, sollen neuerdings mit völkerrechtlichem Zwang unter dem Dach eines gemeinsamen Staates zusammenleben. Wie un›menschlich‹! Die zeitweisen Auseinandersetzungen zwischen deutschen Katholiken und Protestanten in den letzten Jahrhunderten sind nicht mehr virulent, weil der religiöse Glaube ›gottlob‹ keine differenzierende Rolle mehr spielt. Doch der jetzt nach Europa hereindrängende Islam dürfte diesen ›Frieden der Gleichgültigkeit‹ wieder beeinträchtigen. Man wehre den Anfängen!

213 Über die damaligen Geschehnisse wurde in den drei vorangegangenen Kapiteln berichtet: ›Die Flucht wird zur Vertreibung‹, ›Drüber und drunter‹ sowie ›Erniedrigung und Erscheinung‹.

214 Das Haus Pölkenstraße 18, in dem sich heute das Hotel ›Zum Alten Fritz‹ befindet.

215 Damals: ›Hotel Atenas‹, Rua Luciano Cordeiro 98, Zimmer 504. Seit etwa 1990 ist das Hotel geschlossen.

216 Pousada da Ria, Bico do Muranzel, Murtosa. Inzwischen ist dort ein stattliches Gebäude errichtet worden.

217 Pousada da Santa Maria.

218 Wer wußte je das Leben recht zu fassen,
wer hat die Hälfte nicht davon verloren
im Traum, im Fieber, im Gespräch mit Toren,
in Liebesqual, im leeren Zeitverprassen?

Ja der sogar, der ruhig und gelassen,
mit dem Bewußtsein, was er soll, geboren,
frühzeitig einen Lebensweg erkoren,
muß vor des Lebens Widerspruch erblassen.

Denn jeder hofft doch, daß das Glück ihm lache.
Allein das Glück, wenn's wirklich kommt, ertragen
ist keines Mensch, wäre Gottes Sache.

Auch kommt er nie! Wir wünschen bloß und wagen:
Dem Schläfer fällt es nimmermehr vom Dache,
und auch der Läufer wird es nicht erjagen.

Der Dichter (1796–1835) hat das Gedicht mit 29 Jahren geschrieben. Er war, was er nicht verleugnete, schwul und ist deswegen von Heinrich Heine diffamierend und bösartig in Publikationen angegriffen worden. Er mußte viel Häme ertragen, die sich dann auch gegen seine Dichtkunst richtete. Er starb verkannt und einsam 39jährig in Italien, dem Land seiner freiwillig gesuchten Verbannung. Er liegt im Garten der Villa Landolina in Siracusa/Sizilien begraben. Sein Leben und Werk verdienen Beachtung.

219 Vergil legt dieses Wort dem Aeneas in den Mund (Aen. 1, 462). Aeneas ist nicht weich oder gar sentimental. Kraft und Stärke hat er bewiesen als Gründer von Rom und auch bei seinen Taten in Troja. Als er aber bei Dido das Wandbild vom brennenden Troja sieht, ist er erschüttert, und es stürzen die Tränen aus ihm heraus: »Die Dinge haben ihre Tränen« – eine der tiefsten Aussagen zur Befindlichkeit unserer Existenz. Über allem auf Erden liegt ein tragischer Schatten. Der Apostel Paulus faßt dieses Empfinden in die Worte: »Die ganze Schöpfung seufzt und liegt in Wehen« (Röm. 8, 22).

220 Jeweils eine Dusche in jeder der vier Reihen blieb als Einzelzelle übrig.

221 ›Wir gehen noch ein Kölsch trinken? Nicht? Wir haben doch Zeit, uns das nachher auszuschwitzen. Was meinst du?‹ Im Hochdeutschen kommt die sympathische Direktheit dieser Anmache überhaupt nicht rüber.

222 ›Laßt uns jetzt Blödsinn machen.‹

223 1. Könige 19, 11–13.

Wer zu wissen glaubt, was der Autor meinte, als er Namen und Abkürzungen von Orten und Personen erfand oder abwandelte, glaubt mehr zu wissen, als der Autor meinte.

Gesetzt aus der Minion 11,5/15 und der Bell Centennial 10,5/13,5. Gedruckt auf Gardapat 13, 115 g/qm, frei von Säure, Holz und Chlor (tcf), ohne Altpapieranteil, daher alterungsbeständig gemäß ISO-DIN 9706 (Bestätigung des Papierherstellers Garda, Italien). Lithographie und Druck: Z.B.! Kunstdruck & Grafische Innovationsgesellschaft mbH, Köln-Longerich. Bindearbeiten: Buchbinderei Schaumann, Darmstadt.
Printed in Germany.

Die Deutsche Bibliothek – CIP-Einheitsaufnahme

Guckel, Peter:
Unter dem Orion : Wege einer Freundschaft, mit Bildern von Siegbert Hahn ; Roman / Peter Guckel. – Köln : edition alectri, 2000
ISBN 3-934233-00-7

Bücher der edition alectri:

Peter Guckel:
›Unter dem Orion –
Wege einer Freundschaft, mit Bildern von Siegbert Hahn‹
2000

Peter Guckel:
›Sebastian – Das Spiel des Lebens spielen‹
2000

›natura mystica – Die Bildwelt von Siegbert Hahn‹
Aufsätze und Werkverzeichnis
Erscheint Mitte 2000

›HMH‹ (Arbeitstitel)
Erscheint Herbst 2000

edition alectri
Postfach 45 03 63 · 50878 Köln
Tel. + Fax: 02 21 - 49 123 49